ŒUVRES CHOISIES

DE

A.-J. LETRONNE

DEUXIÈME SÉRIE

TOME PREMIER

ŒUVRES CHOISIES

DE

A.-J. LETRONNE

MEMBRE DE L'INSTITUT

ASSEMBLÉES, MISES EN ORDRE ET AUGMENTÉES D'UN INDEX

PAR

E. FAGNAN

DEUXIÈME SÉRIE
GÉOGRAPHIE ET COSMOGRAPHIE

TOME PREMIER

PARIS
ERNEST LEROUX, ÉDITEUR
28, RUE BONAPARTE, 28

1883

AVERTISSEMENT DE L'ÉDITEUR

En présentant au public la seconde série des mémoires de M. Letronne, nous nous sentons tenu à un hommage auquel s'associeront, nous en sommes sûr, tous ceux qui s'intéresseront à la lecture de ces volumes.

Celle qui fut l'inspiratrice de la présente publication, Mme Ch. Landelle, née Alice Letronne, n'aura pas eu la satisfaction de voir terminer l'œuvre à laquelle elle n'avait ménagé ni son zèle ni ses efforts, et où la soutenait d'ailleurs l'affectueuse coopération des siens. Elle l'avait entreprise avec toute l'ardeur que lui inspirait le désir de rendre un dernier hommage à son père, par la reproduction sous une forme plus commode des mémoires publiés dans tant de recueils différents par l'illustre critique. Mais du monument qu'elle voulait élever et dont elle était fière, la noble femme n'a pu voir que les premières assises, et elle est morte en léguant à sa famille le soin pieux de le terminer.

Cette seconde série, entièrement indépendante de la première, est consacrée aux questions de géographie ou d'histoire des mathématiques. L'ordre chronologique a été suivi presque partout, avec cette réserve que la plupart des articles critiques qui ont été conservés, figurent dans le second volume. La bibliographie des divers articles est rejetée en note au commencement de chacun de ceux qui sont réimprimés, de sorte que les renseignements que nous allons donner n'ont pour objet que de compléter la bibliographie des morceaux qui sont restés en dehors de ces deux volumes.

Le tome II et dernier de cette série, où l'on trouvera un index général, suivra de très près le premier.

E. F.

NOTES BIBLIOGRAPHIQUES

Recherches géographiques et historiques sur le livre De Mensura terræ par Dicuil, Paris, 1814, 233 p. in-8°.

Dissertation sur le périple de Scylax et sur l'époque présumée de sa rédaction, par J.-F. Gail fils (*Journ. des Sav.* 1826, p. 75-89, 195-202 et 259-269.) Le tirage à part de ces articles, en 40 pages, porte le titre de *Observations historiques et géographiques sur le périple attribué à Scylax;* ce même mémoire a été reproduit aux p. 167 et s. de l'ouvrage suivant :

Fragments des poèmes géographiques de Scymnus de Chio et du faux Dicéarque, Paris, 1840, 455 p. in-8°.

Sur l'établissement des Romains dans l'Oasis Gadamès en Afrique (*Revue archéol.*, t. IV, p. 301 ; reproduit dans les *Mémoires et documents publiés dans la Rev. arch. par J.-A. Letronne*) (Paris, 1849, Leleux) p. 280.

Quelques mots sur l'exploration de la Cyrénaïque, (*Rev. arch.*, t. V, p. 279 et 432; reproduit dans *Mém. et Doc.*, p. 359.)

Le tome V, à partir de la p. 149, de la *Géographie de Strabon*, par La Porte du Theil et Coray (Paris, Impr. Imp., 1805-1819, in-4°), est l'œuvre de M. Letronne.

Éclaircissement du passage de Strabon relatif aux édifices sacrés d'Hiéropolis. (*Journ. des Sav.*, 1818, p. 304-310 ; ce morceau, un peu abrégé, se retrouve dans la traduction de Strabon, t. V, p. 384 et s.)

Analyse du premier volume de la traduction de Pausanias de M. Clavier, 1814, 20 p. in-12, extraites du *Mercure de France*, t. LX, p. 308 et 509.

Itinéraire d'une partie peu connue de l'Asie Mineure, contenant la description des régions septentrionales de la Syrie, etc. (*Journ. des Sav.*, 1817, p. 239-250.)

Topography illustrative of the battle of Platæa, by John Spencer Stanhope. (*Ib.*, an. 1817, p. 720-725.)

Atheniensia or remarks on the topography and buildings of Athens (Ib., an. 1817, p. 590-596).

Itinerarium Alexandri ad Constantium Augustum Constantini magni filium, edente Ang. Maio. — *Julii Valerii res gestæ Alexandri Macedonis translatæ ex Æsopo Græco*, edente Ang. Maio (Ib., an. 1818, p. 401-412 et 609-620).

Memoirs relating to European and Asiatic Turkey, by Rob. Walpole (Ib., an. 1818, p. 464-478).

Journey through Asia minor, Armenia and Koordistan in the years 1813 *and* 1814, by John Macdonald Kinneir (Ib., an. 1819, p. 106-116 et 142-151).

Karamania, or a brief description of the south Asia minor, by Francis Beaufort (Ib., an. 1819, p. 259-271 et 387-398; cf. an. 1820, p. 45).

A classical and topographical tour through Greece during the years 1801, 1805 *and* 1806, by Edward Dodwell (Ib., an. 1820, p. 34-47 et 224-234).

Itinerary of Greece, containing one hundred routes in Attica, Bœotia, Phocis, Locris and Thessaly, by sir W. Gell (Ib., an. 1820, p. 167-170).

Voyage pittoresque de la Grèce, par M. le comte de Choiseul-Gouffier (Ib., an. 1820, p. 323-332).

Géographie de Virgile par Helliez, augmentée de la géographie d'Horace, nouvelle édition, par J.-G. Masselin (Ib., an. 1820, p. 580-586).

Travels in various countries of the East, being a continuation of Memoirs relating to European and Asiatic Turkey, by Rob. Walpole (Ib., an. 1820, p. 616-629 et 643-655; an. 1821, p. 100-111).

Carte topographique militaire des Alpes, par J.B.-S. Raymond (Ib., an. 1821, p. 42-45).

Cleomedis circularis doctrinæ de sublimibus libri duo; recensuit... Janus Bake (Ib., 1821, p. 707-717; à rapprocher du mémoire publié dans notre t. I, p. 247).

The topography of Athens, with some remarks on its antiquities, by William Martin Leake (Ib., an. 1822, p. 159-169).

Travels in Syria and the Holy Land, by the late John Lewis Burckhardt (Ib., an. 1822, p. 610-620 et 684-697).

A journey to two of the Oases of upper Egypt, by sir Archibald Edmonstone (Ib., an. 1823, p. 296-304).

Les Phénomènes d'Aratus de Soles et de Germanicus Cæsar, etc., par l'abbé Halma (Ib., an. 1823, p. 481-492).

Commentaire de Théon d'Alexandrie sur la Composition mathématique de Ptolémée, par l'abbé Halma (Ib., an. 1823, p. 555-557).

Commentaire de Théon d'Alexandrie sur les tables manuelles de Ptolémée, par l'abbé Halma (Ib., an. 1823, p. 614-623).

Eratosthenica, composuit Godofredus Bernhardy (Ib., an. 1824, p. 351-359).

Joannis Laurentii Lydi de Ostentis quæ supersunt, und cum fragmento libri de mensibus etc... edidit C. B. Hase (*Ib.*, an. 1824, p. 108-116).

Recherches sur plusieurs points de l'astronomie égyptienne, par Biot (*Ib.*, 1824, p. 229-240).

Description hydrographique et historique des Marais Pontins, par M. de Prony (*Ib.*, an. 1824, p. 550-558 et 622-628).

Journal of a tour in Asia minor, by Will. Leake (*Ib.*, an. 1825, p. 323-334 et 395-404).

Rapport de la commission nommée par l'Académie pour examiner les résultats du voyage en Cyrénaïque et en Marmarique, par *M. Pachô* (*Journ. des Sav.*, 1826, p. 166-170; cf. p. 320). A rapprocher de

Relation d'un voyage dans la Marmarique et la Cyrénaïque et les oasis d'Andgehah et de Maradeh, par J.-R. Pachô (*Ib.*, 1827, p. 682-690).

Olympia or topography illustrative of the actual state of the plain of Olympia and of the ruins of the city of Elis, by John Spencer Stanhope (*Ib.*, an. 1826, p. 728-733).

Astronomie solaire d'Hipparque soumise à une critique rigoureuse et ensuite rendue à sa vérité primordiale, par J.-B.-P. Marcoz (*Ib.*, 1828, p. 678-689; an. 1829, p. 30-46).

Geographi græci minores... edidit... J. F. Gail, volumen secundum (*Ib.*, an. 1829, p. 107-119).

Bibliothèque historique de Diodore de Sicile traduite par A.-F. Miot (*Ib.*, an. 1835, p. 641-651; an. 1836, p. 12-21 et 236-246).

Voyage de l'Arabie Pétrée, par Léon de Laborde et Linant (*Ib.*, 1835, p. 466-474 et 596-601; an. 1836, p. 529-540).

Examen critique de l'histoire de la géographie du Nouveau Continent, et des progrès de l'astronomie nautique dans les xve et xvie siècles, par Al. de Humboldt (*Ib.*, an. 1837, p. 545-555 et 612-625; an. 1839, p. 65-73 et 289-300; an. 1840, p. 129-142).

Cartes géographiques murales pour l'enseignement dans les écoles élémentaires et les collèges, dressées sous la direction de M. Letronne, membre de l'Institut (Paris, 1837).

Atlas didactique de géographie ancienne, du moyen âge et moderne, contenant 40 cartes... d'après le plan et sous la direction de M. Letronne, membre de l'Institut, qui a rédigé les descriptions géographiques dont ces cartes sont accompagnées (Paris, 1837, in-4°).

Recherches sur l'emplacement de Carthage, par C.-T. Falbe. — *Recherches sur la topographie de Carthage*, par Dureau de la Malle (*Journ. des Sav.*, 1837, p. 641-648 et 729-740).

Recherches sur l'histoire de la partie de l'Afrique septentrionale connue sous le nom de Régence d'Alger [par Dureau de la Malle] (*Ib.*, 1837, p. 625-631).

Cl. Ptolemæi Geographiæ libri octo; græce et latine... edidit Fr. G. Wilberg (*Ib.*, 1840, p. 489-502).

Sur l'astrologie et sur les représentations du zodiaque (dans les *Éclaircissements* à la suite de l'édition de Rollin (p. 91-113). Ce même sujet a été développé au Collège de France dans des leçons dont le résumé a été publié dans les *Ann. de phil. chrét.*, 1841 et 1842 (tirage à part, sous le titre *Analyse des recherches de M. Letronne sur les représentations zodiacales*, par E. Carteron. Paris, 1843, 136 p. in-8º).

L'histoire de la géographie a fait l'objet d'un cours au Collège de France en 1837. Le *Journal de l'Inst. publ.* en a publié le résumé, t. VII.

Le *Cours élémentaire de géographie ancienne et moderne* a eu de très nombreuses éditions, dont la 7ᵉ paraissait déjà en 1824, in-8º, 233 p.; il a en outre été traduit dans plusieurs langues étrangères.

Le t. III du *Voyage pittoresque de la Grèce*, de M. de Choiseul-Gouffier, n'a paru qu'après la mort de l'auteur, par les soins et avec des additions de M. Letronne.

Dans le *Journ. des Sav.*, 1822, p. 161, figure la mention d'un mémoire sur la topographie d'Athènes, lu en 1820 à l'Académie, mais nous n'en avons pas retrouvé d'autre trace.

L'annonce d'un *Atlas de géographie ancienne pour servir à l'intelligence des œuvres de Rollin, publié sous la direction de M. Letronne*, figure dans le Bulletin Férussac, an. 1827.

Nous rappellerons en outre :

L'Isthme de Suez : le canal de jonction des deux mers sous les Grecs, les Romains et les Arabes (réimprimé dans la 1ʳᵉ série, t. I, p. 327).

Sur la séparation primitive des bassins de la mer Morte et de la mer Rouge (Id., ibid., t. I, p. 378).

Topography of Thebes, by S. G. Wilkinson (Id., ibid., t. II, p. 361).

Lettres écrites d'Égypte par M. L'Hôte (Ibid., t. II, p. 464).

Visit to the great Oasis of the Libyan desert, by J. A. Hoskins (Ibid. t. I, p. XXII ; *Journ. des Sav.*, 1838, p. 180 et 237).

Le mémoire *Sur l'absence du mot Autocrator dans les cartouches hiéroglyphiques qui accompagnent le zodiaque circulaire de Dendéra* (*Revue archéol.* t. I, et *Mémoires et Documents publiés dans la Revue archéologique*, p. 1-8), n'est autre chose que la note B de notre tome II, p. 120.

LETTRE A M. GAIL

PROFESSEUR AU COLLÈGE DE FRANCE

SUR UN PASSAGE DE THUCYDIDE

RELATIF

A LA SITUATION DU CAP MALÉE, DANS L'ILE DE LESBOS (1)

Monsieur,

En lisant l'excellente édition que vous venez de donner de Thucydide, j'ai remarqué un passage dans lequel cet historien est en contradiction formelle avec tous les géographes de l'antiquité. Le témoignage d'un écrivain aussi exact, contemporain et souvent témoin des faits qu'il raconte, me parut d'abord devoir balancer tous les autres (2). Un plus mûr examen me fit changer de sentiment.

J'eus recours à la grande édition de Ducker, où je ne doutai plus que le passage en question ne fût discuté. Quelle fut ma surprise en voyant que ce savant n'avait nullement touché à la difficulté! Cependant je ne puis croire qu'elle lui soit échappée. Il prend même la peine, comme pour appuyer son auteur, de citer le scholiaste d'Aristophane, qui contredit Thucydide, et Xénophon, dont le passage altéré ren-

---

(1) [*Annales des Voyages*, t. V, p. 202-209].
(2) Je fus d'autant plus porté à le croire, qu'un de nos plus habiles hellénistes et critiques fait un reproche à de Lisle, à d'Anville, etc., de ne pas s'en être rapportés au texte de Thucydide pour la situation du cap Malée. Cet illustre savant, dont l'opinion est, à elle seule, une *autorité ancienne*, n'avait peut-être pas présents alors les passages des autres auteurs.

verse toute idée géographique (1); et tout cela sans aucune observation.

J'ai donc essayé de discuter moi-même ce passage intéressant pour la géographie et que tous les savants ont négligé; et je prends la liberté, Monsieur, de vous soumettre les réflexions que m'ont suggérées quelques recherches. Je n'y attache aucune importance; je ne vous les adresse même qu'avec une juste défiance, quand je vois les critiques se taire, ou, s'il m'est permis de le dire, se tromper sur ce qui fait l'objet de cette lettre.

Thucydide, parlant des diverses opérations militaires des Athéniens sur les côtes de Lesbos (III, 4), met formellement le cap Malée au nord de Mitylène... οἱ ὥρμουν ἐν τῇ Μαλέᾳ, πρὸς βορέαν τῆς πόλεως. « Ils (les Athéniens) étaient à l'ancre au cap Malée, *au nord de la ville* ». Le dernier membre de la phrase, πρὸς βορέαν τῆς πόλεως, qui contredit le témoignage de tous les anciens écrivains, ne peut être, selon moi, de Thucydide. Voici mes raisons :

Les géographes et les historiens qui ont parlé du cap Malée de Lesbos, se sont accordés à le placer au sud de Mitylène, principale ville de cette île, à laquelle elle a fini par donner son nom (2). Strabon (l. XIII, p. 916 D, et 917 A, Casaub., 1707) le dit positivement : ἀπὸ Μηθύμνης εἰς Μαλίαν τὸ νοτιώτατον ἄκρον ἐν δεξιᾷ ἔχοντι τὴν νῆσον... στάδιοι εἰσὶ τριακόσιοι τετταράκοντα, « de Méthymne jusqu'à Malée, *la pointe la plus méridionale*, on compte 240 stades, *en longeant la côte orientale* (3) ». Le même auteur ajoute un peu plus bas que

---

(1) Nous reviendrons plus bas sur ce passage.

(2) Lesbos est nommé à présent Métélin; c'est la ville de Mitylène qui lui a donné son nom (*Eustat.*, in-8°, 536; *Dionys. Per.*, ap. *Geog. min.*, IV, p. 102, 1712, Oxon.). C'est ainsi que le nom d'Issa que lui donne Lycophron (*Cassand.*, v. 220), et celui de Lesbos qu'elle prit ensuite, lui étaient venus d'Issa et de Lesbos, deux de ses villes (*Eustat.* l. l. et in *Iliad.* 9, t. II, p. 641; 12, *Rom.*, 1542). Selon Mélétius, elle porta les noms d'Issa, d'Ermite, de Pelasgia, d'Aithiope, de Macaria, etc. (*Geog. nova et ant.*, p. 485, col. 2).

(3) C'est là le sens de l'incise ἐν δεξιᾷ, etc., qui donne une grande précision à la phrase, en montrant que c'est de la longueur de la côte orientale qu'il s'agit.

Mitylène est située entre Méthymne au nord et le cap Malée au sud.

Ptolémée est du même sentiment ; il place Malée entre Tressus (sur la côte occidentale) et Mitylène sur la côte orientale (l. V, c. II, p. 120, Amst. 1605). Ce géographe est appuyé par le scholiaste d'Aristophane (in Βατραχ., v. 33, p. 122, Kuster., Amstel., 1710), qui dit : ἡ δὲ Ἀργίνουσα πόλις τῆς Αἰολίδας, ἀντικρὺς δὲ Λέσβου κειμένη καὶ Μανίας καλουμένης ἄκρας. « Arginuse, ville d'Éolie située vis-à-vis de Lesbos et du promontoire appelé Manie ou Malée ». Comme Diodore nous apprend que les Arginuses, îles et ville d'Éolie, étaient au S.-E. de Mitylène (1), il s'ensuit, du passage de l'historien et du scholiaste, que le cap Malée, à l'O. des Arginuses, est au S. de Mitylène.

Agathémère (*Epit. exp. Geog.*, l. I, c. IV, p. 12. ap. *Geog. min.*, I) regardait également le cap Malée comme la pointe méridionale de Lesbos, puisqu'il compte 500 stades depuis le cap Sigrium, pointe nord-ouest de l'île, jusqu'au cap Malée ou Melanea, comme il le nomme. Il paraît donc constant que le promontoire Malée est la pointe méridionale de l'île de Lesbos, et que, par conséquent, il est placé au S. de Mitylène, contre le sentiment de Thucydide. Le Malée des anciens est le cap Sainte-Marie de d'Anville et de M. de Choiseul-Gouffier (2), formant l'extrémité d'une montagne que ce dernier nomme Saint-Théodore. Nous remarquerons, comme dernière preuve, que la distance du cap Sainte-Marie à Métélin répond parfaitement aux 70 stades qui, selon Strabon (XIII, p. 917, A.), séparaient Malée de Mitylène (3).

---

(1) Diod. Sic., l. 13, p. 620, Wesseling. — Cet auteur ne le dit pas positivement, mais on peut raisonnablement l'inférer de ces paroles : « Les Arginuses sont entre Mitylène et Cumes ». Or Cumes est au S.-E. de Mitylène ; donc les Arginuses sont au S.-E. de cette ville.

(2) Choiseul-Gouffier, *Voy. pitt. de la Grèce*, pl. 43, p. 83 ; d'Anville, *Géog. abr.*, III, 181.

(3) Tous les modernes qui se sont occupés de géographie ancienne ont placé le cap Malée au S. de Mitylène. Voyez Cellarius, de Lisle, d'Anville, Barbier du Bocage et Mélétius, savant grec dont on a une géographie ancienne et

Nous n'avons trouvé que Xénophon, qui rompît le concert unanime des auteurs; mais le passage de cet historien est altéré, comme l'a fait voir le savant Paulmier de Grentemesnil (*Exerc. in fere opt. auctores*, p. 62). Xénophon (*Hellen.*, I, 446, Lut., 1625) place le cap Malée *en face de Mitylène*, ce qui le reporterait sur la côte d'Éolie. Paulmier pense qu'il faut substituer au cap Malée, dans le texte, le cap Catanides ou Canides dont parle Diodore (*l. l.*), qui n'est d'abord que le Κάνη ἄκρα de Ptolémée (V, 2, p. 118), nommé maintenant Coloni (d'Anville, *Géogr. anc. abr.*, II, 17), et situé non loin de la ville que Strabon, Étienne de Byzance et Pline appellent *Canæ* (1), et Pomponius Mela, *Cana* (2).

La situation du cap Malée étant bien établie, nous dirons qu'il nous paraît impossible que Thucydide ait commis l'erreur grave dont nous faisons mention. Cet historien est trop exact, il a mis dans son histoire trop de critique, il est trop instruit des localités, et en particulier de celles de Lesbos, pour que l'on puisse croire qu'il ait mis au nord de Mitylène le cap Malée, lieu de relâche des Athéniens, dont ils avaient fait leur marché (Thuc., III, 5, *sub f.*) et qui, par conséquent, était un point si important pour eux dans cette guerre.

Qui empêcherait de reconnaître ici l'interpolation d'une main ignorante? Remarquons que le membre πρὸς βορέαν τῆς πόλεως est rejeté à la fin de la phrase et forme une incise qui pourrait s'enlever sans rien changer au fond de la pensée de l'auteur. Voici donc ce que je pense : Thucydide aura écrit d'abord οἱ ὥρμουν ἐν τῇ Μαλέᾳ; un copiste ignorant, voulant déterminer la position de Malée, que Thucydide ne faisait qu'in-

---

moderne, dans laquelle la Grèce est en particulier parfaitement traitée (*Melet. Geog.*, p. 485, col. 2).

(1) Strab. *l. l. et ex Strab. Geog.*, XIII, p. 1291; Steph. Byz. voce Κάναι, p. 351, éd. Pinedo; Plin. V, 30.

(2) Pomp. Mela, I, 18, p. 90, Gronov. Il paraît que cette ville portait le nom de *Attœa* (*Fragm. Artemid. Ephes. ap. Geog. min.*, I). J'ai trouvé la conjecture de Paulmier appuyée par un passage de Mélétius, qui met le cap Malée en face de Canna, ἀντικείμενον εἰς τὰς Κάννας (*Géog.*, p. 485, col. 2, l. 8). Je ne sais cependant si elle aura été adoptée des savants, parce qu'elle n'explique pas le ἀντίον τῆς Μιτυλήνης du commencement de la phrase de Xénophon.

diquer, aura écrit en marge πρὸς βορέαν τῆς πόλεως, et les copistes postérieurs auront fait passer cette scholie dans le texte ; interpolation qui n'est que trop ordinaire chez les auteurs anciens (1).

Je suis bien loin de penser que les savants adopteront ma conjecture; je m'estimerai heureux si j'ai pu appeler leur attention sur un passage important, qui renferme une erreur assez grave que Thucydide n'a pu commettre.

C'est sans doute à vous, Monsieur, qu'appartiendra de donner ici votre décision, vous qui avez publié de si utiles et de si savants travaux sur Thucydide, sur cet historien dont on admire le profond génie, mais dont aussi la difficulté a fait le désespoir de ceux qui s'en sont occupés.

J'ai l'honneur, etc.

A. LETRONNE,
élève de M. Mentelle.

(1) Larcher, trad. d'Hérod., I, 254, 2e éd.

REMARQUES

SUR QUELQUES PASSAGES

D'EUNAPIUS, THUCYDIDE, PLUTARQUE, ETC.

ADRESSÉES A M. *** (1)

J'ai revu avec attention, Monsieur, le passage d'Eunapius dont nous avons parlé ces jours passés. Ma conjecture n'a pas résisté à un examen réfléchi du texte. Mais je profiterai de l'occasion pour vous soumettre plusieurs observations auxquelles cet examen m'a conduit.

Trois passages d'Eunapius m'ont particulièrement occupé; comme ils s'expliquent l'un par l'autre, je vais les transcrire :

1° Τῆς οὖν Ἀσίας ἀπάσης κατ' ἐκεῖνον καιρὸν ὁ Κλέαρχος ἐπεστάτει, ὅσα κατὰ τὴν ἐξουσίαν ἀφ' Ἑλλησπόντου διὰ Λυδίας καὶ Πισιδίας ἐπὶ Παμφυλίαν ἀφορίζεται (2).

2° ... Ἀνθύπατον αὐτὸν ἐπιστήσας τῆς νῦν ἰδίως Ἀσίας καλουμένης· αὕτη δὲ ἀπὸ Περγάμου τὸ ἁλιτενὲς ἐπέχουσα πρὸς τὴν ὑπερκειμένην ἤπειρον ἄχρι Καρίας ἀποτέμνεται· καὶ ὁ Τμῶλος αὐτῆς περιγράφει τὸ πρὸς Λυδίαν (3).

3° Προσετέθη δὲ καὶ Βιθυνία πᾶσα καὶ Ἑλλήσποντος· ὅσα τε ὑπὲρ Λυδίας διὰ τῆς καλουμένης νῦν Ἀσίας ἐπὶ Καρίαν καὶ Λυκίαν τείνοντα πρὸς Παμφυλίαν καὶ τὸν Ταῦρον ἀφορίζεται (4).

---

(1) [*Magasin encyclopédique*, 1813, t. II, p. 337-355, et en tirage à part, 21 p.]
(2) *Eunap. de vitis sophist. et philos. in Maximo*, p. 84, éd. Colon. 1616.
(3) *Id., ib.,* p. 85, cité par Wesseling, *Itin. veter.*, p. 658.
(4) *Id. in Proæresio*, p. 110.

PREMIÈRE PHRASE. Elle offre plusieurs difficultés que le traducteur latin n'a pas éclaircies.

Au premier examen, cette phrase semble clocher; quand on la compare aux deux autres, dont la construction est à peu près la même, on est tenté de croire qu'il y manque un participe; car ἀφορίζεται ne saurait se lier avec ἀφ' Ἑλλ'. ἐπὶ Πισ. Aussi m'étais-je d'abord imaginé que κατὰ τὴν ἐξουσίαν était une corruption de κατατείνουσα; mais cette conjecture n'était pas mieux fondée que l'autre; car, d'un côté, le verbe διατείνειν peut fort bien être sous-entendu ici, comme dans un passage d'Aristides que je citerai plus bas; et de l'autre, κατὰ τὴν ἐξ. est une locution trop remarquable pour être le résultat de l'erreur d'un copiste. Adrien Junius ne l'a pas traduite, ce qui donnerait à penser qu'il ne l'a pas plus entendue que beaucoup d'autres; mais le sens ne m'en paraît pas douteux : ἐξουσία a évidemment ici le sens de « jurisdictio », comme dans ce passage καὶ ἐπιγνοὺς ὅτι ἐκ τῆς ἐξουσίας Ἡρώδου ἐστί (1); et je traduirais : « A cette époque, Cléarque avait le gouvernement de toute la partie de l'Asie qui, *d'après la juridiction du consul*, s'étend, etc. »; explication qu'achève d'appuyer le rapprochement d'une phrase d'Aristides : καθαρῶς ἐξεφάνη ὅσος τις παρ' αὐτῆς τῆς Ἀσίας κόσμος ἦν (sc. Σμύρνα), λέγω δὲ οὐχὶ τὴν (sub. διατείνουσαν) μέχρι Μαιάνδρου πηγῶν, οὐδ' ὅσην ὁ τῶν ἡγεμόνων (sc. ἀνθυπάτων) ἡμῶν κλῆρος ὁρίζεται, κ. τ. ἑ. (2). Le dernier membre rappelle la phrase d'Eunapius; et le mot τοῦ ὑπάτου κλῆρος représente la même idée que ἐξουσία, tellement qu'en substituant aux paroles d'Eunapius celles d'Aristides, nous ne changerions rien à la pensée du premier; car ὅσα κατὰ τὸν (τοῦ ἀνθυπάτου) κλῆρον est la même chose que ὅσα κατὰ τὴν ἐξ. Remarquons en outre chez Aristides l'ellipse du verbe διατείνειν qui lève tous les doutes relativement à l'exactitude grammaticale de la phrase d'Eunapius.

Διὰ Λυδίας καὶ Πισιδίας ἑ. II. ἁ. Adrien Junius rend assez bien le sens de διὰ dans ce passage; car il signifie ici, non « à

---

(1) *Luc. Evang.*, XXIII, 7, et *Pasor. lex. gr. Nov. Test.*, p. 568, D.
(2) *Arist.*, ἐν προσφ. Σμυρναϊκῷ, f. 67 v. ed. princ.

travers », mais « le long de », acception rare qu'Abresch a remarquée (1) ; en effet, l'Asie Lydienne ou proconsulaire, dont parle Eunapius, renfermait au iv⁰ siècle la Lydie, l'Éolie et l'Ionie, et s'étendait jusqu'à la Pamphylie et la Pisidie exclusivement; ce qui me porterait à voir une transposition des particules ἐπί et καί; de sorte qu'au lieu de διὰ Λ. καὶ Π. ἐπὶ Παμφ., je lirais διὰ Λ. ἐπὶ Π. καὶ Παμφ.; ou bien il faut admettre que διά n'a pas le même sens devant Λυδίας et devant Πισιδίας, supposition dont je crois avoir montré le peu de fondement, contre le sentiment d'Abresch (2).

Deuxième phrase. C'est ici que, me fondant sur ce que plus bas (voir la troisième phrase) Eunapius dit ἐπὶ Καρίαν τείνοντα, et sur l'usage fréquent de τείνειν, διατείνειν, παρατείνειν, τείνεσθαι (3), ἐκτείνεσθαι (4), etc., je me croyais fondé à voir altération et à lire ἀποτείνεται à la place de ἀποτέμνεται; mais il m'a fallu peu de temps pour reconnaître, dans ce dernier mot, une expression fort bonne, synonyme de ἀφορίζεται, et dont l'usage, quoique rare, n'est pas moins suffisamment autorisé (5).

La notion géographique très précieuse, renfermée dans cette phrase, avait échappé à l'illustre Saumaise, qui donne toutefois d'excellents renseignements sur l'Asie proprement dite. Comme Eunapius étend l'Asie jusqu'au Tmolus, ce qui est à peu près l'étendue de la ἐπαρχία Ἀσίας d'Hiéroclès, il me semble que le sens de ἀλιτενής doit être un peu moins restreint que ne le voulait Casaubon (6); c'est exactement le *litorale* des Italiens qui a déjà passé dans le style diplomatique et qui désigne, non seulement la côte, mais une lisière plus ou moins large du continent (7).

(1) Thuc., I, 63, *Abresch Dilucid.*, p. 60.
(2) *Essai sur la top. de Syrac.*, p. 85.
(3) Strab., III, 204, B. 253, A; IV, 269, c. iii, 200 B.
(4) Agathem., II, 14.
(5) *Budæi Comm. L. G.*, p. 596, éd. 1529.
(6) *Salm. Exerc. Plin.*, p. 565 sq., éd. 1689.
(7) *Cas. ad Strab.*, VII, 473, n. 3 : ἀλιτενής *ora dicitur quæ est ejusdem cum mari altitudinis*

TROISIÈME PHRASE. Il me reste peu de chose à remarquer sur cette dernière phrase, si ce n'est : 1) que le mot Ἑλλήσποντος fixe toute incertitude sur le sens de ἀφ' Ἑλλησπόντου de la première ; dans les deux cas il est question de la province et non du détroit. 2) Que ὑπέρ signifie ici, non « au-dessus » (ἄνω), mais « au-delà », comme dans Thucydide (I, 104 et pass.) ; les Grecs traduisaient la *Transalpina Gallia* des Latins, par ἡ ὑπὲρ Ἄλπεων Κελτική. 3) Que πρὸς Παμφυλίαν καὶ Ταῦρον ἀφορίζεται est la même chose que s'il y avait πρὸς εὖρον ἡ Παμφυλία καὶ ὁ Ταῦρος ταύτην ὁρίζουσι « elle est bornée par la Pamphylie et le Taurus » (1) ; il est bon de se rappeler, à cette occasion, que les géographes étendaient le Taurus jusqu'à la Carie (*Strab.*, XI, 791 C.).

Je trouve ailleurs dans Eunapius γραμματικῆς τε εἰς ἄκρον ἁπάσης ὥσπερ ἐκεῖνος ἀφικόμενος καὶ ῥητορικῆς (*in Porph.*, p. 16 et 17). Cette phrase m'a fait souvenir d'un passage d'Antoninus Liberalis, ἀφίκοντο τῆς Ἰταλίας παρὰ τὸν Ἀδρίαν, expliqué par M. Bast, dont les lettres grecques regretteront longtemps la perte (2). Ce savant blâme la version de Xylander « ad Italiæ Adriam venerunt », parce que, dit-il, Ἰταλίας dépend de ἀφίκοντο et non de Ἀδρίαν. Je ne sais si cette observation a toute la justesse de celles que faisait ordinairement M. Bast, helléniste aussi exact et circonspect que profond et sagace. Les réflexions suivantes ajouteront, je l'espère, quelque chose à l'article ἀφικνεῖσθαι, qui, dans les lexiques, m'a paru incomplet. Je prendrai mes exemples principalement dans Thucydide : les lexiques des principaux auteurs sont déjà publiés ; Thucydide attend encore le sien ; cette note prouvera peut-être qu'il ne serait pas moins utile que le *Lexicon Xenophonteum* de M. Sturz, ouvrage bien fait pour servir de modèle à tous ceux de ce genre.

Les exemples cités par M. Bast ne me semblent pas tous décisifs. Par exemple, dans celui d'Élien εἶτα ἐν καλῷ τῆς μνή-

---

(1) Voyez une locution semblable dans Platon, *in Critia*, III, p. 111, D, Serr.
(2) *Lettre crit. sur Ant. Lib.*, p. 138 sq.

μης ἀφίκετο (*Hist. anim.*, VII, 40), il n'est pas du tout démontré que τῆς μ. dépende du verbe : ce n'est pas l'opinion de M. Schæfer (1), qui cite beaucoup d'exemples du contraire. La phrase de Thucydide que rapporte M. Bast est encore plus positive contre son opinion : ἀφίκετο τῆς Ἀττικῆς εἰς Οἰνόην (II, 18) est pour εἰς Οἰνόην τῆς Ἀττικῆς; comme ἐσβαλὼν τῆς Ἀττικῆς εἰς Ἐλευσῖνα : σχόντες τῆς Ἠλείας ἐς Φειάν, deux exemples cités par Viger qui remarque cette transposition (2), ajoutez-y τῆς Ἀττικῆς ὄντας ἐν τῇ παραλίᾳ (Thuc., II, 56; Pausan. I, 27, p. 67, Kuhn); τῆς Ἀμφιλοχίας ἐν τούτῳ τῷ χωρίῳ φυλάσσοντες (*Id.*, III, 105); τῆς Μιλησίης ἐς Βραγχίδας (3), etc., où l'on voit que le génitif ne dépend pas du verbe, mais d'un substantif sous-entendu, dont l'ellipse n'a pas toujours lieu, témoin : ἀφίκοντο ἐς Πρασίας τῆς Λακωνικῆς πόλισμα (Thuc., II, 56); ἐς Ῥήγιον τῆς Ἰταλίας ἀκρωτήριον (4); ἐπὶ Στράτον πόλιν τῆς Ἀκαρνανίας (Thuc., II, 80; Xén., *Hellen.*, II, 1, 29), etc. Il paraît que cette transposition avait pour but d'appeler l'attention sur l'objet principal, en le présentant le premier. Mais elle est infiniment plus rare que la construction naturelle ἐς Μεθώνην τῆς Λακωνικῆς (5); ἐς Τάναγραν τῆς Βοιωτίας (6), etc. D'après cela, je ne vois pas qu'on puisse entendre autrement que Xylander la phrase d'Antoninus Liberalis τῆς Ἰταλίας παρὰ τὸν Ἀδρίαν. Thucydide et Hérodote fournissent d'ailleurs quelques locutions exactement parallèles, telles que ἐχώρουν Μεδεῶνος παρ' ἔσχατα (Thuc., III, 106); Λιβύης παρ' Ἄμμωνα ἀπέστειλε (Her., I, 46). Suidas cite la phrase de Thucydide τῆς Ἀ. ε. Ὀ. ἀφίκετο et ajoute οὕτω φησὶ Θουκυδίδης τὴν σύνταξιν. Duker trouvait cette phrase obscure; M. Bast entendait σύνταξις de la construction d'ἀφικνεῖσθαι avec le génitif; mais il

---

(1) Lamb. B. *ellips. græc.*, éd. Schæfer, p. 485.
(2) Viger. *Idiotism.*, IX, 2, 13, p. 594, Herman.
(3) Herod., I, 46. Ajoutez Polybe, II, p. 93, C; Xénoph. Hell., I, 1, 2; 4, 9; 6, 12 et 28; II, 1, 15 et 20; IV, 8, 7; VI, 4, 26; VI, 2, 30, etc.
(4) Thuc., VI, 44. On trouve avec l'ellipse ἐς Ῥήγιον τῆς Ἰταλίας, III, 86.
(5) *Id.*, II, 25. Voyez une inversion plus forte chez Xénoph. (περὶ πόρων, c. I).
(6) *Id.*, III, 91. Ajoutez II, 56, 84; III, 91, 93, 94; IV, 45, 73, 134; V, 13, 35, etc., etc.

me paraît certain que ce mot se rapporte à l'inversion de τῆς Ἀττικῆς εἰς Οἰνόην au lieu de ε. Ο. τ. Ἀ. Ce qui vient d'être dit lève tous les doutes qu'on pourrait encore se former sur la construction équivoque de certaines phrases telles que celles-ci : προελθόντες τῆς Θράκης ἐς μεσόγειαν (1) ; ἀφίκετο τῆς Χαλκηδονίης ἐπὶ τὸν Βόσπωρον (2), etc., dans lesquelles le génitif semblerait dépendre du verbe.

Ces détails m'ont semblé d'autant plus nécessaires que cette transposition a très souvent embarrassé. Je n'en rapporterai qu'un exemple : καὶ τῆς Καρίας ἐκ Μυοῦντος ἀναβὰς διὰ τοῦ Μαιάνδρου πεδίου, etc. (Thuc., III, 19). La traduction latine donne « ex urbe Myunte per Mæandrum Cariæ campum », ce qu'il n'est pas facile de comprendre ; les traductions françaises n'offrent pas non plus assez de clarté. Il faut construire ἐκ Μυοῦντος τῆς Καρίας. Thucydide étendait la Carie non-seulement jusqu'au Méandre, mais encore jusqu'au mont Mycale, ainsi qu'Hérodote et Xénophon (3).

Au reste, M. Bast cite deux autres passages d'Élien (*Hist. anim.*, IX, 56 ; XIV, 16), où, s'il n'y a pas altération, ἀφικνεῖσθαι se trouve joint au génitif. Mais, en montrant que, dans certaines phrases, le génitif ne dépendait pas de ἀφικνεῖσθαι, je n'ai pas prétendu nier que ce verbe ne pût *jamais* être suivi de ce cas. Ἀφικνεῖσθαι, comme tous les verbes qui marquent le mouvement, se construit avec ἐς, πρός et ἐπί gouvernant ou le génitif quand il signifie *ad*, ou l'accusatif quand il signifie *contra* (4).

Les exemples du premier cas sont rares, M. Sturz (5) en

---

(1) Thuc., I, 100. On pourrait être d'autant plus porté à croire le génitif gouverné ici par προελθεῖν, qu'on lit dans Xiphilin τῆς τε Ἀσίας ἐπὶ μήκιστον προελθών (*in Pomp.*, p. 4, ed. græc. Rob. Steph.).

(2) Hér., IV, 85. Cette phrase est tellement équivoque, que le célèbre interprète a traduit, « se rendit de Suze à Chalcédoine, *sur le Bosphore* » (III, 185) ; il avait cependant des phrases parallèles : ἀφικόμενοι τῆς Χαλκηδονίας ἐς Χρυσόπολιν (Xen. Hell., I, 1, 22) ; ἔπλευσε τῆς Λέσβον ἐπὶ Μήθυμναν (*id.*, I, 6, 12).

(3) Hér., I, 142 ; Xén. Hell., III, 2, 17 ; IV, 8, 17.

(4) C'est-à-dire en général. Walckenaer remarque qu'il y a beaucoup d'exceptions (*ad Phœniss.*, v. 79, p. 28). On en trouve chez Thucydide (I, 100, 129 ; VII, 35, etc.), Eunapius (*in Ædes.*, p. 32) et ailleurs.

(5) *Lexic. Xen. voce* ἀφικνεῖσθαι.

fournit deux ; un troisième ἀφικνοῦται ἐπὶ Θράκης (1) est le seul dont je me souvienne; il me rappelle le παρελθὼν ἐπὶ Θράκης de Démosthène (*Or. pro Cor.*, p. 524, v. I, *Orat. græc.*). Or, si nous supposons l'ellipse de la préposition ἐπὶ, nous aurons le génitif avec ἀφικνεῖσθαι, sans qu'il soit nécessaire, comme le voulait Henri Étienne, de changer ἀφικ. en ἐφικνεῖσθαι. Cette construction n'est donc pas absolument contre le génie de la langue, et dès lors elle est possible : la phrase τῆς Ἑλλάδος πορεύεσθαι (*sub.* ἐπί) nous le prouve (Xén., *Hell.*, VI, 4, 27), puisqu'on voit un verbe de mouvement suivi immédiatement d'un génitif. On lit aussi dans Lucien (*Dial. mort.*, XII, 3) ἐπιπλευσάντων τῆς Λιβύης; Hemsterhuys le changeait en τῇ Λιβύῃ; mais cela est inutile; la phrase revient à πλευσάντων ἐπὶ τῆς Λ. C'est ainsi que ἐπιβαίνειν gouverne le génitif(2); mais ce cas dépend de la préposition ἐπὶ; cela est si vrai qu'Homère a écrit ἐπὶ γῆς ἀλλοτρίης βῶσιν (3); de même προχεῖται τοῦ est pour κεῖται πρὸ τοῦ, ἐπικειμένῃ τῷ pour κειμένῃ ἐπὶ τῷ, et tant d'autres exemples où le substantif est régi, non par le verbe, mais par la préposition qui y est jointe.

Je terminerai toutes ces remarques, qui pourraient bien à la fin vous ennuyer, par une œuvre *méritoire :* c'est un plaidoyer en faveur d'une malheureuse leçon que donnent les manuscrits de Plutarque. Elle a été indignement chassée du texte par tous les éditeurs. J'entreprends de la réintégrer dans ses droits. Puisse le verbiage de l'avocat ne pas nuire à la bonté de la cause !

Dans la vie de Thémistocle, Plutarque, en s'attachant à développer les vues de ce grand homme, nous le montre occupé de changer le système politique des Athéniens; on le voit dirigeant leurs pensées vers la mer, dont il prévoyait que l'empire leur était destiné, créer une marine et mettre à profit un port naturel qu'il environna de fortifications redoutables. Dès lors la ville même d'Athènes devint, dans sa pensée, un

---

(1) Thuc., I, 60. Reiske voudrait ici ἐπὶ Θράκην, on ne voit pas pourquoi.
(2) Voyez les exemples cités par H. Étienne (*Thes. l. g.*, I, 647, col. 1, D.)
(3) Hom., *Odys.* ξ' 86. Cet exemple m'est fourni par H. Étienne.

objet secondaire; et toutes ses espérances durent naturellement se concentrer sur le Pirée (1) : « Aussi, ajoute Plutarque (§ 19, t. I, 476, Reisk.), Thémistocle attacha non le Pirée à la ville, comme le dit Aristophane, mais la ville au Pirée et la terre à la mer. » Οὐχ᾽ ὡς Ἀριστοφάνης ὁ κωμικός φησι, τῇ πόλει τὸν Πειραιᾶ προσέμιξεν, ἀλλὰ τὴν πόλιν ἐξῆψε τοῦ Πειραιῶς καὶ τὴν γῆν τῆς θαλάττης.

Meursius change προσέμιξεν en προσέμαξεν (*in Piræo*, c. 2), sous prétexte que ce dernier mot est dans Aristophane (ἱππ. v. 811, éd. Kust.). Les éditeurs de Plutarque n'ont pas balancé depuis à recevoir *dans le texte* le mot προσέμαξε, contre le témoignage des éditions antérieures et de tous les manuscrits, y compris les quatre plus anciens (2), qui donnent προσέμιξεν.

Mais comment ne pas voir, dans les mots προσμιγνύναι et ἐξάπτειν, l'intention bien marquée d'un rapprochement qui disparaît si l'on met προσέμαξε? Plutarque ne se sert-il pas à dessein de ces expressions employées fréquemment comme termes de marine? Entre les diverses acceptions de προσμιγνύναι, on remarque celle d' « aborder au rivage » : ainsi προσέμιξεν τῇ ἠπείρῳ (Thuc., I, 46); προσμίσγει τῷ Τάραντι (*id.*, VI, 104); προσμίξαντες τῇ Ἰκάρῳ καὶ Μυκώνῳ (3); προσμίξαντες τῇ τῶν Καμαριναίων χώρᾳ (4), etc. Mais cette acception ne peut être que le résultat d'une ellipse; et, sans un régime sous-entendu, on ne saurait arriver à l'idée de « mêler une chose à une autre », qui est la signification propre de προσμιγνύναι, à celle

(1) Thuc., I, 93, sq.
(2) Ces quatre mss. sont cotés 1671 (col. 2 *fin.*), 1074 (f. 51 *v.*), 1672 (f. 24 *r.*), 1673 (f. 33 *r.*). Bryan donne προσέμιξεν (I, 268), mais il observe dans sa note (p. 95), qu'il faut προσέμαξεν. M. Coray, en recevant προσέμαξεν, avertit qu'il suit la leçon de ses prédécesseurs (I, 441).
(3) Thuc., III, 29. Ce passage me paraît évidemment altéré dans toutes les éditions, car la flotte lacédémonienne, qui va du Péloponnèse en Asie, ne peut pas rencontrer Icaros avant Mycone. Cinq mss. donnent Κλάρῳ; ce mot est probablement la vraie leçon, puisque plus bas il est encore question de ce port des Colophoniates; mais, dans tous les cas, il faut nécessairement transposer les mots et lire προσμίξαντες τῇ Μυκώνῳ καὶ Ἰκάρῳ, ou bien καὶ Κλάρῳ.
(4) Polyb., I, p. 38 A, éd. Casaub. Et, par extension, ce mot signifie encore « approcher », ainsi προσμίσγειν τῇ πόλει, τῷ τείχει, etc., de Polybe; on sous-entend alors ἑαυτόν, στρατόν, στρατόπεδον, μηχανάς, etc.

d' « aborder »; ce régime est le même que celui qu'on sousentend après αἱρεῖν, mettre à la voile, ὁρμίζειν, mouiller, savoir τὴν ναῦν, le vaisseau; en sorte que προσμίσγειν τῇ ἀκτῇ est pour προσμίσγειν τὴν ναῦν τῇ ἀκτῇ, c'est-à-dire συνάπτειν τὴν ναῦν πρὸς τὴν ἀκτήν; c'est, en d'autres termes, le κατὰ δὲ πρυμνήσια ἔδησαν qui revient si souvent dans Homère, et dont la paraphrase serait en prose τοῖς ἀπογείοις ἐκ τῆς πρύμνης προσεδέσμησαν (ou κατέδησαν, ou προσέμιξαν, ou συνῆψαν) τὴν ναῦν πρὸς τῇ γῇ; d'où l'on voit que προσμίσγειν ne signifie autre chose que « attacher » (1); c'est également la signification de ἐξάπτειν; témoin cette phrase de Lucien, ἐξάψαντες (τοῦ αἰγιαλοῦ) τὰ ἀπόγαια, « ayant accroché les cordes au rivage » (*Ver. Hist.*, I, § 42). Ainsi, je ne sais pourquoi H. Étienne, après avoir cité notre passage de Plutarque et rapporté l'interprétation « ad mare terram adjunxit », ajoute : *quæ interpretatio mihi non placet* (*Thes. l. g.*, I, 498, col. 1, B) : elle est cependant bien naturelle et bien autorisée. Les deux mots προσμίσγειν et ἐξάπτειν emportent donc l'idée d' « attacher un vaisseau avec des câbles au rivage »; placés chacun dans un membre de phrase différent, ils établissent donc, entre ces deux membres, un rapport, une symétrie que l'auteur avait certainement en vue, et d'où résulte un rapprochement singulièrement énergique. Pour faire mieux sentir de quelle importance était le Pirée aux yeux de Thémistocle, Plutarque, considérant métaphoriquement ce port comme un navire, nous fait entendre que, dans la pensée de Thémistocle, *ce n'était pas le vaisseau qu'il attachait à la rive, mais la rive qu'il enchaînait au vaisseau* (2).

(1) Hesych. dit προσμίξας, συνάψας; joignez-y Xiphilin (*in Pomp.*, p. 1, fin. ed. gr.), ὥθ' ὅσοις προσμίξῃ, et Timée de Locres (*ap. Plat.*, III, p. 96, 4) ᾧ ποτέμιξε δύο δυνάμεις.

(2) Au reste, ces expressions « attacher la ville au Pirée » ne doivent pas s'entendre des longs murs, μακρὰ τείχη ou σκέλη, qui joignaient Athènes à ses trois ports, car Thémistocle n'y mit jamais là main; ce fut Cimon qui les commença. Pausanias a eu tort de dire ὑπὸ Θεμιστοκλέους οἰκοδομηθέντα (I, c. II, p. 6); il a induit en erreur le Dʳ Chandler. Ou les mots προσμίσγειν et ἐξάπτειν indiquent au figuré l'importance du Pirée, ou ils feraient entendre au propre que Thémistocle avait commencé ses opérations par achever de combler le bras de mer qui séparait dans l'origine le Pirée du continent. (Strab. I, 101, C. Suidas, *s. voce* ἔμβαρός εἰμι.)

A la place de προσέμιξε *donné par tous les manuscrits*, mettons pour un moment προσέμαξε; quel changement! Au lieu d'une idée vive et juste, exprimée avec énergie et originalité, nous ne trouvons plus qu'une allusion froide et décolorée, surtout si nous nous pénétrons bien du véritable sens de προσμάττειν, entrevu par Casaubon (1), démontré par M. Coray (2), qui est « apprêter un mets de plus », mot plaisant dans Aristophane, mais insignifiant dans Plutarque, d'après le reste de la phrase. On en jugera si on compare la phrase d'Amyot (t. II, p. 40) et celle de Domenichi (3), qui tous deux ont lu προσέμιξεν, avec la version embarrassée et la note obscure de Dacier, qui voulait προσέμαξεν (II, 155, in-4°).

On m'objectera que προσέμαξεν est dans Aristophane : cela est vrai et ne fait rien à la chose. Les anciens citaient le plus souvent de mémoire; et Plutarque, plein de sa pensée, a pu s'imaginer avoir lu προσέμιξε; changement qui n'altérait en rien la mesure du vers et présentait, d'ailleurs, un sens excellent qu'il a fait valoir. La correction de Meursius est un des nombreux exemples des conjectures hasardées auxquelles on a été entraîné quand on a absolument voulu retrouver les expressions mêmes de l'auteur cité, au lieu de s'attacher au sens général et au rapport intime de la citation avec l'objet qui l'amène; il s'agit de savoir, non comment Plutarque aurait dû, mais comment il a pu écrire. Ne pourrait-on pas d'ailleurs rétorquer l'argument de Meursius, et soutenir, avec presque autant de fondement, qu'il faut corriger Aristophane d'après Plutarque, sous prétexte que les manuscrits de ce dernier ont peut-être conservé la véritable leçon? Mais cette chicane ne servirait à rien; il vaut mieux laisser les choses comme elles sont : προσέμιξεν, *donné par tous les manuscrits*, fait un sens exquis chez l'historien; ne le lui ôtons pas; προσέμαξεν, *donné par les ma-*

---

(1) *Ad Aristoph. Equit. ap. Kuster*, p. 96.
(2) Trad. du *Traité des airs, eaux et lieux*, II, 5.
(3) *Ora Temistocle, non come dice Aristofane, aggiunse il Pireo alla città, anzi accomodò la città al Pireo e la terra al mare* (I, 188, éd. 1607).

nuscrits, est fort bon chez le poète comique ; pourquoi le lui enlever (1)?

C'est à vous à prononcer, Monsieur ; vous êtes l'un des juges les plus compétents en ces sortes d'affaires. L'avocat n'appellera pas de votre décision.

J'ai l'honneur d'être, etc.

A. LETRONNE.

---

(1) *Plutarchus hunc locum respiciens vel comici verba mutavit, vel ipse a mala librariorum manu laborat.* Telle est la note pleine de circonspection d'un grand critique (*Brunck ad Arist. Equit.*, p. 36, t. III).

ESSAI CRITIQUE

SUR

LA TOPOGRAPHIE DE SYRACUSE

AU COMMENCEMENT DU Ve SIÈCLE AVANT L'ÈRE VULGAIRE

Pour servir à l'intelligence de quelques auteurs anciens et faire suite
aux éditions et traductions de Thucydide (1).

AVANT-PROPOS

Entre toutes les colonies sorties de la Grèce, Syracuse est sans contredit celle qui a joué le plus grand rôle. Fondée par les Corinthiens 757 ans avant Jésus-Christ, elle éclipsa bientôt les établissements grecs de l'Italie et de la Sicile. Dès l'an 480, elle était parvenue à un assez haut degré de puissance pour être en état de mettre sur pied une armée considérable, qui, sous la conduite de Gélon, mit en fuite près d'Himère les Carthaginois descendus à Panorme. Elle devint à cette époque la clef de toute la Sicile (2) : aussi tous les peuples qui aspirèrent dans la suite à la possession de cette île tant disputée ne s'en croyaient-ils les maîtres que lorsqu'ils l'étaient de Syracuse ; de là les sièges nombreux qu'elle eut à soutenir, depuis

---

(1) [Paris, 1812, in-8. L'édition originale porte cette dédicace : A Monsieur Edme Mentelle, membre de l'Institut ; à l'un des savants qui ont le plus contribué à répandre en France le goût des études géographiques, Letronne, son élève et son ami, dédie ce premier essai comme un faible témoignage de son respect et de sa reconnaissance, 1812.]

(2) Thucyd., VI, 33, 91.

l'inutile tentative des Athéniens, jusqu'à ce qu'elle eût été définitivement soumise par les armes romaines.

Une ville qui rappelle tant de souvenirs ne devait pas être oubliée dans les laborieuses recherches des érudits, qui, depuis la renaissance des lettres, se sont attachés à dissiper les ténèbres de l'antiquité ; et, en effet, il n'est point de villes, après Athènes et Rome, qui aient été l'objet d'aussi grands travaux. Fazelli, Mirabella, Bonanni, mais surtout Cluwer et d'Orville (1), en interrogeant les ruines de cette fameuse cité, en s'aidant des renseignements fournis par les anciens, sont parvenus à nous donner une idée de ce que pouvait être Syracuse au temps de sa splendeur, lorsqu'elle excitait la cupidité de Verrès.

Il est donc permis de croire que tout a été dit sur l'état de Syracuse au temps de Cicéron : mais la topographie de cette ville à une époque antérieure n'a été qu'effleurée par les savants ; et cependant elle méritait bien d'être approfondie, puisqu'elle devait contribuer à éclaircir le texte de Thucydide, et à jeter beaucoup de jour sur l'un des évènements les plus intéressants de l'histoire grecque, l'expédition de Sicile, dont le mauvais succès porta un coup terrible à la puissance des Athéniens, mais dont la réussite aurait eu des résultats incalculables : car la prise de Syracuse, en assurant la conquête de la Sicile, aurait détruit l'équilibre salutaire d'Athènes et de Sparte. Enhardie par ses succès, forte de la possession de la Sicile, Athènes se serait abandonnée à l'exécution de tous ses projets ; et il est impossible d'imaginer jusqu'à quel point se serait réalisée l'espérance qu'Alcibiade lui avait fait concevoir, de conquérir la Grande Grèce, le Péloponnèse et Carthage (2).

Le tableau que Thucydide nous a présenté de cet évènement ne laisse rien à désirer pour la richesse, la vérité, l'énergie des couleurs : il a tout embrassé, depuis les causes

---

(1) Mirabell., *Iconograph. Syracusar.* — Fazelli, *de Rebus siculis.* — Bonanni, *Antiquitat. Syracus.* — Cluver., *Sicilia antiqua.* — D'Orvill., *Sicula*, in-fol.

(2) Plutarch., *in Nic.*, 12, tom. III, 364, ed. Reisk. — Thucyd., VI, 90, 34.

secrètes qui l'amenèrent jusqu'aux funestes résultats dont il fut suivi ; et ce morceau si complet est en même temps un des plus beaux épisodes dont aucun historien ait jamais embelli son récit. Pourquoi faut-il que la manière propre à Thucydide l'ait hérissé de difficultés de tous genres, qui tiennent moins encore aux locutions et aux tournures particulières à l'écrivain, qu'aux détails d'opérations militaires et aux renseignements topographiques, dont l'intelligence dépend presque uniquement de la connaissance des localités? On chercherait vainement des explications suffisantes dans les ouvrages indiqués ci-dessus : à l'exception de Cluwer et de d'Orville, qui en ont donné en passant quelques-unes, tous les auteurs ont gardé le silence à cet égard.

Thucydide réclamait donc un travail spécial, et je regrette que les philologues qui ont consacré leurs veilles à l'interprétation de notre historien, ne l'aient point entrepris. Traité avec l'érudition et la saine critique qui les distinguent en général, il eût été complet. Aussi, pour m'y livrer à leur défaut, il ne m'a pas fallu moins que les encouragements de plusieurs savants distingués, entre lesquels je nommerai M. Gail, qui, outre une édition de Thucydide avec les variantes de treize manuscrits, a donné sur cet auteur les observations les plus étendues qu'on ait encore faites en France. Elles m'ont bien souvent guidé dans ma route, de même que les savantes leçons de cet habile et zélé professeur m'avaient auparavant mis en état de l'entreprendre.

Déterminer l'étendue de Syracuse lorsque les Athéniens en faisaient le siège ; indiquer les monuments dont l'existence à cette époque m'a semblé constatée par le témoignage de l'histoire ; rendre sensibles à l'œil les principales opérations militaires des deux peuples en développant les travaux du siège, afin que le lecteur puisse se retrouver dans un labyrinthe de détails, au milieu desquels il est si facile de s'égarer, tel est le but que je me suis proposé.

Le Mémoire qu'on va lire présente l'analyse des recherches qu'a exigées le plan de Syracuse : je ne le publie que parce qu'il a paru servir encore plus que ce plan à l'explication de plusieurs passages dont l'intelligence est nécessaire à celle de beaucoup d'autres; et c'est peut-être à ce titre qu'il a inspiré assez d'indulgence pour que la troisième classe de l'Institut ait bien voulu autoriser le savant M. Barbié du Bocage à lui en faire lecture dans une de ses séances particulières (1).

Si, en expliquant quelques passages, j'ai cru devoir m'écarter du sens reçu jusqu'à présent, je ne l'ai jamais fait qu'avec la défiance de soi-même qu'on doit avoir quand on s'éloigne de l'opinion de ses maîtres, et seulement lorsque l'examen attentif des localités m'a permis de prononcer sur le sens, jusqu'alors incertain, d'un passage dont l'explication demandait plutôt le coup d'œil du géographe que l'érudite sagacité du critique.

(1) Le fond de ce plan appartient à M. de Laborde. Le grand port a été réduit d'après le plan de Syracuse moderne par Bonanni.

PREMIÈRE PARTIE

CHAPITRE PREMIER

DE LA VILLE DE SYRACUSE

Syracuse occupait, sur la côte orientale de la Sicile, un plateau qui se termine dans la mer sous la forme d'une espèce de presqu'île (1) resserrée entre deux petits golfes, dont l'un au nord se nommait le *port de Troqile*, et l'autre au sud était le *grand port*. Ce plateau, escarpé des deux côtés, pénètre dans l'intérieur des terres, en s'élevant toujours, jusqu'à la distance d'environ une lieue et demie ; il est terminé par les collines auxquelles on avait donné le nom d'*Épipoles*, et qui formaient la limite occidentale de Syracuse. En avant de la presqu'île formée par ce plateau s'étend, du nord-ouest au sud-est, une petite île, jadis faible partie de l'ancienne ville, mais qui suffit maintenant pour renfermer les misérables restes de cette *maxima græcarum urbium* dont la circonférence était de 180 stades (2).

§ I. — *Syracuse au temps de Cicéron.*

Au temps de Cicéron, Syracuse était divisée en cinq quartiers ou *villes,* ainsi que cet orateur les appelle ; il en fait une description magnifique dont je rappelle ici les principaux traits :

1° *Ortygie,* jointe au reste de la ville par un pont, renfermait le palais du roi Hiéron, plusieurs temples, dont les plus

---

(1) *Schol. Thucyd. ad* VI, 99. Cluwer a cru qu'il s'agissait d'Ortygie dans la phrase un peu obscure du scholiaste : il suffit de lire la scholie suivante pour se convaincre du contraire.

(2) Strabon, VI, 415, A.

célèbres étaient ceux de Minerve et de Diane : à l'extrémité de l'île se trouvait la fontaine Aréthuse, qu'un môle en pierres défendait contre les flots du grand port.

2° *Achradine* était embellie d'un forum spacieux, de portiques superbes, d'un riche prytanée, d'un vaste tribunal, et d'un temple de Jupiter Olympien. Une rue large, coupée à angles droits par une multitude d'autres plus petites, la traversait d'une extrémité à l'autre.

3° *Tychè*, qui avait pris son nom d'un temple de la Fortune (Τύχη), était remarquable par un ample gymnase et plusieurs édifices sacrés.

4° Dans le quatrième quartier, appelé *Néapolis,* parce qu'il fut le dernier bâti, on voyait un grand théâtre, deux superbes temples, l'un de Cérès, l'autre de Proserpine, et une statue d'Apollon Téménite (1).

Enfin le cinquième, nommé *Épipoles,* ne fut jamais bâti, à cause des difficultés que présentait l'irrégularité du terrain. Voilà pourquoi Cicéron le passe sous silence (2).

De ces cinq quartiers, les deux premiers formaient la ville proprement dite : Tychè et Néapolis n'en furent pendant longtemps que les faubourgs; et, quoiqu'Épipoles eût été entouré de murs par Denys le tyran la troisième année de la 94ᵉ olympiade (3), nous venons de voir que souvent on ne le regardait pas même comme faisant partie de la ville.

§ II. — *Syracuse au temps de Thucydide.*

Telles étaient les parties qui composaient Syracuse au temps de Cicéron, c'est-à-dire vers l'an de Rome 678, ou 74

---

(1) Cicer., *in Verr.*, IV, 52 sq.

(2) Ausone a suivi Cicéron en donnant à Syracuse l'épithète de *quadruplices*. Le scholiaste de Pindare (*ad Pythic.*, II, 1) ne compte également que quatre quartiers, en oubliant, non Épipoles, mais Ortygie, c'est-à-dire la plus ancienne, et à cet égard une des plus remarquables parties. Au reste, cette division en quatre parties se trouve indiquée sur quelques médailles par différents signes qu'on ne saurait méconnaître. (Voy. Petr. Burman., *Secund. Comment. ad Numism. Sic. Tab. 7, n. 9, ad Calc;* d'Orvill., *Sicul.,* p. 342).

(3) Diodor. Sic., XIV, 18, tom. I, 653, 654.

avant l'ère vulgaire, époque à laquelle ce grand orateur, ayant passé en Sicile en qualité de questeur (1), dut recueillir sur Syracuse les données historiques et géographiques qu'il consigna depuis dans ses immortels discours contre Verrès.

Mais, lors du siège de cette ville par les Athéniens (340 ans avant la questure de Cicéron), elle n'avait pas, à beaucoup près, une étendue aussi considérable : on peut facilement s'en convaincre en lisant Thucydide avec quelque attention.

Pour nous aider à déterminer la différence qui dut exister entre la Syracuse de Cicéron et celle de Thucydide, deux guides se présentent, *Thucydide* et *Diodore;* car il faut compter presque pour rien les notions que fournit *Plutarque* : outre qu'elles sont peu nombreuses, il les a le plus souvent même empruntées à Thucydide. C'est ce dernier seul qui mérite toute notre confiance, tant en sa qualité de témoin auriculaire qu'en raison des soins qu'il prenait pour rassembler les documents les plus exacts (2); il ne lui fut point difficile en cette occasion de recueillir des détails précis de la bouche même des malheureux Athéniens, qui, échappés au fer de l'ennemi, parvinrent, après des fatigues incroyables, à revoir leur patrie (3) : aussi devons-nous regarder comme extrêmement exacts des faits puisés à une telle source, et que la critique éclairée de l'historien avait encore épurés par la comparaison de tous ces témoignages. Quant à Diodore, sa qualité de Sicilien semblerait devoir ici lui donner un grand poids; mais, peu versé dans la critique historique, il ne s'est pas attaché à distinguer les époques dans la topographie de Syracuse : son autorité, quand elle est seule, doit donc être comptée pour bien peu de chose.

Au commencement du sixième livre de son histoire, Thucydide nous représente Syracuse comme divisée en deux parties, en *ville intérieure* et *ville extérieure :*

Συρακούσας δὲ τοῦ ἐχομένου ἔτους, Ἀρχίας τῶν Ἡρακλειδῶν ἐκ

---

(1) *Middleton's Life of Cicer.,* I, 65, sq.
(2) Thucyd., I, 21, 22.
(3) Thucyd., VIII, 1.

Κορίνθου ᾤκισε, Σικελοὺς ἐξελάσας πρῶτον ἐκ τῆς Νήσου, ἐν ᾗ νῦν οὐκέτι περικλυζομένῃ ἡ πόλις ἡ ἐντός ἐστιν· ὕστερον δὲ χρόνῳ καὶ ἡ ἔξω προστειχισθεῖσα, πολυάνθρωπος ἐγένετο (1).

C'est-à-dire : « L'année suivante, Archias, un des Héra-
« clides, partit de Corinthe, et fonda Syracuse après avoir
« chassé de l'*île* (d'Ortygie) ceux des Sicules qui l'habitaient.
« Cette île, jointe maintenant à la Sicile, forme la *ville inté-*
« *rieure :* dans la suite, la *ville extérieure*, réunie à la première
« par une chaussée (littéralement un *mur*), devint fort
« peuplée. »

La *ville intérieure* était donc renfermée dans l'île d'Ortygie : ainsi nul embarras sur son étendue. Il n'en est pas de même de la *ville extérieure*, que Thucydide place sur la côte même de la Sicile. Jusqu'où s'étendait cette ville extérieure ? quelles parties comprenait-elle dans son enceinte ? Voilà des questions auxquelles Thucydide ne répond pas, mais dont on trouve la solution en rassemblant les divers passages de ses sixième et septième livres.

Je commence par adopter la division qu'il nous donne, quelque vague qu'elle soit.

CHAPITRE II

VILLE INTÉRIEURE OU ORTYGIE

La ville intérieure, comme on l'a vu, n'était que l'île d'Ortygie, que l'on appelait l'*île* et même la *ville* par excellence, parce qu'elle avait été le berceau de Syracuse (2) : c'est ainsi qu'à Athènes, l'Acropolis avait conservé jusqu'au temps de Thucydide le nom de πόλις (3), et qu'à Paris nous appelons l'île de Notre-Dame *la cité*.

---

(1) Thucyd., VI, 3. Voy. la note 1.
(2) C'est ce qu'on peut inférer d'un passage de Diodore (XVI, 10, t. II, p. 70) mal entendu par Terrasson (*trad. de Diod.*, IV, 456), et d'un autre de Plutarque (*in Dion.*, 42, V, 321) ; ce qui ne me paraît pas avoir été remarqué.
(3) Thucyd., II, 15.

Lorsqu'Archias de Corinthe, fondateur de Syracuse, arriva en Sicile 757 ans avant Jésus-Christ, Ortygie était habitée par quelques Sicules. Cette nation italique avait passé en Sicile 300 ans avant la fondation de Naxos, selon Thucydide (1), 1058 ans avant Jésus-Christ; ou, selon Hellanicus de Lesbos, 90 ans avant la guerre de Troie (2) : après avoir repoussé les Sicaniens, peuple d'origine espagnole, vers les parties méridionale et occidentale de l'île, elle s'établit sur la côte orientale. A l'arrivée des Grecs, les Sicules furent à leur tour obligés d'abandonner avec Ortygie toute cette côte, et de se réfugier dans l'intérieur et vers le nord, où les Grecs n'eurent pendant bien longtemps que la colonie d'Himère (3).

Ortygie suffit d'abord à la colonie d'Archias ; mais bientôt l'accroissement de la population força les colons de s'étendre sur la côte de la Sicile même, et d'y construire de nouvelles habitations : ainsi commença la ville extérieure. Pour faciliter la communication des deux quartiers, on les joignit par une chaussée en pierre (4), qui subsistait encore au temps de Thucydide; mais, renversée à une époque inconnue par les tremblements de terre ou la violence des flots, elle fut remplacée par un pont (5). Les ruines de ce pont et celles des édifices voisins ont de nouveau formé la chaussée qu'on voit aujourd'hui.

De tous les édifices qui au temps de Cicéron embellissaient Ortygie, les temples de Diane et de Minerve sont les seuls dont l'existence au cinquième siècle avant Jésus-Christ m'ait paru constatée.

Pindare fait mention du *temple de Diane*, qu'il appelle Ποταμίας ἕδος Ἀρτέμιδος, « siège de Diane Alphéienne » (6), faisant allusion à la fable d'Alphée et d'Aréthuse. La scholie

---

(1) *Id.*, VI, 2.
(2) *Dionys. Halic. Ant. Rom.*, I, p. 18. Sylburg. suivi par Micali (*l'Ital. avanti il dom. de' Rom.*, I, 56).
(3) Thucyd., VI, 62.
(4) *Ibycus ap. Strab.*, I, 102. A. *Schol. Pind. ad Nem.*, I, 1.
(5) Strab., VI, 415. Cic. *l. c.*
(6) Pindar., *Pyth.*, II, 12.

de ce vers (ἵδρυται γὰρ ἄγαλμα Ἀρτέμιδος ἐπὶ τῇ Ἀρεθούσῃ) ferait supposer que ce temple était situé non loin de la fontaine Aréthuse, si ἐπὶ τῇ Ἀρεθούσῃ ne signifiait pas tout simplement ἐν τῇ Ὀρτυγίᾳ, par opposition aux autres parties de Syracuse. J'ai suivi, pour la position de ce temple, l'opinion de Bonanni, que des indices suffisants semblent avoir guidé : quant à la fontaine Aréthuse, la situation en est si bien connue, que je dois me contenter de renvoyer à Cluwer le lecteur curieux de lire tous les passages des anciens qui y sont relatifs (1).

Le temple de Minerve est pour nous d'un tout autre intérêt, puisqu'il offre encore de fort beaux restes enchâssés maintenant dans les murs latéraux de la cathédrale de la Syracuse actuelle. Le style seul de l'architecture fait déjà présumer que ce temple existait dès le temps de Thucydide ; mais il est nécessaire de chercher à en déterminer l'époque.

M. Wilkins, dont l'ouvrage tout récent n'empêche pas les amis des arts de désirer vivement encore la publication de celui de M. Dufourny, se croit en droit d'affirmer que ce monument est aussi ancien que la fondation de Syracuse, c'est-à-dire qu'il en place la construction au huitième siècle avant Jésus-Christ (2); assertion assez étrange de la part d'un artiste qui, ayant visité toute la Sicile, a dû sentir qu'une telle supposition embrasse nécessairement presque tous les anciens temples de cette île, lesquels, sans en excepter celui de Syracuse, se ressemblent par leur disposition et le caractère de leur architecture : cette ressemblance est surtout frappante entre le temple de Minerve à Syracuse (3); celui dit de Junon Lucine à Agrigente (4), et le grand temple de Pæstum, dit vulgairement Hypèthre (5), tous trois hexastyles-périptères, dont, à quelques différences près, les colonnes à

---

(1) Cluver., I, 12, 190.

(2) *Antiquities of Magna Græcia*, ch. ii, p. 16, fol. Camb., 1807. *We may venture*, dit M. W., *to affirm that it is coeval with the first appearance of the Greeks in Sicily*.

(3) *Wilkins's Antiq. of Magna Gr.*, ch. ii, pl. 2, 3, 4 et 5.

(4) *Id.*, ch. iii, pl. 3, 4 et 5.

(5) *Id.*, ch. vi, pl. 4, 5 et suiv.

dix-huit cannelures ont les mêmes proportions, les chapiteaux et l'entablement la même forme, et l'intérieur la même disposition générale : d'où il résulte presque évidemment qu'ils sont du même siècle. Il faudrait alors en conclure, d'après l'assertion de M. Wilkins, qu'ils datent tous du huitième ou du neuvième siècle; et cette conclusion rentrerait assez, quant à la date qu'elle établit, dans l'opinion du P. Paolo et des autres partisans de l'antiquité indéfinie des temples de Pæstum, qui veulent absolument en faire honneur aux Étrusques, sans songer que, d'après les raisons mêmes qu'ils allèguent, on devrait aussi attribuer à ce peuple les temples de la Sicile, parmi lesquels il s'en trouve dont les colonnes n'ont pas plus de trois diamètres et demi de hauteur.

Mais, aux notions qui tiennent à la nature de l'art, se joignent encore les renseignements de l'histoire, pour combattre cette opinion. Diodore de Sicile raconte qu'après la victoire remportée par Gélon à Himère sur les Carthaginois en 490, les Agrigentins employèrent leurs nombreux prisonniers aux travaux de la construction de leurs plus grands temples (1); c'est ainsi que, sous Titus, les Juifs travaillèrent à bâtir le Colisée à Rome : mais, comme les autres temples d'Ægeste et de Sélinonte sont du même style que ceux d'Agrigente, il s'ensuit que tous paraissent avoir été bâtis en même temps. Or, il est très difficile d'expliquer une unité d'intention aussi remarquable chez plusieurs peuples de la Sicile, à la même époque, à moins d'admettre que toutes les villes de cette contrée suivirent l'exemple des Agrigentins, en faisant travailler leurs prisonniers carthaginois : on en conclura, avec beaucoup de raison, que ces temples datent tous de la fin du cinquième siècle. On sait en outre que les Sybarites vinrent s'établir à Pæstum après avoir été chassés de leur ville par les Crotoniates la troisième année de la 67ᵉ olympiade, 509 ans avant Jésus-Christ (2) : il est probable que c'est peu de temps après

---

(1) *Diod. Sic.*, XI, 25, t. I, p. 423, οὗτοι μὲν τοὺς λίθους ἔτεμνον, ἐξ ὧν οὐ μόνον οἱ μέγιστοι τῶν θεῶν ναοὶ κατεσκευάσθησαν, κ. τ. λ.
(2) Wesseling, *ad Diod. Sic.*, XII, p. 484, l. 53, t. I.

qu'ils bâtirent les temples dont on a tant parlé (1) : ainsi, l'histoire confirme la conjecture formée par l'artiste sur l'identité des époques qui ont vu s'élever les temples de Pæstum, d'Agrigente, d'Ægeste et de Sélinonte.

Pour achever de donner du poids à cette conjecture, il faudrait qu'une autorité historique fît remonter jusqu'au cinquième siècle la construction du temple de Minerve à Syracuse, qu'on a vu si ressemblant aux autres. Or, cette autorité existe dans un passage très important, où Diodore dit que ce temple fut construit sous le gouvernement des *Géomores* (2). Ces Géomores, qui paraissent avoir été à Syracuse, comme dans beaucoup d'autres colonies grecques, les descendants des premiers fondateurs, constituaient, ainsi qu'à Chio (3), les PROPRIÉTAIRES (ou la NOBLESSE), distingués du *peuple* et des *esclaves* (4). Ils parvinrent à s'emparer du gouvernement 596 ans avant Jésus-Christ, ou la première année de la 46.ᵉ olympiade : et cette aristocratie dura jusqu'à une époque assez vaguement indiquée par Denys d'Halicarnasse (5), mais qu'il n'est guère possible de reculer plus haut qu'entre 495 et 500, si l'on combine bien la chronologie de cet historien avec celle d'Hérodote. C'est donc entre 594 et 495 que le temple de Minerve a été construit : le terme moyen sera de 550 à 540 ; ce qui cadre fort bien avec le temps de la construction des autres temples, à un demi-siècle près qui doit être compté presque pour rien, quant aux progrès de l'art à une époque aussi reculée.

Ce synchronisme remarquable n'aura certainement pas échappé aux artistes antiquaires; mais il me semble mériter d'être discuté à fond, en ce que la question, considérée sous ce point de vue, pourrait conduire plus efficacement

---

(1) Voyez une note de C. Fea dans l'*Hist. de l'Art* de Winckelm. t. II, 2ᵉ part., p. 297 et suiv., éd. de 1803.

(2) Diod., *Sic. in Excerpt. Peiresc.*, t. II, p. 549.

(3) Thucyd., VIII, 21, et *ibi* Duker.

(4) Herod., VII, 154. Suidas, *voc.* καλλίκυροι.

(5) D. Halic., *Ant. Rom.*, V, p. 388, l. 38. Cf. Sainte-Croix, *Mém. de l'Acadèm. des Inscript.*, t. XLVIII, p. 111-114.

à éclaircir un fait très intéressant pour l'histoire de l'art.

Quant à l'objet qui m'occupe, je retire de cette petite digression la certitude que le temple de Minerve existait au temps de Thucydide ; et c'est un résultat qui me suffit en ce moment.

Bonanni et Mirabella placent encore dans l'île d'Ortygie un *temple de Junon*, qui renfermait, selon eux, la statue du tyran Gélon ; mais, comme cette opinion est basée sur un passage d'Élien évidemment altéré, l'existence de ce temple est tout à fait chimérique (1).

Ortygie avait été entourée de murs à une époque ancienne, mais inconnue ; la première mention historique qu'on en trouve ne remonte qu'à la deuxième année de la 79e olympiade, 463 ans avant Jésus-Christ (2). Denys ajouta à cette première fortification des travaux considérables : après avoir séparé par un mur transversal Ortygie de l'Achradine, il la rendit presque imprenable de ce côté (3), au moyen d'une citadelle qu'il fit construire et fortifier à grands frais pour lui servir d'asile en cas de révolte (4). On sait quel parti il sut en tirer peu de temps après, lors de la guerre de Dion : enfermé dans sa forteresse, il résista pendant longtemps aux armes de ce général, et lui vendit bien cher la liberté de Syracuse.

CHAPITRE III

VILLE EXTÉRIEURE

On se souvient que Thucydide désigne sous ce nom la partie de Syracuse située hors de l'île d'Ortygie, et qui, du temps de Cicéron, se composait des quartiers Achradine, Tychè, Néapolis et Épipoles.

---

(1) Voy. la note II.
(2) Diod. Sic., XI, 73, t. I, 459.
(3) *Id.*, XIV, 7, t. I, 643. Voy. la note III.
(4) *Id., ib.*, 644, lin. 16. Voy. la note IV.

§ I. — *Achradine*.

Elle était bornée à l'est par la mer, au nord par le port de Trogile, à l'ouest par les quartiers de Tychè et de Néapolis (1), au sud par le grand port.

Achradine fut habitée après Ortygie : le texte de Thucydide est formel à cet égard. Mais combien de temps après l'arrivée d'Archias ? C'est ce qu'aucun auteur ne peut nous apprendre avec précision. La phrase de Thucydide, citée et discutée plus haut (2), donne à entendre, comme l'a pensé M. La Porte Dutheil (3), que l'établissement d'Ortygie a précédé de fort peu celui d'Achradine : ce que confirment deux témoignages positifs ; savoir, que les Syracusains, soixante-dix ans après la fondation de Syracuse, bâtirent les villes d'Acres (4) et d'Enna (5). Il est clair qu'avant d'envoyer au loin un excédent de population qui n'aurait pu qu'ajouter à la force de la colonie, les Syracusains durent penser à étendre leur établissement sur la côte voisine d'Ortygie. Quand ils virent, quelque temps après, que ce second quartier ne suffisait plus pour contenir les nouveaux colons attirés de tous côtés par l'heureuse situation de Syracuse, ils purent alors songer à envoyer deux colonies à Acres et Enna, dont la situation leur avait paru propre à favoriser leurs relations avec l'intérieur. *Achradine* a donc, selon toute probabilité, précédé la fondation d'Enna et d'Acres, c'est-à-dire qu'elle est antérieure à l'an 688 avant l'ère vulgaire. Il s'ensuit que la construction de ce quartier se rapproche beaucoup de l'arrivée d'Archias ; et l'on ne s'éloignerait pas beaucoup de la vérité, en supposant qu'il a commencé à prendre quelque consistance entre les années

---

(1) D'Orville dérive le nom d'*Achradine* d'ἀχράς, espèce de poirier sauvage qui croît encore maintenant près de la *Scala Greca*. (*Sicula*, c. xi, p. 179.)
(2) Voy. supra, p. 23.
(3) Trad. de Strabon, II, 358, not. 3. Voy. la note V.
(4) Thucyd., VI, 5.
(5) Steph. Byz., *voce* Ἔννα.

710 à 700 avant l'ère vulgaire, ou 40 à 50 ans après la fondation de Syracuse.

Il est assez difficile de savoir si *Achradine* s'était agrandie depuis Thucydide ; mais, en remarquant la rapidité avec laquelle, depuis le siège des Athéniens, les faubourgs de *Tychè* et de *Néapolis*, qui auparavant n'étaient presque rien, s'accrurent et se peuplèrent, on aura quelque raison de penser que les limites de ce quartier n'ont pas dû être reculées à l'ouest, parce qu'il paraît que la population qu'il ne pouvait plus contenir se porta dans les faubourgs.

Dès le temps de Thucydide, *Achradine* était entourée de bonnes murailles. Celle de l'ouest existait sans contredit, quoique Thucydide n'en parle pas : autrement les Athéniens, en attaquant la ville de ce côté, s'en seraient aussitôt rendus maîtres. Quant à la muraille du côté de la mer, elle existait bien avant cette époque (1). Mais *Achradine* était encore mieux défendue par les rochers escarpés dont le pied est baigné des flots (2) : voilà pourquoi Plutarque la regarde comme la plus forte de toutes les parties de Syracuse (3).

Achradine était sans doute, dès le cinquième siècle avant J.-C., ornée d'un grand nombre de beaux édifices ; mais le silence des anciens à cet égard est si absolu, qu'il me semble impossible de connaître soit le nombre de ces édifices, soit la direction des rues. Je me suis cependant hasardé à tracer la principale *rue* dont parle Cicéron, parce que la direction d'une rue semblable, d'une rue qu'on pourrait dire fondamentale, n'a jamais dû éprouver de changement (4).

Tout ce que j'ai pu découvrir se réduit à un *forum*, et à ce que les historiens nomment Νεώσοικοι.

Le *forum* (5), que Cicéron qualifie de *maximum*, se trouvait, si nous en croyons Bonanni (6), tout près de l'isthme

(1) Diod. Sic., XI, 73, t. I, 459, lin. 41.
(2) D'Orvill. Sicul., c. xi, p. 177.
(3) *Plutarch. in Marcell.*, 18. p. 440, *in Timol.*, 18. p. 204, t. II.
(4) Voy. la note VI.
(5) Diod. Sic., XIII, 33, p. 567-75, p. 601-113, p. 634, t. I-XVI, 10, t. II, p. 90.
(6) *Bon.*, Ant. Syr., I, 2, p. 49, E.

d'Ortygie, au pied de cette hauteur que traverse la muraille d'Achradine.

Quant aux Νεώσοικοι, ils étaient incontestablement dans l'intervalle qui sépare les murs d'Achradine du canal d'Ortygie. Mais il ne sera pas inutile de remarquer que le mot Νεώσοικος n'a point été expliqué avec assez de précision ; d'où il résulte qu'on l'a le plus souvent confondu avec νεώριον : aussi voit-on ces deux mots traduits indifféremment par *navalia*.

Thucydide et Diodore ont bien soin de ne les pas confondre; ils s'accordent à placer un νεώριον dans Ortygie (1), et des νεώσοικοι sur le grand port (2). Jules Pollux distingue également ces deux mots, et l'interprète latin a conservé cette différence (3).

Quant à l'idée qu'ils représentent exactement, la voici ; et je ne crois pas qu'il existe de cas où la distinction établie ici ne serait point admissible :

Νεώριον ou νεώρια était, dans les ports, l'emplacement tout entier (ὁ τόπος ἅπας) destiné, soit à construire ou à radouber les bâtiments, soit à les recevoir quand on les tirait sur le rivage, pour les préserver de l'humidité (4).

Les νεώσοικοι ou νεὼς οἴκοι, compris dans le νεώριον, étaient des espèces de *loges couvertes* où l'on faisait entrer quelques bâtiments, peut-être les trirèmes, dont la construction ou la conservation demandait plus d'attention et de soin, tandis que les vaisseaux marchands étaient abandonnés dans le νεώριον aux injures de l'air. Cette acception de *loges* est démontrée par mille passages : il suffit de citer Xénophon qui parle des

---

(1) Thucyd., VII, 22. Diod. Sic., XIV, 7, t. I, 644. Terrasson a fort mal compris ce passage, t. IV, 12.

(2) Thucyd., VII, 25. — Diod., XIV, 42, p. 676. Les traducteurs de Thucydide laissent ici quelque chose à désirer. Porcacchi traduit indistinctement νεώριον et νεώσοικοι par *arsenale*. (*Traduz. di Tucidid.*, t. II, p. 173-175.)

(3) *Jul. Polluc. Onom.*, IX, 28, νεώριον, *navalia*; νεώσοικοι, *navium tecta*, très bonne version. Sylburg (*ad Dionys. Halic. Antiq. Rom.*, IX, 612. Leip., 1691, et *Pausan.*, I, p. 3, Kühn) traduit également bien νεώσοικος par *navium receptacula*.

(4) Harpocr., *voce* νεώρια.

toits des νεώσοικοι (1), et de renvoyer aux lexicographes (2). Les *squeri* de l'arsenal de Venise, c'est-à-dire les soixante loges où se construisaient et se radoubaient les galères, doivent représenter assez exactement les νεώσοικοι des anciens.

Quant à ceux de Syracuse, dont on a vu la position, ils étaient au nombre de cent cinquante au temps de Thucydide ; Denys le tyran en fit construire cent soixante autres 399 ans avant Jésus-Christ (3).

§ II. — *Tychè*

Au temps de Cicéron, les faubourgs de *Tychè* et de *Néapolis* s'étendaient fort avant du côté de l'ouest, au-delà même des latomies ou carrières ; mais ils n'avaient pas toujours eu une aussi grande étendue : *Épipoles* au contraire, à une époque antérieure, se rapprochait bien plus d'Achradine, et occupait tout le terrain que *Tychè* et *Néapolis* ne couvraient pas encore. C'est donc aux dépens d'*Épipoles* qu'ils s'accrurent successivement.

Pour fixer d'une manière positive l'étendue que les quartiers de *Tychè* et de *Néapolis* avaient à l'époque reculée dont je m'occupe, il suffirait sans doute de pouvoir rattacher à un point physique et par conséquent invariable de la topographie de Syracuse, la limite d'*Épipoles* : son étendue une fois déterminée, on en conclurait facilement celle des deux autres quartiers.

Si l'on jette les yeux sur la carte, on apercevra non loin de l'Anapus, un rocher escarpé qui s'élève par une pente assez rapide jusqu'à la hauteur du plateau sur lequel Syracuse était assise. En examinant le texte de Thucydide, on voit bien clairement que c'est là le κρημνὸς dont il parle en deux

---

(1) *Hellenic.*, IV, 4, 12. Schneid. Ajoutez Lucien (*de Gymnas.*, 20, t. II, 900. Reitz.), qui met les νεώσοικοι au nombre des οἰκοδομήματα.
(2) Suidas, *Phot. Lexic. Etymol. magn.*, etc.
(3) Diod. Sic. *l. laud.*

endroits (1). Dans ces passages, que je discuterai plus bas, Thucydide étend *Épipoles* jusqu'à ce rocher : ce qui prouve que, de son temps, les deux quartiers de *Tychè* et de *Néapolis* ne s'avançaient pas au-delà de ce même point. Partant de ce fait qui me paraît incontestable, je vais poursuivre mes recherches avec plus d'assurance.

Τύχη πόλις Σικελίας πλησίον Συρακουσῶν. C'est-à-dire : « Tychè, ville de Sicile, près de Syracuse (2). » Cet article prouve deux choses : 1° qu'Étienne de Byzance l'avait puisé dans quelque auteur très ancien qui écrivait avant que *Tychè* fît partie de Syracuse ; 2° que ce faubourg, avant d'être réuni à la ville, formait déjà un lieu assez considérable, pour mériter le nom de πόλις. Cependant il ne faudrait pas trop insister sur la force du mot πόλις dont Étienne se sert ici ; car il le donne quelquefois à des lieux qui ne le méritent point. Il est vrai que, si l'on en croit Diodore (3), le faubourg de *Tychè* était déjà fort considérable lors de l'expulsion de Thrasybule, c'est-à-dire la quatrième année de la 78° olympiade, quatre cent soixante-cinq ans avant Jésus-Christ (4), ou cinquante ans avant le siège des Athéniens : ce qui confirmerait le témoignage d'Étienne, si l'on ne voyait clairement que Diodore rapporte à l'an 465 ce qu'il connaissait de la topographie de Syracuse, sans distinguer la différence des époques. Néanmoins, tout en supposant, d'une part, que Diodore a mis un peu d'exagération dans son récit (ce qu'on n'aura pas de peine à croire), et, de l'autre, qu'il ne faut pas prendre à la lettre l'expression d'Étienne de Byzance, on ne peut du moins se refuser à admettre que, dès le temps de Thucydide, *Tychè* renfermait déjà un grand nombre d'habitations.

Mais cette hypothèse, quoique très fondée, n'a cependant point l'autorité *positive* de Thucydide, qui ne parle de *Tychè* qu'une seule fois, encore n'y joint-il aucune circonstance qui

---

(1) Thucyd., VI, 101, 103.
(2) Steph. Byzant., *voce* Τύχη.
(3) Diod. Sic., XI. 68, t. I, 455, 459.
(4) Larcher, *trad. d'Hérodot.*, VIII, 650, 2° éd.

puisse donner quelque lumière à cet égard : ajoutez que Τύχη est défiguré en Συκῆ. Voici le passage : καὶ καταστήσαντες ἐν τῷ Λαϐδάλῳ φυλακὴν, ἐχώρουν πρὸς τὴν ΣΥΚΗΝ οἱ Ἀθηναῖοι, κ. τ. λ. (1). « Après avoir placé une garnison sur le Labdale, les Athéniens s'avancèrent vers Syquè. » Ce Συκῆ a beaucoup embarrassé les érudits. Fazelli ne balance pas, sur la foi d'Étienne de Byzance, à en faire un lieu indépendant de Syracuse (2). Lucas Holstenius et Thomas de Pinedo, dans leurs doctes commentaires sur Étienne de Byzance, n'ont pas su comment expliquer le Συκῆ πλησίον Συρακουσῶν dont leur auteur fait mention (3) : le premier se contente de renvoyer à Thucydide, sans autre discussion ; le second semble même ne pas connaître le passage de notre historien. Cluwer ne doute pas que le Συκῆ de Thucydide ne soit le Τύχη des autres auteurs : il est même à peu près certain qu'Étienne a puisé cet article dans Thucydide. Ce qui a pu éloigner les commentateurs d'Étienne d'une idée aussi naturelle, c'est que, dans un autre article (cité p. 34), Étienne de Byzance parle de Τύχη comme d'une ville existante, et fait ainsi deux villes distinctes d'un seul faubourg de Syracuse ; mais cela prouve seulement qu'il avait puisé les éléments de son ouvrage dans des auteurs de tous les âges, et que ces nombreux matériaux, rangés peut-être par ce lexicographe avec ordre et discernement, ont été confondus sans jugement par son abréviateur Hermolaüs.

L'identité de Τύχη et de Συκῆ, reconnue par Cluwer, est donc démontrée. Mais on peut reprocher à ce savant géographe d'avoir été trop loin, en déclarant le texte de Thucydide corrompu (4), et en voulant substituer Τύχην à Συκῆν (5) : cela n'est nullement nécessaire. Pourquoi ne pas voir dans ce dernier mot l'intention de conserver la prononciation des

---

(1) Thucyd., VI, 98.
(2) Fazelli. de R. S., p. 104, D.
(3) Steph. Byz., voce Συκαί.
(4) Cluv. S. A., 183, C.
(5) Id., ibid.

Syracusains, qui, en leur qualité de Doriens, devaient mettre souvent le Σ à la place du Τ (1)? L'accentuation même du mot Συκῆν ne doit pas être non plus changée sans de bonnes raisons ; car, puisque les Doriens, en vertu d'une contraction quelconque, prononçaient παιδῶν, οὑτῶς, παντῶς, παντᾷ, au lieu de παίδων, οὕτως, πάντως, πάντη, pourquoi n'auraient-ils pas dit Συκῆν au lieu de Σύκην? Le changement de Συκῆν en Συκᾶν est le seul qui me semblerait commandé et par la nature même du dialecte dorique, et par le témoignage de Tite-Live, qui, en écrivant *Thica* (2), nous en donne une preuve irréfragable. Je remarquerai à cette occasion que, malgré Cluwer et d'autres critiques, on pourrait à la rigueur restituer à Tite-Live le mot *Thica*, leçon des plus anciens manuscrits : comme le son du θ ressemblait beaucoup à celui du σ, il est bien possible que Tite-Live ait vu ce mot écrit Θυκᾶ ou même Θικᾶ, par le changement connu de υ en ι (3).

Le nom du quartier Tychè ou Tycè venait d'un temple de la *Fortune* (τυχεῖον), ou plutôt du *génie public*, du *génie de Syracuse*, ainsi que l'a démontré H. de Valois dans ses notes sur Am. Marcellin, Eusèbe et Évagre (4).

§ III. — *Néapolis.*

On se rappelle que ce quartier avait reçu le nom de Néapolis, parce qu'il avait été bâti après Tychè : il devait être bien peu de chose au temps de Thucydide, puisque Tychè même avait si peu de consistance.

Thucydide nous donne un renseignement précieux dans ce passage :

« *Pendant l'hiver, les Syracusains élevèrent en avant de la
« ville, dans toute la partie qui regarde Épipoles, des murailles*

---

(1) Maittair., *Ling. Gr. Dialect.*, p. 509. Sturz.
(2) Tit. Liv., XXIV, 21; XXV, 25. Cet historien s'est attaché à rendre la prononciation dorienne des Syracusains.
(3) Maittair., p. 208.
(4) Cit. par M. Bast (*Lettre crit. à M. Boissonade*, p. 41).

« *qui enfermaient le Téménite* dans leur enceinte, craignant,
« en cas d'échec, que le circuit trop étroit de la ville ne fût
« trop facile à environner d'un mur de circonvallation (1). »

Quel était ce *Téménite* qui se trouvait hors de l'enceinte de Syracuse, et que les Syracusains y renfermèrent au moyen d'un nouveau mur? Selon Cluwer, c'est l'endroit appelé depuis *Néapolis* (2) ; et tout concourt à appuyer sa conjecture. Les doutes qu'on pourrait se former à cet égard disparaîtront si l'on examine :

1° Ce membre de phrase παρὰ πᾶν τὸ πρὸς τὰς Ἐπιπολὰς ὁρῶν, qui ne peut désigner que la partie de Syracuse située entre *Épipoles* et *Achradine*, c'est-à-dire *Néapolis;*

2° Ce passage d'Étienne de Byzance : Τέμενος, τόπος Σικελίας ὑπὸ τὰς Ἐπιπολὰς πρὸς ταῖς Συρακούσαις (3). Cet article d'Étienne, emprunté sans doute de quelque auteur fort ancien, s'accorde parfaitement avec le texte de Thucydide : car le Τεμενίτης de celui-ci est évidemment le Τέμενος d'Étienne; et ce *lieu de Sicile, près de Syracuse, et au pied d'Épipoles*, ne peut être que Néapolis. On remarquera qu'Étienne ne le nomme point πόλις, comme *Tychè*, mais seulement τόπος, *lieu;* ce qui confirme encore ce que j'ai dit plus haut, savoir, que *Néapolis* était très peu de chose à l'époque du siège des Athéniens.

Enfin, à ces preuves sur l'identité de *Téménite* et de *Néapolis,* on peut en ajouter une décisive, fournie par Plutarque. Cet historien nous apprend que *Néapolis* communiquait avec la campagne, du côté de l'Anapus, par les *Portes Ménitides* (4) : κατὰ τὰς Μενιτίδας πύλας. Il est évident que ce mot Μενιτίδας est corrompu de ΤΕμενιτίδας (5), *Téménitides,* soit que Plutarque l'ait mal écrit lui-même, soit que les copistes l'aient

---

(1) Thucyd., VI, 75 : ἐτείχιζον δὲ καὶ οἱ Συρακούσιοι ἐν τῷ χειμῶνι πρός τε τῇ πόλει, τὸν Τεμενίτην ἐντὸς ποιησάμενοι, τεῖχος παρὰ πᾶν τὸ πρὸς τὰς Ἐπιπολὰς ὁρῶν, κ. τ. λ.
(2) Cluver., p. 182, F.
(3) Steph. Byzant., *voce* Τέμενος.
(4) Plutarch., *in Dion.*, 29, t. V, 301.
(5) D'Orvill., *Sicul.*, c. xi, 193.

altéré. On ne peut, d'après cela, s'empêcher de reconnaître dans ces portes de Néapolis les anciennes portes du Téménite, qui conservèrent leur nom après que le nom du Téménite même eut été changé en celui de Néapolis (1).

L'étymologie du mot Téménite est liée à l'existence d'un temple d'Apollon dont il ne restait plus, au temps de Cicéron, qu'une statue transportée à Rome sous Tibère (2). Tout porte à croire qu'il était un des plus anciens de Syracuse, et que les fondateurs de la colonie l'avaient élevé à Apollon, comme à leur dieu ἀρχηγέτης, au dieu dont les oracles les avaient guidés dans le choix de l'emplacement où ils devaient s'établir (3). Selon l'usage des anciens de consacrer aux dieux des terrains boisés plus ou moins étendus, nommés Τεμένη (4), les Syracusains avaient planté autour de ce temple d'Apollon un Τέμενος ou bois d'olivier (5), qui avait valu à Apollon le surnom de Téménite (ὁ Τεμενίτης). Ce surnom devint le nom propre du temple et du quartier; c'est ainsi que Τύχη, *génie de la ville*, se disait pour Τυχεῖον ou Τυχαῖον, *temple du génie public*, et même pour τὸ τοῦ Τυχείου προάστειον. Par une métonymie semblable, le fameux temple de Diane, à Éphèse, était appelé tout simplement ἡ Ἄρτεμις (6); celui de Jupiter Ammon, ὁ Ἄμμων (7) : métonymie qui a passé dans plusieurs langues modernes.

Le texte de Thucydide relatif au Téménite est trop peu circonstancié pour qu'on puisse en inférer rien de certain sur l'étendue du terrain que les Syracusains enfermèrent dans l'enceinte de leur ville. Cependant, si l'on se rappelle

---

(1) Hobbes est fort bien entré dans le sens du texte, en écrivant cette note : *Temenitis the ground belonging to the temple of Apollo* (Transl. of Thucyd., p. 392 B); mais Mitford va beaucoup trop loin en appelant Téménite *a quarter of Syracuse* (Hist. of Greece, t. IV, p. 75 et 92).

(2) Suet. *in Tib.*, c. LXXIV, t. I, 601, Burm.

(3) Strab., VI, 413. C. Steph. Byz. *voce* Συρακ.

(4) Eurip., *Schol. ad Phœniss.*, 24, p. 601. Valcken.

(5) Thucyd., VI, 99.

(6) Xenoph., *Hellen.*, I, 2, 6. Schneid.

(7) Arrian., *Exp. Alex.*, III, 2, p. 106. Gronov. Quinte-Curce a dit aussi *ab Hammone rediens* (IV, 8, 1) *ut corpus suum ad Hammonem ferri juberet* (X, 5, 4.).

ce qui a été dit plus haut sur le *rocher* (κρημνός), on ne pensera pas que le Téménite dût s'étendre plus haut que je ne l'ai indiqué sur mon plan ; j'en donnerai la preuve plus bas.

Ainsi il me paraît prouvé qu'au moment où les Athéniens vinrent mettre le siège devant Syracuse :

1° La ville extérieure ne s'étendait pas au-delà des murs d'Achradine ; et que ces murs n'avaient pas changé de place entre le temps de Thucydide et celui de Cicéron.

2° Tychè était déjà assez considérable.

3° Néapolis n'existait point ; mais le Téménite, espace vide de maisons, fut environné de murs lors du siège.

Il en est de la position du temple d'Apollon Téménite, comme de celle du temple de la Fortune ; aucun renseignement historique ne peut nous en indiquer la situation. Cicéron en parle ; mais, comme ils étaient détruits de son temps, il n'est entré dans aucun détail. La position que je leur ai supposée est donc nécessairement très arbitraire, et j'aurais peut-être mieux fait de ne les point indiquer. Cependant il m'a semblé que l'emplacement qui pouvait leur convenir était, pour le temple d'Apollon Téménite, la colline au pied de laquelle passent les murs du Téménite ; et, pour le temple de la Fortune, cette autre colline voisine de la muraille des Athéniens (voyez la carte). En effet, rappelons-nous que les Grecs choisissaient presque toujours les lieux élevés pour y bâtir les temples des dieux ; usage qui leur venait, comme tant d'autres, de l'Orient, où les dieux étaient adorés sur les plus hautes montagnes, ἐν τοῖς ὑψηλοτάτοις τῶν οὐρέων, selon l'expression d'Hérodote (1), et dont on trouve encore des traces dans la Grèce moderne (2). Cette hypothèse s'appuie d'ailleurs sur un passage de Thucydide, qu'elle contribue également à éclaircir. Notre historien parle d'une certaine colline Téménite, ἡ ἄκρα ἡ Τεμενίτης (3), Bonanni veut que

---
(1) Herodot., lib. I, c. 131.
(2) Villoison, dans les *Annal. des Voy.* de M. Malte-Brun, t. II, p. 176.
(3) Thucyd., VII, 3. Six manuscrits de la Bibl. imp., et les deux manuscrits de Cassel et d'Augsbourg donnent Τεμενῖτις, qui me semble préférable à la leçon reçue.

ce soit le *Belvédère*, c'est-à-dire le pic le plus élevé d'Épipoles : opinion insoutenable. D'Orville croit avec raison qu'elle était renfermée dans l'enceinte du Téménite (1). J'ajoute que c'est probablement celle où les Syracusains avaient élevé le temple d'Apollon Téménite ; ce qui explique naturellement le nom qu'elle portait.

On peut inférer d'un passage de Diodore que c'est vers le commencement du règne de Denys le tyran, 404 ans avant Jésus-Christ, ou neuf ans après l'expulsion des Athéniens (2), que le nom de *Néapolis* paraît avoir remplacé celui de *Téménite*. Ainsi, dans l'espace de neuf ans, Néapolis fut bâtie et s'accrut avec une rapidité dont il est facile de trouver la raison, dans la juste inquiétude des Syracusains, qui durent se hâter d'étendre leur ville jusqu'au pied d'Épipoles, afin que, si Athènes envoyait une seconde armée pour venger sa défaite, ils ne pussent être environnés une seconde fois d'un mur de circonvallation.

Tychè et *Néapolis* restèrent pendant longtemps les faubourgs de Syracuse. Il paraît néanmoins qu'au temps de Marcellus, ils faisaient partie de la ville (3).

§ IV. — *Épipoles.*

Ce dernier quartier de Syracuse est maintenant assez connu par tout ce qui a été dit précédemment.

La description qu'en donne Thucydide est contenue dans cette phrase (4) :

« Pensant que, si l'ennemi ne pouvait s'emparer d'Épipoles,
« endroit escarpé et qui domine la ville, il pourrait diffici-
« lement, même vainqueur, les renfermer d'un mur de cir-
« convallation, les Syracusains résolurent d'en garder les
« accès, les seuls qu'il pût tenter. De tous les autres côtés,

---

(1) D'Orvill., *Sicul.*, c. xi, p. 189.
(2) Diod. Sic., XIV, 9, t. I, 646.
(3) Plut. *in Marcello*, 18, t. II, 440.
(4) Thucyd., VI, 96, trad. de MM. L. et G.

« sont des collines dont le penchant est dirigé du côté de la
« place; en sorte que le terrain qu'elles enveloppent, est tout
« entier à découvert (1). Les Syracusains ont donné le nom
« d'Épipoles à cet endroit, parce qu'il domine le reste du
« pays. »

Cette dernière phrase de Thucydide est confirmée par le rapport des voyageurs. Les collines d'Épipoles dominent en effet une grande étendue de pays. De ce point élevé l'œil embrasse un magnifique paysage : à droite, la vue s'étend sur les fertiles campagnes des anciennes villes d'Hybla et d'Hélore, jusqu'au cap Passaro; à gauche, le sommet de l'Etna et l'extrémité de la chaîne des Apennins couronnent l'horizon (2).

La partie la plus élevée d'Épipoles se compose de plusieurs collines : c'est pour cela qu'on avait donné à cet endroit le nom pluriel d'Épipoles, αἱ Ἐπιπολαί (3).

Entre ces collines, le *Labdale* et l'*Euryèle* sont les seules dont les historiens fassent mention.

Thucydide nous indique la position du Labdale. « Les Athé-
« niens construisirent, *sur le bord même de la pente escarpée*
« *d'Épipoles* (ἐπ᾽ ἄκροις τοῖς κρημνοῖς τῶν Ἐπιπολῶν), un fort
« qui regardait Mégares (4). » Ainsi, en rapportant la situation du Labdale à Mégares, ville au nord de Syracuse, Thucydide place cette colline du côté du nord relativement à Épipoles. La seule position qui lui convienne est donc celle que je lui ai donnée d'après Cluwer (5).

Il est bon d'observer que, de ces mots ὁρῶν πρὸς τὰ Μέγαρα, et d'une autre phrase du même historien (6), quelques savants,

---

(1) Ce dernier membre paraît susceptible d'un autre sens. Voy. la note de Duker.

(2) *Swinburne's travels into the two Sicilies*, II, 336.

(3) Tous les auteurs s'accordent à mettre ce nom au pluriel : Diodore fait seul exception; il dit ἡ Ἐπιπολή en deux endroits (XIII, § 8, p. 547, l. 62 et § 11, p. 550, l. 2), où il faut très probablement lire αἱ Ἐπιπολαί.

(4) Thucyd., VI, 97. Voy. la note VII.

(5) Cluver. S. A., p. 179, E.

(6) Thucyd., VI, 75. καὶ τὰ Μέγαρα φρούριον, καὶ ἐν τῷ Ὀλυμπιείῳ ἄλλο.

entre autres Mitford (1), ont conclu qu'il y avait dans les environs de Syracuse, un endroit nommé *Mégares*, différent de *Mégares*, ville située entre Syracuse au sud et Catane au nord, et plus anciennement appelée *Hybla Galéotis* ou *Géléatis* (2); mais cette supposition est sans aucun fondement. Il est facile d'expliquer pourquoi les Syracusains y envoyèrent une garnison, en même temps qu'à Olympieium, quand on fait attention qu'Hybla *Galéotis* ou *Mégares*, soumise par Gélon, tyran de Syracuse (3), était encore sous la domination des Syracusains, lors de l'expédition des Athéniens (4).

Pendant le siège, les Athéniens s'étaient emparés du Labdale, et y avaient construit un fort (5); mais le Lacédémonien Gylippe, pénétré de l'importance de ce poste, ne tarda pas à le leur enlever (6).

L'Euryèle était la crête la plus occidentale d'Épipoles, comme le prouvent trois passages de Thucydide (7) et celui-ci de Tite-Live : « Ad Euryalum signa referri jussit. Tumulus « est *extremâ parte urbis, versus à mari* (8). » C'est maintenant le *Belvédère*, selon Cluwer et d'Orville.

Bonanni, pour se procurer le plaisir de différer en tout de Cluwer (9), rejette l'opinion de ce savant sur la situation de l'Euryèle, parce que, dit-il, le Belvédère (*l'Euryèle* de Cluwer) est assez élevé pour que Tite-Live lui ait au moins donné le nom de *collis*, de préférence à celui de *tumulus* :

---

(1) *Histor. of Greece*, IV, 76.
(2) Steph. Byz. *voce* Ὕβλα. Thucyd., VI. 62. Cf. Gail, *Obs. sur Thucyd.*, premier Suppl., p. 23, t. I de sa traduct.
(3) Thucyd., VI, 4.
(4) Thucyd., VI, 94.
(5) *Id., ib.*, 97.
(6) *Id.*, VII, 3.
(7) *Id.*, VI, 97; VII, 2, 43. Étienne de Byzance, Diodore et Thucydide, mettent Εὐρύηλος au masculin. Dans un seul endroit de Thucydide, on trouve τὸ Εὐρύηλον (VI, 97). Wasse veut qu'on sous-entende πολίχνιον : supposition tout à fait inutile, car il est de toute évidence qu'il faut lire τὸν Εὐρύηλον avec les manuscrits *Arund.* et *Clarendon*. et *huit* autres de la Biblioth. impér. Voyez les précieuses variantes recueillies par M. Gail (t. VI, 180, de son *Thucyd*.)
(8) Tit. Liv., XXV, 25.
(9) *Ant. Syrac.*, I, 5, p. 78, F.

comme si Tite-Live n'aurait pas bien pu se servir du mot *tumulus* dans le sens générique de hauteur, ou dans celui du λόφος des Grecs, c'est-à-dire de *sommité*, ὁ ὑψηλὸς τοῦ ὄρους τόπος (*Etymol. Magn.*)! C'est en ce sens que les mots λόφος et ὄρος sont souvent mis l'un pour l'autre chez les écrivains les plus purs (1). Aussi Isaac Vossius a-t-il remarqué que les Grecs appelaient λόφοι les plus hautes montagnes (2); d'Orville cite même des exemples de Αἴτνης λόφος, *le mont Etna* (3). Si l'on explique de cette manière les mots λόφος ὑψηλὸς (4), par lesquels Strabon désigne le mont *Éryx*, que les poètes se plaisent à qualifier d'*altus*, de *magnus*, et que Polybe regarde comme la plus haute montagne de la Sicile après l'Etna (5), on fera disparaître la contradiction qu'un habile critique a cru remarquer entre le géographe et l'historien (6).

On a vu précédemment qu'*Épipoles* n'avait pas toujours eu la même étendue. Au temps de Cicéron, les faubourgs de Tychè et de Néapolis s'avançaient jusqu'aux Latomies. Épipoles n'occupait donc que les dernières collines. Mais, au temps de Thucydide, où les faubourgs ci-dessus nommés, surtout *Néapolis*, étaient fort peu considérables, *Épipoles* descendait beaucoup plus bas.

Ce fait, nécessaire à l'intelligence de plusieurs passages et de quelques-unes des opérations du siège, résulte des phrases suivantes. Il faut se rappeler ce qui a été dit sur le rocher escarpé κρημνός (p. 33).

1° « Les Athéniens, ayant alors réuni leurs forces de terre
« et de mer, ceignirent les assiégés d'un *mur double* (Plan,
« n° 19), qui, *partant d'Épipoles et du rocher,* se prolongeait
« jusqu'au grand port (7). » Thucydide étend donc Épipoles jusqu'au rocher.

---

(1) Xen., *Anabas.*, III, 4, 26 sq. et p. 239, éd. Hutchins.
(2) *Vossius ad Pomp. Mel.*, I, 10, 374. Gronov.
(3) D'Orvill., *Sicul.*, c. xi. p. 188.
(4) Strabon, VI, 418, B.
(5) Polyb., I, p. 56, D. Casaub.
(6) Trad. de Strabon, II, p. 365.
(7) Thucyd., VI, 103, trad. de M. Gail.

2° La seconde phrase est plus positive encore, mais moins claire (1). Elle peut s'entendre de deux manières ; et l'inspection seule du plan peut nous décider en faveur de l'une, et nous faire rejeter l'autre (2).

Voici en conséquence la seule traduction que les localités et le texte semblent autoriser : « Le lendemain, les Athéniens « entreprirent de fortifier, à partir de leur mur de circon- « vallation, le rocher qui, *situé vers cette même partie d'Épi- « poles,* regarde le grand port. » Il faut se souvenir que, dans le paragraphe précédent, Thucydide parle d'une entreprise contre les murs du Téménite : c'est à cela que se rapporte ταύτῃ, dont le sens paraphrasé doit être ἐν ou πρὸς ταύτῃ μερίδι ἣν ἀρτίως ἐφάμεν, *vers cette même partie* (d'Épipoles) *dont je viens de parler.* Cette traduction, appuyée par le passage précédent, et l'appuyant à son tour, achève de démontrer jusqu'où Thucydide étendait *Épipoles.*

Si l'on a suivi ces recherches avec quelque attention, il suffira de lire une seule fois une scholie dont on s'est souvent appuyé, pour en sentir toute l'absurdité : je me contente de la citer sans remarques ; elles seraient inutiles. Ἐπειδὴ Ἀρχίας τεσσάρας πόλεις καταστρεψάμενος εἰς μίαν συνήγαγεν, εἰσὶ δὲ αὗται Ἀχραδινή, Νεάπολις, Ἐπιπολαὶ καὶ Τύχη· οὐκ ἐκ τοῦ παρατυχόντος οὖν Μεγαλοπόλιας εἶπε τὰς Συρακούσας (3). Ce n'était pas la peine d'entasser de si grossières fautes pour expliquer μεγαλοπόλιες ὦ Συράκοσαι, aussi facile à entendre que μεγαλοπόλιες Ἀθῆναι (4).

---

(1) Thucyd., VI, 101, τῇ δ' ὑστεραίᾳ ἀπὸ τοῦ κύκλου ἐτείχιζον οἱ Ἀθηναῖοι τὸν κρημνὸν τὸν ὑπὲρ τοῦ ἕλους ὅς τῶν Ἐπιπολῶν ταύτῃ πρὸς τὸν λιμένα ὁρᾷ, κ. τ. λ.

(2) La version latine est, comme dans tous les endroits difficiles, un peu plus obscure que le texte ; et celle de Hobbes, quoique vague, montre cependant qu'il a quelquefois traduit sur le grec : « The Athenians beginning at their cir- « cular wall, built onwards to the Cragge over the marishes, *which on that « part of Epipolae looks to the great haven* » (p. 408, A). Porcacchi traduit de même : « E cominciarono a munire una rupe, la quale sovrastava ad una pa- « lude, *che da questa parte di Epipole, guarda verso il gran porto* » (t. II, p. 153. Rom., 1789).

(3) *Schol. ad Pyth.,* II, 1.

(4) *Pyth.,* VII, 1.

SECONDE PARTIE

CHAPITRE PREMIER

ENVIRONS DE SYRACUSE

Au sud de Syracuse coule l'*Anapus*, maintenant l'*Alfeo*, qui se jette dans le grand port après un cours d'environ douze lieues (1). Un peu au-dessus de son embouchure, il reçoit à droite un ruisseau formé par la fontaine Cyané, près de laquelle Pluton, enlevant Proserpine, s'était enfoncé dans les entrailles de la terre.

Entre l'embouchure de la fontaine Cyané et le grand port, on passait l'Anapus sur un pont (2) éloigné de dix stades de Syracuse (3), et servant à la communication de cette ville avec le temple de Jupiter, et avec le midi de la Sicile, au moyen du chemin appelé *voie Hélorine,* dont je parlerai bientôt.

Sur la rive méridionale de l'Anapus, s'élève une colline dont la pente est assez douce de tous les côtés, excepté vers le fleuve. Elle s'appelait *Olympieum* (4) : nom qu'elle devait à un fameux temple de Jupiter Olympien, rempli de richesses, et où l'on conservait les registres contenant les noms de tous les citoyens de Syracuse (5).

(1) Voy. la note VIII.
(2) Thucyd., VI, 64. Plut. *in Nicia*, 16, t. III, 375.
(3) Plut., *in Dion.*, 27, t. V, 299.
(4) Diodore et Plutarque écrivent Ὀλύμπειον; Thucydide, Ὀλυμπίειον (VI, 64, 65, 70, 75; VII, 4, 37, 42). Mais quelques manuscrits donnent Ὀλύμπιον : toutes leçons également bonnes. (Voy. *Duker ad Thucyd.,* II, 91.) Alberti a fait voir que ces différences viennent de ce que dans les manuscrits ει et ι se confondent souvent. (Voy. *Glossar. Græc. in Nov. Testam.,* p. 126. Lugd. Bat., 1735.)
(5) Plut. *in Nic.*, 16, t. III, 376. Voyez les restes de ce temple dans Saint-Non (IV, part. 2, p. 305) et dans Wilkins (*Antiquit. of Magn. Græcia*). Ce dernier fait de Polichna une *ville d'Olympia*, p. 11 et 18.

Outre le temple de Jupiter, il se trouvait encore sur cette colline une petite ville nommée par Diodore et Thucydide *Polichna* (Πολίχνη).

Ici je m'arrête pour justifier Diodore d'une inadvertance dont on l'a mal à propos accusé. On lui a reproché d'avoir pris pour un nom propre le mot πολίχνη, qui signifie simplement *bourgade :* on s'est appuyé, pour cela, du passage où Thucydide en fait mention. Mais il est de toute impossibilité que Diodore, que le défaut de critique n'empêche pas d'être fort instruit dans la géographie de la Sicile, ait commis une erreur aussi grossière; et, s'il n'y est point tombé, on conviendra sans peine que dans Thucydide πολίχνη est un nom propre comme dans Diodore (1). Rien ne s'oppose d'ailleurs à cette interprétation : Thucydide lui-même et Hérodote placent une *Polichna* en Crète (2); Chio en possédait une autre (3); Strabon et Étienne de Byzance parlent d'une troisième située dans la Troade (4) : enfin, selon Thucydide, il y en avait une quatrième près de Clazomènes (5). Il résulte de cette interprétation :

1° Que la phrase de Thucydide citée se traduira par *fut rangé près de Polichna, sur l'Olympieum :* traduction beaucoup plus conforme à la lettre que toutes les autres, et qui établit en outre bien clairement qu'*Olympieum* était la colline sur laquelle s'élevaient le *temple de Jupiter* et la petite ville dite *Polichna :* distinction qui n'avait pas été saisie (6).

---

(1) Diod. Sic., τὴν καλουμένην Πολίχνην, XIII, 7, 547; XIV, 72, 698, t. I. Thucyd., VII, 4, ἐπὶ τῇ ἐν Ὀλυμπιείῳ πολίχνῃ ἐτετάχατο. Terrasson a traduit les passages de Diodore cités d'une manière tout à fait curieuse : il entend par πολίχνη *un fanal* (trad. de Diod., III, 336; IV, 152.)

(2) Ces deux historiens parlent des habitants, πολιχνῖται. Herod., VII, 170. Thucyd., II, 85. Le scholiaste nomme la ville.

(3) Herod., VI, 26. Il y avait dans le texte ἐκ πολίχνης τῆς Χίων ὁρμεώμενος : le célèbre traducteur n'a pas manqué de lire Πολίχνης (trad. d'Hérod., IV, 391).

(4) Strab., XIII, 900, A. Steph. Byz. *voce* Πολίχ. Pinedo et Wasse confondent la Polichna de la Troade avec celle dont parle Thucydide : c'est une erreur.

(5) Thucyd., VIII, 23.

(6) Cellarius dit : Idemne Olympieum et Πολίχνη fuerint, *uti videtur*, adfirmare argumentis non possum *(Not. Orb. Ant.,* II, 12, 631). Hobbes traduit.....

2° Que, dans le texte de Thucydide, il faut écrire Πολίχνη, et non πολίχνη.

J'ai placé le temple de Jupiter hors de l'enceinte de Polichna, d'après Diodore (1).

Quoi qu'en dise cet historien (2), qui paraît ici mal informé, il est bien certain que Nicias commit une énorme faute en ne se rendant point maître de ce poste d'Olympieum, qui lui aurait procuré tant d'avantages. Mais, dans la crainte que son armée ne pillât les richesses du temple de Jupiter, ce qu'il était en son pouvoir d'empêcher, et que la colère des dieux ne s'appesantît sur lui (3), il différa de jour en jour d'occuper cette position. Les Syracusains eurent le temps d'y envoyer une garnison considérable (4), qui s'y maintint pendant toute la durée du siège, et qui le harcela sans cesse, tantôt à la station de sa flotte, tantôt aux murs de circonvallation, tandis que les Syracusains l'attaquaient du côté de la ville avec toutes leurs forces. Cette lenteur ou cette méprise inconcevable fut sans aucun doute une des causes principales du mauvais succès de l'expédition.

De l'autre côté de l'Anapus, entre ce fleuve et les murs du *Téménite* (*Néapolis*), est le marais *Lysimélia*, qu'alimentent des sources abondantes, et l'Anapus lui-même quand il est débordé (5). Ce marais s'étend de la mer à l'Anapus; et, dans cet intervalle, une espèce de chaussée naturelle le sépare en deux parties, l'une voisine du fleuve, l'autre contiguë à la mer.

Étienne de Byzance, Vibius Sequester, Scymnus de Chio (6), parlent d'un autre marais nommé *Syraco* (Συρακώ), qui avait donné son nom à la ville de Syracuse (7). Mirabella, Cluwer

« were quartered in a *little town called Olympium* » (p. 414, C). La version de Porcacchi se rapproche un peu plus du vrai sens : « La cavalleria era stata collocata dai Siracusani nel *piccolo castello chè sta nell' Olimpieo* » (Tucid., II, 162).

(1) Diod., XIII, 547.
(2) Diod., lib. XIII, § 7, t. I, p. 547.
(3) Plut., *in Nic.*, 16, t. III, p. 376.
(4) Thucyd., VI, 70.
(5) Plut., *in Timoleon.* 20, p. 206, t. II.
(6) Scymm. Ch., v. 280, ap. Geog. Min., t. II, p. 17.
(7) Théocrite ne parle que du *Lysimelia* (*Idyl.*, XVI, 84).

et Bonanni le distinguent du *Lysimélia*. Le *Syraco*, disent-ils, était la partie du marais qui touche à l'Anapus; et le *Lysimélia*, celle qui avoisine la mer. Dans ce cas, on ne voit pas pourquoi le nom de la ville ne se serait pas plutôt formé de celui du marais *Lysimélia*, plus voisin que le *Syraco* de l'île d'Ortygie, où les fondateurs de Syracuse s'étaient établis. Aussi est-il infiniment plus probable que ces marais se nommaient primitivement *Syraco* : nom qui se perdit dans la suite pour faire place à celui de *Lysimélia,* sous lequel ils étaient déjà désignés au temps de Thucydide (1). Si l'on m'objectait qu'Étienne de Byzance et Scymnus de Chio, bien postérieurs à Thucydide, font cependant mention du *Syraco*, je répondrais que, de ces deux auteurs, le premier avait puisé dans une multitude d'ouvrages très anciens les détails géographiques que son abréviateur a conservés et souvent confondus ; et le second, poète plus encore que géographe, a fait entrer dans ses vers, sans s'astreindre à l'ordre des temps, selon le privilège de la poésie, toutes les traditions et tous les faits qu'il a pu recueillir.

Les exhalaisons de ces marais rendaient le séjour de Syracuse fort malsain (2), et plus d'une fois les armées qui vinrent camper devant ses murs en éprouvèrent les terribles effets. Les Athéniens eux-mêmes n'en furent point préservés. La contagion, qui se manifesta dans leur camp (3), hâta la résolution qu'ils auraient dû prendre et exécuter plus tôt, de quitter la Sicile (4). Mais la timidité et la superstition de Nicias retardèrent encore cette retraite (5), qu'il ne fut plus temps désormais d'entreprendre.

La chaussée naturelle (*Plan n° 10*), qui sépare le marais Lysimélia en deux parties, servait au passage de la *voie Hélo*-

---

(1) Thucyd., VII, 53.
(2) Cf. Strab., lib. VI, p. 413, C.
(3) Diod. Sic., XIII, 12, 551; XIV, 70, 697, t. I, et Plutarch. *in Nicia*, 22, t. III, 392.
(4) Thucyd., VII, 50.
(5) *Id., ibid.* Plut., *id.*, 23, 393.

rine (1) : route qui commençait à *Hélore*, ville méridionale de la Sicile, et, se dirigeant au nord, longeait la côte jusqu'au fleuve Cacyparis (2), maintenant la *Falconara*. Ensuite, tournant un peu vers l'ouest, elle conduisait au pied de la colline *Olympieum* (3), pour aboutir aux portes *Téménitides*.

Depuis sa jonction avec la fontaine Cyané, l'Anapus est bordé d'une prairie où les Syracusains avaient l'habitude de faire la revue de leurs troupes (4). C'est là que Nicias, à son arrivée, établit son premier camp. Parti de Catane, il entra dans le grand port et s'empara de cette position sans difficulté, parce qu'il avait su, au moyen d'un stratagème, détourner l'attention des Syracusains (5). Dans cette prairie, défendue, d'un côté, par des débris de murs, des maisons, des arbres, et par le marais; de l'autre, par l'Anapus et les escarpements de l'Olympieum (6), Nicias se réserva la faculté d'attaquer l'ennemi quand il le jugerait à propos, sans être exposé lui-même au danger d'une attaque imprévue (7). Il ajouta encore à l'avantage de cette position, en faisant couper derrière lui le pont de l'Anapus (8), et élever un petit retranchement (ἔρυμα. Plan, n° 9) vers la partie qui lui parut de nature à être exposée aux attaques de l'ennemi.

Cette position était fort bien choisie. Nicias en devait l'indication à des exilés syracusains. C'est là que, longtemps après, Himilcon plaça son camp lorsqu'il vint assiéger Syracuse (9).

Thucydide fait encore mention de Trogile et de Thapsos, dont la position a été fort bien déterminée par Cluwer et d'Orville : quant à Mégares, j'ai prouvé plus haut qu'il n'existait aucun lieu de ce nom aux environs de Syracuse (*voy.*

---

(1) Thucyd., VI, 66.
(2) *Id.*, VII, 80.
(3) Fazell., *de Reb. Sicul. Dec.* I, lib. 4, c. II, p. 105. — C. Mirabell, p. 61, 62.
(4) Thucyd., VI, 96.
(5) *Id.*, VI, 64. Plut., *in Nic.*, 16, 373.
(6) *Id.*, VI, 66.
(7) Thucyd., VI, 64. Plut., *in Nic.*, 16, 374.
(8) Thucyd., *id., ib.* Plut., *id.*, 375.
(9) Diod. Sic., XX, 29, t. II, 426.

p. 42). Mais la bourgade de Léon mérite qu'on s'y arrête.

Voici ce qu'en dit notre historien : « Les Athéniens sorti-
« rent de Catane par mer avec toutes leurs forces. Ayant
« abordé à l'endroit nommé Léon, *distant d'Épipoles de six ou*
« *sept stades*, ils mirent à terre leur infanterie, et gagnèrent
« avec la flotte la ville de Thapsos, etc. (1) » Il s'ensuit que
Léon était au bord de la mer (ce qu'achève de démontrer l'expression σχόντες); et cette position seule l'éloigne d'Épipoles
plus que Thucydide ne le dit. On voit de plus que ce lieu était
situé entre Catane et Thapsos, et en conséquence plus loin
que Thapsos de Syracuse. Or, Thapsos était au moins à 30
stades d'Épipoles : si l'on ajoute huit à dix stades pour la distance de Thapsos à Léon, on aura pour celle de Léon à Épipoles, d'après le texte même, environ 40 stades. Remarquons
à présent que Tite-Live place ce Léon ou Leontia à 5 milles
d'Épipoles (2) : ce qui fait juste les 40 stades (de 600 au
degré); il paraît donc prouvé :

1° Que Léon était sur le bord de la mer, à 40 stades environ
d'Épipoles;

2° Que le texte de Tite-Live n'est point altéré, comme l'a
prétendu Cluwer, qui lit *mille et quingentis passibus*, au lieu
de *quinque millia passuum* (3) : correction adoptée par
H. Glaréanus (Lorit) et d'autres savants;

3° Que la faute est au contraire dans le texte de Thucydide,
soit que l'historien ait été mal informé, soit plutôt que les
signes numériques aient subi une de ces altérations dont
M. Bast a donné tant d'exemples (4) : au lieu de ὃς ἀπέχει τῶν
Ἐπιπολῶν λς' ἢ λζ' σταδίους, les copistes auront mis ς' ἢ ζ' σταδίους, par le retranchement du λ' (30);

4° Enfin que Léon a été mal placé par Cluwer, Bonanni,
Mirabella, etc., comme on en jugera d'après le plan, où j'ai
mis à dessein cette bourgade à la place qu'ils lui assignent.

---

(1) Thucyd., VI, 97.
(2) Tit.-Liv., XXIV, 39.
(3) *Sic. Ant.*, p. 209 F.
(4) *Lettre critique à M. Boissonade, sub init.*

CHAPITRE II

PORTS DE SYRACUSE

Pour compléter la topographie des environs de Syracuse, il me reste à faire connaître *les trois ports :*

1° Le port de Trogile, dont il n'y a rien à dire, si ce n'est qu'il baignait la côte septentrionale de l'Achradine ;

2° Le petit port (μικρὸς λιμήν), renfermé entre l'île d'Ortygie au sud, et Achradine au nord ; il se nommait *Laccius* (1), et contenait un νεώριον (*suprà*, p. 32). Ce port, dont il n'est question qu'une seule fois dans Thucydide, reçut par la suite de grands embellissements, qui lui méritèrent le nom de *marmoreus* (2) ;

3° Le grand port (μέγας λιμήν).

Ce port s'avance dans les terres sous la forme d'un petit golfe, dont l'embouchure, large seulement de 8 stades (3), ou de 500 pas selon Fazelli (4), est resserrée d'un côté par l'île d'Ortygie, de l'autre par le cap Plemmyrium. C'est ce qui faisait dire à Cicéron : « Non enim portu illud oppidum cladi« tur, sed urbe portus ipse cingitur et concluditur, ut non « alluantur a mari mœnia extrema, sed influat in urbis sinum « portus (5) » ; et à Scylax, « que Syracuse avait deux ports, « l'un en dedans, l'autre en dehors des murs (6). » D'après cette disposition, si commode et si bien appréciée des anciens, il me semble probable que, si les Romains, en creusant le port d'Ostie, ont jamais prétendu en imiter un autre, c'est le port de Syracuse qui leur a servi de modèle, plutôt que celui de Naples, comme le voulait Lucatelli (7).

(1) Diod. Sic., XIV, 7 ; t. I, 644.
(2) Flor., II, 6, 24.
(3) Thucyd., VII, 59.
(4) Fazell., *Dec.*, I, lib. IV, c. i, p. 93 B.
(5) Cic., *Verr.*, V, 37.
(6) *Scyl. Caryand. peripl.*, p. 4, t. I. Geog. Min.
(7) *Atti dell' Academ. di Corton.* cité par G. d'Ancora dans les précieux *Mélanges* de M. Chardon la Rochette, III, 176.

Strabon donne au grand port 80 stades de tour (1), ou environ 10 *milles*, tandis que Cluwer, Swimburne, Fazelli (2), n'en estiment la circonférence qu'à 5 milles. L'erreur de Strabon est un peu forte. Viendrait-elle de ce que ce savant géographe, n'ayant pas vu la Sicile, n'a pu en donner la description que d'après Antiochus, Posidonius, etc. (3)? Ou bien faudrait-il voir ici une nouvelle faute des copistes, qui ont mis 40 pour 80? changement bien facile, puisqu'il consiste dans la substitution de la lettre μ′ (40) mise à la place du π′ (80).

Le grand port fut le théâtre des principaux évènements du siège. Comme il est important de le bien connaître, j'en vais faire le périple, en me dirigeant au nord, à partir de l'embouchure.

D'abord on rencontre *Ortygie*, qui forme un rempart, à l'abri duquel les vaisseaux mouillent en sûreté. Non loin de la pointe méridionale est la fontaine Aréthuse, objet des fictions poétiques.

Après avoir longé la côte de cette île, on arrive au petit bras de mer qui va aboutir à l'isthme d'Ortygie : plus loin s'étend une partie d'*Achradine,* où se trouvaient les νεώσοικοι. Les Syracusains y avaient formé une espèce de havre (Pl. n° 13). défendu par des pilotis, et destiné à servir d'asile aux vaisseaux trop vivement poursuivis par les Athéniens (4). Ceux-ci, montés sur un gros navire (μυριοφόρος) garni de tours et de parapets, firent une tentative pour arracher les pilotis ; ils y réussirent : des plongeurs parvinrent à en scier quelques-uns, tandis qu'eux-mêmes, à l'aide de cabestans, en enlevèrent un grand nombre. Mais tous ces travaux n'aboutirent à rien : les Syracusains en eurent bientôt enfoncé d'autres ; et le havre leur offrit un refuge assuré pendant toute la guerre.

(1) Strab., VI, 417 B.
(2) Fazell. 1. c. Cluver., I, 12, p. 203 D. Swimburn. *Trav. in Sicil.*, II, 343.
(3) Les savants traducteurs de Strabon ont conclu ce fait (t. II, p. 168) du passage qui se trouve lib. VI, p. 420 B. D'autres passages le confirment encore (eod. lib. 396 B, p. 418 C., etc.).
(4) Thucyd., VII, 25.

Au-delà d'*Achradine*, la côte tourne à l'ouest-sud-ouest, et se prolonge, selon cette direction, jusqu'à l'embouchure de l'Anapus. Dans cet intervalle, nous distinguons : 1° la muraille des Athéniens (n° 19) ; 2° la place (n° 12) où les Syracusains, par un stratagème qui leur réussit, établirent un marché sur le rivage (1) ; 3° le petit retranchement (n° 9) que Nicias avait élevé à l'endroit où il crut possible à l'ennemi de l'attaquer avec avantage (2).

Après avoir dépassé l'embouchure de l'Anapus, doublé le cap (n° 8), et franchi cet enfoncement (n° 7) qui se trouve diamétralement opposé à l'entrée du port, nous arrivons à un autre enfoncement un peu plus profond (n° 4), formé par le changement de direction de la côte, qui tourne droit à l'est. On le nommait *Dascon* (maintenant *Marina di Melocca*) (3). Là, les Athéniens formèrent pour leurs vaisseaux un havre semblable à celui que les Syracusains avaient formé devant les νεώσοικοι. Un rang de pilotis fermait le Dascon et en défendait l'approche aux vaisseaux syracusains. Les Athéniens avaient ménagé une entrée pour leurs propres vaisseaux. Cette entrée était défendue par des vaisseaux de transport (n° 6) placés à une distance de 2 plèthres (4), et armés de dauphins de plomb, qui menaçaient d'écraser les Syracusains assez hardis pour oser poursuivre les Athéniens jusque dans leur asile (5).

Au fond du Dascon s'élevait un *temple d'Hercule* (6), divinité en l'honneur de laquelle les Syracusains célébraient une fête solennelle (7) le 18 du mois métageitnion, ou le 1ᵉʳ septembre, selon Dodwell. Sur la fin de la guerre, les Athéniens, obligés d'abandonner leurs murs de circonvallation, et privés du poste de Plemmyrium, que Gylippe leur avait enlevé, établirent leur camp dans les environs du Dascon, où la flotte

---

(1) Thucyd., VII, 39.
(2) *Id.*, VI, 66.
(3) Bonanni, Cluwer, Fazelli, etc.
(4) Thucyd., VII, 38.
(5) *Id.*, VII, 41.
(6) Plut., *in Nicia*, § 24, p. 396, t. III.
(7) Thucyd., VII, 73.

était stationnée. C'est là du moins ce que Plutarque indique clairement (1), quoique Thucydide et Diodore le donnent seulement à entendre.

Revenons maintenant sur nos pas jusqu'à cet enfoncement (n° 7) opposé à l'embouchure du port, pour relever une erreur de Diodore.

Thucydide décrit l'avant-dernière bataille navale entre les Syracusains et les Athéniens. Eurymédon, qui commandait l'aile droite, est poussé dans une espèce de golfe au fond du port (ἐν τῷ κοίλῳ καὶ μυχῷ τοῦ λιμένος), et, forcé d'échouer sur le rivage, il périt avec les siens (2). Diodore, qui paraît avoir principalement puisé l'histoire du siège de Syracuse dans l'ouvrage de Thucydide, s'éloigne ici bien mal à propos de cet historien : « Les Syracusains, tournant leurs efforts con-
« tre Eurymédon, *le poussèrent dans le golfe nommé le Dascon,*
« *dont ils s'étaient rendus maîtres* (3). » Ainsi, d'après Diodore, le κοῖλος καὶ μυχὸς τοῦ λιμένος de Thucydide serait le *Dascon,* c'est-à-dire le *propre camp des Athéniens*, dont les Syracusains auraient été les maîtres : fait contraire au texte de Thucydide, qui nous montre le *Dascon* comme étant toujours occupé par les Athéniens, et leur servant de dernier asile. Le μυχὸς de Thucydide ne peut donc être que l'enfoncement (n° 7) opposé à l'embouchure du port ; ce qui s'accorde avec la signification propre du mot μυχός.

Cette erreur de Diodore, peu importante en apparence, nous conduira à l'explication d'un passage de Thucydide qui n'a point été entendu, quoique très nécessaire à l'intelligence de tous les détails de cette même bataille navale.

« Gylippe voit la flotte athénienne vaincue et portée hors
« des pilotis qui lui servaient d'asile. Voulant achever la
« défaite des troupes qui descendraient à terre, et donner
« aux Syracusains plus de facilité à remorquer les vaisseaux

---

(1) Plut., *loc. laud.*
(2) Thucyd., VII, 52. On n'a point expliqué dans les traductions αὐτόν τε διαφθείρουσι, κ. τ. λ.
(3) Diod. Sic., XIII, 13, t. I, 552.

« ennemis vers leur propre terre, il prend avec lui un déta-
« chement, et va porter du secours *sur les jetées du port*
« (ἐπὶ τὴν χηλήν). Les Tyrrhéniens y faisaient la garde pour
« les Athéniens. Ils voient cette troupe approcher sans ordre,
« s'avancent, attaquent les premiers qui se présentent, les
« mettent en fuite, et les poussent jusqu'au lac *Lysimélia* (1). »

Toute la difficulté de ce passage consiste dans ἐπὶ τὴν χηλήν.
On traduit ἐπὶ τὴν χηλήν par les *jetées du port* (2), quoique le
port de Syracuse n'en ait jamais eu besoin, d'après sa configuration, et quoiqu'aucune trace, aucun témoignage historique,
ne puissent en faire supposer l'existence à une époque quelconque. Mais il aurait fallu remarquer que χηλή ne signifie pas
toujours une *jetée;* ce mot désigne encore ces *môles naturels*
qui forment certains ports, comme celui de Messine (3), et,
par une extension toute simple, un cap ou avancement quelconque dans la mer, comme dans un passage de Plutarque (4),
selon la remarque d'Henri Étienne (5) : c'est le seul sens qui
convienne ici. Quant à la situation de ce cap, il faut nécessairement le reconnaître dans cet avancement (n° 8) qui forme
l'entrée du μυχός. Suivons Thucydide (6) sur la carte. Eurymédon, commandant l'aile droite de la flotte athénienne, est
resserré dans le μυχός (n° 7) par les Syracusains : il est massacré, et ses vaisseaux sont échoués ou coulés bas. L'équipage
tâche de se sauver à terre, sous la protection des Tyrrhéniens
qui gardaient le χηλή (n° 8), c'est-à-dire la pointe de ce même
μυχός. Gylippe, afin de s'opposer à leur débarquement et achever leur défaite, s'avance vers le corps de Tyrrhéniens qui
seuls s'opposaient à son dessein, puisqu'ils défendaient l'entrée même du μυχός : mais ces braves soldats marchent contre

---

(1) Thucyd., VII, 53, trad. de MM. Lévesque et Gail.

(2) Hobbes et la version latine donnent la même interprétation. Porcacchi traduit : « Accorse con una parte dell' esercito, *alla bocca del porto,* per dare ajuto », (t. II, p. 200) : ce qui n'a aucun rapport avec le texte.

(3) D'Orvill., *ad Chariton.,* 116, 117.

(4) In Solon., 9, t. I, 330. Voy. la note IX.

(5) *Thesaur. Ling. Græc.,* III, 514 E. Voy. la note X.

(6) Thucyd., VII, 52, 53.

Gylippe, le mettent en déroute, et, le forçant de repasser l'Anapus, le poursuivent jusque dans le marais Lysimélia. Il ne me paraît pas qu'on puisse ici hésiter entre les deux explications.

Hâtons-nous d'achever le périple.

A partir du *Dascon*, la côte continue dans la même direction jusqu'à ce qu'elle tourne au nord pour se rapprocher d'Ortygie et rétrécir l'entrée du port. Là se trouve le massif du Plemmyrium. En avant de ce cap, qui se projette vis-à-vis de l'île d'*Ortygie*, sont deux îlots d'inégale grandeur : le plus grand, à l'est, vers la mer Ionienne, porte à présent le nom de *San Marciano*; il peut avoir cent pas de tour (1). Le plus petit, à l'ouest, en dedans du port, se nomme *Il Castelluccio* (2); selon Bonanni, c'est dans celui-ci que les Athéniens élevèrent un trophée après avoir remporté une victoire sur leurs ennemis (3). Mais le texte de Thucydide peut également s'appliquer à tous les deux.

Le 18 du mois métageitnion de la seconde année de la 91ᵉ olympiade (1ᵉʳ septembre 413 avant Jésus-Christ), les Syracusains, vainqueurs des Athéniens, et d'assiégés devenus assiégeants, conçurent le hardi projet de s'opposer à la fuite que leurs ennemis projetaient, et de les immoler tous, sans qu'il en restât un seul pour aller porter à Athènes la nouvelle de leur défaite. Ils imaginèrent de fermer l'embouchure du port, au moyen de trirèmes, de vaisseaux de charge et de barques, amarrés sur leurs ancres (4), attachés avec de fortes chaînes de fer, et recouverts de planches qui servaient de ponts (5). Les Syracusains mirent trois jours à ce travail, selon Diodore. Dodwell prétend que, d'après Thucydide, ils l'achevèrent en un jour (6) : mais il paraît qu'il a trop restreint

---

(1) Fazelli, p. 93 B.
(2) Cluver., p. 222 D. Bonanni, Mirabella.
(3) Thucyd., VII, 23.
(4) *Id.*, VII, 59.
(5) Diod. Sic., XIII, 14, t. I, 552.
(6) Dodwell, *Annal. Thucyd. ad Calc. Thucyd.* Beck., II, 702, col. 1.

le temps exprimé vaguement par l'adverbe εὐθύς. On conviendra en effet qu'un travail semblable, prolongé l'espace de 8 stades, a demandé plus d'un jour (1). Cette longue chaîne de bateaux (n° 1) était interrompue au milieu par une ouverture que les Syracusains y avaient ménagée pour que leurs propres vaisseaux eussent la liberté d'entrer ou de sortir (2) (n° 2).

Après la défaite des Athéniens sur les bords de l'Asinarus (3), on enleva sans doute la chaîne de bateaux. Mais, dans la suite, l'entrée du grand port fut de nouveau fermée au moyen d'une forte chaîne (*catena*), comme on le voit chez Frontin (4).

Le massif du Plemmyrium (*massa d'Olivero*) fut aussi le théâtre de quelques évènements durant le siège. Nicias jugea à propos de le fortifier, pour rendre plus facile l'arrivage des convois. Il y fit construire trois forts (5), dont le plus grand était du côté de l'ouest (6). Là furent déposés les bagages. Toute l'armée athénienne vint y camper, tandis que les vaisseaux mouillèrent au pied de la montagne. Ce fut, dit Thucydide, la première cause du dépérissement de l'armée : on manquait d'eau ; on était obligé d'aller la chercher au loin, ainsi que le bois, en s'exposant à être massacré par la cavalerie syracusaine (7).

CHAPITRE III

MURAILLES DES ASSIÉGEANTS ET DES ASSIÉGÉS

C'est dans l'intervalle qui sépare le Téménite des hauteurs d'Épipoles que les Athéniens dirigèrent le mur de circonval-

---

(1) P. Wesseling, *ad Diod. Sic.*, loc. laud.
(2) C'est ce que Thucydide appelle τὸν καταλειφθέντα διέκπλουν (VII, 69). Ces mots n'ont point été rendus dans les traductions françaises. Hobbes les traduit avec précision : *The passage that was left open* (*Thucyd. translat.*, p. 434 D).
(3) Thucyd., VII, 84.
(4) Frontin, *Stratagemat.*, lib. I, c. v. Exempl. 6.
(5) Thucyd., VII, 4.
(6) *Id.*, VII, 23.
(7) *Id.*, VII, 4.

lation qui devait entourer la ville, c'est également sur ce point que les Syracusains concentrèrent tous leurs moyens de défense pour neutraliser les travaux de l'ennemi.

Toutes ces opérations, que Thucydide a décrites dans le plus grand détail, sont difficiles à saisir dans leur ensemble. Les doutes que les savants ont laissés à cet égard tiennent à ce qu'ils ont considéré le texte en lui-même, au lieu de le comparer à la topographie de Syracuse. En l'envisageant sous ce dernier point de vue, peut-être parviendrai-je à l'éclaircir.

§ I. — *Travaux des Athéniens.*

On a vu (1) qu'à son arrivée, Nicias, d'après le conseil de quelques exilés syracusains, vint camper dans une prairie bordée d'un côté par l'Anapus, et de l'autre par le marais. Dans une position aussi avantageuse, il pouvait tout entreprendre. S'il eût profité de l'ardeur de ses troupes et de la terreur que son arrivée avait répandue parmi les Syracusains (2), il se serait immanquablement emparé de la ville avant la venue de l'hiver ; mais Nicias n'était pas homme à conduire le siège avec la vigueur et l'activité nécessaires. A peine campé, il songe à aller hiverner à Catane. Les Syracusains, revenus alors de leur première terreur, appellent de tous côtés à leur secours, fortifient leur ville, et se préparent à une vigoureuse défense. Cependant l'ardeur des troupes athéniennes se refroidit ; le Lacédémonien Gylippe arrive ; les Athéniens sont battus, et Nicias périt avec toute son armée, victime de son extrême lenteur. Mais suivons les opérations qui précédèrent cet évènement.

Vers le mois de mai de la seconde année de la 91e olympiade, les Athéniens revinrent de Catane, où ils avaient passé l'hiver (3). Nicias n'alla point camper cette fois dans la prairie

---

(1) Vide supra, p. 49.
(2) Thucyd., VII, 42.
(3) Thucyd., VI, 72.

de l'Anapus ; et, en cela, il fit preuve de beaucoup de sens : car cette position, excellente au commencement de l'hiver, devait être fort malsaine en été, à cause des exhalaisons du *Lysimélia*. Il se dirigea donc vers *Épipoles*, s'empara de ce poste, campa dans les environs ; et, après avoir construit un fort sur le *Labdale*, il descendit vers *Tychè* (1) pour commencer le mur de circonvallation (τὸν κύκλον), qui, unissant le port de *Trogile* au grand port, devait priver Syracuse de toute communication avec l'extérieur (2).

Les Athéniens s'occupèrent sans relâche de la construction de ce mur. Malgré les entraves que les attaques des Syracusains mirent à leurs travaux, ils purent achever la partie de ce mur qui descendait depuis le *rocher* jusqu'au grand port (3) (n° 19). Déjà ils étaient près de le terminer du côté du nord, à partir du port de Trogile, lorsque l'arrivée de Gylippe les força de laisser imparfaite (4) cette portion considérable de leur ouvrage (n° 20).

L'exposé de ces travaux des Athéniens est, dans le texte, d'une grande difficulté. Attachons-nous aux passages qui ont le plus besoin d'être éclaircis.

Thucydide nomme en plusieurs endroits le mur de circonvallation διπλοῦν τεῖχος, *mur double* : il n'est pas inutile de fixer le sens de ces deux mots.

L'art des sièges, encore dans l'enfance chez les Grecs, ne demandait pas de grandes combinaisons. La première et presque la seule opération consistait à entourer la ville d'un mur, pour lui fermer toute communication au dehors. Quand ils assiégeaient une ville dont la situation forte et la garnison nombreuse faisaient craindre une longue résistance, ils élevaient un *mur double*, dont Thucydide explique la construction en décrivant le siège de Platée. « La circon-« vallation des Péloponésiens, dit-il, se composait de deux

---

(1) Thucyd., VI, 98.
(2) Voyez la note XI.
(3) Thucyd., VII, 4.
(4) *Id.*, VII, 2 et 11.

« lignes parallèles, l'une du côté de Platée, l'autre du côté
« de la campagne : celle-ci devait servir à empêcher les
« Athéniens de secourir la ville. Les deux lignes laissaient
« entre elles un espace de 16 pieds ; et, dans cet entre-deux, on
« avait construit pour les soldats des casernes contiguës les
« unes aux autres : de sorte que toute cette masse de bâti-
« ments ne paraissait former qu'un seul gros mur, ayant des
« deux côtés des créneaux. De dix en dix créneaux, s'élevaient
« de grandes tours de la même épaisseur que la muraille,
« dont elles rasaient la surface, tant du côté de la campagne
« que du côté de la ville ; de sorte qu'il n'y avait point de
« passage le long des tours, et qu'on était obligé de les tra-
« verser par le milieu. La nuit, lorsqu'il pleuvait, les soldats
« abandonnaient les parapets, et faisaient la garde de dedans
« les tours ouvertes et peu distantes les unes des autres (1). »
Juste-Lipse est loin d'avoir bien saisi la pensée de Thucydide (2) ; le chevalier Folard a le premier expliqué avec sa
sagacité ordinaire les détails difficiles et peut-être uniques
de la construction de ces *murs doubles* (3), dont il est si souvent question chez les anciens. Ce grand militaire, en rapprochant divers passages de Thucydide lui-même, prétend
que l'espace de 16 pieds, qui séparait les deux murailles
parallèles, « était une espèce de plate-forme sous laquelle
« logeaient les soldats » ; et il est difficile de ne pas se rendre
aux raisons dont il appuie son sentiment (4).

Nicias nous apprend que l'armée athénienne logeait dans
l'intervalle des lignes (5) : ce qui prouve que le διπλοῦν τεῖχος,

---

(1) Thucyd., III, c. xxi, trad. de M. Gail.
(2) *Just. Lips. Poliorcet.*, lib. II, dialog. 1, p. 60 sq., ed. Plantin.
(3) L'usage de ces *murs doubles* dans les sièges était si ordinaire que Lucien, dans un Voyage imaginaire où Cyrano de Bergerac, Swift et Voltaire ont puisé quelques idées principales, ne manque pas de faire entourer d'un *mur double* la Lune, pays des Hippogypes, assiégée par Phaéton, roi du Soleil (*Lucian. Ver. Histor.*, I, 19, t. II, 85, Reitz).
(4) Folard, *Traité de l'attaque des places*, art. 4, t. II, p. 456 sq. de la trad. de Polybe, 1727.
(5) Καὶ τὰ τείχη οἰκοδομησαμένων (ἡμῶν), ἐν οἷσπερ νῦν ἐσμὲν, ἦλθε Γύλιππος Λακεδαιμόνιος κ. τ. λ. Thucyd., VII, c. ii.

qui entourait Syracuse, était entièrement semblable au mur que les Lacédémoniens et les Thébains élevèrent autour de Platée. D'ailleurs, le temps que les Athéniens y employèrent, montre assez le soin qu'ils y mirent; et tout fait supposer qu'ils durent s'attacher à donner à leurs lignes une solidité proportionnée à l'importance du siège et à la résistance d'un ennemi puissant disposé à bien se défendre.

Outre ce *mur double*, Nicias fit construire une fortification avancée (1), destinée à protéger le corps même de la circonvallation, et où l'on mit à couvert les machines, les bois et autres matériaux que ne pouvait contenir le *mur double*. Tous ces ouvrages présentaient un aspect formidable, et devaient ôter à l'ennemi tout espoir de salut. Mais Nicias ne sut pas recueillir le fruit de tant de travaux.

A partir de *Tychè*, les Athéniens conduisirent le *mur double* jusqu'à l'escarpement qui domine le marais. Après avoir fortifié ce rocher, ils firent descendre leur mur à travers le marais, jusqu'au port (2). Ici, une observation. On traduit ainsi la phrase citée en note (3) :

« Le lendemain, les Athéniens entreprirent de fortifier, « en commençant du circuit de leur retranchement, le rocher « qui domine le marais et regarde le grand port du côté « d'Épipoles. Par là leur muraille devait avoir moins de lon- « gueur pour gagner le port, en la faisant descendre dans la « plaine et *côtoyer le marais*. »

MM. L. et G. suivent ici l'opinion d'Abresch, qu'adoptent MM. Beck et Gottleber; elle consiste à supposer que διὰ ne signifie ici que *præter* : hypothèse un peu hasardée; car il faut admettre que, devant τοῦ ὁμαλοῦ, διὰ est pour *præter*, et devant τοῦ ἕλους, pour *per* : explication forcée qu'on aura d'autant plus de peine à recevoir que, dans le même chapitre,

---

(1) Thucyd., VI, 102. Il nomme cette fortification avancée προτείχισμα; ce qui explique le mot rare προπύργιον, qu'on lit dans Polyen (*Strat.*, I, 39, 3).
(2) Voy. la note XII.
(3) Τῇ δ' ὑστεραίᾳ ἀπὸ τοῦ κύκλου ἐτείχιζον οἱ Ἀθηναῖοι τὸν κρημνὸν τὸν ὑπὲρ τοῦ ἕλους..... καὶ ᾗπερ αὐτοῖς βραχύτατον ἐγίγνετο καταβᾶσι διὰ τοῦ ὁμαλοῦ καὶ τοῦ ἕλους ἐς τὸν λιμένα τὸ περιτείχισμα. Thucyd., VI, 101.

on lit διὰ τοῦ ἕλους avec le sens de *per mediam paludem*... Un raisonnement, juste en lui-même, conduit Abresch à cette supposition : « Les Athéniens, dit-il, achevèrent trop promp-
« tement leur ouvrage pour qu'on puisse croire qu'ils l'aient
« élevé dans le marais même. » Mais il n'a pas observé que ces opérations se firent à la fin de mai ou au commencement de juin, et que dans cette saison une partie du *Lysimélia* était desséchée et presque solide, comme Thucydide nous l'apprend lui-même. L'historien ajoute : « Les Syracusains, pour
« empêcher l'ennemi de continuer son retranchement jus-
« qu'au grand port, construisent une palissade bordée d'un
« fossé profond, qui, partant de la ville, *traversait le milieu*
« *du marais.* » Il est clair que, si les Syracusains n'avaient pas jugé, d'après la direction du mur des Athéniens, qu'il devait *traverser le Lysimélia,* ils n'auraient pas poussé leurs palissades aussi avant dans ce marais. La conjecture d'Abresch n'est donc point suffisamment fondée ; διὰ a donc ici sa signification ordinaire.

Avant de quitter le chapitre 101, il est peut-être bon de faire une autre remarque sur le sens de αὖθις, qui s'y trouve répété deux fois.

1° Καὶ οἱ Συρακούσιοι ἐν τούτῳ ἐξελθόντες καὶ αὐτοὶ, ἀπεσταύρουν αὖθις ἀρξάμενοι ἀπὸ τῆς πόλεως, διὰ μέσου τοῦ ἕλους. On traduit : « Les Syracusains sortirent de leur côté, et *recom-*
« *mencèrent leur retranchement*, en le prenant de la ville, et
« le conduisant à travers le marais. » Comment les Syracusains peuvent-ils *recommencer leur retranchement* du côté du marais, puisque c'est *la première fois* que les circonstances leur suggèrent l'idée d'élever, dans une direction perpendiculaire à la muraille de l'ennemi, des palissades qui arrêtent ses travaux ? La difficulté disparaîtra si l'on relit le chapitre précédent, où il est question de palissades élevées du côté de l'ouest par les Syracusains : dès lors ἀπεσταύρουν αὖθις s'entendra fort bien ; et on pourra traduire : *Les Syracusains construisirent de nouvelles palissades* (pareilles à celles qu'ils venaient de construire ailleurs).

2° Οἱ δ' ἐπειδὴ τὸ πρὸς τὸν κρημνὸν αὐτοῖς ἐξείργαστο, ἐπιχειροῦσιν αὖθις τῷ τῶν Συρακουσίων σταυρώματι καὶ τάφρῳ. On traduit : « Ceux-ci (les Athéniens), ayant terminé leurs ou-
« vrages sur le rocher, résolurent *d'attaquer une seconde fois*
« *les palissades et le fossé des ennemis.* » Mais, comme les Athéniens vinrent attaquer ces palissades et ce fossé aussitôt après qu'ils eurent été terminés, et les détruisirent sur-le-champ, ce ne fut ni la *première*, ni la *seconde*, mais la *seule* fois qu'ils les attaquèrent. Pour bien entendre la signification de αὖθις, il faut encore se reporter au chapitre précédent, où l'on voit les Athéniens détruire les ouvrages que les Syracusains avaient faits d'un autre côté. Οἱ δὲ... ἐπιχειροῦσιν αὖθις κ. τ. λ. signifie donc : *Les Athéniens s'avancent contre ces nouveaux ouvrages* (comme ils avaient fait contre les premiers).

§ II. — *Murs élevés par les Syracusains.*

Si les Athéniens tâchèrent d'opérer le blocus de Syracuse, les assiégés firent, de leur côté, tous leurs efforts pour empêcher que les ennemis ne les enveloppassent entièrement. A cet effet, ils élevèrent des *contre-murs* (ὑποτειχίσματα), qui, prolongés dans une direction d'abord perpendiculaire et ensuite oblique entre les deux parties de la circonvallation des Athéniens, devaient en arrêter la jonction. Suivons leurs travaux.

D'après l'avis d'Hermocrates, un de leurs généraux, les Syracusains, ayant résolu d'élever un *contre-mur* (n° 16) du côté où l'ennemi devait conduire ses lignes de circonvallation (1), construisirent, à partir de leur ville, en deçà du mur des Athéniens, un mur *simple,* ἁπλοῦν (2), dirigé *obliquement*

---

(1) Thucyd., VI, 99.

(2) Si l'on se rappelle ce qui a été dit plus haut du διπλοῦν τεῖχος, on saura ce qu'il faut entendre par ce *mur simple*; et l'on n'aura pas besoin de recourir à une interprétation forcée d'Abresch. Lisez une excellente note de M. Lévesque, t. IV, p. 271 de sa traduction.

ou *transversalement;* car on entend de ces deux manières l'épithète ἐγκάρσιον, que Thucydide lui donne (1).

L'adjectif ἐγκάρσιος signifie à la vérité tantôt *oblique,* tantôt *transversal;* mais il signifie aussi *perpendiculaire.* C'est en ce sens que Thucydide emploie l'adverbe ἐγκαρσίως (2), et Josèphe l'adjectif féminin ἐγκαρσία (3). Or, quel était l'objet des assiégés en élevant leur mur simple? d'empêcher la réunion des deux parties de la circonvallation des Athéniens (4) : pour cela, il s'agissait d'élever une muraille qui s'avançât dans une direction à peu près perpendiculaire entre le mur du sud (n° 19) et celui du nord (n° 20). Ainsi l'épithète ἐγκάρσιον signifie *perpendiculaire aux lignes des Athéniens.* C'est de cette manière que l'a entendu le scholiaste, qui l'appelle ὄρθιον τεῖχος (5).

Les Athéniens détruisirent cet ἐγκάρσιον τεῖχος et les palissades qui le protégeaient (6). Les Syracusains se hâtèrent d'élever (n° 17) un nouveau mur simple (7), qui gagnait en montant l'ancien mur perpendiculaire (8). La terreur qui s'était emparée de l'ennemi leur permit de se livrer tranquillement à ce travail, et de se servir même des matériaux qu'il avait rassemblés pour ses propres ouvrages : aussi parvinrent-ils à dépasser les lignes, et à rendre désormais la jonction impossible (9).

Outre ces mesures principales de défense, et quelques

---

(1) Thucyd., VI, 99; VII, 4, 7, M. G. traduit *mur oblique;* M. L., *mur transversal;* Hobbes, *a cross wall,* comme la version latine *transversus murus,* p. 407 A.

(2) Thucyd., II, 76.

(3) Joseph., *Antiq. Jud.,* XV, 9, 773. Havercamp.

(4) Plut., *in Nicia,* 18, 379, t. III.

(5) *Schol. Thucyd.,* ad lib. VI, c. 99. Mitford se faisait une idée entièrement fausse de la direction de ce mur : « On the southern side therefore, bet-« ween *Epipolæ and the Great port,* Hermocrates carried out a work from the « town » (t. IV. p. 92).

(6) Thucyd., VI, 100.

(7) *Id.,* VII, 11.

(8) *Id., ib.,* 4.

(9) *Id., ib.,* c. 11. Plut., *in Nic.,* 19, t. III, 384.

autres moins importantes, les assiégés avaient élevé des fortifications avancées à Épipoles, pour en défendre l'accès; et formé vers cette partie trois camps d'observation, d'où ils veillaient continuellement sur tous les mouvements des Athéniens (1).

Les expressions techniques dont se sert Thucydide pour désigner ces divers ouvrages ne contribuent pas peu à jeter de la confusion dans son récit; elle disparaîtra pour un lecteur attentif, s'il se pénètre bien de la synonymie suivante, qui terminera cet Essai :

1° Les mots ἀποτείχισμα, περιτείχισμα, κύκλος, διπλοῦν τεῖχος, désignent tous le grand mur de circonvallation des Athéniens.

2° Τεῖχος ἐγκάρσιον est le premier mur perpendiculaire élevé par les Syracusains, et qui remplaça plus tard celui que Thucydide appelle indifféremment τεῖχος ἁπλοῦν, παρατείχισμα, ὑποτείχισμα.

3° Le mot προτείχισμα désigne tantôt la muraille dont les Syracusains environnèrent le Téménite (2), tantôt la fortification avancée qui défendait le διπλοῦν τεῖχος des Athéniens.

En terminant cet Essai, je crains qu'on ne taxe de témérité quelques-unes des conjectures que j'ai cru devoir proposer sur les difficultés qui se sont rencontrées dans ma route : pour exécuter mon entreprise de manière à satisfaire les vrais juges de ces sortes de travaux, je sens qu'il n'eût pas fallu moins que toutes les ressources d'une philologie très étendue. Aussi la crainte de m'égarer, les doutes que je devais me former sur les choses mêmes dont je croyais être sûr, m'ont imposé l'obligation de citer exactement les sources où j'ai puisé, et de ne rien avancer qu'il ne me fût possible d'appuyer d'autorités suffisantes : double attention sagement recommandée par les vrais amis de la science, comme un

---

(1) *Id.*, VII, 43. Diod. Sic., XIII, 11, t. I. 550.
(2) *Supra*, p. 61. Voyez les notes XIII et XIV.

moyen puissant d'écarter l'esprit de système, en forçant l'écrivain à mettre dans ses recherches une bonne foi scrupuleuse, et à se défendre de certaines illusions qu'il est souvent bien difficile de ne pas accueillir.

NOTES

Note 1, page 24.

Cette phrase présente plusieurs difficultés qui ne me paraissent pas avoir été complètement résolues.

1° ἐκ τῆς Νήσου. Il est question de l'île d'Ortygie, qui se nommait l'ILE par excellence, comme le dit Cicéron. Aussi les historiens grecs la désignent-ils le plus souvent sous le nom de Νῆσος. Voilà pourquoi Tite-Live l'appelle *Nasos* ou *Nassos*, du dorique Νᾶσος (1). Le mot Νῆσος était donc devenu pour Ortygie une espèce de nom propre; et en effet, on le trouve écrit par une majuscule dans une infinité de passages de Diodore et de Plutarque (2). J'en conclus que Thucydide a employé Νῆσος dans le même sens, et qu'il faut ἐκ τῆς Νήσου, au lieu de ἐ. τ. νήσου que portent toutes les éditions : Casaubon et Schweighæuser ont corrigé de même, l'un Strabon (3), l'autre Athénée (4). On sent que Thucydide n'a pas mis l'article devant Νήσου sans motif : il eût été nécessaire de l'exprimer dans les traductions françaises.

2° Σικέλους ἐξελάσας. Ce n'est pas non plus sans intention que Thucydide a dit Σικέλους au lieu de τοὺς Σικέλους. Il voulait dire qu'Archias n'avait point chassé d'Ortygie *les Sicules*, ce qui s'entendrait de la nation entière, mais seulement *ceux des Sicules* qui habitaient cette île à son arrivée. C'est encore une nuance qui n'était point à négliger (5).

(1) Tit.-Liv., XXV, 24, 29, 30, 31.
(2) On trouve quelquefois, il est vrai, chez ces mêmes auteurs, νῆσος par une minuscule : c'est une faute des premiers éditeurs, qui imprimaient d'après les manuscrits, où les lettres majuscules ne sont point distinguées.
(3) Strab., I, 102 A.
(4) Athen., XI, 6, t. IV, 194. Schw.
(5) Sur la distinction de Σίκελοι et Σικελιῶται, V. *Schol. Thucyd. ad* V; 3, et Mazzochi *ad Tabul. Heracl.*; 15, n° 16-36, n° 58.

3° Ὕστερον δὲ χρόνῳ καὶ ἡ ἔξω πόλις προστειχισθεῖσα, πολυάνθρωπος ἐγένετο. Hobbes n'a point tout à fait saisi le sens de προστειχισθεῖσα ; il traduit : « And in process of time, when the city also that is without, *was taken in with a wall*, it became a populous city (1). » Pour avoir une idée exacte de ce qu'a voulu exprimer Thucydide, il est bon, je crois, de comparer son ΠΡΟΣτειχισθεῖσα avec le ΠΡΟΣχωσθεῖσα et le ΠΡΟΣχωσις (2) de Strabon et du scholiaste de Pindare. Ces trois expressions représentent exactement la même idée, savoir la jonction de l'île d'Ortygie à la Sicile, au moyen d'un mur (διὰ τείχους), ou d'une chaussée (διὰ χώματος). Il en résulte que le mot τεῖχος, compris dans προστειχισθεῖσα de Thucydide, est synonyme de χῶμα λίθου ; et que la phrase ὕστερον δὲ χρόνῳ καὶ ἡ πόλις ἔξω ΠΡΟΣτειχισθεῖσα κ. τ. λ. exprime en d'autres termes ce qu'un écrivain moins concis que notre historien aurait expliqué à peu près de cette manière : ὕστερον δὲ χρόνῳ καὶ ἡ πόλις ἔξω συναφθεῖσα ΠΡΟΣ τὴν πόλιν ἐντὸς διὰ χώματος λίθου (πολυάνθρωπος ἐγένετο). Cette même signification de πρός en composition se retrouve dans deux mots des Tables Héracléennes, qui n'ont point échappé à l'illustre Mazzocchi (3).

Note II, page 29.

Élien rapporte que les Syracusains érigèrent une statue à Gélon, ἐν τῷ τῆς Σικελίας Ἥρας ναῷ (4). *Hic locus vitii manifestus est*, dit Gronovius en remarquant que, selon Diodore, Gélon reçut après sa mort les honneurs héroïques. Or, on ne voit pas pourquoi la statue d'un héros serait placée dans un temple de Junon, au lieu de l'être dans un ἡρῷον. Aussi corrige-t-il avec beaucoup de certitude ἐν τῷ τῆς Σικελίας ἡρῴῳ. Mais alors il faudrait inférer de cette conjecture qu'il y avait à Syracuse un ἡρῷον consacré à la sépulture de tous les héros de la patrie, une espèce de πανηρῷον, qu'on aurait appelé τὸ ἡρῷον par excellence. Cette conséquence naturelle est appuyée par une scholie inédite à la marge du manuscrit de Thucydide, coté 1636 (5), sur ce passage ταῦτα δὲ ἱκέται καθεζόμενοι ἐς (ou εἰς) τὸ Ἡραῖον ἐδέοντο (6) ; elle est conçue ainsi : ἐν ᾧ ἐτεθάπτον(το) οἱ ἥρωες, *où l'on donnait la sépulture aux héros ;* d'où il semblerait résulter que le scholiaste avait lu ἡρῷον à la place de ἡραῖον, ce qui supposerait à Corcyre un πανηρῷον comme à Syracuse. L'existence de ces πανηρῷα dans certains lieux aurait besoin, il est vrai, d'être prouvée ; mais elle n'est pas

---

(1) *Translat. of Thucyd.*, p. 350 C.
(2) *Schol. Pindar. ad Nem.*, I, 1. Strab., *loc. laud.*
(3) *Ad Tabul. Her.*, p. 161, 25 et 254, 24. Porcacchi a mal entendu προστειχισθεῖσα : « In seguito, quella città che è fuori di quest' isola essendo stata unita *per mezzo di un ponte* all' altra città, etc. » (T. II, p. 79.)
(4) Ælian., *H. Var.*, VI, 11.
(5) Voy. M. Gail, *Mém. sur Thucyd.*, part. IV, p. 87, et une savante note dans sa *Notice des manuscrits de Xénoph. et de Thucyd.*, p. 100.
(6) Thucyd., I, 24, fin.

dénuée de quelque probabilité. En effet, on lit en beaucoup d'endroits de Thucydide et d'autres auteurs que les suppliants se retirent dans (ou vers) le temple de Junon, ἐς τὸ Ἡραῖον (1). On peut trouver assez singulier qu'ils choisissent toujours le temple de Junon de préférence à celui de tout autre dieu : mais, d'un autre côté, l'on sait que le terrain boisé consacré aux héros était inviolable, et qu'ils punissaient d'une manière terrible ceux qui osaient le profaner (2). C'est dans cette confiance que les suppliants s'y retiraient, certains que, si leur prière n'était pas exaucée, ils n'avaient du moins aucun danger à craindre. Pausanias rapporte même un exemple de la vengeance exercée par les héros Argos et Protésilas sur Cléomène et Artauclès, qui n'avaient point respecté les suppliants (3).

Rien dans les usages religieux des anciens n'empêche donc de croire que les suppliants se mettaient quelquefois sous la protection des héros ; de sorte que la conjecture de Gronovius prend une nouvelle force, puisqu'il devient très possible que, dans certains passages, on ait à tort remplacé τὸ ἡρῶον par τὸ ἡραῖον : changement extrêmement faible, attendu la ressemblance de ῶ et de αῖ dans les manuscrits ; ressemblance telle qu'un manuscrit donne ἡρῶον là où il faut évidemment ἡραῖον (4). Toutefois on doit convenir qu'il est extrêmement rare de voir ainsi τὸ ἡρῶον pris absolument, et qu'il serait nécessaire d'en trouver d'autres exemples (5). Ce serait aux hellénistes à décider une question qui pourrait éclairer sur la connaissance d'un usage intéressant.

Je reviens au passage d'Élien (ἐν τῷ τῆς Σικελίας Ἥρας ναῷ), pour remarquer que τῆς Σικελίας est ici pour τῶν Συρακουσῶν, soit que l'auteur emploie ici une de ces désignations vagues qui lui sont familières, et qu'on retrouve dans cette scholie sur Théocrite (6), Ἀρέθουσα πηγὴ ἐν Σικελίᾳ ; soit qu'il faille supposer qu'Élien avait écrit τῶν Συρακουσῶν τῆς Σικελίας : supposition d'autant plus vraisemblable que la même altération se rencontre dans cette autre scholie (7), φασὶ γὰρ τὸν Δία τῇ Περσεφόνῃ τὴν Σικελίαν δωρήσασθαι, où le scholiaste se montre en opposition avec lui-même et avec Théocrite, qui nous apprend (8) que *Syracuse* (et non la Sicile) était consacrée à Cérès et à Proserpine ; aussi me semble-t-il qu'on doive lire τὰς Συρακούσας τῆς Σικελίας : locution dont il se sert d'ailleurs dans un autre endroit, Ἀρέθουσα πηγὴ ἐν Συρακούσαις τῆς Σικελίας (9). Ce dernier passage fait voir comment on doit lire cette phrase de la même

---

(1) *Id.*, III, 75, 81 et passim. Xenoph., *Hellen.*, VII, 2, 6 et sq.

(2) *Schol. Aristoph. ad* Ὄρνιθ. 1490.

(3) Pausan., III, 4, p. 213.

(4) Thucyd., III, 68.

(5) On trouve bien τὰ ἡρῶα (Thucyd., II, 17) et τὰ ἡρωιδεῖα, pour τὰ ἡρῷα *Tabul. Herac. et ibi Mazzocchi*, p. 156 et 247) ; mais ce n'est pas, à beaucoup près, la même chose.

(6) *Schol. Theocr. ad Idyll.* I, 110.

(7) *Id. ad Idyll.* XV, 14.

(8) Theocr., *Idyll.* XVI, 24, et *ibi Schol.*

(9) *Schol. ad Id.* I, 110.

scholie, Ἀρέθουσα κρήνη ἐν Συρακούσαις ἤ ἐν Σικελίᾳ : il faudrait τῆς Σικελίας.

Note III, p. 29.

Il me semble que c'est là le sens des paroles de Diodore ταύτην μὲν (τὴν Νῆσον) ΔΙΩιΚΟΔΟΜΗΣΕΝ ἀπὸ τῆς ἄλλης πόλεως, *il sépara Ortygie du reste de la ville par un mur transversal.* Ce mur traversait Ortygie depuis le grand port jusqu'au petit port ou Laccius. Terrasson (1) et Bonanni entendent que Denys *fit environner l'île d'Ortygie de murs;* ce que le texte ne dit pas, et ne peut pas dire, puisqu'on sait qu'Ortygie avait été environnée de murs bien longtemps avant le règne de Denys (2).

Note IV, p. 29.

Cette citadelle joua un fort grand rôle tout le temps que dura la tyrannie des deux Denys. Plutarque la désigne souvent sous le simple nom de ἄκρα, d'autres fois sous celui de ἀκρόπολις. C'est pour n'avoir pas assez remarqué ces expressions que le savant Dacier me paraît avoir mal entendu cette phrase : ἐκ τούτου τὰς Ἐπιπολὰς ἑλὼν, τοὺς καθειργμένους τῶν πολιτῶν ἔλυσε, καὶ τὴν ἀκρόπολιν ἀπετείχισε (3). Il traduit : « Dion, « ayant pris le *château d'Épipoles,* délivra les citoyens qui *y étaient pri-* « *sonniers,* et *l'environna de bonnes murailles* (4). »

Il fallait : « Après s'être emparé d'Épipoles, et avoir délivré les citoyens « qui y étaient retenus prisonniers *(dans les Latomies),* Dion alla mettre « le siège devant la citadelle (τὴν ἀκρόπολιν, *dans l'île d'Ortygie). »*

1° Les prisonniers étaient renfermés non dans la petite redoute d'Épipoles, mais dans les Latomies ou carrières, que chacun sait avoir été les prisons de Syracuse (5).

2° Ἀπετείχισε ne signifie pas *il l'environna de bonnes murailles;* on sait que ἀποτειχίζειν est le mot propre pour indiquer la principale opération d'un siège (ἀπολαμβάνειν τείχει καὶ ἀποκλείειν τῆς ἐξόδου). Le sens paraphrasé sera : *Il mit le siège devant la citadelle (d'Ortygie), en commençant par couper toute communication avec le dehors au moyen d'un mur* (ἀποτείχισμα), que Plutarque nomme indifféremment περιτείχισμα (6) et διατείχισμα (7).

---

(1) Terrass., trad. de Diod., IV, 12.
(2) V. supra, p. 29.
(3) Plut., *in Dion.,* 29, t. V, 303.
(4) C'est, à peu de chose près, la traduction d'Amyot (t. IX, p. 48, éd. de 1802).
(5) Cf. *Perizon. ad Ælian. H. Var.,* XII. 44.
(6) Plut., *id.,* 30, p. 304.
(7) *Id., ib.,* 48, p. 330.

Note V, page 30.

Le passage de Strabon offre ici une difficulté qui mérite qu'on s'y arrête : πεντάπολις ἦν (sc. Συρακοῦσαι) τὸ παλαιὸν ἑκατὸν καὶ ὀγδοήκοντα σταδίων ἔχουσα τὸ τεῖχος. Ἄπαντα μὲν δὴ τὸν κύκλον ἐκπληροῦν τοῦτον οὐδὲν ἔδει· τὸ δὲ ΣΥΝΟΙΚΟΥΜΕΝΟΝ τὸ πρὸς τῇ Νήσῳ τῇ Ὀρτυγίᾳ μέρος ᾠήθη δεῖν οἰκίσαι βέλτιον, κ. τ. λ. (1).

Le célèbre traducteur avoue ici, avec la franchise du vrai savoir, *qu'il ne comprend pas nettement ce que Strabon entend par* συνοικούμενον : « Peut-être, ajoute-t-il, Strabon a-t-il voulu rappeler ce que Thucydide semble donner à entendre, savoir que l'Achradine était un quartier de première formation, compris dès l'origine dans l'établissement formé par Archias. »

Cette explication, tout ingénieuse qu'elle est, me paraît donner au mot συνοικούμενον un sens qui conviendrait mieux à συνοικιζόμενον; tout concourt d'ailleurs à nous faire prendre ce mot dans une acception plus simple, plus conforme au génie de la langue, sans l'être moins à la vérité historique. Le modeste aveu de M. la Porte du Theil m'enhardit à lui soumettre ma conjecture.

Nous savons que l'Achradine était la partie de Syracuse la plus grande et la plus peuplée. Lorsque cette ville fut maltraitée par Pompée, Achradine dut souffrir dans la même proportion que les autres quartiers; de sorte que, tout en perdant de sa force absolue, elle dut conserver la même force relative, et rester *plus peuplée* que les autres. Après les malheurs des guerres civiles, Auguste, voulant rétablir Syracuse, et trouvant trop pénible, peut-être même inutile, de la rebâtir dans son entier, avec les quartiers d'Épipoles, Tychè et Néapolis, qui devaient être presque déserts, se contenta de reconstruire l'Achradine, τὸ συνοικούμενον μέρος, c'est-à-dire la partie qui renfermait le plus d'habitations (en comparaison des autres quartiers). Tel est le sens de συνοικούμενον, mot que Strabon emploie très souvent dans la même acception de *bien habité, bien peuplé.* Je n'en rapporterai que ces exemples : οὔτε γὰρ Ἱμέραν ἔτι ΣΥΝΟΙ-ΚΟΥΜΕΝΗΝ ἴσμεν (2). Δουρικόρτορα μάλιστα ΣΥΝΟΙΚΕΙΤΑΙ κ. τ. λ. (3). Καὶ ὑπ' ἀνθρώπων συνοικούμενος σωφρόνων (4). Il est presque inutile d'ajouter ce passage classique : καὶ οὓς μὲν ἂν αἰσθάνηται τῶν ἀρχόντων ΣΥΝΟΙΚΟΥ-ΜΕΝΗΝ γε τὴν χώραν παρεχομένους, κ. τ. λ. (5), dont le sens est évidemment, comme dans les autres, πολλὰς οἰκίας συνέχουσαν, ὅ ἐστι πολυανθρώπουσαν. On observera que cette interprétation naturelle et fondée répond à l'objection que s'était faite à lui-même M. la Porte du Theil,

---

(1) Strab., VI, 415 A.
(2) Strab., VI, 418 : C. et ead. pag. A, ὅμως ἱκανῶς συνοικεῖται.
(3) *Id.*, IV, 297 A.
(4) *Id.*, XIV, 980 A., etc., etc.
(5) Xenoph., *Œconom.*, IV, 8.

puisqu'elle rend bien la force de la préposition σὺν en composition, et nous explique pourquoi Strabon a employé le mot rare συνοικούμενον au lieu du simple οἰκούμενον, qui pourrait sembler suffisant : mais ce dernier paraît presque toujours mis dans un sens absolu en opposition avec ἔρημος, *désert*, comme nous en avons des exemples remarquables dans Strabon lui-même (1) et dans Xénophon (2); tandis que συνοικούμενος, outre sa signification incontestable de *bien peuplé*, qui est déjà une nuance assez remarquable, paraîtrait quelquefois plus particulièrement employé, de même qu'ici, d'une manière relative quand il s'agit de lieux plus ou moins habités que d'autres. Dans cette hypothèse, voici le sens du passage de Strabon : « Mais, comme rien n'exigeait que Syracuse conservât cette étendue, Auguste préféra de rétablir seulement la partie *la plus habitée* qui touche à l'île d'Ortygie. »

Note VI, page 31.

Dacier me semble avoir mal compris un passage de Plutarque, où il a cru qu'il était question de cette large rue dont parle Cicéron, et qui traversait Achradine d'une extrémité à l'autre.

Dion vient d'entrer dans Néapolis avec son armée : βουλόμενος δὲ καὶ δι' ἑαυτοῦ προσαγορεῦσαι τοὺς ἀνθρώπους, ἀνῄει ΔΙΑ ΤΗΣ ΑΧΡΑΔΙΝΗΣ, ἑκατέρωθεν παρὰ τὴν ὁδὸν τῶν Συρακουσίων ἱερεῖα καὶ τραπέζας καὶ κρατῆρας ἱστάντων (3). Dacier traduit ἀνῄει δ. τ. Α. par : *il monta au haut de la ville, le long de la rue appelée Achradine*. Ainsi ce savant a traduit comme si Ἀχραδινὴ était le nom de la *rue* qui traversait Achradine, comme s'il y avait eu dans le texte : διὰ τῆς (ὁδοῦ) Ἀχραδινῆς, ἑκατέρωθεν παρὰ τὴν ὁδὸν (Ἀχραδινήν). Amyot l'a bien mieux entendu (4). Diodore emploie la même tournure (5).

Note VII, page 41.

Ma traduction s'éloigne un peu de celle-ci : « Les Athéniens construi« sirent, sur les *dernières hauteurs d'Épipoles*, un fort qui regardait Méga« res. » Par les *dernières hauteurs d'Épipoles*, il faut nécessairement entendre *les plus élevées* (6) : or je fais voir dans le texte que les *dernières hauteurs* étaient l'*Euryèle*, et non le Labdale. Tout s'éclaircit quand on se renferme dans le sens propre de κρημνός, qui est moins une *hauteur*

(1) Strab., XVII, 1140 A et passim. Voy. encore Strab. (XIV, 984 B).
(2) *Vid. Hutchins. ad Xenoph. Anab.*, I. p. 9. n. 6.
(3) Plutarch., *in Dion.*, 29, t. V. 302.
(4) Tom. IX, p. 46.
(5) Diod. Sic., XVI, 10, t. II, 90, l. 38.
(6) C'est ainsi que traduit Porcacchi : « Nella più alta cima di Epipole » (*traduz. di Tucidid.*, t. II. p. 15).

qu'un *escarpement*, δυσπρόσοδος καὶ ἐξέχων τόπος. Il suffit de jeter les yeux sur le plan, pour voir que le plateau de Syracuse est bordé des deux côtés de précipices profonds qui donnent dans la plaine : ἐπ' ἄκροις κρημνοῖς τῶν E. ne peut donc signifier que *sur le bord même des précipices d'Épipoles*. Hobbes l'a fort bien entendu : *In the very brink of the precipices of Epipolæ* (1).

Note VIII, page 45.

Si l'on a jeté les yeux sur la carte de Mirabella, on a vu entre l'Anapus et les murs de Syracuse une espèce de fleuve, que ce savant fait presque miraculeusement couler sur l'escarpement du plateau de la ville (2). Ce prétendu fleuve, qu'il nomme Thymbris, a été reproduit vingt fois sans examen, et dernièrement encore par M. Wilkins (3). Il a pour seuls appuis deux passages de Servius, dont l'absurdité a été démontrée par Cluwer et Bonanni (4); et ce vers de Théocrite, où le berger Daphnis fait ses adieux au beau pays de Syracuse :

.... χαῖρε, Ἀρέθοισα
Καὶ ποταμοί, τοὶ χεῖτε καλὸν κατὰ Θύμβριδος ὕδωρ (5).

C'est-à-dire : « Adieu, belle Aréthuse, et vous fleuves qui mêlez votre « onde à l'onde pure du Thymbris (6). »

Mais il s'agit de savoir ce qu'on doit entendre par Thymbris. Les uns en font une *rivière*; d'autres prétendent que Θύμβρις est un mot étranger qui signifie *la mer*. Reiske en fait une *source d'eau thermale*; Casaubon et Valckenaer, *une montagne*. La première de ces opinions est la moins admissible, quoique la plus suivie; la seconde est adoptée par Cluwer; la quatrième réunit le plus de probabilités en sa faveur : Valckenaer a montré qu'il est très grec de dire ποταμοὶ οἱ χεῖτε καλὸν ὕδωρ κατ' ὄρους; ce qui m'a suggéré une nouvelle conjecture sur tout ce passage *poético-géographique*.

Si l'on se rappelle que la scène de l'idylle se passe aux environs de Syracuse (7), on pensera que le berger Daphnis, en faisant ses adieux à la nymphe Aréthuse, n'a pas dû oublier l'Anapus, cette jolie rivière qui vient mêler ses eaux dans le grand port, en face de la fontaine. Je suis donc porté à croire que ce fleuve est désigné par le mot ποταμοί, un de ces pluriels emphatiques si communs chez tous les anciens poètes, et d'autant mieux placé ici que, quarante vers plus haut, Thyrsis parle du

---

(1) *Transl. of Thucyd.*, p. 406 A.
(2) *Mirabell.*, p. 59.
(3) *Antiquit. of Magna Græcia*, p. 10.
(4) *Cluver.*, I, 12, p. 207, 208. Bonanni, p. 159 et sq.
(5) *Theocr., Idyll.*, I, 110.
(6) Voy. l'élégante trad. de M. Gail, p. 19, in-4.
(7) *Obs. littér. et crit. sur Théocr.*, par M. Gail, p. 12, col. 2.

grand fleuve Anapus (1) : mais alors le Thymbris devient naturellement la colline où l'Anapus prend sa source; de sorte que le sens du passage serait : « Adieu, belle Aréthuse, et vous fleuve majestueux, qui, du haut « du Thymbris, versez une onde pure. » Cette explication, outre son exactitude grammaticale, ne rend-elle point le vers plus poétique? ne lui donne-t-elle point un caractère pittoresque? Il fait image maintenant. Après avoir payé son hommage à la nymphe de la fontaine, Daphnis s'adresse au dieu du fleuve; et l'on croit voir ce dieu, à la barbe limoneuse, assis sur le penchant du Thymbris, et laissant tomber de son urne les flots d'une onde limpide.

Le passage suivant de Plutarque a encore servi d'autorité à Mirabella en faveur de son Thymbris : ἐν τοῖς περὶ τὴν πόλιν τενάγεσι πολὺ μὲν ἐκ κρηνῶν πότιμον ὕδωρ, πολὺ δ' ἐξ ἑλῶν καὶ ποταμῶν καταρρεόντων εἰς θάλατταν κ. τ. λ. (2). Plutarque parle de *fleuves*; donc il y en avait *au moins deux :* tel est le raisonnement de Mirabella. Mais, avec un peu de connaissance des lieux, on voit que ποταμῶν est sans doute une erreur des copistes, et qu'on doit lire πολὺ δ' ἐξ ἑλῶν καὶ ΠΟΤΑΜΟΥ καταρρεόντων (3). Plutarque n'aurait pu commettre cette faute que dans le cas où il n'aurait point vu Syracuse; ce qui ne paraît pas probable. Faut-il pour une syllabe bouleverser la topographie, et récuser les témoignages de l'histoire?

Note IX, page 55.

Voici le passage de Plutarque :

Ἀναχθέντα δὲ συχναῖς ἁλιάσιν ἅμα τριακοντόρου συμπαραπλεούσης, ὑφορμίσασθαι τῇ Σαλαμῖνι κατὰ τὴν χηλήν τινα, πρὸς τὴν Εὔβοιαν ἀποβλέπουσαν..... C'est-à-dire : « Solon, ayant mis à la voile avec un grand nombre de bateaux pêcheurs, suivis d'une galère à trente rames, aborda sur la côte de Salamine, où il jeta l'ancre, *près d'un cap qui regarde l'Eubée.* »

Cette phrase est tellement claire en elle-même, que les savants éditeurs de Plutarque ne l'ont pas jugée digne d'une note. Cependant, si on la considère sous le rapport géographique, paraîtra-t-il vraisemblable que, dans la narration d'un fait qui n'a aucun rapport avec l'Eubée, Plutarque ait fait intervenir le nom de cette île dont il n'est question ni avant ni après; et qu'au lieu de rapporter la position du cap de Salamine à l'un des nombreux points de la côte de l'Attique, il ait été chercher l'Eubée, séparée de Salamine par toute la largeur de ce pays, et par un bras de mer considérable? Une pareille inadvertance, dont il serait difficile de trouver un autre exemple chez un historien aussi judicieux et aussi exact que Plutarque, ne doit point être mise sur son compte; il me semble

---

(1) *Theocr. eod. Idyll.*, 68, οὐ γὰρ δὴ ποταμοῖο μέγαν ῥόον Ἀνάπῳ.
(2) Plutarch., *in Timol.*, 20, t. II, 206.
(3) Cette correction me semble d'autant plus probable que le participe pluriel καταρρεόντων a fort bien pu attirer ποταμῶν.

impossible de ne pas reconnaître ici une erreur de copiste. Quelle qu'elle soit, on pourrait l'expliquer de cette manière :

Sur la côte de l'Attique, vis-à-vis de Salamine, s'élève le mont Corydalus ou Ægaléon, à présent Scaramanga (1), qui termine au nord-ouest la plaine d'Athènes. Au pied de cette montagne, et non loin de la mer, était situé le bourg ou dème d'Oa (Ὄα) ou Œa (Οἴα, Οἴη), dont la position est assez clairement indiquée par Sophocle dans ces vers :

>Ἦ που τὸν ἐφέσπερον
Πέτρας νιφάδος πέλωσ'
Ὀιάτιδος ἐκ νομοῦ (2)...

et déterminée avec précision par l'ancien scholiaste (3). Si le lecteur jette maintenant les yeux sur l'excellent plan de la bataille de Salamine, par M. Barbié du Bocage (4), il verra le cap de Salamine ou χηλή se diriger vers le dème de Οἴα avec une précision telle qu'il ne manquera pas d'aller au-devant de mon idée, et de lire lui-même dans Plutarque κατὰ τὴν χηλήν τινα πρὸς τὴν ΟΙΑΝ ἀποβλέπουσαν. Un copiste ignorant, qui connaissait mieux l'Eubée que le dème de Οἴα, aura marqué le mot d'un signe douteux ; un autre, un peu plus hardi, s'appuyant sur la remarque de son prédécesseur, n'aura pas balancé à supposer une faute dans le texte, et à ajouter de son autorité privée les trois lettres ευβ, pour faire εὔβοιαν : leçon facile, mais dénuée de sens aux yeux d'un lecteur géographe.

NOTE X, p. 55.

Ce n'est pas d'ailleurs le seul endroit de Thucydide où χηλή signifie *promontoire*, et non *jetée*.

L'entrée du Pirée à Athènes était resserrée entre deux caps, l'Alcime au sud (5), et l'Éétionée du côté du nord (6). C'est ce dernier qui m'occupe. Suidas, Hésychius, Harpocration, Étienne de Byzance, etc., s'accordent à le nommer Ἄκρα. Thucydide l'appelle χηλή dans cette phrase (7) : χηλή γάρ ἐστι τοῦ Πειραιῶς ἡ Ἠετιώνεια. En rapprochant Thucydide des lexicographes cités, on ne peut douter que, dans ce passage, χηλή ne soit l'équivalent de ἄκρα, et ne signifie *promontoire*. Æmilius Portus a fort bien traduit ce passage : *Nam Eetionea est e duobus alterum Pirei promontorium*. C'est à tort que Hobbes s'est écarté de cette excellente version : *For this Eetionea is the peere of the Pireus*.

(1) *Stuart's Antiq. of Athens*, p. X. Cf. Thucyd., II, 19, et *ibi* Duk.
(2) *OEdip. Colon.*, v. 1059, sq. Brunck.
(3) *Ad H. v.*
(4) Atlas du *Voyage du jeune Anacharsis*.
(5) Plutarch., *in Themistocl.*, 32, t. I, 501.
(6) Meursius, *de Pireo, in Thesaur. Antiq. Græc.*, V, 1935.
(7) Thucyd., VIII, 90. Un mémoire de M. Gail, lu à l'Institut, jette beaucoup de jour sur ce chapitre de Thucydide.

Note XI, p. 59.

Le scholiaste émet deux opinions sur la direction de cette ligne de circonvallation : ἤτοι τὸν (κύκλον) περὶ τὸ Λάβδαλον, ἢ τὸν περὶ τὸ τεῖχος τῶν Συρακουσίων (1); « elle entourait ou le Labdale, ou le mur des Syracusains. » Il donne avec raison la préférence à la dernière (ὃ καὶ μᾶλλον). Il est singulier que M. Beck, préférant la première interprétation, l'entende d'un mur élevé pour environner le Labdale (2). Peut-être aura-t-il été trompé par cette phrase de Diodore : κατασκευάσαντες δὲ (οἱ Ἀθηναῖοι) περὶ τὸν Λάβδαλον ὀχύρωμα κ. τ. λ. (3). Mais ὀχύρωμα n'est pas κύκλος. Diodore fait ici mention du fort que les Athéniens construisirent sur le Labdale (4), et non de leur ligne de circonvallation.

Le scholiaste, à son tour, n'a point saisi dans un autre endroit la pensée de son auteur relativement à ce même κύκλος. Thucydide, parlant des lignes athéniennes du côté de Trogile, dit : τῷ δὲ ἄλλῳ τοῦ κύκλου πρὸς τὸν Τρώγιλον (5). Le scholiaste croit qu'ici le mot κύκλος s'entend de la muraille des Syracusains; il se trompe évidemment.

Note XII, page 61.

La phrase de Thucydide est fort claire (6). Le scholiaste vient mal à propos y jeter du louche. Sur βράχυ τι, que tout le monde entend, il dit : βαρυτόνως τινὲς ἀναγιγνώσκουσιν, ἵνα μὴ τὸ ὀλίγον, ἀλλὰ τὸ πετρῶδες ἀκούηται. Cette scholie ne me semble pas avoir été saisie par M. Beck : βαρυτόνως τ. α. signifie que quelques-uns lisent βράχυ τι ; et non pas βραχύ τι, comme le veut M. Beck. Ceci mériterait à peine d'être relevé, si ce n'était une occasion de remarquer le sens rare donné à βράχυ par le scholiaste; on le retrouve dans Phavorinus (βραχώδης, τραχὺς), et il s'est conservé avec le même accent dans βράχη, *bas-fonds*.

Note XIII, page 65.

Aussitôt après son arrivée, Démosthène, qui amenait des secours à Nicias, voulut faire une tentative contre le *nouveau mur des Syracusains*, ἔπειτα μηχαναῖς ἔδοξε τῷ Δημοσθένει πρότερον ἀποπειράσαι τοῦ ἀποτειχίσματος (7). Au lieu de ἀποτειχίσματος, *douze* manuscrits donnent παρατειχίσματος (8) : leçon qu'il est étonnant qu'on n'ait pas fait depuis longtemps

---

(1) *Schol. Thucyd. ad* VI, 98.
(2) Beck., *not. ad Thucyd.*, t. II, p. 156.
(3) Diod. Sicul., XIII, 547.
(4) Thucyd., VI, 98.
(5) Thucyd., VII, 2, et *ibi Schol.*
(6) *Id., ib.*
(7) *Id., ib.*, 43.
(8) Voy. le *Thucydide* de M. Gail, t. VII, p. 83, et celui de Beck., t. II, p. 234.

passer dans le texte, attendu l'absurdité palpable de l'autre ; puisque ἀποτείχισμα désigne toujours le mur des Athéniens, et παρατείχισμα celui des Syracusains (1) : ce que Lucien n'a eu garde de confondre (2). Hobbes s'y est complètement mépris; il entend par ἀποπειρᾶν ἀποτειχίσματος, *essayer le mur des Athéniens* (pour voir s'il était assez solide), quoique la suite lui ait fait voir les Syracusains se défendant du haut de ce prétendu ἀποτείχισμα. Au lieu de « Demosthenes thought good to try (ἀποπειρᾶν) *the wall which the Athenians had built to enclose the city withall* (3) », lisez... « *the wall which the Syracusans had built in order to hinder the Athenians from enclosing the city withall.* » Mitford n'en donne pas non plus une idée juste (4).

Note XIV, page 65.

Au chap. 43, liv. VII, on lit : οἱ δὲ πλείους διαφυγόντες εὐθὺς πρὸς τὰ στρατόπεδα, ἃ ἦν ἐπὶ τῶν Ἐπιπολῶν τρία (ἐν προτειχίσμασιν). Ces deux derniers mots, omis par *onze* manuscrits, n'ont absolument aucun sens : c'est la glose d'un copiste qui n'entendait rien aux opérations du siège de Syracuse (5).

(1) Thucyd., VIII, 11, 42.
(2) *Man. d'écrire l'hist.*, § 38, t. II, p. 51, 52. Reitz : ῥᾷστον ἦν ἐνὶ καλάμῳ λεπτῷ τὸν Θουκυδίδην ἀνατρίψαι μὲν τὸ ἐν Ἐπιπολαῖς παρατείχισμα..... καὶ τὸν κατάρατον Γύλιππον διαπεῖραι μεταξὺ ΑΠΟΤΕΙΧΙΖΟΝΤΑ καὶ ἀποταφρεύοντα τὰς ὁδούς. Si nous faisons attention, 1° qu'ici, comme dans d'autres passages du même traité, Lucien se sert à dessein des expressions mêmes de Thucydide ; 2° que cet historien dit toujours ὑποτειχίζειν quand il parle ou de Gylippe ou des Syracusains : ce qui est en effet le mot propre lorsqu'il s'agit d'assiégés, tandis que ἀποτειχίζειν ne se dit que des assiégeants ; 3° que Lucien (§ 3 de ce même traité), parlant des préparatifs des Corinthiens sur le point d'être assiégés, emploie en trois lignes trois fois ὑπό (ὑποικοδομῶν, ὑποστηρίζων, ὑπουργῶν), il paraîtra fort probable que cet auteur a écrit dans la phrase citée μεταξὺ ὑποτειχίζοντα : ἀποτειχίζοντα, qui a pu être attiré par ἀποταφρεύοντα, fait une espèce de contre-sens.
(3) *Translat. of Thucyd.*, p. 438.
(4) *Hist. of Greece*, IV, 103.
(5) [Parmi les nombreux travaux dont Syracuse a été l'objet depuis 1812, date du mémoire de M. L., nous nous bornons à citer : Brunet de Presles, *Recherches sur les établissements des Grecs en Sicile* (et *Journ. de l'Inst. publ.*, XIV, n° 66; XXIII, n° 14). — Meyer, ap. *Zeitschr. f. d. Alterth.* 1845, n°s 109-110, et 1846, n°s 64-65. — Siefert, *Akragas und sein Gebiet*, Hamburg, 1840, 4°. — T. Mommsen, ap. *Zeitschr. f. d. Alt.* 1846, n° 97. — Saverio Cavallari, *Zur Topogr. von Syr.* avec carte, Göttingen, 1845, 8° (abgedr. aus d. *Gött. Studien*); cf. *Zeitschr. f. d. A.*, 1846, n°s 114-115. — Raoul-Rochette ap. *Journ. des Sav.*, mai 1847. — Meyer, ap. *Z. f. d. A.* 1847, n°s 87-88. — F. Creuzer u. G. X. Moser, *Ciceronis oratio de prætura Siciliensi*, Göttingen, 1847, 8°, etc. Ed.]

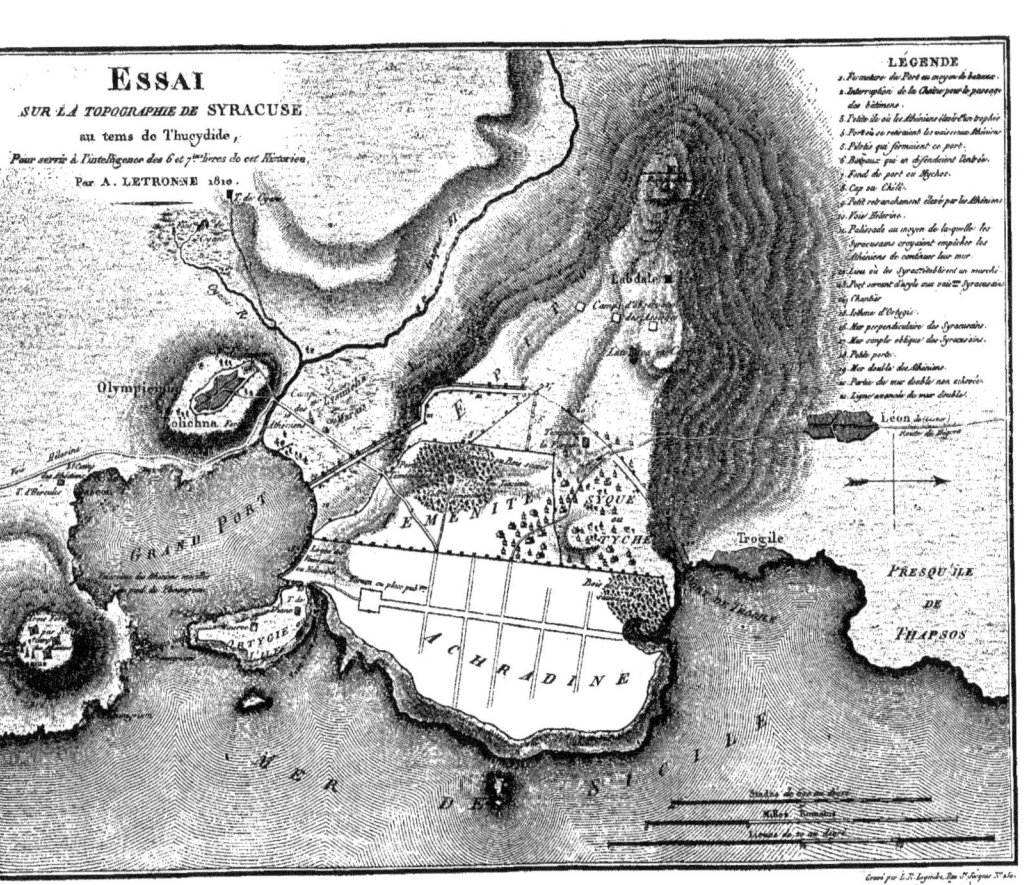

MÉMOIRE

SUR

UNE TABLE HORAIRE

QUI SE TROUVE DANS

LE TEMPLE ÉGYPTIEN DE TAPHIS, EN NUBIE (1)

Il existe un temple égyptien à Tehfa, lieu de la Nubie situé à peu de distance de Syène et à l'endroit que la combinaison des distances marquées dans l'Itinéraire d'Antonin (*Itin. veter.*, p. 161) fixe pour l'emplacement de l'ancienne ville de Taphis. Ce lieu se trouve à la latitude d'environ 23° 40′. Les plans et les élévations du temple de Taphis viennent d'être publiés par M. Gau, dans la sixième livraison des *Antiquités de la Nubie* (pl. 10 et 11).

Sous le pronaos du temple et de chaque côté de la porte du naos, il y a deux panneaux destinés à recevoir des sculptures, mais qui n'en ont jamais reçu ; à la place de ces sculptures, on trouve de chaque côté une inscription grecque qui occupe une partie de chacun des panneaux.

L'inscription, à droite en entrant, est si fruste que M. Gau n'a pu la copier : il s'est assuré seulement qu'elle est de même nature que l'autre ; il a transcrit avec soin cette dernière, et

---

(1) [*Nouv. Ann. des voyages*, XVII, p. 357 (année 1823) ; tirage à part, 28 p. in-8°. On trouve dans les *Annales* et dans l'ouvrage de M. Gau deux tableaux gravés, portant les n°ˢ 1 et 2, et que nous n'avons pas reproduits : le premier est le fac-simile de l'inscription, et le second la restitution qu'en a faite M. L.]

il en a placé le fac-similé sur la pl. 11 ; la notice que M. Gau avait jointe à cette planche n'est qu'un extrait du mémoire qu'on va lire.

PREMIÈRE PARTIE

EXPLICATION DE L'INSCRIPTION GRAVÉE DANS LE TEMPLE DE TAPHIS

Cette inscription, quoique mutilée par le temps, est toutefois assez bien conservée dans ses parties principales pour qu'il soit possible de la rétablir en totalité. Comme elle ne porte aucun titre qui annonce ce qu'elle exprime, on ne peut en deviner le sens et l'objet qu'en examinant les diverses particularités qu'elle présente (voy. le tableau n° 1).

C'est une espèce de table composée de six colonnes divisées transversalement par douze traits dont les intervalles sont occupés par autant de lignes contenant des caractères grecs, qui, dès le premier abord, paraissent exprimer des nombres.

En tête des quatre premières colonnes, on lit les mots ΦΑΜΕΝωС, ΜΕΧΙ, ΤΥΗ, ΧΟΙΑΚ, Phaménoth, Mechir, Tybi, Chœak, qui désignent quatre mois égyptiens placés dans l'ordre des mois du calendrier de l'Égypte : on est certain en conséquence qu'en tête des deux premières colonnes, il y avait les noms des mois Phaophi et Athyr qui précèdent les quatre autres dans ce calendrier ; en sorte que le monument devait présenter la série de six mois formant une moitié de l'année égyptienne, Phaophi, Athyr, Chœac, Tybi, Méchir, Phaménoth. Les petits traits croisés qui se voient en avant des noms de ces mois annoncent que l'inscription a été faite par des chrétiens, et à une époque où le temple de Taphis était déjà converti en église chrétienne. Comme c'est à dater du règne de Théodose que le christianisme fut définitivement établi en Égypte, il est vraisemblable que l'inscription est postérieure au règne de ce prince, et l'on ne peut guère en placer l'époque avant le cinquième ou le sixième siècle. Ainsi les mois doivent être rapportés au calendrier fixe Alexandrin, alors en usage dans toute l'Égypte. Ce calendrier fut adopté par les chrétiens de ce pays ; et, à présent encore, les Coptes mettent le premier jour de l'an au 29 août, et au 30 dans l'année qui précède la bissextile julienne.

Il s'ensuit que la série des six mois marqués dans la table embrasse l'intervalle compris entre le 28 septembre et le 26 mars, c'est-à-dire entre les deux équinoxes.

J'ai dit plus haut que l'autre inscription, trop fruste pour être copiée, est disposée de la même manière, c'est-à-dire qu'elle est formée de six colonnes qui doivent correspondre aux six autres mois ; on peut donc être sûr qu'elles portaient en tête les noms des mois Pharmuthi, Pachôn, Païni, Epiphi, Mésori, Thoth, qui composaient l'autre semestre, compris entre le 27 mars et le 27 septembre.

De cette disposition il résulte une particularité remarquable : c'est que l'année, dont les douze mois ont été placés dans leur ordre exact, n'a pas été divisée comme elle devrait l'être. En effet, le premier mois de l'année égyptienne étant celui de Thoth, le premier semestre aurait dû comprendre Thoth, Phaophi, Athyr, Chœac, Tybi, Méchir ; le second, Phaménoth, Pharmuthi, Pachôn, Païni, Epiphi, Mésori. Mais, au contraire, l'une des tables finissait par Thoth, premier mois de l'année, et l'autre commence par Phaophi, qui en est le second. La raison en est simple : on a vu que, des deux tables, l'une s'étend du 27 mars au 27 septembre, et l'autre du 28 septembre au 26 mars, c'est-à-dire à très peu près d'un équinoxe à l'autre ; ainsi, l'année s'y trouve divisée *astronomiquement*, avec toute l'exactitude qu'on pouvait obtenir en laissant entiers les mois de Thoth et de Phaménoth. Ces considérations nous montrent que la table de Taphis a un objet astronomique qu'il faut maintenant déterminer d'une manière plus précise.

Chacune des douze lignes de chaque colonne commence par un ω, qui doit être la lettre initiale du mot ὥρα, heure ; et en effet, à côté de cette lettre, on trouve dans toutes les lignes des caractères numériques qui reviennent constamment les mêmes aux mêmes lignes et qui, formant la série complète A, B, Γ, Δ, E, ς, Z, H, Θ, I, IA, IB, 1, 2, 3, 4, 5, 6, 7, 8, 9, 10, 11, 12, ne peuvent se rapporter qu'aux douze heures du jour. Il est clair, dans ce cas, que chacun de ces nombres indique, non le commencement, mais la fin de l'heure ; de manière que l'heure 0 répond au lever du soleil, l'heure 6 à midi, l'heure 12 au coucher du soleil ; d'où l'on voit encore qu'il s'agit d'heures *temporaires* ou égales à la douzième partie du jour, quelle que fût sa longueur ; car la division en douze heures existe dans toutes les colonnes. Or on sait que les heures temporaires étaient celles que marquaient tous les cadrans solaires des anciens (1).

Après ces nombres indiquant les heures, on trouve constamment un caractère formé par un Π renfermant un ο ; ce ne peut être que la sigle du mot πόδες, pieds ; et les lettres qui viennent ensuite doivent exprimer la longueur des ombres d'un gnomon aux différentes heures du jour. Cette conjecture est confirmée par plusieurs indices :

1° Le chiffre correspondant à la sixième heure (midi) est le plus petit de tous ceux de chaque colonne ; ce qui doit avoir lieu dans l'hypothèse énoncée.

2° Les chiffres correspondant aux heures placées à égale distance avant ou après midi sont précisément les mêmes ; ce qui est conforme au principe que les angles formés par les ombres des deux côtés de la méridienne à un intervalle de temps égal, à partir de midi, sont égaux entre eux. Cette correspondance exacte nous fournit le moyen de restituer avec certitude les nombres manquant, soit dans la rangée des heures, soit dans celle des ombres (Voy. les tableaux 2 et 3).

3° Il est à remarquer que la douzième heure n'est point suivie d'un chiffre indiquant la longueur de l'ombre ; cela doit être ; car, comme son commencement répond à la fin de cinq heures ou au coucher du soleil, l'ombre, étant alors infinie,

---

(1) Delambre. *Hist. de l'astron.*, II. p. 511, 512.

ne saurait être appréciée. A la place du chiffre qui existe aux autres heures, on trouve quatre lettres ΠΛΗΡ, avec la dernière lettre barrée pour indiquer une abréviation. Ces lettres ne sauraient appartenir qu'à l'adjectif πλήρης ou πλῆρες, plein (sous-entendu πόλος ou ὡρολόγιον), ou bien au nom πλήρωσις ou πλήρωμα (sous-entendu πόλου ou ὡρολογίου) ; et, dans les deux cas, elles montrent clairement que l'ombre, au commencement de la douzième heure, couvrait tout le rayon du cadran, c'est-à-dire de la surface quelconque sur laquelle les ombres étaient projetées.

Mais ce qui achève d'établir la nature de ce monument, ce sont les quantités exprimées par les nombres correspondants à la sixième heure ou à midi dans les six colonnes ; et heureusement ils ont tous été conservés, à l'exception de la colonne d'athyr. On lit ς (vi) pour phaophi ; H (viii) pour chœac ; Z (vii) pour tybi ; ς (vi) pour méchir ; E (v) pour phaménoth. Ainsi l'ombre la plus courte est dans phaménoth (février-mars), et la plus longue dans chœac (novembre-décembre).

Voilà donc encore une circonstance éclaircie ; et notre explication deviendra complète, si nous parvenons à découvrir quel est le jour du mois qu'on a choisi pour indiquer la longueur des ombres du gnomon ; car il est évident que, dans chaque colonne, on n'a marqué que l'ombre d'un seul jour. Il est à présumer que ce sera le premier du mois ou le quinze.

Ce n'est pas le premier : car le premier jour de phaophi (28 sept.) peut se confondre avec le jour même de l'équinoxe, où la déclinaison est nulle ; tandis qu'au 1er phaménoth, la déclinaison est déjà de 9° 16'. La longueur des ombres devrait donc être moindre dans phaophi que dans phaménoth. Or nous voyons ici tout le contraire : en effet, l'ombre méridienne est marquée V dans ce dernier mois, et VI dans l'autre ; cette difficulté est capitale.

Si nous prenons, au contraire, le 15 du mois, ces nombres s'expliqueront très bien ; car, au 11 mars (15 phaménoth), la déclinaison australe est de 3° 55′ ; le 12 octobre (15 phaophi), elle est de 7° 12′; la plus courte ombre doit se trouver dans la colonne de phaménoth, comme elle s'y trouve effectivement.

Il me semble donc que c'est le milieu du mois qui se trouve indiqué dans notre table. Toutefois, même d'après cette hypothèse, la table présente des irrégularités sensibles. Les ombres, en méchir, sont les mêmes qu'en phaophi, et cependant la déclinaison australe, au 12 octobre, est de 7° 12′, et au 11 février (15 méchir), de 14° 11′. D'une autre part, les ombres d'athyr et de méchir diffèrent d'une unité, quoique la déclinaison, au 15 de l'un et de l'autre mois, ne diffère que d'environ 3 degrés ; enfin, elles sont les mêmes en athyr et en tybi, quoiqu'il y ait plus de 4 degrés de différence dans la déclinaison du soleil au quinzième jour de chacun de ces deux mois. Ces irrégularités montrent qu'il ne faut pas compter beaucoup sur la précision de ces tables ; ce qui résulte d'ailleurs de ce qu'on n'y voit que des nombres entiers.

Avant d'aller plus loin, on peut établir comme un fait constant que notre inscription est une table où l'on avait tracé les diverses longueurs de l'ombre projetée sur une surface dont l'extrémité se trouvait éloignée du centre d'au moins vingt-huit fois une unité appelée *pied*.

En songeant à l'usage d'une pareille table gravée dans un temple, l'idée qui se présente d'abord, c'est qu'elle se rapporte peut-être à une méthode pratique dont se servaient les habitants des campagnes pour connaître les heures et dont plusieurs passages anciens font mention : l'observateur se plaçait en un point marqué ; il examinait en quel endroit se terminait l'ombre de sa tête, et il mesurait avec ses pieds la longueur de son ombre ; cette méthode nous est attestée par Hésychius (1) et Théodore (2). La longueur du pied humain étant, avec le reste du corps, dans une proportion qui ne varie pas beaucoup, le même calcul pouvait s'appliquer à

---

(1) *Voc.* ἑπτάπους et σκίας.
(2) Ap. Salmas. *Exerc. Plinian.*, p. 455 E.

tous les individus, en donnant toute l'approximation qu'on pouvait obtenir d'une opération si grossière. En ce cas, on comprendrait assez bien pourquoi l'on avait placé dans le temple de Taphis une table marquant le rapport de la taille humaine considérée comme gnomon avec l'ombre mesurée en pieds sur le sol; cette table aurait fourni aux laboureurs un moyen facile de connaître approximativement l'heure aux différents instants du jour pendant toute l'année; il leur suffisait pour cela d'en avoir une copie.

Mais cette idée, quoique appuyée par l'autorité d'un manuscrit contenant une table pareille dont il sera parlé plus bas, est détruite par la nature même des nombres marqués dans cette table. D'après la méthode en question, le rapport des ombres au corps humain (sauf les différences résultant d'un procédé si grossier) doit être ce qu'il serait dans un cadran horizontal à gnomon vertical. Or les phénomènes d'un tel cadran ne sont point du tout représentés par notre table.

J'ai dit plus haut que la latitude de Taphis est de 23° 40' à 41'. Entre le cinquième et le sixième siècle, époque présumée de notre table, l'obliquité de l'écliptique était aussi d'environ 23° 40', c'est-à-dire qu'à cette époque Taphis se trouvait précisément sous le tropique; dès lors, les ombres méridiennes, aux époques indiquées par la table, devaient être, non dans le rapport des nombres 5, 6, 7 et 8, mais dans celui des nombres 5, 8, 11 et $12\frac{2}{3}$; et les ombres extrêmes, au lieu d'être représentées par les quantités 25, 26, 27 et 28, devaient croître comme les nombres 47 1/2, 52, 58 1/2 et 62 1/3. Notre table horaire ne se rapporte donc pas à la méthode pratique dont je viens de parler, et l'on peut être certain, de plus, qu'elle ne peut convenir à un cadran dont le style serait vertical et perpendiculaire au plan.

Ce qu'il y a de sûr, c'est que le plan de ce cadran solaire était perpendiculaire à celui du méridien ; cela résulte de ce que tout est semblable de part et d'autre de ce plan ; mais il ne peut avoir été vertical, sans quoi les ombres auraient été en croissant du solstice d'hiver au solstice d'été. Son inclinaison ne peut avoir été non plus égale à la latitude du lieu ; car alors il faudrait y reconnaître un cadran équatorial : or le propre de ce genre de cadran, indépendamment d'autres caractères, est de ne point donner d'ombre le jour de l'équinoxe, parce que le plan se confond avec celui de l'équateur. Ainsi, de deux choses l'une : ou le plan était incliné à l'horizon, et le style sur ce plan, ou bien le style seul était incliné sur un plan horizontal d'une quantité que le calcul pourra faire connaître.

Sans entrer dans cette recherche, et sans nous embarrasser de savoir quelle était au juste la disposition de ce cadran solaire, nous dirons en général qu'on peut concevoir un cadran qui, transporté à des latitudes différentes, donnera constamment des ombres de même longueur relativement à son gnomon, pourvu que dans chaque lieu on le place toujours de la même manière par rapport à la sphère céleste ; ainsi, la même table s'y appliquera également, qu'on le place à Rome, à Alexandrie ou à Taphis.

Une idée qui doit se présenter naturellement, c'est que la table de Taphis se rapporte à un cadran semblable ; car le premier point qu'il faut admettre, c'est qu'une pareille table, gravée dans le lieu le plus apparent d'un temple, devait servir à quelque chose ; or, si elle n'eût fait que marquer les phénomènes d'un cadran solaire dressé uniquement dans le temple de Taphis, elle eût été à peu près inutile, puisque le cadran solaire était là pour indiquer bien plus clairement, pour chaque jour, quelle était la longueur des ombres. Au contraire, si l'on admet que cette table indiquait les phénomènes que devait présenter aux diverses époques, et dans quelque lieu qu'il fût transporté, un cadran d'une forme connue, on concevra l'usage d'une table indiquant aux habitants de ce lieu les conditions que le cadran devait présenter quand il était placé convenablement. Il s'ensuivrait que notre table a pu convenir à toute l'Égypte, et même à la Grèce et à l'Italie, et qu'il est possible qu'on en trouve d'autres exemples, soit dans quelque édifice de l'Égypte, soit dans quelque auteur grec ou latin.

SECONDE PARTIE

COMPARAISON DE LA TABLE HORAIRE DE TAPHIS AVEC D'AUTRES MONUMENTS DU MÊME GENRE.

Telles étaient les inductions qui me semblaient résulter de l'inscription de Taphis, considérée en elle-même, lorsque, ayant eu l'idée de la comparer avec les tables horaires données par Palladius, j'ai trouvé ces inductions confirmées d'une manière qui me paraît complète.

Le traité de Palladius *De re rustica* (1) est divisé en treize livres, dont les douze derniers contiennent les préceptes d'agriculture qui s'appliquent à chaque mois de l'année, et chacun de ces livres est terminé par une table donnant la longueur des ombres pour les douze heures du jour, de cette manière (en prenant pour exemple janvier et décembre) :

Hora I et XI, *pedes* XXIX.
Hora II et X, *pedes* XIX.
Hora III et IX, *pedes* XV.
Hora IV et VIII, *pedes* XII.
Hora V et VII, *pedes* X.
Hora VI, *pedes* IX.

Dès le premier coup d'œil, on voit que ces tables sont tout à fait analogues à celle de Taphis ; les heures y sont indiquées de même, et le mot *pedes* y est également suivi de chiffres. Cette analogie ne laisse aucun doute sur l'interprétation qui a été donnée plus haut de l'inscription de Taphis ; et, comme les tables jointes au traité d'agriculture de Palladius devaient servir aux laboureurs, on est conduit à penser que celle du temple de Taphis était destinée au même usage.

Selon l'opinion de Valois, Palladius florissait vers le temps d'Honorius et d'Arcadius, à la fin du ive siècle ou au

---

(1) Ap. *Scriptores rei rusticæ*, etc., t. II de l'éd. Math. Gesner.

commencement du v⁰ (*ad Amm. Marc.* XXIV, 1); c'est à peu près l'époque que nous avons assignée à l'inscription de Taphis, circonstance qui n'est point à négliger. Cet auteur écrivait en Italie, où il avait des terres, soit en Sardaigne, soit à Naples (1); tous les conseils qu'il donne dans son traité se rapportent à cette contrée, et ils ne peuvent avoir d'application que pour des agriculteurs italiens. Ainsi les tables horaires qui terminent chacun des livres de son ouvrage doivent convenir à la latitude de 41 à 42°.

Ces tables embrassent la totalité de l'année (voy. le tableau n° 4); on y voit que les ombres croissent symétriquement du solstice d'été au solstice d'hiver et décroissent en sens inverse; de manière que les mêmes ombres se trouvent en janvier et en décembre, en février et en novembre, en mars et en octobre, en avril et en septembre, en mai et en août, en juin et en juillet. Ainsi, les ombres ne reviennent pas identiques à la même distance de l'équinoxe; il ne s'agit donc pas non plus d'un cadran équatorial, ce qui résulte clairement d'ailleurs de ce que les ombres sont marquées à l'équinoxe; c'est aussi, comme on l'a vu plus haut, le cas que présente la table de Taphis.

Le P. Pétau déclare les tables de Palladius entièrement fausses : *falsa est itaque Palladii tota illa descriptio* (2). Cet arrêt est sévère. Il est certain qu'en les calculant, comme le fait le P. Pétau, dans l'hypothèse qu'elles indiquent les ombres d'un gnomon vertical projeté sur un plan horizontal, elles paraissent fausses de tout point; mais celle de Taphis le serait aussi; d'où nous devons conclure que l'hypothèse admise par le P. Pétau ne convient ni à l'une ni aux autres. Ce savant jésuite aurait peut-être hésité davantage à prononcer un semblable jugement, s'il eût remarqué la loi assez remarquable que suivent les nombres dans les tables de Palladius. Les trois premières colonnes, comprenant janvier-

---

(1) Math. Gesner, *Præf.*, § 10.
(2) *Var. dissert.*, VII, 7.

décembre, février-novembre, mars-octobre, diffèrent uniformément de deux unités aux mêmes heures ; ainsi, à la première heure, nous avons 29, 27, 25 ; à la deuxième heure, 19, 17, 15 ; à la troisième, 15, 13, 11 ; à la quatrième, 12, 10, 8 ; à la cinquième, 10, 8, 6 ; à la sixième, 9, 7, 5. Dans les trois autres colonnes, la différence n'est que d'une seule unité également à toutes les heures, savoir : 24, 23, 22 ; 14, 13, 12 ; 10, 9, 8 ; 7, 6, 5 ; 5, 4, 3 ; 4, 3, 2. Il résulte de cette disposition que les différences dans la longueur des ombres, aux diverses heures du jour, restent constamment les mêmes ; en effet, il y a partout une différence de 10 unités entre la 1re et la 2e heure, de 4 entre la 2e et la 3e, de 3 entre la 3e et la 4e, de 2 entre la 4e et la 5e, de 1 entre la 5e et la 6e. L'échelle de ces différences est la même pour toutes les colonnes et suit la progression constante des nombres 1, 2, 3, 4 et 10.

Il est clair que ces dispositions annoncent un dessein, et que de pareilles tables doivent être l'expression d'une réalité. D'ailleurs, la simplicité de ces nombres et de ces rapports, l'absence totale de fractions nous montrent que le cadran dont elles représentent les phénomènes a dû servir dans l'usage civil et n'offrir que des approximations. Il s'ensuit qu'une différence d'une seule unité entre ces tables et d'autres du même genre ne nous empêcherait pas de les reconnaître pour identiques ; car, comme on omettait les fractions, tantôt on a pu négliger la fraction au-delà de l'entier, et tantôt compter l'entier auquel appartenait la fraction.

Une observation à faire sur les tables de Palladius, c'est que les ombres y sont exprimées par des quantités absolues ; or, ni la longueur du gnomon ni la forme du cadran ne sont indiquées nulle part ; et, comme les tables n'auraient présenté aucune sorte d'utilité aux agriculteurs pour qui elles étaient destinées, s'ils avaient ignoré les conditions du cadran auquel elles se rapportaient, il faut nécessairement admettre que ces conditions leur étaient connues, et que ces tables se rapportaient à un cadran fixe et déterminé, usité partout en Italie; en sorte qu'il suffisait d'indiquer le rapport de l'ombre au gnomon, le reste étant parfaitement connu de tout le monde.

Remarquons que c'est précisément dans le même état que se présente à nous la table de Taphis; on n'y voit que des mois, des heures et des longueurs d'ombre; rien ne dit à quel cadran ces indications se rapportent.

Maintenant, pour établir une comparaison plus complète entre les deux monuments, j'ai dressé le tableau n° 5, qui est disposé de cette manière : j'ai choisi, dans la série des douze mois romains donnés par Palladius, le semestre correspondant à celui qui se trouve marqué dans l'inscription de Taphis, et je les ai placés deux à deux, d'après la concordance connue entre le calendrier romain et le calendrier fixe alexandrin, phaophi répondant à octobre, athyr à novembre, etc. J'ai mis en regard les nombres marqués pour les mêmes heures du jour dans les deux tables.

On remarque d'abord quelques légères dissemblances. La première consiste en ce que, dans le cadran de Palladius, mars et octobre ont les mêmes ombres, tandis qu'en phaophi (octobre) les ombres sont plus longues d'une unité que dans phaménoth (mars). Cela s'explique, parce que c'est, comme on l'a vu, le milieu du mois qu'on avait choisi pour le cadran de Taphis, au lieu que les tables de Palladius se rapportent probablement au 1er du mois. Autre observation : les ombres devraient être un peu différentes en mars et en octobre, puisqu'à aucune époque semblable, dans chacun de ces deux mois, la déclinaison n'est la même. Ceci nous prouve que ces tables n'ont pas plus de précision que celle de Taphis.

La loi que suivent les nombres dans les différentes colonnes de la table de Taphis est telle, qu'ils augmentent d'une unité de mois en mois de l'équinoxe d'automne au solstice d'hiver; les tables de Palladius donnent, au contraire, la progression par deux unités; ce qui tient uniquement à ce que l'on a voulu conserver des rapports simples. Mais l'identité résulte de ce que la même différence se rencontre dans les unes et les autres entre les diverses heures de tous les mois. Ainsi (tableaux 3 et 5) on voit, à la 1re heure, 25, 26, 27, 28 ; à la 2e, 15, 16, 17, 18 ; à la 3e, 10, 11, 12, 13 (1) ; à la 4e, 8, 9, 10, 11 ; à la 5e, 6, 7, 8, 9 ; à la 6e, 5, 6, 7, 8. Il s'ensuit que la différence de longueur dans les ombres des six heures du demi-jour est constante, savoir : 10 entre la 1re et la 2e heure ; 5 entre la 2e et la 3e ; 2 entre la 3e et la 4e ; 2 entre la 4e et la 5e ; et 1 entre la 5e et la 6e ; ce qui existe également dans les tables de Palladius, excepté qu'elles donnent 4 et 3, au lieu de 5 et 2 ; mais, comme la somme de ces deux nombres est également 7, on voit que le nombre fractionnaire a été porté ici sur un chiffre, là sur l'autre ; tout le reste est semblable ; et, dans les deux tables, la somme de toutes les différences est représentée par le même nombre 20. Cela ne peut se rencontrer que dans deux cadrans tout à fait semblables. La même identité se manifeste par la comparaison des deux colonnes de mars et de phaménoth ; les nombres y sont les mêmes, 5, 6, 8, 10 (ou 11), 15, 25 ; j'en dis autant des colonnes de tybi et de février, où nous lisons les chiffres 7, 8, 10, 12 (ou 13), 17, 27 ; l'identité est aussi évidente dans les colonnes de décembre et de chœac, où la différence d'une seule unité se continue dans toute la série (2).

C'est donc un fait certain que la table de Taphis et celle de Palladius sont l'expression des mêmes phénomènes ; ce qui suppose nécessairement qu'elles se rapportent à un même cadran solaire usité à la fois en Italie et en Nubie.

Cette conséquence est encore appuyée par une autre table dont le P. Pétau atteste l'existence en ces termes : « In veteri codice exstat umbrarum distributio per menses singulos et horas, ab auctore græco descripta, prorsus ad exemplum Palladii, nisi quod uno pede (3) plerumque minor est umbra-

---

(1) C'est ainsi qu'il faut lire, au lieu de 15 que porte la copie de M. Gau.

(2) Nouvelle raison pour lire 13 au lieu de 15, à la troisième heure de chœac.

(3) Le texte du P. Pétau porte *und hord,* ce qui doit être une inadvertance.

rum modus. Maxima umbra meridiana pedum octo, minima duorum definitur (*Var. dissert.*, VII, 7, fin). » J'ai fait de vaines recherches à la Bibliothèque royale pour trouver ce manuscrit; heureusement les indications données par le P. Pétau nous suffisent. « Cette table », dit-il, « est tout à fait semblable à celle de Palladius, si ce n'est qu'en plusieurs endroits la longueur des ombres y est moindre d'un pied; la plus grande ombre méridienne n'est que de huit pieds. » On ne peut décrire, d'une manière plus exacte, la table de Taphis, où les colonnes de méchir et de chœac ont *une unité* de moins que celles de décembre et de février dans Palladius, où, pour la troisième heure, nous voyons 10 au lieu de 11, 12 au lieu de 13; enfin, où la plus grande ombre méridienne est de 8 pieds; en sorte qu'on peut assurer que la table contenue dans le manuscrit cité par le P. Pétau doit être la même que celle de Taphis.

Il est inutile d'insister pour faire comprendre quelle certitude donne à l'hypothèse indiquée plus haut une telle identité entre les tables de Palladius qui étaient à l'usage de l'Italie, celle du manuscrit grec destinée sans doute aux habitants de la Grèce et de Constantinople, et la table de Taphis dressée pour les chrétiens de la Nubie; car, d'un côté, les légères différences de nombres entre les deux premières prouvent qu'elles n'ont point été copiées l'une sur l'autre; et il est bien difficile d'admettre que celle du manuscrit grec ait été copiée sur l'inscription de Nubie; d'un autre côté, l'identité résultant des rapports des trois monuments entre eux montre qu'ils se rapportent à un cadran semblable. Le rapprochement de ces trois pièces importantes me paraît prouver que, vers le ve siècle de notre ère, époque à laquelle elles appartiennent également, selon toutes les probabilités, on se servait dans les diverses provinces de l'empire romain d'une sorte de cadran solaire dont les propriétés géométriques et les proportions étaient fixées et uniformes partout, de manière qu'il présentait les mêmes phénomènes, moyennant un changement dans l'inclinaison du plan ou du style, ou de tous les deux à la fois, déterminé d'après la différence de latitude.

Nous savons, d'ailleurs, que les anciens faisaient usage de ces cadrans universels, ou du moins pouvant convenir à des latitudes différentes. Selon Vitruve (*Archit.*, IX, 9), Théodose et Andréas avaient inventé le *Prospanclima* (πρὸς πᾶν κλῖμα), c'est-à-dire *servant pour toute latitude*. On a, depuis longtemps, observé que ce devait être un équatorial; mais nous avons vu que le cadran dont nos tables représentent les phénomènes n'était point un équatorial.

Vitruve parle d'un autre cadran inventé par un certain Parménion, et qu'il appelle *Prostahistoroumena* (πρὸς τὰ ἱστορούμενα), c'est-à-dire *servant pour les pays connus et décrits*. On l'a confondu généralement avec le Prospanclima; et cependant il devait en différer, puisque Vitruve distingue soigneusement les deux inventions. Le nom du dernier fait suffisamment connaître qu'il s'appliquait à une étendue de pays moindre; il se bornait peut-être à une zone embrassant les pays les plus connus.

Voilà sans doute de quelle nature était celui dont nos tables constatent l'existence; il s'agirait maintenant de trouver une hypothèse qui pût satisfaire aux conditions qu'elles présentent et reproduire à nos yeux le mouvement auquel elles se rapportent. C'est un soin que je laisse à des personnes plus versées que moi dans le calcul.

Je termine par une observation : on a vu que les trois tables donnent la même longueur aux ombres des mêmes heures, et que la plus grande est de 28 ou 29 pieds; cette longueur est bien considérable; et il me paraît difficile de croire que des cadrans rustiques eussent une si grande dimension, et surtout une dimension égale en tous lieux; assurément, il ne devait pas être facile de disposer partout une surface plus ou moins inclinée dont le rayon moyen devait avoir au moins 29 pieds, c'est-à-dire 8 mètres et demi à 9 mètres; et d'ailleurs, pourquoi de si grandes dimensions quand on ne cherchait que des approximations grossières?

C'est ce qui me conduit à soupçonner qu'ici le mot *pied* s'entend d'une quantité relative et non pas absolue ; que, de même qu'il y avait une coudée astronomique égale à un arc céleste de 2 degrés, on employait aussi un pied gnomique servant à exprimer la longueur des ombres en fonctions du gnomon. Dans cette hypothèse, les nombres des trois tables donneraient des proportions et non des grandeurs absolues. Ce qui la rend vraisemblable, c'est l'usage constant où étaient les anciens d'estimer la longueur des ombres en parties du gnomon ; cet usage, prouvé par une multitude de passages trop connus pour qu'il soit nécessaire de les rapporter ici, a dû naturellement donner l'idée de diviser le gnomon en un nombre déterminé de parties, dont chacune, sous le nom de *pied,* était prise comme unité dans la mesure de l'ombre qu'il projetait. On pourrait même appliquer cette conjecture à tous les passages des auteurs anciens, et notamment des auteurs attiques, où nous voyons les divers instants du jour désignés non par des heures, mais par des longueurs d'ombres de 6, 7, 8, 10, 20 pieds (1). Si l'on entend par le mot « pied » une quantité relative, on aura peut-être une interprétation assez vraisemblable de ces passages, dont il ne me semble pas qu'on ait donné une explication satisfaisante.

Quoi qu'il en soit de cette conjecture, qui ne fait rien au fond de la discussion, je crois qu'on peut reconnaître comme autant de points établis :

1° Que l'inscription du temple de Taphis est une table horaire ;

2° Que cette table est au fond identique avec celle de Palladius et avec une autre qui existe dans un manuscrit grec ;

3° Que toutes les trois se rapportent à un même cadran dont on se servait au ve siècle en diverses parties de l'empire.

L'inscription découverte par M. Gau est donc un monu-

---

(1) Aristoph., *Eccles.* 774. — Lucian., *Somn.* 9; *Cronosolon,* 17. — Plut. *De discr. am. et adul.*, 29, etc.

ment fort curieux ; elle répand du jour sur une partie intéressante des usages anciens qui est restée encore obscure, malgré les travaux des antiquaires et des astronomes.

Traduction de la table de Taphis. N° 3.

HEURES.	LONGUEUR DE L'OMBRE EN					
	Phaophi.	Athyr.	Chœak.	Tybi.	Méchir.	Phaménoth.
1	XXVI	XXVII	XXVIII	XXVII	XXVI	XXV
2	XVI	XVII	XVIII	XVII	XVI	XV
3	XI	XII	XIII	XII	XI	X
4	IX	X	XI	X	IX	VIII
5	VII	VIII	IX	VIII	VII	VI
6	VI	VII	VIII	VII	VI	V
7	VII	VIII	IX	VIII	VII	VI
8	IX	X	XI	X	IX	VIII
9	XI	XII	XIII	XII	XI	X
10	XVI	XVII	XVIII	XVII	XVI	XV
11	XXVI	XXVIII	XXVIII	XXVII	XXVI	XXV
12	Cadran plein.					

Table de Palladius. N° 4.

HEURES.	LONGUEURS DE L'OMBRE DANS LES MOIS DE						DIFFÉRENCES.
	Janvier Décemb.	Février Novemb.	Mars Octobre.	Avril Septemb.	Mai Août.	Juin Juillet.	
0	»	»	»	»	»	»	»
I et XI	29	27	25	24	23	22	10
II et X	19	17	15	14	13	12	4
III et IX	15	13	11	10	9	8	3
IV et VIII	12	10	8	7	6	5	2
V et VII	10	8	6	5	4	3	1
VI	9	7	5	4	3	2	1

94 MÉMOIRE SUR UNE TABLE HORAIRE DE TAPHIS.

Table de Palladius comparée à celle de Taphis.

N° 5.

HEURES.	LONGUEUR DES OMBRES DANS LES MOIS DE													DIFFÉRENCES.	
	Octobre.	Phaophi.	Novembre.	Athyr.	Décembre.	Chœak.	Janvier.	Tybi.	Février.	Méchir.	Mars.	Phaménoth.		
0 ou XII	»	»	»	»	»	»	»	»	»	»	»	»	»	»
I ou XI	25	26	27	27	29	28	29	27	27	26	25	25	10	10
II ou X	15	16	17	17	19	18	19	17	17	16	15	15	4	10
III ou IX	11	11	13	12	15	13*	13	12	13	11	11	10	3	5
IV ou VIII	8	9	10	10	12	11	12	10	10	9	8	8	2	2
V ou VII	6	7	8	8	10	9	10	8	8	7	6	6	2	2
VI	5	6	7	7	9	8	9	7	7	6	5	5	1	1
													20	20

COMPOSITION MATHÉMATIQUE

DE CLAUDE PTOLÉMÉE

OU

ASTRONOMIE ANCIENNE

TRADUITE PAR L'ABBÉ HALMA (1)

I

Les lecteurs de ce journal n'attendent point de nous, et nous jugeons superflu de leur donner ici, une dissertation sur la Composition mathématique de Ptolémée, sur le plan de ce grand ouvrage, sur son importance et son utilité ; nous les renverrions, s'il était nécessaire, à l'ouvrage de l'éloquent et malheureux Bailly, surtout à la savante analyse que M. Delambre a donnée de l'Almageste dans la Connaissance des temps (2), et dans le second volume de son Histoire de l'astronomie ancienne (3). C'est là qu'ils apprendraient à connaître le grand travail de Ptolémée ; qu'ils pourraient se faire une idée des services qu'a rendus cet astronome en formant ce précieux dépôt de toutes les connaissances astronomiques que l'observation des phénomènes célestes, le perfectionnement successif des méthodes de calcul, avaient accumulées dans l'école d'Alexandrie : c'est enfin là qu'ils verraient combien cet ouvrage mérite d'être lu et médité, non seulement par les astronomes de profession, mais encore par tous ceux

---

(1) [*Journ. des Sav.*, 1818, pp. 195 et 263.]
(2) *Connaissance des temps* pour 1816, p. 288-296 ; — pour 1820, p. 378-385.
(3) *Hist. de l'astr. anc.*, t. II, p. 67-410.

qui s'intéressent à l'histoire de l'esprit humain, qui aiment à suivre ses progrès, à repasser, en quelque sorte, sur toutes les routes qu'il a parcourues.

L'utilité que peut offrir la lecture de l'Almageste, une fois bien reconnue, celle d'une édition et d'une traduction de cet ouvrage ne saurait être douteuse. A la vérité, on possédait déjà les deux versions latines, l'une imprimée en 1515 à Venise, et faite sur l'arabe ; mais les exemplaires en sont devenus excessivement rares ; elle fourmille d'ailleurs d'une grande quantité de fautes dues, soit au mauvais état du manuscrit arabe sur lequel elle a été faite, soit à l'ignorance du traducteur : l'autre est la version de George dit de Trébizonde, imprimée pour la première fois à Venise en 1527 et en 1528, chez les Juntes ; elle n'est pas meilleure que la première, parce que George, peu versé dans l'astronomie, ne pouvait manquer de se tromper sur le sens d'une foule de passages ; « et néanmoins, dit Montucla, avec toutes les fautes dont elle « fourmille, l'obscurité et la confusion qui y règnent, cette « seconde version latine est la seule qui soit entre les mains « des astronomes peu familiarisés avec le grec (1). » Ces versions furent imprimées bien avant le texte grec, qui ne parut qu'en 1538 à Bâle : il parut plusieurs éditions de la dernière version latine, mais le texte grec ne fut imprimé qu'une fois ; encore cette édition unique, faite sur un seul manuscrit, renferme un grand nombre de fautes, indépendamment des erreurs typographiques qui se rencontrent ordinairement dans les éditions de Bâle.

Ce court aperçu fait déjà sentir au lecteur combien il était à désirer qu'on nous donnât un texte de Ptolémée, établi sur la collation des manuscrits de la Bibliothèque du Roi, et une traduction française claire et littérale, faite d'après ce texte.

L'auteur de la *Théorie des fonctions analytiques* en sentait vivement le besoin ; c'est assez dire combien ce travail était nécessaire. Il sollicita M. Delambre de l'entreprendre : mais

---

(1) Montucla, *Hist. des mathémat.*, part. 1re, liv. V, § 4.

ce savant astronome, livré à d'autres occupations, craignit de ne pouvoir consacrer à l'édition et à la traduction de Ptolémée tous les soins qu'elles exigeaient ; l'illustre géomètre eut donc recours à M. Halma, que le genre de ses études rendait tout à fait propre à ce grand travail (1). Ce dernier l'entreprit avec courage, ne se laissant point effrayer par l'idée de sacrifier son temps et ses peines à un travail aride, dont il ne pouvait retirer aucun profit.

Sans insister plus longtemps sur ce qui avait été fait avant M. Halma, sur la difficulté et l'utilité de son entreprise, qui ne peuvent être mises en question, nous rendrons compte de ce qu'il a fait, de ce qu'il se propose encore de faire ; et aux éloges que méritent son zèle et son savoir, nous joindrons quelques observations que nous soumettons à son jugement.

Son travail forme deux volumes in-4° ; il est précédé d'un discours préliminaire de lxxj pages : le texte grec et la traduction sont imprimés à deux colonnes et en regard sur la même page. Les figures de géométrie ont été insérées dans le texte, ce qui a quelquefois obligé de leur donner des dimensions un peu petites ; mais l'avantage de les avoir sous les yeux, sans être obligé de recourir à la fin du volume, compense cet inconvénient. A la fin de chaque volume, on trouve les variantes de trois manuscrits, comparées aux leçons de l'édition de Bâle. L'impression est belle ; le caractère grec fort net et sans ligature ; tout concourt, en un mot, à rendre l'exécution de cet ouvrage digne du nom de Ptolémée.

Nous parlerons successivement de la préface, de l'édition du texte, et de la traduction.

La préface de M. Halma a pour titre : *Dissertation historique et critique sur la Composition mathématique de Claude Ptolémée*. Il cherche à établir d'abord que l'ouvrage de Ptolémée peut être de quelque utilité dans l'état actuel de l'astronomie ; il prouve ensuite, ce qui du moins ne sera contesté par personne, la nécessité d'une édition et d'une traduction de cet

---

(1) *Connaissance des temps* pour 1816, p. 288.

auteur; puis il trace un précis de l'histoire de l'astronomie, où il se propose, dit-il, « de marquer la succession des astro-« nomes dont Ptolémée fait mention, et de montrer en quoi « consistent les caractères bien distincts des trois âges de « l'astronomie grecque, celui qui a précédé Thalès, celui de « Thalès à Hipparque, et celui d'Hipparque à Ptolémée. » Nous pensons que cette partie laisse à désirer un peu de nouveauté et de profondeur dans les recherches; il nous paraît donc inutile d'en présenter l'extrait : nous nous contenterons de faire une observation sur ce que l'auteur dit de l'obliquité de l'écliptique, parce que son opinion semble assez générale; elle a été même tout récemment reproduite dans les Mémoires de la Commission d'Égypte (1). En parlant de la détermination de l'obliquité faite (ou soi-disant faite) par Ptolémée ($= 23° 51' 15''$), M. Halma dit : « Elle était donc diminuée de « ce qu'elle avait été dans les premiers temps de l'astronomie « grecque, à en juger par la fin d'un passage de l'Histoire de « l'astronomie d'Anatolius, où l'on voit, d'après Eudémus, « que la distance des tropiques est égale au côté d'un penté-« décagone, c'est-à-dire à 24° (2). Ce fragment est précieux, « en ce qu'il démontre la diminution de l'obliquité de l'éclip-« tique (*p. xvij*). » Ce fragment ne démontre rien que le goût des anciens pour les nombres ronds : que l'obliquité ait pu être de 24° à une époque fort ancienne, qui, selon la théorie, remonterait à 2,200 ou 2,400 ans avant J.-C., cela est certain : qu'à cette époque reculée, les hommes aient été assez habiles pour mesurer cette obliquité, cela est possible; il ne faut pas contester ce qu'on ignore : mais que ce soit le souvenir de cette mesure qui subsiste dans les écrits de quelques écrivains grecs postérieurs à Alexandre, voilà ce qu'il est difficile d'accorder. La mesure de 24° n'est certainement qu'une approximation ; on la retrouve chez des auteurs qui connaissaient fort bien celle qu'Ératosthène et Hipparque avaient donnée

---

(1) Jomard, *Description de Syène et des Cataractes*, p. 3.
(2) *Anatol. fragm. ap. Fabric. in Bibl. græc.*, t. III, p. 462, éd. Harles.
Cf. *Journal des Savants*, décembre 1817, p. 745.

pour l'obliquité de l'écliptique : mais, soit qu'ils voulussent estimer cette obliquité par le côté du polygone, comme Eudémus, soit qu'ils l'exprimassent en 60ᵉˢ de la circonférence, ils devaient préférer 24° à 23° 51' 20", toutes les fois qu'ils n'avaient pas besoin d'une précision plus grande ; voilà pourquoi on trouve cette estimation dans des auteurs assez récents, tels que Géminus (1), Achilles Tatius (2), et dans le commentaire sur les Phénomènes d'Aratus (3), qu'on attribue au grand Hipparque. Ce qui met d'ailleurs notre opinion hors de doute, c'est qu'Hipparque lui-même, qui connaissait parfaitement l'obliquité de 23° 51' 20", avait cependant fixé le tropique à 24° dans sa Table des climats (4), parce que ce nombre rond lui était plus commode, et répondait juste à 16,800 stades de 700 au degré, module dont il fit exclusivement usage dans sa Géographie (5). Cette approximation lui a fait porter la latitude d'Alexandrie à 31° 8' 34" (= 21,800 stades), au lieu de 31° juste (= 21,700 stades), comme Ératosthène. En effet, Hipparque comptait, ainsi que ce dernier, 5,000 stades (= 7° 8' 34") entre le tropique et Alexandrie : or,

$$
\begin{array}{r}
23° \ 51' \ 20'' \\
+ \ \ \ 7° \ \ 8' \ 34'' \\
\hline
= 30° \ 59' \ 54'' \\
\text{ou } 31° \text{ à peu près;}
\end{array}
$$

tandis que. . . . .

$$
\begin{array}{r}
24° \\
+ \ 7° \ \ 8' \ 34'' \\
\hline
= 31° \ \ 8' \ 34''
\end{array}
$$

Il s'ensuit que la différence entre la latitude d'Alexandrie, selon Hipparque, et celle de cette ville, selon Ératosthène, n'est qu'apparente, et ne provient nullement, comme on a pu le croire, d'une observation nouvelle qu'aurait faite Hippar-

---

(1) Geminus, § 4, p. 11 ; § 13, p. 30 ; *in Uranolog.*
(2) Achill. Tat. § 26, p. 87. — Pseudo-Hipparch., § 7, p. 146.
(3) Hipparch. *ad Arat.*, § 22, p. 113.
(4) Gossellin, *Recherches sur la géogr. math.*, t. I, p. 19 ; II, p. 165.
(5) Strab., II, p. 173 D, 194 C.

que. Cet astronome, s'il a jamais observé la latitude d'Alexandrie, a dû faire la même erreur qu'Ératosthène et Ptolémée, c'est-à-dire se tromper de tout le demi-diamètre du soleil. Il est donc démontré que l'obliquité de 24°, dans les anciens auteurs, n'est qu'une approximation dont il est impossible de tirer aucune conséquence fondée relativement à la diminution de cette obliquité : c'est d'ailleurs un phénomène si bien constaté par des monuments authentiques, et la cause en est si bien connue, qu'on ne peut le révoquer en doute. Il est donc inutile de recourir, pour en appuyer la certitude, à des témoignages suspects ou mal interprétés.

M. Halma présente ensuite une analyse intéressante des travaux de Ptolémée : l'histoire des éditions et traductions de cet auteur, la notice des manuscrits que l'éditeur a consultés, sont deux morceaux de bibliographie curieux et instructifs. Il termine son discours préliminaire par quelques renseignemens sur Ptolémée, tirés en partie d'un petit traité de Bouilland, et par une discussion sur le lieu où cet astronome a fait ses observations. L'objet de cette discussion est fort important, puisqu'il s'agit de déterminer le degré de précision dont ses observations de latitude étaient susceptibles. Il est certain, d'après le témoignagne précis de Ptolémée (1), qu'il observait sous le parallèle d'Alexandrie; d'une autre part, un fragment du commentaire d'Olympiodore sur le Phédon de Platon, rapporté par Ismaël Bouillaud (2), nous apprend que Ptolémée passait pour avoir habité pendant quarante ans à Canope, dans ce qu'on nommait les *Ptères*, où il avait fait ses observations astronomiques. Bouillaud en tire la conclusion que Ptolémée observait à Canope et non pas à Alexandrie, et conséquemment que les deux villes étaient sous le même parallèle. M. Halma cherche à concilier ce passage d'Olympiodore avec le témoignage de Ptolémée lui-même, « en montrant

---

(1) Ptolem.. *Almag.*, V, 12, p. 331. Ἐν τῷ δὲ Ἀλεξανδρείας παραλλήλῳ, καθ' ὃν ἐποιούμεθα τὰς τηρήσεις.

(2) Ism. Bulliald. *Testimonia de Cl. Ptolemæo*, p. 203. Οὗτος γὰρ ἐπὶ τεσσαράκοντα ἔτη, ἐν τοῖς λεγομένοις πτεροῖς τοῦ Κανώβου ᾤκει ἀστρονομίᾳ σχολάζων.

« qu'Alexandrie s'était successivement étendue jusqu'à Ca-
« nope, qui en était devenue un des faubourgs ; de telle sorte
« que Ptolémée, demeurant à Canope, observait néanmoins
« à Alexandrie (*p.* LXII). » Il conclut, d'une discussion sur
Alexandrie ancienne, que Ptolémée, observant à Canope,
n'avait pas besoin de réduire ses observations au parallèle
d'Alexandrie, à cause du peu de différence de latitude. Nous
ne pouvons adopter cette conclusion, parce que cette différence
étoit parfaitement connue de Ptolémée. En mettant le témoignage isolé d'un compilateur du ve siècle en balance avec le
témoignage précis de Ptolémée, Bouillaud et M. Halma surtout ont été conduits à des conséquences contraires aux faits
les plus avérés. 1° Tout prouve que Canope, située à environ
120 stades (1) ou 12 milles égyptiens (2) [19,000 mètres environ]
au N.-E. d'Alexandrie, n'en a fait partie en aucun temps,
puisqu'il y avait plusieurs lieux, tels que *Nicopolis* et *Taposiris
parva*, entre les deux villes (3). Ainsi l'on n'a jamais pu dire
d'un homme, demeurant à Canope, qu'il observait à Alexandrie, et réciproquement. 2° Conséquemment, jamais le *Serapeum*, où se trouvaient peut-être les armilles, et qui était
situé à Alexandrie même, près de l'Heptastade, n'a pu appartenir à la ville de Canope, comme l'assure M. Halma (*p.* XL.
l. ult.). 3° Ptolémée place Alexandrie par 30° 58′ (4), or la latitude du Phare, selon les observations de Nouet, est de 31° 13′
20″ ; mais, comme Ptolémée a certainement fait ses observations dans la ville même d'Alexandrie, près de l'Heptastade,
et non pas au Phare, il faut, pour avoir la latitude présumée
de son observatoire, retrancher environ 1,500 mètres ou 48″,
et l'on a 31° 12′ 32″. La différence avec les observations modernes est donc de — 14′ 32″ ; ce qui est, à une minute près,
le demi-diamètre du soleil, dont Ptolémée ne tenait point

---

(1) Strab., XVII, p. 1152 C. — Aristid., *in Ægypt.*, p. 360, t. II, éd. Jebb.
(2) Amm. Marcell., XXII, p. 234, *Vales.*, 1636. — S. Epiphan., *in Ancorat.*
c. 108.
(3) Strab., XVII, p. 1152 B.
(4) Ptolem., V, 12, p. 331.

compte, non plus qu'Ératosthène ni Hipparque : d'où l'on voit que l'erreur de l'observation, déduction faite de celle du demi-diamètre, était d'environ 1′; cela est confirmé par la comparaison des observations anciennes et modernes relativement à la latitude de Canope. M. Halma dit que le texte grec de la Géographie de Ptolémée porte cette latitude à 31° comme celle d'Alexandrie; c'est une erreur. Ce texte la porte à 31° 5′ (λᾱ ϛ″ = 31° $\frac{1}{12}$) : elle est de 31° 6′ dans la version latine (1). Cette différence de 7 à 8′ revient à peu près à celle qui résulte des observations modernes; car la latitude d'Aboukir est de 31° 19′ 44″. Le milieu des ruines de Canope est à 950 mètres (2) ou environ 30″ au sud du parallèle d'Aboukir; ce qui réduit la latitude de Canope à . . 31° 19′ 14″; celle de l'observatoire de Ptolémée à Alexandrie
était de. . . . . 31° 12′ 32″

Différence.   6′ 42″

Selon Ptolémée, latitude de Canope. . 31° 5′ ou 6′
latitude d'Alexandrie. 30° 58′

Différence.   7′ ou 8′, et c'est,

à 1′ 18″, et peut-être à 18″ seulement près, le résultat des observations modernes. Cette coïncidence prouve que la latitude de Canope avait été observée par des moyens analogues à ceux qui servirent pour déterminer celle d'Alexandrie; car on trouve dans les deux cas que l'erreur possible est la même et d'une minute environ. Il s'ensuit que Ptolémée connaissait assez exactement la différence en latitude de Canope et d'Alexandrie, et qu'il n'a jamais pu prendre l'une de ces villes pour l'autre, ou les confondre en un seul point. Or, puisqu'il dit dans son ouvrage, puisque d'ailleurs ses observations démontrent qu'il observait à Alexandrie même, il n'y a pas moyen de transporter le lieu de ces observations à Canope, et de déranger la géographie bien connue des environs d'A-

---

(1) Ptolem., *Geogr.*, p. 103, éd. Mercat., et 116, éd. Bert.
(2) D'après la carte d'Égypte à grand point.

lexandrie. Il est plus probable qu'Olympiodore se sera mépris sur le lieu des observations de Ptolémée : on sait qu'il y avait un temple de Sérapis à Canope, aussi bien qu'à Alexandrie (1) ; Olympiodore aura cru que le mot *Serapeum*, dans l'auteur qu'il a copié, appartenait à la première de ces villes, tandis qu'il devait le rapporter à la seconde. Son erreur est d'autant plus facile à expliquer, que, comme le *Serapeum* de Canope devint pendant un certain temps le siège des Néo-Platoniciens (2), et acquit une grande célébrité parmi les derniers apôtres du paganisme, un commentateur de Platon devait être tout disposé à croire que cet asile des lumières était le lieu où le grand Ptolémée avait fait ses observations et ses découvertes.

M. Halma a pris pour base du texte celui de l'édition de Bâle. Parmi les manuscrits que contenait la Bibliothèque du Roi (et dont quelques-uns ne s'y trouvent plus), il a choisi ceux qui lui ont paru mériter le plus de confiance : le plus ancien de tous est sous le n° 2380 ; on le croit du viii° siècle. Bouillaud le préfère à tous les autres ; et il mérite à tous égards cette préférence : toutefois on y reconnaît trois lacunes assez considérables dans les troisième, septième et neuvième livres ; les deux dernières ont été remplies par une autre main. Le manuscrit de Florence, n° 2390, est du xii° siècle environ, et Bouillaud le recommande à l'attention des éditeurs à venir. Ce manuscrit est précédé de prolégomènes, la plupart anonymes, dont quelques-uns portent le nom de Pappus et de Théon : ils paraissent ne présenter rien de bien important. Le troisième manuscrit, celui de Venise, ne contient pas l'Almageste en entier : le savant abbé Morelli le croit du xi° siècle. La collation de ces deux manuscrits a été accompagnée de celle de deux autres, appartenant à la bibliothèque du Vatican, dont l'un renferme tout l'Almageste écrit dans les mêmes caractères que celui de Venise ; mais les figures y

---

(1) Strab., XVII, p. 1152 C.
(2) Eunap., *in Ædesio*, p. 59 sq. — Cf. Zoega, *de Usu obelisc.*, p. 547 ; Jablonski, *Panth. Ægypt.*, V, 4, § 3.

manquent aussi bien que les tables. M. Halma s'en est servi pour les deux premiers livres, et il lui a substitué le manuscrit de Florence pour les deux derniers : il y a joint un autre manuscrit du Vatican qui renferme le texte de Ptolémée pur et complet jusqu'à la fin.

Tels sont les manuscrits à l'aide desquels le nouvel éditeur s'est efforcé de nous donner un texte meilleur que celui de Bâle. Les variantes, rejetées à la fin de chaque volume, ne sont pas toutes également intéressantes ; il en est même de tout à fait inutiles : mais elles sont toutes propres à montrer que M. Halma ne s'est point borné à reproduire le texte de l'édition de Bâle, comme il paraît qu'on lui en a fait le reproche, puisqu'il s'en défend à plusieurs reprises dans un extrait de ses notes (p. 48). En effet, sans parler des nombreuses fautes d'impression que M. Halma a corrigées, les corrections qu'il a faites d'après les manuscrits dans les chiffres, et particulièrement au catalogue des étoiles, sont fort nombreuses et toujours importantes : telle est $\overline{κθ}$ λα' ν'' η''' κ'''' (29^j 31' 50'' 8''' 20''''), d'après le manuscrit de Florence, au lieu de $\overline{κθ}$ λα' νη'' κ''' (29^j 31' 58'' 20'''), faute remarquable dans le moyen mouvement de la lune (p. 217, l. 11). Nous citerons, parmi les variantes qu'il a choisies, de préférence aux leçons de l'édition de Bâle, ἐφ' ἑκάτερα au lieu de ὑφ' ἑκάτερα (t. I, p. 23) ; μοίρας et μοῖραν pour μοιρῶν (p. 28 et 34) ; παραυξήσεως pour περιαυξήσεως (p. 37) ; ἐπιζευχθεῖσα pour ἐπιζευχθεῖσαι (p. 53) ; λόγος substitué à περιφερείας, d'après le manuscrit du Vatican (p. 54) ; διὰ τό pour διὰ τοῦ (p. 66) ; μεσημβρινοῦ pour ἰσημερινοῦ (p. 67) ; ἀντί ajouté (p. 91) ; πρὸς αὐτάς pour πρὸς αὐτούς (p. 125) ; τάς ajouté (p. 133) ; de même que μάθοιμεν et les articles τό et τάς (p. 150) ; τέταρτον pour τετάρτῳ (p. 157) ; τοσοῦτον pour τοσούτων (p. 198) ; οὗτος pour οὕτως (p. 264) ; οἰκείως pour οἰκείας (p. 272) ; ὕδῳ pour ὕδῳ (p. 279) ; τό ajouté (p. 289) ; μέση pour μέν (p. 301) ; διστάσαι pour διαστάσαι (p. 320) ; συνδεθῆναι pour συντεθῆναι (p. 328) ; τάς pour καί (p. 329) ; ἐν τῷ ᾱ ἔτει pour ἐν τῷ $\overline{ιχ}$ ἔτει (p. 333) ; ὀρθάς pour ὀρθαί (p. 368) ; ὅρων pour ὅλων (p. 396) ; ἐλάσσονας pour ἔλασσον (p. 408), etc. Ces leçons, choisies par

M. Halma, sont incontestablement les meilleures ; nous pourrions en rapporter un égal nombre prises dans le deuxième volume, si, dans la crainte d'allonger outre mesure cet extrait, nous n'avions cru devoir nous borner, en général, à ce qui concerne le premier volume.

Nous ne prétendons pas, au reste, affirmer que le texte de Ptolémée se trouve enfin parvenu à l'état de pureté désirable ; les personnes versées dans la critique savent qu'il est fort difficile qu'une *seconde* édition d'un auteur ancien offre un texte entièrement correct. Il ne faudrait donc pas s'étonner, ni en faire un reproche à l'éditeur, s'il se trouvait dans les manuscrits quelque bonne leçon qu'il eût négligée, et, dans le texte, quelque faute qui lui eût échappé. Sans reproduire ici les judicieuses observations qui ont déjà été faites par un membre de l'Académie des belles-lettres, nous nous bornerons aux remarques suivantes :

Ὁμολόγηται δέ γε ὑπὸ πάντων — ὅτι τὰ διαστήματα ταῦτα ἴσα τυγχάνει — τῷ καὶ τὰς ΠΑΡΑ τὴν ἰσημερίαν αὐξήσεις κ. τ. λ. (p. 13) ; il faut lire περὶ avec le manuscrit du Vatican. Le même manuscrit fournit les mots αἱ φοραί qu'on doit ajouter dans ce membre de phrase πάντως ἂν ἐπ' αὐτὸ τὸ κέντρον ΑΙ ΦΟΡΑΙ κατήντων (p. 17).

Ajoutez aussi la préposition ἐν avec trois manuscrits, et lisez οὕτω γὰρ ἕξομεν ΕΝ ὁπόσοις χρόνοις ἰσημερινοῖς (p. 60).

A la page 67, il y a une faute à corriger, καὶ ΙΣΗΜΕΡΙΝΟΝ μὲν μικύκλιον ὁμοίως τὸ ΑΕΓ, lisez avec trois manuscrits ἰσημερινοῦ.

La leçon de l'édition de Bâle devait encore être changée ici, ἐπείπερ ἐδείχθησαν καὶ τῶν ἴσων ἀπεχόντων (p. 120) : ἴσον est donné par trois manuscrits ; c'est la vraie leçon.

A la page 172, la phrase marchera mieux si vous ajoutez μέν avec les manuscrits : ἀεὶ συμβέβηκε τὴν ΜΕΝ ἐλαχίστην — τὴν δὲ μεγίστην κ. τ. λ.

En cet autre endroit, συνάγεσθαι διάφορον — πρὸς δὲ τὰ ὁμαλά, ΧΡΟΝΟΙΣ η̄ καὶ γ″ — πρὸς ἄλληλα δὲ — ι̅ς̅ καὶ δίτειτον (p. 209), M. Halma aurait dû conserver χρόνους de l'édition de Bâle ; l'accusatif est ici nécessaire.

Page 241, il fallait, au contraire, suivre les manuscrits, et lire ὅτι ΔΕ κἂν ὅμοιοι μόνον ὦσιν, comme à la page 192, ὅτι ΔΕ κἂν ἄλλη τις τῶν γωνιῶν δοθῇ.

Page 284, on ajoutera les mots καὶ αὐτόν donnés par deux manuscrits, et on lira, κατὰ δὲ τῶν ἐντὸς ὁμοίως ἄλλον κύκλον ἐνεπολίσαμεν ἁπτόμενον ΚΑΙ ΑΥΤΟΝ πανταχόθεν ἀκριβῶς κ. τ. λ.

Page 362, il y a un solécisme qu'il faut faire disparaître : Κἂν μὲν ΕΝ ΤΟΙΣ τῶν ἐννενήκοντα μοιρῶν ὦσιν, αὐτὰς ἀπογραψόμεθα, ἐὰν δ' ὑπὲρ τὰς ἐννενήκοντα τὰς λειπούσας εἰς τὰς ρπ.; lisez bien certainement Κἂν μὲν ΕΝΤΟΣ τῶν : les mots κἂν μὲν ἐντὸς τῶν sont opposés à ἐὰν δ' ΥΠΕΡ τάς.

Page 407, il faudra ajouter πάλιν, d'après deux manuscrits : ἢ καθ' ἑκατέραν μὲν ΠΑΛΙΝ τῶν συνόδων ἐπὶ τὰ αὐτὰ παραλλάσσειν.

Enfin, p. 433, au lieu de οὐδὲν (sic) ἀξιόλογον ἀπεργάσαιτο, lisez : οὐδὲν ἂν ἀξιόλογον ἀπ., et cinq lignes après, τήν γε μέχρι, au lieu de τήν τε μέχρι.

Nous terminerons nos remarques sur les variantes par une observation plus essentielle. Dans la description du quart de cercle, Ptolémée s'exprime ainsi... κατασκευάσαντες ἀντὶ τῶν κύκλων, λιθίνην, ἢ ξυλίνην πλινθίδα τετράγωνον, καὶ ἀδιάστροφον, ὁμαλὴν μέντοι καὶ ἀποτεταμένην ἔχουσαν ἀκριβῶς τὴν ἑτέραν τῶν πλευρῶν (p. 47, 48), ce que M. Halma traduit ainsi : « en nous servant, au lieu des cercles, d'un parallélipipède quadrangulaire de pierre ou de bois, *bien dressé, et dont une des faces soit bien unie et bien aplanie.* » Un manuscrit met entre ἀδιάστροφον et ὁμαλήν les mots ἐν συμμέτρῳ βάθει καὶ πλάτει πρὸς τὸ βεβηκέναι κατὰ κροταφήν. M. Halma se repent de ne les avoir pas insérés dans le texte (d'après l'observation qui lui en a été faite par l'académicien que nous avons cité); et l'on voit par l'*errata* qu'il ajoute à la traduction, après *bien dressé,* les mots « et d'une épaisseur et d'une largeur proportionnées pour pouvoir se tenir de champ. » Mais, selon nous, il n'y a rien à ajouter; il faut laisser le texte tel qu'il est : les mots ἐν συμμέτρῳ, etc., ne sont que la glose des mots ὁμαλὴν μέντοι καὶ ἀποτεταμένην κ. τ. λ., qui n'ont point été compris. Tout le passage, sans cette addition superflue, signifie : « Nous avons construit, au lieu de cercles, une planchette quadrangulaire de pierre ou de bois, [assez épaisse pour qu'elle] *ne pût se gauchir* [ἀδιάστροφον], *ayant d'ailleurs un de ses côtés bien droit* [ὁμαλήν], *et parfaitement dressé de champ* [ἀποτεταμένην ἀκριβῶς]. » La preuve que la phrase a le sens que nous lui donnons se tire de ce passage parallèle (1), τὴν δὲ περιοχὴν συμμέτρους (*scil.* κανόνας) ὥστε μὴ ΔΙΑΣΤΡΑΦΗΝΑΙ διὰ τὸ μῆκος, ἀλλὰ ΑΠΟΤΕΤΑΣΘΑΙ ΣΦΟΔΡΑ ΑΚΡΙΒΩΣ καὶ ἐπ' εὐθείας καθ' ἑκάστην τῶν πλευρῶν. La même locution se retrouve dans la Géographie : τὴν δὲ ἑτέραν τῶν πλευρῶν, ἐχέτω δι' αὐτῶν ἀκριβῶς τῶν κατὰ τοὺς πόλους σημείων ἀποτεταμένην, ὅπως δι' αὐτῆς γράφωμεν τοὺς μεσημβρινούς (2). On ne nous objectera pas que Théon a dit ἀδιάστροφον καὶ σύμμετρον τῷ μεγέθει πρὸς τὸ δύνασθαι ἑστάναι κατὰ κρόταφον (3); car cela démontre précisément que Ptolémée a écrit le passage tel que nous le disons, attendu que Théon n'ajoute point ὁμαλὴν καὶ ἀποτεταμένην κ. τ. λ., d'où l'on voit que ses expressions ont le même sens que celles-ci; c'est l'usage de ce commentateur d'exprimer, en termes différents et plus clairs, les idées que Ptolémée a rendues d'une manière un peu obscure.

Outre les variantes que le nouvel éditeur a tirées des manuscrits, il a pris sur lui de faire quelques corrections; excepté celle de θεωρητικῷ au lieu de θεωρητικόν (p. 1), leçon qu'il fallait conserver, quoi qu'en dise M. Halma; excepté encore le changement de μοιρῶν en τμημάτων (p. 60), tout à fait insignifiant et inutile, nous applaudirons aux autres, savoir : διὰ τό pour διὰ τοῦ (p. 66); ἴσαι μὲν ἔσονται καὶ Ἡ μὲν ΘΛ περιφέρεια καὶ ἡ ΞΓ (p. 73); au lieu de καὶ ΤΗ ΕΓ.; ἔτι δ' ἂν διαμαρτάνοι, au lieu de διαμαρτάνει (p. 155); cette correction se trouve confirmée par Nicolas Cabasilas, auteur du commentaire sur le livre III de l'Almageste (4).

---

(1) Ptolem., *Almag.*, V, 12, p. 328.
(2) Ptolem., *Geogr.*, I, 22, p. 21, éd. Mercat.; p. 23, éd. Bert.
(3) Theon, *in Ptolem.*, p. 58, l. 16.
(4) Nicol. Cabas., *in Ptolem. lib. III, inter Theon. Comment.*, p. 136, l. 26.

M. Halma pouvait, nous le pensons, exercer sa critique sur un plus grand nombre de passages. Voici quelques conjectures que nous lui soumettons.

I, 3, p. 11. Les copistes ont mis dans le texte un mot pour un autre, ce qui fait un sens absurde. Il s'agit de la différence des heures auxquelles arrivent les mêmes éclipses pour des observateurs placés sur des méridiens différents. Le texte porte: ἀλλὰ πάντοτε τὰς παρὰ τοῖς ἀνατολικωτέροις τῶν τηρησάντων ἀναγεγραμμένας ὥρας, ὙΣτεριζούσας τῶν παρὰ τοῖς δυτικωτέροις; le sens exige absolument ΠΡΟτεριζούσας. Il est absurde de dire que les heures, pour les observateurs placés à l'orient, *retardent* [ὑστερίζουσι] par rapport aux observateurs qui sont plus à l'occident.

Même page. Καθ' ὅλα μέρη λαμβανομένης, lisez ὡς καθ' ὅλα μ. λ. C'est ainsi que Ptolémée s'exprime constamment.

Page 12. Il est question des différentes hypothèses qu'on peut se faire sur la figure du globe : Τριγώνου δὲ, ἢ τετραγώνου, ἤ τινος ἄλλου σχήματος τῶν πολυγώνων, πᾶσιν ΑΝΑΠΑΛΙΝ ὁμοίως καὶ κατὰ τὸ αὐτὸ τοῖς ἐπὶ τῆς αὐτῆς εὐθείας οἰκοῦσιν. Le mot ἀνάπαλιν ne signifie rien ici : j'avais d'abord lu αὖ πάλιν, expression qu'on retrouve ailleurs (1); mais les trois meilleurs manuscrits donnent ἂν πάλιν, et c'est la leçon sortie de la main de Ptolémée.

I, 6, p. 18. Δυνατὸν γὰρ οὕτω δόξει, l'optatif paraît nécessaire : lisez δυνατὸν γὰρ ἂν οὕτω δόξοι, comme ailleurs (2).

Même page. Ptolémée parle des corps formés de la réunion des divers éléments que la terre renferme : le texte porte τῶν δὲ ἐν αὐτῷ συγκριμάτων, il faut lire ἐν αὐτῇ ; il s'agit ici des parties qui composent la terre, comme le prouvent la suite du texte et le commentaire de Théon. Ce commentateur a lu ἐν αὐτῇ (3) : ἐν αὐτῷ fait un contre-sens manifeste.

C'est par erreur que, dans un article de ce Journal (décembre 1817, p. 747), nous avons attribué à Théon une opinion de Nicolas Cabasilas.

(1) Ptolem., I, 4, p. 15.
(2) *Id.*, II, p. 137.
(3) Theo, p. 31, *l. antepenult.*

III, 1, p. 153. Μετὰ δὲ ἐνιαυτὸν EN τῷ κ̄α̣ϙ ἔτει, lisez μετὰ δὲ ἐνιαυτὸν ENA τῷ κ̄α̣ϙ έ. On peut se passer de la préposition ἐν, tandis que le mot ἕνα est nécessaire; ainsi, plus bas, on lit μετὰ δὲ ἐνιαυτὸν ἕνα τῷ λ̄ζ̣ϙ ἐνιαυτῷ.

IV, 4, p. 240. Ὑποκείσθω δὲ OTE μὲν ὁ ἐπίκυκλος, lisez ὑποκείσθω δὲ OTI κ. τ. λ.

V, 5, p. 300. Αὗται δὲ ΠΟΙΟΥΣΙΝ ἐν Ῥόδῳ TOTE ἰσημερινὰς ὥρας ε̄ γ″ δίτριτον ἔγγιστα. Les manuscrits donnent ποιοῦν; la vraie leçon est αὗται δ' ΕΠΟΙΟΥΝ ἐν Ῥόδῳ τότε κ. τ. λ. La même phrase se trouve à la page 304. M. Halma suit encore l'édition de Bâle, quoique les manuscrits portent distinctement ἐποίουν.

VII, 2, p. 10, tom. II. OTE γὰρ Ἵππαρχος ἐν τῷ περὶ τῆς μεταπτώσεως τῶν τροπικῶν καὶ ἰσημερινῶν σημείων — ἐπιλογίζεται τὸν στάχυν ἀπέχοντα κ. τ. λ. La conjonction ὅτε ne se lie à rien dans la phrase, et le traducteur, en cherchant à la rendre, a fait cette phrase mal construite et presque inintelligible : « En effet, QUAND Hipparque, dans son Traité des points solsticiaux et équinoxiaux, CITANT quelques-unes des éclipses de lune... MARQUE six degrés... CAR VOICI comme il raisonne. » Il fallait simplement lire Ο ΔΕ γὰρ Ἵππαρχος.

Nous ne pousserons pas plus loin ces observations : rapprochées de celles qui ont été faites sur le choix des variantes, elles suffiront pour faire connaître aux lecteurs en quel état est encore le texte de Ptolémée après les services que M. Halma lui a incontestablement rendus. En effet, si une lecture rapide, où nous avons été plus occupés du fond des choses que des mots, nous a mis en état de faire toutes ces remarques, on conçoit qu'un homme versé dans la connaissance du grec, et habitué à la critique, trouverait un assez grand nombre de fautes, s'il lisait Ptolémée avec attention d'un bout à l'autre. Il est donc impossible de ne pas reconnaître qu'il y a beaucoup à faire encore au texte de Ptolémée : mais y est-il resté des fautes très importantes ? C'est ce que nous ne croyons pas, parce que, s'il en existait de ce genre, elles n'auraient pu échapper, ni à M. Halma, ni à M. Delambre, qui a fait une si profonde étude de l'Almageste, et qui vient de nous en donner une analyse si curieuse.

II

Dans notre premier article, nous avons examiné en général le plan suivi par M. Halma; nous avons insisté sur quelques points de son discours préliminaire, et cherché à donner une idée juste de ce qu'il a fait pour le texte de Ptolémée : il nous reste à parler de sa traduction française.

Les personnes qui ne connaissent point le style de Ptolémée, pourraient croire que cet auteur est aussi facile à entendre et à traduire qu'Euclide et Archimède, dont les phrases et les tournures sont jetées presque toutes dans le même moule. Sans doute, dans tout ce qui est purement démonstration mathématique, la diction de Ptolémée est fort simple, et n'exige, pour être entendue, que la connaissance des premiers éléments de la langue grecque; mais il faut remarquer qu'un grand tiers de l'Almageste consiste en exposés, en raisonnements très-serrés, et qu'alors le style de l'auteur devient tout aussi difficile à entendre que celui d'aucun autre prosateur grec : cette difficulté tient à la longueur de ses phrases, assez ordinairement embarrassées dans leur construction, et souvent même amphibologiques. D'ailleurs cet astronome, beaucoup plus occupé du fond que de la forme, emploie des expressions qui paraissent quelquefois manquer de propriété, dans l'acception que la suite des idées montre qu'il a voulu leur donner. On sentira de quelle nature sont ces difficultés, si l'on se souvient qu'elles ont effrayé et rebuté le savant Bainbridge, et que Théon lui-même n'est pas toujours bien sûr du sens des paroles de Ptolémée, puisqu'il lui arrive de dire: Ἔστι μὲν οὖν, κατ' ἐμὴν γνώμην, ἡ διάνοια αὕτη, *Voici donc le sens, à mon avis.*

On peut juger, d'après cela, de l'étendue des services qu'a rendus M. Halma, qui, ne se laissant pas arrêter par tous ces obstacles, a eu le courage d'entreprendre de les vaincre, en nous donnant une traduction littérale et claire, au moyen de laquelle les astronomes pussent lire sans fatigue et avec fruit l'ouvrage de Ptolémée. On concevra de même avec quelle indulgence il faudra pardonner certaines fautes qui ne peuvent manquer d'échapper, quand on traduit, pour la première fois, un auteur grec en français.

M. Halma repousse à plusieurs reprises, dans l'extrait de ses notes, le reproche d'avoir traduit plus souvent sur le latin que sur le grec; il faut en conclure que ce reproche a dû lui être adressé. La peine que nous avons prise de comparer soigneusement un grand nombre de passages de la nouvelle traduction avec le texte grec et la version latine, nous a convaincus que le traducteur, dans la plupart des endroits difficiles, a suivi le sens directement indiqué par le texte, et a su s'éloigner de la version latine, lorsqu'elle ne rendait pas exactement l'idée de l'auteur original. Il y aurait donc beaucoup d'injustice à prétendre assimiler la traduction de M. Halma à ces copies de copies qui ne sont que trop nombreuses dans notre littérature. Sa traduction est en général coulante, et pourtant fidèle : on y retrouve à chaque pas la preuve que le traducteur joint à une connaissance très-approfondie de la matière une habitude suffisante de la langue grecque.

Tel est même le soin qu'il a mis à suivre pas à pas son auteur, qu'il s'est laissé entraîner quelquefois à employer des tournures trop rapprochées de celles de l'original, et conséquemment un peu obscures : par exemple, il traduit ordinairement πρὸς ἄρκτους, πρὸς ἄρκτον, ἀπ' ἄρκτων, etc. par *vers les ourses, à partir des ourses, du côté des ourses;* le lecteur, qui ne sait pas le grec, peut ne pas croire que cela signifie précisément la même chose que *vers le Nord, du côté du Nord.* Ptolémée désigne presque toujours l'*écliptique* par la périphrase ὁ διὰ μέσων τῶν ζωδίων κύκλος : pourquoi ne pas employer constamment le mot *écliptique?* N'est-il pas plus clair et ne rend-il pas le texte aussi fidèlement que les périphrases, *le cercle qui passe par le milieu des animaux, le cercle mitoyen du zodiaque,* dont se sert M. Halma? Ce passage, διεξελθόντες — ὅσα ἄν τις τῶν ἐπ' ὀρθῆς τῆς σφαίρας χρήσιμα πρὸς τὴν τῶν ὑποκειμένων θεωρίαν ἡγήσαιτο (II, 1, p. 65), signifie, « ayant exposé — en outre tous les phénomènes relatifs à la sphère droite qui peuvent être utiles pour l'*étude* des matières que nous traitons, etc. ». M. Halma, en traduisant θεωρία littéralement par *théorie*, s'est, nous le pensons, éloigné du sens à force de fidélité, parce que *théorie*, en français, n'a point la signification que Ptolémée donne ici au mot θεωρία. Une observation analogue s'applique à la traduction d'un passage curieux d'Hipparque, rapporté textuellement par Ptolémée, et dans lequel Hipparque avoue que l'erreur que lui et Archimède ont dû faire dans l'observation et le calcul des solstices, pourrait aller à un quart de jour : ἀλλ' ἐπὶ τῶν τροπῶν, οὐκ ἀπελπίζω καὶ ἡμᾶς, καὶ τὸν Ἀρχιμήδη διαμαρτάνειν καὶ ἕως τετάρτου μέρους ἡμέρας (III, 2, p. 153) : passage que n'avait entendu aucun des deux interprètes latins. M. Halma, qui s'est beaucoup plus approché du sens, traduit : « Quant aux solstices, *je ne désespère pas* [οὐκ ἀπελπίζω] qu'Archimède et moi nous nous soyons trompés jusqu'à un quart de jour. » La traduction claire à la fois et littérale eût été : *J'ai lieu de craindre que*, etc.

Après avoir exprimé en général notre sentiment sur la traduction, et lui avoir rendu la justice qu'elle nous paraît mériter, nous croyons utile de proposer nos doutes sur l'interprétation d'un petit nombre de passages dont il était important de rendre avec précision le sens astronomique, parce que l'histoire de la science y est intéressée, et que la connaissance exacte des idées ou des moyens d'observation des astronomes anciens en dépend jusqu'à un certain point.

On sait que Ptolémée commence son ouvrage par des considérations sur les mouvements généraux du ciel, et sur le système du monde : c'est là que, parmi des raisonnements sensés, on trouve des sophismes que les *Anticoperniciens* des XVIe et XVIIe siècles n'ont pas dédaigné de reproduire.

A l'article où cet astronome parle de la figure de la terre (I, 3, p. 12), il prouve très-bien (et, à vrai dire, il n'a pas de peine à prouver) que la forme ronde est la seule qui s'accorde avec l'ensemble des phénomènes : τριγώνου δὲ (*scilic.* γῆς ὑπαρχούσης), ἢ τετραγώνου ἢ τινος σχήματος τῶν πολυγόνων. La traduction de M. Halma porte : « si la terre *était composée* de triangles, de quadrilatères ou de polygones de toute autre figure, etc. » ; ce qui dénature tout à fait la pensée de l'original. Il fallait dire : « si la terre avoit la forme d'un tétraèdre, d'un pentaèdre ou de toute autre figure polyèdre, etc. » Ptolémée continue : « dans ce cas, dit-il, tous les habitants d'une même face verraient les phénomènes dans le même temps ; *ce qui toutefois ne paraît pas avoir lieu.* » D'après cette traduction, il semblerait que Ptolémée *n'était pas sûr que cela n'a point lieu ;* mais c'est ce qu'on ne saurait admettre pour une chose aussi claire : il a dû parler plus affirmativement et dire, « ce qui n'a lieu *d'aucune manière,* d'après les phénomènes », et tel est en effet le sens des expressions qu'il emploie, ὅπερ οὐδαμῶς φαίνεται γινόμενον. Un peu plus bas (p. 13), Ptolémée veut prouver que la terre est bien réellement placée dans l'axe et au centre des mouvements célestes, attendu que, s'il en était autrement, certains points n'auraient jamais d'équinoxe, ni dans la sphère droite, ni dans la sphère oblique. La phrase ἐπὶ δὲ τῆς ἐγκεκλιμένης, τὸ ἢ μὴ γίνεσθαι ΠΑΛΙΝ ὅλως ἰσημερίαν, ἢ κ. τ. λ. doit être traduite ainsi : « Dans la sphère oblique, ou il n'y aurait pas *non plus* d'équinoxe, ou bien, etc. » Telle est la force de πάλιν, mot dont le traducteur a oublié de rendre le sens.

L'astronome revient à plusieurs reprises sur la construction des instruments dont il faisait usage. Il emploie fréquemment une locution dont la signification ne nous paraît pas avoir été complètement saisie par le traducteur ; c'est σύμμετρος τῷ μεγέθει (1). M. Halma traduit, *de mêmes proportions dans sa grandeur ;* ce qui ne présente pas une idée claire. Le sens est de *grandeur convenable, raisonnable,* ou, comme nous disons, *d'une bonne grandeur.* Cela est si vrai, que Proclus, dans ses Hypotyposes, en parlant de la construction d'un instrument, après avoir dit qu'il est τῷ μεγέθει σύμμετρος (2), se sert

---

(1) Ptol., I. 10, p. 46 ; V, 1, p. 284.
(2) Proclus, *Hypotyp.*, p. 13, éd. Bas., 1540.

ensuite de l'expression εὐμεγέθης, comme synonyme (1).

Dans la description de l'instrument destiné à mesurer l'arc compris entre les tropiques, Ptolémée, après avoir parlé du grand cercle de cuivre qui doit servir à représenter le méridien, ajoute (p. 45) : « A ce cercle nous en adapterons un autre *plus petit* (trad. de M. Halma) : » ἔπειτα ἕτερον κυκλίσκον, λεπτότερον ἐναρμόσαντες. L'idée de *plus petit* est renfermée à la fois dans le mot κυκλίσκος et dans ἐναρμόσαντες, qui veut dire ἁρμόσαντες ἐντὸς τοῦ πρώτου : mais λεπτότερον signifie en outre *plus mince*; c'est ce qu'explique parfaitement Théon, en paraphrasant ce passage (2). La même observation convient à cet autre endroit : « Nous avons adapté au dedans de ce cercle intérieur un autre cercle *plus petit* (v, I, p. 285) : » Ὑφηρμόσαμεν ἀκριβῶς ἕτερον λεπτὸν κύκλον. On traduirait avec plus de précision : « Nous avons adapté *avec soin*, en dedans du premier cercle, un cercle *plus mince*. »

Lorsque Ptolémée a composé son grand traité, il ne se doutait sans doute pas que les renseignements chronologiques qu'on tire des dates de quelques observations seraient un jour la partie la plus utile de cet ouvrage : c'est cependant ce que les modernes reconnaissent maintenant. La concordance des divers calendriers auxquels se rapportent les dates qu'on trouve dans l'Almageste offre un sujet curieux pour la critique ; et, sans l'ouvrage de Ptolémée, plusieurs points importants de l'ancienne chronologie n'auraient jamais pu être éclaircis. D'après plusieurs renvois aux notes dont M. Halma annonce la publication, on juge qu'il se propose d'insister plus tard sur cette matière, qui d'ailleurs a déjà exercé la critique de plusieurs savants, tels que M. Van Hagen (3), M. Ideler (4) et M. Champollion-Figeac (5).

---

(1) *Id.*, p. 25.
(2) Theo, *in Ptol.*, p. 56, l. 16.
(3) *Observationes in Theonis Fastos græcos*, etc. Amstelod., 1735.
(4) M. Halma se propose de publier la traduction du savant ouvrage de M. Ideler *sur les Observations astronomiques des anciens*.
(5) *Rapport sur les travaux de la classe d'histoire et de littérature de l'Institut,* pour 1815, rédigé par M. Daunou, p. 65-67.

Nous croyons utile d'engager M. Halma à revoir les endroits de sa traduction qui ont trait à la chronologie ; ils sont en général susceptibles d'amélioration. Il y a, par exemple, une faute à l'endroit où se trouve indiquée la date de la troisième éclipse observée à Babylone. M. Halma traduit Ἄρχοντος Ἀθήνησιν Εὐάνδρου, μηνὸς Ποσειδῶνος τοῦ προτέρου (VI, 10, p. 278) par « Évandre étant archonte à Athènes le *premier jour* du mois Posidéon », (ce qui serait bien, s'il y avait au texte τῇ προτέρᾳ) : tandis qu'il fallait traduire, *au mois Posidéon premier*, ou *dans le premier mois Posidéon*. Il s'agit ici d'une année athénienne, ayant le treizième mois intercalaire ; et l'on sait que ce mois, placé après *Posidéon*, s'appelait le *deuxième Posidéon*, de manière qu'il y avait alors dans l'année *un premier et un deuxième mois Posidéon*. Nous indiquerons au traducteur une autre distraction du même genre (VII, 3, t. II, p. 16) ; il traduit τοῦ μὲν Πυανεψιῶνος τῇ ἕκτῃ φθίνοντος par *à la fin du 6 du mois Pyanepsion* : mais il sait aussi bien que nous que le vrai sens est, *le 6 du mois Pyanepsion finissant* ; c'est-à-dire le 25 du mois. Enfin il traduit τῇ νεομηνίᾳ τῶν ἐπαγομένων (III, 1, p. 153) par « dans la néoménie du premier des épagomènes » ; cette traduction ferait croire, ce qui ne serait point exact, qu'il y eut *nouvelle lune* ou *néoménie* au premier des épagomènes : on traduira simplement, *le premier des épagomènes*. Ptolémée, à l'exemple de tous les Grecs alexandrins, emploie le mot νεομηνία comme synonyme de *premier* du mois (ἡ τοῦ μηνὸς προτέρα), sans que ce mot emporte pour cela l'idée de *nouvelle lune;* ainsi plus bas (VI, 12, p. 874), Θὼθ νεομηνία signifie *le premier de Thot*: de même, dans l'inscription de Rosette, ἀπὸ τῆς νουμηνίας τοῦ Θωὸθ (1). Cela vient, probablement, de ce que les Macédoniens, qui apportèrent en Égypte leurs mois lunaires (dont le premier jour était nécessairement une *néoménie* ou *nouvelle lune*), continuèrent, *par abus*, de donner le nom de *néoménie* au premier de chaque mois égyp-

---

(1) *Inscript. Rosett.*, l. 30. Le mot Νουμηνία paraît même avoir été pris quelquefois par excellence pour le premier jour de l'année (Porphyr., *de Antro Nymph.*, § 24, éd. Goens).

tien, quoique ce jour ne dût être *néoménie* que par hasard, puisque l'année égyptienne était solaire vague.

Cette observation nous conduit à faire une autre remarque plus importante sur la table de concordance du calendrier égyptien avec le nôtre, que M. Halma a mise à la fin de sa préface. « Pour faciliter encore plus aux lecteurs, dit M. Halma,
« le calcul des faits astronomiques contenus dans l'Almageste,
« je place ici la table des mois alexandrins, extraite du P. Pé-
« tau. Ces mois égyptiens étant de trente jours chacun, on
« ajouta d'abord cinq jours épagomènes pour faire les trois
« cent soixante-cinq jours des années communes ; et, depuis la
« correction du calendrier par Jules César, six jours à chaque
« quatrième année, qui fut bissextile. Ces cinq jours épago-
« mènes commençaient le 24 août, ou le 25 dans les années
« bissextiles, où alors le 1er Thot tombait le 30 août. Nous trou-
« vons par ce moyen que le 1er Thot était invariablement fixé au
« 29 août, lorsque Ptolémée écrivait sa Grande Composition
« (*préface* p. LXVII). » Nous sommes un peu surpris que M. Halma n'ait pas vu, non seulement que la table du P. Pétau ne peut *faciliter les calculs des faits astronomiques contenus dans l'Almageste,* mais encore qu'elle est propre à jeter dans de graves erreurs les astronomes qui s'en serviraient ; et cela précisément par la raison que le 1er Thot *s'y trouve fixé invariablement au 29 août,* attendu qu'elle représente, comme il le dit, l'année *fixe* alexandrine de 365 $\frac{1}{4}$ jours, intercalée de même que l'année julienne, et dans laquelle le 1er Thot répondait au 29 août ; tandis que Ptolémée (et c'est ce dont il semblerait que le traducteur ne s'est point souvenu) ne se sert que de l'année *vague égyptienne* de 365 jours juste : or cette année ne saurait avoir un rapport constant avec les années julienne et alexandrine, puisqu'elle retarde sur celles-ci de six heures par an, d'un jour en quatre ans, de vingt-cinq jours en un siècle, d'une année entière en 1461 ans. Il est donc absolument impossible de se servir de cette table pour connaître la date des observations consignées dans l'Almageste. Au lieu donc de suivre le conseil de M. Halma, les astronomes devront

calculer la concordance, pour une année quelconque, en partant directement d'une des observations de solstices et d'équinoxes dont la date se trouve rapportée à la fois aux années de l'ère de Nabonassar et au calendrier égyptien; ou bien en partant d'une donnée que nous devons à Théon, savoir, que les jours de l'année vague ont correspondu à ceux de l'année fixe, dans la cinquième année du règne d'Auguste (1). Telles sont les bases véritables du calcul de cette concordance; c'était, nous devons le dire, un point très utile, indispensable même, dans une préface de l'Almageste : nous invitons M. Halma à réparer cette omission dans le cours de ses notes.

Voici une interprétation qui met Ptolémée en contradiction avec lui-même : « le soleil étant alors au deuxième degré du sagittaire », ἀλλὰ τοῦ ἡλίου ὄντος περὶ τὰ δύο μέρη τοῦ τοξότου (IV, 10, p. 278); cela serait difficile à concevoir, puisqu'on voit ensuite que le soleil était à 17° 30 du sagittaire : les mots dont se sert Ptolémée, περὶ τὰ δύο μέρη, signifient en effet *vers les deux tiers*, et non pas *au deuxième degré*.

Au livre III (c. I, p. 184), M. Halma traduit les mots μετὰ σπουδῆς par *avec sagacité*; il faut dire *avec soin :* il est question des observations d'Hipparque. Ptolémée fait l'éloge de ce grand astronome : « Hipparque, dit-il, selon la traduction « de M. Halma, a voulu, par amour pour la vérité, ne rien « taire de ce qui pouvait lui causer quelque scrupule » (III, I, p. 158). Le grec dit bien plus, « de ce qui pouvait laisser « *à quelqu'un le moindre scrupule* » [μὴ σιωπῆσαι τι τῶν ἐνίους εἰς ὑποψίαν ὅπως δήποτε δυναμένων ἐνεγκεῖν]. Au livre suivant (c. 8, p. 265), les mots χαριέστεραι ἔφοδοι signifie *méthodes préférables, meilleures*, et non pas *plus faciles*. En général, il eût été très important de rendre avec une scrupuleuse fidélité les passages où Ptolémée parle des observations anciennes, tant d'Hipparque que d'Aristylle, Timocharis et autres : et, à cet égard, nous indiquerons à M. Halma quelques endroits où sa

---

(1) Theon, *Fragm. ap. Dodwell. in append. ad Dissert. Cyprian.*, p. 113. Cf. Van Hagen, p. 40.

traduction offrirait des notions peu précises à l'astronome qui ne saurait pas le grec.

Pour exposer l'anomalie de la lune, dans l'hypothèse de l'épicycle, Ptolémée choisit trois éclipses parmi les plus anciennes, et trois autres parmi celles qu'il avait observées lui-même (IV, 5, p. 243) : τὸ μὲν πρῶτον ἀφ' ὧν ἔχομεν ἀρχαιοτάτων ἐκλείψεων τρισὶ ταῖς ἀδιστάκτως δοκούσαις ἀναγεγράφθαι συγχρησάμενοι. M. Halma traduit : « Nous choisirons d'abord trois « éclipses parmi celles qui nous paraissent avoir été bien « observées par les anciens. » Les personnes qui n'ajoutent point foi aux observations d'éclipses, dont la suite aurait été envoyée à Aristote par Callisthène, seront fâchées que M. Halma n'ait pas traduit à peu près ainsi ce passage capital : « *Parmi les plus anciennes observations d'éclipses que nous* « *connaissons,* nous en choisirons d'abord trois, dont les cir- « constances nous semblent avoir été marquées avec préci- « sion. » Car le mot ἀναγράφεσθαι signifie, non l'*observation* en elle-même, mais la manière plus ou moins précise dont les circonstances de l'éclipse étaient indiquées. En parlant de l'observation du solstice d'été faite par Méton et Euctémon (III, 2, p. 162), Ptolémée dit qu'elle était ὁλοσχερέστερον ἀναγεγραμμένη, c'est-à-dire, selon M. Halma, *faite un peu trop grossièrement :* cette traduction serait exacte s'il y avait dans le texte τετηρημένη ou εἰλημμένη : le vrai sens est, *indiquée trop vaguement.* Dans un autre endroit, le traducteur a peut-être mal saisi le sens du mot ἀναγραφαί : Ptolémée y compare les secours qu'il peut avoir pour déterminer le mouvement des fixes en longitude, avec ceux qu'Hipparque tirait des observations d'Aristylle et de Timocharis ; il dit : « Nous en sommes « d'autant plus certains [de ce mouvement], que les observa- « tions que nous possédons embrassent un plus long inter- « valle de temps, et que la position des fixes, marquée par « Hipparque, et dont nous nous sommes principalement « servis comme point de comparaison, nous est donnée « avec toute la précision possible (VIII, I, t. II, p. 2). » Τῷ καὶ ἀπὸ πλείονος χρόνου τὴν ἐξέτασιν, καὶ τὰς τοῦ Ἱππάρχου περὶ τῶν ἀπλανῶν 'ΑΝΑΓΡΑΦ'ΑΣ, πρὸς ἃς μάλιστα πεποιήμεθα συγκρίσεις, μετὰ πάσης 'ΕΞΕΡΓΑΣ'ΙΑΣ ἡμῖν παραδεδόσθαι. Traduction de M. Halma..... « et que les *écrits qu'il a laissés* sur « les fixes, et qui ont *servi de matière à nos travaux,* nous « ont été transmis *parfaitement corrects.* » Le mot ἐξεργασία signifie, non la correction des manuscrits d'Hipparque, mais le soin que cet astronome avait mis à marquer la position des fixes ; en grec, τὰς τῶν ἀπλανῶν ἐποχὰς ἀναγράφειν.

La même idée se retrouve encore un peu plus bas ; et, comme il importe de fixer le vrai sens des paroles de Ptolémée dans tout ce qui concerne le mouvement des fixes, nous ferons une dernière remarque. Comparant encore une fois à cet égard les travaux d'Hipparque avec les siens, ou plutôt, pour parler dans le sens de M. Delambre, avec ceux qu'il prétend avoir faits, Ptolémée s'exprime ainsi : « Quant à « nous, ayant trouvé la même chose par le moyen d'obser- « vations qui embrassent un plus long intervalle de temps, « et qui ont été faites sur presque toutes les fixes, nous « devons sans doute être bien plus certains que leur mouve- « ment s'exécute autour des pôles de l'écliptique (VII, 3, p. 15). Ἡμεῖς μέντοι καὶ κατὰ τὸν ἔτι πλείω χρόνον τετηρημένον εὑρίσκοντες τὸ τοιοῦτον, καὶ κατὰ πάντων σχεδὸν τῶν ἀπλανῶν, βεβαιοτέραν εἰκότως ἂν ἤδη νομίζοιμεν τὴν περὶ τοὺς τοῦ λοξοῦ πόλους γινομένην αὐτῶν κίνησιν. M. Halma traduit : « Mais les observations que « nous avons faites, en des *temps bien postérieurs à lui,* sur « presque toutes les fixes, nous autorisent à soutenir que « leur mouvement se fait autour des pôles du cercle obli- « que. » Il n'est nullement question ici de *temps postérieurs.* Les mots ἡμεῖς μέντοι καὶ κατὰ τὸν ἔτι πλείω χρόνον τετηρημένον εὑρίσκοντες, signifient la même chose que ἡμεῖς μέντοι καὶ ἀπὸ τηρήσεων κατὰ τὸν ἔτι πλείω χρόνον εἰλημμένων εὑρίσκοντες.

Ptolémée a voulu faire croire qu'il avait mesuré l'obliquité de l'écliptique ; mais la mesure qu'il dit en avoir trouvée n'est que celle d'Ératosthène et d'Hipparque. Elle était, selon lui, de 47 degrés, et plus que les 2/3, mais moins que les 3/4 d'un degré ; « ce qui est, dit-il, *presque* la même quantité

« que celle dont Ératosthène avait fait usage ; » δι' οὗ συνάγεται σχεδὸν ὁ αὐτὸς λόγος τῷ τοῦ Ἐρατοσθένους. M. Halma oublie le mot *presque*, qui n'est pas inutile. En effet, la double obliquité, selon Ératosthène, était égale aux $\frac{11}{83}$ du méridien, c'est-à-dire, à 47° 42′ 40″; tandis que le milieu entre les deux limites marquées par Ptolémée est de 47° $\frac{17}{24}$ (= 47° 42′ 30″), ou *presque* la quantité indiquée par Ératosthène. Remarquons en outre que Ptolémée ne dit pas précisément, comme M. Halma le lui fait dire, qu'Ératosthène *avait trouvé cette obliquité* par une observation qui lui fût propre.

Les passages relatifs au lieu où Hipparque faisait ses observations ont été l'objet de quelques controverses. On a reproché à M. Halma d'avoir fait dire à Ptolémée plus formellement que cet astronome ne le dit, qu'Hipparque avait *fait lui-même à Alexandrie* les observations dont il a conclu la longueur de l'année. Ainsi, par exemple, M. Halma traduit ἐκθέμενος γὰρ τὸ πρῶτον τὰς ΔΟΚΟΥ΄ΣΑΣ Α΄ΥΤΩ — τετηρῆσθαι θερινάς τε καὶ χειμερινὰς τροπάς (III, 2, p. 152), par « après avoir « exposé les solstices et les équinoxes (lisez les *solstices « d'été et d'hiver*) *qu'il pense avoir observés*. » On a dit que M. Halma aurait dû traduire *qu'il pense avoir été observés*. Sans entrer plus qu'il ne convient ici dans la question de savoir si Hipparque a réellement observé à Alexandrie, nous dirons que M. Halma paraît défendre très bien son interprétation dans l'extrait de ses notes : il pouvait ajouter que Nicolas Cabasilas a interprété le passage de la même manière, ἐκθέμενος γὰρ — ἃς τετήρηκε θερινὰς τροπάς (1). Nous pensons toutefois qu'il défendrait plus difficilement l'interprétation qu'il donne de cet autre endroit : Μεταβησόμεθα δὴ καὶ ἐπὶ τὰς ὕστερον ἐκτεθειμένας αὐτῷ τρεῖς ἐκλείψεις, ἅς φησιν ἐν Ἀλεξανδρείᾳ τετηρῆσθαι (IV, I, p. 179). « Passons maintenant aux « trois dernières éclipses dont il a rendu compte (lisez *aux « trois éclipses dont il rend compte ensuite*), d'après les obser- « vations *qu'il dit en avoir faites* à Alexandrie. » Ptolémée

---

(1) Cabas., *in Ptolem.*, III, p. 134, l. 23.

a voulu dire, ce nous semble, *qu'il dit en avoir été faites ;* car on voit plus bas que ces trois observations datent des années 547 et 548 de l'ère de Nabonassar : or Ptolémée parle, en d'autres endroits (V, 3, p. 295 ; VII, 2, p. 12) d'observations *faites par Hipparque* dans les années 50 et 52 de la 3° période Calippide, répondant aux années 620 et 622 de l'ère de Nabonassar : il est clair que, si les premières observations avaient été faites par Hipparque, comme le porte la traduction de M. Halma, on serait forcé d'en conclure que cet astronome avait observé pendant (622-547) soixante-quinze ans ; ce qui est bien invraisemblable.

Nous terminerons nos remarques par l'examen de deux passages très difficiles qui ne nous semblent pas avoir été bien entendus. Dans le premier, il est question de la préférence accordée par Hipparque aux observations des solstices sur celles des équinoxes : Συγκεχρήμεθα δὲ ταῖς τῶν ἰσημερινῶν τηρήσεσι, καὶ τούτων ΑΚΡΙΒΕΙΑΣ ΕΝΕΚΕΝ, ταῖς τε ὑπὸ τοῦ Ἱππάρχου μάλιστα ἐπισημανθείσαις, ὡς ἀσφαλέστατα εἰλημμέναις ὑπ' αὐτοῦ (III, 2, p. 160). Les mots καὶ τούτων ἀκριβείας ἕνεκεν font difficulté. M. Halma traduit : « Nous leur avons préféré « — les observations des équinoxes, et, *à cause de leur exac-* « *titude,* nous avons choisi celles... etc. » Dans son *errata* il propose... « des observations qui, *à cause de leur exactitude,* « ont été spécialement marquées par Hipparque comme ayant « été faites par lui-même. » Nous n'adopterions ni l'une ni l'autre de ces deux traductions : les mots sur lesquels repose la difficulté forment une parenthèse qui se rapporte, non pas au choix particulier de telle ou telle observation d'équinoxe, mais en général à la préférence que Ptolémée accorde aux observations des équinoxes sur celles des solstices ; c'est ainsi que Nicolas Cabasilas a entendu ce passage difficile : ἕνεκεν δὲ ἀκριβείας κεχρήμεθα πρὸς τὴν κεχρημένην σύγκρισιν ταῖς τῶν ἰσημερινῶν τηρήσεσι (1).

L'autre passage a paru plus embarrassant encore, et cepen-

---

(1) Nic. Cabas., p. 139, l. 36.

dant il a de l'importance, selon M. Delambre (1). Ptolémée établit une espèce de comparaison entre le colure des solstices et le méridien, et s'exprime ainsi : Νοηθήσεται δὲ ἡ μὲν μία καὶ πρώτη φορὰ καὶ περιέχουσα τὰς ἄλλας πάσας, περιγραφομένη καὶ ὥσπερ ἀφοριζομένη ὑπὸ τοῦ δι' ἀμφοτέρων τῶν πόλων γραφομένου μεγίστου κύκλου, περιαγομένου τε καὶ λοιπὰ πάντα συμπεριάγοντες ἀπὸ ἀνατολῶν ἐπὶ δυσμὰς περὶ τοὺς τοῦ ἰσημερινοῦ πόλους ΒΕΒΗΚΟΤΑΣ ὥσπερ ἐπὶ τοῦ καλουμένου μεσημβρινοῦ (I, 7, p. 24); c'est-à-dire, « on concevra l'un des deux premiers mouvements « [celui de la sphère étoilée], qui embrasse tous les autres, « circonscrit et comme déterminé par le grand cercle qui, « passant par les pôles des deux cercles [de l'équateur et de « l'écliptique], est emporté, et emporte avec lui tout l'univers, « d'orient en occident, dans un mouvement autour des pôles « de l'équateur, qui sont comme fixés sur le méridien. » Les mots μία καὶ πρώτη φορά, que M. Halma traduit par *le seul et premier mouvement*, doivent être, selon nous, un *hendiadys*, et signifient μία τῶν δύο πρώτων φορῶν ou κινήσεων. Mais la grande difficulté tient au sens de βεβηκότας. 1°. Cette leçon, qui se trouve dans Théon (2) et dans les meilleurs manuscrits, est, sans contredit, la meilleure, quoi qu'en dise l'éditeur, qui a écrit βεβηκότα, en rapportant ce mot à λοιπὰ πάντα ; il traduit : « tout le reste *qui marche à la suite* du cercle qu'on appelle méridien ; » quoique, dans ce cas, il eût fallu le datif, ἐπὶ τῷ καλουμένῳ μεσημβρινῷ, et non pas le génitif. 2° Il n'est nullement nécessaire de supposer une lacune, comme le veut M. Halma, d'après l'opinion d'un savant critique : βεβηκότας a le sens de *étant fixé, étant placé,* que lui donne Ptolémée à la page 20, et un peu plus bas (p. 25), où l'on trouve πόλοι οἳ καὶ αὐτοὶ βεβηκότες ἀεὶ κατὰ τοῦ κύκλου, ce que Théon interprète par οἵ τινες πάντοτε μένουσιν ἐπὶ τοῦ κύκλου ; et les mots βεβηκότας ὥσπερ ἐπί sont pour ὥσπερ βεβηκότας ἐπί : ainsi dans un autre passage, εὐθυνομένης ὥσπερ τῆς ὄψεως est pour τῆς ὄψεως ὥσπερ εὐθυνομένης (IX, 2, p. 120).

(1) Delambre, dans la *Conn. des temps de* 1816, p. 289.
(2) Theo, *in Ptolem.*, p. 38, l. 24.

A la fin du livre second, Ptolémée annonce l'intention de composer sa Géographie : ce qui prouve que la composition de ce dernier ouvrage est postérieure à celle de l'Almageste, c'est-à-dire, à l'an 141 de l'ère vulgaire, époque de la plus récente des observations qui y sont contenues. Les paroles de Ptolémée sont curieuses. « Nous marquerons, dit-il, la posi-
« tion en longitude et en latitude (ἐποχαὶ κατὰ μῆκος καὶ κατὰ
« πλάτος) des villes remarquables de chaque pays, pour servir
« au calcul des phénomènes célestes dans ces villes » (πρὸς τοὺς τῶν ἐν αὐταῖς φαινομένων ἐπιλογισμούς), et non pas, « *d'après les* phénomènes célestes observés, etc. » M. Halma cherche à tort, nous le pensons, à défendre cette dernière interprétation contre l'opinion d'un savant critique : il est clair que le sens qu'il adopte supposerait dans le texte παρὰ ou ἀπὸ τῶν, et non πρὸς τούς. Il nous semble, au contraire, que le traducteur a raison contre le même critique pour la traduction de ce passage difficile : « Nous marquerons de combien de degrés
« comptés sur son méridien chacune est distante de l'équa-
« teur ; et, en degrés comptés sur l'équateur, la distance orien-
« tale et occidentale de chaque méridien à celui qui passe par
« Alexandrie : car c'est au méridien de cette ville que nous
« rapportons ceux des autres points de la surface terrestre. »
Διὰ τὸ πρὸς τοῦτον (sc. τὸν δι' Ἀλεξανδρείας μεσημβρινὸν) ἡμῖν συνίστασθαι ΤΟΥΣ ΤΩΝ ΕΠΟΧΩΝ ΧΡΟΝΟΥΣ. Cette traduction est, selon nous, parfaitement exacte. On a fait un reproche à M. Halma de n'avoir point traduit οἱ τῶν ἐποχῶν χρόνοι par les *tables des époques :* mais la suite des idées montre qu'il s'agit, dans cette dernière phrase, de la longitude des lieux terrestres. Or Ptolémée donne aux degrés de l'équateur, et conséquemment aux degrés correspondants des parallèles, le nom de χρόνοι ou *temps ;* de manière que, selon sa manière de s'exprimer, χρόνος désigne un arc d'un degré, ou de 4' en temps. D'une autre part, ἐποχή ne veut dire que *position*, d'où l'on voit que les mots οἱ τῶν ἐποχῶν χρόνοι signifient littéralement *les temps des positions,* c'est-à-dire, *la différence en temps des positions,* ou plus clairement *la différence en longitude,*

ἐποχαὶ κατὰ μῆκος. Nous avons voulu montrer, par un exemple, que le traducteur a su se tirer heureusement de passages très-difficiles. Il nous aurait été facile d'en citer beaucoup d'autres, si nous n'avions cru plus utile de signaler à M. Halma les passages importants sur lesquels son attention, fatiguée dans le cours d'une si longue carrière, ne s'est pas portée avec assez de force ou de succès.

D'après tout ce que nous avons dit de la difficulté de traduire l'Almageste, difficulté dont on a pu s'apercevoir aux passages que nous avons rapportés, et en même temps d'après les diverses observations que nous avons eu l'occasion de faire, on peut voir que l'interprétation de cet auteur est parvenue à peu près au point où nous avons montré qu'était portée la critique du texte; c'est-à-dire que, s'il reste beaucoup à faire encore, le principal est fait, et que c'est à M. Halma qu'on le doit en grande partie. Nous croyons donc qu'on peut accéder avec peu de restrictions au jugement que le traducteur porte lui-même de son travail, en disant « qu'aucune inexactitude essentielle n'affecte les parties principales de cet ouvrage; et que, les démonstrations y étant claires, les raisonnements concluants, les tables bien déduites, les dates et les époques conformes à celles qui ont été consignées par Ptolémée, ma traduction est correcte, et son objet est rempli. »

Nous n'entrerons dans aucun détail sur les notes que M. Delambre a jointes à la traduction : ces notes, qui ont principalement pour objet de comparer les méthodes de Ptolémée avec celles des modernes, se trouvent presque toutes fondues dans l'*Histoire de l'astronomie ancienne* que vient de publier ce savant astronome; une plume plus exercée que la nôtre doit en donner, dans ce journal, une idée qui répondra au mérite de l'auteur et à l'importance de l'ouvrage.

M. Halma annonce qu'à la suite des deux volumes de l'Almageste, il publiera, outre ses notes sur cet ouvrage, des extraits de ce qu'il y a de plus important dans les petits astronomes, en outre la traduction de la *Géographie* de Ptolémée. Il nous paraît que M. Halma est dans l'intention de traduire ce dernier ouvrage en entier : or nous devons avouer que traduire les tables de longitude et de latitude, qui en forment les neuf dixièmes, nous semble une entreprise entièrement inutile. Autant vaudrait-il donner une traduction de l'Itinéraire d'Antonin ou de la Table de Peutinger; nous l'engagerons à se borner au premier livre, qui comprend les prolégomènes de cette Géographie : c'est, comme on sait, un morceau excellent, et le seul monument de ce genre qui nous soit resté de l'antiquité. Une traduction française rendrait accessible au plus grand nombre la connaissance de ces prolégomènes, que bien peu de personnes instruites, même de géographes de profession, ont lus et étudiés avec l'attention qu'ils méritent.

Enfin le laborieux traducteur annonce une traduction *complète* du Commentaire de Théon, accompagnée du texte grec; et ici, nous nous permettrons encore d'élever quelques doutes sur l'utilité réelle d'une pareille entreprise. Le Commentaire de Théon est d'un *quart* environ plus volumineux que l'Almageste de Ptolémée (1). Dans cet énorme commentaire, il y a, nous le savons, des choses curieuses à la fois pour l'intelligence du texte de Ptolémée et pour l'histoire des mathématiques; mais on est obligé de convenir que, malgré les promesses que fait Théon, en commençant, de ne s'occuper que de ce qui est vraiment difficile (2), il se traîne le plus souvent au milieu d'une foule de notions vulgaires qui ne sauraient avoir maintenant aucune sorte d'intérêt. Toutefois, autant nous sommes loin d'approuver l'idée d'une traduction complète de ce volumineux et diffus commentaire, autant nous approuverions celle d'en extraire tout ce qui pourrait être utile. Il nous semble donc que M. Halma ferait bien, en renonçant au projet qu'il avait d'abord conçu, de se contenter d'insérer, parmi ses notes sur l'Almageste, la traduction exacte de tous les passages de Théon véritablement utiles, qui se

---

(1) Dans l'édition de Bâle, le texte de la Composition mathématique tient 324 pages; celui des commentaires de Théon (y compris ceux de Cabasilas) en occupe 420.

(2) Delambre, *Hist. de l'astronomie ancienne*, tom. II, p. 550.

rapportent aux endroits de Ptolémée que chacune de ses notes tend à éclaircir : de cette manière, les astronomes ne perdraient rien de ce qu'il est bon qu'ils connaissent ; on aurait de moins deux gros volumes dont on peut se passer, et les notes du traducteur acquerraient plus d'intérêt et d'importance. Nous sommes convaincus que, si M. Halma eût soumis son projet de donner une traduction et une édition complète de Théon aux célèbres promoteurs de ses travaux, les Lagrange, les Laplace, les Delambre, ils ne lui eussent point donné les mêmes encouragements qu'ils lui ont accordés avec tant de justice pour sa traduction de Ptolémée, et que leur avis à cet égard eût été peu différent de celui que nous venons de hasarder.

EXAMEN CRITIQUE
DES PROLÉGOMÈNES
DE LA GÉOGRAPHIE DE PTOLÉMÉE

*A l'occasion de l'édition
et de la traduction qu'en a données l'abbé Halma, sous le titre de :*

ΚΛΑΥΔΙΟΥ ΠΤΟΛΕΜΑΙΟΥ ΑΛΕΞΑΝΔΡΕΩΣ
ΠΕΡΙ ΤΗΣ ΓΕΩΓΡΑΦΙΚΗΣ ΥΦΗΓΗΣΕΩΣ, ΒΙΒΛΙΟΝ ΠΡΩΤΟΝ
ΚΑΙ ΤΟΥ ΕΒΔΟΜΟΥ ΕΣΧΑΤΑ (1).

Dans sa préface de la traduction de l'Almageste, l'abbé Halma promettait une édition et une traduction complètes des Commentaires de Théon et de la Géographie de Ptolémée avec toutes ses tables. Nous crûmes devoir dès lors le dissuader de ce projet : nous l'engageâmes (2) à se contenter d'extraire de Théon un certain nombre de passages qui intéressent réellement l'histoire des mathématiques, mais à abandonner l'idée de réimprimer et surtout de traduire en entier le trop verbeux et le plus souvent inutile commentaire dans

---

(1) Le titre est inexact et incorrect. Il fallait Κλ. Πτ. Ἀ. τῆς γεωγραφικῆς ὑφηγήσεως βιβλίον πρῶτον καὶ τοῦ ἑβδόμου τὰ ἔσχατα. — Extrait du *Journ. des Sav.*, déc. 1830, avril et mai 1831, et du *Bulletin Férussac*, mars et mai 1831, sect. VII. — Tirage à part, 35 p. 8°.

(2) Cet examen critique était rédigé, lorsque nous avons vu le prospectus d'une édition de la Géographie de Ptolémée, entreprise par M. Manos, et qui doit paraître chez MM. Didot. L'éditeur, excellent helléniste et critique exact autant que judicieux, a collationné avec le plus grand soin les éditions et les manuscrits. Il a donné, comme spécimen, le premier chapitre, avec l'indication scrupuleuse des fautes des éditions. Ce spécimen prouve combien une édition nouvelle était nécessaire, et surtout une édition traitée par un homme aussi habile. J'ai l'espoir que les observations suivantes ne seront pas inutiles à l'éditeur, soit pour l'intelligence, soit pour la correction du texte. Il ne me reste qu'un vœu à former, c'est que les circonstances permettent à M. Manos et à MM. Didot de mettre à fin leur belle et utile entreprise.

lequel Théon a délayé les démonstrations déjà si longues de l'Almageste. L'abbé Halma n'a pas jugé à propos de suivre ce conseil, et nous doutons qu'il se soit bien trouvé de sa résolution. Son édition et sa traduction commencées, mais non achevées, lui ont fait perdre beaucoup de temps et d'argent, presque sans aucun profit pour la science. Quant à la Géographie de Ptolémée, nous tâchâmes de lui faire sentir qu'autant il serait utile de donner une édition critique des tables, d'après toutes les éditions et manuscrits que l'on possède (1), autant il serait inutile de traduire en français deux cents pages *in-fol.* de noms propres, avec les colonnes de chiffres qui les accompagnent. Nous lui conseillâmes de se borner au premier livre, et aux derniers chapitres du septième, où Ptolémée discute la carte de Marin de Tyr, et explique le tracé de sa propre carte ; morceaux du plus grand intérêt, qui sont le complément nécessaire de l'Almageste. Ici, l'abbé Halma s'est montré plus docile à des avis qui lui étaient donnés dans son propre intérêt; et il avoue que c'est d'après nos conseils qu'il s'est borné à la partie théorique de l'ouvrage de Ptolémée.

Nous avons plusieurs fois rendu compte, dans ce journal, des traductions de l'abbé Halma; et, malgré le désir de ne point désobliger un homme estimable dont le zèle méritait plus de succès, nous avons dû les traiter avec plus de sévérité que nous ne l'aurions voulu. L'abbé Halma, en poursuivant, avec une persévérance assurément fort louable, le projet de traduire tout ce qui nous reste des astronomes grecs, consultait son goût plus que ses forces. Il savait autant et plus de mathématiques qu'il n'était nécessaire pour entendre ces auteurs; mais il ne savait pas tout à fait assez de grec. Sans doute, il n'en faut pas savoir beaucoup pour suivre, à l'aide des versions latines, des théorèmes et des démonstrations exprimées par des formules de langage qui reviennent presque toujours les mêmes; aussi, toutes les fois qu'il ne s'agit

---

(1) *Journal des Savants*, 1818, p. 275 [plus haut, p. 125].

pas d'autre chose, l'abbé Halma est à peu près sans reproche. Mais, dans les anciens astronomes, tout n'est pas exposé de théorèmes ou de constructions ; il y a des théories, des considérations, des raisonnements. Or, en pareil cas, le traducteur qui ne sait pas suffisamment le grec se fourvoie, ce qui est arrivé très souvent à l'abbé Halma, et parfois sur des points qui intéressent l'histoire de la science. Il était du devoir de la critique d'indiquer des fautes qui peuvent égarer les astronomes et les mathématiciens, auxquels ces traductions sont principalement destinées ; voilà ce que nous avons jugé utile de faire en parlant de la traduction que l'abbé Halma a donnée de l'Almageste et de quelques autres ouvrages des astronomes grecs. Chargés de rendre compte de celle du premier livre de la Géographie, nous la soumettrons à un examen détaillé que permet le peu d'étendue de cet ouvrage et que réclame son importance.

Ptolémée connaissait beaucoup mieux l'astronomie et la géographie que l'art d'écrire : son style est entortillé et obscur, ses phrases sont souvent d'une longueur désespérante, et leurs diverses parties s'enchaînent mal et se déroulent péniblement. Ces défauts sont peut-être plus sensibles encore dans la Géographie que dans l'Almageste, excepté toutefois l'introduction de ce dernier ouvrage, laquelle est un modèle de galimatias et d'amphigouri. Quand Ptolémée quitte les formules mathématiques, il est souvent fort difficile de suivre ses raisonnements ; aussi les versions latines, dans tous les endroits obscurs, ne sont presque jamais plus claires que le texte, et parfois le sont beaucoup moins encore. On ne sera donc pas très surpris que l'abbé Halma l'ait rarement bien entendu, quand il s'agit d'autre chose que de démonstrations mathématiques. Il reste souvent à côté du texte ; souvent aussi il se méprend tout à fait et ne saisit point l'enchaînement des phrases ; on dirait même quelquefois qu'il traduit au hasard.

Nous ne nous attacherons pas à relever tous les passages où le traducteur a manqué le sens de Ptolémée ; ce travail serait trop long et aussi fastidieux pour nous que pour nos lecteurs. Mais, comme sa traduction est la seule qui existe en français d'un des morceaux les plus curieux de l'antiquité pour l'histoire de la géographie, nous relèverons quelques-unes des principales fautes, celles surtout que l'obscurité et l'inexactitude des versions latines, ou l'altération du texte, ôtent les moyens de rectifier. Nous nous attacherons à tous les passages importants pour l'histoire de la science. Ainsi, les personnes, peu versées dans le grec, qui désireraient étudier cet ouvrage de Ptolémée, après avoir noté les passages dont nous donnerons le sens, pourront désormais lire la traduction de l'abbé Halma avec plus de confiance (1).

La préface, de XLI pages, contient quelques généralités sur l'histoire de la géographie, peu exactes et peu instructives ; elles sont suivies d'une notice plus satisfaisante sur les éditions et les manuscrits de la Géographie de Ptolémée. Quoique l'éditeur cite plusieurs manuscrits qu'il a, dit-il, consultés, il ne rapporte aucune variante ; et l'on ne s'aperçoit pas qu'il ait amélioré le texte : ce texte est même fort incorrectement imprimé ; la ponctuation est presque partout vicieuse ; très-souvent l'éditeur a séparé les divers membres d'une même phrase par des points, au lieu de virgules ; ailleurs, il a mis des virgules à la place des points, ce qui rend les phrases inintelligibles. Aussi le traducteur ne les a pas comprises ; toutefois il reste incertain s'il ne les a pas mal ponctuées, justement parce qu'il ne les comprenait pas.

Chapitre Ier. Ce chapitre, dans lequel Ptolémée se propose de dire en quoi la géographie diffère de la chorographie, est mal écrit et très obscur. L'abbé Halma s'y est fréquemment trompé (2). Sa traduction est bien inexacte et presque inintel-

---

(1) Nous n'avons sous les yeux que l'édition de P. Montanus (Amsterdam, 1605, celle de Bertius (1618), et la collation du manuscrit Coislin faite par Montfaucon (*Bibl. Coisl.*). Le temps nous a manqué pour voir les manuscrits.

(2) Ἡ γεωγραφία μίμησίς ἐστι διαγραφῆς τοῦ κατειλημμένου τῆς γῆς μέρους ὅλου, μετὰ τῶν ὡς ἐπίπαν αὐτοῦ (l. αὐτῷ) συνημμένων καὶ διαφέρει τῆς χωρογραφίας, ἐπειδήπερ αὐτὴ (ou αὕτη) μὲν ἀποτεμνομένη τοὺς κατὰ μέρος τόπους, χωρὶς ἕκαστον καὶ καθ' ἑαυτὸν ἐκτίθεται, συναπογραφομένη πάντα σχεδὸν καὶ τὰ μικρότατα τῶν ἐμπεριλαβομένων, οἷον λιμένας, καὶ κώμας καὶ δήμους καὶ τὰς ἀπὸ τῶν πρώτων πο-

ligible. En voici une que je crois fidèle : « La géographie (1) a pour objet d'imiter le tracé de toute la partie de la terre connue, avec les choses principales qui s'y trouvent. Elle diffère de la *chorographie*, en ce que celle-ci, détachant de l'ensemble les cantons peu considérables, les figure séparément, en comprenant (sur la carte qui les représente) les plus petits détails qu'ils peuvent renfermer, tels que ports, villages. dèmes, détours des grands fleuves et autres objets de ce genre; tandis que le propre de la géographie est de nous montrer quelles sont la nature et la position des diverses parties de la terre connue qui forme un seul continent, contigu dans toutes ses parties (2); et cela, en nous indiquant les seuls points qui puissent tenir sur des cartes générales de la terre (3), à savoir, les golfes, les grandes villes, les peuples, les fleuves les plus importants, et les points les plus remarquables en tout genre. »

Il y a, dans ce chapitre, d'autres passages fort difficiles qui n'ont point été compris par le traducteur; mais, comme ils ne concernent que des définitions et des distinctions inutiles, nous ne nous y arrêterons point (4).

Le chapitre II a plus d'intérêt, parce qu'il traite des divers genres de renseignements nécessaires pour la composition des bonnes cartes géographiques. Ptolémée le commence ainsi, dans la traduction de l'abbé Halma : « Tel est en général le

---

ταμῶν ἐκτροπὰς καὶ τὰ παραπλήσια· τῆς δὲ γεωγραφίας ἴδιόν ἐστι τὸ μίαν τε καὶ συνεχῆ δεικνύναι τὴν ἐγνωσμένην γῆν, ὡς ἔχει φύσεώς τε καὶ θέσεως, καὶ μέχρι μόνων τῶν ἐν ὅλαις περιεκτικωτέραις περιγραφαῖς αὐτῇ συνημμένων, οἷον κόλπων κ. τ. λ.

(1) Ptolémée prend le mot *géographie* dans le sens *graphique* et non *descriptif*. Pour Ptolémée, la *géographie* est l'art de dresser des *cartes générales* de la terre. C'est ce dont l'abbé Halma ne s'est point douté, et ce qui l'a entraîné dans une multitude de contre-sens. La définition de Ptolémée, qu'il trouve *singulière*, est fort bonne, quand on sait ce que l'auteur veut dire.

(2) Τῆς δὲ γεωγραφίας ἴδιόν ἐστι, τὸ μίαν τε καὶ συνεχῆ δεικνύναι τὴν ἐγνωσμένην γῆν.

(3) Καὶ μέχρι μόνων τῶν ἐν ὅλαις περιεκτικωτέραις περιγραφαῖς... expression obscure : Ptolémée entend, je crois, par ὅλαι περιγραφαί, des cartes générales, des *mappemondes*, où l'on est forcé de ne mettre que les traits importants.

(4) Dans ce chapitre, au lieu de... ἐκείνη οὐ δεῖ, il faut lire... ἐ. οὐδέν τι δεῖ avec le manuscrit Coislin.

précis de ce qui constitue la différence entre un géographe et un chorographe. » Il fallait dire : « Ce qui vient d'être dit doit suffire pour exprimer sommairement quel est le but que se propose celui qui veut tracer une carte géographique, et en quoi il diffère du chorographe (1). » Ptolémée continue. A la traduction de l'abbé Halma, je substitue celle-ci : « Comme nous nous proposons, dans le présent ouvrage, de faire un tracé de notre terre habitable qui en donne l'idée la plus voisine possible de la vérité, nous jugeons nécessaire de poser en fait (2), d'abord, que ce qui importe le plus pour ce travail est de posséder des récits *de voyageurs* (3), d'où se tire la principale connaissance (de la terre), au moyen des renseignements que nous transmettent ceux qui ont parcouru les diverses contrées avec un esprit attentif et observateur; en second lieu, que les renseignements et les faits sont relatifs soit à la géographie, soit à l'astronomie : les premiers indiquent les positions respectives des lieux par la simple mesure des distances; les seconds, par les phénomènes célestes observés avec les astrolabes et les instruments qui font connaître l'ombre (4). » Ptolémée établit ensuite d'une manière précise la différence caractéristique de ces deux genres de renseignements. C'est ce qu'il n'est guère possible de comprendre dans cette version : « Cela est facile et peu sujet à l'erreur : mais l'exécution géométrique n'est pas aussi aisée; il faut y recourir à l'astronomie. » L'auteur dit τοῦτο μὲν, ὡς αὐτοτελές τι καὶ ἀδιστακτότερον, ἐκεῖνο δὲ, ὡς ὁλοσχερέστερον, καὶ τούτου προσδεόμενον, ce qui signifie : « *Ceux-ci* (c'est-à-dire, les renseignements astronomiques) n'ayant besoin d'aucun secours étranger, et étant d'une grande précision, les autres, au contraire, étant

---

(1) Τί μὲν οὖν τέλος ἐστὶ τῷ γεωγραφήσοντι, καὶ τίνι διαφέρει τοῦ χωρογράφου διὰ τούτων ὡς ἐν κεφαλαίοις ὑποτετυπώσθω.

(2) Προδιαλαβεῖν.

(3) Ἱστορία περιοδική, ce qui ne veut point dire une *histoire des voyages*.

(4) ... Γεωμετρικὸν μὲν, τὸ διὰ ψιλῆς τῆς ἀναμετρήσεως τῶν διαστάσεων τὰς πρὸς ἀλλήλους θέσεις τῶν τόπων ἐμφανίζον, μετεωροσκοπικὸν (Cod. Coisl. au lieu de μετεωροσκόπιον) δὲ, τὸ διὰ τῶν φαινομένων ἀπὸ τῶν ἀστρολάβων καὶ σκιοθήρων ὀργάνων.

plus vagues et ne pouvant se passer du secours des premiers. »
Ptolémée explique ensuite ce qu'il vient de dire, en montrant
que l'évaluation des distances sur le terrain exige la connaissance de la direction de la méridienne, ce qui ne peut s'acquérir qu'au moyen d'observations célestes. De plus, comme
les routes font des détours, il faut encore retrancher une
quantité quelconque pour les réduire à une ligne droite.
« Ensuite, cela étant donné, dit le traducteur, la mesure par le
nombre des stades parcourus ne peut pas donner une connaissance de la distance vraie, parce qu'ils sont rarement en
ligne droite, à cause des fréquents détours qu'on est obligé de
faire tant sur terre que sur mer. Ainsi, pour les rectifier, il
faut conjecturer *en quels stades et en combien de stades* les
distances ont été calculées, retrancher de cette somme ce dont
on estime qu'elles diffèrent de la ligne droite (1). » Cette
traduction peut induire en erreur les géographes : Ptolémée
ne dit pas et ne peut pas dire *en quels stades*, attendu qu'il ne
soupçonnait pas une différence entre les stades. Voici la traduction exacte de ce passage : « Ensuite, cette connaissance
même (c'est-à-dire, des azimuths) acquise, la mesure des
stades ne fournit pas sûrement celle de la vraie distance, parce
que rarement elle a lieu sur des routes en droite ligne, à cause
des nombreux détours que l'on fait tant sur terre que sur mer.
Il faut donc, à l'égard des routes terrestres, évaluer l'excès
qui résulte de la nature et de la quantité qui représente la
ligne directe. » Le membre qui suit est difficile : « Dans la
navigation, traduit l'abbé Halma, l'inconstance des vents et
les variations de leur force ne permettent pas de juger des
espaces parcourus. » Ceci n'est pas clair; les versions latines
ne le sont pas plus, parce qu'on a mal construit la phrase :
ἐπὶ δὲ τῶν ναυτιλιῶν (ce qui correspond au membre précédent,

(1) Ἔπειτα καὶ τούτου δοθέντος, ἡ μὲν τῶν σταδιασμῶν ἀναμέτρησις, οὔτε βεβαίως
(lisez βεβαίαν avec le manuscrit Coislin) ἐμποιεῖ τοῦ ἀληθοῦς κατάληψιν, διὰ τὸ
σπανίως ἰθυτενέσι περιπίπτειν πορείαις, ἐκτροπῶν πολλῶν συναποδιδομένων, καὶ κατὰ
τὰς ὁδοὺς, καὶ κατὰ τοὺς πλοῦς, καὶ δεῖν ἐπὶ μὲν τῶν πορειῶν, καὶ τὸ παρὰ τὸ ποιὸν
καὶ ποσὸν τῶν ἐκτροπῶν περισσεῦον εἰκάζοντας, ὑφαιρεῖν τῶν ὅλων σταδίων εἰς τὴν
εὕρεσιν τῶν τῆς ἰθυτενείας.

δεῖν ἐπὶ μὲν τῶν πορειῶν), ἔτι καὶ τὸ παρὰ τὰς φορὰς τῶν πνευμάτων διὰ πολλά γε μὴ τηρούντων τὰς αὐτὰς δυνάμεις ἀνώμαλον προσδιακρίνειν. « Mais, s'il s'agit de navigation (il faut) tenir compte en outre de la variation dans l'intensité des vents, lesquels, pour beaucoup de raisons, ne conservent pas la même force. » Ptolémée veut dire que, sur mer, indépendamment des détours que le navire est obligé de faire, il y a d'autres causes d'incertitude sur l'estimation de la route; notamment la variation continuelle dans l'intensité du vent, qui souffle tantôt plus fort, tantôt plus faiblement, et pousse le vaisseau plus ou moins vite.

Ptolémée continue de comparer les distances en latitudes conclues d'observations astronomiques, avec celles qui résultent d'estimations de route : il fait voir que, pour transporter les premières sur une carte, il suffit de savoir quel est le rapport de l'arc, compris entre deux lieux, avec le grand cercle terrestre (1); mais qu'il n'en est pas ainsi des distances conclues de mesures itinéraires. Ici, le texte ne manque pas d'obscurité, et il n'a point été compris; il y a d'ailleurs dans la traduction de M. Halma une omission typographique qui rend le passage inintelligible. Voici comme je l'entends : « Mais peut-être cela ne suffit-il pas pour diviser, soit le périmètre entier, soit des parties de ce périmètre, selon les distances dont il s'agit, déterminées par nos mesures; et, par cela seul, il est nécessaire d'établir la relation d'une route réduite en ligne droite, avec l'arc égal du grand cercle céleste (2); alors, connaissant, d'une part, d'après l'observation des phénomènes, le rapport de cet arc avec le cercle entier, et de

---

(1) ... Καὶ ἔτι πηλίκην ἀπολαμβάνουσιν οἱ δύο τόποι περιφέρειαν τοῦ διὰ τοῦ ἐν τῇ γῇ γραφομένου μεγίστου κύκλου. Il faut retrancher διὰ τοῦ, ou lire διὰ τούτων, le sens est « ... et de plus quel est l'arc que les deux lieux interceptent sur le grand cercle. décrit sur la terre, qui traverse ces lieux. »

(2) Ἀναγκαῖον γέγονεν ἐφαρμόσαι τινὰ τῶν ἰθυτενῶν ὁδῶν τῇ κατὰ τὸ περιέχον ὁμοίᾳ (ajoutez τοῦ avec le man. Coisl.) μεγίστου κύκλου περιφερείᾳ κ. τ. λ. Les mots κατὰ τὸ περιέχον signifient. dans le style de Ptolémée, *céleste*, en général, ce qui enveloppe la terre. Ainsi ἡ πρὸς τὸ περιέχον θέσις τῆς γῆς signifie la situation de la terre dans l'espace.

l'autre, la longueur en stades de la route d'après la mesure de la partie donnée (1) correspondante à cet arc, on en conclut la grandeur en stades du périmètre terrestre. » Ptolémée en développe ensuite les preuves en parlant de la sphéricité de la terre, et de sa place au centre du monde. Voici la vraie traduction de ce passage : « Car, comme on sait d'avance par les mathématiques que la surface formée de la réunion de la terre et de l'eau, considérée dans sa forme générale, est sphérique, et est placée au centre même de la sphère céleste (2), en sorte que chacun des plans menés du centre, formant des sections communes de cette sphère et des surfaces susdites (terrestres), y trace de grands cercles (3), et que les angles dont le sommet est à ce centre [commun] interceptent des arcs égaux de ces cercles (4) ; il s'ensuit que l'on peut bien connaître, d'après les mesures du terrain, combien de stades, en ligne droite, contiennent les distances terrestres ; mais que, quant au rapport de ces distances avec la circonférence entière, on ne peut nullement l'obtenir par ces mêmes mesures, à cause de l'impossibilité de projeter cette ligne mesurée (5), mais bien par l'arc égal du grand cercle céleste. »

Dans le chapitre suivant, le même sujet se continue. Ptolémée y montre comment on peut convertir, dans un arc de

---

(1) Τὸν δὲ τῆς ὑπ' αὐτὴν ὁδοῦ σταδιασμὸν ἐκ τῆς ἀναμετρήσεως ἀπὸ τοῦ δοθέντος μέρους κ. τ. λ.

(2) Προλαμβανομένου γὰρ ἐκ τῶν μαθημάτων τοῦ καὶ τὴν συνημμένην τῆς γῆς καὶ τοῦ ὕδατος ἐπιφάνειαν, ὡς καθ' ὅλα μέρη, σφαιροειδῆ τε εἶναι καὶ περὶ αὐτὸ τὸ κέντρον τῆς σφαίρας τῶν οὐρανίων, ὥστε κ. τ. λ.

(3) Ὥστε τῶν διὰ τοῦ κέντρου ἐκβαλλομένων ἐπιπέδων ἕκαστον τὰς κοινὰς τομὰς ΕΑΥΤΟΥ καὶ τῶν εἰρημένων ἐπιφανειῶν ποιεῖν μεγίστους ἐν αὐταῖς κύκλους. Je n'entends pas ἑαυτοῦ : il me semble qu'il faut αὐτῆς se rapportant à σφαῖρα τῶν οὐρανίων qui est avant.

(4) Καὶ τὰς συνισταμένας ἐν αὐτῷ πρὸς τῷ κέντρῳ ὁμοίας ἀπολαμβάνειν τῶν κύκλων περιφερείας : ἐν αὐτῷ ne pouvant signifier que ἐν τῷ κέντρῳ, les mots πρὸς τῷ κέντρῳ qui suivent sont une note marginale qui a passé dans le texte.

(5) Διὰ τὸ τῆς παραβολῆς ἀνέφικτον, ce que l'abbé Halma traduit par « à cause de l'impossibilité de projeter une courbe en ligne droite ». Le traducteur latin dit *propter defectum pertingentiæ parabolæ*, ce qui ne se comprend pas plus que la version française. Je crois que cela n'exprime pas autre chose que l'impossibilité de transformer directement une distance mesurée sur la terre en fonction de la circonférence du globe.

grand cercle, une distance mesurée en stades, quand même elle ne serait pas dans le sens du méridien. Dans le passage où l'auteur parle de la mesure de l'arc céleste, il dit : τηροῦντες διὰ τῶν σκιοθήρων τὰ κατὰ κορυφὴν σημεῖα τῶν δύο τῆς διαστάσεως περάτων, αὐτόθεν τὴν ἀπολαμβανομένην ὑπ' ΑΥΤΟΥ τοῦ μεσημβρινοῦ περιφέρειαν κ. τ. λ. D'autres éditions portent ὑπ' αὐτῶν τῶν μεσημβινῶν. L'une et l'autre des deux leçons n'ont pas de sens; il faut ὑπ' αὐτῶν (sc. τῶν σημείων) τοῦ μεσημβρινοῦ; c'est-à-dire : « Observant, par les sciothères, les points verticaux des deux extrémités de la distance, et s'assurant par là de l'arc du méridien compris *entre* [les parallèles de] *ces deux points*, ils, etc. » Il y a déplacement de l'article dans cette phrase..... ὅτι κἂν μὴ διὰ τῶν πόλων λαμβάνωμεν TON..... κύκλον; il faut ὅτι κἂν μὴ τὸν διὰ τ. π. λ... κύκλον. Au lieu de..... τῶν ἐκλαμβανομένων εὐθειῶν διὰ τῶν περάτων, il faut lire ἐκβαλλομένων avec le manuscrit de Coislin. Le même manuscrit donne d'autres bonnes leçons : κἂν au lieu de καὶ ἐάν; διὰ δὲ τούτου λοιπόν, au lieu de τοῦτον.

Chapitre IV. Ptolémée veut montrer que les observations célestes doivent servir de base aux renseignements des voyageurs. Il commence ainsi dans la traduction française : « Cela posé, si ceux qui ont parcouru les diverses contrées avaient fait de telles observations, *ils auraient pu donner* une *description* exacte de la terre. » Le sens est : « Les choses étant ainsi, si ceux qui ont parcouru les diverses contrées avaient fait usage de telles observations, il serait possible de dresser avec toute exactitude une carte de la terre. » καταγραφή est, non point une *description*, mais un *tracé graphique*. L'abbé Halma s'y est toujours mépris.

Le reste du chapitre, qui renferme un passage classique sur l'observation des éclipses, a trop d'intérêt pour que nous ne donnions pas la traduction de ce qu'il offre de plus important ; nous avons à dessein conservé la marche de la phrase de Ptolémée, afin qu'on ait une idée de ses phrases d'une page où tout dépend d'un *puisque*. « Puisque le seul Hipparque (1)

---

(1) Il est bien remarquable qu'au temps de Ptolémée, Hipparque fût le *seul* qui eût mesuré des latitudes boréales.

nous a donné des hauteurs du pôle boréal, pour un petit nombre de villes, eu égard à la si grande multitude de celles qui peuvent être placées sur les cartes, et l'indication des lieux situés sous les mêmes parallèles (1) ; et que plusieurs de ceux qui sont venus après lui, ont discuté la position de quelques-uns des lieux situés au-delà de l'équateur (2), non pas également distants de ce cercle, mais simplement placés sous le même méridien, autant qu'ils en pouvaient juger d'après la navigation qu'ils avaient faite par des vents du nord ou du midi ; puisqu'en outre la plupart des distances (relatives), surtout dans le sens de l'est à l'ouest, et réciproquement, n'ont été transmises que fort grossièrement, non par la négligence de ceux qui ont rédigé les relations (3), mais peut-être parce qu'ils ne possédaient pas une méthode facile de calcul mathématique, et parce qu'on n'a mentionné qu'un petit nombre des éclipses visibles en même temps en différents lieux ; comme celle qui, ayant paru à Arbèles à la cinquième heure, n'a été vue à Carthage qu'à la deuxième (4), au moyen desquelles on sait de combien de temps équinoxiaux (5) les lieux sont distants les uns des autres, dans le sens de l'est à l'ouest ; il serait à propos que celui qui veut dresser une carte (τὸν γεωγραφήσοντα) conformément à ces renseignements, prît pour fondement du tracé de cette carte les données fournies par les meilleures observations, etc. » L'éclipse unique que cite Ptolémée nous montre quelle était l'imperfection des observations des anciens sur le sujet si délicat des longitudes. Il

---

(1) Les mots καὶ τὰς ὑπὸ τοὺς αὐτοὺς κειμένας παραλλήλους οἰκήσεις καὶ τὰς ἑξῆς, ne sont, à mon sens, qu'une mauvaise glose de la leçon du MS. Coislin, καὶ τὰ ὑπὸ τοὺς αὐτοὺς παραλλήλους κείμενα, qui est la véritable.

(2) ... τινὰς τῶν ἀντικειμένων τόπων. Ptolémée entend par là les lieux situés dans l'hémisphère opposé que les navigateurs firent connaître depuis Hipparque.

(3) Τῶν ἐπιβαλλόντων (l. ἐπιβαλόντων) ταῖς ἱστορίαις.

(4) Ce passage capital est mal ponctué et inintelligible dans les traductions. Il faut, je pense, le ponctuer ainsi : καὶ διὰ τὸ μὴ πλείους τῶν ὑπὸ τὸν αὐτὸν χρόνον τετηρημένων σεληνιακῶν ἐκλείψεων (ὡς τὴν ἐν [μὲν] Ἀρβήλοις πέμπτῃ, ὥρας φανεῖσαν ἐν δὲ Καρχηδόνι δευτέρας) ἀναγραφῆς ἠξιῶσθαι, ἐξ ὧν κ. τ. λ.

(5) Dans le langage de Ptolémée, les *temps équinoxiaux* sont es degrés de l'équateur.

s'agit de la célèbre éclipse qui eut lieu onze jours avant la bataille d'Arbèles, le 20 septembre 330 (astron.), à 7 h. 1/2 du soir pour le méridien de Paris; conséquemment à environ 10 heures 1/4 pour celui d'Arbèles (ce qui répond à 4 h. 1/4, selon la manière des anciens, ou au commencement de la 5ᵉ heure); et à 7 h. 55' pour le méridien de Carthage, ou à la fin de la 2ᵉ heure : il n'y a donc que 2 h. 19', et non pas *trois* heures, entre les deux méridiens; l'erreur est d'environ 10° en longitude. Mais aussi qu'attendre d'observations d'éclipses marquées en *nombre rond* d'heures? Au reste, telle était l'incertitude de ces observations des anciens, que Pline place cette éclipse à la 2ᵉ heure de la nuit pour Arbèles (deux heures au moins plus tôt que Ptolémée ne le dit) et à la nuit tombante pour la Sicile (1). Cicéron la met un peu avant le lever du soleil, cet astre étant dans le Lion, c'est-à-dire, environ 8 heures après l'instant du jour, et un mois au moins avant le jour où elle a eu lieu (2).

Le chapitre V, extrêmement court, n'a guère que deux phrases. J'en donne la traduction, celle de l'abbé Halma étant fautive presque de tout point : « Tel est le but qu'on doit se proposer, quand on dresse une carte géographique. Mais, pour tous les pays qui ne sont pas entièrement connus, soit à cause de leur excessive grandeur, soit parce qu'ils ont éprouvé des changements, le temps amène des renseignements de plus en plus exacts et précis; la même chose a lieu, quant au tracé des cartes, car il est reconnu, d'après le rapprochement des relations qui ont paru (3) successivement, que beaucoup des parties de la terre continue, formant nos contrées habitables (4), ne sont point encore connues, étant trop diffi-

---

(1) II, 72. *Nobili apud Arabiam* (f. *Arbela*) *magni Alexandri victoriâ, luna defecisse noctis secundâ horâ prodita est, eademque in Sicilia exoriens.*

(2) *De Divin.*, I, 53..... *Si luna paulo ante solis ortum defecisset in signo leonis.* Au 20 septembre, le soleil était dans les derniers degrés de la Vierge.

(3) Δι' αὐτῶν τῶν κατὰ χρόνους παραδόσεων.

(4) Le texte porte : πολλὰ μὲν μέρη τῆς συνεχούσης γῆς τὴν καθ' ἡμῶν οἰκουμένην. Cela n'a point de sens. Je lis avec le MS. Coislin, τῆς συνεχοῦς γῆς, τῆς καθ' ἡμᾶς (non ἡμῶν) οἰκουμένης, expression analogue à celle dont Ptolémée s'est servi, μία καὶ συνεχὴς ἡ ἐγνωσμένη γῆ. (*Voy.* plus haut.)

ciles à parcourir à cause de leur étendue; d'ailleurs d'autres n'ont point été décrites comme il convient, par le défaut d'instruction de ceux qui les ont visitées ; quelques-unes enfin ne sont plus maintenant telles qu'elles étaient auparavant, soit à cause des dévastations qu'elles ont éprouvées dans leurs parties, ou des changements qu'elles ont subis ; il devient donc nécessaire également, en ce cas (1), de faire généralement attention aux plus récentes relations qui ont paru de notre temps, en ayant égard, dans l'exposition des récits et la critique des relations antérieures, à ce qui est croyable et à ce qui ne l'est pas (2). »

Le chapitre VI contient de très intéressants préliminaires sur l'ouvrage de Marin de Tyr. Ptolémée annonce cet auteur comme le plus récent de ceux qui, de son temps, s'étaient livrés à la géographie. Selon lui, Marin avait consulté toutes les relations anciennes et contemporaines, pour la composition de son ouvrage. Ce passage important a été fort mal ponctué; l'abbé Halma ne l'a point du tout entendu : « Car on voit qu'il a compulsé un grand nombre de relations modernes, outre celles qui étaient plus anciennement connues ; et qu'ayant examiné avec soin les écrits de tous les géographes, il a corrigé et *mis en ordre* tout ce que les anciens et lui-même avaient auparavant trop légèrement admis ou mal disposé. C'est ce que prouvent *les éditions multipliées de ses corrections de sa Table géographique.* » Je traduis : « Car on voit qu'il a eu connaissance d'un plus grand nombre (3) de relations, outre celles qui étaient connues anciennement, et qu'il a étudié avec soin presque toutes les relations antérieures, soumettant aux corrections nécessaires les faits que ces auteurs, et lui-même

---

(1) Κἀνταῦθα, c'est-à-dire καὶ ἐν τῇ γεωγραφίᾳ.

(2) ... παραφυλάσσοντας, ἐπί τε τῆς τῶν ΠΡΟΙΣΤΟΡΟΥΜΕΝΩΝ ἐκθέσεως, καὶ τῆς τῶν προϊστορηθέντων διακρίσεως, τό τε ἀξιόπιστον, καὶ τὸ μή. Je lis ἱστορουμένων, avec le manuscrit Coislin.

(3) Πλείοσιν ἱστορίαις περιπεπτωκώς. Ici le πλείοσι n'est pas, comme quelquefois, l'équivalent de πολλαῖς. Je crois qu'il se rapporte à ceux des contemporains de Marin de Tyr qui ont traité de la géographie : « Il a eu connaissance de *plus* de relations que les autres géographes. »

en premier lieu, avaient, à tort, admis comme certains. C'est ce dont on peut juger par les nombreuses éditions de sa *Correction de la Table géographique.* » Ὡς ἐκ τῶν ἐκδόσεων ΑΥΤΟΥ τῆς τοῦ γεωγραφικοῦ πίνακος διορθώσεως, πλειόνων οὐσῶν, ἔνεστι σκοπεῖν. A la ligne suivante, Ptolémée dit : ἀλλ' εἰ μὲν ἑωρῶμεν μηδὲν ἐνδέον ΑΥΤΟΥ τῇ τελευταίᾳ συντάξει, pour τῇ τελευταίᾳ συντάξει αὐτοῦ. Il est clair que la première phrase doit s'entendre ἐκ τῶν ἐκδόσεων τῆς τοῦ γ. π. διορθώσεως αὐτοῦ; d'où il résulte que le véritable titre de l'ouvrage de Marin de Tyr n'était pas ὁ γεωγραφικὸς πίναξ, comme on l'a cru (1), mais διόρθωσις τοῦ γεωγραφικοῦ πίνακος, *correction de la Table géographique.* En effet, par les détails que donne Ptolémée, on voit que Marin avait eu pour objet de rectifier, d'après les voyageurs anciens et nouveaux, la carte de la terre habitable, telle qu'elle était dressée dans les géographies de son temps. Du reste, l'opinion de Brehmer, qui prétendait que Marin avait travaillé sur d'anciennes cartes tyriennes, n'a aucun fondement solide, et M. de Heeren l'a combattue par des arguments sans réplique (2).

Quant à la composition et à la division de cet ouvrage, les passages qui s'y rapportent ont quelque obscurité. Ptolémée se plaint plusieurs fois de ce que Marin avait dispersé, dans les diverses parties de son travail, les indications géographiques relatives à un même lieu. Ainsi il ne parlait des longitudes que dans celle où il traitait des intervalles horaires, et des latitudes que dans la partie où il traitait des parallèles et des climats; en sorte que, pour avoir tout ce qui concernait un même lieu, il fallait chercher dans plusieurs parties à la fois (3) : méthode vicieuse, incommode pour le lecteur, et qui avait entraîné Marin lui-même dans beaucoup de fautes et de contradictions, que Ptolémée relève dans la suite. Ce sont, je pense, ces parties diverses, ou plutôt ces *traités sépa-*

---

(1) Heeren, *Comment. de Fontt. Geogr. Ptolem. tabularumque,* etc. Gott., 1827, pag. 16, 17. — Et dans ses *Ideen über die Politik, u. s. w.* B. III. S. 385.
(2) Ouvrages cités.
(3) Ch. xviii.

rés, dont se composait l'ouvrage géographique de Marin, que Ptolémée appelle συντάξεις. Quant il cite ἡ τρίτη σύνταξις (1), τελευταία (2) ou ὑστάτη σύνταξις (3), il entend le *troisième traité* et le *dernier;* par exemple, ceux où Marin avait *réuni* (συνέταξεν) tout ce qui se rapportait, soit aux latitudes, soit aux longitudes. On a vu dans ces *syntaxes* les diverses *éditions* que Marin avait données de sa géographie, éditions dans lesquelles il avait successivement introduit des changements, sans trop s'occuper de les coordonner avec le reste de l'ouvrage. Mais quand il parle de ces éditions, il se sert du nom propre, ἐκδόσεις. D'ailleurs cette interprétation serait contraire à plusieurs passages qu'il semble impossible d'entendre dans ce sens. Ainsi, quand Ptolémée, se plaignant de la difficulté qu'il y a, d'après le plan suivi par Marin, à trouver, dans les diverses parties de son livre, les données relatives à un même lieu, nous dit (4) : « Or, cela ne se trouve pas réuni dans les *syntaxes,* mais *morcelé*, etc., « il est clair que ce mot *syntaxes* ne peut avoir que le sens que je lui donne. Il en est de même de l'endroit où Ptolémée dit que Marin ne s'est pas aperçu des contradictions dans lesquelles il était tombé, διὰ τὸ πολύχουν καὶ κεχωρισμένον τῶν συντάξεων (5), et ailleurs, διὰ τὸ πολύχουν καὶ ποικίλον τῶν συντάξεων (6); ce qui exprime tout à la fois la multitude des détails réunis pêle-mêle dans chaque *syntaxe* ou *traité*, et le désordre plus grand encore qui résultait de ce que Marin avait placé dans plusieurs *syntaxes* ce qui aurait dû se trouver dans la même. Au reste, il paraît que chaque traité se composait de *commentaires,* ὑπομνήματα (7), où Marin discutait les positions, et de *tables*, soit *catalogues,* soit *cartes,* qui en présentaient le résumé.

(1) Ch. vii.
(2) Ch. vi.
(3) Ch. xviii.
(4) Ch. xviii.
(5) Ch. xvii.
(6) Ch. xv. Il y a dans le mot πολύχουν la double idée de désordre et de prolixité. Ainsi : παραιτησάμενοι τὸ πολύχουν τῶν περὶ τὰς ἰδιοτροπίας τῶν ἐθνῶν ἱστορηθέν (ll., I), lisez ἱστορηθέντων.
(7) Ch. vi et xviii.

L'examen que Ptolémée fait du travail de Marin de Tyr embrasse deux parties : l'une se rapporte à la critique des données qu'il avait tirées des relations des voyageurs ; l'autre, à la méthode d'après laquelle il avait dressé sa carte. La première s'étend du ɪɪᵉ au xvɪɪɪᵉ chapitre ; la seconde comprend le reste du livre. C'est à cela que se rapporte le passage (Ch. vɪ) un peu obscur dont voici la traduction : « Si nous reconnaissions qu'il ne manque rien à son dernier traité (1), il nous suffirait, pour dresser une carte de la terre habitable, de suivre ces mémoires, sans en discuter les données (2); mais puisque Marin lui-même a évidemment admis certaines données, sans ce discernement qui inspire confiance (3), et que, de plus, relativement à sa méthode de construction, il n'a pas apporté tout le soin qu'il fallait aux bonnes proportions et à la commodité de sa carte, nous avons été conduits, et non sans raison (4), à ajouter à son travail ce qui nous paraissait lui manquer sous le rapport de la méthode et de l'utilité. C'est ce que nous allons faire voir le plus simplement qu'il nous sera possible, en examinant chaque objet qui mérite quelque attention ; et, en premier lieu, ce qui *concerne les relations* (5) d'après lesquelles Marin a pensé qu'il fallait augmenter la longueur de la terre connue, et sa largeur vers le midi ; car c'est avec raison que nous appelons *longueur* la dimension dans le sens de l'orient à l'occident (6) ; et *largeur*, celle du nord au sud : d'abord, parce que nous donnons les mêmes dénominations aux parallèles des mouvements célestes (7) ; et ensuite, parce qu'en général nous appliquons le

---

(1) Τελευταία σύνταξις.
(2) Κἂν ἀπήρκεσεν ἡμῖν ἐπὶ τούτων μόνον (lis. μόνων avec le manuscrit Coislin) τῶν ὑπομνημάτων, ποιεῖσθαι τὴν τῆς οἰκουμένης καταγραφήν, μηδέν τι περιεργαζομένοις.
(3) Ἐπεὶ δὲ φαίνεται καὶ αὐτός (c'est-à-dire, Marin tout aussi bien que ses devanciers), ἐνίοις τε μὴ μετὰ καταλήψεως ἀξιοπίστου συγκατατεθειμένος κ. τ. λ.
(4) Εἰκότως προήχθημεν.
(5) Τὸ κατὰ τὴν ἱστορίαν, ἀφ' ἧς...
(6) Εἰκότως γὰρ ἂν καλοῖμεν... τὴν ΜΕΝ ἀπὸ ἀνατολῶν ἐπὶ δυσμὰς διάστασιν. J'ajoute μεν avec le MS. Coislin.
(7) En longitude et en latitude.

mot longueur à la plus grande dimension. Or, tout le monde, sans exception, convient que la dimension de l'occident à l'orient surpasse celle du nord au sud. »

Tous les chapitres suivants (vii à xvii) sont entièrement consacrés à discuter les relations que Marin a consultées et l'usage qu'il en a fait. Ainsi le chapitre xviii commence par ces mots : Τὰ μὲν οὖν κατ' αὐτὴν τὴν ἱστορίαν ὀφείλοντα τυχεῖν τινος ἐπιστάσεως ὑποτετυπώσθω μέχρι τοσούτων; ce qui ne signifie pas : « Voilà ce qu'il suffit de savoir concernant les relations histoques, » mais, « Ce qui méritait quelque attention, quant aux *relations des voyageurs* (c'est-à-dire, relativement à l'usage qu'en a fait Marin), doit être suffisamment caractérisé par ce que nous venons de dire. »

Dans les chapitres vii à x, Ptolémée discute tout ce qui a rapport à l'étendue de la terre en largeur; et, dans les chapitres xi à xvii, tout ce qui se rapporte à sa longueur. Les premiers sont fort importants pour l'histoire de la géographie; je m'arrêterai aux passages principaux, sur lesquels le traducteur s'est fréquemment trompé, et qu'il a rendus le plus souvent d'une manière inintelligible. Mais, pour éviter les longueurs, je ne reproduirai plus sa traduction.

Chap. vii. Ce chapitre est un des plus intéressants de l'ouvrage, parce qu'il contient deux passages tirés textuellement, selon moi, de l'ouvrage de Marin. Ptolémée commence par exposer sommairement l'opinion de ce géographe. Voici la traduction : « Relativement à la largeur, Marin d'abord suppose l'île de Thulé placée sous le parallèle qui limite l'extrémité boréale de la terre connue. Ce parallèle, il démontre, aussi bien que possible (1), qu'il est distant de l'équateur de 63 des parties dont le méridien contient 360, ou de 31,600 stades, chaque partie contenant à peu près (2)

---

(1) Ὡς ἔνι μάλιστα. Ptolémée s'exprime ainsi, parce qu'il adopte cette limite; et il donne raison à Marin de Tyr, parce qu'il pense en ceci comme lui.

(2) Ἔγγιστα. Ptolémée emploie souvent ce terme d'approximation, quand il pourrait s'en passer, comme ici; le degré était estimé *exactement* à 500 stades, la circonférence étant de 180,000.

500 stades. Ensuite, plaçant la contrée des Éthiopiens, appelée *Agisymba*, et le cap Prason, sous le parallèle qui limite l'extrémité australe (1) de la terre connue, il met ce parallèle sous le tropique d'hiver, en sorte que toute (2) la largeur de la terre habitable (en ajoutant la distance intermédiaire (3), c'est-à-dire, l'intervalle de l'équateur au tropique d'hiver), est, selon lui, de 87 degrés à peu près, ou de 43,500 stades. Il s'efforce de montrer que cette fixation de la limite australe est exacte, au moyen de certains phénomènes, du moins à ce qu'il croit (4), et des distances parcourues tant sur terre que sur mer, mentionnées dans les relations. Il faut examiner rapidement (5) chacune de ces preuves. »

Ici commence la discussion des idées de Marin. Ptolémée parle d'abord des phénomènes dont ce géographe a tiré des conséquences outrées; il paraît que son troisième livre ou *traité* (σύνταξις) était consacré à cet objet. « Quant aux phénomènes (ajoute Ptolémée), Marin, dans son troisième traité, s'exprime *textuellement* ainsi :... Φησὶν... κατὰ λέξιν οὕτως. » On ne peut douter, d'après cela, que ce qui suit ne soit le texte même de Marin. Ptolémée le reprend à trois fois : la première, il termine à ces mots, ὁ δὲ βόρειος ὑπὸ τὸν ὁρίζοντα γίνεται ; la seconde, il le reprend (p. 20, Halma) aux mots, φησὶ γὰρ ὅτι, et finit (pag. 21) aux mots, τῶν ἡμῖν ἀγνώστων; la troisième, à la ligne suivante, après ἐπιφέρει δὲ καὶ αὐτός, et il continue jusqu'à la fin du chapitre. Les éditeurs futurs pourront mettre ces passages entre guillemets.

Marin, après avoir dit que la petite Ourse s'élève (6) entièrement au-dessus de l'horizon d'Océlis, dont le parallèle est à 11° 2/5, ajoute que, pour ceux qui vont de l'équateur au tropique d'été (7), le pôle boréal est toujours sur l'horizon, que

---

(1) Les éditions portent τὸ νοτιώτατον καὶ πέρας. J'ai retranché καὶ avec le MS. Coislin.
(2) J'ajoute πᾶν avec ce MS.
(3) Προσγενομένου τοῦ μεταξὺ διαστήματος. L'abbé Halma a négligé ces mots.
(4) Ὥς γε αὐτός οἴεται.
(5) Ἐξ ἐπιδρομῆς.
(6) Ὁ γὰρ δι' Ὀκήλεως παράλληλος ἐξῆρται μοίρας ια' καὶ δύο πεμπτά.
(7) J'ajoute τροπικὸν après θερινόν, conformément au MS. Coislin.

l'austral est toujours au-dessous, et que le contraire a lieu pour ceux qui vont de l'équateur au tropique d'hiver. A cela, Ptolémée fait une objection fort juste, qu'on ne peut comprendre dans la traduction de l'abbé Halma, mais qui est claire dans celle-ci : « Par là, Marin se contente (1) d'exposer ce qui doit avoir lieu dans les régions situées sous l'équateur ou entre les tropiques; mais il ne dit pas si, dans le fait, il existait quelque relation de ce qui se passe sous les parallèles au midi de l'équateur. » Ainsi, rien n'annonce que Marin ait su ce qui s'y passe autrement que par théorie.

Il cite bien quelques phénomènes, ajoute Ptolémée; mais ils ne prouvent point du tout ce qui est en question. Marin dit, en effet, d'après Diodore de Samos, que les navigateurs qui vont dans la Limyrice, contrée de l'Inde (2), ont le Taureau au méridien et la Pléiade vers le milieu de la vergue (3); il dit encore qu'en partant de l'Arabie pour aller dans l'Azanie, on se dirige au sud et vers Canobe; que là, le Chien se lève avant Procyon (4), et Orion avant le tropique d'été. Mais, dit Ptolémée avec raison, ces phénomènes ne prouvent pas du tout que les contrées où ils se manifestent soient plus australes que l'équateur. Ce passage, très important et très difficile,

---

(1) Διὰ μὲν οὖν τούτων αὐτὰ τὰ ὀφείλοντα συμβαίνειν ἐν τοῖς ὑπὸ τὸν ἰσημερινὸν ἢ τοῖς μεταξὺ τῶν τροπικῶν τόποις ἐκτίθεται μόνοις. Ici μόνοις fait un contre-sens; il faut μόνως ou μόνον, comme porte le MS. Coislin.

(2) Οἱ μὲν ἀπὸ τῆς Ἰνδικῆς εἰς τὴν Λιμυρικὴν πλέοντες. La *Limyrice* (sur la côte de Malabar) faisait, sans nul doute, partie de l'Inde. On ne comprend donc pas que Marin ait parlé de gens qui *se rendaient de l'Inde dans la Limyrice*. Je ne doute point qu'il ne faille retrancher ἀπὸ, et lire οἱ μὲν τῆς Ἰνδικῆς εἰς τὴν Λιμυρ. πλ... *dans la Limyrice de l'Inde*. Rien de plus commun que cette locution, que j'ai expliquée ailleurs (*Magas. encyclop.*, avril 1813), et dont j'ai cité beaucoup d'exemples, à commencer par le ἀφίκετο τῆς Ἀττικῆς εἰς Οἰνόην de Thucydide (II, 18). Les copistes, ne connaissant pas la locution, ont fourré là un ἀπὸ qui correspond à celui de la phrase d'ensuite, οἱ δ' εἰς τὴν Ἀζανίαν ΑΠΟ τῆς Ἀραβίας ἀναγόμενοι.

(3) Κατὰ μέσην τὴν κεραίαν. On appelait κεραία ou ἱστοκεραία, la vergue, dont les extrémités formaient des cornes de chaque côté du mât. Des deux expressions dont se sert ici Marin, l'une, le *Taureau au méridien*, est astronomique; l'autre, la *Pléiade au-dessus de la vergue,* est tirée du langage des matelots, signifiant toutes deux la même chose, savoir : que le *Taureau était vertical.*

(4) Ὁ Κύων τοῦ Προκύνος ἐπιτέλλων. Lisez πρὸ ou πρότερος τοῦ Πρόκ.

est inintelligible dans les versions ; en voici une traduction exacte : « De ces phénomènes, les uns, comme la position verticale du Taureau et de la Pléiade, annoncent clairement des lieux au nord de l'équateur, car ces astres sont plus boréaux que l'équateur ; les autres n'indiquent pas plus une situation au nord qu'au sud de ce cercle (1), car l'étoile de Canobus peut se montrer dans des lieux beaucoup au nord du tropique d'été ; et grand nombre d'astres restent au-dessous de notre horizon, qui, pour des lieux situés au midi de nous, mais pourtant encore au nord de l'équateur (tels que Méroé), se montrent au-dessus de l'horizon, comme ce même Canobus qui, visible encore ici, est invisible pour les lieux plus boréaux que nous (2). » Dans la phrase suivante, on lit : « Les gens plus méridionaux [probablement que l'équateur] donnent le nom de Cheval à cet astre, mais non à aucun de ceux *qui nous sont connus.* » Car je lis ἡμῖν γνωστῶν, au lieu de ἡμῖν ἀγνώστων : Ptolémée fait allusion à la constellation du *Cheval,* dans la sphère grecque ; il veut dire que les gens dont il parle, en donnant le nom de Cheval à Canobus, ne le donnent en même temps à aucune des constellations *connues* des Grecs.

Il dit ensuite : « Marin ajoute (3) *avoir trouvé* par les calculs mathématiques que, pour les peuples qui habitent sous l'équa-

---

(1) Τὰ δ' οὐδὲν μᾶλλον τὰς νοτιωτέρας τῶν βορειοτέρων. « Mais d'autres étoiles vues des contrées boréales ne prouvent pas qu'il existe des terres plus australes. » Trad. d'Halma. Il est évident que ce traducteur ne se comprenait pas lui-même.

(2) Je ponctue ainsi le texte, qu'une fausse leçon a beaucoup embrouillé : Ὅ τε γὰρ Κάνωβος δύναται φαίνεσθαι καὶ τοῖς συγχῷ τοῦ θερινοῦ τροπικοῦ βορειοτέροις, καὶ πολλοὶ τῶν ἀεὶ παρ' ἡμῖν ὑπὸ γῆν ὄντων ἀστέρων, ἐν τοῖς ἡμῶν μὲν νοτιωτέροις τόποις, ἔτι δὲ τοῦ ἰσημερινοῦ βορειοτέροις (οἷον τοῖς περὶ Μερόην), ὑπὲρ γῆν γίνεσθαι [sc. δύνανται], καθάπερ αὐτὸς ὁ Κάνωβος ἐνταῦθα [sc. φαίνεται], τοῖς βορειοτέροις ΗΜΩΝ μὴ φαινόμενος. J'ai lu ἡμῶν avec le MS. Coislin, au lieu de ἡμῖν, que portent les éditions. Outre que le comparatif appelle le génitif, la leçon fait un contre-sens énorme ; car, comme Canope s'élevait sur l'horizon d'Alexandrie d'environ 7° 30', il faudrait en conclure que l'auteur de la Géographie écrivait sous le parallèle de 38° au moins, et que ce n'était pas Ptolémée. Il est singulier que personne n'ait vu cette difficulté grave.

(3) Ἐπιφέρει (ce qui ne veut pas dire, *il soutient*) δὲ καὶ αὐτὸς παρειληφέναι διὰ τῶν μαθηματικῶν λόγων, ὅτι...

teur, Orion se lève tout entier avant le solstice, et le Chien avant Procyon, etc. » Il résulte de ce passage que Marin aurait calculé lui-même ces observations : nous en conclurons qu'il n'était pas fort habile; car le Chien se levait avant Procyon jusqu'au 24ᵉ degré de latitude; et le lever héliaque d'Orion précédait alors, comme aujourd'hui, le point du solstice d'été pour toutes les latitudes où il était visible (1).

Chap. VIII. Ici Ptolémée discute les réductions du même genre que Marin a opérées sur les routes faites par terre, d'abord sur celle qui porterait la largeur de la terre, au sud de l'équateur, à 27,800 stades ou 55° 3/5. Le nombre résultant des routes de Leptis à Agisymba, porte la limite jusqu'à la zone glaciale opposée. « Car ces 55° 3/5 marquent l'intervalle qui, de *l'autre côté* et sous le même climat, sépare de l'équateur les Scythes et les Sarmates. » Ni le traducteur latin, ni l'abbé Halma, n'ont compris ces mots de *l'autre côté*, qui s'entendent de la région au-delà de l'équateur, appelée par Ptolémée, ἡ ἀντοικουμένη, la *terre opposée*. Dans le reste, la traduction offre peu de difficultés, et nous ne ferons de remarque que pour corriger deux passages : παρατίθεται δὲ αἰτίας τῆς συναιρέσεως, τάς τε τῶν ἰθυτενῶν ἐκτροφὰ,... μόνας ΠΑΡΙΣΤΑΣ, ἔτι προτέρας καὶ προχειροτέρας. Le mot παριστὰς fait ici contre-sens; il faut οὐ παριστὰς, ou, ce qui vaut mieux, παρεὶς, *omettant*, qui est dans le manuscrit Coislin. Plus bas, en parlant de l'expédition de Julius Maternus dans l'intérieur de l'Afrique, Ptolémée dit : Ἰούλιον δὲ Ματέρνον, τὸν ἀπὸ Λέπτεως τῆς μεγάλης, ἀπὸ Γαράμης, ἅμα τῷ βασιλεῖ τῶν Γαραμάντων ἐπερχομένῳ τοῖς Αἰθίοψιν, ΟΔΕΥΣΑΝΤΩΝ ΠΑΝΤΩΝ πρὸς μεσημβρίαν μησὶ τέσσαρσιν ἀφικέσθαι. Le manuscrit Coislin porte, ὁδεύσαντα πάντα (c'est-à-dire κατὰ πάντα); c'est la vraie leçon. Et un peu plus bas : ... τοῦ βασιλέως ἔφοδον τῶν ὑποτεταγμένων, lisez κατὰ τῶν ; mais peut-être l'addition de la préposition n'est-elle pas nécessaire (2).

---

(1) Gossellin, *Géogr. systém. et positive des anc.*, II, p. 39.
(2) Cf. Matth., *Ausführl. gr. Gr.*, § 380. S. 693. ff.

Le chapitre ix (1) contient la discussion de l'intervalle entre Aromata et Rhapta, conclu par Marin de la navigation de deux marchands nommés Diogène et Théophile, l'un étant arrivé en vingt-cinq jours, par un vent du nord, aux marais d'où sort le Nil, au nord du cap de Rhapta ; l'autre ayant mis vingt jours pour aller de Rhapta à Aromata, poussé par les vents du midi (2). Marin avait pris ces nombres à la lettre, sans penser que ces navigateurs ne disaient pas si, pendant ces vingt et vingt-cinq jours, leur navigation avait été constante, et si la direction n'avait pas changé ; or, la variation des vents, dans ces parages, ne permet pas de croire qu'une navigation si longue ait été constante et dans le même sens. Ainsi, quand Ptolémée, qui fait cette juste observation, dit, τούτων δὲ ἑκάτερος οὔτε τὸν πλοῦν ἡμερῶν ὅσων εἶπεν, il ne faut pas entendre, avec l'abbé Halma, *aucun d'eux n'a dit le nombre de jours de cette navigation*, ce qui fait qu'on n'entend plus rien au raisonnement, car c'est là précisément ce qu'ils ont dit, mais, « combien de jours [sur cette durée] ils avaient *réellement* navigué. »

Le passage qui suit, inintelligible dans la traduction de l'abbé Halma, complète cette description. « Voilà pourquoi, dit Ptolémée, quoique Diogène ait mis vingt-cinq jours à parcourir l'intervalle depuis Aromata jusqu'aux marais au midi desquels est le promontoire Rhapta, Théophile n'a mis que vingt jours à parcourir la distance plus grande de Rhapta à Aromata ; et bien que Théophile suppose la navigation continue (3) d'un vaisseau, égale à 1,000 stades par nycthémère, proportion que Marin lui-même a suivie, il n'en dit pas moins que Dioscore suppose de 5,000 stades la distance de Prasum

---

(1) Il commence par : ἔπειτα καὶ τὸν μεταξύ..... φησί. Il faut lire κατὰ τὸν avec le manuscrit Coislin.

(2) ... ἀπὸ τῶν Ῥαπτῶν ΑΝΑΧΘΗΝΑΙ νότῳ, καὶ εἰκοστῇ ἡμέρᾳ ΑΝΑΧΘΗΝΑΙ εἰς. Le sens demanderait, au lieu du second ἀναχθῆναι, le verbe καταχθῆναι ; mais on peut se contenter de la leçon ἐληλυθέναι que donne le manuscrit Coislin. Un peu plus bas, d'après le même manuscrit, on lira μονονουχὶ δι' ὅσων, au lieu de δὲ ὅσων.

(3) Φορὸς, πλοῦς.

à Rhapta, qui emploie *beaucoup* de jours de marche, parce que les vents changent avec facilité sous l'équateur, comme cela doit être, les passages du soleil de chaque côté de la ligne s'y faisant avec plus de rapidité (1). Il fallait plutôt ne pas admettre le nombre de jours indiqué, et par ces motifs, et surtout d'après cette considération, la plus évidente de toutes, que la supputation établie sur ce nombre porte les Éthiopiens et le lieu où habitent les rhinocéros, jusqu'à la zone glaciale de la terre opposée. Car, à la même température, tout doit être semblable, animaux ou plantes, selon les propriétés analogues de l'atmosphère dans les lieux situés sous le même parallèle, ou sous des parallèles (2) également éloignés de l'un ou l'autre pôle. »

Marin, effrayé lui-même de la grandeur de cet intervalle, le réduit jusqu'au tropique d'hiver; mais, ajoute Ptolémée, « sans aucune raison plausible (3), en rapport avec la quantité de cette réduction, surtout quand on admet, comme lui-même le fait, et le nombre de jours, et les circonstances du voyage (4). Or, Marin, adoptant ces données, se contente de diminuer excessivement, et contre la proportion admise en pareil cas, le nombre de stades fixé pour la route journalière, jusqu'à ce qu'il arrive au parallèle où il croit qu'il fallait arriver. Au contraire, il devait croire à la possibilité du nombre de jours, mais se défier des circonstances, tant d'égalité [de la marche] que de la direction; car il n'est pas possible d'admettre la distance en question, non-seulement parce qu'elle s'étendrait au-

---

(1) Διὰ τὸ καὶ τὰς κατ' αὐτὸν (sc. τὸν ἰσημερινὸν) ἐπὶ τὰ πλάγια τοῦ ἡλίου παρόδους ὀξυτέρας συνίστασθαι. Je ne vois pas que Ptolémée puisse entendre par τὰ πλάγια autre chose que les deux zones de chaque côté de l'équateur. On sait que les déclinaisons varient très rapidement aux équinoxes, et lentement aux solstices; c'est là ce que Ptolémée veut dire par l'expression, *ces passages plus rapides*.

(2) ... τῶν ὑπὸ τὸν αὐτὸν, ἢ τὸν ἴσον ἀπέχοντας : il faut nécessairement τοὺς ἴσον ἀπέχοντας.

(3) Οὐ δὲ μιᾶς (lisez Οὐδεμιᾶς) ἄνευ λόγου (lisez ἂν εὐλόγου) προσαρμοσθείσης αἰτίας τῷ ποσῷ τῆς συναιρέσεως, εἰ παραδέχοιτό τις καὶ τὸ πλῆθος τῶν ἡμερῶν, καὶ τὸ τεταγμένον τῶν διανύσεων, ὅπερ αὐτὸς ποιεῖ.

(4) Savoir, ἡ ἰσότης καὶ ἡ θέσις. Ptolémée s'explique à la ligne suivante.

delà du tropique d'hiver (1), mais parce que certain phénomène des plus évidents s'y oppose. »

Indépendamment de toute autre raison, il y en a une bien simple qui empêche de porter Agisymba au-delà du tropique d'hiver; Ptolémée la donne : c'est que les habitants sont noirs (2), et qu'on voit là des rhinocéros; d'où il faut conclure que le pays, bien loin d'atteindre le tropique d'hiver, s'approche beaucoup de l'équateur. « En effet, dit Ptolémée, dans les lieux correspondants [de notre hémisphère], c'est-à-dire, sous le tropique d'été, où les peuples tiennent déjà de la couleur des Éthiopiens (3), il n'y a ni rhinocéros, ni éléphants. Mais, dans les lieux qui n'en sont pas fort éloignés vers le midi, les habitants deviennent peu à peu noirs, comme ceux du *Triacontaschène* au-delà de Syène (4). Les Garamantes étant tels, Marin lui-même dit que, par cette cause, il ne les place ni sous le tropique d'été, ni au nord de ce cercle, mais entièrement au midi : or, dans la région de Méroé, les hommes sont déjà complètement noirs; ce sont les premiers Éthiopiens *purs* (5); et là vivent les éléphants et les espèces d'animaux les plus extraordinaires. »

Au reste, cette dernière phrase, qui termine le chapitre ix, me paraîtrait devoir commencer le chapitre x, parce qu'elle se

(1) Οὐ μόνον ὅτι (complément de διὰ τούτων) μεῖζον (lisez μείζων, c'est-à-dire διάστασις) ἂν γένοιτο τῆς ἐπὶ τὸν ἰσημερινόν. Le sens exige absolument χειμερινὸν τροπικὸν. L'erreur vient probablement de ce qu'un copiste ayant oublié τροπικὸν après χειμερινὸν, un autre, quelque peu savant, aura observé que ce mot ne saurait se passer, d'après l'usage, du mot τροπικ.; alors il l'aura changé en ἰσημερινόν, qui se met tout seul, d'autant plus que τὸν ἰσημερινὸν est quatre lignes plus bas.

(2) Ptolémée ignorait que tous les habitants de l'Afrique, au-delà du tropique d'hiver, sont à peu près aussi noirs que ceux qui habitent sous l'équateur.

(3) Τοῖς... ἤδη τὰς χροὰς ἔχουσιν Αἰθίοψιν. Ceci n'a pas de sens; il faut lire : Αἰθιόπων, avec le MS. Coislin et celui du Roi, n° 1401.

(4) Τὴν ἐντὸς Συήνης Τριακοντάσχοινον οἰκοῦντες. Je crois que ce mot est pris pour une espèce de nom propre, comme le Δωδεκάσχοινος dont parle Ptolémée, et qui s'étendait jusqu'à Dandour. Le *Triacontaschène*, ou pays *de 30 schènes* (900 stad. = 108′, en supposant les stades de 500 au degré), devait aboutir à Derri, et peut-être à la cataracte d'Ouadi-Halfah. Le sens oblige de traduire comme s'il y avait ἐκτός *au-delà* de Syène.

(5) Καὶ πρώτως Αἰθίοπες ἄκρατοι.

rapporte immédiatement à l'objet qui y est traité, et que celle qui le commence, dans nos éditions, en est une suite naturelle. Cette phrase difficile est tout à fait inintelligible dans les versions. Je traduis : « C'est pourquoi on aurait raison de borner là le pays des Éthiopiens, c'est-à-dire, aux limites qu'ils atteignent selon les relations des voyageurs qui ont visité ces régions, et de tracer le pays d'Agisymba, le cap Prasum et les lieux situés vers le même parallèle, à peu près sous le parallèle qui est à la même latitude que celui de Méroé, c'est-à-dire, distant de l'équateur, au midi, d'un même nombre de degrés, savoir, 16° 1/3 1/12 (= 25'), et de 8,200 stades environ; en sorte que toute la largeur de la terre habitable soit d'environ 79° 1/3 1/2, ou, en nombre rond, de 80° et de 40,000 stades (1). » Il resterait quelques remarques à faire sur le chapitre x; mais je me hâte de passer au suivant, où il est question des erreurs commises par Marin sur la longueur de la terre habitable.

Chap. xi. Quant à la longueur de la terre, donnée par Marin, Ptolémée la divise en deux parties : l'une s'étend des îles Fortunées au passage de l'Euphrate à Hiérapolis; l'autre de là jusqu'à *Séra*, métropole des Sines. La première doit rester telle que Marin l'a donnée; l'autre, être diminuée de beaucoup. C'est encore là un passage dont il importe de donner une traduction exacte. « En effet, la distance entre les îles Fortunées et le passage de l'Euphrate à Hiérapolis, se maintenant sur le parallèle de Rhodes, doit être prise conformément aux mesures en stades qu'il en a données en détail, parce qu'elles sont le résultat d'une expérience continue (2), et parce qu'il paraît avoir tenu compte, dans les grands intervalles, des corrections qui pouvaient être nécessitées par les détours et

---

(1) Διὸ, καλῶς ἂν ἔχοι μέχρι τοῦδε (au lieu de μέχρι τοῦ δεῦρο des éditions), τουτέστιν ἕως ἂν Αἰθίοπας ἡμῖν ἡ παράδοσις τῶν ἐκεῖσε διαπεραιουμένων ἱστορῇ, καὶ τὴν Ἀγίσυμβα χώραν καὶ τὸ Πράσον ἀκρωτήριον μετὰ τῶν κατὰ τὸν αὐτὸν παράλληλον κειμένων, ὑπὸ τὸν ὁμοταγῆ τῷ διὰ Μερόης ἔγγιστα γράφειν κ. τ. λ.

(2) Διὰ τὸ συνεχὲς τῆς πείρας; observation qui se rapporte à ce que toutes les grandes mesures en longitude ont été prises sur ce parallèle, qui est le parallèle moyen de la Méditerranée.

les irrégularités de la route (1). D'ailleurs, Marin a admis, d'une part, que le degré (que le grand cercle contient 360 fois) embrasse 500 stades sur la surface terrestre, ce qui est (2) conforme aux mesures adoptées généralement; et, de l'autre, qu'un arc semblable, sur le parallèle qui passe à Rhodes, c'est-à-dire, qui est à 36 degrés de l'équateur, en contient environ 400 ; car le surplus, qui résulte du rapport des parallèles, étant peu de chose dans une approximation (3), peut être négligé sans inconvénient. »

L'observation de Ptolémée est juste ; le calcul donne pour le degré du 36ᵉ parallèle, celui de l'équateur étant de 500 stades, non pas 400 stades, mais 404, 5884. Cet excédent pouvait être négligé sans grave inconvénient dans les approximations dont Marin avait besoin. Cependant M. Gossellin trouve que ses évaluations se sont ressenties de cette négligence (4).

Le passage suivant a encore besoin d'être traduit de nouveau : « Quant à la distance entre le passage susdit de l'Euphrate et la Tour de pierre, fixée par lui à un total de 876 schènes ou de 26,280 stades, et à celle de la Tour de pierre à Séra, métropole des Sines, distance de sept mois de route et de 36,200 stades, en les considérant toutes deux comme étant sous le même parallèle, nous les réduirons l'une et l'autre d'après la correction qui leur convient, attendu que Marin ne paraît pas en avoir retranché l'excès résultant des détours. Pour la seconde de ces distances, Marin est de plus tombé dans les mêmes fautes de raisonnement que pour la route des Garamantes à Agisymba (5). En effet, à l'égard de celle-ci, du total des stades résultant des quatre mois et quatorze jours de marche, il a été forcé de retrancher plus de la moitié, parce qu'il n'était pas possible qu'une route aussi longue eût été conti-

---

(1) Παρὰ τὰς ἐκτροπὰς καὶ τὰς ἀνωμαλίας τῶν διανύσεων.
(2) Ὅτι ταῖς ὁμολογουμέναις ἀναμετρήσεσι σύμφωνόν ἐστι. Il faut lire, ὅ, τι. (Cf. vii, 5.)
(3) Ἐν ὁλοσχερεῖ καταλήψει, ou διαλήψει, comme on lit au chap. xii. Ce qui s'entend de toute estimation *en gros*, dont l'opposé serait ἀκριβεῖ, ἠκριβωμένη.
(4) *Géogr. des Grecs analysée*, II, p. 34.
(5) Lisez κατὰ τὴν ὁδὸν ΤΗΝ ὑπὸ Γαραμάντων, et non τόν.

nue : or, c'est ce qui a dû avoir lieu pendant celle de sept mois, bien plus encore que dans la route faite à partir des Garamantes ; car celle-ci a été exécutée par le roi du pays, qui avait naturellement pourvu aux obstacles avec un grand soin, et dans une contrée dont le climat est toujours serein ; tandis que la route depuis la Tour de pierre jusqu'à Séra doit être souvent exposée aux mauvais temps, puisque, d'après ce qu'il admet lui-même, elle se fait sous les parallèles de l'Hellespont et de Byzance ; ainsi, la marche doit y éprouver bien des retards. »

Chap. xii. Ptolémée continue le même sujet ; il prouve qu'il faut considérablement retrancher de la distance à l'orient d'Hiérapolis. Le commencement de ce chapitre, inintelligible dans la traduction de l'abbé Halma, doit être entendu ainsi : « Par les raisons qu'on vient d'exposer, et par cette considétion que la route (1) ne se fait pas sous un seul parallèle, mais que la Tour de pierre est voisine de celui de Byzance (2), tandis que Séra est située au midi de celui de l'Hellespont, il paraîtrait convenable de ne pas réduire encore ici (3) à moins de la moitié le nombre de 36,200 stades, conclu du voyage de sept mois (4) : mais réduisons-le seulement à un peu plus de la moitié (5), ce qui suffit pour une approximation, de manière que la distance en question monte à 22,625 stades, ou 45° 1/4 ; car soumettre l'une et l'autre route à une si grande réduction [celle de plus de la moitié] serait déraisonnable et déplacé. » Ptolémée en donne la raison (6). Quant à la route depuis le

---

(1) D'Hiérapolis à Séra.
(2) Περὶ τὸν διὰ Βυζαντίου, et non Βυζάντιον, et qui pis est, Βυζαντίον (sic).
(3) Κἀνταῦθα, c'est-à-dire, comme Marin l'a déjà fait pour la route des Garamantes à Agisymba.
(4) Τῶν ἐκ τῆς ἑπταμήνου ΣΤΑΔΙΑΣΜΟΥ συναγομένων σταδίων. Il faut retrancher le mot σταδιασμοῦ, qui est absurde en cet endroit.
(5) Le sens exige absolument εἰς [ὀλίγῳ πλέον ἢ] τὸ ἥμισυ συνηρῆσθω, au lieu de εἰς τὸ ἥμισυ, qui est dans le texte ; car 22,625 sont les 5/8 de 36,200, ou *un peu plus de la moitié*.
(6) Dans le passage, ζώων διαφοράς, μὴ δυναμένους ὑπερενεχθῆναι τῶν κατὰ φύσιν τόπων, je lis δυναμένας avec le manuscrit Coislin, et κατάφωρος au lieu de κατάφορος.

passage de l'Euphrate jusqu'à la Tour de pierre, elle n'est pas non plus sous le même parallèle ; car la première partie de la route, « à travers la Mésopotamie jusqu'au Tigre, puis de là par le pays des Garaméens, l'Assyrie et la Médie jusqu'à Ecbatanes (1) et aux Pyles Caspiennes, et à travers la Parthie jusqu'à Hécatompylos, se fait sous le parallèle de Rhodes » ; le reste, sous le parallèle plus boréal de Smyrne et de l'Hellespont (2).

Chap. xiii. Ptolémée, qui, dans le précédent chapitre, a réduit les 225° de la longitude de la terre, selon Marin, à 177° 1/4, veut montrer que cette longitude, ainsi réduite, est conforme à ce qui résulte des voyages par mer depuis l'Inde (3) jusqu'au golfe des Sines et à Cattigara. Il commence par l'intervalle du cap Cory à la Chersonèse d'or. On trouve là une faute grave dans le texte et les traductions : Ἀπὸ γὰρ τοῦ μετὰ τὸν ΓΑΓΓΗΤΙΚΟΝ κόλπον ἀκρωτηρίου ὃ καλεῖται Κῶρυ. Ce n'est pas le *Gangeticus sinus* que Marin et Ptolémée placent en deçà du cap Cory, mais le *Colchicus sinus* : il faudrait donc lire Κολχικόν, quand même le manuscrit Coislin ne le donnerait pas ; et plus bas, Κολχικῷ, au lieu de Γαγγητικῷ, malgré les manuscrits ; car, pour de pareilles corrections, on n'a pas besoin de leur secours. Un peu après,.. τοὺς ΜΕΤΑ τούτων τῶν τόπων παραλλήλους, le manuscrit Coislin donne κατά, qui ne vaut rien ; il faut διά : et plus bas on lira, μετὰ δὲ ταῦτα ΤΟ ἀπὸ Ταμάλας... διαπέραμα.

Chap. xiv. Un certain Alexandre disait que de Zaba on atteignait Cattigara *en quelques jours*. Marin, qui avait besoin d'une grande distance, pour son système sur la longueur de

---

(1) Lisez τὴν ἐντεῦθεν διὰ Γαραμαίων τῆς Ἀσσυρίας καὶ [διὰ τῆς] Μηδίας εἰς Ἐκβάτανα κ. τ. λ. Les *Garaméens* occupaient la partie moyenne de l'Assyrie (Ptolémée, VI, 1, p. 146). Mercator a oublié ce peuple sur ses cartes dressées pour la géographie de Ptolémée. Halma ne s'est pas douté de quoi il s'agit ; il fait, de ces Garaméens d'Assyrie, *Garama* en Afrique.

(2) Le texte porte : τοῦ Ἑλλησπόντου. La vraie leçon τοῦ [δι'] Ἑλλ., est dans le manuscrit Coislin ; et plus bas, on lira ἀφ' ἧς ἡ μέν au lieu de ἀφ' ἧς μέν ; puis προϊοῦσαν, au lieu de προσιοῦσαν ; enfin, κατὰ τὸν [διὰ] τῆς Ῥοδίας.

(3) Et non pas depuis *le golfe de l'Inde*, comme dit Halma.

la terre, avait entendu cette expression vague, *quelques jours*, dans le sens de *beaucoup*. Il en donnait une singulière raison ; il prétendait que la distance était si grande, qu'on n'avait point exprimé le nombre de jours : sur quoi Ptolémée observe avec raison que « ce nombre, fût-il celui qu'on aurait employé à faire le tour de la terre, pourrait être néanmoins défini. » Τίς γὰρ ἀριθμὸς ἡμερῶν ἄρρητος (peut-être, ἀόριστος d'après le MS. Coislin) ἔσται, κἂν ὅλης τῆς πεπερασμένης περίοδον ἔχῃ (lisez ἐπέχῃ avec le MS.)? Un peu plus bas, διέστηκε δὲ καὶ ὁ τοῦ ἰσημερινοῦ, le MS. omet καὶ ὁ, qu'il faut retrancher en effet ; de même que, peu de lignes après, il faut ajouter Χερσονήσου au mot Χρυσῆς.

Chap. XV. Après avoir rectifié les mesures de Marin, tant en latitude qu'en longitude, Ptolémée fait ressortir les contradictions qui se trouvent dans ses déterminations. Je traduis en entier le commencement du chapitre dont le sens a été méconnu par l'abbé Halma ; cela suffira pour faire entendre le reste : « Relativement aux distances générales, nous avons diminué (1) jusqu'à ce point la longueur de la terre vers l'orient, et sa largeur vers le midi, par les raisons exposées ci-dessus. Nous jugeons susceptibles de corrections, en une multitude de cas, les positions particulières des villes à l'égard desquelles il donne des expositions ou tout à fait contradictoires ou non conséquentes (2), en différents endroits où il en parle (3) ; et cela, par suite de la multitude et de la diversité des matières traitées dans les syntaxes : par exemple, à l'égard des lieux qu'on croit opposés (4) ; car il dit que Tarraco est opposée à Césarée dite Iol, et cependant le méridien de cette ville passe par les monts Pyrénées, qui ne sont pas peu

---

(1) Συνεστείλαμεν avec le manuscrit Coislin, et non διεστείλ.

(2) Μαχομένας ἢ μὴ ἀκολούθους.

(3) Κατὰ διαφόρους ὑπομνήσεις. On pourrait aussi prendre ὑπομνήσεις comme synonyme de ὑπομνήματα, et alors le sens serait *divers mémoires*. Mais il me parait plus naturel de donner à ὑπόμνησις le sens de *mention*. Au reste, le lecteur instruit choisira.

(4) J'ai suppléé ici une lacune à l'aide du manuscrit Coislin ; j'ai lu οἷον ἐπὶ τῶν ἀντικεῖσθαι πεπιστευμένων. Ταρρακῶνα γάρ φησιν ἀντικεῖσθαι τῇ Καισαρείᾳ.

éloignés de Tarraco vers l'orient. Le Pachynum est opposé à Leptis (1) la Grande, et Himère à Théænes, bien que la distance du Pachynum à Himère soit portée à environ 400 stades, tandis que de Leptis à Théænes il en met plus de 1500, d'après ce que compte Timosthène. De plus, il dit que Tergeste est opposé à Ravenne; or, Tergeste est, selon lui, distant du fond du golfe Adriatique, près du fleuve Tilavemptus, de 480 stades à l'orient d'été, tandis qu'il compte du même point à Ravenne 1,000 stades, en allant à l'orient d'hiver. C'est ainsi qu'il dit que les Chélidonies sont opposées à Canope, le cap Acamas à Paphos, et Paphos à Sebennytus : or, il compte des Chélidonies à Acamas 1,000 stades, et de Canope à Sebennytus, Timosthène met 290 stades (2) : cependant cette distance, quand même elle serait comprise entre les mêmes méridiens, devrait être plus grande, puisqu'elle sous-tend [à Sebennytus] un arc d'un parallèle plus grand (3). » Le reste du chapitre se comprend assez bien dans la traduction de l'abbé Halma ; toutefois le manuscrit fournit quelques bonnes variantes qui devront être reçues dans le texte ; 1° καὶ ΤΗΣ τῶν; 2°... τὴν Ἀμφίπολιν καὶ ΤΑ περὶ αὐτὴν pour τάς; 3° κειμένας ἐν τῷ τετάρτῳ καὶ ὑπὸ, au lieu de καὶ ἐν τῷ ὑπό ; 4° Ἀδουλιτικοῦ, au lieu de Ἀδουλικοῦ; 5° τούτων δ᾽ ἔστι ἀνατολικώτερον, au lieu de ἔτι.

Chap. XVI. Ce chapitre, qui n'a que deux phrases, n'a point été compris du traducteur. En voici le sens : « Quelques contradictions lui sont aussi échappées sur les limites des contrées : comme lorsqu'il borne *toute* la Mysie (4), vers l'orient, à la mer Pontique; et la Thrace, vers l'occident, à la Mysie

---

(1) Je lis Λέπτει et non Λέπτῃ.

(2) Cette mesure de Timosthène est incroyable. De Canope à Samanhoud [Sebennytus], il y a en droite ligne 1° 6', qui valent 550 stades de 500, les plus grands de tous. J'ai toujours pensé qu'il y avait erreur dans le nombre, et qu'au lieu de [ΔΙΑ] κοσίων, le texte original portait [ΠΕΝΤΑ] κοσίων. Avec le nombre 590, le raisonnement de Ptolémée subsiste toujours.

(3) Je lis avec le manuscrit Coislin διὰ τὸ καὶ μείζονος ΥΠΟΤΕΙΝΕΙΝ παραλλήλου ΠΕΡΙΦΕΡΕΙΑΝ, au lieu de ὑποπίπτειν et περιφερεία.

(4) Il s'agit de la Mœsie. La critique de Ptolémée est minutieuse; il épilogue sur le mot *toute*.

supérieure ; l'Italie, au nord, non-seulement à la Rhétie et au Norique, mais encore à la Pannonie (1) ; et la Pannonie elle-même, il lui donne pour limite méridionale la Dalmatie seule, et non plus l'Italie. Il dit que les Sogdiens de l'intérieur et les Saces confinent au midi avec l'Inde. Or, il fait passer par leurs pays, non pas les deux parallèles plus boréaux que le mont Imaüs, qui est le point le plus septentrional de l'Inde, savoir, le parallèle de l'Hellespont et celui de Byzance, mais d'abord celui qui traverse le Pont (2) par le milieu. »

Chap. xvii. Ici Ptolémée relève quelques points sur lesquels Marin est en contradiction avec les relations actuelles. Le commencement n'a point été entendu ; je le traduis ainsi : « Marin a donc laissé échapper ces fautes et d'autres semblables, soit par suite de la confusion et de la dispersion des matières traitées dans les syntaxes, soit parce que, dans sa dernière édition, comme il le dit lui-même, il n'a pas dressé une carte au moyen de laquelle seulement (3) il pouvait corriger les indications des climats et des intervalles horaires. Il y a encore quelques points sur lesquels il ne s'accorde pas avec les relations actuelles (4). » Plus bas, le Πανῶν κώμη, dont Halma nous fait un *village de Panes*, est le *bourg des Pans* ou *Satyres* (5). A deux lignes de distance, il faut lire διὰ τὸ ταχὺ μεταβάλλον [cod. Coisl.], et non pas μετάβολον, à moins qu'on ne réunisse les deux mots, ταχυμετάβολον, ce qui vaut encore mieux.

(1) Je lis avec le manuscrit Coislin : Καὶ τὴν μὲν Ἰταλίαν ἀπ' ἄρκτων μὴ Ῥαιτίᾳ κ. τ. λ. et non Ἰταλίαν μὴ ἀπ' ἄρκτων Ῥαιτίᾳ κ. τ. λ.
(2) Le *Pont-Euxin*, et non le *royaume de Pont*, comme traduit Halma.
(3) Μόνως, au lieu de μόνος.
(4) Ἔνια δ' ἤδη καὶ τοῖς νῦν ἱστορουμένοις οὐκ ἔχει συμφώνως. Le mot ἤδη pourrait avoir été confondu avec ἔτι, ce qui est arrivé quelquefois. (Siebelis, *Index græc. in Paus.*, t. V, p. 229, v. Ἔτι.)
(5) Et non *Bourg de Pano*, comme l'appelle Gossellin, *Géogr. des Gr. analysée*, I, 184, 186. Probablement il tirait son nom de quelque grande espèce de singes que les navigateurs y avaient vus. Dans le périple d'Eudoxe, sur la côte occidentale d'Afrique, il était fait mention de *Pans* et de *Satyres* (Mela, III, 9). Ce sont les Gorilles de Hannon, grands singes anthropomorphes (A. de Humboldt, *Relat. histor.*, I, 172). C'est peut-être de là que Pline avait tiré les Satyres et les *Ægipans* qu'il met dans cette partie du même continent (V, 8).

Chap. xviii. J'ai expliqué plus haut la première phrase de ce chapitre, où Ptolémée montre la difficulté de se reconnaître dans les *syntaxes* ou parties de l'ouvrage de Marin. Il y a plusieurs passages dont la traduction aurait besoin d'être rectifiée ; je me borne à celui-ci, dont le texte n'est pas non plus correct. « Car celui qui veut placer où il faut chacun des lieux indiqués, a nécessairement besoin de connaître sa position en longitude et en latitude : or, c'est ce qui ne se trouve pas tout de suite dans les syntaxes (1) ; ces renseignements y sont séparés les uns des autres : car, besoin étant, il trouverait ici seulement la latitude, comme il convient à une exposition des parallèles ; là, seulement les longitudes, comme cela doit être dans une description des méridiens (2). Le plus souvent, les deux genres [d'indication] ne se trouvent pas (3) dans les mêmes [syntaxes] : dans les unes sont décrits les parallèles, dans les autres les méridiens ; en sorte que, pour ces lieux, on manque de l'une ou de l'autre de ces positions. En un mot, à l'égard de chacun des lieux rangés sur la carte, il faut, pour en déterminer la place, avoir recours presque à tous les commentaires ; parce que, dans tous, il est dit quelque chose sur les mêmes lieux ; et si nous ne recherchions pas une à une les indications de tout genre relatives à un même lieu, beaucoup de points dignes d'observation nous échapperaient à notre insu (4). »

Chap. xix. Ptolémée explique ce qu'il va exécuter. Ce texte, altéré en plusieurs endroits, a conduit l'abbé Halma à une traduction presque absurde. En voici une littérale : « De là, nous étant proposé un double travail, celui de conserver

---

(1) Τοῦτο μὲν οὐκ ἔστιν αὐτὸν εὐθὺς εὑρεῖν ἐν ταῖς συντάξεσιν, κεχωρισμένως δέ.

(2) Il semblerait, d'après cela, qu'une des *syntaxes* avait pour titre : Ἔκθεσις τῶν παραλλήλων ; une autre, ἀναγραφὴ τῶν μεσημβρινῶν.

(3) Je lis, avec le manuscrit Coislin, καὶ οὐ διὰ τῶν αὐτῶν ἐν ἑκατέρῳ γένει, au lieu de οὐδὲ τῶν αὐτῶν ἑκατέρῳ γένει.

(4) Ὅλος τε καθ' ἓν ἕκαστον τῶν κατατασσομένων, πάντων σχεδὸν δεῖ, πρὸς τὴν ἐπίσκεψιν, τῶν ὑπομνημάτων· ἐπειδή περ ἐν ἅπασι λέγεταί τι ἄλλο περὶ τῶν αὐτῶν· κἂν μὴ καθ' ἓν ἐπιζητῶμεν τὰ καθ' ἕκαστον εἶδος ἐκτιθέμενα περὶ αὐτοῦ, λήσομεν αὐτοὺς διαμαρτάνοντες (f. αὐτοὺς διαμαρτάνοντας) ἐν πολλοῖς τῶν ὀφειλόντων παρατηρήσεως τυχεῖν.

l'opinion de Marin dans tout le cours de cet ouvrage (1), excepté sur les choses qui ont besoin de quelque correction ; l'autre, d'insérer comme il convient (2), dans notre carte, tout ce qui n'a point été dit par lui (3); et cela d'après les relations de gens qui ont vu les lieux, ou d'après les déterminations admises sur les meilleures cartes; nous avons, en outre, pris soin (4) de rendre notre méthode d'un usage facile, en réunissant sur chaque province tout ce qui concerne sa circonscription, son étendue en longitude et en latitude, et les situations relatives (5) des principales nations qu'elle renferme; et à l'égard des villes les plus remarquables, des fleuves, des golfes, des montagnes, et autres objets qui peuvent entrer dans une mappemonde, en indiquant leurs *distances* (6) exactes, c'est-à-dire, de combien de degrés (dont un grand cercle contient 360), le méridien d'un lieu est distant de celui qui limite l'extrémité occidentale [de la terre], comptés sur l'équateur, et [de combien de ces degrés], comptés sur le méridien, leur parallèle est distant de l'équateur... »

Chap. xx. Ce chapitre a pour objet de prouver le **défaut de** *symétrie* de la carte de Marin, c'est-à-dire, de montrer que ses diverses parties ne sont pas en rapport avec celles que présente la surface de la terre. L'abbé Halma entend par ἀσυμμετρία, συμμετρία, etc., *incommensurabilité, commensurabilité*. Sa longue note pour le prouver montre qu'il ne se faisait point une idée juste de ce que voulait dire Ptolémée. C'est ce qui m'oblige à traduire de nouveau le commence-

---

(1) Le texte porte ἵνα τὴν γνώμην τοῦ ἀνδρὸς ΤΗΝ δι' ὅλης τῆς συντάξεως. Le second τήν nous oblige à prendre le σύνταξις qui vient ensuite pour l'ouvrage de Marin; mais il me semblerait plus naturel de prendre ce σύνταξις pour la Géographie de Ptolémée, à laquelle lui-même donne le nom de σύνταξις. Il annoncerait que, dans tout le cours de *sa Géographie*, δι' ὅλης τῆς συντάξεως, il suivra l'opinion de Marin. Dans ce cas, il faut retrancher le second τήν. J'ai traduit en ce sens, bien que l'autre ne soit pas décidément mauvais.

(2) Ἵνα... δεόντως ἐγγραφῇ, c'est-à-dire ἐν τῇ καταγραφῇ καταταχθῇ.

(3) Je lis avec le manuscrit Coislin : ἵνα τὰ μὴ παρ' αὐτοῦ δὴ λεγόμενα, au lieu de ἵνα τὰ παρ' αὐτοῦ μὴ δῆλα γενόμενα.

(4) Je lis προσεπεμελήθημεν avec le manuscrit Coislin, pour προσεμελ.

(5) Je lis avec ce manuscrit, τὰς πρὸς ἄλληλα et non (ἀλλήλας) θέσεις.

(6) Ἀποχάς. Il explique ce mot ensuite.

ment de ce chapitre. « Chacune (1) des deux méthodes [de projection] a un caractère particulier ; à savoir, que, dans l'une, le tracé de la carte s'exécute sur une sphère, et que, par là même on obtient une forme semblable à celle de la terre, sans qu'il soit nécessaire pour cela d'aucun artifice quelconque : mais aussi il n'est pas facile d'avoir une dimension suffisante pour contenir la multitude de points qui doivent nécessairement trouver place (2) sur la carte ; on ne peut embrasser d'un coup d'œil la totalité de l'image ; pour embrasser successivement toutes ses parties, il faut, de deux choses l'une, ou que l'œil fasse le tour de la sphère (3), ou qu'on la fasse elle-même tourner. La projection sur un plan est exempte de ces inconvénients ; mais elle exige une certaine méthode pour arriver à la ressemblance de la figure sphérique, afin que les distances marquées sur la carte soient, autant qu'il est possible, proportionnelle aux véritables, et conformes à ce qui aurait lieu sur la surface développée : or, bien que Marin ait fait une attention sérieuse à cette difficulté (4), et ait blâmé sans restriction les méthodes de projection sur un plan, il ne s'est pas moins servi de celle qui pouvait le moins rendre les distances proportionnelles. » Dans la suite de ce chapitre, Ptolémée motive sa critique. Je vois une correction à y faire, d'après le manuscrit Coislin : ὁμοίας μὲν (au lieu de ὁμοίως), ἀνίσους δὲ περιφερείας. Le chapitre suivant n'offre point de difficultés. Le manuscrit Coislin donne deux corrections évidentes dans cette phrase : Ἐπεὶ δὲ οὐχ οἷόν τε [διὰ] πάντων... αὐτάρκως ἂν ἔχοιμεν [au lieu de ἔχοι] τοῦτο.

Chap. XXIII. Il s'agit ici des changements de climat selon

---

(1) Ἑκατέρᾳ, non ἑκάτερα.

(2) Je lis καταταχθησομένων, au lieu de καταχθησομένων. Le verbe κατατάσσειν est sans cesse employé par Ptolémée en ce sens : Τὸ ποσὸν τῶν κατατασσομένων (c. I) ; τὸ πλῆθος τῶν κατατασσομένων ἐν τῇ γεωγραφίᾳ (c. IV) ; τῷ μέλλοντι κατατάξειν (c. XVIII), etc.

(3) Ἀλλὰ θάτερον δεῖ παραφέρειν... probablement περιφέρειν. Cependant παραφέρειν n'est pas tout à fait à rejeter.

(4) Ὅπερ Μαρῖνος εἰς ἐπίστασιν οὐ τὴν τυχοῦσαν ἀγαγών. Halma : « Marin trouvait ce procédé extraordinaire. » Sa traduction est le plus souvent de cette force.

les parallèles : on n'y trouve point de difficulté ; mais il y a quelques incorrections à faire disparaître. Avec le manuscrit Coislin on lira ὡριαῖα, et non ὡραῖα διαστήματα; à l'article du premier parallèle, on effacera ὥστε devant τὸν μὲν πρῶτον (παράλληλον) ; à l'article du second, on retranchera ὁμοίως, que l'abbé Halma a rendu par le mot *pareillement*, qui fait un non-sens. A l'article du douzième parallèle, au lieu de τόν δέ IB... ὁ δι' Ἑλλησπόντου, construction inadmissible, le manuscrit donne τὸν δὲ IB, δι' Ἑλλ. γραφόμενον, etc. Au treizième, il faut retrancher, sur la même autorité, ὁ διὰ Βυζαντίου; au quatorzième livre, τὸν δὲ IΔ, καὶ διὰ μέσου Πόντου, et effacer ces mots à la fin de la phrase; au quinzième, τὸν δέ IE, τὸν καὶ διὰ τοῦ Βορυσθένους, qui est la vraie leçon.

Le chapitre XXIV et dernier, quoique le plus long de tous, ne donne lieu à aucune observation, et n'offre point de difficultés.

Deux extraits que l'abbé Halma a donnés du septième livre, se bornent aux chapitres V, VI, VII et VIII ; ils contiennent les explications de la mappemonde. Nous ne nous y arrêterons pas, parce que les difficultés qui peuvent s'y trouver ont peu d'importance. Il y a, au commencement, un mot qui peut faire équivoque, et sur lequel l'abbé Halma s'est complètement mépris. L'auteur dit : « Après avoir montré, au commencement de cet *ouvrage*, comment on doit dessiner la partie connue de la terre, tant sur une sphère que sur une surface plane, etc. » M. l'abbé Halma traduit ἐν ἀρχῇ τῆς συντάξεως, par, *au commencement de la Composition mathématique*, ce qui désignerait l'*Almageste*. Mais ici σύνταξις ne peut s'entendre que de la *Géographie*, dont les chapitres XXI et XXII du premier livre ont précisément pour objet les deux projections dont il s'agit. La phrase γένοιτο ἂν καὶ αὕτη κατὰ τὸν προσήκοντα λόγον, εἰ οὕτως ἔχοι, ne signifie pas : « Nous allons donc ajouter ici cette représentation générale dans ses justes proportions » ; mais : « Ce dessin serait comme il doit être, s'il était ainsi. »

Je terminerai cette revue critique des prolégomènes de la *Géographie*, en soumettant au lecteur une correction d'un passage du quatrième livre. On y voit que la partie occidentale de l'Océan indien s'appelait *mer d'Hippade*... Πέλαγος ΙΠΠΑ-ΔΟΣ καλεῖται, ᾧ συνάπτει ἀπ' ἀνατολῶν τὸ Ἰνδικὸν πέλαγος : personne, à ce que je crois, n'a vu ce que c'était que cette *mer d'Hippade* (1), ou *d'Hippas* (*Hippadis mare* des versions latines); il est clair pourtant que ce mot nous cache le nom d'*Hippalus*, le navigateur qui, le premier, quittant la côte, à partir de l'Arabie, s'abandonna en haute mer aux vents périodiques qui le portèrent dans l'Inde. Pline et l'auteur du *Périple de la mer Érythrée* nous apprennent que les marins, par reconnaissance, appelèrent *Hippalus* l'aire de vent qui avait conduit ce navigateur, *quem Hippalum ibi vocant* (2). En outre, d'après un passage de l'*Itinerarium Alexandri*, ouvrage du IVe siècle, on avait appelé *Hippalus* la mer Érythrée elle-même : *Ipsa [India] vero extrinsecùs ubiquè Oceano munitur, interfluo mari* Hippalo, *cujus sinus Persas includit* (3). Ainsi, dans le langage des marins, la mousson du S.-O., aussi bien que la mer Érythrée, portait le nom d'*Hippalus*. Ils disaient, par exemple, l'*Hippalus souffle* et l'*Hippalus est agité*. Il n'y a donc à changer qu'une lettre, Δ en Λ, pour rétablir le passage de Ptolémée; on lira :.... πέλαγος ΙΠΠΑΛΟΣ καλεῖται κ. τ. λ. *On appelle* Hippalus *la mer qui, du côté de l'Orient, touche à la mer indienne*.

Il résulte des observations contenues dans cet examen, que le texte de Ptolémée a grand besoin d'être revu par l'œil d'un critique judicieux, qui joigne à la connaissance approfondie du grec l'intelligence des matières traitées par cet auteur. Sous ce double rapport, on doit beaucoup compter sur l'édition de M. Manos, dont nous avons annoncé déjà le prospectus. Le savoir et l'esprit consciencieux de l'éditeur nous sont de sûrs garants qu'elle ne laissera rien à désirer aux juges les plus difficiles.

(1) D'ailleurs on ne se rend pas compte de cette forme ἱππάδος, qui ne peut être qu'un génitif d'ἱππάς; ce mot est en grec un adjectif, pris ou non substantivement, mais ne peut jamais être un nom propre.

(2) Plin., VI, 26; cf. *Peripl. mar. Erythr.*, p. 174, édit. Blancard.

(3) § 110. Voyez l'observation que j'en ai faite dans le *Journal des Savants*, 1818, p. 405.

ÉCLAIRCISSEMENTS
SUR LES PASSAGES DE STRABON

RELATIFS

A LA LATITUDE DE MARSEILLE ET DE BYZANCE

SELON PYTHÉAS ET HIPPARQUE (1).

Dans une Note communiquée à M. Biot, et dont ce savant astronome a fait usage pour son article sur l'*Histoire de l'Astronomie* par M. Delambre (2), j'ai proposé une explication des textes de Strabon relatifs à la latitude de Marseille et de Byzance.

Cette Note avait uniquement pour but de prouver que la latitude de Marseille, donnée par Pythéas, est tout à fait indépendante de l'opinion de quelques auteurs anciens sur la latitude de Byzance ; de sorte que l'erreur énorme dont cette dernière est affectée ne peut jeter aucune défaveur sur la première, et ne doit point faire regarder celle-ci plutôt comme l'effet d'un hasard heureux que comme le résultat naturel de procédés susceptibles de quelque précision.

Mais la brièveté de cette Note m'avait empêché de développer ma pensée, d'exposer en détail la difficulté qu'offre un des passages de Strabon sur lequel je m'appuie, et de montrer que cette fausse latitude n'a point été observée au gnomon, comme Strabon le fait entendre. Je crois donc utile de reprendre une discussion qui n'est point sans intérêt pour l'histoire de l'astronomie et de la géographie.

[(1) *Journal des Savants*, 1818, p. 694-98.]
(2) *Ibid.*, 1818, p. 558.

Rappelons le fait en peu de mots. On sait que, selon Pythéas, au témoignage d'Hipparque, le rapport entre le gnomon et l'ombre était à Marseille, lors du solstice, comme 120 est à 42 moins 1/5 de partie ; ce rapport donne pour la hauteur solsticiale . . . . 19° 12′ 17″
Ajoutant l'obliquité de l'écliptique selon Ératosthène et Hipparque . . . . 23° 51′ 20″

on a pour la latitude de Marseille . . . . 43° 3′ 37″
Cette latitude corrigée du demi-diamètre, de la réfraction et de la parallaxe . . . . 16′ 1″

devient . . . . 43° 19′ 38″
Selon la *Connaissance des Temps*, Marseille est à 43° 17′ 45″

Différence . . . . 0° 1′ 53″
Maintenant, comme la latitude de Byzance est de 41° 1′ 27″
Pythéas ayant trouvé la même latitude de . . . . 43° 3′ 37″
se serait trompé de . . . . 2° 18′ 10″

Comment peut-il se trouver, d'une part, tant d'exactitude ; de l'autre, une aussi grave erreur ?

Il faut commencer par reproduire les textes tels qu'ils sont, afin de montrer que Pythéas n'a point parlé de Byzance. Le premier passage et le plus important est celui-ci :

Τὸν δὲ διὰ τοῦ Βορυσθένους παράλληλον, τὸν αὐτὸν εἶναι τῷ διὰ τῆς Βρετανικῆς εἰκάζουσιν Ἵππαρχός τε καὶ ἄλλοι, ἐκ τοῦ τὸν αὐτὸν εἶναι καὶ τὸν διὰ Βυζαντίου τῷ διὰ Μασσαλίας· ὃν γὰρ λόγον εἴρηκε τοῦ ἐν Μασσαλίᾳ γνώμονος πρὸς τὴν σκιάν, τὸν αὐτὸν Ἵππαρχος κατὰ τὸν ὁμώνυμον καιρὸν ΕΥΡΕΙΝ ἐν τῷ Βυζαντίῳ ΦΗΣΙΝ (1). « Hipparque et d'autres [géographes] conjecturent que le parallèle du Borysthène est le même que celui de la Bretagne ; ils se fondent sur ce que le parallèle de Byzance doit être aussi celui de Marseille : car le même rapport entre l'ombre et le gnomon, que Pythéas a dit exister à Marseille, Hipparque *prétend le trouver* à Byzance dans le même temps [de l'année]. »

---

(1) Strab., I, 63, ed. 1620 ; 109 A, ed. 1707.

Dans ce passage, que nous examinerons plus bas, la latitude de Marseille donnée par Pythéas se trouve bien distincte de celle de Byzance donnée par Hipparque ; il en résulte clairement que la première seule appartient à Pythéas, et que l'opinion sur l'identité des deux latitudes appartient soit à Hipparque, soit aux autres géographes dont parle Strabon.

Le même fait est établi par cet autre passage : Τοῦ δὲ παραλλήλου τοῦ διὰ Βυζαντίου, καὶ διὰ Μασσαλίας πως ὄντος, ὥς φησιν Ἵππαρχος, πιστεύσας Πυθέα (φησὶ γὰρ ἐν Βυζαντίῳ τὸν αὐτὸν εἶναι λόγον τοῦ γνώμονος πρὸς τὴν σκιὰν, ὃν εἶπεν ὁ Πυθέας ἐν Μασσαλίᾳ) κ. τ. λ. (1). « Si le parallèle de Byzance est le même que celui de Marseille, comme le dit Hipparque, *se fiant à Pythéas* (car [Hipparque] dit qu'à Byzance le rapport de l'ombre au gnomon *est le même que celui que Pythéas a donné pour Marseille*), etc. »

Ces derniers mots expliquent, avec toute la clarté désirable, le membre de phrase « se fiant à Pythéas », et nous empêchent de les appliquer à l'identité présumée des deux parallèles ; car il est évident que Pythéas *a donné seulement la latitude de Marseille*, et qu'Hipparque, qui connaissait ou croyait connaître celle de Byzance, en concluait que les deux villes étaient sous le même parallèle : il s'ensuit que les mots « se fiant à Pythéas » se rapportent, non à cette identité, mais uniquement à l'observation de la latitude de Marseille, qu'Hipparque adoptait de confiance.

Ces deux passages servent à fixer le sens d'un troisième, où se trouvent encore employés de la même manière les mots πιστεύσας Πυθέα (2). Il semble donc qu'on ne saurait, d'après cela, conserver de doute sur la vérité de cette proposition : l'opinion que Byzance et Marseille sont placées sous le même parallèle n'appartient point à Pythéas, comme on s'est accordé jusqu'ici à le penser.

Mais à qui appartient-elle, ou du moins à quelle époque peut-on la faire remonter? C'est ce qu'il s'agit de découvrir.

---

(1) Strab., II, 115, ed. 1620 ; 175 B, ed. 1707.
(2) *Id.*, II, 71, ed. 1620 ; 123 B, ed. 1707.

Des deux passages de Strabon expliqués ci-dessus, le deuxième ne nous apprend rien sinon que la latitude de Byzance n'a point été donnée par Pythéas ; mais le premier est formel « Hipparque *prétend trouver* à Byzance le même rapport entre l'ombre et le gnomon que Pythéas dit exister à Marseille. » D'après ce passage, non seulement l'erreur aurait été commise par Hipparque, mais encore elle paraîtrait être le résultat d'une observation gnomonique. Or c'est ici que se présente une difficulté considérable qu'il convient de discuter. Est-il possible qu'Hipparque se soit trompé de 2°18′ sur une latitude observée ?

Il faut commencer par remarquer que cette latitude de Byzance est appuyée non seulement sur le rapport de l'ombre au gnomon, mais encore sur d'autres données qui concordent parfaitement entre elles, et qui sont le résultat de calculs suffisamment exacts ; ce sont : 1° la longueur du jour solsticial ; 2° le nombre de stades entre Byzance et l'équateur.

En effet, d'après la proposition :: 120 : 41^s entre le gnomon et l'ombre, on trouve pour la hauteur solsticiale 19°12′17″
On ajoute l'obliquité de l'écliptique adoptée par
Hipparque, et dont cet astronome a dû se servir
pour calculer l'observation de Pythéas. . . . . . 23°57′20″

Latitude de Marseille ⎫
    »   de Byzance ⎬ . . . . 43° 3′37″.

En convertissant cette latitude en stades de 700 au degré, on a 30.142 stades. Or Hipparque plaçait Byzance à 30.100 stades (Gossellin, *Recherches,* I, 25), qui valent juste 43 degrés, diff. 3′37″, qu'on peut rejeter sur le nombre rond 30.100.

La longueur du jour solsticial est calculée avec beaucoup d'exactitude. Hipparque la fait de 15^{h}¼ ou 15 minutes (Strab., II, 134, ed. 1620). Or

   log. tang. 43° 3′37″. 9.9705718
   tang. obl. 23°51′20″ 0.3543702

                                      9.6162016

C'est le sinus de 24°24'30" valant 1ʰ37'38" : cette quantité, doublée et ajoutée au jour équinoxial, donne, pour le jour solsticial, 15ʰ15'16", différence 16".

Il y a donc entre ces diverses données tout l'accord désirable. Mais combien elles sont éloignées de la vérité !

On a vu que la vraie latitude de Byzance est de	41° 1'27"
Retranchez l'obliquité adoptée par Hipparque...	23°51'20"
Hauteur solsticiale du centre du soleil........	17°10' 7"
Pour avoir celle du limbe boréal, comme les anciens, retranchez le demi-diamètre, plus la réfraction moins la parallaxe	16' 1"
Reste.............	16°54' 6"

D'après cette hauteur, le gnomon étant 120, l'ombre n'aurait été que 36^{lig}, au lieu de 41^s : ainsi Hipparque se serait trompé de 1/7 environ. Cette erreur est impossible, quelque petite qu'ait été la dimension du gnomon ; car, en le supposant seulement de 2 pieds $= 0^m,65$ environ, l'ombre réelle aurait été de $0^m,197$, et non de $0^m,226$. Hipparque se serait ainsi trompé de $0^m,023$ ou 10 lignes environ sur 7 pouces 3 lignes.

Une pareille erreur atteste que la latitude de Byzance a dû être conclue d'une combinaison de mesures itinéraires, et non trouvée par une observation directe ; car les latitudes observées par les anciens, et le nombre en est peu considérable, ne sont en erreur que de 14 à 15 minutes en moins, parce qu'ils n'ont jamais tenu compte de la pénombre : ainsi, toutes les fois que l'erreur surpasse de beaucoup cette quantité, comme de 1 ou 2 degrés, on peut être sûr qu'il s'agit d'une latitude conclue de quelque combinaison géographique.

Il est certain qu'Hipparque a fait un usage constant de cette latitude, et qu'il ne s'est point douté qu'elle fût en erreur d'une quantité quelconque. Or cet astronome était né en Bithynie, aux portes de Byzance : il semblait donc que, pour cette position du moins, il n'aurait point dû être dans le cas de prendre de confiance une observation faite par d'autres.

Ici l'on pourrait objecter qu'Hipparque, bien que voisin de Byzance, a pu n'avoir pas l'occasion d'en observer la latitude. En effet, si l'on admet avec M. Delambre qu'Hipparque est l'inventeur de la trigonométrie, on conçoit qu'avant d'avoir composé ses Tables du soleil, et trouvé le moyen de calculer la déclinaison pour une longitude donnée, il ne pouvait déterminer la latitude d'un lieu que le jour même du solstice; en sorte que, pour connaître celle de Byzance, il fallait que cet astronome pût se trouver dans cette ville à ce moment de l'année. Tout en convenant de la possibilité et même de la probabilité du cas, je répondrais qu'au défaut d'une observation directe à Byzance, la position de son propre pays devait le mettre en état de déterminer approximativement la latitude de cette ville, puisqu'on devait parfaitement connaître en Bithynie la mesure et la direction de la route qui séparait Byzance de Nicée; et qu'il était bien facile d'en conclure une différence de latitude avec un certain degré d'exactitude. Mais Hipparque a ignoré tout à fait la situation de la Bithynie : dans l'ensemble de son système géographique, il a assujetti la situation de la Bithynie à celle de Byzance ; en sorte qu'il a remonté cette contrée de deux degrés vers le nord et s'est trompé de cette quantité sur la latitude de son propre pays, comme sur celle de Byzance. Mais à qui pourrait-on persuader que, si Hipparque eût fait en Bithynie la moindre observation gnomonique, il se fût aussi trompé précisément de deux degrés? Cet accord d'erreur prouve, ce me semble, que cet astronome avait quitté fort jeune tant la Bithynie que la région septentrionale de l'Asie Mineure et qu'il ne s'est occupé d'astronomie qu'après son arrivée à Rhodes, ou peut-être à Alexandrie : autrement, l'observation la plus simple, la plus grossière, l'eût mis en garde contre les erreurs énormes qu'il a commises sur la position de Byzance, de la Bithynie et de la Propontide; car on sait que, par un étrange renversement, Hipparque et, après lui, tous les géographes de l'antiquité, ont placé la Propontide dans le sens du sud au nord, tandis que la direction de cette mer est à peu près de l'ouest à l'est, en sorte que l'Hellespont et le Bosphore de Thrace, conséquemment Byzance, se trouvent sous le même méridien, quoique l'écart en longitude soit de plus de 2° 30'. Un tel renversement atteste, de la part de ceux qui l'ont exécuté, un dénûment absolu de données positives.

Dès lors on voit qu'Hipparque n'a pas pu dire qu'il « trouvait à Byzance le même rapport que Pythéas dit exister à Marseille, etc. »; et Strabon s'est bien certainement trompé en s'exprimant de cette manière εὑρεῖν - φησίν. Toute la difficulté consiste dans le seul mot εὑρεῖν, que Strabon aura mis par inadvertance au lieu de εἶναι; car on y lit : φησὶ γὰρ (Ἵππαρχος) ἐν Βυζαντίῳ τὸν αὐτὸν εἶναι λόγον τοῦ γνώμονος πρὸς τὴν σκιὰν, ὃν εἶπεν ὁ Πυθέας ἐν Μασσαλίᾳ· et de même, dans le second, il dit : ὃν γὰρ λόγον εἴρηκε τοῦ ἐν Μασσαλίᾳ γνώμονος πρὸς τὴν σκιὰν, τὸν αὐτὸν Ἵππαρχος εὑρεῖν (au lieu de εἶναι) ἐν Βυζαντίῳ φησίν. La ressemblance parfaite des deux phrases, à la réserve du mot εὑρεῖν, qui fait toute la difficulté, et une difficulté insoluble, laisse peu de doute sur la pensée que Strabon a voulu exprimer. Il se pourrait toutefois que la substitution du mot eût été faite par les copistes, qui auraient confondu entre elles les abréviations assez peu différentes de εἶναι et εὑρεῖν; et je m'arrêterais volontiers à cette idée; mais, quel que soit l'auteur de la faute, elle n'en paraît pas moins suffisamment établie; et c'était là le point important.

En corrigeant donc le premier passage par le second, on trouve qu'il signifie : « Car, selon Hipparque, le rapport de l'ombre au gnomon, que Pythéas dit exister à Marseille, *existe* aussi à Byzance, dans le même temps de l'année ». De cette manière, il n'y a plus la moindre difficulté : on voit seulement qu'Hipparque s'en est rapporté à une latitude de Byzance conclue, soit par lui-même, soit par d'autres géographes avant lui, de quelque combinaison de mesures itinéraires; et c'est également l'opinion de M. Gosselin (*Notes sur Strabon*, I, 158, n° 1), qui a même montré de quelle nature a pu être la combinaison d'où l'erreur est résultée.

Je dois faire remarquer ici que cette opinion sur la latitude de Byzance, bien loin de remonter jusqu'à Pythéas, est postérieure même à Eratosthène. En effet, bien qu'on ne sache pas au juste à quelle latitude Eratosthène plaçait Byzance, on sait du moins qu'il ne mettait pas cette ville si haut que les géographes d'une époque postérieure. Strabon (II, p. 68 C - 119 A) nous apprend qu'Eratosthène croyait la Propontide sous le même parallèle que l'Hellespont ; cette opinion est remarquable, et prouve, comme l'a déjà remarqué M. Gossellin (*Géog. des Grecs anal.*, p. 11), qu'Eratosthène connaissait la vraie direction de la Propontide. Ce fait résulte encore d'un autre passage où Strabon (II, p. 134 C - 197 A) dit qu'Eratosthène plaçait la Mysie et la Paphlagonie sur le même parallèle que Lysimachia, ville de la Chersonèse située à l'extrémité orientale de l'Hellespont ; nouvelle preuve qu'il connaissait le gisement des côtes de la Propontide. Comme la fausse direction de la Propontide est la cause principale qui a obligé les géographes postérieurs de porter si haut la latitude de Byzance (Gossellin, *Géog. des Gr.*, p. 86), il est clair que, dans les idées d'Eratosthène, Byzance devait se trouver *peu* au nord du parallèle de Lysimachia, lequel, selon lui, était *fort peu* au nord de celui d'Alexandria Troas (*l. l.*) : or le parallèle de Lysimachia et de la Mysie n'était, selon Eratosthène, qu'à 28.800 stades ou 41° 8′ 34″ de l'équateur ; on a donc la certitude qu'il n'a pu placer Byzance à 43° 3′ 37″, comme Hipparque. Ainsi, dans la Table des latitudes d'Eratosthène, dressée par M. Gossellin, Byzance ne se trouve portée qu'à 42° 34′ 17″ (Table n° 1). C'est donc après Eratosthène que les géographes ont changé la direction de la Propontide, et ont accru l'erreur qui pouvait exister déjà, du temps d'Eratosthène, sur la latitude de Byzance. Ces derniers rapprochements confirment la conclusion que j'avais tirée du passage de Strabon, et sont encore une preuve que la latitude de Byzance n'appartient point à Pythéas.

Cette fausse latitude, doit-on l'attribuer à Hipparque lui-même ou bien aux « autres géographes » dont parle Strabon ? C'est ce que je ne déciderai point. Mais il n'y aurait rien d'étonnant à ce qu'Hipparque eût fait ici une de ces fausses combinaisons géographiques au moyen desquelles il a plusieurs fois dérangé des positions qu'Eratosthène avait déterminées ou connues avec plus d'exactitude (Gossellin, *Recherches*, I, 53). Quelque parti qu'on prenne à cet égard, je ne pense pas qu'on puisse contester les deux propositions suivantes : 1° Pythéas n'a point donné la latitude de Byzance; 2° Cette latitude, et conséquemment la fausse direction donnée aux côtes de la Propontide, sont dues à une combinaison qui appartient peut-être à Hipparque, mais qui bien certainement est postérieure à Eratosthène.

OBSERVATIONS

CRITIQUES ET ARCHÉOLOGIQUES

SUR

L'OBJET DES REPRÉSENTATIONS ZODIACALES

QUI NOUS RESTENT DE L'ANTIQUITÉ

A L'OCCASION D'UN ZODIAQUE ÉGYPTIEN PEINT DANS UNE CAISSE DE MOMIE
QUI PORTE UNE INSCRIPTION GRECQUE DU TEMPS DE TRAJAN (1).

AVERTISSEMENT.

Les zodiaques égyptiens sont jugés définitivement, quant à l'époque de leur *exécution*. Tandis qu'on s'efforçait de découvrir cette époque par l'interprétation astronomique des emblèmes dont ils se composent, les philologues et les antiquaires ont abordé la question par un autre côté, et sont parvenus facilement à la résoudre. L'examen approfondi des inscriptions en caractères grecs et en hiéroglyphes phonétiques gravées sur les temples où ces zodiaques ont été décou-

[(1) Ce mémoire, lu à l'Académie les 16 et 30 janvier 1824, parut à Paris, mars 1824, 118 p. in-8°, avec le fac-similé gravé de l'inscription (en trois parties A, B, C), que nous ne reproduisons pas. Il est précédé de cette dédicace :

« *A Monsieur Frédéric Cailliaud.*

« Monsieur, c'est à vous que nous sommes redevables du monument qui a fourni le sujet des *Observations* suivantes ; c'est vous qui les avez sollicitées ; il est juste que je vous en fasse hommage. En montrant qu'un petit nombre de caractères grecs, presque effacés, peuvent conduire à des résultats qui ne sont pas sans importance pour l'histoire, ces *Observations* seront, je l'espère, une preuve nouvelle du vif intérêt que tous les hommes éclairés doivent prendre au moindre vestige de l'art ou des usages des peuples anciens.

« J'ai déjà eu l'occasion d'appeler l'attention des savants sur une découverte qui a signalé votre premier voyage dans les Oasis, je veux parler de celle de

verts, vient de démontrer qu'aucun d'eux n'est antérieur à la domination romaine en Égypte (1).

Ce fait capital une fois mis hors de doute, il devait s'élever, dans l'esprit des hommes attentifs, plusieurs questions nouvelles : Pourquoi ces zodiaques sont-ils tous d'une époque si récente ? Pourquoi n'en trouve-t-on pas également dans ceux des temples égyptiens dont la construction porte des caractères indubitables d'une assez grande antiquité ? Ces questions étaient de nature à exciter d'autant plus d'intérêt, qu'avec un peu d'attention il était facile de s'assurer que parmi les autres représentations zodiacales qui nous restent de l'antiquité grecque et romaine, il en est très peu qu'on puisse faire remonter d'une manière certaine avant l'ère vulgaire, et que la plupart sont postérieures au premier siècle de cette ère. On ne pouvait s'empêcher de lier ensemble ces deux faits remarquables, et de soupçonner qu'ils dépendent de la même cause. Par une induction toute naturelle, on devait croire que de telles représentations tiennent probablement à un ordre d'opinions et de croyances qui seront devenues vulgaires à une époque assez tardive, et n'auront trouvé leur expression, sur les monuments de la religion ou de l'art, que lorsque, entrées dans le cercle des idées dominantes, elles auront formé, en quelque sorte, un besoin nouveau de la société. Dans ce cas, il était difficile de ne pas attribuer presque tous ces zodiaques au développement de l'astrologie, cette science mensongère, née chez les Orientaux, et qui semble n'avoir acquis une grande influence, chez les Grecs et les Romains, qu'à partir de l'ère chrétienne.

deux décrets romains remplis de faits neufs et curieux, relatifs à l'administration de l'Égypte.

« Ce serait pour moi une grande satisfaction, si j'avais réussi, en signalant quelques-uns des nombreux résultats de vos deux voyages, à augmenter en quelque chose la reconnaissance que vous doit le monde savant pour le zèle courageux qui vous les a fait entreprendre et qui vous a soutenu au milieu des fatigues et des dangers.

« LETRONNE.

« Paris, 1er février 1824. »]

(1) Voyez mes *Recherches pour servir à l'histoire de l'Égypte pendant la domination des Grecs et des Romains*, etc., Introd., p. xxxviii, et p. 450.

Quoique une considération si simple ressortît avec évidence des faits exposés dans mes *Recherches pour servir à l'histoire de l'Égypte*, les inductions qui l'appuient ne se sont réellement présentées à moi que lorsqu'un fait nouveau est venu servir de lien commun à une multitude de renseignements sur lesquels je ne m'étais point appesanti.

Ce fait nous est révélé par une des momies que M. Cailliaud a rapportées tout récemment de Thèbes. Donner l'explication de ce curieux monument, montrer son rapport avec l'objet des autres représentations zodiacales qui nous restent de l'antiquité, et avec l'esprit général de l'époque à laquelle il appartient; tel est le but que je me suis proposé dans ces *Observations*.

J'aurais pu attendre, pour les rédiger, qu'un plus grand nombre d'indications du même genre fussent venues confirmer les conséquences que j'en ai tirées. On trouvera peut-être encore que j'ai mis trop de précipitation à composer, et surtout à publier un écrit qui touche à beaucoup de points de l'antiquité, combat plusieurs opinions soutenues par des gens habiles, et tend à en établir d'autres que je crois nouvelles. En se hâtant ainsi, on court le risque, malgré le soin le plus scrupuleux, de commettre plus d'une erreur de détail dans un champ aussi étendu, de négliger des faits importants, de ne point apercevoir tous les rapports des objets, ou d'en voir qui n'existent pas, et d'effleurer beaucoup de questions qui mériteraient d'être approfondies. Comme cet inconvénient ne peut tomber que sur l'auteur, je m'en inquiète assez peu; mais il m'a toujours semblé très utile aux intérêts de la science, d'appeler promptement la discussion et la critique sur les points de vue que suggère la découverte de faits nouveaux; et c'est ce qui m'a déterminé à ne pas différer la publication de cet opuscule.

Je le livre à l'examen des savants; ils y verront, du moins, que l'auteur est animé d'un désir sincère de la vérité, qu'il la cherche avec ardeur partout où il espère la découvrir. C'est pour tâcher d'atteindre ce but qu'il discute toutes les opinions qui se rencontrent sur sa route, et qu'il les examine en elles-mêmes, quelle que soit la patrie de ceux qui les ont émises ; car, à ses yeux, les opinions scientifiques ne sont d'aucune nation : elles sont vraies ou fausses, certaines ou douteuses, et rien de plus.

Ce que j'ai fait à l'égard des autres, je désire qu'on le fasse pour moi-même, persuadé que la vérité ne peut sortir que de la discussion libre des opinions contradictoires.

MÉMOIRE

Lorsque, au retour de ses périlleux voyages en Égypte et en Éthiopie, M. Cailliaud fit connaître aux savants et aux curieux la collection intéressante qu'il avait rassemblée, leur attention se porta principalement sur une momie, trouvée à Thèbes, qui présentait des caractères qu'on n'avait encore vus sur aucun monument de ce genre. La forme singulière de la caisse, les peintures hiéroglyphiques dont elle était couverte, le zodiaque qui fait partie de ces peintures, l'inscription grecque tracée à l'extérieur, la grosseur énorme de la momie, la couronne qui décorait sa tête, tout semblait se réunir pour exciter la curiosité la plus vive.

Dans l'espoir de trouver, à l'intérieur, soit des papyrus grecs ou égyptiens, soit d'autres indications propres à jeter du jour sur tant de circonstances si peu connues, M. Cailliaud a fait ouvrir cette momie, le 30 novembre dernier. « Malheureusement, dit l'auteur de la Notice (1) publiée à ce sujet, cette opération n'a produit que du baume et des linges, et aucune des espérances qu'on en avait conçues ne s'est réalisée » (2).

(1) Insérée dans le *Moniteur* du 23 décembre 1823.
(2) P. 1488, col. 1, fin. — Je vais reproduire ici les passages de cette Notice qui se rapportent à mon sujet :
« Entre autres objets précieux que M. Cailliaud a rapportés de son dernier voyage en Égypte, et qui composent son riche cabinet égyptien, les curieux

Après le mauvais succès de cette opération, il restait peu d'espoir d'expliquer ce singulier monument ; mais, par bonheur, ce qu'on avait en vain cherché dans l'intérieur de la momie, se trouvait parmi les peintures de la caisse. Le zodiaque dont elles nous offrent la représentation, et les faibles débris d'une inscription grecque *presque effacée*, devaient fournir les éléments d'une explication complète, et conduire à des résultats qu'on était loin d'espérer.

Les premières personnes qui, dans le cabinet de M. Cailliaud, virent et examinèrent cette momie, étant du nombre de celles qui persistent, en dépit des faits, à regarder les

et les antiquaires avaient distingué une belle momie d'un volume et d'un poids extraordinaires ; la tête portait une couronne formée de lames de cuivre doré et de boutons, imitant la feuille et le jeune fruit de l'olivier. Elle se recommandait encore à l'attention des savants par la caisse qui lui sert d'enveloppe. Au fond est peint un zodiaque dont les figures ressemblent beaucoup à celles du zodiaque de Dendéra, et le dessus de la boîte porte une *petite inscription grecque presque effacée ;* le mot de Pétéménon, qui est en tête, se lit aussi en grec cursif à la marge d'un petit papyrus hiéroglyphique, qui paraît avoir été déposé sur la momie, entre les bandelettes extérieures. Enfin, la largeur de la tête et celle des pieds étaient démesurées...

« Le 30 novembre dernier, M. Cailliaud a procédé à l'ouverture de la momie...

« On a commencé par peser et mesurer exactement la momie avec toutes ses enveloppes. Le poids a été trouvé de 106 kilogrammes...

« Après cette opération, l'on a enlevé la bandelette étroite qui fixait autour du corps une toile couverte de peintures et d'hiéroglyphes, avec des ornements qui sont peu communs en Égypte ; au-dessous étaient plusieurs toiles grossières, mais solides, formant la première enveloppe, que l'on a enlevée facilement. La deuxième enveloppe était maintenue autour du cou à l'aide d'un nœud que les marins appellent *nœud plat ;* au-dessous, plusieurs bandelettes de toile un peu moins grosse, et trois petites serviettes ou écharpes pliées en plusieurs doubles. La troisième enveloppe était disposée de la même manière et formée de bandelettes, de serviettes et de pièces longues servant à soutenir les côtés. Dans la quatrième enveloppe, on a trouvé des bandelettes de linges plus grands, mais vieux et grossiers ; quatre tuniques égyptiennes ou sans manches, et décousues pour s'appliquer sur le corps ; une grande pièce enveloppant tout le corps, et fixée par un bitume noir, avec d'épaisses couches de ce bitume autour de la tête et des pieds. Ces tuniques ont une ouverture de 10 pouces pour passer la tête, et deux semblables pour passer les bras. La cinquième enveloppe présentait des bandelettes placées en longueur, liant les pieds à la tête, des bandes transversales, quatre grandes pièces entourant le corps ; le tout de toile un peu plus fine. La sixième enveloppe était formée de bandes transversales teintes en jaune pour avoir été pénétrées d'un bitume de cette couleur ou y avoir été trempées, et de quinze pièces de toile semblables. La septième et dernière enveloppe était pénétrée de bitume noir

zodiaques égyptiens comme appartenant à une haute antiquité, prononcèrent d'abord que la caisse de cette momie, et la momie elle-même, remontent à une époque reculée. Leur illusion éprouva quelque contrariété, lorsque, après avoir retourné la caisse, elles aperçurent, au milieu des hiéroglyphes, les restes d'une inscription grecque : le sens de cette inscription ne leur était pas connu ; mais son existence seule compromettait gravement l'antiquité du zodiaque, en attestant qu'il avait été dessiné à l'époque où la langue grecque fut employée en Égypte concurremment avec celle du pays.

A dire vrai, elle ne faisait que confirmer ce qu'on devait

et formait six pièces adhérentes ensemble par le baume (*) ; après quoi il ne restait plus qu'une couche mince à ôter pour arriver à la peau. On a remarqué, comme à l'ordinaire, les orteils enveloppés séparément ; les bras et les mains sont étendus le long des cuisses ; le sujet est du sexe masculin, et paraît être un homme de quarante-cinq à cinquante ans au plus. La poitrine et une partie de l'abdomen sont dorés inégalement sur l'épiderme. L'abdomen ayant été ouvert, on y a trouvé beaucoup de baume noir, mais aucun objet étranger ; point de manuscrit entre les cuisses ni sous les bras ; le long des jambes, de fortes masses de baume noir d'une belle qualité. L'enlèvement de ces innombrables bandelettes et enveloppes a duré près de trois heures, encore a-t-on fait souvent usage d'outils tranchants ; mais cette longue opération n'a rien produit que du baume et des toiles, et aucune des espérances qu'on avait conçues ne s'est réalisée...

« Après avoir enlevé la dernière couche de linge et de bitume, immédiatement appliquée sur la peau, on a trouvé sept à huit épaisseurs d'une toile assez fine. Plusieurs parties des bras sont dorées par places, comme la poitrine...

« On remarque que le profil est plus droit, et le front moins incliné que dans les momies ordinaires. Les cheveux, conservés parfaitement, sont fins et légèrement frisés...

« M. Cailliaud a découvert, au-dessous de chacun des yeux et sur les pommettes des joues, une lame d'or, représentant la figure d'un œil avec les cils ; sur la bouche, il a trouvé encore une lame d'or, assez semblable pour la forme à une langue, et posée perpendiculairement à la commissure des lèvres, lesquelles sont parfaitement closes. C'est une double singularité dont nous ne connaissons aucun autre exemple...

« En examinant de près les langes de la momie, on a trouvé une tunique raccommodée avec des pièces rapportées adroitement ; une autre contenant plusieurs caractères écrits à l'encre ; enfin, une belle écharpe avec des franges et un galon, marquée des initiales du nom grec du personnage : cette marque est faite avec le point de la broderie au crochet... »

(*) Les autres linges pouvaient s'isoler facilement. On a mesuré 380 mètres de bandelettes de 2 et 3 pouces de largeur, et 250 à 300 mètres carrés de toiles diverses (environ 2,800 pieds carrés).

induire de la forme de la caisse, entièrement différente de toutes celles que l'on connaît, et presque semblable à un sarcophage grec ou romain, et du style des peintures qui, aux yeux des personnes habituées à voir et à comparer les productions de l'art égyptien de diverses époques, paraissaient, dès le premier aperçu, ne pouvoir appartenir qu'au temps de la domination grecque ou romaine.

Les diverses circonstances qui accompagnent ce monument en faisaient donc une sorte d'énigme, dont nous étions tous intéressés à deviner le mot. Plusieurs fois j'avais annoncé à M. Cailliaud que ce secret nous serait révélé sans doute, si l'on parvenait à déchiffrer l'inscription grecque. C'est dans l'espoir que mes efforts ne seraient pas sans quelque succès, qu'il me fit remettre, le 7 janvier dernier, le *fac simile* de cette inscription, en m'invitant à m'en occuper. Je me suis livré sans retard à cet examen ; et je crois être parvenu, après la restitution complète de l'inscription, à expliquer tout ce qui, dans l'ensemble de ce monument, avait excité une curiosité si vive.

Je vais faire passer successivement sous les yeux du lecteur tous les points qui m'ont paru mériter une sérieuse attention, soit par leur importance absolue, soit par celle des questions auxquelles ils se rattachent.

Ces Observations sont divisées en deux parties subdivisées chacune en plusieurs chapitres : dans la première, j'examine le monument en lui-même ; dans la seconde, j'examine le zodiaque, peint au fond de la caisse de la momie, relativement à l'esprit du temps et du pays, et aux autres représentations antiques du même genre.

PREMIÈRE PARTIE

Détails archéologiques et paléographiques qu'offre le monument.

CHAPITRE PREMIER.

Restitution de l'inscription grecque. — Le personnage est Ammonius, fils de Sôter. — Époque de sa mort. — Durée de sa vie.

L'inscription, composée d'environ cent quarante lettres, occupe une bande étroite qui tient toute la longueur de la caisse.

Le commencement est assez lisible ; et, au premier aperçu, il est facile d'y distinguer le nom du personnage dont la caisse avait contenu le corps ; savoir : ΠΕΤΕΜΕΝΩΝ Ο ΚΑΙ ΑΜΜΩ-ΝΙΟC, *Pétéménon, dit Ammonius*. Cette première indication toute seule prouve, ce qui était encore un objet de doute pour quelques personnes, que la momie appartient bien réellement à cette caisse et n'y a pas été placée après coup. Leurs scrupules me semblaient déjà d'autant moins fondés, que la grandeur de la caisse est dans un rapport évident avec le volume de la momie. Le double nom de *Pétéménon* dit *Ammonius* décide la question ; car on lit dans un papyrus égyptien, trouvé sous une des enveloppes de la momie, le nom ΠΕΤΕ-ΜΕΝΩΝ en grec ; et une belle écharpe qui faisait partie des langes de la momie, porte les lettres grecques AM qui sont les initiales du nom du personnage.

Mais la lecture du reste de l'inscription n'était pas aussi facile que le commencement. L'auteur de la Notice déjà citée ne désigne cette inscription que par les mots *petite inscription presque effacée*, qui lui conviennent fort bien en effet, mais qui donnaient peu d'espoir d'en découvrir le sens. Là, des lettres entières ; ici, des portions considérables et presque toujours la partie supérieure et le milieu des lettres ont disparu entièrement. Néanmoins, en suivant exactement les plus faibles de ces traces, je crois en avoir fait une restitution qui n'offre rien de conjectural sur aucun point important; on peut en juger en comparant l'analyse suivante avec le *fac simile* (A) où j'ai marqué en traits pleins toutes les traces conservées, et en traits déliés tout ce qu'il m'a fallu ajouter pour compléter les lettres ou remplir les lacunes.

Après les deux noms ΠΕΤΕΜΕΝѠΝ Ο ΚΑΙ ΑΜΜѠΝΙΟC, je lis sans nul doute CѠΤΕΡΟC; c'est le nom du père d'Ammonius : on distingue ensuite un K, puis un *omicron*, un trait vertical, légèrement marqué; et, un peu au-dessus, un trait arrondi qui ressemble à la partie supérieure d'un P, lettre qui est elle-même à peu près sûre. Vient ensuite une lacune d'environ trente-six lettres, dont on n'aperçoit de loin en loin que des traces fort imparfaites, insuffisantes le plus souvent pour faire deviner à quelle lettre elles appartiennent. Cette lacune est suivie de plusieurs lettres légèrement érasées qui forment clairement le mot ΑΜΜѠΝΙΟΥ. Je dirai tout à l'heure comment on peut remplir cette grande lacune : il faut continuer de lire le reste, qui est le plus important et peut être restitué avec toute certitude.

On lit d'abord distinctement le mot ΕΤѠΝ; viennent ensuite dix lettres, dont la partie supérieure seule est conservée, mais qu'il est impossible de lire autrement que ΕΙΚΟCΙ ΕΝΟC : ce commencement nous annonce la formule tumulaire servant à indiquer l'âge auquel une personne est morte, comme : Μένανδρος... ἐγεννήθη ἐπὶ ἄρχοντος Σωσιγένους, ἐτελεύτησεν ἐτῶν $\overline{\text{N}}$ καὶ $\overline{\text{B}}$ (1). Ici le verbe ἐτελεύτησε a dû être placé après l'indication de l'année. Voyons si l'analyse vérifiera cette conjecture.

Après le nombre d'années, doit venir celui des mois; et en effet, on distingue les restes des trois lettres ΜΗΝ, puis les deux courbes inférieures d'un Ѡ, et enfin une lacune d'une lettre; on a donc sans nul doute le mot ΜΗΝѠΝ. Immédiate-

---

(1) Gruter, MXXVII, 2. Corsini, *Fast. Att.*, IV, 76.

ment après, on aperçoit les rudiments imparfaits, mais distincts, d'un Δ surmonté d'une barre transversale, ce qui nous indique la lettre numérique de τεττάρων, *quatre*. Ainsi le personnage avait vécu vingt-un ans quatre mois. Il est facile ensuite de reconnaître un K et l'abréviation des deux lettres AI, ce qui nous donne KAI. Cette conjonction appelle tout naturellement le mot HMEPѠN, qu'on reconnaît en effet dans les restes des six lettres qui suivent ; enfin, les deux mots εἴκοσι δύο, très reconnaissables, nous donnent la durée précise de la vie de Péténénon, savoir : ἐτῶν εἴκοσι ἑνός, μηνῶν $\overline{\Delta}$, καὶ ἡμερῶν εἴκοσι δύο, *vingt-un ans, quatre mois et vingt-deux jours*.

On ne saurait méconnaître non plus les lettres ETEΛEYTH qui viennent ensuite, et qui nous annoncent clairement le verbe ἐτελεύτησε (*il mourut*), ou ἐτελεύτησεν, selon l'orthographe très souvent employée dans les anciens manuscrits et dans les inscriptions. La fin de ce mot, à en juger par l'espace, a dû être écrite d'une manière abrégée, comme le καὶ devant ἡμερῶν : après le mot *il mourut*, vient nécessairement l'époque de la mort, qui doit être exprimée en années du prince régnant. En effet, on voit, immédiatement après, un trait vertical, commencement d'un *iôta*, puis deux traits circulaires qui ne peuvent appartenir qu'à un *omicron* ou à un *thêta ;* le choix ne saurait être douteux, puisqu'ils sont suivis d'un autre trait vertical terminé par une queue arrondie, qui est la sigle du mot ἔτους ou λυκάβαντος (*de l'année*) ; on doit donc lire I$\overline{\Theta}$ L, *l'an XIX*. La dernière lettre est suivie des mots TPAIA-NOY TOY KYPIOY ΠAYNI $\overline{H}$, qu'il est impossible de méconnaître d'après les traces des lettres ; l'inscription se termine donc par : ἐτελεύτησε I$\overline{\Theta}$ L Τραϊανοῦ τοῦ κυρίου, παϋνὶ $\overline{H}$, *il mourut l'an XIX de Trajan le Seigneur, le 8 du mois payni ;* ce qui répond au 2 juin de l'an 116 de notre ère. Ainsi nous connaissons d'une manière certaine la durée de la vie du personnage, l'époque de sa mort, et conséquemment celle de la caisse de la momie et de toutes ses peintures.

Il faut maintenant revenir sur la lacune que nous avons laissée au commencement. Il serait assez naturel de présumer

qu'elle contenait l'époque de la naissance du personnage ;
mais cette conjecture est repoussée par une difficulté décisive ;
c'est le mot **ΑΜΜѠΝΙΟΥ** qui termine cette lacune : ce nom
propre, au génitif, annonce qu'il y avait auparavant le nom
d'un personnage dont cet Ammonius était le père : or, on ne
pourrait lier cette circonstance avec l'énoncé de la date de la
naissance de Pétéménon.

Je trouve des secours pour résoudre ces difficultés dans
deux inscriptions presque semblables, qui sont venues l'une
après l'autre confirmer d'une manière très heureuse les resti-
tutions exposées ci-dessus. L'une est tracée sur une caisse de
momie trouvée à Thèbes par M. Grey : elle a été lithogra-
phiée par la Société égyptienne de Londres, ainsi que le profil
de la caisse sur laquelle on la trouve ; et c'est M. Champollion
le jeune qui m'en a donné connaissance. J'en reproduis ci-
après le *fac simile* (B), que je lis de cette manière :

Ταφὴ Τφοῦτος Ἡρακλείου Σωτῆρος, μητρὸς Σαραποῦτος · ἐγενήθη (*sic*)
τῷ E̅ L Ἀδριανοῦ τοῦ κυρίου, ἀθὺρ I̅B̅ · καὶ ἐτελεύτησεν, τῷ IA̅ L
μηνὶ τυβὶ K̅, ἐτῶν ς̅, μηνῶν δύο [καὶ] ἡμερῶν H̅ (1), καὶ ἐτάφη τῷ
I̅B̅ L μηνὶ ἀθὺρ I̅B̅.

« Cercueil de Tphout, fille (2) d'Héraclius Sôter et de Sarapout. Née la vᵉ année d'Adrien le Seigneur, le 12 d'athyr,
elle est morte la xiᵉ année le 20 tybi, à l'âge de six ans, deux
mois et dix-huit jours, et a reçu la sépulture en l'an xii,
le 12 d'athyr. »

Avant d'aller plus loin, je dois remarquer que la lettre
numérique, qui indique l'année de l'empereur, est suivie de
la sigle du mot ἔτους ou λυκάβαντος, figurée comme dans notre

---

(1) Il est facile de voir que le *fac simile* n'est point exact dans le figuré de
deux chiffres : en lisant Ἀθὺρ I̅B̅ au lieu de B̅ et τυβὶ K̅, je crois m'éloigner
le moins possible de ce *fac simile* ; d'athyr à tybi, il y a deux mois, et du 12
au 20, il y a huit jours. La sépulture a donc eu lieu le jour même de la naissance ; ce qui n'est peut-être pas un effet du hasard, et rentre dans les idées
astrologiques dominantes à cette époque.

(2) Je dis *fille*, parce que les noms en οῦτ paraissent avoir été propres aux
femmes.

inscription, ce qui confirme encore la manière dont j'ai restitué le trait vertical qui suit le Θ dans l'énoncé de la date (1). En second lieu, nous trouvons ici la même irrégularité que dans l'autre inscription, où le nombre des années et des jours est donné en toutes lettres, et celui des mois exprimé par un chiffre ; l'on voit deux chiffres après μηνῶν et ἡμερῶν, et le mot δύο, en toutes lettres, après μηνῶν (2). Ces deux observations lèvent toute difficulté sur la restitution que j'ai faite des endroits semblables.

Cette seconde inscription nous intéresse à d'autres égards ; d'abord, la formule en est conçue de la même manière, et sert à confirmer la restitution de l'autre ; ensuite, elle est placée sur une caisse de momie de forme carrée, comme celle qu'a rapportée M. Cailliaud, et couverte également d'hiéroglyphes qui paraissent assez grossièrement faits, ce qui est une analogie de plus : en outre, la date est très peu éloignée de celle

(1) Depuis que ces diverses observations ont été lues à l'Académie, elles ont reçu une autre confirmation. Mon savant confrère, M. Raoul-Rochette, a lu dans la séance du 30 janvier, une Note sur une inscription grecque, publiée dans un journal allemand, et qui a beaucoup d'analogie avec les précédentes ; la copie est ainsi conçue : CENXⲰNCIC H KAI CAΠAYΛIC ΠPECBYTEPA ΠIKⲰTOC ΓENNHΘEICA TⲰI ΔI͞ ΘEOY TPAIANOY ΠAXⲰN I͞Z ETEΛEYTHCEN TⲰI ΘI· ANTⲰNINOY KAICAPOC KYPIOY ΦAMENⲰΘ I͞E ⲰCTE EBIⲰCEN ETH M͞Δ MHNAC ΔEKA · ΘAPCEI. « Senchonsis, dite Sapaulis, fille aînée de Picôt, née la « IVᵉ année du divin Trajan, le xvii de pachôn (12 mai 101 de J.-C.) ; elle est « morte la xıᵉ année d'Antonin le Seigneur, le xv de phaménoth (11 mars 146 « de J.-C.), en sorte que la durée de sa vie a été de quarante ans et dix mois. « Prends courage. » M. Raoul-Rochette a fait ressortir les circonstances curieuses de cette inscription, et surtout l'accord qui existe entre l'intervalle ici marqué, et la durée connue des règnes de Trajan et d'Adrien ; ce qui confirme le calcul adopté par les chronologistes. J'ai lu l'an iv et l'an ix, et non pas l'an xiv et l'an xix : 1º parce que, sur *aucun* monument relatif à l'Égypte, les nombres ne sont exprimés dans l'ordre inverse ; 2º parce qu'avec les chiffres indiquant les années du règne, se trouve toujours, soit le mot ἔτος, soit la sigle L, placée avant ou après ; de manière que, sans aucun doute, dans TⲰI ΔI͞ et TⲰI ΘI͞, le jambage qu'on a pris pour l'expression de la dizaine, n'est autre chose que cette sigle, mal figurée, qui se voit dans les deux inscriptions des momies de Péteménon et de Tphoût : c'est ce que prouvera certainement le *fac simile*, quand nous le connaîtrons.

(2) La même remarque s'applique à l'inscription rapportée dans la note précédente, et qui m'a été connue depuis.

de l'autre ; car la jeune fille dont cette caisse a contenu le corps était née le 12 d'athyr de la ve année d'Adrien, ou le 8 novembre de l'an 120 de notre ère : elle mourut le 20 tybi de la xie année, ou le 16 janvier de l'an 127 ; et elle fut ensevelie le 12 d'athyr, ou le 8 novembre de cette même année 127 ; ainsi l'époque de sa mort n'est postérieure que de dix ans, sept mois et quelques jours à celle de la mort de Péténénon. On voit, de plus, qu'il s'est écoulé entre le moment de sa mort et celui de sa sépulture, près de dix mois ; cet espace de temps paraîtra bien considérable ; mais ce long intervalle tient sans doute au temps qu'exigeaient encore à cette époque les procédés de l'embaumement des morts, et peut-être aussi à quelque idée superstitieuse qui voulait qu'on attendît l'anniversaire de la naissance pour placer le corps dans le tombeau.

Il est donc impossible de n'être point frappé des nombreux rapports de forme, de style et d'époque qui existent entre ces deux monuments ; mais ce qui y ajoute encore, c'est qu'il est question, dans tous les deux, d'un personnage nommé SÔTER : j'en avais tiré la conjecture qu'ils appartenaient peut-être à des individus d'une même famille. Lorsque je communiquai ma conjecture à M. Cailliaud, il m'assura qu'en effet la momie de Péténénon, et celle que M. Grey a rapportée, ont été trouvées à Thèbes, dans le même caveau, ainsi qu'une troisième momie qui fut brisée sur le lieu, et dont la caisse portait l'inscription suivante, qu'il a heureusement recueillie : ϹⲰⲦⲎⲢ ⲔⲞⲢⲚⲎⲖⲒⲞⲨ ⲠⲞⲖⲖⲒⲞⲨ ⲘⲎⲦⲢⲞϹ ⲪⲒⲖⲞⲨⲦⲞϹ ⲀⲢⲬⲰⲚ ⲐⲎⲂⲰⲚ, « *Sôter*, fils de Cornélius Pollius Sôter (1) et de Philout, archonte de Thèbes. » Par archonte de Thèbes, il faut entendre, sans doute, le chef politique, le magistrat

---

(1) Les deux mots *Cornélius Pollius* se composent d'un prénom et d'un nom romain, ce qui ferait croire que ce personnage était Romain, et non pas Égyptien ou Grec ; mais il serait assez singulier que ce *Romain*, qui aurait eu pour femme une Égyptienne, eût donné à son fils le nom de *Sôter*, qui n'est ni romain ni égyptien. Il y a donc ici un nouvel exemple de l'usage des inscriptions latines, que j'ai montré ailleurs appliqué à des inscriptions grecques, et qui consistait en ce que l'on n'exprimait souvent que le *prænomen* et le *nomen*

principal de cette ville, ici désigné analogiquement par un terme tout grec. Cette troisième inscription appartenant à une caisse trouvée, comme les deux autres, dans le même caveau sépulcral, se rapporte aussi à un personnage nommé *Sôter* (1). On ne peut douter, en conséquence, que ce caveau ne fût celui d'une même famille. Cherchons maintenant à remplir la lacune.

Ces deux inscriptions nous montrent que le nom de la mère était mentionné dans de semblables monuments ; et en effet, nous savons, par le papyrus de Schow, qu'en pareil cas on omettait plutôt le nom du père que celui de la mère. Il est donc certain que le nom de la mère de Pétéménon doit se trouver dans l'intervalle de la lacune : nous avons vu que cette lacune se termine par le génitif Ἀμμωνίου : ce génitif dépend sans nul doute d'un nom qui le précédait, et ce nom ne saurait être que celui de la mère de *Pétéménon*, dont cet *Ammonius* aurait été l'aïeul maternel. Quel est ce nom? Si l'on fait attention aux traces conservées, on verra qu'elles ne peuvent convenir qu'au mot Κλεοπάτρας ; car le K, le Π, le T et le sigma final sont reconnaissables et placés juste aux distances relatives exigées par la composition du mot. M. Champollion le jeune, consulté par moi sur ce point, m'a montré que dans les hiéroglyphes de la caisse, l'expression *fils de Cléopâtre* est répétée plusieurs fois ; coïncidence qui met le fait hors de doute, et peut être regardée comme une nouvelle confirmation de l'alphabet que ce savant a découvert : d'ailleurs, le nom de *Pétéménon* lui en avait déjà fourni une autre, puisque le papyrus trouvé dans l'intérieur de la momie contient le nom exprimé à la fois en grec et en caractères hiéroglyphiques qui se retrouvent avec

---

d'un personnage, quand son *cognomen* était celui de son fils nommé avant ou après. Ainsi le père s'appelait *Cornélius Pollius Sôter* : on voit par cette inscription, et par celle de la momie de *Pétéménon*, que ce Sôter, fils de Cornélius Pollius, n'avait pas pris de prénom romain, non plus que Pétéménon son fils.

(1) M. Cailliaud m'a appris depuis que la collection de M. Drovetti contient deux caisses de momie semblables, tirées du même caveau.

la même valeur, dans l'alphabet dont il a présenté le tableau (1).

Quoi qu'il en soit, nous voyons qu'avant le nom Ἀμμωνίου, on doit lire, sans nul doute, les mots μητρὸς Κλεοπάτρας : il ne reste plus à remplir qu'une lacune de seize à dix-huit lettres; pour y réussir, faisons deux remarques : 1° Puisqu'on a joint au nom de la mère de Pétéménon celui du père de cette femme, il devient très probable, ou, pour mieux dire, presque certain, qu'on a joint au nom de son père celui de son aïeul paternel; 2° Quel devait être ce nom? on peut le présumer. Pétéménon était le fils d'un Sôter, et nous avons vu mentionné, dans l'autre inscription de M. Cailliaud, un *Sôter*, fils de Cornélius Pollius Sôter : on peut conjecturer que ce Sôter est le père de Pétéménon; conséquemment que son aïeul paternel était *Cornélius Pollius*, et qu'il y avait dans cette lacune les mots Κορνηλίου Πολλίου, lesquels réellement en remplissent l'espace; mais ce qui change cette conjecture en certitude, c'est qu'à la suite du nom Σωτῆρος, on distingue clairement les deux lettres ΚΟ, puis un trait vertical qui convient à un Ρ, et la partie supérieure des deux jambages du Ν. Ainsi nous ne pouvons hésiter sur la leçon, et nous avons ainsi toute l'inscription sans qu'il y manque une lettre :

Πετεμένων ὁ καὶ Ἀμμώνιος Σωτῆρος Κορνηλίου Πολλίου, μητρὸς Κλεοπάτρας, Ἀμμωνίου, ἐτῶν εἴκοσι ἑνὸς, μηνῶν Δ καὶ ἡμερῶν εἴκοσι δύο, ἐτελεύτησε ΙΘ L Τραϊανοῦ τοῦ κυρίου, παῦνὶ Η.

« Pétéménon, dit Ammonius, ayant pour père Sôter, fils de Cornélius Pollius Sôter, et pour mère Cléopâtre, fille d'Ammonius, est mort, après avoir vécu vingt-un ans, quatre mois et vingt-deux jours, la xixe année de Trajan le Seigneur, le 8 de payni. »

Ce texte précieux, qui est maintenant un document historique, nous explique bien des particularités. Pétéménon est

---

(1) V. à la fin de ces *Observations*, la lettre de M. Champollion le jeune sur ce sujet.

mort à vingt-un ans : or, il est facile de discerner, à travers les traits défigurés de la momie, des caractères de jeunesse. D'un autre côté, puisque son père était archonte de Thèbes, on voit qu'il appartenait à une famille distinguée, et probablement riche ; ce qui explique la dépense qu'a dû coûter sa sépulture. On doit regretter que l'inscription ne nous apprenne pas quelle fonction il exerçait lui-même. Mais peut-être l'examen des hiéroglyphes de la caisse donnera-t-il quelque lumière à ce sujet.

En combinant les époques, on voit qu'Héraclius Sôter, le père de la jeune fille nommée *Tphout*, dont la momie a été rapportée par M. Grey, était, selon toute apparence, frère de Pétéménon. La série des personnages de cette famille peut donc être marquée de cette manière :

Cornélius Pollius Sôter, marié à Philout, et père de	Sôter, marié à Cléopâtre, fille d'Ammonius, et père de	Héraclius Sôter, mari de Sarapout, père de	Tphout.
		Pétéménon dit Ammonius.	

Si l'on admet, par une hypothèse vraisemblable, que Sôter avait vingt-cinq ans à la naissance de Pétéménon, et Cornélius Pollius Sôter également vingt-cinq ans à la naissance de Sôter, il s'ensuivra que Cornélius Pollius était né vers l'an 45 de notre ère, et Sôter, vers l'an 70. Ce dernier aurait été archonte de Thèbes sous le règne de **Trajan**.

CHAPITRE SECOND.

Explication des particularités archéologiques que présente la momie. — La famille de Pétéménon était grecque et alliée à des familles égyptiennes. — Sa sépulture présente le mélange des usages des deux peuples. — Forme de la caisse. — Couronne d'olivier. — Plaques d'or sur la bouche et les yeux. — Vêtements renfermés dans la momie.

Cette partie de mon travail n'est pas la plus facile : il s'agit d'un monument unique dans ses détails, ou, du moins, auquel on ne peut, jusqu'à présent, en comparer aucun autre. L'antiquaire est donc ici privé des points de comparaison qui le guident ordinairement, et il ne peut employer qu'avec la plus grande réserve la ressource de l'analogie, ce moyen d'interprétation si puissant dans les mains habiles. Il est, pour ainsi dire, réduit aux ressources de l'esprit d'observation et d'analyse.

Je vais tâcher de sortir le mieux qu'il me sera possible de cette situation difficile, en suivant pas à pas les indications qui naîtront de l'examen du monument.

On a vu que la momie a été retirée, ainsi que deux autres, d'un même caveau qui servait à la sépulture d'une famille : nous avons retrouvé les noms de cette famille ; cinq hommes, savoir : *Cornélius Pollius Sôter* et *Ammonius ; Sôter*, fils du premier, *Pétéménon* dit *Ammonius*, et *Héraclius Sôter ;* et quatre femmes, savoir : *Philout*, femme de Cornélius Pollius ; *Cléopâtre*, femme de Sôter et fille d'Ammonius ; *Sarapout*, femme d'Héraclius Sôter ; et *Tphout*, leur fille.

Cette nomenclature donne déjà lieu à deux remarques : 1° tous les noms de femme sont égyptiens, excepté celui de Cléopâtre, dont le père a aussi le nom grec d'Ammonius ; 2° au contraire, tous les noms des hommes sont grecs ; un seul a un double nom égyptien et grec, *Pétéménon* dit *Ammonius :* encore faut-il remarquer que *Pétéménon* a la même signification en égyptien qu'*Ammonius* en grec, c'est-à-dire, *qui appartient à Ammon* ou *Amen*, et que ce nom est celui de l'aïeul maternel de ce personnage, dont le père et la mère portent d'ailleurs les noms grecs de Sôter et de Cléopâtre : or, d'après l'usage commun chez les Grecs et chez les Égyptiens, de prendre le nom de l'aïeul maternel ou paternel, on voit que le vrai nom du personnage est *Ammonius*, et que *Pétéménon* n'en est que la traduction égyptienne : s'il a été mis auparavant, ce doit être par quelque motif religieux que nous ne connaissons pas.

En conséquence, nous ne pouvons guère nous empêcher de voir ici une de ces familles gréco-égyptiennes, comme il devait s'en trouver beaucoup à l'époque de l'arrivée des Romains, auxquelles ils continuèrent de confier l'administration des nomes et des villes égyptiennes; car j'ai fait voir ailleurs que tous les stratèges ou chefs de nome, qui nous sont connus par les monuments, portent des noms grecs ou égyptiens (1), avec ou sans prénoms romains; et nous sommes en droit de présumer à présent qu'ils appartenaient à des familles grecques originairement, devenues égyptiennes par alliances. Ce Cornélius Pollius Sôter, en effet, avait épousé une Égyptienne nommée *Philout;* son fils Sôter, conservant le nom grec de famille, s'était marié à une femme grecque, *Cléopâtre,* fille du Grec *Ammonius,* et probablement d'une mère grecque, sans quoi elle aurait sans doute un nom égyptien; enfin son petit-fils *Héraclius Sôter* avait épousé une Égyptienne, *Sarapout,* et leur fille portait aussi un nom égyptien: d'où l'on peut induire qu'en de pareilles alliances, le fils conservait un nom grec, et la fille prenait, comme sa mère, un nom égyptien.

S'il était possible de douter que tous ces personnages, et Pétéménon entre autres, sont des Grecs alliés à des familles égyptiennes, nous en aurions la certitude d'après plusieurs des particularités que présente la momie d'Ammonius, notamment d'après l'écharpe qu'il avait portée pendant sa vie, et qui se trouve marquée des deux lettres grecques AM initiales de son nom. Or, on conçoit bien que des Égyptiens aient fait usage à cette époque, pour un objet public, de la langue grecque, qui était la langue officielle; mais on concevrait difficilement qu'ils eussent marqué leur linge de caractères propres à cette langue. Du moins cette particularité s'explique bien mieux dans l'hypothèse qui résulte naturellement de la forme des noms de tous ces individus.

Enfin, je rapporterai une observation faite par l'auteur de la Notice sur l'ouverture de cette momie, à une époque où

---

(1) *Recherches pour servir à l'histoire de l'Égypte pendant la domination des Grecs et des Romains,* etc., p. 272.

personne assurément ne soupçonnait encore que Pétéménon pût être de race grecque. « On remarque, dit-il, que le profil est plus droit, et le front moins incliné que dans les momies ordinaires. Les cheveux, conservés parfaitement, sont fins et légèrement frisés. » Cette curieuse observation s'applique trop évidemment à un individu de race grecque, pour n'être pas considérée comme une confirmation très frappante des indices d'un ordre différent que je viens de signaler.

Tout se réunit donc, dès à présent, pour nous montrer que la famille des Sôter était grecque, alliée à des Égyptiens; et, d'après le mode de sépulture qu'elle avait adopté, il est évident que les membres de cette famille avaient embrassé la religion du pays. La preuve de ce fait ne résulte pas seulement de l'embaumement des corps; car on a lieu de présumer que les Grecs, en Égypte, adoptèrent l'embaumement presque dès le temps d'Alexandre (1); du moins est-il certain que les corps des Lagides étaient conservés au moyen de ce procédé; et il est probable que l'exemple de leurs souverains, peut-être aussi la rareté du combustible en Égypte, déterminèrent les Grecs à les imiter : c'est sans doute par suite de la prolongation de cet usage que les premiers chrétiens en Égypte embaumèrent les morts, comme le prouvent des textes positifs d'Athénagoras, de saint Athanase, d'Origène et de saint Augustin (2); mais cette adoption résulte des peintures qui recouvrent la caisse de la momie de Pétéménon et de la fille d'Héraclius Sôter. Ces peintures, comme celles des autres caisses de momie, sont symboliques et hiéroglyphiques, et se rapportent *exclusivement* à la religion égyptienne : elles me paraissent avoir une assez grande analogie avec les sculptures du petit temple d'Esné, qui sont du règne d'Adrien et d'Antonin (3); on y retrouve de même les figures les plus

---

(1) Zoëga, *De usu obelisc.*, p. 264. C'est un fait que je développe dans mes *Considérations historiques sur l'état des arts et des institutions de l'Égypte depuis Cambyse jusqu'aux Antonins*.
(2) *Ap.* Walch. *in Comment. Soc. Gotting.*, vol. III. p. 46-68.
(3) Voyez mes *Recherches pour servir à l'histoire de l'Égypte*, etc., p. 458.

bizarres, et qui pourraient surprendre par leur étrangeté, si l'on ne savait qu'en ce genre il n'y a pas d'extravagances dont les Égyptiens n'aient été capables.

Il est naturel de présumer que des Grecs, en embrassant la religion de leur pays adoptif, ont dû conserver quelques-unes des pratiques de leur propre religion, et quelques traces de leurs usages nationaux ; en sorte que, selon toute apparence, on trouvera, dans les procédés suivis pour leur sépulture, un mélange des rites propres aux deux peuples.

Souvenons-nous maintenant qu'outre les caractères qui lui sont communs avec les autres monuments de ce genre, la momie de Pétéménon présente des particularités qui ne se sont jamais rencontrées ailleurs, excepté quelques-unes qu'on a retrouvées seulement dans les deux autres momies tirées du même caveau, et qui appartiennent à la même famille : il est clair que des caractères si singuliers, inconnus dans tous les autres monuments, doivent tenir à la position particulière de ces personnages en Égypte. Cette induction, si naturelle d'ailleurs, va être confirmée par l'examen de ces particularités diverses, où nous allons reconnaître le mélange des usages grecs et égyptiens, presque dans une égale proportion.

Commençons par le coffre de la momie. On a vu que les peintures qui le recouvrent sont entièrement égyptiennes ; mais il présente des traces évidentes du goût des Grecs, dans la forme qui lui a été donnée, et qui est semblable à celle des deux autres trouvés dans le même caveau.

La caisse des momies a ordinairement la forme du corps humain, et présente à l'extérieur une figure d'homme ou de femme, selon le sexe du mort, usage dont Diodore de Sicile nous explique la cause (1). Ces trois caisses, au contraire, ont la forme d'un carré long, terminé aux deux extrémités par deux plans rectangulaires, et à la partie supérieure par une surface arrondie : c'est assez dire que cette forme est analogue à celle d'un sarcophage grec ou romain ; et, chose sin-

---

(1) Diod. de Sic., I, 21. — Herod., II, 86. — Cf. Creuzer, *Comm. Herodot.*, p. 60.

gulière ! en même temps que la figure générale porte ce caractère si frappant, le plan de la partie antérieure présente les détails d'une façade égyptienne, avec trois entablements, deux globes ailés, et deux colonnes qui en soutiennent les extrémités : cette disposition raccorde au style égyptien la forme étrangère de la caisse. Les peintures qui recouvrent cette façade sont également composées d'emblèmes presque entièrement égyptiens. Il y a donc, dans cet ensemble, un arrangement assez ingénieux pour fondre ensemble des styles si différents, sans altérer d'une manière trop sensible le caractère qui leur était propre.

On doit remarquer aussi la disposition adoptée par l'inscription grecque. Comme toute la caisse est couverte de peintures égyptiennes, excepté les espaces vides qui servent à séparer les scènes représentées, on a choisi un de ces espaces pour y placer l'inscription, dont l'objet n'a pu être que celui d'une *étiquette*, propre à faire distinguer à quels individus appartenait chacune des caisses que contenait le caveau sépulcral de la famille; et, ce qu'il ne faut pas non plus négliger d'observer, c'est que la place choisie pour cette inscription est analogue à celle qu'on a prise pour placer, sur la façade de quelques temples égyptiens, les inscriptions grecques indiquant l'époque de leur construction totale ou partielle. On sait qu'on les a gravées sur le listel de la corniche, bande étroite qui était la seule partie de ces édifices où l'on ne sculptait jamais d'hiéroglyphes (1).

Mais l'association des idées religieuses et du goût des deux peuples est plus évidente encore dans les détails que présente la momie elle-même. Je vais les examiner l'un après l'autre.

Le premier et le plus frappant est la couronne qui décorait la tête de la momie, par-dessus les linges dont elle était environnée. « Cette couronne (dit l'auteur de la Notice) est formée de lames de cuivre doré et de boutons imitant la feuille et le jeune fruit *de l'olivier.* » Que cet ornement n'ait rien d'égyp-

---

(1) V. mes *Recherches pour servir à l'histoire de l'Égypte.* p. 440.

tien, c'est un fait dont personne ne saurait douter; et voilà pourquoi on ne l'a jamais découvert sur aucune des momies que nous connaissons : si on le trouve sur une des momies de la famille de Sôter, c'est qu'il est entièrement grec. On voit, par un texte de la loi des XII Tables, que nous ont conservé Pline et Cicéron, que les morts, tant que duraient leurs obsèques, avaient la tête décorée de la couronne qu'ils avaient gagnée dans les jeux publics (1). Cet usage venait de la Grèce ; mais dans ce pays, il était bien plus général. Créon, dans Euripide, parle d'un décret qui doit prononcer la condamnation à mort de quiconque serait surpris *couronnant* le corps de Polynice ou cherchant à l'enterrer : ἢ καταστέφων ἅλῷ ἢ γῇ καλύπτων (2); sur quoi le scholiaste dit : εἰώθασι γὰρ (οἱ Ἕλληνες) στέφειν τοὺς νεκρούς. D'autres passages rassemblés par Kirchmann (3) concourent à prouver la généralité de cet usage; il subsistait encore dans toute sa force au temps de Lucien, qui y revient plusieurs fois dans le traité *de Luctu*, et de Clément d'Alexandrie (4). La couronne sculptée sur les sarcophages grecs ou romains, en est même une expression évidente.

Les couronnes funéraires étaient très souvent de fleurs naturelles ; d'autres fois elles étaient en or, comme on le voit par plusieurs textes, et entre autres par celui-ci de Cicéron : *Vellem tantum habere otii, ut possem recitare psephismata Smyrnæorum, quæ fecerunt in Castricium mortuum; primùm ut in oppidum introferretur, quod aliis non conceditur : deindè, ne ferrent Ephebi : postremo ut imponeretur aurea corona mortuo* (5). Quant à la nature du feuillage qui composait la couronne funèbre, un texte des lettres attribuées au philosophe Chion nous apprend que c'était celui de l'olivier sauvage (κότινος) (6). Ce témoignage est d'autant plus à considérer,

---

(1) Cf. Bouchaud, *Comment. sur la loi des XII Tables*, p. 752.
(2) Eurip., *Phœniss.*, v. 1626.
(3) Kirchm., *de Funer. Rom.*, I, 11.
(4) *Pædagog.*, II, p. 213, l. 18, ed. Potter.
(5) Cic., *in Flacco*, § 31.
(6) Chion, *Epist.* XVII, 4, ed. Orell. ἔδοξε γάρ μοι γυνή, θεῖόν τι χρῆμα κάλλους καὶ μεγέθους, ἀναδεῖν με κοτίνῳ καὶ ταινίαις.

qu'il est d'une époque postérieure à celle de notre monument, puisque les lettres attribuées à Chion paraissent avoir été rédigées par un sophiste néoplatonicien du second ou du troisième siècle de notre ère (1).

D'après ces rapprochements, il n'y a aucun doute à conserver sur l'objet et l'usage de cette couronne dorée, formée des feuilles et du fruit de *l'olivier*, qui décorait la tête de la momie. On voit encore ici une application assez adroite des rites grecs au mode de sépulture des Égyptiens. La couronne funèbre chez les Grecs décorait la tête du mort pendant tout le temps de l'exposition et jusqu'au moment où le corps était mis sur le bûcher ; ensuite, on en ornait son tombeau, ou l'urne qui renfermait ses cendres (2). Mais puisque le corps, au lieu d'être consumé par les flammes, au moyen de l'embaumement, devait être conservé dans sa forme naturelle, il était tout simple de placer sur la tête de la momie l'ornement funèbre qui avait couronné le mort pendant les funérailles.

C'est à une application de ce genre que nous devons encore deux particularités qui ne se trouvent dans aucune autre momie. Toutes celles que l'on connaît ont la bouche plus ou moins ouverte, et l'on n'aperçoit point que les embaumeurs aient voulu la tenir fermée : aussi, très souvent, la langue ressort plus ou moins. Ici, au contraire, la bouche est complètement fermée ; les lèvres sont tellement adhérentes l'une à l'autre, qu'elles font en quelque sorte corps ensemble, et qu'on aurait besoin d'un instrument tranchant, si on voulait les séparer. Il y a là une intention formelle de la part de ceux qui ont préparé la momie ; il faut que quelque rite religieux ait prescrit de serrer les deux mâchoires, de manière que la séparation fût désormais impossible. Ce rite, qui n'existait pas en Égypte, était au contraire fort religieusement observé dans la Grèce. Lorsqu'une personne venait d'expirer, ses pa-

---

(1) Hoffmann, *Proleg. in Chion. Epist.* in edit. Orell., p. 140.
(2) Τί δὲ ὁ ὑπὲρ τοῦ τάφου λίθος ἐστεφανωμένος; Lucian., *de Luctu*, § 19, Opp., II, p. 931.

rents et ses amis avaient le soin de lui fermer la bouche. Nous voyons le disciple de Socrate, Criton, s'empresser de rendre à son maître ce pieux devoir, aussitôt qu'il eut rendu l'âme (1). C'est ce qu'on appelait συλλαμβάνειν τὸ στόμα. On allait même plus loin : en ornant le corps pour l'exposition, on serrait ses mâchoires avec des bandelettes de laine, rattachées par-dessus la tête. « Par Tisiphone (dit Lucien, faisant « parler un mort à ses parents), en vous voyant dire et faire « tant de sottises à mes funérailles, j'aurais éclaté de rire, si « les bandelettes de laine dont vous m'aviez si bien serré les « mâchoires ne m'en eussent empêché (2). » Rien ne me paraît plus propre que ce passage à expliquer la circonstance qui nous occupe. C'est vraisemblablement par une sorte d'expression symbolique de ce dernier devoir rendu aux morts, qu'on avait placé, en travers de la bouche de la momie, une lame d'or qui a la forme d'une langue, et dont l'objet semble avoir été de sceller la bouche.

On en peut dire autant des yeux, qu'on a dû fermer au moment de la mort, selon l'usage grec, si religieusement observé, qui s'exprimait par καθαιρεῖν, συλλαμβάνειν, συναρμόττειν τοὺς ὀφθαλμοὺς ou τὰ βλέφαρα. De même que la bouche avait été close par une lame d'or, les yeux ont été recouverts et scellés par deux autres petites lames de même métal représentant la figure d'un œil, ce qui rappelle l'expression remarquable *sigillare oculos* dans un passage de la loi *Mænia* (3) : on a entendu cette expression simplement de l'action de fermer les yeux, et, je crois, avec raison; mais peut-être cache-t-elle une préparation analogue à celle que nous remarquons ici. Je dois dire qu'à l'ouverture de la momie, on a trouvé les deux lames d'or, placées un peu plus bas que les pommettes des joues, dans une position qui n'avait rien de régulier et annonçait un dérangement. Mais l'analogie complète qui existe entre ces

---

(1) Plat., *Phædon*, § 66, fin.; *ubi vide* Wyttenb.
(2) Lucian., *de Luctu*, § 19. *Opp.* II, p. 931 : ...παμμέγεθες ἐπῄει ἀνακαγχάσαι· διεκώλυσε δὲ... τὰ ἔρια οἷς μοῦ τὰς σιαγόνας ἀπεσφίγξατε.
(3) Cf. Salmas, *de Modo usur.*, p. 456.

deux lames et celle de la bouche, offrant toutes les trois la représentation de la partie qu'elles ont été destinées à recouvrir, ne permet pas de douter que les deux lames n'aient été mises sur les yeux mêmes ; les paupières, en se retirant, auront repoussé ces lames, et, dans le transport de la momie du lieu de l'embaumement au caveau où elle devait être déposée, elles auront glissé de l'endroit où elles étaient primitivement, et se seront arrêtées sur la convexité des joues, où la pression des enveloppes de la face les aura assujéties et fixées.

Il reste une particularité à expliquer, c'est celle de l'énorme grosseur de cette momie, caractère qui lui est commun avec les deux autres qui ont été découvertes dans le même caveau, ce qu'il ne faut pas négliger de remarquer. Jusqu'à présent, dans les momies qui ont été ouvertes, on avait trouvé le corps enveloppé d'une grande quantité de bandelettes et quelquefois de pièces de toile ; mais ici, outre environ 380 mètres de ces bandelettes qui entouraient toutes les parties du corps, on a trouvé plusieurs enveloppes successives, beaucoup de linges et d'effets, « quatre serviettes ou écharpes pliées en plusieurs doubles ; quatre tuniques, quinze pièces de toiles ; une tunique contenant des marques écrites à l'encre ; une autre raccommodée adroitement ; une belle écharpe avec des franges et un galon, marquée des lettres initiales du nom d'Ammonius ; » et d'autres objets qui *évidemment ont été à l'usage du mort.* Comment expliquer le dépôt de tous ces objets dans l'enveloppe de la momie ; et pourquoi cette momie est-elle la seule où l'on en trouve ? La raison n'est pas difficile à deviner, d'après les observations précédentes ; car on ne peut voir ici qu'un usage grec approprié à la circonstance de l'embaumement. Dans les funérailles des Grecs et des Romains, c'était une sorte de devoir de placer sur le bûcher quelques-uns des vêtements et des ornements qui avaient appartenu au mort : on les appelait *munera* ou *dona*, et en grec δῶρα et ἐντάφια. Quelquefois ces objets n'étaient pas consumés, mais simplement déposés dans le tombeau avec les restes mortels du personnage. Nous voyons dans Hérodote que Mélisse, la femme de Périandre, apparaît après sa mort, et se plaint de ce qu'elle a froid, parce que les vêtements qu'on avait enterrés avec elle ne pouvaient lui servir (1) : car les anciens avaient l'opinion que les morts se couvraient de ces vêtements dans les Champs-Élysées. Lucien s'en moque, selon sa coutume : « Combien d'habits, dit-il, et d'autres ornements n'a-t-on pas brûlés ou enterrés avec les morts, comme s'ils devaient s'en servir et s'en parer dans les enfers (2) ! » Et ailleurs : « Après qu'on a lavé les corps, comme si l'eau du lac Achérusie ne suffisait pas pour nettoyer les gens d'ici-bas (les enfers) ; après les avoir frottés des parfums les plus précieux afin d'en écarter la mauvaise odeur, et les avoir couronnés de fleurs de la saison, on les expose revêtus de beaux habits, de peur qu'ils n'aient froid le long de la route, ou que Cerbère ne les voie tout nus (3). » C'est à cette idée que les morts devaient se servir de ces habits et de ces ornements, qu'il faut attribuer les profusions auxquelles les anciens se livrèrent quelquefois dans ces sacrifices funèbres, en abandonnant aux flammes les vêtements les plus riches, les bijoux les plus précieux dont le mort aimait à se parer pendant sa vie.

Il est clair que, pour accomplir ce pieux devoir, dans le cas d'embaumement, il n'y avait qu'un seul moyen, c'était d'enfermer sous la même enveloppe et le mort et les objets qui devaient lui servir aux enfers ; c'est en effet là le parti que prirent les parents de Péténénon.

Tel est l'ensemble des principales circonstances que présente cette momie : il n'en est aucune qui ne tienne au mélange des usages des deux peuples ; et cela seul nous avertirait que cette famille était grecque d'origine, quand le fait ne serait pas établi d'ailleurs par des indications positives.

---

(1) Herod., V, 92, l. 125, ed. Schweigh.
(2) Lucian., *de Luctu*, § 14. *Opp.* II, p. 928.
(3) *Ibid.*, § 11, p. 927.

On voit donc que, dans le cas même où la momie de Pétéménon ne nous offrirait que ces traits particuliers, ce serait encore un monument des plus curieux, puisqu'il est jusqu'à présent le seul qui, en nous montrant le mode de sépulture suivi en Égypte par les Grecs qui avaient embrassé la religion du pays, nous fait connaître le caractère de cette singulière fusion de rites et d'usages différents.

Mais il nous offre un autre motif d'intérêt, dans la représentation du zodiaque peint à l'intérieur de la caisse. Cette circonstance si remarquable mérite que nous nous y arrêtions d'une manière spéciale ; et nous ne pouvions le faire avec succès avant d'avoir établi l'époque de la caisse qui le contient, et indiqué l'origine des particularités qu'elle présente.

CHAPITRE TROISIÈME.

Du Zodiaque peint dans la caisse de la momie. — Il exprime un thème natal.

En dedans de la paroi supérieure de la caisse de la momie, on a peint une grande figure de déesse, les bras élevés au-dessus de la tête, à peu près comme les figures debout qui soutiennent le zodiaque circulaire de Dendéra (1). Le long de son corps, on a disposé onze signes du zodiaque, formant ainsi deux bandes, l'une à gauche, l'autre à droite de la figure : à gauche, en commençant par en haut, se voient successivement le Lion, la Vierge, la Balance, le Scorpion, le Sagittaire ; puis, en remontant à droite, le Verseau, les Poissons, le Bélier,

---

(1) M. Cailliaud m'a assuré que la caisse de la momie de Tphout, trouvée dans le même caveau (*suprà*, p. 182), contient aussi un zodiaque.

Note add. Au moment du tirage de cette dernière feuille, je reçois une lettre de M. le l^t-colonel Leake, qui a bien voulu, sur mon invitation, examiner le coffre de la momie trouvée par M. Grey et maintenant déposée au Musée Britannique. Il m'annonce que ni lui ni le conservateur du Musée, M. Combe, n'ont aperçu de représentation zodiacale d'aucune espèce parmi les peintures de la caisse. M. Cailliaud aura confondu cette momie avec une de celles qui ont été retirées du même caveau, peut-être celle de Sôter, qui a été brisée sur le lieu.

le Taureau, les Gémeaux et le Cancer. C'est précisément la disposition adoptée dans les zodiaques de Dendéra, où le premier signe est le Lion, et le dernier, le Cancer : il faut ajouter que la configuration des signes est tout à fait semblable et tient au même système de représentation. Il n'y a pas jusqu'à cette vache couchée sur un bateau (dont les deux zodiaques de Dendéra nous présentent l'image sous le Cancer (1), ou entre ce signe et les Gémeaux (2), et qu'on croit être un symbole de l'étoile d'Isis ou Sirius), qui ne se voie aux pieds de la figure, en dehors de la ligne zodiacale (3). Ainsi, l'identité de ce zodiaque et de ceux de Dendéra est aussi complète que pouvait le permettre la différence des monuments où on les a placés.

Toutefois, une circonstance toute particulière distingue celui-ci des deux autres : c'est que le signe du *Capricorne* manque dans la série ; il en a été retiré et placé au-dessus de la tête de la figure, à côté de sa main droite, dans une position isolée, d'où il semble la dominer ; situation remarquable, qui nous amènera bientôt à des conséquences dignes d'attention.

D'après la date établie plus haut (4), il est donc prouvé que des zodiaques, tels que ceux de Dendéra, ont été sculptés ou peints sur des monuments, au moins jusqu'à l'an 116 de notre ère, et probablement aussi plus tard. A la vérité, ce n'est pas là un fait nouveau : déjà l'examen des inscriptions grecques des temples de Dendéra et d'Esné nous avait amenés directement à la même conséquence sur l'époque des zodiaques qui y sont représentés, et particulièrement de celui du petit temple d'Esné (5). L'inscription de la momie n'est donc qu'une confirmation d'un fait établi d'une manière qui a paru certaine à

---

(1) Zodiaque circulaire.
(2) Zodiaque rectangulaire.
(3) M. Cailliaud se propose de faire graver incessamment toutes les figures qui recouvrent cette caisse de momie.
(4) *Suprà*, p. 183.
(5) V. mes *Recherches pour servir à l'histoire de l'Égypte*, etc., p. 456 et suiv.

d'excellents esprits (1) ; mais cette confirmation, apportée par une preuve du même ordre, le rend désormais indubitable. D'ailleurs, elle s'annonce avec des circonstances toutes nouvelles, que je vais signaler à mes lecteurs.

Il n'est rien de plus arbitraire, on en convient, que les inductions qu'on a voulu tirer, pour l'époque de ces zodiaques, du signe par lequel leurs auteurs les ont commencés ; comme si le commencement du zodiaque à tel ou tel signe n'était pas un caractère indifférent en lui-même. Le point initial peut se placer partout ; et le choix de ce point dépend de circonstances indépendantes du zodiaque, qu'il faudrait déterminer *a priori*, avant de prétendre tirer de ce choix une induction quelconque. Ce qui pourrait faire de cette disposition un caractère chronologique, ce serait l'indication, précise et non contestable, de la relation des signes avec les solstices et les équinoxes, ou de la position des planètes dans les diverses parties du zodiaque ; mais ce sont là des points sur lesquels les savants n'ont jamais pu s'entendre (2) : ce qui surprendra d'autant moins que, selon toute apparence, ils ont cherché l'explication de ces zodiaques, précisément où ils ne devaient pas la trouver.

Je l'ai dit ailleurs (3), dans cette longue discussion qui a fait perdre un temps précieux à plus d'un savant distingué, il a manqué jusqu'ici une connaissance indispensable, c'est celle du véritable but que se sont proposé les auteurs de ces zodiaques. Évidemment, on se trouvait enfermé dans un cercle vicieux, ce qui devait peu rassurer les bons esprits sur la certitude du résultat de tant de recherches : car si, d'un côté, il semblait qu'en tâchant de deviner le sens de tous ces emblèmes, on arriverait à connaître le but des zodiaques, de l'autre, il était facile de voir qu'avant de raisonner sur les indications si incertaines qu'ils présentent, il eût été néces-

---

(1) Silvestre de Sacy, dans le *Journal des Savants*, ann. 1823, p. 199.
(2) V. les judicieuses et profondes réflexions de M. Cuvier dans le beau *Discours préliminaire* de ses *Recherches sur les animaux fossiles*, p. cxv-cxxxiv.
(3) V. mes *Recherches*, etc., introd., p. xv.

saire de connaître ce but, ou tout au moins de savoir si de tels monuments sont astronomiques, ou simplement astrologiques, ou mythologiques, ou enfin composés de symboles et d'images tirés, en même temps, de l'astronomie, de l'astrologie et de la religion. Les personnes un peu versées dans l'étude de l'antiquité présumaient bien qu'on avait beaucoup exagéré l'importance de ces monuments, et que leur objet principal était astrologique (1). Visconti avait même reconnu (2), dans les deux zodiaques de Dendéra, les Décans, ou ces personnages qui, selon les astrologues anciens, présidaient chacun à un tiers de chaque signe zodiacal ; et, depuis, M. Champollion le jeune a lu, auprès de sept des figures placées au bord du zodiaque circulaire, les noms de sept des Décans que Firmicus placé dans ces mêmes signes (3). Il est presque inutile d'insister pour prouver que la présence seule des Décans établit la nature astrologique de ces représentations zodiacales. Dans ce cas, on ne pourrait y voir que ces thèmes généthliaques destinés à marquer, au moyen de caractères tirés de l'astrologie, l'époque de la naissance d'un grand personnage, ou même d'une divinité (4), de la fondation d'un temple ou d'une ville.

Le zodiaque peint dans la caisse de la momie change ces conjectures en certitude. En effet, la situation seule de ce zodiaque, dans un pareil monument, indique que son objet est astrologique, c'est-à-dire qu'il doit être dans un rapport quelconque avec la vie du personnage dont la caisse a renfermé le corps ; la disposition du zodiaque autour de la figure qui occupe le fond de cette caisse indique encore plus clairement ce rapport : or, de quelle nature pourrait-il être, sinon d'indiquer l'influence astrologique sous laquelle ce person-

---

(1) Saint-Martin, *Notice sur le Zodiaque de Dendéra*, p. 38, et mes *Recherches*, etc., introd., p. XVI.

(2) *Notice sur les Zodiaques de Dendéra*, dans Larcher, *trad. d'Hérod.*, t. II, p. 573.

(3) *Ap.* Salmas., *de Ann. Climacter.*, p. 611.

(4) Lindenbr., *ad Censor. de Die Natali*, § 2.

nage s'est trouvé placé pendant sa vie ? Mais, si l'on vient à considérer ensuite qu'un des signes du zodiaque a été extrait de la série et placé dans une position tout à fait isolée, on conviendra qu'il est impossible d'exprimer d'une manière moins équivoque que *Pétéménon* était né sous l'influence de ce même signe.

Il ne reste plus à faire qu'une vérification, qu'on peut même regarder comme surabondante ; c'est de chercher si l'époque de la naissance de cet homme correspond avec le signe retiré de la série. La vérification n'est pas difficile. On a vu que ce signe est celui du Capricorne : or, Pétéménon était mort le 8 payni, 2 juin, après avoir vécu vingt-un ans, quatre mois et vingt-deux jours ; si, du 8 payni de l'an 116 de notre ère, nous remontons de cette quantité, nous tomberons sur le 17 tybi, qui correspond au 12 janvier de l'an 95. Ce sera le jour de la naissance de Pétéménon : et, dans ce jour, le soleil se trouve à peu près aux deux tiers du Capricorne, considéré comme *signe*. La différence ne sera pas très grande, pour l'époque qui nous intéresse, si on le prend comme *constellation* : l'étendue de la *constellation* du Capricorne est de $23° 21' 17''$: or, en 1800, selon M. Delambre, la première étoile du Capricorne avait de longitude $9^s 29° 39' 15''$; et la dernière (μ), $10^s 23° 1' 17''$ (1). Si, à raison de $50'' 1$ pour la précession annuelle, nous rétrogradons de $23° 43' 40''$, qui équivalent aux 1.705 ans écoulés depuis l'an 95 de notre ère jusqu'en 1800, nous trouverons qu'en cette année 95, la *constellation* du Capricorne était comprise tout entière dans le *signe*, entre $5° 55' 35''$ et $29° 16' 52''$ de ce *signe* : elle commençait donc à $5° 55' 35''$ du point solsticial d'hiver : le soleil y entrait vers le 27 décembre ; et, au 12 janvier, il était vers le 16ᵉ degré de cette *constellation*.

Cette coïncidence complète la démonstration. Il est impossible de douter maintenant : 1° que ce zodiaque ait eu d'autre

---

(1) Note de M. Delambre insérée p. cxxxi du *Discours préliminaire* des *Recherches sur les animaux fossiles*, de M. Cuvier.

but que de servir à l'expression d'un thème natal ; 2° que ce thème consiste, non pas en ce que le zodiaque commence à tel ou tel signe, circonstance indifférente pour l'objet qu'on a voulu exprimer, mais en ce que le signe sous lequel était né le personnage (*signum genethliacum* ou *natalitium*) se trouve distingué de tous les autres, de manière à ne pouvoir être méconnu.

De là se tire une induction bien légitime, c'est que les deux zodiaques de Dendéra, si semblables à celui de la momie par la disposition et la configuration des signes, pourraient bien avoir également un objet astrologique ; ce qui entraînerait aussi les deux zodiaques d'Esné, dont le but est nécessairement analogue à celui du zodiaque rectangulaire de Dendéra. Chacune de ces représentations ne serait donc autre chose qu'un thème natal, exprimé au moyen des procédés dont se servaient les anciens astrologues.

Cette induction, fondée sur une analogie frappante, vient à l'appui des preuves paléographiques et archéologiques qui avaient déjà fait reconnaître les caractères de l'astrologie dans ces monuments ; et c'est ici qu'il convient de montrer que les renseignements qui nous étaient connus, même avant l'arrivée à Paris de la momie de Pétéménon, suffisaient pour conduire directement à la même conséquence.

SECONDE PARTIE

Des représentations zodiacales antiques considérées par rapport à l'histoire de l'astrologie chez les anciens peuples.

La première chose dont on est frappé, c'est que la représentation d'un thème natal, exprimé par le moyen des signes du zodiaque, se trouve seulement dans deux momies appartenant à une même famille grecque établie en Égypte sous les règnes de Trajan et d'Adrien. Dans aucune des nombreuses caisses de momies apportées en Europe, et qui sont d'une époque plus ancienne, on n'a rien observé de pareil. Il est possible qu'on en trouve plus tard, dira-t-on; sans doute, mais, dès à présent, on est en droit de penser que, si l'usage de figurer l'horoscope du mort dans ces caisses eût existé à une époque antérieure aux Romains, il serait bien étrange qu'on n'en trouvât point de trace sur les centaines de momies que renferment les cabinets européens. Ce seul fait démontre, sinon que cet usage s'est introduit à une époque tardive, du moins qu'il était anciennement fort peu répandu parmi les Égyptiens. On pourrait même être tenté de croire, d'après cette simple observation, que cette manière d'exprimer le thème natal d'un individu est d'invention romaine ou grecque; mais, avant de se prononcer à cet égard, il faut recueillir les principaux témoignages de l'histoire sur l'origine, la marche et les progrès de l'astrologie, principalement chez les Grecs et les Romains jusqu'au règne d'Adrien; et, par astrologie, j'entends la croyance à l'influence des astres sur les vicissitudes de la vie humaine, et l'art des pronostics fondés sur les circonstances astronomiques de la naissance des individus, ou de l'époque des évènements.

CHAPITRE PREMIER.

Astrologie chez les Égyptiens. — Bas-reliefs dans les tombeaux des rois.

Il est certain d'abord que l'astrologie n'est pas d'origine grecque ni romaine. Toutes les traditions de l'antiquité (1) en placent le berceau dans la Chaldée et dans l'Égypte. Qu'il nous suffise d'observer ici que son existence dans ce dernier pays, à des époques très reculées, est attestée par un texte

---

(1) Je ne compte pas celle qui en attribuait l'invention aux Cariens (*Ap.* Clem. Alex., *Strom.*, I, p. 361. — Tatian., *Adv. Græc.*, p. 3).

formel de Cicéron (1), et, au temps d'Hérodote, par un passage de cet auteur (2) : d'ailleurs, depuis le moment où les Grecs et les Romains ont commencé à parler d'astrologie, nous les voyons citer uniquement, outre les Chaldéens, les deux Égyptiens *Pétosiris* et *Nécepsos*, dont les ouvrages contenaient la méthode astrologique *égyptienne* (3), différente sans doute, en quelques points, de celle des Chaldéens, comme on peut le conclure de la différence que les auteurs anciens paraissent mettre entre *Ægyptia ratio* et *Chaldaïca ratio*. On voit même, par un vers de Juvénal (4), que le nom du premier servait à désigner, en général, un astrologue. L'époque de ces astrologues est tout à fait incertaine, et Marsham n'a pu réussir à la déterminer (5). Le vers d'Ausone, qui place l'un d'eux au temps de Sésostris (6), ne saurait faire autorité ; quant au vers isolé d'Aristophane, cité par Athénée (7), et dans lequel Daléchamp, Marsham, Fabricius (8) et d'autres critiques voient le nom de Pétosiris, le sens en est fort douteux, selon la remarque très juste de M. Caussin (9).

(1) Cic., *de Divinat.*, I, 1. *Qua in natione Chaldæi, non ex artis, sed ex gentis vocabulo nominati, diuturna observatione siderum, scientiam putantur effecisse, ut prædici posset quid cuique eventurum, et quo quisque fato natus esset. Eamdem artem etiam Ægyptii longinquitate temporum innumerabilibus pene seculis consecuti putantur.* — Cf. Diod., I, 81 ; *ibi*, Wessel.

(2) Herod., II, 82. « Les Égyptiens sont les auteurs de plusieurs inventions, telle que celle de désigner à quel dieu chaque mois et chaque jour est consacré, et de déterminer, d'après le jour où un homme est né, quels évènements il rencontrera dans sa vie, comment il mourra, et quels seront son caractère et son esprit : les poètes, parmi les Grecs, ont fait usage de cette invention. » Cette dernière phrase montrerait que les poètes grecs antérieurs à Hérodote avaient fait quelque usage de semblables pronostics ; mais il est plus que probable que l'historien a confondu la doctrine égyptienne, dont il n'avait qu'une idée confuse, avec les pronostics tirés de l'influence de la lune, qu'on trouve jusque dans Hésiode.

(3) *Ægyptia ratio, quam Petosiris et Necepsos ostendere...* (Plin., II, 23 ; p. 87, l. 15). — *Durat et ea ratio, quam Petosiris et Necepsos tradiderunt* (Id., VII, 49 ; p. 404, l. 13).

(4) Juvenal., VI, 581 ; *ibique* Ruperti.

(5) *Canon. chronic.*, p. 477-478.

(6) Auson., *Epist.* XIX.

(7) *Ap.* Athen., III, p. 114, C ; *ibique* Schweigh.

(8) Fabric., *Bibl. Græc.*, IV, p. 138 et 166, ed. Harles.

(9) Dans une Note lue sur ce sujet à l'Académie.

Le titre de *roi* (1) que Galien, Vettius Valens (2), Firmicus Maternus, etc., donnent à Nécepsos, ne prouve rien non plus, et tient sans doute à la conformité du nom de cet astrologue avec celui de Nécepsos, roi de la 26ᵉ dynastie Saïtique, dans les listes de Manéthon. Tout ce qu'on sait de positif, c'est que Ptolémée et Proclus regardaient ces deux astrologues comme anciens, en les qualifiant παλαιοί ou ἀρχαῖοι, et que Pline et tous les autres auteurs grecs et latins n'ont pas mis en doute l'authenticité des écrits attribués à ces Égyptiens; ce qui ne permet guère de contester l'origine égyptienne soit de ces écrits soit de la doctrine qu'ils renfermaient, quelque opinion qu'on se fasse d'ailleurs sur leur ancienneté, et quand même on les croirait pseudonymes (3). Or, les citations diverses que les auteurs anciens, et surtout Julius Firmicus Maternus, ont faites de ces ouvrages, montrent qu'ils contenaient le thème natal du monde et la théorie des Décans.

Au reste, la croyance à l'influence des astres, et l'art des pronostics tirés des circonstances de la nativité, ne supposent pas nécessairement l'usage de procédés très compliqués pour fixer les époques généthliaques, ni celui de figurer les thèmes dans les monuments : il faut donc des indications précises pour établir l'existence de ces usages; ce qui nous amène à discuter le sujet de quelques représentations égyptiennes dont l'époque, antérieure à la domination grecque, ne paraît pas douteuse.

Les savants français ont découvert, dans une des tombes royales de Thèbes, un plafond sculpté (4) où l'on aperçoit les figures d'un taureau, d'un lion, d'un crocodile et d'un scorpion, liées avec d'autres figures symboliques, dont la signification est inconnue, mais qui se rapportent évidemment à la célébration de cérémonies funèbres. On n'a point hésité à regarder ce taureau, ce lion et ce scorpion comme étant des

---

(1) Cf. Marsham, *Canon. Chronic.*, p. 478.
(2) Vett. Valent., *Anthol.*, f° 15, recto. *Cod. Reg.*, n° 94.
(3) Tiedemann, *de Art. magic. orig.*, p. 27.
(4) *Description de l'Égypte, Antiq.*, II, pl. 82.

signes du zodiaque ; hypothèse d'autant moins sûre, que les deux premiers de ces animaux, ayant une *pose* entièrement différente de celle qu'ils ont dans les zodiaques égyptiens, paraissent être bien plutôt des images symboliques que des constellations zodiacales. En conséquence de cette attribution tout hypothétique, on a prétendu déterminer l'époque du tableau, en admettant, par une autre conjecture gratuite, qu'il exprime la position des équinoxes dans le Taureau et le Scorpion. Accordons pour un moment l'hypothèse qu'on a faite sur l'attribution de ces figures à des signes du zodiaque. Dans ce cas-là même, le tableau ne pourrait être qu'astrologique et religieux ; cela résulterait du plus léger examen de l'ensemble des figures qui le composent. Ce caractère se montrerait aussi dans un plafond semblable qui décore le tombeau découvert par M. Belzoni, où l'on voit également un taureau, deux lions, deux crocodiles et une multitude d'autres figures. Cette destination ressortirait avec évidence de la nature même de ces tableaux et de la place qu'ils occupent ; car on peut être certain, *a priori*, d'après la seule considération du génie égyptien, que ces sortes de tableaux doivent se rapporter à la vie du mort ; et, même dans l'hypothèse que nous avons consenti à admettre, ils n'auront pu avoir pour objet que de marquer l'influence céleste sous laquelle il s'était trouvé au moment de sa naissance. Rien de moins égyptien, je dirai même de moins conforme à l'esprit général de l'antiquité, que l'idée de placer, dans un tombeau souterrain, un tableau *astronomique* dont le but aurait été seulement de marquer *l'état du ciel* à l'époque de la mort d'un homme, sans rapport immédiat avec la vie de cet individu.

D'ailleurs, veut-on une preuve décisive que les anciens Égyptiens n'ont jamais mis à exécution une telle idée, ni dans les tombeaux, ni dans leurs temples ? on la trouvera dans un fait historiquement prouvé, c'est l'ignorance où ils ont toujours été de la précession des équinoxes.

On sait que les astronomes de l'école d'Alexandrie ne s'en sont nullement doutés. Eratosthène, dont les travaux furent considérables, n'en a pas eu le moindre soupçon; et néanmoins, en sa qualité de bibliothécaire d'Alexandrie, il avait à sa disposition (1) tous ceux des livres égyptiens que Ptolémée Philadelphe avait fait rassembler et traduire (2). Hipparque est le premier qui s'en soit aperçu, en comparant, avec ses propres observations, celles d'Aristylle et de Timocharis, qui ne dataient que de 160 ans. Avant d'avoir fait cette comparaison, il était loin de soupçonner le mouvement des fixes : Ptolémée, qui avait sous les yeux le traité de ce grand astronome sur le déplacement des points équinoxiaux, est formel à cet égard (3); et lui-même, pour s'assurer de l'existence et de la quotité de ce mouvement, il ne s'appuie sur aucune autre observation que sur celles d'Hipparque; nulle part il ne va chercher, comme pour ses autres calculs, des observations chaldéennes dont la comparaison lui aurait fourni des termes plus éloignés et plus certains; il ajoute même : nous sommes sûrs de ce mouvement, *autant du moins qu'il est possible de l'être d'après le temps qui s'est écoulé depuis ces observations* (4) : expressions bien remarquables ! Or, si les Égyptiens, de temps immémorial, eussent placé, dans les tombeaux de leurs rois et surtout dans les pronaos de leurs temples, des thèmes astronomiques présentant, comme on l'a dit, *l'image de l'année naturelle divisée selon l'ordre des signes que le soleil doit parcourir*, la connaissance de la précession en serait résultée nécessairement; cette précession serait devenue un fait patent à tous les yeux, et l'un de ceux qui passent le plus rapidement dans la circulation des idées vulgaires : Hipparque, qui, selon les paroles de Ptolémée, n'épargnait aucune recherche pour parvenir à la vérité (5), n'aurait pas été réduit à le soupçonner, seulement d'après des observations faites si peu de temps avant lui. C'est une considération qui s'applique

---

(1) Strab., II, p. 69. — *Trad. fr.*, t. I, p. 179.
(2) *Id.*, XVII, p. 806. — *Trad. fr.*, t. V, p. 390.
(3) Ptol., *Almag.*, VII, 2. Cf. Delambre, *Hist. de l'Astron. anc.*, t. I, p. 425.
(4) Καὶ καθόσον γε ὁ τοσοῦτος χρόνος ὑποβάλλειν δύναται. Ptolem., VII, 4.
(5) Ptol., *Almag.*, III, 2 : ...ἀνδρὶ φιλοπόνῳ καὶ φιλαληθεῖ...

également aux Chaldéens, dont Hipparque et Ptolémée ont eu sous les yeux les observations authentiques, sans en avoir pu tirer le moindre indice de la précession ; et surtout aux Chinois qui, dès une époque très reculée, avaient reconnu la durée de l'année solaire de 365 jours et environ 1/4, possédaient une période lunaire, exactement la même que celle de Callippe, mesuraient le temps par des clepsydres, déterminaient la position de la lune par rapport aux étoiles dans les éclipses, évaluaient avec une exactitude remarquable les ombres méridiennes du gnomon, construisaient même des instruments propres à mesurer les distances angulaires des astres (1), conséquemment avaient fait, en astronomie, des pas plus avancés qu'on n'en peut attribuer aux Égyptiens et aux Chaldéens, et chez qui, cependant, la précession des équinoxes n'a été connue que dans le cinquième siècle de notre ère (2).

Toute l'histoire de l'esprit humain est là pour attester que des découvertes, rationnellement très voisines les unes des autres, ont été séparées, dans l'ordre des temps, par de longs intervalles. Aussi, à combien d'erreurs on s'expose quand on veut conclure de ce qu'un peuple aurait dû avoir telle connaissance, qu'il l'a réellement possédée ! C'est cependant là tout le raisonnement de ceux qui ont prêté aux Égyptiens celle du mouvement des fixes : je me trompe ; ils se sont encore fondés sur le but astronomique qu'ils ont supposé aux représentations zodiacales qui existent dans les monuments; c'est-à-dire qu'ils ont posé en fait précisément ce qui était en question ; aussi la conséquence qu'ils ont tirée de ce raisonnement vicieux est-elle contraire à toutes les indications historiques (3). Il faut donc retourner leur raisonnement, et, partant du fait historiquement prouvé, dire : les Égyptiens n'ont pas connu la précession des équinoxes ; or, ils n'auraient pu l'ignorer si les représentations zodiacales de leurs

---

(1) Laplace, *Exposition du Système du monde*, II, p. 254, 5ᵉ édit.
(2) Delambre, *Hist. de l'Astron. anc.*, t. I, p. 363.
(3) Cf. Biot, *Recherches sur quelques points de l'astron. égypt.*, p. 164 et suiv.

monuments eussent eu le but astronomique qu'on leur suppose ; donc ces représentations ont eu un autre objet qui, dans ce cas, ne saurait être qu'astrologico-religieux.

Ces considérations, nous le verrons bientôt, vont se trouver appuyées par des faits d'un ordre différent. Dès à présent, leur évidence doit frapper quiconque a réfléchi sur l'esprit de l'antiquité ; elles suffiraient pour établir, comme un fait, que ces tableaux, prétendus *astronomiques*, sont purement symboliques et religieux, ou bien de simples horoscopes, s'il est vrai que les figures d'animaux qu'on y a peintes sont des signes du zodiaque ; ce qui, encore une fois, est une pure hypothèse, très peu probable en elle-même.

Mais, dira-t-on, des tableaux *astrologiques* sont en même temps *astronomiques* : sans doute, puisqu'ils contiennent des signes célestes ; mais aussi, comme l'astrologie avait un but qui lui était propre, le caractère chronologique qui se trouve indiqué dans les monuments de cette prétendue science tient toujours à une combinaison particulière des signes astronomiques, sur la nature de laquelle il faut être fixé avant tout, sous peine de s'exposer à de graves mécomptes.

Par exemple, dans plusieurs Mémoires de la Commission d'Égypte (1), on a fixé la date d'un de ces tableaux *au moins* à 1923 ans, et, *en terme moyen*, à 3000 ans avant l'ère chrétienne (2). Mais si, comme tout le prouve, les figures du Taureau, du Scorpion et du Lion, qu'on prétend être zodiacales, coordonnées avec des images symboliques dont personne, quant à présent, ne peut dire la signification, ne sont là que pour indiquer une représentation symbolique ou astrologique en rapport avec la vie du personnage dont le tombeau renferme le corps, que deviennent et ce prétendu caractère astronomique, et cette date si précise qu'on en veut conclure avec tant d'assurance ?

---

(1) Jomard, *Description d'Hermonthis*, p. 11 ; Jollois et Devilliers, *Recherches sur les bas-reliefs astronomiques*, etc., p. 15, 33 ; *Descript. générale de Thèbes*, p. 410.
(2) Jomard, *Essai d'explic. d'un bas-relief astron.*, p. 6 et 7.

Autre exemple : en expliquant ce bas-relief, les auteurs des Mémoires cités essayent de ramener à leur système des monuments où ils voient l'expression du *solstice d'été*. Telle est une pierre que Bruce a vue et dessinée à Axum (1). Ils nous assurent « que ce monument et ceux qui lui ressemblent indiquent le solstice à l'époque où il était dans le Lion, époque à laquelle, en effet, lorsque le Lion était au zénith, on voyait en même temps, à l'horizon oriental, le Scorpion, le Serpent du Serpentaire, la tête du Dragon et le Lièvre » (2). Un d'entre eux va plus loin et donne une date précise. « La date de cette pierre, dit-il, est *bien caractérisée ;* elle doit remonter *au moins* à 3863 ans avant J.-C. » (3). Quel dommage que l'auteur se soit arrêté en si beau chemin, et ne nous ait pas aussi donné le *mois,* le *jour* et l'*heure!* Mais on peut apprécier la justesse d'une époque si précise quand on sait que la pierre d'Axum, que Bruce appelle ridiculement un *thot,* et qu'il croit être un almanach, n'est autre chose qu'un de ces petits bas-reliefs si communs dans les cabinets, tantôt en bois de sycomore, comme l'un de ceux du cabinet du roi (4), tantôt en métal, en serpentine, ou même en pâte de verre, les plus grands d'environ un pied de haut, les plus petits sous forme d'amulettes (5). Ils représentent une figure d'Horus toute nue, debout sur un ou deux crocodiles, la tête surmontée d'une autre tête monstrueuse, les bras à demi étendus, et tenant de chaque main un scorpion, un ou deux serpents, avec un lion, une chèvre ou un lièvre, quelques emblèmes et hiéroglyphes égyptiens. Tous (mais avec de grandes différences dans l'exécution, étant les uns d'un travail ancien, les autres d'un style des bas temps, maladroitement mélangé de grec) offrent exactement la même représentation, sauf de très légères nuances. Ces faits posés, et aucun antiquaire n'en contestera l'exacti-

---

(1) *Voyage en Abyssinie,* t. 1, pl. 7 et 8.
(2) Jollois et Devilliers, *ouvrage cité,* p. 56.
(3) Jomard, *ouvrage cité,* p. 6.
(4) La figure que MM. Jollois et Devilliers en ont donnée est extrêmement inexacte. (Pl. B.)
(5) Caylus, *Rec. d'Antiq.,* t. IV, pl. XV ; t. III, pl. IV, n° 3 ; t. VII, pl. VI, n° 1.

tude, voici quelques objections au système dont je viens de parler :

1° N'y a-t-il pas quelque difficulté à voir la *représentation du solstice d'été* dans ces petits monuments qui offrent *tous* les mêmes circonstances ? Si leur objet eût été purement astronomique, pourquoi offriraient-ils toujours la même scène ? Pourquoi pas aussi les deux équinoxes ou l'autre solstice ? Cette identité constante de représentation n'annonce-t-elle pas clairement qu'il s'agit d'*emblèmes religieux* qui tiennent à un culte *positif* et représentent, par exemple, le triomphe d'Horus sur les animaux typhoniens ? C'est alors seulement que l'on comprend pourquoi ils sont tous de si petite dimension, afin de pouvoir être transportés en tous lieux, suspendus dans les maisons et même portés au cou. Mais qu'on se figure un peu *le solstice porté en amulette !* Comme cela est conforme à l'esprit des anciens peuples, à la nature de leurs religions !

2° Ces bas-reliefs, que l'on fait remonter à 3 ou 4000 ans avant notre ère, sont presque tous d'une époque très postérieure à cette ère ; cela est évident pour quiconque les a seulement regardés. En vain dira-t-on qu'on n'a pas prétendu affirmer que ces bas-reliefs ont été sculptés à cette époque reculée, et qu'on n'a voulu parler que de leur date astronomique : on demandera toujours comment la même date de 4000 ans a été placée sur des monuments qui sont, pour la plupart, postérieurs au second siècle de notre ère ;

3° Enfin, et ceci est plus fort, la plupart de ces prétendus bas-reliefs astronomiques, d'une date si récente, sont des représentations du genre des *Abraxas*, qui offrent presque tous, comme on sait, le caractère du style égyptien mélangé. Le P. Montfaucon (1) et Caylus (2) n'ont laissé aucun doute là-dessus : les scorpions, le lion, les serpents, la chèvre, le lièvre, les crocodiles et autres symboles, qui ont été métamorphosés en signes du zodiaque et en constellations, se retrouvent, soit

---

(1) *Antiq. expliq.*, liv. III, c. vii, § 1, et pl. CLXVII.
(2) *Rec. d'Antiq.*, t. VII, p. 14 ; Pl. VI, n° 1.

isolément, soit deux à deux, soit tous à la fois, sur presque tous les *Abraxas* ; ce sont des emblèmes d'Horus, adoptés par ces sectes extravagantes, dont les superstitions mélangées d'égyptianisme, de magisme, et surtout d'astrologie, ne s'introduisirent qu'après le règne d'Adrien, et furent si répandues en Égypte et jusqu'en Éthiopie, dans les IIIe et IVe siècles de notre ère.

Voilà donc les monuments qu'on fait remonter à 3863 ans avant notre ère ! Or, dans le cas même où ces figures symboliques seraient réellement des signes du zodiaque, on ne pourrait y voir ni des solstices ni des équinoxes, pas plus que sur les bas-reliefs représentant des sacrifices mithriaques, où les mêmes auteurs n'ont pas manqué d'en voir également (1) ; pas plus que dans les statues de Sérapis environnées d'un serpent (2), entre les replis duquel se voit la série des douze signes du zodiaque, en commençant par le Bélier et en finissant par les Poissons. Ce n'est, et ce ne peut être autre chose, que l'expression symbolique du temps, ou bien de la course annuelle du soleil dont ces statues offrent la représentation ; et elles sont entièrement analogues, dans leur objet, soit avec les médailles de Nicée en Bithynie, frappées sous Marc-Aurèle (3), et de Sidon, frappées sous Antonin (4), où nous voyons le char du soleil environné des douze signes du zodiaque, soit avec celles de Périnthe, du temps d'Alexandre Sévère, qui nous montrent la statue de Jupiter entourée du zodiaque, comme symbole du temps, et de quatre figures, au nombre desquelles sont le soleil et la lune sur un char (5) ; soit enfin avec des pierres gravées qui offrent les mêmes images (6).

Il serait bien temps de renoncer à vouloir trouver partout le *taureau équinoxial* et le *lion solsticial,* conformément à l'hypo-

---

(1) *Rech. sur les bas-reliefs astronom.*, p. 56.
(2) *Les mêmes, au même endroit.*
(3) Rasch. *Lexic. Rei Numm.*, t. III, col. 1384.
(4) *Id.*, t. IV, col. 954.
(5) Eckhell, *Doctr. Numm.*, II, 40.
(6) Gori, *Thesaur. gemm.,* pl. XVII.

thèse si peu vraisemblable des levers du soir, proposée par Dupuis (1), et adoptée après coup pour retrancher commodément environ 13,000 ans sur les 17,000 qu'on avait d'abord trop libéralement assignés à l'antiquité du zodiaque (2). Je pourrais citer d'autres exemples des erreurs dans lesquelles on a été entraîné par l'influence des idées de Dupuis, dont l'ouvrage, très savant, mais faux presque entièrement d'un bout à l'autre, était, par malheur, il y a vingt-cinq ans, l'oracle de tous ceux qui voulaient passer pour érudits et philosophes, sans avoir ni philosophie ni érudition. Mais il me suffit de montrer combien il importe de déterminer l'objet de semblables monuments avant d'en rien conclure, et de n'y appliquer le compas de l'astronome qu'après les avoir regardés avec l'œil de l'antiquaire. Je rentre dans le sujet qui m'occupe.

CHAPITRE SECOND.

Astrologie chez les Grecs. — Chez les Romains. — Médailles astrologiques frappées en Égypte.

Des considérations précédemment indiquées, il résulte que les anciens Égyptiens ont connu l'astrologie; mais qu'on ne peut donner, quant à présent, aucune preuve certaine qu'ils en aient fait des applications sur les monuments, au moyen d'horoscopes figurés.

D'un autre côté, il est de fait que rien de pareil n'existe dans la multitude de tombes qui ont été ouvertes, de caisses de momies qu'on a rapportées d'Égypte, et même dans les temples d'une époque ancienne, comme on le verra bientôt. Il faut descendre jusqu'au temps des empereurs, pour trouver des thèmes astrologiques représentés sur le coffre des momies d'une famille grecque, et sur des édifices élevés ou décorés à cette époque.

(1) Dupuis, *Origine de tous les cultes*, t. VI, p. 438.
(2) Biot, *Recherches sur quelques points de l'astronomie égyptienne*, avant-propos, p. XVI.

De là nous tirons cette autre conséquence, rigoureuse d'après les faits qui nous sont connus, c'est que l'usage des thèmes astrologiques, dans les monuments sépulcraux, s'est introduit seulement depuis l'époque de la domination romaine ; ce qui tiendra sans doute à ce que l'astrologie ayant pris, dès cette époque, une extension plus grande, cette science mensongère sera devenue un besoin de toutes les classes de la société, et ses pronostics auront trouvé leur expression sur les monuments religieux ou sépulcraux.

Or, cette conséquence, qui se tire de l'inspection seule des monuments, peut être appuyée de considérations historiques propres à jeter un jour tout nouveau sur cette discussion, et servir à en rassembler en un seul corps de preuves tous les éléments divers.

On ne saurait douter d'abord, ce me semble, que l'astrologie n'a jamais jeté de profondes racines chez les Grecs. On ne trouverait peut-être pas, avant Alexandre, de traces certaines de ce genre de divination parmi tous ceux dont ils faisaient usage. Eschyle, en faisant énumérer à Prométhée les diverses espèces de divination dont se servaient les Grecs, et qu'il leur avait fait connaître, ne parle point de la divination par le moyen des astres (1) ; de même, Cicéron, dans la revue détaillée qu'il donne de ces divers genres usités parmi les nations helléniques, ne leur attribue en aucune manière l'astrologie ; et, quand il arrive à cette dernière, il ne la désigne que par ces termes : *monstra Chaldæorum* (2). Eudoxe, qui voyagea en Égypte, et peut-être à Babylone, y prit connaissance de la doctrine astrologique ; mais, en l'exposant aux Grecs dans un de ses ouvrages, il eut soin d'avertir qu'elle ne méritait aucune confiance (3). Platon, qui l'avait accompagné en Égypte, et qui puisa, dans le commerce des prêtres de ce pays, beaucoup de rêveries métaphysiques, des traditions

---

(1) Æschyl., *Prom. vinct.*, v. 477-492.
(2) Cicer., *de Divinat.*, II, 42.
(3) Cic., *l. l.* .... *Sic opinatur, id quod scriptum reliquit « Chaldæis in prædictione et in notatione cujusque vitæ ex natali minime esse credendum ».*

fabuleuses ou confuses, et pas un fait positif que les Grecs ne connussent auparavant, n'a laissé dans ses ouvrages aucun indice d'astrologie ; et cependant, il y a vingt endroits dans ses ouvrages où il n'aurait pu manquer d'en laisser apercevoir la notion, si une telle doctrine fût entrée le moins du monde dans le cercle des opinions de la Grèce ; tels sont plusieurs passages des *Lois* (1), notamment celui où l'auteur parle de l'utilité de la connaissance des astres pour les affaires de la vie (2), et cet autre de la *République*, où il énumère les avantages qui en résultent pour l'agriculture, la navigation et l'art militaire (3). L'auteur de l'*Épinomide*, qui aurait eu plus d'une occasion d'en parler (4), garde également le silence à ce sujet. J'en dirai autant d'Aristote, dans les écrits duquel je n'aperçois que la doctrine de l'influence météorologique de la lune (5). On chercherait en vain de l'astrologie parmi toutes les opinions que Plutarque et Diogène de Laërte ont prêtées aux anciens philosophes. Vitruve appuie, confirme et explique ce fait négatif par une assertion formelle, quand, après avoir parlé de l'astrologie, qu'il dit *propre aux Chaldéens*, il indique, par opposition, la méthode des pronostics tirés des *phénomènes naturels*, pratiquée par Thalès, Anaxagore, Pythagore, Xénophane, Démocrite d'Abdère et les autres. En suivant leur doctrine, ajoute-t-il, Eudoxe, Euctémon, Callippe, Méton, Philippe, Hipparque, Aratus, etc., trouvèrent, par des observations, l'influence que le lever et le coucher des astres exerçaient sur les changements de l'atmosphère et des saisons, et transmirent à la postérité le résultat de ces observations au moyen des *Parapegmes* (6). Remarquons que les éléments de cette doctrine, que Vitruve fait remonter à Thalès, d'après laquelle étaient dressés ces catalogues de phénomènes naturels nommés *parapegmes*, existent déjà dans

---

(1) Plat., *Legg.*, VII, p. 821 B ; XII. p. 967 A.
(2) *Id.*, VII, p. 809 C. D.
(3) *Id.*, *Republ.*, VII. p. 527 D ; 528 D. E. ; 629 A.
(4) Pseudo-Plat., *Epinom.*, p. 984 seq.
(5) Arist., *de Generat. anim.*, II. 4, p. 621 B. C.
(6) Vitruv., *de Archit.*, IX, 6, 2 et 3 ; ed. Schneid.

Hésiode, qui enseigne l'influence de tel ou tel jour de la lune sur les travaux de l'agriculture et sur quelques opérations de la vie (1), doctrine ancienne, répandue, admise même par Aristote ; c'est là ce que Virgile a imité dans les *Géorgiques* (2), et ce qu'Hérodote paraît avoir confondu avec l'astrologie égyptienne (3), qui était une chose toute différente. Voilà le sens dans lequel Callimaque disait qu'Aratus avait imité Hésiode (4) ; et en effet, les *pronostics* d'Aratus semblent n'être qu'un développement des soixante derniers vers des *Travaux et des Jours*. L'antiquité a même attribué à Hésiode un poème astronomique qui, à en juger par les fragments que cite Athénée (5) et par un texte de Pline (6), devait avoir le même sujet que celui d'Aratus. Ce qui nous explique le passage où l'auteur de l'*Épinomide* distingue ceux qui connaissent vraiment l'astronomie de ceux qui la savent seulement à la manière d'Hésiode, ne s'occupant que des levers et des couchers des astres (7).

(1) Hesiod., *Op. et Dier.*, v. 763-825. Cf. Lanzi, *Note alle op. et gior.*, p. 257.
(2) Virg., *Georg.*, I, 276 seq.
(3) *Suprà*, p. 205.
(4) Callim., *Epigr.*, 29. Cf. Jacobs, *in Anthol. græc.*, VII, p. 287-291.
(5) Athen., XI, p. 491 C. *Ibique* Casaub. Cf. Fabr. *Bibl. græc.*, I, p. 591 sq. ed. Harles.
(6) Plin., XVIII, 25, p. 129, l. 25.
(7) Ἀγνοεῖτε ὅτι σοφώτατον ἀνάγκη τὸν ἀληθῶς ἀστρονόμον εἶναι μὴ καθ' Ἡσίοδον ἀστρονομοῦντα καὶ πάντας τοὺς τοιούτους, οἷον δυσμάς τε καὶ ἀνατολὰς ἐπεσκεμμένον. Pseudo-Plat., *in Épinom.*, p. 990, A. — Je ne sais pas si l'on a remarqué que le fameux cercle d'or du tombeau d'Osymandyas, invention des prêtres égyptiens postérieure à Alexandre (V. mon *Mém. sur le tombeau d'Osymandyas*, p. 22), nous représente un *parapegme*. Il avait, selon Diodore, 365 coudées de tour, chacune desquelles était rapportée à un jour de l'année ; on y avait marqué le lever et le coucher des astres, et les phénomènes atmosphériques qu'ils annonçaient pour chaque jour (Παραγεγραμμένων τῶν κατὰ φύσιν γινομένων τοῖς ἄστροις ἀνατολῶν τε καὶ δύσεων, καὶ τῶν διὰ ταύτας ἐπιτελουμένων ἐπισημασιῶν. Diod. Sic., I, 49, *fin.*). C'est là tout justement un *parapegme* grec. Il y a cependant cette petite difficulté, que le cercle d'or, avec sa division en 365 jours, ne pouvait représenter qu'une année vague, tandis que les pronostics atmosphériques résultant du lever et du coucher des astres, pour chaque jour, ne peuvent avoir d'application constante que dans une année fixe, solaire ou luni-solaire, comme celle des Grecs. Voilà ce dont les prêtres ne se sont pas aperçus, en voulant allier ainsi un usage égyptien avec une idée grecque pour se l'approprier. Ces prêtres, dans leur manie de s'attribuer toujours l'origine des inventions qui existaient ailleurs, ont fait ici une singulière méprise, qui

On s'étonne d'autant moins de voir ainsi Vitruve exclure, en général, les astronomes grecs, et Hipparque entre autres, du nombre de ceux qui firent usage de l'astrologie, que les Grecs, même postérieurement à Alexandre, donnèrent fort peu dans les extravagances de l'astrologie judiciaire ; du moins, pendant tout le temps de leur domination en Égypte, on n'entend parler ni de thème natal, ni de rien de pareil, dressé en l'honneur des Ptolémées. Cependant les écrits des astrologues égyptiens avaient dû être transportés dans la bibliothèque d'Alexandrie, dès le règne de Ptolémée Philadelphe, avec les autres livres égyptiens que ce prince y avait rassemblés, en les faisant traduire, et les Grecs purent de bonne heure en prendre connaissance. Mais on dirait qu'ils ont alors repoussé ces superstitions orientales ; d'ailleurs la direction sévère qu'avait prise, dès l'origine, l'école d'Alexandrie, devait être peu favorable à leur propagation. Aussi, dans ce qui nous reste des travaux de cette école célèbre, jusqu'à l'époque romaine, je n'aperçois nulle trace d'astrologie : cette prétendue science ne se montre dans aucun des ouvrages d'Eratosthène, dont nous avons des fragments ; les *Catastérismes*, attribués à

décèle à la fois leur ignorance et leur mensonge ; et les voyageurs grecs nous l'ont rapportée bien fidèlement, comme tant d'autres faussetés qui leur ont été débitées en Égypte. Le très savant professeur Creuzer, en rendant compte, dans les *Annales littéraires de Heidelberg* (février 1823), de mon *Mémoire sur le tombeau d'Osymandyas*, propose de regarder le *cercle d'or* comme une *allégorie* semblable à la *chaîne d'or de Jupiter* ; je doute qu'une pareille interprétation fasse beaucoup de partisans parmi ceux qui prendront la peine d'examiner le récit tout *historique* de Diodore et les circonstances *positives* qui l'accompagnent ; elle tient au système d'après lequel ce savant explique la mythologie ancienne ; mais, tout en rendant hommage à l'érudition immense, à la vive imagination et à l'extrême sagacité de M. Creuzer, on peut trouver qu'il abuse quelquefois de l'*interprétation*, et qu'il trouve des *allégories* où les auteurs anciens ne permettent guère de voir autre chose que des faits historiques. Ce célèbre professeur, dans l'article cité, nous dit : « Les annales des Pharaons sont en grande partie des traditions *épiques*, qui appartiennent à un *monde héroïque*. Ici la finesse et la sagacité du critique doivent l'égarer ; il faut que son esprit saisisse les idées, la poésie et le style de l'Orient, dans un *monde primitif*. » J'avoue que mon esprit ne saurait atteindre à cette manière si haute de considérer l'histoire des anciens peuples ; j'aperçois dans tout cela de grands mots qui se prêtent merveilleusement à l'arrangement d'un système, d'ailleurs fort ingénieux, mais qui ne sont peut-être l'expression d'aucune réalité.

cet astronome, mais qui paraissent n'être qu'un abrégé d'un de ses ouvrages (1), présentent seulement le double caractère astronomique et mythologique qui tient aux études des Alexandrins, partagées entre les recherches scientifiques et la lecture des poètes et des mythographes : ce double caractère se retrouve dans les *Phénomènes* d'Aratus, où l'astronomie et la mythologie grecques sont confondues, sans mélange d'astrologie ; et, ce qui est plus remarquable, son poème des *Pronostics*, où, certes l'astrologie pouvait jouer un grand rôle, n'en offre aucun vestige ; tous les pronostics s'y rapportent à la météorologie et à l'agriculture, comme ceux qu'avaient recueillis Aristote, dans ses *Météorologiques*, et Théophraste dans ses traités des *Vents* et des *Signes des pluies*, ouvrages où l'on ne voit percer aucune indication astrologique. On doit en dire autant des poètes Callimaque, Théocrite, Apollonius de Rhodes, Nicandre, etc. La même observation s'applique encore aux écrits d'Hipparque (2) qui nous restent, au commentaire de Géminus, aux fragments de Posidonius, enfin à tout ce qui nous est parvenu des écrits des Alexandrins avant l'époque romaine.

Ainsi l'assertion de Vitruve est entièrement conforme aux faits qui nous sont connus. Au reste, je ne prétends pas dire que tous les Grecs, jusqu'à l'époque romaine, soient restés à l'abri des préjugés astrologiques : il est assez difficile que de leur mélange avec les Chaldéens et les Égyptiens il ne soit pas résulté que quelques individus y auront ajouté foi. Séleucus Nicator, lors de la fondation de Séleucie du Tigre, paraît avoir

---

(1) Walcken., *Opuscul.* II, p. 69. — M. Godefroi Bernhardy (*Eratosthenica*, p. 129, sq.) croit que l'auteur des *Catastérismes* a emprunté à Hygin le sujet de son ouvrage. On pourrait aussi présumer que les *Catastérismes* et le *Poeticon astronomicon* sont des abrégés ou des extraits du même ouvrage original.

(2) Scaliger (*ad Manil.*, p. 343, ed. 1590) cite Hipparque à l'occasion de l'influence que les astres exerçaient sur tel ou tel pays, ce qui était une des folies astrologiques des anciens. Il a tiré ce passage d'un manuscrit de la bibliothèque de Leyde, contenant des extraits astrologiques dont l'auteur attribuait quelques-uns à Hipparque (V. Harles, *ad Fabr., Bibl. græc.*, IV, p. 31); mais le nom de cet astronome s'est trouvé mis là, comme à la tête d'autres fragments auxquels il n'a jamais eu part.

attendu quelque temps le jour et l'heure fixés par les Chaldéens (1); mais plus anciennement, ils n'avaient pas compté sur l'effet de leur art, lorsqu'ils essayèrent d'empêcher Alexandre d'entrer à Babylone, car ils firent parler l'oracle de Bélus (2). Vitruve nous apprend que l'astrologue Bérose, qu'il ne faut pas confondre avec l'historien (3), et qui lui est bien postérieur, vint ouvrir à Cos une école d'astrologie (4); et, si nous en croyons Pline, les Athéniens, en reconnaissance de prédictions qui leur étaient relatives, lui firent élever une statue dont la langue était dorée (5). Vers le premier siècle, le stoïcien Panétius, Archélaüs, Cassandre et Scylax d'Halicarnasse, savants astronomes de cette époque, écrivirent contre les principes de cette science (6), ce qui donne lieu de supposer qu'elle commençait alors à se répandre parmi les sectes philosophiques. On peut en dire presque autant du *magisme*, doctrine religieuse des Perses et des Mèdes, dont les Grecs ont commencé à avoir quelque connaissance dès l'époque de l'expédition de Xerxès (7). Depuis lors, des mages vinrent fréquemment visiter la Grèce; il s'en trouvait à Athènes, au moment où Platon mourut, qui regardèrent ce philosophe comme un être plus qu'humain, et lui firent des sacrifices, parce qu'il était mort à quatre-vingt-un ans tout juste, nombre le plus parfait à leurs yeux, étant le produit de 9 par 9 (8). Démocrite s'était instruit dans les principes du magisme (9); et même Aristote (selon d'autres, Antisthène ou Rhodon) avait écrit un livre sur ce sujet, intitulé Μαγικόν (10). Il est donc vraisemblable que le magisme avait trouvé en Grèce quelques partisans; mais personne, sans doute, n'en voudrait conclure qu'il

(1) Appian., *Bell. Syr.*, § 58.
(2) Arrian., *Anab.*, VII, 16, 9.
(3) Delambre, dans la *Biographie universelle*, t. IV. p. 335.
(4) Vitruv., *de Archit.*, IX, 6, 1, ed. Schneid.
(5) Plin., VII, 37, p. 395, 10.
(6) Cic., *de Divinat.*, II. 42.
(7) Plin., XXX, 1, p. 523, 12.
(8) Senec., *Epistol.* LVIII, 28; *ubi vide* Ruhkopf.
(9) Plin., *l. l.* Diog. Laert., IX, 34.
(10) Diog. Laert., I, 1; *ibiq.* Casaub. — Suid., *voce* Ἀντισθέν.

se fût introduit dans le cercle des opinions et même des superstitions répandues chez les Grecs. On reconnaît qu'il en fut de même de l'astrologie, lorsqu'après s'être pénétré de l'esprit de cette époque, on le compare avec ce que l'histoire nous montre par la suite ; et l'on doit regarder comme certain que l'astrologie n'avait pénétré ni dans la religion ni dans les usages de la Grèce libre, et qu'elle y fut toujours une croyance bornée à un petit nombre d'individus.

C'est avec l'époque romaine que commence, pour ainsi dire, une nouvelle ère pour l'astrologie : à peine les Romains sont-ils en contact avec l'Orient ; à peine mettent-ils le pied en Égypte, longtemps avant la conquête de ce pays, qu'elle se répand en Italie avec rapidité, et devient bientôt une opinion populaire (1) : c'est ce qui explique pourquoi, dans l'ouvrage de Lydus (2), tous les pronostics tirés des anciens auteurs, soit étrusques soit romains, se rapportent aux auspices, à la météorologie ou à la doctrine fulgurale des Étrusques, tandis que l'astrologie se montre seulement dans les citations tirées des écrivains postérieurs. Les nombreux fragments qui nous restent des ouvrages de Nigidius Figulus, attestent que ce Romain illustre, l'ami de Cicéron, et néanmoins fort adonné à l'art divinatoire, croyait à la possibilité de prédire l'avenir par l'observation des météores, ou par l'inspection des entrailles des victimes. Tout ce qu'il dit à ce sujet décèle encore une origine purement étrusque, ou du moins italique ; de même que, dans ses observations sur la sphère et sur les constellations, il ne suit que les traditions mythologiques des Grecs. Rien n'y a rapport à l'astrologie proprement dite ; mais on voit des Romains distingués, ses contemporains, s'empresser d'approfondir les secrets de cet art trompeur. Lucius Tarutius, également l'ami de Cicéron (3), en fait une étude spéciale : et Varron demande à ce Tarutius le thème natal de Rome :

---

(1) Ennius, *Ap. Cic., de Divin.*, I, 58. Cato, *de Re rust.*, V, 4. Propert., IV, *Eleg.* I, 79. Seq.

(2) Lydus, *de Ostentis*, ed. C. B. Hase. Parisiis, 1823.

(3) Cicer., *de Divinat.*, II, 47.

celui-ci en calcule l'année, le mois, le jour et l'heure (1) : et, ce que cet horoscope présente de plus curieux, c'est que la date y est énoncée selon le calendrier égyptien, preuve nouvelle, mais surabondante, de la source où Tarutius avait puisé sa prétendue science.

Malgré les raisonnements de Cicéron (2), l'astrologie ne fit pas moins les progrès les plus rapides. Agrippa ne put remédier à ses progrès et à tous les désordres qu'entraînaient les prédictions de ses fauteurs, qu'en les expulsant de Rome et de l'Italie (3). Ces expulsions furent souvent renouvelées par les empereurs (4) ; mais l'astrologie avait jeté de trop profondes racines dans l'esprit du peuple pour qu'elle ne reparût pas aussitôt après qu'on l'avait proscrite. Et, dans le fait, quel résultat pouvaient avoir de telles mesures, quand les princes eux-mêmes donnaient l'exemple d'une croyance sans bornes à cet art mensonger ? Marc-Antoine n'avait-il pas auprès de lui un astrologue égyptien auquel Cléopâtre avait le soin de faire dire tout ce qu'elle voulait (5) ? Auguste, qui défendit aux astrologues de tirer l'horoscope des particuliers (6), ne fit-il pas dresser, par le devin Théogène, son thème natal qu'il rendit public et fit même placer sur ses monnaies (7) ? Tibère passait pour très fort en astrologie, science qu'il tenait de Thrasyllus (8). Néron y avait aussi la plus grande confiance (9). L'astrologue Ptolémée, en dressant le thème natal d'Othon, lui avait prédit qu'il serait empereur un jour (10) :

(1) Plutarch., *in Romul.*, § 11.
(2) *De Divinat.*, II, 42-47.
(3) Dio Cassius, XLIX, 43.
(4) Lips., *Excurs. G. ad Tacit. Annal.*, II, 32.
(5) Plutarch., *in Anton.*, § 34.
(6) Dio Cassius, LVI, 25.
(7) Sueton., *in Aug.*, § 94. Ce signe est celui du *Capricorne*, qui est le ζῴδιον σπόριμον d'Auguste, c'est-à-dire le signe sous lequel il avait été conçu (Scaliger, *ad Manilium*, p. 148, 149), selon les principes de l'astrologue Achinapolus, dont Vitruve dit : *qui etiam non e nascentia, sed e conceptione rationes explicatas reliquit* (*Archit.*, IX, 6, 2, ed. Schneid.).
(8) Tacit., *Ann.*, VI, 20. Sueton., *in Tib.*, § 14. Dio Cass., LV, 11.
(9) Sueton., *in Ner.*, § 36.
(10) Id., *in Oth.*, § 4. Tacit., *Hist.*, I, 22.

c'est là ce que l'on appelait *genesis* ou *genitura imperatoria* : et il est arrivé que ceux qu'on soupçonnait d'avoir reçu des astrologues de pareils thèmes furent mis à mort par les empereurs intéressés à faire manquer la prophétie : tel fut le sort de Métius Pomposianus sous Domitien (1). Vespasien, qui fit chasser de Rome les astrologues, tenait cependant auprès de lui Séleucus, dont les prédictions lui servaient à régler ses entreprises (2) ; il avait aussi la plus grande confiance dans un certain Barbillus, et il permit même aux Éphésiens, par grâce spéciale, d'instituer des jeux en l'honneur de cet astrologue (3) ; fait qui montre le crédit dont jouissait alors cette sorte de charlatans. Domitien possédait un thème natal qui lui avait été dressé dans son enfance (4). Enfin, Adrien était tellement entiché d'astrologie, qu'il se croyait en état, selon Spartien, de prédire, dès les calendes de janvier, ce qui devait lui arriver jusqu'au 31 décembre (5) : il possédait le thème généthliaque d'Ælius Vérus (6).

Il est inutile de multiplier ces exemples, que j'ai étendus à dessein jusqu'à l'époque des momies de la famille Sôter. Il serait facile de montrer l'influence des idées astrologiques dans presque toutes les productions littéraires de ce temps, et de faire voir, par exemple, que, de tous les ouvrages qui nous restent de l'astrologie judiciaire chez les Grecs ou les Romains, il n'en est pas un seul qui remonte au delà de l'ère vulgaire : on sent que je n'en excepte pas le poème astrologique attribué à Manéthon ; car, même en supposant que le fond appartienne à cet Égyptien, ce qui est fort douteux, on ne peut en placer la rédaction grecque plus haut que le IIIe siècle de notre ère (7). Ce poème, comme on sait, contient l'exposé de

---

(1) Sueton., *in Vespas.*, § 14 ; *in Domitian.*, § 10.
(2) Tacit., *Hist.*, II, 78.
(3) Dio Cass., LXVI, 9 ; *ubi vide* Reimar.
(4) Sueton., *in Domit.*, § 14.
(5) Spart., *in Adrian.*, § 15.
(6) Id. *in Æl. Ver.*, § 3.
(7) Tyrwhitt, *præfat. ad* Pseudo-Orph., *Lithic.* ; *inter Orphic.*, ed. Hermann, p. 61-72. — Cf. Fabr., *Bibl. gr.*, IV, p. 138, ed. Harles.

tous les mystères de l'art de Pétosiris et de Nécepsos, mystères répétés dans une multitude d'ouvrages de ce temps et d'une date postérieure, tels que celui des *Pronostics* de Lydus, livre rempli de prédictions qui, par leur absurdité, feraient la fortune d'un second almanach de Liège (1).

Mais arrêtons-nous à l'époque des règnes de Trajan, d'Adrien et d'Antonin. J'en ai dit assez pour faire voir jusqu'à quel point l'astrologie dominait alors en Occident. Rien ne montre mieux peut-être la révolution qui s'était faite peu à peu, que les rapprochements que je vais indiquer.

Cicéron, soixante ans avant notre ère, se moquait de l'astrologie et de ses fauteurs; mais Sénèque, cinquante ans après cette même ère, écrivait à Marcia pour la consoler : *Videbis quinque sidera diversas agentia vias, et in contrarium præcipiti mundo nitentia : ex horum levissimis motibus fortunæ populorum dependent, et maxima ac minima perindè formantur, prout æquum iniquumve sidus incessit* (2). Aratus, sous les Ptolémées, avait composé un poème sur l'astronomie, où rien d'astrologique ne se montre; et Manilius, au temps d'Auguste, en fait un sur le même sujet, où l'astronomie n'y paraît, en quelque sorte, que pour servir de cortège à l'astrologie. Dans la littérature grecque, antérieurement au premier siècle de notre ère, on ne trouve pas même une allusion aux idées astrologiques (3) ; et, à partir de cette époque, l'astrologie se montre partout dans la philosophie, dans l'histoire, dans la littérature, dans les usages : en un mot, la société tout entière en est, pour ainsi dire, pénétrée. Aucun des ouvrages qui nous restent de l'école

---

(1) Sous ce rapport même, l'ouvrage de Lydus est fort curieux, et son savant éditeur, M. Hase, en le publiant, a fourni d'utiles documents à l'histoire de l'esprit humain.

(2) *Consol. ad Marc.*, XVIII, 2.

(3) Je trouve une notion assez distincte de l'astrologie dans trois vers des *Argonautiques* du faux Orphée (v. 208-221); et un des hymnes orphiques (*Hymn.* VII, p. 263, ed. Herman) roule sur des idées astrologiques. C'est un argument à joindre à tous ceux que Schneider et surtout M. Hermann ont réunis pour prouver l'époque très récente des *Argonautiques* et de plusieurs hymnes orphiques.

d'Alexandrie, avant l'ère chrétienne, ne contient de vestiges de cette prétendue science; et Ptolémée, l'auteur de l'*Almageste*, le plus grand astronome de l'antiquité après Hipparque, compose des tables manuelles à l'usage des astrologues (1), et un ouvrage en quatre livres sur les secrets de l'astrologie. Plusieurs ont cru, il est vrai, que le *Tetrabiblos* ne lui appartient pas : mais peut-être cette opinion est-elle fondée uniquement sur la difficulté de croire que Ptolémée ait donné si complètement dans de telles absurdités : on sent combien une pareille raison est peu solide ; les gens habiles, comme les autres, suivent bien souvent l'impulsion des idées dominantes de leur siècle. Tycho-Brahé croyait à l'astrologie judiciaire, et c'était un aussi grand homme que Ptolémée.

Après avoir ainsi constaté l'époque où l'astrologie acquit une influence si grande, il serait peut-être à propos de tâcher de découvrir ce qui lui donna cette influence. Pourquoi les Grecs, qui, deux siècles avant les Romains, s'étaient trouvés dans les mêmes rapports avec l'Égypte et l'Orient, restèrent-ils à peu près étrangers à l'astrologie ? Pourquoi les Romains, au contraire, et les Grecs eux-mêmes sous leur domination, en Grèce, en Égypte, en Asie, adoptèrent-ils avec tant d'empressement tous les préjugés de cette science mensongère ? Ce phénomène moral dépend de plusieurs causes différentes qu'il serait trop long de développer ici ; je laisse aux hommes éclairés à rechercher s'il ne tiendrait pas surtout, en premier lieu, à ce besoin de croyances abstruses, de doctrines mystérieuses, produit par le dégoût des absurdités du paganisme, qui forme un des traits caractéristiques de cette époque, et qui s'est manifesté dans une multitude de sectes extravagantes, telles que celles des Gnostiques, des Ophites, des Basilidiens, dont tous les monuments portent des traces d'astrologie ; et, en second lieu, au développement des méthodes de calcul dans l'école d'Alexandrie. Il est à remarquer en effet que l'astrologie à

---

(1) Delambre, dans la *Biographie universelle*, art. *Ptolémée*, t. XXXVI, p. 271.

l'époque romaine, on le voit par Ptolémée, J. Firmicus Maternus et Vettius Valens, exigeait des calculs, sinon fort difficiles, du moins très compliqués, et se fondait sur des tables astronomiques, que, ni les Chaldéens, ni les Égyptiens n'avaient jamais possédées (1). Ainsi, en même temps qu'il faut admettre que la croyance à l'influence des astres est extrêmement ancienne en Égypte et en Chaldée, on doit croire que les combinaisons infinies et les calculs très longs qui servaient aux astrologues pour dresser leurs thèmes, n'ont pu être exécutés qu'à la suite d'une astronomie perfectionnée, telle qu'elle le fut dans l'école d'Alexandrie ; et nous voyons en effet que la plupart des plus célèbres d'entre les astrologues passaient en même temps pour d'habiles astronomes : or, cet appareil scientifique, qui imposait aux esprits, dut beaucoup contribuer à la confiance dont parvint à jouir l'astrologie, cette *fille insensée d'une mère sage*, comme la nommait Képler, et légitimer, aux yeux de ses adeptes, la croyance qu'ils avaient dans ses prédictions.

. A la même époque appartiennent d'autres ouvrages de ce genre; entre autres, celui de Vettius Valens, dont l'objet a été de faciliter aux astrologues les calculs que leur art exigeait: il paraît avoir été rédigé sous Marc-Aurèle ; du moins, les exemples les plus récents qui s'y trouvent cités, se rapportent aux dernières années d'Antonin le Pieux (2). Il faut rappeler aussi le livre *de Astrologia*, que Lucien (3) écrivait sous le règne de ce même prince ou de Marc-Aurèle (4), livre d'autant plus remarquable, que ce hardi contempteur des superstitions de

---

(1) Ideler, *Sur les connaissances des Chaldéens*, p. 19, éd. allemande. Delambre, dans le *Journal des Savants*, 1822, p. 47-52; et *Astron. du moyen âge*, Disc. prélim., p. xxxix.

(2) *Cod. Regius*, n° 94, f° 46.

(3) Plusieurs critiques, Gesner entre autres, pensent que ce livre n'est pas de Lucien. Cette opinion me paraît uniquement fondée sur les mêmes motifs qui ont fait croire à quelques-uns que le *Tetrabiblos* n'est pas de Ptolémée. L'ensemble des idées que je présente ici prouve que ces motifs ne sauraient être suffisants. Lucien avait sans doute plus d'esprit, mais avait-il plus de jugement que Ptolémée ?

(4) Reizius, *de Vita et Script. Lucian.*, p. 49, ed. Amst.

son temps, y montre une foi implicite à l'influence des astres, réfute sérieusement les gens qui n'y croyaient pas (1), et cherche même, par des rapprochements toujours forcés, à trouver dans l'astronomie l'explication des mythes de l'ancienne religion.

C'est également à partir du premier siècle, si je ne me trompe, que la doctrine de l'influence des astres commence à paraître d'une manière certaine (2) sur les monnaies de plusieurs villes de l'Asie occidentale, où nous trouvons figuré le signe du zodiaque auquel la province était soumise, selon les idées des astrologues. Ainsi, la première médaille d'Antioche où se montre le Bélier astronomique, est de l'an 42 de l'ère d'Actium (3), 13 de l'ère vulgaire ; et sur les médailles de Cyrrhus, on ne le voit pas avant le règne de Caracalla (4). Le signe du Capricorne n'a été mis sur celles de la Commagène

---

(1) Lucian., *de Astrol.*, § 28-29.

(2) Cette assertion est exacte, je crois, dans les termes où je la restreins. Je sais que des médailles plus anciennes portent des emblèmes ou des figures relatives à l'astronomie : telles sont celles de Milet qui, dès le siècle d'Alexandre, ont au revers un lion regardant un astre, qu'on croit être le *lion céleste*. Eckhell pense que ce signe est relatif à l'astrologie (*Doct. Numm.*, II, p. 531); mais ailleurs il dit qu'on ne connaît pas de raison vraisemblable de ce type (*id.*, IV, p. 71). Ce qu'il y a d'à peu près sûr, c'est que l'astrologie n'y est pour rien : du moins, selon Manilius (IV, v. 765), Milet, comme toutes les villes de l'Ionie, était placée sous l'influence de la *Vierge* et non pas du *Lion*. Ce symbole, et ceux du même genre qui, sur beaucoup de médailles, semblent être relatifs aux signes célestes, se rapportent au culte positif des villes, dont les divinités étaient liées par les traditions religieuses à des phénomènes célestes, ou identifiées avec quelque constellation ; ce sont autant de vestiges de cette *mythologie astronomique* dont les *Catastérismes* d'Eratosthène et l'ouvrage d'Hygin nous ont conservé tant de vestiges. Le fait est mis hors de doute pour une médaille de Magnésie (*ap.* Peller. I, pl. 27), où l'on voit un vaisseau avec une étoile : ce type est celui du vaisseau Argo, qui, selon Pindare, avait été fabriqué à Magnésie (Neumann, *Vet. popul. Num.*, II, 30). C'est encore ainsi que sur des médailles de Ptolémaïs en Syrie, du règne d'Héliogabale, on voit Diane chasseresse, divinité de la ville, environnée des douze signes du zodiaque (Rasch., *Lexic. rei Numm.*, IV, col. 427).

Cette distinction, importante pour l'histoire des usages anciens, paraît avoir échappé à l'abbé Barthélemy (*Acad. Inscr.*, Mém. XLI, p. 513, 514) et à Neumann ; je pourrais l'établir par un plus grand nombre de faits, mais cela me mènerait trop loin.

(3) Eckh., *Doctr. Num.*, III, 276. Mionnet, *Descript. des méd. gr.*, V, 156.

(4) *Id.*, III, 260. Rasche, *Lexic. rei Num.*, I, part. II, col. 1186.

qu'à dater du règne d'Antiochus IV, après la mort de Tibère (1); sur celle de Zeugma, qu'à partir du règne de Caracalla (2); enfin, sur celle d'Anazarbe en Cilicie, qu'après Héliogabale (3).

La même observation s'applique aux médailles des empereurs frappées en Égypte. On reconnaît l'astrologie dans quelques-unes de celles de Trajan et d'Adrien (4); mais elle se montre de la manière la plus évidente sur les médailles zodiacales de la 8ᵉ année d'Antonin (29 août 145 — 29 août 146 de notre ère), c'est-à-dire, précisément de l'époque où Ptolémée rédigeait l'*Almageste*. L'abbé Barthélemy a fait voir qu'elles représentent le domicile propre des planètes dans les signes du zodiaque, selon les idées astrologiques égyptiennes exposées par Pétosiris et Nécepsos, et que nous ont conservées Julius Firmicus Maternus, Macrobe, Sextus Empiricus et Ptolémée (5), auxquels il faut ajouter Porphyre (6) : Macrobe et Firmicus nous apprennent que ces domiciles des planètes étaient ceux qu'elles occupaient au moment de la création du monde (7); savoir : la Lune dans le Cancer; le Soleil, dans le Lion; Mercure, dans la Vierge; Vénus, dans la Balance; Mars, dans le Scorpion; Jupiter, dans le Sagittaire; Saturne, dans le Capricorne; en sorte que ces médailles ont eu évidemment pour objet de placer sur les monuments publics le thème natal de l'univers. Ainsi nous voyons la science des généthliaques consacrée par l'empereur Antonin dans le pays même d'où elle était sortie, et dans ce pays seul, car rien de pareil n'existe sur les médailles de ce prince frappées dans les autres parties de l'empire.

(1) Eckhell, III, p. 250, 255.
(2) *Id.*, III, p. 253. Mionnet, V, p. 126.
(3) *Id.*, III, p. 553.
(4) Barthélemy, *Acad. Inscr.*, Mém. XLI, p. 510.
(5) *Id., ib.*, p. 503.
(6) *De Antr. Nymph.*, § 21, 22.
(7) Les mêmes idées astrologiques ont été reproduites sur plusieurs médailles musulmanes (Reinaud, *Explication de cinq médailles des anciens rois du Bengale*, etc., p. 38).

CHAPITRE TROISIÈME.

Application des recherches précédentes à l'âge des zodiaques connus. — Ceux d'Égypte. — Planisphère de Bianchini. — Zodiaque de Palmyre. — La bissection des signes dans les zodiaques égyptiens tient à des idées astrologiques.

Ce fait capital, particulier à l'Égypte, suffirait pour nous révéler toute l'influence que l'astrologie exerçait alors dans ce pays : il se lie avec l'existence d'un thème natal dans deux momies des temps de Trajan et d'Adrien, et il nous ramène ainsi naturellement au point d'où nous étions partis, pour embrasser tous les faits qui pouvaient se rattacher à cette discussion.

On le voit maintenant : c'est l'essor qu'ont pris les idées astrologiques sous les premiers empereurs qui nous explique pourquoi les momies du règne de Trajan et d'Adrien sont les seules, entre toutes celles qu'on a jusqu'à présent découvertes, qui nous offrent un thème natal au moyen de la représentation d'un zodiaque. Ce zodiaque, par la disposition des signes, et par leur configuration, est identique avec les deux zodiaques du temple de Dendéra : d'où nous avions conclu (1), par analogie, que ces zodiaques et les autres monuments du même genre n'ont probablement eu aucun autre objet que d'exprimer quelque combinaison astrologique, telle que le thème natal, soit d'un prince, soit de la construction du temple, ou d'une de ses parties, ou bien tout autre thème à la fois astrologique et religieux. Cette induction se renforce maintenant de tous les rapprochements qui précèdent, en sorte que nous serions amenés, par ces rapprochements seuls, à l'idée que ces zodiaques ont *tous été exécutés lors de l'époque romaine.*

Il est bien remarquable que ce soit là précisément la conséquence à laquelle on ait été conduit dans ces derniers temps par la triple considération des inscriptions grecques, des car-

(1) *Suprà*, p. 202, 203.

touches hiéroglyphiques et de la différence des styles (1). Et d'abord, observons qu'on ne trouve de ces zodiaques dans aucun des temples dont l'époque, antérieure à celle des Romains, ne saurait être la matière d'un doute. Les temples de la Nubie, d'ancien style, et ceux de Thèbes, dont quelques-uns remontent à une époque très reculée, n'en offrent nulle trace : il en est de même de ceux de Pselcis, de Parembolé, d'Ombos et d'Apollonopolis Magna qui appartiennent au temps des Ptolémées. Quels sont donc les édifices où l'on a trouvé des zodiaques ? c'est le temple de Dendéra, dont le zodiaque rectangulaire appartient au temps de Tibère (2), sous le règne duquel le pronaos a été construit ; et le circulaire au temps d'un autre empereur, probablement Néron (3) ; c'est le propylon d'Ackmim, qui est de la douzième année de Trajan, 109 de notre ère (4) ; c'est le grand temple d'Esné, dont les sculptures sont du règne de Claude Germanicus, ce qui résulte des cartouches hiéroglyphiques ; enfin, c'est le petit temple d'Esné, dont les sculptures, au lieu de dater, comme on l'avait cru, de *trois mille ans* avant J.-C. (5), ont été exécutées du temps d'Adrien et d'Antonin, ainsi que le prouvent des indices certains, principalement une inscription grecque tracée en gros caractères sur une des colonnes de ce temple (6). Nous pouvons donc regarder comme un point de fait, *que tous les zodiaques d'Égypte ont été exécutés à l'époque romaine;* et,

---

(1) V. mes *Recherches pour servir à l'histoire de l'Égypte*, etc., Introduct., p. XXI-XL.
(2) V. les mêmes, p. 186 et suiv.
(3) Champollion le jeune, *Lettre à M. Dacier*, etc., p. 25.
(4) V. mes *Recherches*, etc., p. 226-228.
(5) Jollois et Devilliers, *Recherches sur les bas-reliefs astronomiques*, p. 61, fin.
(6) V. mes *Recherches*, etc., p. 456 et suiv. — Dans une des pièces intérieures du petit temple d'Hermonthis, on voit un plafond représentant une scène composée de plusieurs symboles, entre lesquels se trouvent la figure d'un taureau et celle d'un scorpion (*Descript. de l'Égypte, Antiq.*, vol. I, pl. XC, fig. 2), analogue, par conséquent, aux plafonds des tombes royales à Thèbes, et radicalement différente des représentations zodiacales qui existent dans les autres temples.
On ne doit pas négliger de remarquer que le temple d'Hermonthis n'a jamais été achevé au quart : cette circonstance, jointe au caractère de son architecture, donne lieu de présumer qu'il doit être d'une époque assez récente.

d'après l'ensemble des considérations qui viennent d'être coordonnées, on ne peut nier qu'il n'en résulte la présomption la plus forte, quelques-uns diront peut-être une certitude presque complète, que ces monuments sont tous entièrement ou principalement astrologiques, dressés d'après les principes d'une prétendue science que l'Égypte avait vu naître, d'après le système de représentation dont les Égyptiens avaient l'habitude, et par les procédés d'un art qui n'avait pas sensiblement varié.

C'est donc dans cette voie d'interprétation qu'il faudrait désormais entrer, si l'on voulait essayer de pénétrer le sens de tous les emblèmes dont ces zodiaques sont surchargés, et surtout le zodiaque circulaire de Dendéra, le seul où l'on trouve des traces de proportions, où l'on aperçoive l'intention d'observer des rapports de distances, où l'on puisse espérer enfin de reconnaître de vrais caractères astronomiques (1), bien que subordonnés, dans leur emploi, au but astrologique qu'on s'y est évidemment proposé. Ce zodiaque circulaire doit être analogue, dans son objet, au planisphère dit de Bianchini, publié dans le recueil de l'Académie des Sciences (2), et maintenant déposé dans le Musée royal (3). On s'est trompé beaucoup sur l'ancienneté de ce monument. MM. Jollois et Devilliers se contentent de dire : « Nous croyons qu'il n'est pas antérieur à Alexandre » (4). On peut sans risque affirmer qu'il est postérieur au second siècle de notre ère. Il se compose, comme on sait, de quatre zones concentriques divisées en douze parties ; les deux zones moyennes contiennent les signes du zodiaque répétés deux fois, la zone intérieure contient douze figures d'animaux ; et la quatrième, ou l'extérieure, est occupée par trente-six figures de Décans, trois pour chaque signe ; ces figures sont de style égyptien grécisé ; mais,

---

(1) Voyez l'ouvrage que vient de publier tout récemment M. Biot sous le titre de *Recherches sur plusieurs points d'astronomie égyptienne, appliquées aux monuments astronomiques trouvés en Égypte*.
(2) *Acad. des Sciences; Histoire*, ann. 1708.
(3) Sous le n° 271.
(4) *Recherches sur les bas-reliefs astronomiques*, p. 18.

en dehors des quatre zones, on voit les têtes des planètes, de style grec, dont la série est répétée cinq fois dans l'ordre de distance, à raison de trois planètes par signe, moyennant la répétition d'une d'elles. Elles sont distribuées, chacune sur un des Décans, de cette manière : BÉLIER, *Mars*, Soleil, Vénus; TAUREAU, *Mercure*, Lune, Saturne; *GÉMEAUX, *Jupiter*, Mars, *Soleil; CANCER, *Vénus*, *Mercure, *Lune ; *LION, *Saturne, *Jupiter, *Mars ; *VIERGE, *Soleil, *Vénus, *Mercure ; BALANCE, *Lune*, Saturne, Jupiter ; SCORPION, *Mars*, *Soleil, *Vénus ; SAGITTAIRE, *Mercure*, *Lune, *Saturne ; *CAPRICORNE, *Jupiter*, Mars, *Soleil; *VERSEAU, *Vénus*, *Mercure, *Lune ; *POISSONS, *Saturne*, *Jupiter, *Mars (1). Cette disposition est précisément celle que donne Julius Firmicus Maternus dans son chapitre intitulé *signorum decani eorumque domini* (2); ainsi le planisphère de Bianchini a cela de curieux, qu'il est l'expression exacte d'une combinaison astrologique à laquelle les anciens attachaient une grande importance. Une autre remarque à faire, c'est qu'en prenant les noms des planètes qui commencent chaque signe, on a l'ordre des jours de la semaine, *mardi, mercredi, jeudi, vendredi, samedi, dimanche, lundi, mardi,* etc., etc. D'où l'on peut conclure que cet ordre dérive, non pas des deux causes indiquées par Dion Cassius (3), qui ne sont très vraisemblables ni l'une ni l'autre, mais de la correspondance établie entre les planètes et les Décans du zodiaque. La période de sept jours est d'une date fort ancienne ; mais l'application qu'on y a faite des noms des sept planètes, dans l'ordre adopté, me paraît assez récente et tout *astrologique* : c'est aussi par l'astrologie que l'ordre des jours de la semaine s'est introduit chez les Romains, et dans les calendriers du moyen âge. Mais ce sujet me mènerait ici

---

(1) Ce planisphère est mutilé ; mais, en tout ce qui concerne les signes du zodiaque et les planètes, on peut en faire une restitution certaine. J'ai marqué dans le texte, par un astérisque, les noms des signes et des planètes qui sont maintenant détruits sur ce planisphère, mais qui résultent nécessairement de l'ordre adopté.

(2) Jul. Firm. Mat., II, 4, p. 18, Basil., 1532.

(3) Dio Cass., XXXVII, 18.

trop loin : revenons au planisphère de Bianchini. La description précédente ne permet pas de douter qu'il ne soit astrologique : j'ajoute que les caractères grecs et latins, où je ne vois ni suite ni liaison, qui séparent la zone des signes de celle des Décans, me donnent lieu de soupçonner que ce monument rentre dans le genre des Abraxas, et tient aux superstitions répandues dans les IIe ou IIIe siècles de notre ère.

Il est impossible de ne pas reconnaître que ce zodiaque offre la plus grande ressemblance avec la représentation zodiacale que Pococke a vue sur une des faces de l'architrave d'un propylon à Ackmim en Égypte, et qui malheureusement était trop mutilée, à l'époque de l'expédition française, pour qu'on essayât d'en prendre copie (1). Pococke (2) y a reconnu quatre cercles concentriques, dont deux sont divisés en douze parties ; il trouva, dans le premier, douze figures d'oiseaux ; dans le second, les douze figures, presque effacées, des signes du zodiaque (parmi lesquels M. Hamilton (3) a encore facilement distingué le *Sagittaire*) : le cercle extérieur, qui n'était pas divisé, était occupé par des figures humaines, probablement les planètes dans leurs domiciles ancien et nouveau, selon la doctrine des astrologues (4). Enfin, dans chaque angle formé par l'encadrement carré de ce zodiaque, il y avait une figure humaine, disposition tout à fait analogue à celle du zodiaque circulaire de Dendéra. La ressemblance entre ce monument et les deux autres est évidente, et son but *astrologique et mystique* résulte de la description seule. Or, il faut se rappeler que le propylon d'Ackmim a été achevé l'an XII de Trajan, 109 de notre ère (5), c'est-à-dire, qu'il est

---

(1) « MM. Fourier et Lancret ont retrouvé le monument qui paraît avoir induit Pococke en erreur, et n'y ont reconnu aucun des signes du zodiaque » (Joll. et Devill., *Rech. sur les bas-reliefs astron.*, p. 18). Pococke n'a pas été induit en erreur ; il décrit ce qu'il a vu en 1739, et n'avait aucun système à défendre. Sa description est un fait.
(2) Pocock., *Descript. of the East*, I, p. 77.
(3) *Ægyptiaca*, p. 263.
(4) Barthélemy, *Acad. des Inscr.*, XLI, p. 504, 505.
(5) *Suprà*, p. 230.

d'une époque intermédiaire entre celle des zodiaques de Dendéra et d'Esné.

On doit encore reconnaître le **même caractère** dans le zodiaque circulaire sculpté au plafond du pronaos du temple du Soleil à Palmyre, qui, par le caractère de son architecture, ne peut être antérieur aux Antonins. Le milieu de ce zodiaque est occupé par sept compartiments, dont un au centre, où sont les figures des planètes : on voit clairement, dans le dessin de Wood (1), que **Vénus répond aux Gémeaux, le Soleil au Lion, la Lune à la Balance, et Mercure au Sagittaire**; les trois autres compartiments sont occupés par trois figures à tête barbue, qui ne peuvent être que Mars, Jupiter et Saturne; mais le défaut de précision dans le dessin empêche de les distinguer, et principalement la figure barbue du milieu qui, répondant à tous les signes à la fois, peut avoir été la planète dominante. Il est remarquable qu'on trouve sur des Abraxas un zodiaque dont les signes sont disposés de même, autour d'une planète (2) : sur d'autres, on voit d'un côté les douze signes, et au revers les sept planètes (3), ce qui donne lieu de croire que tous ces monuments sont liés entre eux par quelque superstition qui leur est commune. Quoi qu'il en soit, c'est la présence des planètes qui donne à ce monument un caractère incontestable d'astrologie; sans ces figures, il ne serait que symbolique ou emblématique de la course du Soleil, divinité du temple. Nous avons déjà cité d'autres monuments, où la série des douze signes n'a pu avoir d'autre objet (4). Tel est encore un marbre tumulaire, où le médaillon circulaire qui contient la figure de l'homme et de la femme, est environné par les douze signes du zodiaque, et accompagné des figures des quatre saisons (5) : le zodiaque figuré sur le marbre contenant le *calendrier Farnèse* (6), qui paraît avoir

---

(1) Wood, *Ruines de Palmyre*, pl. XIX A.
(2) Montfaucon, *Antiq. expliq.*, II, pl. 170.
(3) *Id., ibid.*
(4) *Suprà*, p. 213.
(5) Montfauc., *Antiq. expliq.*, Suppl., t. I, fig. 3.
(6) *Ap.* Gruter., CXXXVII, CXXXIX.

servi de base à un cadran solaire, doit avoir eu le même objet : enfin, toutes les représentations de ce genre, soit partielles, soit totales, qui existent sur des médailles, des pierres gravées, des marbres, quand elles ne sont pas symboliques ou mystiques, sont relatives à l'astrologie.

Observons que, sur aucun des monuments qui viennent d'être passés en revue, on n'a marqué le point initial du zodiaque ; ce qui prouve surabondamment que cette circonstance était tout à fait indifférente, et que le caractère chronologique, quand on a voulu l'exprimer, existe dans d'autres indications. Appliquons cette remarque aux zodiaques égyptiens.

Dans le zodiaque rectangulaire de Dendéra et dans ceux d'Esné, qui présentent les signes rangés sur deux bandes, leur bissection n'a pas été faite au même point : dans le premier, elle est placée entre le Cancer et le Lion, ce qui a lieu également pour le circulaire ; dans les autres, elle se trouve entre le Lion et la Vierge. Visconti essaya de rendre compte du commencement du zodiaque à tel ou tel signe, en supposant qu'on avait choisi le signe que parcourait le soleil au 1er thot vague pour l'époque qu'on voulait indiquer. Dans cette hypothèse, le 1er thot vague aurait correspondu au signe du Lion, en dernier lieu, entre l'an 9 avant notre ère et l'an 110 après ; c'est dans cet intervalle que se placerait l'époque des deux zodiaques de Dendéra : cette hypothèse ne serait point détruite par le zodiaque de la momie, puisque l'année de la naissance de Péténénon, en 95 de notre ère, se trouve encore comprise dans cet intervalle ; mais elle est en opposition avec les zodiaques d'Esné qui paraissent commencer par la Vierge, ce qui en placerait la date antérieurement à l'an 9 avant l'ère chrétienne ; tandis qu'ils sont, par le fait, un peu plus récents que ceux de Dendéra : et comme, dans toutes ces discussions, nous nous laissons conduire principalement par les données archéologiques, cette difficulté suffit pour nous empêcher d'adopter l'hypothèse de ce célèbre antiquaire. D'un autre côté, plusieurs savants ont tout à fait négligé cette circonstance ; M. Biot, tout récemment, n'en a tenu aucun compte dans son explication des zodiaques de Dendéra et d'Esné, et il montre, d'après un examen très approfondi et de longs calculs (1), que le système de M. Fourier, qui repose sur le rapport du signe initial de ces zodiaques avec le lever héliaque de Sirius, est fondé sur une base mathématiquement fausse, puisque le lever héliaque de cette étoile, pendant les trente siècles qui ont précédé l'ère vulgaire, n'a pas eu lieu successivement *dans les constellations du Lion et du Cancer*, comme le prétend l'habile géomètre auteur de ce système (2), mais qu'il s'est *toujours effectué dans celle du Lion* (3) ; ce qui détruirait radicalement l'explication de M. Fourier et de ceux des membres de la Commission d'Égypte qui se sont fiés à ses calculs, explication d'ailleurs tout hypothétique, et historiquement impossible (4).

Mais la certitude où nous sommes maintenant que l'astrologie joue ici le principal rôle, peut simplifier beaucoup la question ; or, cette certitude résulte pour nous : 1° de ce qu'aucun des zodiaques égyptiens n'est antérieur à Tibère ; 2° de la présence des Décans sur le principal d'entre eux ; 3° de la nature astrologique du zodiaque peint dans la caisse de momie ; 4° de la liaison de ces faits positifs avec les superstitions en vigueur à l'époque où ces monuments ont été exécutés. Dès lors, la bissection des douze signes à tel ou tel point n'offre plus rien d'intéressant ; et nous comprenons pourquoi tous ceux qui ont voulu y chercher une raison astronomique ont à peu près perdu leur temps.

(1) Biot, *ouvrage cité*, p. 136-240.
(2) Fourier, *Recherches sur les sciences et le gouvernement de l'Égypte*, dans la *Grande Descript.*, Antiq., Mém., t. I, p. 816.
(3) Biot, *ouvrage cité*, p. 236-240.
(4) *Suprà*, p. 208. — Nous regardons comme prouvée, jusqu'à présent, l'opinion d'un aussi habile géomètre que M. Biot, qui ne craint pas de s'avancer au point d'assurer « que M. Fourier s'est fait une illusion complète dans un calcul fort simple » (*Introd.*, p. XXXI). Depuis un an que l'ouvrage de M. Biot a paru, aucune des personnes intéressées à prouver qu'il a tort, n'a encore pris la parole pour le réfuter sur un point aussi important, ce qui est une grande présomption en sa faveur. On peut voir, au reste, que notre opinion sur les zodiaques est tout à fait indépendante du résultat de cette discussion mathématique.

Nous savons en effet que les astrologues anciens attachaient l'idée d'une influence différente aux signes du zodiaque, selon la manière dont on en commençait ou dont on en distribuait la série : nous connaissons leurs idées sur l'importance de l'astre dominateur (οἰκοδεσπότης) de l'année qui avait vu naître le personnage dont ils voulaient représenter le thème généthliaque, sur celle du signe zodiacal où cet astre dominateur s'était trouvé au moment de la naissance (1), et sur mille autres combinaisons dont ils prétendaient tirer des pronostics, combinaisons si capricieuses que Scaliger a pu proposer huit thèmes différents d'une même nativité, fondés sur six divers systèmes astrologiques (2).

Par exemple, une des divisions du zodiaque était fondée sur l'attribution qu'ils faisaient du signe du Lion au Soleil, et du Cancer à la Lune : ce qui leur avait fait imaginer de diviser le zodiaque en deux parties, l'une s'étendant du Lion au Capricorne, consacrée au Soleil, et qu'ils appelaient la *grande moitié;* l'autre comprenant depuis le Cancer jusqu'au Verseau, consacrée à la Lune, et qu'ils appelaient *petite moitié* (3). C'est là précisément la division adoptée dans les deux zodiaques de Dendéra, et l'on en retrouve le principe dans celui de la momie, dont les deux bandes commencent, l'une par le Lion et l'autre par le Cancer. Il est remarquable que cette bissection *astrologique* se retrouve dans des monuments du moyen âge ; tel est le zodiaque qu'on voit sculpté sur deux bandes placées dans les deux montants de la porte du nord à la façade de Notre-Dame de Paris : la bande à gauche contient, à partir d'en haut, le Lion, les Gémeaux, le Taureau, le Bélier, les Poissons, le Verseau ; à droite, le Cancer, la case de la Vierge (4), la Balance, le Scorpion, le Sagittaire, le Capri-

---

(1) Vett. Valent., *Anthol.*, Cod. Reg., n° 94, f° 15.
(2) Scalig., *ad Manilium*, p. 239, *sq.*, ed. 1655.
(3) Dupuis, *Origine de tous les cultes*, t. VI, part. II, p. 58.
(4) La case de la Vierge est occupée par un homme taillant la pierre. Dupuis en donne cette raison : « La Vierge étant celle à qui le temple est consacré, on l'a retirée du nombre des signes et placée au centre de la porte, tenant entre ses bras l'enfant Jésus » (*Origine de tous les cultes*, t. V, p. 143).

corne. On peut en voir la description détaillée dans Dupuis, qui ne laisse aucun doute sur l'objet astrologique de cette représentation (1). La place du Cancer a été donnée au Lion et réciproquement, par quelque motif que nous ignorons ; mais le fait capital, qui est le commencement des deux bandes au Lion et au Cancer, est incontestable : or, cette identité dans le choix des signes initiaux, sur des monuments d'une époque si différente, est ce qu'on peut voir de plus frappant ; et quand on songe que l'astrologie judiciaire du moyen âge, soit dans l'Orient, soit dans l'Occident, était fondée sur les mêmes principes que celle des anciens, on ne peut s'empêcher de reconnaître que cette identité explique très bien une circonstance sur laquelle on a fait tant de conjectures inutiles.

Quant à la bissection, à partir du Lion et de la Vierge, dans les zodiaques d'Esné, on ne peut douter qu'elle ne tienne également à quelque vision astrologique. Le zodiaque indien trouvé dans une pagode par John Call (2) présente les douze signes du zodiaque disposés sur les quatre côtés d'un quadrilatère, de manière qu'aux quatre angles se trouvent la Vierge, le Sagittaire, les Poissons et les Gémeaux : ce qui donne une division tout à fait analogue à celle des zodiaques d'Esné. Dupuis en a conclu que ce zodiaque se rapporte à l'âge où le solstice d'été avait lieu dans la Vierge (3) ; et cette conclusion a été ensuite appliquée également à ceux d'Esné, mais avec tout aussi peu de fondement ; car on regardera sans doute comme bien plus que probable, que cette particularité tient à quelque combinaison d'astrologie qui ne mérite guère la peine qu'on prendrait pour la découvrir.

---

(1) Dupuis, *Origine de tous les cultes*, t. V, p. 141-146.
(2) *Philosoph. transact.*, ann. 1772, p. 633.
(3) Dupuis, *ouvrage cité*, t. VI, 1re part., p. 472.

CONCLUSION.

Il résulte de l'examen critique contenu dans la seconde partie, ces deux faits qui me semblent incontestables :

1° Il n'existe parmi les représentations zodiacales égyptiennes, grecques ou romaines, *aucun monument antérieur à l'ère vulgaire :*

2° On ne peut citer une seule de ces représentations dont l'objet soit *purement astronomique,* qui ne se lie pas à quelque combinaison astrologique, religieuse ou mystique (1), et ne doive être considérée comme le résultat, soit du singulier développement que l'astrologie a pris, et de l'influence qu'elle a exercée depuis l'ère chrétienne, soit du mélange des idées religieuses de la Grèce et de l'Orient, d'où naquirent les superstitions les plus absurdes et les symboles les plus extravagants.

Ces résultats ressortent de toutes les données historiques qui nous étaient connues avant l'arrivée à Paris de la momie de Pétéménon ; en sorte que si nous supposons pour un instant que cette momie n'existe pas, ils n'en demeureront pas moins établis et constants. Mais aussi quel poids n'y ajoutent pas toutes les indications qu'elle nous fournit, et que nous avons développées dans la première partie de cet ouvrage !

Quiconque a eu le courage de parcourir des livres d'astrologie ancienne, sent combien il sera difficile de découvrir la signification et l'objet de ces nombreuses et si étranges figures astrologico-mythologiques qui, dans ces zodiaques égyptiens, accompagnent celles des constellations zodiacales. Elle est telle qu'on ne parviendrait peut-être pas encore à la surmonter, quand même on connaîtrait la nature précise du

---

(1) Je n'ai point cité le *Globe Farnèse soutenu par Hercule,* parce que c'est un monument de l'art, et non de l'astronomie, comme le montrent très bien MM. Jollois et Devilliers (*Rech. sur les bas-reliefs astron.*, p. 19). Du reste, Bianchini juge qu'il est du règne de Commode.

thème qu'ils représentent, quand on saurait au juste si réellement, comme on peut le présumer, à Dendéra, le planisphère concerne Auguste, et le zodiaque du pronaos, Tibère; si à Esné, celui du grand temple est relatif à Claude, et celui du petit temple à Adrien ou à Antonin : enfin, quand, à l'aide de la lecture des hiéroglyphes, on devinerait quelle place occupent les planètes qui doivent se trouver parmi toutes ces figures. Or, nous n'en sommes pas encore là, et nous n'y serons pas de longtemps ; il est même douteux que personne entreprenne une recherche dont le résultat ne peut plus avoir désormais d'utilité scientifique.

On ne peut, en effet, se le dissimuler : les zodiaques égyptiens, déchus ainsi de cette haute antiquité qu'on leur avait si généreusement départie, et du caractère purement astronomique qu'on leur avait supposé, perdent presque toute leur importance ; ils ne sont plus qu'un simple objet de curiosité qui peut fournir quelques rapprochements à l'artiste et à l'antiquaire, mais qui n'offre désormais aucun but de recherche vraiment philosophique : car, au lieu de recéler, comme on se l'était promis, le secret d'une science, perfectionnée bien avant le déluge, ils ne seraient plus que l'expression de rêveries absurdes, et la preuve encore vivante d'une des faiblesses qui ont le plus déshonoré l'esprit humain.

APPENDICE

LETTRE A M. LETRONNE

MEMBRE DE L'ACADÉMIE DES INSCRIPTIONS ET BELLES-LETTRES,

Sur l'expression phonétique des noms de Pétéménon et de Cléopâtre dans les hiéroglyphes de la momie rapportée par M. Cailliaud.

Monsieur,

Les savants qui connaissent vos *Recherches sur l'Égypte pendant la domination des Grecs et des Romains*, et qui ont bien voulu accorder quelque attention aux résultats de l'application de mon *Alphabet des hiéroglyphes phonétiques* aux monuments de la même contrée, ont déjà remarqué ce que peut, pour l'histoire, la saine critique fondée sur la seule autorité des faits; car cet Alphabet a pleinement confirmé toutes les déductions que vous aviez déjà tirées des inscriptions grecques recueillies sur ces mêmes monuments. Ainsi vous aviez attribué au règne de *Ptolémée Philométor* et de *Cléopâtre*, une pièce intérieure du grand temple d'Ombos; à *Ptolémée Evergète II* et à ses deux *Cléopâtre*, le petit temple de Vénus et l'obélisque de Philæ; à *Auguste* le propylon de Dendéra ; à *Tibère*, le pronaos du grand temple de la même ville ; et la lecture, par mon Alphabet, des légendes royales hiéroglyphiques sculptées sur ces mêmes édifices, y a montré précisément les noms de ces mêmes princes. A leur tour maintenant, vos observations sur l'inscription grecque de la momie apportée de Thèbes par M. Cailliaud, viennent justifier entièrement la lecture que j'avais déjà donnée des noms propres hiéroglyphiques inscrits sur cette momie, et par suite, prouver de plus en plus la certitude de mon Alphabet hiéroglyphique.

Aussitôt que cette curieuse momie fut arrivée à Paris, son possesseur, M. Cailliaud, voulut bien me permettre de la voir et d'étudier les nombreuses légendes hiéroglyphiques tracées, soit sur la partie convexe et les montants du sarcophage, soit sur l'enveloppe de toile peinte qui recouvrait le corps enveloppé de bandelettes, ou dans la longueur du grand plateau sur lequel reposait le cadavre : j'eus bientôt reconnu, dans ces diverses légendes (C), le groupe de caractères qui exprimait le nom propre du défunt, groupe précédé ici, comme dans toutes les légendes funéraires des momies de toutes les époques, par le nom du dieu suprême de *l'Amenté*, ou Enfer égyptien, *Osiris*, et terminé par un autre groupe qui suit immédiatement tous les noms propres de défunts, inscrits sur les monuments de style égyptien.

Ce nom propre, N° 1, transcrit en lettres grecques d'après mon Alphabet hiéroglyphique publié à la suite de la *Lettre à M. Dacier*, se lit ΠΤΜΝ que l'on doit prononcer, en suppléant les voyelles médiales omises dans ce nom, selon la méthode constante des Égyptiens en écrivant en hiéroglyphes des mots de leur langue, *Pétémen*, *Pétamen* ou *Pétamon*; et c'est précisément la transcription égyptienne de ΠΕΤΕΜΕΝѠΝ que vous avez reconnu être le nom propre du défunt mentionné dans l'inscription grecque de cette momie. Vous ne doutez pas, je pense, que dans Πετεμένων, la dernière syllabe ων ne soit une addition grecque.

Dans quatre des légendes hiéroglyphiques écrites sur le sarcophage, le nom du défunt, *Pétémen*, est suivi de deux signes, N° 3, qui, toujours d'après mon Alphabet, forment le mot ΜΣ, se rapportant à la racine égyptienne-copte ΜΕΣ, *generare, gignere, nasci;* et ce n'est là que la forme hiéroglyphique équivalente aux mots coptes ΜΑΣ et ΜΙΣΕ, *genitus, natus, pullus, filius*. Après ce mot, vient la *ligne brisée* ou la *coiffure ornée du lituus*, N° 4, signes hiéroglyphiques qui représentent l'un et l'autre la consonne Ν, laquelle, dans la langue copte ou égyptienne, répond à notre préposition *de*, et remplace le *cas génitif* des Grecs et des Latins. J'obtiens ainsi les mots ΠΤΜΝ ΜΣ Ν : *Pétémen, né de*....

Il est évident que je devais trouver un second nom propre après la préposition Ν (*de*). C'est ce dont m'avertissait, en effet, le signe figuratif d'espèce, *femme*, qui termine le groupe hiéroglyphique suivant, N° 5, formé de six caractères. De plus, ce nom propre devait être du genre féminin, et celui même de *la mère* de *Pétémen*; car, dans toutes les inscriptions funéraires, le groupe hiéroglyphique ΜΣ, *natus, genitus*, ne précède jamais que les noms propres de femmes, mères des défunts. La filiation paternelle y est constamment exprimée par un autre groupe hiéroglyphique formé de l'oie *Chenalopex*, et d'une *ligne perpendiculaire*, ou bien d'une petite *ellipse* et de la *ligne perpendiculaire*, groupes qui, lus par le moyen de mon Alphabet, donnent le mot ϹΙ ou ϹΕ, signifiant *fils, enfant*, en langue égyptienne.

Les mots ΜΣ N̄ (*Mès an*), *né* ou *engendré de*, que portent les légendes hiéroglyphiques de *Pétémen*, répondent donc à la formule

ΜΗΤΡΟC que vous suppléez, dans l'inscription grecque, d'après des exemples parallèles. J'ajouterai aussi que j'ai quelquefois rencontré, dans des légendes hiéroglyphiques des momies, au lieu du mot *Mès*, la formule grecque **ΜΗΤΡΟC**, textuellement exprimée par l'image d'un *vautour*, oiseau qui, d'après le témoignage formel d'Horapollon (1), peignait symboliquement l'idée *mère*, μήτηρ, dans l'écriture hiéroglyphique ; en cette occasion, le *vautour* est précédé du *segment de sphère*, signe phonétique de la consonne T, article déterminatif féminin singulier, et suivi du *céraste* (signe phonétique du pronom affixe F de la 3ᵉ personne masculin singulier), si le défunt dont il s'agit est un homme ; ou de la *ligne horizontale coupée de deux petites perpendiculaires* (signe phonétique de la consonne Σ, pronom affixe de la 3ᵉ personne féminin singulier), s'il s'agit d'indiquer la filiation maternelle d'une femme défunte. Ces deux groupes hiéroglyphiques se prononçaient, sans aucun doute, **TMAVF**, *la mère de lui*, et **TMAVS**, *la mère d'elle*; le verbe abstrait étant ici sous-entendu, cela revient exactement à la formule grecque μητρός.

Les six caractères formant le nom propre hiéroglyphique de la mère de *Pétémen*, se trouvent tous dans mon Alphabet publié en 1822 ; ce nom, Nᵒ 5, se compose du *fer de hache* K, *de la bouche* P (rhô) ou Λ, du *lituus* O, du *carré strié* Π, de la *main étendue* T, et de la bouche P ou Λ : ce qui produit le mot **ΚΛΟΠΤΡ** ou **ΚΡΟΠΤΡ**, que je ne balançai point à prononcer **ΚΛΕΟΠΑΤΡΑ**, parce que c'est ainsi, lettre pour lettre, que sont écrits, dans les légendes royales hiéroglyphiques gravées sur les temples de l'Égypte, les noms des reines Lagides *Cléopâtre*, sœur et femme de Philométor I, *Cléopâtre*, fille de la précédente, femme d'Evergète II, et *Cléopâtre*, fille d'Aulète, mère de Ptolémée-Neocæsar ou Cæsarion. Vous savez, Monsieur, que, dans les textes hiéroglyphiques, les articulations R et L sont constamment employées l'une pour l'autre, et que j'ai trouvé, par exemple, le nom d'Alexandre, Ἀλέξανδρος, écrit tout aussi souvent **ΑΡΚΣΑΝΤΡΣ** qu'**ΑΛΚΣΑΝΤΡΣ** : je puis citer encore le nom même de Πτολεμαῖος, écrit **ΠΤΟΡΟΜΑΙΣ** sur le fragment d'un beau vase de basalte qui fait partie du précieux cabinet de M. le baron Denon, et le nom hiéroglyphique de la ville de Ψέλκις, écrit **ΠΣΡΚ** pour **ΠΣΛΚ** dans les inscriptions égyptiennes du temple de Dakké en Nubie. Vous avez pu voir enfin, dans ma *Lettre à M. Dacier*, les noms hiéroglyphiques des empereurs *Tibère*, *Claude*, *Nerva* et *Adrien*, orthographiés tantôt **ΤΙΒΡΙΣ**, **ΚΛΟΤΙΣ**, **ΝΡΟΥΑ** et **ΑΤΡΙΝΣ**, tantôt

---

(1) Horapollon, *Hieroglyph*. L. I, § 11.

et sur les mêmes monuments, **ΤΙΒΛΙΣ, ΚΡΟΤΙΣ, ΝΛΟΥΑ** et **ΑΤΛΙΝΣ**.

D'après ces rapprochements, il ne pouvait rester aucun doute sur la lecture du nom de la mère de Pétémen, Κλεοπάτρα; et l'existence de ce même nom dans l'inscription grecque, ainsi que vous l'avez reconnu depuis, de votre côté, d'après les traces des lettres grecques, confirme entièrement ma lecture et donne une preuve nouvelle et irréfragable de la certitude de mon Alphabet.

Je lis donc dans les inscriptions hiéroglyphiques de cette momie : *Pétémen, homme* (1), *né de Cléopâtre, femme* (2), ce qui répond aux mots de votre inscription grecque, Πετεμένων... μητρὸς Κλεοπάτρας.

Mais les légendes égyptiennes de cette momie ne font aucune mention du nom d'*Ammonius*, que l'inscription grecque nous apprend avoir appartenu au défunt en même temps que celui de *Pétémen* : Πετεμένων ὁ καὶ Ἀμμώνιος, *Pétéménon dit aussi Ammonius* : la raison en est bien simple ; ces deux noms ne sont que l'exacte traduction l'un de l'autre, et il est évident que le défunt était appelé *Pétémen* par les individus qui parlaient la langue égyptienne, et *Ammonius* par ceux qui parlaient la langue grecque. L'hiérogrammate égyptien qui a composé les inscriptions de la momie, n'a dû, en conséquence, citer que le nom égyptien seul ; et il n'eût probablement point omis le second nom, s'il n'eût été un synonyme exact du premier. En effet, le nom propre égyptien *Pétémen* est un mot composé, 1° du monosyllabe **ΠΤ** (Pét) ou **ΠΤΕ** (Pété) qui, en langue égyptienne ou copte, signifie *celui qui est à, celui qui appartient à* ; 2° de **ΜΝ** (Mén), nom que j'ai trouvé dans les textes hiéroglyphiques tout aussi fréquemment employé que le mot **ΑΜΝ** (Amen ou Amon), pour désigner le dieu Éponyme de Thèbes, que les Grecs appelèrent Ἄμμων. Ainsi, le mot *Pétémen*, c'est-à-dire, *celui qui appartient à Men, Emen, Amen ou Amon*, n'est que l'exacte traduction du mot grec Ἀμμώνιος, *Ammonien*, qui est à Ammon. J'ai, au reste, retrouvé dans les textes hiéroglyphiques, une foule de noms propres égyptiens formés, comme celui de notre *Pétémen*, du monosyllabe *Pét* ou du dissylabe *Pété*, et du nom propre d'une divinité égyptienne. Tels sont ceux de Pétosiré, *celui qui est à Osiris* ; Pethor ou Pethar, *celui qui est à Horus* ; Pétési, *celui*

---

(1) *Caractère figuratif homme*, qui termine ce nom propre sur les montants du sarcophage. Voy. nos 1 et 2.

(2) *Caractère figuratif femme*, précédé de l'article féminin T, groupe répondant au mot copte ΤΗΙΜΕ, ἡ γυνή. Voyez n° 5.

qui est à Isis; Pétéphtah, *celui qui est à Phtah;* Pétarpré ou Pétarphré, *celui qui est à Horus et à Phré* (le Soleil), etc. (1).

Deux des courtes légendes hiéroglyphiques tracées sur les montants du sarcophage de *Pétémen,* présentent une variante curieuse de l'orthographe de ce nom propre : la syllabe ΠΕΤ est formée ici, comme partout ailleurs, par le *carré strié* et par le *bras étendu soutenant un triangle;* mais le nom divin *Amon, Men* ou *Amen,* n'est plus exprimé *phonétiquement;* le scribe, au lieu de *caractères phonétiques,* a employé un *signe symbolique;* et ce symbole, qui tient la place du nom du dieu, est un *obélisque,* N° 5.

Un tel changement dans l'orthographe d'un seul et même nom, dans un même texte, ne présente, Monsieur, rien qui doive nous surprendre ; car l'étude des inscriptions hiéroglyphiques m'a fourni une masse de faits positifs qui prouvent que, dans ce singulier système d'écriture, certains objets pouvaient être exprimés indifféremment par trois méthodes très diverses : 1° par la *transcription phonétique du mot* qui en était le signe dans la langue orale ; 2° par la *représentation* même de l'objet de l'idée ; 3° enfin, par un *signe symbolique, tropique* ou *énigmatique,* qui rappelait le souvenir de cet objet d'une manière plus ou moins directe.

Aussi arrive-t-il que, dans la plupart des légendes royales et des légendes funéraires inscrites sur des monuments de tout genre trouvés à Thèbes, le nom du dieu *Ammon,* dans les titres *chéri d'Ammon* et *pur par Ammon,* qui y sont très ordinaires, est indifféremment écrit ou *phonétiquement* MN et AMN, ou *figurativement* par une petite image du dieu lui-même, la tête surmontée de sa coiffure particulière, ou bien *symboliquement* par l'image d'un *obélisque,* comme dans la variante hiéroglyphique précitée du nom de notre Pétémen.

Enfin, la lecture du nom hiéroglyphique *Pétémen,* ses variations d'orthographe, et le sens que je lui attribue, sont pleinement mis hors de doute : 1° par le grand manuscrit hiéroglyphique du cabinet du Roi, qui se rapporte aussi à un défunt nommé *Pétémen, Pétamen* ou *Pétamon,* comme le jeune fils de Cléopâtre, dont M. Cailliaud possède la momie. Le nom de ce second *Pétémen,* dans le manuscrit du cabinet du Roi, est écrit tantôt *phonétiquement,* tantôt *phonético-symboliquement et par les mêmes caractères* que celui de notre Pétémen ; 2° par le titre même du manuscrit trouvé sur la momie de notre Pétémen, titre qui contient le nom du défunt en grec et en écriture démotique égyptienne; ce dernier

(1) Voyez mon *Précis du système hiéroglyphique,* chap. VI.

nom est composé d'un *croissant* et d'une *grande ligne perpendiculaire*, qui sont les formes des lettres ΠΤ (Pet) dans l'écriture démotique, et du groupe symbolique qui, dans l'inscription démotique de Rosette (ligne 2), exprime le nom de *Zeus* (ou *Ammon*) du texte grec ; 3° enfin, par le texte *hiératique* du manuscrit de notre *Pétémen*, qui, dès la première ligne, offre le nom du défunt écrit ΠΤΑΜΝ ΡΩΜΕ ΜΣ Ν ΚΛΟΠΤΛ ΘΙΜΕ, *Pétamen, homme, enfant de Cléopâtla* (pour Cléopatra), *femme :* ici le nom du dieu qui entre dans la composition du nom de Pétamen, est écrit par les signes hiératiques, équivalents fixes des hiéroglyphes, *la feuille*, **A**, *le parallélogramme crénelé*, **M**, et la *ligne horizontale ou brisée*, **N**, qui forment le nom hiéroglyphique d'Ammon sur les grands monuments de Thèbes.

On chercherait vainement, dans les inscriptions hiéroglyphiques du sarcophage et dans le texte hiératique de ce manuscrit, le nom propre du père de Pétémen, *fils de Cornélius Pollius Sôter*, que vous reconnaissez dans l'inscription grecque. Je dois dire à ce sujet, sans discuter ici les causes de cette singularité que vous avez aussi remarquée dans le papyrus de Schow, qu'il est très rare de trouver dans les légendes hiéroglyphiques des momies, la moindre mention du père des défunts, à quelque sexe qu'ils appartiennent ; mais on y voit toujours exprimée et dans toutes les occasions, la filiation maternelle. Les légendes égyptiennes de la momie de Pétémen sont donc conformes en tout à la méthode ordinairement suivie, dans les légendes funéraires, par les naturels du pays.

Tels sont, Monsieur, les faits principaux qui sont résultés du premier examen des légendes hiéroglyphiques de cette momie, et je ne puis mieux en terminer l'exposé, qu'en me félicitant de nouveau de l'heureux accord des résultats de vos savantes recherches avec ceux de mes études sur les écritures et les monuments de l'ancienne Égypte.

Agréez, etc.

J.-F. CHAMPOLLION LE JEUNE.

LES ANCIENS ONT-ILS EXÉCUTÉ
UNE MESURE DE LA TERRE
POSTÉRIEUREMENT
A L'ÉTABLISSEMENT DE L'ÉCOLE D'ALEXANDRIE (1)?

« Du moment où l'homme eut reconnu la sphéricité du globe, sa curiosité dut le porter à en mesurer les dimensions. Les rapports que plusieurs mesures de la plus haute antiquité ont entre elles et avec la circonférence de la terre semblent indiquer non seulement que, dans des temps fort anciens, cette mesure a été exactement connue, mais qu'elle a servi de base à un système complet de mesures dont on retrouve des vestiges en Égypte et dans l'Asie. » Ainsi s'exprime l'auteur de la *Mécanique céleste* (V, 203) dans ses leçons à l'École Normale. L'Académie a entendu récemment la lecture du mémoire où M. Gossellin (*Mém. de l'Ac.*, VI, 44) s'est attaché à rassembler les preuves qui lui paraissent établir qu'en effet les systèmes métriques des principaux peuples de l'antiquité étaient fondés sur ces grandes mesures de la terre, lesquelles même, selon lui, doivent se rattacher à une mesure unique, dont elles ne sont que des modifications diverses.

Je ne viens point reprendre une question dont ce profond géographe a rattaché les ramifications nombreuses à une tige commune : je ne me propose que de soumettre à un examen

---

[(1) *Mémoires de l'Acad. des Inscr.*, t. VI, p. 261 (mémoire lu en 1817, imprimé en 1822).]

nouveau quelques-uns des faits positifs qui doivent en constituer les éléments ; et, par exemple, de rechercher et de discuter toutes les circonstances du récit que les auteurs anciens ont fait de certaines opérations, d'où il a paru résulter que les astronomes de l'école d'Alexandrie avaient à plusieurs reprises tenté une mesure d'un arc du méridien pour en conclure la grandeur du globe.

L'objet qui fixera principalement mon attention est la mesure de la terre attribuée à Eratosthène, parce que c'est celle qui nous est connue avec le plus de détails et qui forme la base des systèmes géographiques d'Eratosthène et d'Hipparque. Cette mesure a été bien souvent discutée par les modernes, depuis Riccioli jusqu'à M. Delambre; ils se sont presque tous attachés à prouver qu'elle avait dû être prodigieusement inexacte ; et, à cet égard, ils ont eu pleinement raison. De la Nauze, le digne émule de Fréret, et d'Anville, entre autres, ont considéré cette mesure principalement dans son rapport avec la géographie de l'Égypte ; mais comme on ignorait alors la position exacte de Syène et d'Alexandrie, les deux points extrêmes de cette contrée, il était difficile que les recherches de ces savants eussent, dès cette époque, une base bien solide.

Mes observations sur cette matière difficile seront entièrement différentes de celles qu'on a faites jusqu'ici ; car ce ne sont pas les résultats probables de l'opération d'Eratosthène dont je prétends m'occuper; à cet égard, il reste trop peu de choses à dire : c'est l'opération en elle-même, ce sont les éléments dont elle se compose, que j'ai cru devoir soumettre à l'analyse d'une critique rigoureuse, pour tâcher de décider si elle a réellement été exécutée, ou si ce n'est qu'une ancienne mesure dont Eratosthène et ses successeurs ont fait un usage plus ou moins judicieux. Je me permettrai de le dire ici : en cette question, comme en beaucoup d'autres, on a peut-être admis les faits trop sur parole ; le témoignage de Cléomède, le seul auteur qui nous fournisse les renseignements dont nous puissions nous servir, a été adopté sans avoir été soumis à un examen suffisant; et l'on n'a point senti autant qu'on l'aurait dû combien il importait de constater la pureté de la source unique où l'on devait puiser. Dans l'état actuel de cette question délicate, c'est une discussion sévère de ce témoignage qui peut seule conduire à quelque résultat positif : car s'il est démontré que Cléomède s'est trompé sur presque tous les points, si l'analyse même de son texte fait voir quelle a été l'origine de son erreur, enfin si la connaissance exacte que nous avons de la position des principaux points de l'Égypte nous met en état de reconnaître que les philosophes de l'école d'Alexandrie, et en particulier Eratosthène, n'ont pu conclure des opérations qu'on leur prête les mesures qu'on leur attribue, il faudra bien convenir, ou que ces opérations n'ont point été faites, ou que les résultats en ont été supposés ; et, dans les deux cas, que les mesures données comme en étant déduites ou comme devant s'y rattacher sont d'une époque antérieure à l'établissement de cette école fameuse.

SECTION PREMIÈRE.

De Cléomède et de son ouvrage.

J'ai dit que Cléomède est le seul auteur qui nous fournisse des renseignements précis et détaillés sur la mesure de la terre par Eratosthène : on lui doit encore tout ce qu'on sait d'une autre mesure attribuée à Posidonius, et d'une troisième, dont je parlerai plus bas. C'est donc sur son témoignage unique que reposent les principaux éléments de la question que je vais discuter : il importe en conséquence de se faire une idée juste de l'époque à laquelle il a vécu et du pays où il écrivait. Il serait difficile autrement de savoir quelles chances d'erreur peut offrir son témoignage. C'est ce dont je vais m'occuper d'abord.

Les biographes ont déjà beaucoup parlé de cet écrivain. M. Delambre est toutefois celui qui a rassemblé à cet égard le plus de renseignements, dans un très bon article de la

Biographie universelle et dans son *Histoire de l'Astronomie ancienne*. Je ne répéterai point ce qu'il a dit : je dirai seulement ce que je n'ai trouvé nulle part ailleurs que dans l'ouvrage même de Cléomède, et encore me bornerai-je à ce qui va directement à mon but. Cléomède, auteur de l'ouvrage intitulé Κυκλικὴ θεωρία μετεώρων, est un compilateur dont on a ignoré jusqu'ici le pays et l'époque. Les uns, comme Gaspar Peucer et Vossius (1), le font descendre jusqu'en 427 de l'ère chrétienne ; mais ils ne disent point par quelle raison, et il n'est pas facile de le deviner ; d'autres, tels que Saxius (2) et Sainte-Croix (3), le placent au second siècle de J.-C., j'ignore également sur quelle autorité. Selon l'opinion la plus généralement adoptée (4), l'époque de cet écrivain doit remonter jusqu'au siècle d'Auguste. La raison sur laquelle on se fonde pour le placer avant Ptolémée, c'est qu'il n'a point parlé de cet astronome. Cette raison est plus spécieuse que solide : en effet, dans le cas où Cléomède n'aurait jamais été à Alexandrie, il se pourrait fort bien qu'il n'eût point eu connaissance de Ptolémée, quoiqu'il eût vécu longtemps après lui. C'est ainsi que l'auteur du *Poeticon astronomicon*, attribué à Hygin, parle beaucoup d'Eratosthène et ne dit pas un mot d'Hipparque : en conclura-t-on qu'il a vécu avant cet astronome ? La conclusion serait fausse. De même Proclus, qui a composé un Commentaire sur le IVe livre d'Euclide, donne une liste des principaux mathématiciens ; il n'y a point compris Théon de Smyrne, le plus célèbre des commentateurs d'Euclide : dira-t-on aussi que Théon de Smyrne vivait avant Proclus (5) ? En général, cette espèce d'argument négatif a bien peu de force, surtout quand on l'applique à des époques antérieures à l'invention de l'imprimerie ; car alors les noms et les écrits

---

(1) Vossius, *de Scient. mathem.*, III, 24, 34. Fabric., *Bibl. græca*, IV, 38 et seqq. ed. Harles.

(2) *Onomastic. litt.*, I, 294.

(3) Acad. inscr., *Mémoires*, XLIX, 463.

(4) Bailly, *Astr. mod.*, Écl. II, § 21 ; Delambre, *H. de l'astr. anc.*, I, 218, et art. Cléomède, *Biogr. univ.*, IX, 54, col. 1.

(5) Rapport sur l'*Euclide* de Peyrard, en tête de la nouv. édit., p. xxxiv.

des hommes les plus distingués se transmettaient quelquefois avec beaucoup de lenteur. Il en est de Cléomède comme de tous ceux qui ont écrit des traités de cosmographie : on peut juger de leur antiquité par celle des faits astronomiques qu'ils rapportent ; on est alors sûr qu'ils sont d'une époque postérieure au plus récent de ces faits : voilà tout ce qu'on peut savoir.

Un passage de Cléomède, auquel personne ne me paraît avoir fait attention, prouve que cet auteur n'est point aussi ancien qu'on l'a cru. Dans un endroit où il veut prouver que la terre n'est qu'un point mathématique par rapport à la sphère des étoiles, Cléomède dit (I, 59) : « Il y a deux astres semblables par la grandeur et la couleur et diamétralement opposés l'un à l'autre : ils occupent le 15ᵉ degré, l'un du Scorpion, l'autre du Taureau, où il fait partie des Hyades : Δύο εἰσὶν ἀστέρες καὶ τὴν χροιὰν καὶ τὰ μεγέθη παραπλήσιοι, διαμετροῦντες ἀλλήλοις· ὁ μὲν γὰρ, τοῦ Σκορπίου· ὁ δὲ, τοῦ Ταύρου τὴν πεντεκαιδεκάτην ἐπέχει μοῖραν, μέρος ὢν τῶν Ὑάδων. »

De ces deux astres, l'un est Antarès, placé, selon le catalogue de Ptolémée (1), à 12° 1/3 du Scorpion ; le second est évidemment celui que les astronomes anciens appelaient λαμπρὸς τῶν Ὑάδων, la Brillante des Hyades, c'est-à-dire Aldébaran, situé, selon le même catalogue (2), à 12° 50′ du Taureau. Cléomède en fixe la position au 15ᵉ degré de ces constellations. Prenons le milieu entre 14° et 15°, c'est-à-dire 14° 30′ : nous aurons, pour la différence entre les positions données par Cléomède et Ptolémée, d'Antarès et d'Aldébaran, 2° 10′ ou seulement 1° 40′. Ce seul fait montre que cet écrivain est nécessairement postérieur à Ptolémée : mais de combien de temps, c'est ce qu'il faut chercher.

Un fait de ce genre peut avoir été connu de deux manières, ou par une observation directe, ou par un calcul déduit du catalogue d'Hipparque.

---

(1) Ptol., *Almageste*, II, 60, ed. Halma.
(2) *Id.*, II, 50.

Dans le premier cas, il suffirait de remonter jusqu'à l'époque où Aldébaran était à 14° 30′ du Taureau, en partant de la rétrogradation moyenne. En 1786, Aldébaran était à 6° 47′ des Gémeaux, c'est-à-dire à 22° 17′ du point où le place Cléomède (1). D'après la précession annuelle, qui est de 50″1, l'étoile a dû employer environ 1.600 ans à rétrograder de cette quantité. Ce résultat n'est qu'approximatif, parce que je n'y fais point entrer le mouvement propre d'Aldébaran ; mais un calcul plus rigoureux serait ici tout à fait inutile. Si l'on retranche donc 1.600 de 1.786, on trouve qu'Aldébaran était à 14° 30′ du Taureau en l'année 186 de l'ère chrétienne.

Dans le second cas, l'époque serait plus récente encore. Afin qu'on me comprenne bien, je rappellerai qu'Hipparque, en comparant les observations de Timocharis avec les siennes, avait soupçonné que la précession était d'un degré en cent ans (2). Les astronomes anciens, marchant avec une confiance entière sur les pas de ce grand observateur, ne paraissent avoir fait pendant longtemps, pour déterminer la position des fixes en longitude, que diviser par 100 le nombre quelconque d'années qu'ils savaient s'être écoulées entre le temps d'Hipparque et le leur, et ajouter la quantité de degrés ou de portions de degré résultant de cette opération à celle qui était marquée dans son catalogue. Ptolémée lui-même, quoiqu'il prétende avoir dressé ce catalogue d'après ses propres observations, n'a pas fait autre chose, d'après l'opinion très formellement exprimée par M. Delambre, juge compétent en toutes ces matières (3). Selon ce savant astronome, Ptolémée n'a fait au catalogue d'Hipparque d'autre changement que d'ajouter uniformément, pour la longitude de toutes les étoiles, 2° 40′. Un illustre géomètre prend, à la vérité, la défense de Ptolémée et cherche à le justifier d'avoir altéré les observations d'Hipparque (4). Quoi qu'il en soit, on a tout lieu de

---

(1) Montignot, *État des fixes*, p. 170-172.
(2) Hipparch. ap. Ptol. in *Almag.*, II, 7, t. II, p. 13.
(3) Delambre, *Astr. théor. et prat.*, I, 258; *Hist. de l'astr. anc.*, t. II.
(4) *Précis de l'hist. de l'astr. anc.*, p. 50-52.

croire que les cosmographes qui sont venus après l'astronome de Ptolémaïs ont fait à son égard ce qu'on lui reproche d'avoir fait à l'égard d'Hipparque. Dans cette hypothèse, il faudrait multiplier par 100 la différence de 1°40′ entre les deux positions d'Aldébaran ; il en résulterait 250 ans pour la différence des époques, c'est-à-dire que le fait d'où nous tirons cette différence ne saurait être antérieur à l'an 296 de J.-C. Cette dernière méthode est conforme aux habitudes du temps, et le résultat en est peut-être plus voisin de la vérité.

Si l'on songe que Cléomède, comme je vais le dire, est un compilateur ignorant, incapable d'avoir fait par lui-même aucune observation, et qui d'ailleurs, selon son propre aveu, a pris chez les autres tout ce que contient son livre, on sera convaincu que ce fait astronomique ne saurait lui appartenir, qu'il l'a tiré de quelque astronome, et conséquemment qu'il a vécu postérieurement à l'époque à laquelle ce fait appartient, c'est-à-dire à l'an 186 dans le premier cas, et à l'an 296 dans le second. On ne saurait donc le porter plus haut que le commencement ou le milieu du IIIe siècle ; et il me paraît difficile de le faire descendre plus bas que le commencement du quatrième.

Il resterait à découvrir dans quel pays il florissait : mais comment y parvenir? J'ai dit combien il est difficile de connaître l'époque de tous ces compilateurs. En effet, comme ils puisent dans des auteurs de siècles et de pays différents, il s'ensuit que les faits qu'ils rassemblent n'appartiennent ni au même temps ni au même pays. C'est ainsi que Géminus semble avoir écrit tantôt sous le parallèle de Rhodes, tantôt sous celui d'Athènes, tantôt enfin sous celui de l'Hellespont, quand il copie Aratus, qui écrivait, comme on sait, à la cour d'Antigone (1). Il en est de même de Cléomède. Une seule chose est certaine, c'est qu'il n'écrivait point à Alexandrie et qu'il n'avait jamais visité cette ville : autrement, comment conce-

---

(1) Gemin., § 4, p. 2 *Uranol.* ibi Petav. — *Id.*, § 4, p. 8. — Achil. Tat., *Isag.*, § 23, p. 86 *fin.* — Hipparch. ad Arat., § 5, p. 101.

voir qu'il n'aurait eu nulle connaissance de Ptolémée, qui vivait au moins deux siècles auparavant? D'autres raisons viennent encore à l'appui. Cléomède cite Eratosthène à l'occasion de la mesure de la terre, mais très certainement d'après ouï-dire : il n'a jamais eu sous les yeux les ouvrages de ce géographe. Ce qui le prouve, c'est qu'il prétend qu'Eratosthène a fait ses observations à Syène et à Alexandrie avec le *scaphé,* instrument qui se composait d'un gnomon élevé au fond d'un hémisphère concave (1); mais il est impossible, comme l'a fait voir en plusieurs circonstances M. Delambre (2), qu'Eratosthène, qui avait à Alexandrie ses grandes armilles, et qui d'ailleurs pouvait se servir d'un gnomon d'une assez considérable dimension, se soit servi d'un instrument aussi petit que l'était le *scaphé,* dont l'usage a toujours dû être borné à la gnomonique (3). Cette seule circonstance, répétée d'ailleurs par un autre compilateur du v° siècle, Marcien Capella (VI, p. 194, éd. Grot.), prouve à la fois que Cléomède était fort ignorant en astronomie, qu'il a altéré, par suite de cette ignorance, les faits qui lui ont été transmis, ou qu'il n'a pas su voir qu'ils étaient altérés ; enfin, qu'il n'a point vu l'ouvrage où Eratosthène avait décrit son opération, puisque bien certainement il n'y était point question du *scaphé*. J'en dirai autant à l'égard d'Hipparque. Cléomède ne le cite qu'une seule fois (p. 83); encore est-ce d'après le rapport de quelque auteur. « On prétend, dit-il, qu'Hipparque a montré que le soleil est 1.050 fois plus gros que la terre, Τὸν δὲ Ὕππαρχόν φασι καὶ χιλιοκαιπεντηκονταπλασίονα τῆς γῆς ὄντα αὐτὸν ἐπιδεικνύναι. » Il est certain que si Cléomède avait vécu ou même voyagé à Alexandrie, il aurait pu consulter les ouvrages d'Eratosthène et d'Hipparque, et surtout il n'aurait point ignoré le nom de Ptolémée. On doit conclure de ce silence qu'il florissait soit à Constantinople, soit plutôt dans quelque lieu obscur de la

---

(1) Riccioli, *Almag. nov.,* X, sec. VI, c. IV.
(2) Delambre, *Astr. théor.,* I, 56, etc.
(3) *Ib.* et t. III, 514 ; *Biogr. univ.,* IX, 55, col. 1.

Grèce ou de l'Asie Mineure, et qu'il n'avait à sa disposition. qu'un très petit nombre de livres.

Il me reste à dire quelques mots des connaissances astronomiques de Cléomède et des sources où il a puisé.

M. Delambre (*Biogr. univ. l. l.*) prononce que son ouvrage n'est qu'un traité élémentaire, composé par un ignorant pour le commun des lecteurs. En effet, Cléomède copie d'autres écrivains; mais le plus souvent il ne comprend pas un mot de ce qu'il leur emprunte. Il est d'ailleurs rempli de contradictions manifestes, dont il ne s'aperçoit pas, selon l'usage ordinaire des compilateurs. Du reste, il ne donne que des à peu près, quelquefois très grossiers : c'est ainsi qu'il fait partout le diamètre égal au tiers de la circonférence, parce qu'il confond le diamètre dont la longueur est rapportée à la circonférence, avec le diamètre considéré comme égal à deux fois le côté de l'hexagone régulier, dont chacun sous-tend le sixième du cercle. C'est encore ainsi qu'il suppose la révolution périodique de la lune de 27 1/2 jours, et la révolution synodique de 30 jours en nombre rond (p. 17 *fin.*). Les méprises qu'il fait ou qu'il copie sans les apercevoir sont des plus singulières, comme lorsqu'il prend la mesure de l'arc du méridien compris entre Syène et Lysimachia, pour prouver la rondeur de la terre (j'en parlerai plus bas), et lorsqu'il imagine que le zodiaque coupe l'équateur à angles droits. On ne peut donc que souscrire au jugement que porte de Cléomède Jean Pediasimus, son commentateur : « On reconnaît, dit-il, que Cléomède débite en beaucoup d'endroits de cet ouvrage des choses absurdes, fausses et inintelligibles, Ἐν ἄλλοις μὲν πολλοῖς κατὰ τὴν σφαιρικὴν ταύτην θεωρίαν, ὁ Κλεομήδης εὑρίσκεται ἄτοπα λέγων, ψευδῆ τε καὶ ἀδιανόητα (1) ».

Cet auteur, comme je l'ai dit, paraît avoir eu fort peu de livres sous les yeux : les seuls écrivains dont il cite les noms

---

(1) *Comment. in Cleom. cujus est titulus* Τοῦ σοφωτάτου χαρτοφύλακος τῆς πρώτης Ἰουστινιανῆς καὶ πάσης Βουλγαρίας τοῦ καὶ ὑπάτου τῶν φιλοσόφων κυρίου Ἰωάννου διακόνου τοῦ Πεδιασίμου Ἐξηγήσεις μερικαὶ εἴς τινα τοῦ Κλεομήδους σαφηνείας δεόμενα (*in Cod.*, n° 2385, f. 342, l. 5).

, sont Aristote, Eratosthène, Hipparque, Épicure et Posidonius. Il ne parle d'Aristote qu'une seule fois, pour réfuter son opinion et celle de la secte péripatéticienne sur le vide ; et tout permet de penser qu'une pareille citation n'est pas de la première main. J'en dirai autant d'Épicure, dont il critique amèrement et à plusieurs reprises quelques idées sur la physique, qui réellement sont absurdes. Il est on ne peut plus probable que Cléomède, qui était un stoïcien outré, a pris toutes ces critiques dans des ouvrages de stoïciens : on sait que ces philosophes ne tarissaient pas quand il s'agissait de tourner en ridicule l'épicurisme. Quant à Eratosthène et à Hipparque, j'ai fait voir qu'il n'a point consulté leurs ouvrages. Reste donc Posidonius. Pour ce dernier, Cléomède a bien évidemment connu la plus grande partie de ses écrits ; et même, selon toute apparence, les ouvrages de ce philosophe et de quelques-uns de ses disciples étaient à peu près les seuls livres qu'il eût à sa disposition : ce qui me confirme dans l'opinion qu'il habitait quelque lieu obscur et retiré. Là, tout entier aux objets de son admiration exclusive, il faisait encore, au IIIe ou au IVe siècle, sa lecture unique des ouvrages des stoïciens ; il dédaignait même de s'instruire des vérités qui n'avaient pas été découvertes par les philosophes de cette secte, ou tout au moins consignées dans leurs écrits et proclamées dans leur enseignement. Longtemps après que l'épicurisme eut perdu son crédit et son autorité, Cléomède copiait encore avec respect et soumission les longues diatribes, désormais sans intérêt et sans but, dans lesquelles la gravité stoïcienne s'efforçait de descendre jusqu'à la plaisanterie ; et c'est ce que les sectes religieuses ou philosophiques ont rarement dédaigné de faire quand elles ont trouvé l'occasion de se moquer les unes des autres. Il ne dissimule pas, il dit même formellement qu'il a pris la plus grande partie de son livre dans les ouvrages de Posidonius : Τὰ πολλὰ τῶν εἰρημένων, dit-il en finissant, ἐκ τοῦ Ποσειδωνίου εἴληπται. D'après le titre de Κυκλικὴ θεωρία μετεώρων que porte sa compilation, je présume qu'il en a puisé la majeure partie dans le traité de Posidonius intitulé Περὶ μετεώρων, dont parle Diogène de Laërte (*in Zenone*, VII, § 135, 144), probablement le même traité que Diogène appelle ailleurs Μετεωρολογικὴ στοιχείωσις (*id.*, VII, § 152) ; et remarquons bien ici le mot στοιχείωσις, éléments, qui convient parfaitement bien au plan de Cléomède. Il a dû consulter encore le traité qui avait pour titre Φυσικὸς λόγος ; ce qui ajoute encore beaucoup de force à cette présomption, c'est un passage de Géminus conservé par Simplicius dans son commentaire sur les *Physiques* d'Aristote (1). Ce passage n'est lui-même qu'un fragment des *Météorologiques* de Posidonius, où ce philosophe donne la distinction qui existe entre la physique et l'astronomie : il dit quels sont les objets dont s'occupe cette dernière science ; et ces objets sont précisément tous ceux qu'on trouve traités, selon le même ordre, dans l'ouvrage de Cléomède.

Il résulte principalement de cette première section les faits suivants, sur lesquels j'insiste de préférence, comme pouvant me servir dans la suite :

1° Cléomède écrivait au plus tôt dans le III° siècle.

2° Il n'a point été à Alexandrie ; il n'a cité Eratosthène et Hipparque que sur parole, et ne paraît avoir connu aucun ouvrage sorti de l'école d'Alexandrie.

3° Il ignorait l'astronomie ; et la plupart des faits qu'il rapporte sont altérés par lui ou l'avaient été déjà par les auteurs qu'il a copiés.

SECTION SECONDE.

Faits relatifs à l'opération d'Eratosthène tirés de Cléomède.

Voici la traduction littérale du passage où Cléomède décrit l'opération qu'il attribue à Eratosthène (p. 53-56) :

« Eratosthène dit que Syène et Alexandrie sont sous le même méridien.... Il dit de plus, et cela est vrai, que Syène est situé

---

(1) Simpl. in Arist. *Physica*, p. 64 et. s. ed. Ald. Cf. Bake, *Reliq. Posid.*, p. 59 et s. — Diog. Laert., VII, § 143, 145, 149, 153, 154.

sous le tropique d'été. Aussi, lorsque le soleil est arrivé dans le Cancer, les gnomons des cadrans placés à Syène ne font point ombre le jour du solstice, à midi juste, parce que cet astre est verticalement au-dessus. Cet effet a lieu, dit-on, pour un espace de 300 stades. Mais à Alexandrie les gnomons portent ombre dans ce même instant, par la raison que cette ville est plus septentrionale que Syène. Les deux villes étant sous le même méridien, qui est un grand cercle, si nous décrivons un arc à partir de l'extrémité de l'ombre jusqu'à la base même du gnomon du cadran à Alexandrie, cet arc sera une portion du plus grand cercle du *scaphé*, puisque le *scaphé* (ou la partie concave de l'instrument) correspond au plus grand arc céleste. Donc, si nous imaginons des droites menées à partir de chaque gnomon à travers la terre, elles se rencontreront au centre; et puisque le cadran, à Syène, est précisément au-dessous du soleil, la droite que nous supposons menée du soleil sur la pointe du gnomon ne fera qu'une même ligne avec celle qui sera menée du gnomon au centre de la terre.

« De plus, supposons une autre droite menée au soleil, à partir de l'extrémité de l'ombre du gnomon, du *scaphé* placé à Alexandrie : cette droite et la précédente seront parallèles, étant abaissées de différents points du soleil sur divers points de la surface terrestre. La droite qui, partant du centre de la terre, vient aboutir au gnomon à Alexandrie, tombe sur ces parallèles; il en résulte des angles alternes internes égaux, formés, l'un au centre de la terre par les deux lignes menées des deux gnomons à ce centre, l'autre par l'intersection de la pointe du gnomon à Alexandrie avec la ligne menée au soleil, à partir de l'extrémité de l'ombre projetée par ce même gnomon. L'arc de cercle compris entre l'extrémité de l'ombre et la base du gnomon sera égal à l'arc intercepté entre Syène et Alexandrie. En effet, ces arcs doivent être semblables, puisqu'ils déterminent l'ouverture d'angles égaux. Donc l'arc de la partie concave du *scaphé* sera au cercle de ce *scaphé* comme l'arc entre Syène et Alexandrie est au méridien qui passe par ces deux villes. Or il est la cinquantième partie du cercle du *scaphé* : donc la distance de Syène à Alexandrie est nécessairement la cinquantième partie d'un grand cercle de la terre. Mais cette distance est de 5.000 stades ; donc le cercle entier est de 25 myriades de stades. Telle est la méthode d'Eratosthène. »

Ὑπὸ τῷ αὐτῷ κεῖσθαί φησι μεσημβρινῷ Συήνην ᾧ καὶ Ἀλεξάνδρειαν... Φησὶ τοίνυν, καὶ ἔχει οὕτως, τὴν Συήνην ὑπὸ τῷ θερινῷ τροπικῷ κεῖσθαι κύκλῳ. Ὁπόταν οὖν ἐν Καρκίνῳ γενόμενος ὁ ἥλιος, καὶ θερινὰς ποιῶν τροπὰς ἀκριβῶς μεσουρανήσῃ, ἄσκιοι γένονται οἱ τῶν ὡρολογείων γνώμονες ἀναγκαίως, κατὰ κάθετον ἀκριβῆ τοῦ ἡλίου ὑπερκειμένου. Καὶ τοῦτο γίνεσθαι, λόγος, ἐπὶ σταδίους τριακοσίους τὴν διάμετρον. Ἐν Ἀλεξανδρείᾳ δὲ, τῇ αὐτῇ ὥρᾳ ἀποβάλλουσιν οἱ τῶν ὡρολογείων γνώμονες σκιάν· ἄτε πρὸς ἄρκτῳ μᾶλλον τῆς Συήνης ταύτης τῆς πόλεως κειμένης. Ὑπὸ τῷ (j'ajoute αὐτῷ) μεσημβρινῷ τοίνυν καὶ μεγίστῳ κύκλῳ τῶν πόλεων κειμένων, ἂν περιαγάγωμεν περιφέρειαν ἀπὸ τοῦ ἄκρου τῆς τοῦ γνώμονος σκιᾶς, ἐπὶ τὴν βάσιν αὐτὴν τοῦ γνώμονος τοῦ ἐν Ἀλεξανδρείᾳ ὡρολογείου, αὐτὴ ἡ περιφέρεια γενήσεται τμῆμα τοῦ μεγίστου τῶν ἐν τῇ σκάφῃ κύκλων · ἐπεὶ μεγίστῳ κύκλῳ ὑπόκειται ἡ τοῦ ὡρολογείου σκάφη.

Εἰ οὖν ἑξῆς νοήσαιμεν, εὐθείας διὰ τῆς γῆς ἐκβαλλομένας ἀφ' ἑκατέρου τῶν γνωμόνων, πρὸς τῷ κέντρῳ τῆς γῆς συμπεσοῦνται. Ἐπεὶ οὖν τὸ ἐν τῇ Συήνῃ ὡρολόγειον κατὰ κάθετον ὑπόκειται τῷ ἡλίῳ, ἂν ἐπινοήσωμεν εὐθεῖαν ἀπὸ τοῦ ἡλίου ἥκουσαν ἐπ' ἄκρον τοῦ ὡρολογείου γνώμονα, μία γενήσεται εὐθεῖα ἡ ἀπὸ τοῦ ἡλίου μέχρι τοῦ κέντρου τῆς γῆς ἥκουσα.

Ἐὰν οὖν ἑτέραν εὐθεῖαν νοήσωμεν ἀπὸ τοῦ ἄκρου τῆς σκιᾶς τοῦ γνώμονος, ἐπὶ τὸν ἥλιον, ἀναγομένην ἀπὸ τῆς ἐν Ἀλεξανδρείᾳ σκάφης, αὐτὴ καὶ ἡ προειρημένη εὐθεῖα παράλληλοι γενήσονται, ἀπὸ διαφόρων γε τοῦ ἡλίου μερῶν ἐπὶ διάφορα μέρη τῆς γῆς διήκουσας.

Εἰς ταύτας οὖν παραλλήλας οὔσας ἐμπίπτει εὐθεῖα ἡ ἀπὸ τοῦ κέντρου τῆς γῆς ἐπὶ τὸν ἐν Ἀλεξανδρείᾳ γνώμονα ἥκουσα, ὥστε τὰς ἐναλλὰξ γωνίας ἴσας ποιεῖν · ὧν ἡ μέν ἐστι πρὸς τῷ κέντρῳ τῆς γῆς κατὰ σύμπτωσιν τῶν εὐθειῶν, αἱ ἀπὸ τῶν ὡρολογείων ἤχθησαν ἐπὶ τὸ κέντρον τῆς γῆς, γινομένη · ἡ δὲ κατὰ σύμπτωσιν ἄκρου τοῦ ἐν Ἀλεξανδρείᾳ γνώμονος, καὶ τῆς ἀπ' ἄκρας αὐτοῦ τῆς σκιᾶς ἐπὶ τὸν ἥλιον, διὰ τῆς πρὸς αὐτὸν ψαυσέως ἀναχθείσης γεγενημένη. Καὶ ἐπὶ μὲν ταύτης βέβηκε περιφέρεια ἡ ἀπ' ἄκρου τῆς σκιᾶς τοῦ γνώμονος ἐπὶ τὴν βάσιν αὐτοῦ περιαχθεῖσα · ἐπὶ δὲ τῆς πρὸς τῷ κέντρῳ τῆς γῆς, ἡ ἀπὸ Συήνης διήκουσα εἰς Ἀλεξάνδρειαν. Ὅμοιαι τοίνυν αἱ περιφέρεταί εἰσιν ἀλλήλαις αἱ ἐπ' ἴσων γωνιῶν βεβηκυῖαι. Ὃν ἄρα λόγον ἔχει ἡ ἐν τῇ σκάφῃ πρὸς τὸν οἰκεῖον κύκλον, τοῦτον ἔχει τὸν λόγον καὶ ἡ ἀπὸ Συήνης εἰς Ἀλεξάνδρειαν ἥκουσα. Ἡ δέ γε ἐν τῇ σκάφῃ πεντηκοστὸν μέρος εὑρίσκεται τοῦ οἰκείου κύκλου· δεῖ οὖν ἀναγκαίως καὶ τὸ ἀπὸ Συήνης εἰς Ἀλεξάνδρειαν διάστημα πεντηκοστὸν εἶναι μέρος τοῦ μεγίστου τῆς γῆς κύκλου. Καί ἐστι τοῦτο σταδίων πεντακισχιλίων· ὁ ἄρα σύμπας κύκλος γίνεται μυριάδων εἴκοσι πέντε. Καὶ ἡ μὲν Ἐρατοσθένης ἔφοδος τοιαύτη.

Ainsi, d'après ces paroles de Cléomède, Eratosthène partait de ces deux suppositions : 1° que Syène et Alexandrie sont sous le même méridien; 2° que Syène est sous le tropique du Cancer.

C'est à ces deux fausses suppositions qu'il rapporte deux observations de latitude faites au moyen du *scaphé*. Il en résulte, dit-il, que l'arc intercepté entre les deux villes s'est trouvé égal à la 50ᵉ partie du méridien, ou de 7° 12′; la distance itinéraire lui était donnée de 5.000 stades ; comme Eratosthène crut devoir multiplier 50 par 5.000, il eut 250.000 stades pour la circonférence du méridien.

Cette opération se compose donc :

1° De deux observations astronomiques plus ou moins exactes, ce qui ne nous importe pas ici ;

2° D'une supposition décidément fausse, car Alexandrie et Syène ne sont point sous le même méridien;

3° D'une donnée incertaine, savoir, la distance itinéraire de 5.000 stades entre Alexandrie et Syène; car nous ne voyons pas qu'Eratosthène ait pris aucune peine pour la vérifier, à nous en tenir même aux paroles de Cléomède.

Sans rapporter ici le résultat de toutes les discussions auxquelles a donné lieu le récit de Cléomède, et sans résumer les objections de Riccioli, de Bailly, de d'Anville, etc., ni les explications diverses qu'on a proposées, je me contenterai de dire que le plus léger examen des faits démontre sans réplique qu'il n'a pu résulter de l'opération telle que la rapporte Cléomède qu'une mesure extrêmement inexacte.

En effet, Eratosthène s'est considérablement trompé en *supposant* Alexandrie et Syène sous le même méridien, puisque la différence en longitude est d'environ 3 degrés. Cette erreur en a entraîné une autre. On a vu qu'il suppose 5.000 stades de distance itinéraire entre les deux points : dès lors cette distance répondait réellement sur le terrain à un plus long intervalle qu'il ne le pensait ; car il l'a prise dans le sens du méridien, comme représentant un arc de 7° 12′, tandis qu'en réalité c'est l'hypothénuse d'un triangle rectangle sphérique, dont l'un des côtés aurait 7° 12′ (en supposant juste l'observation gnomonique), et l'autre, 3° environ. Cet intervalle était donc de 7° 48′, savoir, de 36′ ou de 3/5 de degré plus grand que l'arc intercepté entre les parallèles de Syène et d'Alexandrie.

Voilà l'erreur principale qui serait résultée de l'observation : cette erreur est énorme et telle, qu'Eratosthène n'aurait pu se faire qu'une idée extrêmement inexacte de la grandeur de la terre. En voici la preuve. A nous en tenir au texte de Cléomède, il est clair que cette opération n'aurait produit d'autre résultat que de faire connaître le rapport qui existait entre la circonférence du globe et le stade quelconque dans lequel était exprimée la distance itinéraire de 5.000 stades, qu'Eratosthène a prise pour base de son calcul sans la vérifier : il s'ensuit nécessairement que ce stade était une mesure itinéraire employée en Égypte ; c'est assez dire qu'on en connaissait la longueur absolue : dans ce cas, il est évident que la justesse du rapport cherché de ce stade avec le degré dépendait de l'exactitude des procédés de l'astronome. Or quels procédés ! D'une part les 5.000 stades répondaient, sur le terrain, à un arc de 7° 48′ et non de 7° 12′ ; première erreur. De plus, comme les 5.000 stades étaient la mesure d'une distance itinéraire, il faut ajouter au moins 1/10 pour tous les détours de la vallée du Nil ; ainsi ils représentent 8° 35′, et non 7° 12′, c'est-à-dire une distance plus longue d'environ 1/5 : seconde erreur. En admettant donc que cette distance de 5.000 stades ait été mesurée exactement, on voit que le stade employé pour cette mesure aurait été de 582 1/2 au degré ($\frac{5000}{8 \cdot 35}$ = 582 1/2) ou d'environ 190^m,188, le degré moyen en Égypte étant de

110.785 mètres, d'après les tables de M. Delambre. Mais Eratosthène, par suite de toutes ces erreurs, croyait que ce stade était compris 700 fois environ dans un degré ; il se trompait donc, sur la grandeur absolue du degré, de 22.340 mètres, c'est-à-dire d'un cinquième environ. En outre, on est forcé d'admettre qu'il n'aurait jamais existé de mesure contenue réellement 700 fois dans un degré, puisque ce rapport serait entièrement fictif et uniquement le produit des énormes méprises qu'aurait faites Eratosthène.

Mais combien de telles conséquences sont opposées à plusieurs faits avérés ! Non seulement un stade assez exactement contenu 700 fois dans un degré terrestre existe avec tous ses éléments dans le système métrique de l'Égypte, fait sur lequel je ne peux pas insister ici (1), mais encore l'évaluation d'un grand nombre de distances géographiques données par les anciens, principalement dans la Basse-Égypte, se retrouve exactement exprimée dans ce stade : ce qui prouve qu'un stade de 700 au degré a été reconnu et employé comme mesure usuelle en Égypte, longtemps avant qu'Eratosthène exécutât l'opération qui lui est attribuée. Comment donc ne pas soupçonner dans le récit de cette opération quelque imposture ou quelque méprise, et ne pas se sentir disposé à croire, ou qu'Eratosthène a cherché, mais bien maladroitement, à déguiser un plagiat, en se donnant pour avoir exécuté une mesure faite longtemps avant lui ; ou plutôt que Cléomède, mêlant ensemble des données différentes, les aura confondues par ignorance et par défaut de jugement, et en aura tiré des conséquences entièrement fausses ?

Ce qui fait pencher pour cette dernière opinion, indépendamment des preuves qui tout à l'heure vont la mettre hors de doute, c'est, en premier lieu, que Cléomède, qui ajoute la circonstance de l'emploi du scaphé, laquelle est d'une fausseté évidente, a bien pu ajouter d'autres circonstances beaucoup

---

(1) Il est développé dans un ouvrage inédit, intitulé *Histoire du système métrique égyptien, depuis les Pharaons jusqu'aux Arabes*.

moins importantes, dont la réunion suffit néanmoins pour dénaturer entièrement l'opération attribuée à Eratosthène ; en second lieu, et cet argument, quoique négatif, est cependant assez fort, c'est qu'aucun auteur ancien, entre ceux du moins qui, à n'en pouvoir douter, ont eu sous les yeux les ouvrages d'Eratosthène, ne parle de cette opération. Strabon, qui avait lu ces écrits, qui les avait discutés, critiqués, extraits, qui parle en plusieurs occasions de ce stade de 700 au degré, ne dit nulle part qu'il eût été conclu d'une opération faite par Eratosthène ; seulement dans un endroit (II, 132) il dit : « Nous supposons, comme Hipparque, que la grandeur de la terre est de 252.000 stades, mesure qu'Eratosthène donne aussi, Ὑποθεμένοις, ὥσπερ ἐκεῖνος (Ἵππαρχος), εἶναι τὸ μέγεθος τῆς γῆς σταδίων εἴκοσι πέντε μυριάδων καὶ δισχιλίων, ὡς καὶ Ἐρατοσθένης ἈΠΟΔ᾽ΙΔΩΣΙΝ ». Une telle manière de s'exprimer se concevrait-elle dans l'hypothèse où cette mesure aurait été trouvée par Eratosthène lui-même, si Eratosthène eût réellement fait cette opération, dont le résultat, savoir, le stade de 700, a joué un si grand rôle dans toute la géographie ancienne ? C'était bien là le cas d'en dire quelques mots. Ptolémée n'en fait mention ni dans l'*Almageste*, ni dans la *Géographie* ; et néanmoins, au chapitre III de ses prolégomènes (*Géog.*, I, 3), il traite de la mesure de la terre. On n'en trouve non plus nul vestige dans les écrits de Théon, son commentateur, de Proclus ni des autres mathématiciens qui ont vécu à Alexandrie, ni dans le passage où Macrobe parle du stade de 700 au degré ; et cependant il cite l'ouvrage d'Eratosthène, Περὶ ἀναμετρήσεως, où cet astronome avait sans doute expliqué ce qui concernait l'origine de ce stade. A tout prendre, ce ne sont là que des arguments négatifs, et je ne les donne pas pour autre chose : toutefois ce silence absolu est étrange ; et les difficultés singulières que présente d'ailleurs le récit de Cléomède laissent bien des doutes dans l'esprit. J'arrive maintenant à la discussion des faits positifs.

SECTION TROISIÈME.

En quoi consiste l'opération dite d'Eratosthène.

§ I. — Que la distance de 5.000 stades n'est point une mesure géodésique.

Du milieu de ces difficultés de tous les genres, il sort néanmoins un fait qu'on pourrait difficilement contester et qui doit par la suite acquérir plus de force : c'est qu'Eratosthène, bien qu'il n'ait pu exécuter l'opération rapportée par Cléomède, est certainement le premier d'entre les Grecs qui ait fait du stade de 700 au degré une application quelconque dans la détermination d'un arc du méridien.

J'ai dit plus haut qu'en dégageant le texte de Cléomède des circonstances étrangères à l'objet principal, on en tire du moins ces deux données : 1° une observation de latitude à Syène et à Alexandrie aurait fait connaître à Eratosthène la grandeur de l'arc du méridien entre ces lieux ; 2° une distance itinéraire de 5.000 stades aurait été censée exister entre les deux villes. De ces deux données, la première semble appartenir à Eratosthène ; la seconde, au contraire, ne serait qu'un fait connu indépendamment de son opération et admis par lui comme exact; car, je le répète, on ne voit nulle part qu'Eratosthène ait fait la moindre tentative pour le constater.

Cette distance de 5.000 stades, prise dans le sens du méridien, entra dans la distribution des latitudes faite par cet auteur : elle fut adoptée par Hipparque et par Strabon, qui employaient le même stade qu'Eratosthène, savoir, celui de 700 au degré ; elle fut considérée par eux comme étant l'expression de la différence en latitude de Syène et d'Alexandrie. Dès lors, pour savoir la mesure de l'arc du méridien qu'elle représentait, dans leur opinion, il ne faut que diviser le nombre 5.000 par 700, et l'on a 7° 8′ 34″ : c'est évidemment l'intervalle qu'ils supposaient exister entre les deux points.

Les observations des modernes mettent en état d'apprécier

l'exactitude de cette estimation et de connaître la nature de cette prétendue mesure itinéraire.

Selon M. Nouet, la latitude d'Alexandrie au phare est de 31°13′5″ ; mais comme les Alexandrins observaient sur la rive méridionale du grand port, où était la ville, et non pas au Phare (plus haut, p. 101), il faut retrancher 1.500 mètres ou 48 secondes, ce qui réduit la latitude à.. . . . 31°12′17″
Latitude de Syène . . . . 24° 5′23″

Différence en latitude	7° 6′54″
Selon les Alexandrins, cette différence était de	7° 8′34″
Ils ne se trompaient donc que de.	1′40″

Encore cette erreur doit-elle être diminuée, parce que le nombre rond 5.000 est un peu trop fort, comme on va le voir bientôt.

Chose remarquable ! voilà donc cette mesure de 5.000 stades entre deux lieux situés sous des méridiens différents ; cette mesure qui, d'après Cléomède, aurait été appliquée avec tant de maladresse et d'inexactitude et aurait dû conduire si loin de la vérité, la voilà, dis-je, qui se trouve être assez précisément l'expression de l'arc de latitude compris entre ces deux mêmes lieux. Une telle coïncidence, qui ne peut avoir été l'effet du hasard, nous découvre tout à coup ce qu'est cette prétendue *distance itinéraire prise géodésiquement le long du Nil*, comme on l'a cru d'après Cléomède, et nous démontre que c'est tout simplement l'estimation de la différence en latitude des parallèles de Syène et d'Alexandrie, faite par Eratosthène, dans un stade dont le rapport au degré était déjà connu auparavant.

Ce fait positif vient confirmer toutes les présomptions qui s'étaient élevées jusqu'ici ; il change l'état de la question et jette un trait de lumière à travers tous les nuages dont nous étions environnés.

Avant de suivre ce fait dans ses conséquences ultérieures, il convient de rechercher comment les philosophes de l'école d'Alexandrie étaient parvenus à connaître une différence de latitude à la précision de 1′ 1/2 ; car ceci est lié à la discussion de deux des points les plus délicats et certainement les moins approfondis de l'astronomie pratique des anciens : je veux parler de la détermination des latitudes de Syène et d'Alexandrie, et de l'obliquité de l'écliptique.

§ II. — DE LA LATITUDE D'ALEXANDRIE.

Un fait dont il est impossible de douter, c'est que les Alexandrins n'ont jamais su prendre une latitude *absolue* avec exactitude, et cela par la raison que les procédés qu'ils employaient, indépendamment de plusieurs autres causes d'incertitude, ne leur permettaient point de tenir compte de la pénombre : ils ne se sont donc jamais aperçus que leurs instruments leur donnaient, non pas la distance du centre du soleil au zénith, mais seulement celle du limbe boréal ; en sorte que toutes les latitudes observées par eux doivent être trop faibles de 14′ à 15′. Ce fait résulte de l'examen des latitudes des trois points de l'Égypte dont ils se sont le plus fréquemment servis et dont ils avaient dû déterminer la position par des observations qui leur étaient propres : ces points sont Canope, Heroopolis et Alexandrie.

Les tables de Ptolémée, selon le texte grec, portent Canope à la latitude de 31° 5′. Selon M. Nouet, le rocher d'Aboukir est par 31° 19′ 44″ : mais pour atteindre le milieu des ruines de Canope, il faut, d'après la carte à grand point, retrancher 900 mètres ou 1/2 minute ; il reste donc, pour la latitude de
Canope. . . . . 31° 19′ 14″
Selon les anciens. . . . . 31° 5′

Différence en moins. . . . . 14′ 14″

C'est, à environ 1′ près, le demi-diamètre du soleil.

Heroopolis, située au fond du bras occidental de la mer Rouge, est une des positions les plus importantes dans la géographie des Alexandrins : les tables de Ptolémée, selon la version latine et le manuscrit Coislin, la placent à 29° 50′, position qui se retrouve en deux autres endroits de ces tables où il est question du fond, μυχός, de la mer Rouge ; or ce fond

et Heroopolis sont deux points maintenant reconnus pour identiques. Il existe à 2.600 mètres au N.-E. de Suez, dans l'alignement de l'extrémité du golfe, des ruines d'une ville qui, d'après sa position géographique, ne sauraient appartenir à aucune autre qu'à Heroopolis. La latitude de ces ruines est de. . . . . 30° 4′ 30″
Celle d'Heroopolis, selon Ptolémée, était de.. . . . 29° 50′

       Différence *en moins* . . . . 14′ 50″

même quantité que ci-dessus.

Enfin Alexandrie est mise par Ptolémée à 31° juste dans sa *Géographie;* mais ce n'est qu'une approximation : dans l'*Almageste* (l. V, c. XII, p. 331), où il met plus de rigueur, il donne précisément 30° 58′. Or de. . . . . 31° 12′ 17″
retranchez. . . . . 30° 58′

il reste de différence *en moins*. . . . . 14′ 17″

c'est-à-dire presque la même quantité que pour les deux autres positions, ou à peu près le demi-diamètre du soleil.

Ces trois faits, rapprochés ici pour la première fois, ce me semble, et auxquels j'en pourrais joindre d'autres, mettent hors de doute l'erreur commise par les Alexandrins dans leurs observations de latitude.

Au reste, Ptolémée, en portant la latitude d'Alexandrie à 31° en nombre rond dans sa *Géographie,* n'a fait que suivre l'exemple d'Eratosthène et d'Hipparque, en ceci comme en bien d'autres choses. En effet, selon ces deux astronomes, le tropique et Syène étaient à. . . . . 23° 51′ 20″
Ils mettaient, de plus, en nombre rond,
5.000 stades entre Syène et Alexandrie,
ou . . . . 7° 8′ 34″

   Latitude d'Alexandrie . . . . 30° 59′ 54″, ou 31°.

Mais il est probable que ces deux astronomes avaient reconnu, ainsi que Ptolémée, que la latitude d'Alexandrie était exactement de 30° 58′ ; et M. Delambre (*Astr. anc.*, I, 88) en donne la raison : « Comme Ptolémée, dit ce savant astronome, adopte l'obliquité d'Eratosthène, il est naturel de supposer qu'il a pris aussi la latitude qui se déduisait de ses observations, et qui sans doute avait servi à placer l'armille équatoriale à la hauteur qu'on croyait exacte. »

Eratosthène et Hipparque devaient donc mettre également entre ces deux points 30° 58' — 23° 51' 20", c'est-à-dire 7° 6' 40", valant 4977,7 stades de 700 au degré. Ce nombre était si embarrassant dans la pratique, qu'ils ont dû le porter à 5.000, en négligeant $\frac{1}{227}$ dont ils n'avaient que faire. En omettant cette insignifiante fraction, ils avaient juste 21.700 stades pour l'intervalle de l'équateur à Alexandrie.

On voit donc que toute l'école d'Alexandrie s'est accordée, depuis Eratosthène jusqu'à Ptolémée inclusivement, à compter entre Syène et Alexandrie, au moins 7° 6' 40 ou 4.978 stades, puisque les 5.000 stades ne sont qu'un nombre rond, ou tout au plus 7° 8' 34", valeur de ces 5.000 stades.

J'ai dit que les modernes comptent entre ces deux mêmes lieux. . . . . 7° 6' 54"
Les anciens comptaient. . . . . 7° 6' 40"

L'erreur n'est donc que de . . . . 14"
ou de 1/4 de minute, au lieu de 1' 25" qui résulte des 7° 8' 34".

Cette exactitude est sans doute fort grande : toutefois elle n'a rien d'étonnant, parce que la quantité dont il s'agit est la moyenne entre deux erreurs qui se compensent ; on le concevra facilement. Comme les astronomes se trompaient également dans toutes leurs latitudes prises avec le gnomon, on sent qu'en observant aux deux extrémités d'un arc du méridien avec des instruments semblables, et en répétant les observations un grand nombre de fois, la moyenne des observations en chacun des deux lieux se trouvait affectée, à peu de chose près, de la même erreur ; tellement que, quoique chaque moyenne fût trop faible, et conséquemment inexacte, prise à part, cependant l'arc compris entre les deux points pouvait être connu avec une assez grande exactitude.

§ III. — DE L'OBLIQUITÉ DE L'ÉCLIPTIQUE SELON LES ALEXANDRINS.

On sait qu'Eratosthène supposait cette obliquité égale aux $\frac{11}{120}$ du méridien, qui valent 23° 51′ 20″ (1). Il se trompait de 6′ environ ; car au temps de cet astronome, vers le milieu du IIIe siècle av. J.-C., l'obliquité, d'après la variation séculaire de 50″, ne devait être que de 23° 45′ 20″ : mais comme il croyait Syène sous le tropique, il s'ensuit qu'il plaçait cette ville 20′ 6″ trop bas.

Hipparque, selon Ptolémée, s'est servi de cette mesure sans y rien changer (ᾧ καὶ Ἵππαρχος συνεχρήσατο), soit qu'il l'ait vérifiée et qu'il ait trouvé le même résultat, ce qui serait bien singulier, soit plutôt qu'il l'ait adoptée sans examen ; et cela est d'autant plus probable que, selon toute apparence, Hipparque n'a jamais mesuré la latitude d'Alexandrie, ainsi que je le ferai voir plus bas. Dans sa *Géographie,* il admet que le tropique est juste à 24° ; mais c'est parce qu'il a voulu avoir un nombre rond, comme M. Gossellin l'a dit et comme je l'ai moi-même expliqué ailleurs plus en détail (2), en prouvant que la différence entre le nombre rond 24° et le nombre précis 23° 51′ 20″ a produit celle qu'on remarque dans les latitudes d'Alexandrie selon Eratosthène et selon Hipparque.

Enfin Ptolémée prétend aussi avoir trouvé la même quantité par des observations de hauteurs solsticiales. De son temps, l'obliquité n'était plus que de 23° 41′ 7″ ; l'intervalle des deux tropiques était donc de 47° 22′ 14″. Selon lui, cet intervalle eût été de 47° 42′ 40″ ; erreur, environ 20′ ou 1/3 de degré. Mais en tout ceci que de choses suspectes ! Et d'abord, n'est-il pas bien étrange, selon la remarque de M. Delambre, qu'environ quatre siècles après Eratosthène, Ptolémée trouve *juste* ce qu'avait trouvé cet astronome ? De telles coïncidences (et Ptolémée en offre bien d'autres exemples) ne sont-elles pas presque impossibles, et conséquemment très invraisem-

---

(1) *Almag.,* I, 10, p. 49 ; Delambre, *Tables du Soleil,* tab. V.
(2) *Recherches,* I, 19 ; *Journ. des Sav.,* 1818, p. 198, 199 [plus haut, p. 101].

blables? Il faut donc convenir, comme l'a déjà pensé M. Delambre (1), que l'obliquité de 23°51′20″ remonte, en dernière analyse, à Eratosthène.

Voyons par quel moyen on y était arrivé. Ptolémée prétend l'avoir trouvée par des hauteurs solsticiales plusieurs fois répétées : cela est bien difficile à croire.

En effet, au temps de Ptolémée, le tropique était, comme je l'ai dit, à 23°41′7″; la double obliquité formait un arc de 47°22′14″; l'erreur de 20′ serait tout à fait inconcevable. On a vu que cet astronome et ceux qui l'ont précédé ne se trompaient sur la hauteur solsticiale du soleil, en été, à Alexandrie, que de 1′ à 2′, outre l'erreur du demi-diamètre, que nous ne devons point compter ici, puisqu'elle se compensait par l'observation correspondante; il devait se tromper de même sur la hauteur solsticiale en hiver : ainsi la double erreur en obliquité ne pouvait être que de 1′ à 2′, et non pas de 20′. Il y a plus même, c'est qu'en admettant comme vrai tout ce que dit Ptolémée, il aurait dû se tromper *en moins ;* et la raison en est simple : au solstice d'été, le soleil n'étant alors qu'à 7°31′10″ du zénith d'Alexandrie, n'éprouvait par la réfraction aucun dérangement sensible; au contraire, lors du solstice d'hiver, le soleil était à 7°31′10″ + 47°22′14″ = 54°53′24″ du zénith; la réfraction le dérangeait de 1′22″ à peu près, et l'intervalle des tropiques ne devait plus paraître que de 47°20′52″, et non de 47°42′40″.

Il est donc certain que Ptolémée n'a point trouvé l'obliquité de l'écliptique par des observations qui lui fussent propres, ainsi qu'il le prétend : il n'a pu la prendre que dans les écrits d'Hipparque, lequel la tenait d'Eratosthène.

Ce que je viens de dire pour prouver que l'obliquité n'avait pu être découverte par l'observation de hauteurs solsticiales au temps de Ptolémée, peut s'appliquer en grande partie au temps d'Eratosthène; car bien qu'alors la double obliquité fût de 47°30′34″, l'erreur de 12′ est encore trop forte, eu

---

(1) *Astr. théor. et prat.*, III, 177, 178, et Notes sur Ptolém., I, 24, n. r.

égard à la précision avec laquelle on a vu qu'Eratosthène et les autres savaient prendre des différences en latitude. Cette donnée a dû être fournie par un autre moyen, et ce moyen, le voici :

On sait qu'une opinion généralement répandue dans l'antiquité plaçait Syène précisément sous le tropique, c'est-à-dire à 23°51′20″ de l'équateur (1); et en ceci toute l'antiquité se trompait.

Au temps d'Eratosthène, l'obliquité étant de 23°45′19″, et Syène étant, selon Nouet, à 24°5′23″ de l'équateur, il s'ensuit que le tropique se trouvait à 20′4″ du zénith de cette ville ; si l'on retranche le demi-diamètre 15′45″ (la réfraction et la parallaxe étant nulles au zénith), il reste 4′19″ pour la distance du limbe boréal au zénith.

Sans parler du temps d'Hipparque, parce qu'il est trop rapproché de celui d'Eratosthène, nous passerons à Ptolémée. En 130 de l'ère vulgaire, le limbe boréal était à

$$24°5′23″ - 23°41′7″ + 15′45″ = 8′31″$$

du zénith de Syène ; alors l'ombre des gnomons devait être déjà sensible, puisque, sur un gnomon de dix pieds environ, elle aurait été d'à peu près $3^p,581$. Si Ptolémée a continué de suivre l'opinion vulgaire et de dire expressément que les gnomons ne projetaient point d'ombre à Syène, c'est qu'il n'a point fait d'observation à cet égard.

Tous ces rapprochements nous amènent à l'idée que, si l'obliquité de 23°51′20″ remonte à Eratosthène, l'opinion qui plaçait le tropique au zénith de Syène remonte encore plus haut ; car il suffit de réfléchir à l'origine probable d'une telle opinion, pour être sûr qu'elle est antérieure à Eratosthène. J'ai dit que, de son temps, le limbe boréal du soleil était à 4′ environ du zénith de Syène ; et, d'après la diminution séculaire de l'obliquité, on voit qu'il atteignait ce zénith vers 790 avant J.-C. A cette époque, le pied des gnomons à Syène

---

(1) Plutarch., *de Defens. orac.*, II, 411, A ; t. VII, 618, Reisk. ; Pausan., I, 42 ; VIII, 38, p. 679 ; Arrian., *Indic.*, XXV, 7.

se trouvait encore entièrement dans la lumière, et Syène pouvait être regardée comme placée verticalement sous le tropique (1). Mais, à plus forte raison, était-elle fondée dans les siècles antérieurs, puisqu'en remontant au delà de 790 on trouve que le centre du soleil n'a atteint le zénith de Syène que vers 2600 avant J.-C., et qu'on devrait se reporter à 6000 ans, et peut-être plus loin encore, avant d'arriver à une époque où les gnomons auraient fait sensiblement ombre de l'autre côté. Il est donc évident que, depuis l'origine probable de la société en Égypte jusqu'en 790 avant notre ère, Syène n'a point cessé d'être sous le tropique, ou tout au moins au-dessous d'une portion quelconque du disque solaire. C'est pendant ce long intervalle que les gnomons n'ont point fait ombre à Syène le jour du solstice. A partir de cette époque, le soleil s'est éloigné insensiblement du zénith, d'abord de 1' en 630, puis de 2' en 520, puis de 3' en 400, puis enfin de 4', vers le temps d'Ératosthène. Mais dans les quatre siècles qui précédèrent cet astronome, et même de son temps, d'aussi faibles déviations pouvaient-elles suffire pour faire douter d'une opinion qui avait pour elle la sanction du temps? Quand même les gnomons auraient été dans un plan bien vertical, on conçoit que, pour peu que leur face eût eu d'inclinaison, elle aurait absorbé l'ombre : car on trouve qu'un gnomon de 50 pieds n'aurait fait qu'une ombre de 8 lignes; ceux dont on pouvait se servir à Syène pour les usages ordinaires de la vie, en les supposant d'un pied de haut, n'auraient fait alors qu'une ombre de $0^l,167$ ou de $0^m,00024$. Si, au lieu de gnomons, on se servait réellement de ce puits vertical dont Strabon, Pline et Arrien ont parlé (2), il ne pouvait non plus fournir une raison propre à ébranler l'opinion ancienne : supposons que ce puits eût 50 pieds de profondeur et que ses parois fussent bien verticales; la paroi australe aurait projeté sur le fond une ombre de 8 lignes seulement; le reste eût été en pleine

---

(1) Arrian., *Indic.*, XXV, 7.
(2) Strab., XVII, p. 817; Plin., II, LXXIII; Arrian., *Indic.*, XXV, § 7.

lumière, et la réverbération de la paroi boréale eût fait paraître éclairée toute la circonférence du puits.

Il est donc évident qu'au temps même d'Eratosthène on n'avait point de raison suffisante pour renoncer à l'antique opinion sur la position de Syène. Comment aurait-on pu douter d'un fait reconnu pendant un si grand nombre de siècles, consacré sans doute par la religion, et qu'on devait croire immuable?

Aussi, bien loin que ce soit Eratosthène qui ait le premier répandu cette opinion en Égypte, il n'a fait que s'y conformer en l'introduisant comme élément principal dans toutes les opérations qu'il a exécutées. Quoi qu'en ait dit Bailly en s'appuyant sur des passages vagues ou mal interprétés, la variation de l'obliquité de l'écliptique a été inconnue aux anciens; ils ont toujours cru que Syène était précisément sous le tropique. L'antiquité est formelle à cet égard. Il est vrai qu'un passage de Plutarque a paru à Casaubon indiquer, chez les anciens, l'opinion que le tropique avait éprouvé un déplacement d'où il résultait que les gnomons commençaient à faire ombre à Syène lors du solstice; et ce passage, s'il présentait un pareil sens, serait d'une importance extrême; mais j'ai fait voir (1) que ce grand critique, en s'arrêtant à une phrase isolée, n'a pas vu que l'ensemble du texte de Plutarque présente l'idée précisément contraire.

Je remarque que la latitude de Syène selon les anciens est, comme celle d'Alexandrie et d'autres villes, la vraie latitude, moins le demi-diamètre du soleil, ou plutôt moins 14' environ, conformément à l'erreur que j'ai signalée plus haut.

Car Syène est, selon Nouet, à . . . . 24° 5′ 23″
Elle est, selon Eratosthène et les autres, à . . . 23° 51′ 20″

La différence *en moins* est de . . . . 0° 14′ 3″

C'est la même que j'ai remarquée pour les latitudes de Canope, d'Alexandrie et d'Heroopolis; et comme l'obliquité de l'écliptique était supposée égale à la latitude de Syène, selon

---

(1) Trad. de Strabon, V, p. 426, n. 2.

l'antique préjugé, il s'ensuit que cette obliquité doit se trouver de même équivalente à la vraie latitude de Syène, moins le demi-diamètre. Comment tout cela est-il arrivé? Ce qui vient d'être dit l'explique.

Eratosthène trouvait qu'à Alexandrie, au moment du solstice d'été, le soleil était éloigné du zénith d'un arc du méridien, qui répond à 7° 6′ 40″, ou à 7° 8′ 34″ de notre graduation: mais cette observation n'était pas suffisante pour déterminer la latitude d'Alexandrie ou la distance de cette ville à l'équateur; il fallait connaître encore l'arc de la plus grande déclinaison du soleil, c'est-à-dire l'obliquité de l'écliptique. Or il y avait deux moyens à prendre pour y parvenir: le premier était d'observer à Alexandrie les distances méridiennes du soleil au zénith dans les deux solstices, en prenant la moitié de la différence; et ce moyen si simple a dû être employé: toutefois ce n'est pas celui dont on a jugé à propos de suivre le résultat; la preuve en est, qu'au lieu d'une erreur de 2′ ou 3′ *en moins,* dont il était susceptible, il en a été commis une de 12′ *en plus.* Le second était de prendre la latitude de Syène; mais, pour avoir une ombre appréciable, il fallait choisir, soit l'un des deux équinoxes, soit le solstice d'hiver. Vitruve, qui dit un mot de l'observation gnomonique d'Eratosthène, ne parle que de l'équinoxe: *Si autem animadverterint orbis terræ circuitionem per solis cursum et gnomonis æquinoctialis umbras est inclinatione cœli,* etc. D'après ce passage, on a lieu de croire que des deux moments de l'année ce fut l'équinoxe qu'on choisit pour l'opération. Comme Syène passait pour être sous le tropique, la distance méridienne du soleil au zénith de cette ville donnait celle du tropique à l'équateur. Mais en prenant la latitude de Syène, on devait se tromper comme pour toutes les autres latitudes; c'est-à-dire qu'au lieu de trouver la hauteur méridienne de 24° 5′, ou à peu près, on devait la trouver de 23° 50 à 51′; et en effet, telles étaient précisément et l'obliquité de l'écliptique et la latitude de Syène, selon Eratosthène. Ajoutant donc 23° 51′ 20″ avec 7° 8′ 34″, distance méridienne du soleil à Alexandrie, on eut 31 degrés pour la latitude de cette ville. Ce résultat, obtenu par des observations gnomoniques, fut employé lorsqu'il s'agit de placer les grandes armilles : elles se trouvaient, dit M. Delambre (*Notes sur l'Almag.*, p. 23), affectées dès l'origine de la même erreur, et ne purent plus servir à la rectifier : voilà pourquoi dans la suite les astronomes, quoiqu'ils n'employassent plus le gnomon, ne s'aperçurent jamais qu'ils faisaient la hauteur du pôle, à Alexandrie, de 1/4 de degré trop faible.

Hipparque ne fit qu'adopter ces diverses quantités ; car, outre qu'il serait étrange qu'il eût trouvé précisément les mêmes résultats en recommençant l'opération, on a tout lieu de douter qu'il ait été en position de le faire. M. Delambre a très bien prouvé qu'Hipparque, observant à Rhodes, n'a jamais fait un long séjour à Alexandrie, et n'a point eu le loisir de se livrer à des observations solsticiales répétées, comme cela eût été nécessaire pour obtenir un résultat d'une certaine précision ; et je ferai voir plus bas qu'il connaissait la latitude d'Alexandrie de 31° avant d'avoir été en Égypte. Quant à Ptolémée, ce résultat, qu'il prétend avoir tiré de ses propres observations, étant identique avec la mesure de l'obliquité donnée par Eratosthène, malgré toutes les causes qui devaient nécessairement en fournir une différente, il est hors de doute qu'il a simplement copié cet astronome. Tout au plus pourrait-on dire, avec M. Delambre (1), que Ptolémée aura essayé de vérifier grossièrement la mesure, afin d'avoir quelque droit de prétendre à la découverte d'une obliquité connue longtemps avant lui.

C'est ainsi que l'examen rigoureux des faits conduit à expliquer pourquoi l'école d'Alexandrie a cru que l'obliquité était de 23° 51′ 20″ ; pourquoi elle l'a supposée égale à la latitude de Syène ; d'où vient que cette obliquité et cette latitude ne sont autre chose que la vraie latitude de Syène diminuée du demi-diamètre du soleil ; enfin comment l'arc du méridien compris entre Syène et Alexandrie a été mesuré si exacte-

---

(1) *Conn. des temps pour l'an XVI*, p. 224 ; *Astr. théor.*, etc., III, 181.

ment, bien que la position absolue de chacun de ces deux points fût imparfaitement déterminée.

Le tableau suivant présentera le fait dans toute son évidence :

	LATITUDES SELON LES		DIFFÉRENCE.
	Anciens.	Modernes.	
Alexandrie......	30° 58'	31° 12' 17"	— 0° 14' 17"
Syène.........	23° 51' 20"	24° 5' 23"	— 0° 14' 3"
Arc intercepté...	7° 6' 40"	7° 6' 54"	— 0° 0' 14"
En stades de 700..	4978	4980 ½	

§ IV. — LE STADE DONT ÉRATOSTHÈNE A FAIT USAGE ÉTAIT-IL CENSÉ CONTENU 250.000 ou 252.000 FOIS DANS LA CIRCONFÉRENCE DU MÉRIDIEN ?

J'ai maintenant tous les éléments qui peuvent me mettre en état de décider cette question. Quoique d'un intérêt secondaire en apparence, elle importe au fond du sujet plus qu'on ne le penserait d'abord, en ce qu'elle se rattache à la mesure de l'arc du méridien compris, selon Ératosthène, entre les parallèles de Syène et d'Alexandrie.

Il est certain que Cléomède est le seul auteur qui porte le nombre des stades à 250.000. Toute l'antiquité s'accorde au contraire sur le nombre plus précis 252.000 : c'est l'opinion d'Hipparque dans le Commentaire sur Aratus ; de Strabon, qui avait tant étudié les écrits d'Ératosthène ; c'est celle de Géminus, de Vitruve, de Pline, de Censorin, de Marcien Capella (1), d'Achilles Tatius (2) ; enfin, et cela est décisif, on a la certitude qu'Ératosthène et Hipparque n'ont employé que ce rapport

---

(1) Voyez les citations dans Gossellin, *Géogr. des Grecs analysée*, p. 7.
(2) Achill. Tatius, *Isagog.*, § 29, p. 89. La trace de cette mesure de 252.000 stades se trouve encore dans la prétendue lettre de Dionysiodore, lequel donnait 42.000 stades au rayon de la terre et 84.000 au diamètre. Le texte de Pline (II, 109) est précis. Il est singulier que ni Riccioli (*Alm. nov.*, II, 7, sch. 9), ni

dans l'usage qu'ils ont fait de ce stade pour l'estimation de toutes leurs latitudes.

Voilà donc Cléomède tout seul en opposition avec le témoignage unanime des autres écrivains de l'antiquité, parmi lesquels on compte Eratosthène et Hipparque eux-mêmes.

Il paraissait bien difficile de mettre en balance le témoignage isolé de Cléomède avec de si graves autorités ; cependant l'opinion où l'on était que Cléomède nous a conservé intacts les détails de l'opération d'Eratosthène, faisait penser que lui tout seul donnait le vrai rapport du stade censé conclu de cette opération. Je ne vois même que M. Gossellin qui, dans sa *Géographie des Grecs analysée*, se soit écarté de l'opinion commune et n'ait point tenu compte du passage de Cléomède.

Pour tout concilier, on supposait avec beaucoup de vraisemblance, que le résultat réellement trouvé par Eratosthène était le rapport de 1 à 250.000 entre le stade et le méridien, mais que cet astronome avait légèrement altéré ce rapport primitif et porté le nombre à 252.000, afin de se procurer juste 700 stades pour un degré, au lieu que la 360e partie de 250.000 est 694, nombre fort embarrassant dans la pratique.

Quoique cette explication ait été adoptée généralement, je me permettrai de la combattre. D'abord, je crois avoir complètement prouvé que Cléomède ne mérite point en tout ceci la confiance qu'on lui avait accordée : on n'a donc plus les mêmes raisons pour opposer son témoignage à celui d'Eratosthène lui-même. En second lieu, dire que cet astronome a voulu se procurer un nombre rond de stades pour chaque degré, c'est faire une hypothèse gratuite, car j'ai prouvé, dans un mémoire lu à l'Académie, que la division du cercle en 360 parties était, sinon inconnue des Grecs au temps d'Eratosthène, du moins très rarement employée par eux, et que cet

---

Bailly (*Astr. mod.*, I, 25) n'aient vu que ces nombres provenaient du rapport de 6 à 1 (Geminus, § 13, p. 30), entre le rayon et la circonférence, et qu'en multipliant 42.000 par 6, on avait 252.000 stades.

astronome en particulier ne s'en est jamais servi. Ce fait, établi sur des données positives, détruit l'explication proposée ; car ne serait-il pas étrange de supposer qu'Eratosthène eût altéré le rapport du stade à la circonférence, uniquement pour l'accommoder à une division du cercle que peut-être il n'a pas connue, mais dont bien certainement il n'a jamais fait usage ?

Ces considérations nous replacent dans le vrai point de vue pour juger le fait qui nous occupe : en le dégageant donc de toute hypothèse et de toute prévention, il se réduit en dernière analyse à ceci : *Cléomède est, à cet égard, en opposition formelle avec tous les auteurs.*

Dès lors, au lieu de persister à prendre le texte de Cléomède pour base unique, il est naturel de rechercher si ce texte n'offrirait pas la preuve que Cléomède lui-même a altéré le rapport réel, au moyen d'un de ces à peu près dont il se contente si souvent.

Rappelons les paroles de Cléomède déjà citées plus haut : « L'arc de la partie concave du *scaphé* sera au cercle de ce *scaphé* comme l'arc compris entre Syène et Alexandrie sera au méridien qui passe par ces deux villes. Or cet arc est la 50ᵉ partie du cercle du *scaphé* : donc la distance de Syène à Alexandrie est nécessairement la 50ᵉ partie d'un grand cercle de la terre. Mais la distance itinéraire est de 5.000 stades ; donc le cercle entier sera de 250.000 stades. »

Dans ce raisonnement, la première proposition est incontestablement vraie en théorie : la conséquence repose sur cette proposition et sur deux autres données intermédiaires, dont l'une est que l'arc intercepté égale la 50ᵉ partie du méridien ; l'autre, que le nombre de 5.000 stades exprime l'intervalle des deux villes : de ces deux données la dernière est sûre, puisqu'elle est fournie également par l'ensemble des systèmes géographiques d'Eratosthène et d'Hipparque ; l'autre seule est douteuse, attendu qu'elle est appuyée sur le témoignage unique de Cléomède. Or on conçoit que si cet auteur n'avait donné qu'une approximation, au lieu d'un nombre exact, la conséquence qu'il en a tirée se sentirait de cette approximation. C'est précisément ce qui a lieu.

Cléomède prétend qu'Eratosthène croyait que l'arc intercepté était égal à la 50° partie du méridien; ce qui représente 7° 12′. Mais j'ai montré qu'Eratosthène, qui mettait Alexandrie à 30° 58′ ou à 31° au plus, et Syène à 23° 51′ 20″ de l'équateur, n'a jamais compté entre les deux villes plus de 7° 8′ 34″, valeur de 5.000 stades, c'est-à-dire au plus $\frac{10}{504}$, et non $\frac{10}{500}$, du méridien. Il est donc évident que Cléomède, selon son usage, a légèrement altéré une fraction très compliquée, en donnant seulement $\frac{1}{50}$, et que les 250.000 stades qu'il a conclus en multipliant 5.000 par 50, au lieu de multiplier 5.000 par 50^4, ne sont également qu'une approximation, et non pas, comme on l'avait cru, le rapport exact de la circonférence du globe avec le stade dit d'Eratosthène.

Ce résultat est d'une certitude telle, qu'il peut paraître assez inutile de montrer qu'une circonstance tirée du texte même de Cléomède semble le confirmer encore : je la rapporterai toutefois, parce qu'elle est curieuse. J'ai dit, et M. Delambre l'avait observé avant moi, que Cléomède, comme la plupart des compilateurs, se contredit fréquemment. En voici un nouvel exemple, en attendant ceux que je rapporterai bientôt.

Dans le cours de son livre, Cléomède (1) a plusieurs fois occasion de rappeler cette mesure de 250.000 stades, sans faire de nouveau mention d'Eratosthène. En un seul endroit (2), il rappelle le nom de cet astronome, et voici comment il s'exprime, d'après toutes les éditions antérieures à celle de Balfour (3) : Ἐπεὶ οὖν ἡ γῆ πέντε καὶ εἴκοσι μυριάδων καὶ σταδίων τεσσαράκοντα κατὰ τὴν Ἐρατοσθένους ἔφοδον, κ. τ. λ. « Donc, puisque la terre a 25 myriades de stades, et 40 selon la méthode d'Eratosthène, etc. » Balfour, ne sachant que faire du mot τεσσαράκοντα, quarante, l'a retranché de son édition (4). Il ne m'a pas

---

(1) Cleom., I, VIII, p. 43; II, I, p. 74, 83.
(2) Id., II, p. 80.
(3) Paris, 1539; Antverp., 1553; Basil., 1561.
(4) Cod., 2403, f. 10 r., l. 33. — M. Bake, dans son excellente édition de Cléo-

été difficile de deviner d'où pouvait venir cette leçon, et j'ai consulté les manuscrits pour m'assurer de ma conjecture. Ces deux mots manquent dans tous les manuscrits de la Bibliothèque du Roi, excepté dans un seul, qui est du xiiiᵉ siècle, et le plus ancien de tous ; on y lit : Ἐπεὶ οὖν ἡ γῆ πέντε καὶ εἴκοσι μυριάδων καὶ σταδίων μ̄ (*Cleom.*, p. 80). Cette leçon μ', 40, ne signifie rien ; mais quand on réfléchit que dans les manuscrits antérieurs au xivᵉ siècle, le μ̄ et le β̄ sont tellement semblables entre eux que le sens seul peut décider le lecteur, on conçoit que, toutes les fois que cette lettre s'est présentée aux copistes isolément et dégagée de toute circonstance qui pouvait déterminer leur choix, il n'y a pas eu de raison pour qu'ils lussent plutôt μ̄ que β̄, et réciproquement ; d'où il résulte que le μ̄, dans notre manuscrit du xiiiᵉ siècle, peut provenir tout aussi bien d'un β̄ qui était dans le manuscrit original, puisque le choix du copiste a dû être tout à fait arbitraire : il est facile de voir, d'après cela, que le passage revient à πέντε καὶ εἴκοσι μυριάδων καὶ σταδίων β', c'est-à-dire δισχιλίων, ce qui signifie 25 myriades et 2.000, ou 252.000 stades. Les copistes postérieurs, ne comprenant pas le β̄, dont on avait fait arbitrairement τεσσαράκοντα, ont supprimé cette lettre ; mais la leçon du plus ancien manuscrit et de toutes les anciennes éditions est d'autant moins à dédaigner, qu'elle n'est point de la nature de celles que les copistes ajoutent au texte. Elle prouverait que Cléomède n'ignorait pas qu'Eratosthène comptait 252.000 stades à la circonférence du globe, et que si, en décrivant sa prétendue observation, il s'est arrêté au nombre 250.000, c'est parce qu'il l'a conclu de la fraction approchée $\frac{1}{50}$ et du nombre de 5.000 stades.

Mais, quoi qu'il en soit de cette leçon et de l'induction qu'on est en droit d'en tirer, il n'est pas moins certain, par l'analyse même du texte de Cléomède, comparée à l'opinion bien connue d'Eratosthène :

mède, publiée depuis peu, n'a fait aucune observation sur ce passage ; il s'est contenté de reproduire la note et d'adopter la leçon de Balfour. Il cite deux mss. qui portent καὶ τεσσαράκοντα (*p. 99 de son éd.*).

1º Que Cléomède est le seul auteur qui parle d'un stade contenu 250.000 fois dans le contour du méridien ;

2º Que ce nombre est uniquement le produit de la multiplication que Cléomède a faite du nombre 5.000 par 50 = 7º 12′ ;

3º Que le nombre 252.000, le seul dont Eratosthène, Hipparque et Strabon ont fait exclusivement usage, n'a souffert aucune altération et est bien le nombre primitif.

Une conséquence naturelle des faits présentés dans cette dernière section, c'est que l'école d'Alexandrie n'a jamais possédé, à proprement parler, une mesure de l'obliquité de l'écliptique, puisque le nombre de 23º 51′ 20″, qui a toujours passé pour en être l'expression depuis Eratosthène jusqu'à Ptolémée et plus tard encore, n'était que la latitude de Syène, d'après la fausse supposition que cette ville était précisément sous le tropique.

Pour trouver l'obliquité qui résulte de l'observation gnomonique d'Eratosthène, il ne faut donc partir ni de cette mesure de l'obliquité, ni de celle de l'arc de 7º 12′ donnée par Cléomède, entre Syène et Alexandrie, parce qu'elle est fausse : on doit prendre les résultats de l'observation, en les corrigeant des erreurs probables.

Eratosthène avait trouvé à Alexandrie la distance méridienne du soleil, lors du solstice d'été, de. . . . . 7º 6′ 40″
En la corrigeant du demi-diamètre et de la réfraction, moins la parallaxe. . . . . 15′ 58″
il reste pour l'arc compris. . . . . 7º 22′ 38″
Cet arc, retranché de la vraie latitude d'Alexandrie. . . . . 31º 12′ 17″
donne pour l'obliquité. . . . . 23º 49′ 39″

ce qui est, à 19″ près, la quantité fournie par l'observation de Pythéas cent ans auparavant, selon le calcul de M. de Laplace (1). Cette différence tient sans doute en partie à quelque erreur d'observation sur la distance méridienne du soleil ; du moins est-il assez remarquable, d'après les recherches de l'il-

---

(1) *Connaiss. des Temps*, an. 1811, p. 437.

lustre géomètre, que les observations avant l'ère chrétienne donnent toujours un excès quelconque sur les quantités déduites de la théorie.

Il n'est pas difficile maintenant de déterminer en quoi a consisté l'opération d'Eratosthène et de s'assurer qu'elle ne constitue point une mesure de la terre, puisqu'il aurait fallu pour cela que cet astronome eût pris une mesure astronomique d'un arc du méridien et une mesure géodésique de ce même arc, tandis que de ces deux choses il n'en a fait qu'une : car,

1° Il a mesuré la distance méridienne du soleil à Alexandrie lors du solstice et l'a trouvée de 7° 6′ 4″;

2° Il a mesuré lui-même, ou fait mesurer par d'autres, la distance méridienne du soleil à Syène, le jour de l'équinoxe; il en a conclu l'obliquité de l'écliptique d'après les idées reçues sur la position de Syène; il l'a trouvée égale aux $\frac{11}{126}$ du méridien $= 23°51′1/3$;

3° Il a donc obtenu pour la latitude d'Alexandrie environ 30° 58′;

4° Ensuite, traduisant cet arc de 7° 6′ 40″ dans un nombre de stades censés contenus 700 fois dans un degré, il a obtenu pour la distance des deux zéniths, en nombre rond, 5.000 st.; et voilà comment cette mesure se trouve être maintenant, à une demi-minute près, l'expression de l'arc du méridien compris entre les deux points : ce qui serait de toute impossibilité, si l'opération eût été faite comme Cléomède l'a rapportée. Il s'ensuit donc qu'Eratosthène n'a point conclu le module du stade de 252.000 à la circonférence, de la prétendue mesure itinéraire de 5.000 stades, mais qu'au contraire cette mesure est la conséquence des données qu'il a mises en œuvre : savoir, une différence en latitude observée et un rapport connu entre un stade réel et la grandeur de la terre.

Il a donc opéré, pour connaître l'intervalle de Syène et d'Alexandrie, comme il l'a fait pour celui d'Alexandrie et de Rhodes. Strabon rapporte que cet astronome avait trouvé par des observations gnomoniques, διὰ τῶν σκιοθηρικῶν γνωμόνων, que l'arc compris entre Alexandrie et Rhodes était égal à

3.750 stades (1), lesquels valent, à 700 par degré, 5° 21' 24"; ce qui est, à très peu près, l'arc de latitude compris réellement entre les lieux. Il est de toute évidence que l'observation gnomonique n'a pu lui donner autre chose, sinon le rapport de l'ombre à son gnomon : Eratosthène a dû ensuite, au moyen du calcul ou, si l'on veut, d'une opération graphique faite avec soin, chercher quelle était la grandeur d'un angle dont le sinus était au rayon dans le rapport qu'il trouvait entre l'ombre et le gnomon; et c'est après avoir connu la grandeur de cet angle qu'il l'a converti en 3.750 stades en faisant cette proposition : la circonférence est à l'angle trouvé comme 252.000 est à x; c'est-à-dire qu'il a fait nécessairement la même opération qui l'avait conduit à évaluer à 5.000 stades les $\frac{10}{504}$ du méridien, mesure de l'arc compris entre Syène et Alexandrie. Dans les deux cas, il a procédé comme quelqu'un qui, trouvant la différence de latitude entre Paris et Marseille de 5° 12' 30", la traduirait en 130 lieues de 25 au degré, selon l'usage ordinaire des géographes français : opération qui suppose nécessairement l'existence antérieure de cette espèce de lieue.

Sans pousser plus loin cette conséquence, qui peut dès à présent être regardée comme rigoureuse, je terminerai ici ce que j'avais à dire de la mesure d'Eratosthène. Je me contente d'avoir, par l'analyse des données qui s'y rattachent, déplacé le point de la question, en prouvant que ce qu'on avait pris pour un principe n'est réellement qu'une conséquence, et d'avoir montré qu'Eratosthène a fait seulement l'une des deux opérations nécessaires pour constituer une mesure d'un arc du méridien.

Je vais poursuivre l'analyse de deux autres textes de Cléomède relatifs à la mesure de la terre et qui méritent également un examen très attentif.

---

(1) Αὐτὸς δὲ διὰ τῶν σκιοθηρικῶν γνωμόνων ἀνευρεῖν τρισχιλίους ἑπτακοσίους πεντήκοντα (Strab., II, p. 126).

SECTION QUATRIÈME.

De la mesure de la terre estimée à 300.000 stades, et qu'on a cru retrouver dans Cléomède.

Il est assez remarquable que l'erreur faite par Cléomède, ou par celui qu'il a copié, en expliquant l'opération d'Eratosthène, se retrouve dans une autre opération, à laquelle très certainement il n'a rien compris.

Je dois commencer par rappeler que la mesure de 300.000 stades dont il va être question est donnée par Archimède dans l'*Arénaire* : ainsi elle n'appartient ni à Eratosthène ni à ceux qui l'ont suivi. J'ai fait voir aussi, dans un mémoire lu à l'Académie, que cette mesure vient des Chaldéens, comme il résulte d'un passage d'Achilles Tatius, et qu'Archimède en a dû prendre la connaissance dans un écrit d'Aristarque de Samos, qu'il a cité. Après ces renseignements préliminaires, qui établissent déjà que cette mesure ne saurait être attribuée à l'école d'Alexandrie, je passe au texte de Cléomède (p. 42 et 43), où il n'est nullement question d'une mesure de la terre, comme on s'est accordé à le croire.

Καὶ μὴν εἰ πλατεῖ καὶ ἐπιπέδῳ ἐκέχρητο τῷ σχήματι ἡ γῆ, δέκα μυριάδων ἡ ὅλη ἂν τοῦ κόσμου διάμετρος ἦν. Τοῖς μὲν γὰρ ἐν Λυσιμαχίᾳ, κατὰ κορυφὴν ἐστι ἡ τοῦ Δράκοντος κεφαλή· τῶν δὲ ἐν Συήνῃ τόπων, ὑπέρκειται ὁ Καρκίνος· τοῦ δὲ διὰ Λυσιμαχίας καὶ Συήνης ἥκοντος μεσημβρινοῦ, πεντεκαιδέκατον μέρος ἐστίν, ἡ ἀπὸ τοῦ Δράκοντος μέχρι Καρκίνου περιφέρεια, ὥς γε διὰ τῶν σκιοθηρικῶν δείκνυται. Τὸ δὲ τοῦ ὅλου κύκλου πεντεκαιδέκατον, πέμπτον τῆς διαμέτρου γίνεται. Ἂν τοίνυν ἐπίπεδον ὑποθέμενοι τὴν γῆν, καθέτους ἐπ' αὐτὴν ἀγάγωμεν, ἀπὸ τῶν ἄκρων τῆς περιφερείας, τῆς ἀπὸ τοῦ Δράκοντος ἐπὶ Καρκίνον ἠκούσης, ἐφάψονται τῆς διαμέτρου, ἢ διαμετρεῖ τὸν διὰ Συήνης καὶ Λυσιμαχίας μεσημβρινόν. Ἔσται οὖν τὸ μεταξὺ τῶν καθέτων μυριάδων δύο. Δὶς μύριοι γὰρ ἀπὸ Συήνης εἰς Λυσιμαχίαν στάδιοι. Ἐπεὶ οὖν πέμπτον τῆς ὅλης διαμέτρου τοῦτο τὸ διάστημα, δέκα μυριάδων ἡ ὅλη τοῦ μεσημβρινοῦ διάμετρος γενήσεται. Δέκα δὲ μυριάδων τὴν διάμετρον ἔχων ὁ κόσμος, τὸν μέγιστον ἕξει κύκλον μυριάδων τριάκοντα. Πρὸς ὃν ἡ γῆ μὲν στιγμαῖα οὖσα, πέντε καὶ εἴκοσι μυριάδων σταδίων ἐστί.

Ὁ δὲ ἥλιος ταύτης πολυπλασίων ἐστίν, ἐλάχιστον μέρος τοῦ οὐρανοῦ ὑπάρχων. Πῶς οὖν οὐχὶ καὶ ἀπὸ τούτων φανερὸν, ὅτι μὴ οἶόν τ' ἐπίπεδον εἶναι τὴν γῆν ;

« Si la terre était plate, dit-il, il s'ensuivrait que le diamètre de tout l'univers n'aurait que 100.000 stades. En voici la raison : la tête du Dragon est au zénith de Lysimachia ; le Cancer atteint celui de Syène. On s'est assuré par des observations gnomoniques que l'arc intercepté entre Syène et Lysimachia est égal à la 15e partie du méridien. Or la 15e partie du cercle est la 5e du diamètre. Si donc, en supposant la terre plate, nous abaissons deux verticales à partir de chacune des extrémités de l'arc céleste qui se terminent au Dragon et au Cancer, elles tomberont à Syène et à Lysimachia. L'intervalle de ces deux verticales sera de 20.000 stades, parce que telle est la distance qui sépare Syène de Lysimachia. Puisque cet intervalle équivaut à la 5e partie du diamètre, le diamètre du méridien aura donc (20.000 × 5) 100.000 stades ; le monde ayant 100.000 stades de diamètre, le plus grand cercle en aura 300.000. Or la terre, qui n'est qu'un point relativement au monde, a 250.000 stades de circonférence ; et le soleil, beaucoup plus gros qu'elle, n'occupe qu'une très petite partie du ciel ; n'est-il pas évident, d'après cela, que la terre ne peut être une surface plane? »

On voit que, dans ce passage, les 300.000 stades, loin d'exprimer une mesure de la terre, ne sont que la conséquence d'un raisonnement que fait Cléomède (ou qu'il a trouvé quelque part), afin de pousser à l'absurde les gens qui soutenaient que la terre est plate ; et pour cela il pose des prémisses qu'il regarde comme prouvées ; car voici son raisonnement, présenté sous une forme plus claire : « Syène est placée sous le tropique, et Lysimachia sous le Dragon : si la terre était plate, les deux verticales abaissées des deux zéniths seraient des parallèles ; or les deux villes étant éloignées l'une de l'autre de 20.000 stades et leurs zéniths étant séparés par un arc de 24°, ou de la 15e partie de la circonférence, il est clair que l'éloignement du Dragon et du Cancer dans le ciel serait également de 20.000 stades ; il en résulte que la circonférence du ciel serait de 20.000 st. × 15 = 300.000 stades ; mais cela ne saurait être, puisque la terre, qui n'est qu'un point dans le ciel, a 250.000 stades de tour à elle seule. »

D'après cela, il est certain que la seule mesure de la terre dont il soit ici question est celle de 250.000 stades ; l'autre, celle de 300.000, n'exprime que la grandeur qu'il faudrait supposer au *ciel,* dans le cas où la terre serait plate, les données indiquées par Cléomède étant d'ailleurs supposées exactes. C'est un nombre amené par le hasard : car de toutes ces données il n'en est qu'une seule de juste ; encore en a-t-on fait un usage étrange. Ces données, les voici : 1° Lysimachia et Syène sont situées sous le même méridien ; 2° la tête du Dragon est au zénith de la première de ces deux villes ; 3° le Cancer est au zénith de la deuxième ; 4° le Cancer et la tête du Dragon sont éloignés l'un de l'autre de la 15° partie de la circonférence, ou de 24° ; 5° Lysimachia et Syène sont à 20.000 stades l'une de l'autre.

Examinons toutes ces données l'une après l'autre ; nous verrons :

1° Que Lysimachia et Syène ne sont pas sous le même méridien ; l'écart de longitude est de plus de 6° ; mais cette erreur appartient encore à Eratosthène et à Hipparque, qui plaçaient sous le même méridien Syène, Alexandrie et l'Hellespont (1) ;

2° Que la tête du Dragon n'est pas au zénith de Lysimachia. Cléomède ne s'aperçoit pas qu'il est en contradiction avec lui-même, puisqu'il a dit ailleurs, d'après Aratus, que, pour le climat de la Grèce, la tête du Dragon limite le cercle arctique (2) en touchant à l'horizon, ce qui est très juste ; car au temps d'Aratus, γ du Dragon avait 51° 48′ 40″ de déclinaison boréale : cette étoile ne se couchait donc point pour les lieux situés à 38° 11′ 20″, ni même pour ceux dont la latitude n'était

---

(1) Gossellin, *Géog. des Grecs anal.,* tab. III.
(2) Καὶ ἂν τοῦτον τὸν τρόπον ἀπὸ μεσημβρίας πρὸς ἄρκτον ἰὼν, εἰς τὸ Ἑλληνικὸν τῆς γῆς ἀφίκηται κλίμα... ἐφάψεται αὐτῷ τοῦ ὁρίζοντος ἡ τοῦ Δράκοντος κεφαλή (Cleom., p. 22). — *Arati Phænomena,* v. 61 *ibi* Buhle.

que de 37°28', à cause de la réfraction; et c'est sans doute pour cela qu'Hipparque ne l'a placée, dans son Commentaire sur Aratus (1), qu'à 37° du pôle. Quand Cléomède dit ensuite que γ' du Dragon passe au zénith de Lysimachia, il tombe dans une évidente contradiction et fait une lourde bévue; il faudrait pour cela que la latitude de Lysimachia fût de 51° environ;

3° L'intervalle entre γ' du Dragon et le Cancer, c'est-à-dire le tropique, n'est point de 24° ou de la 15° partie de la circonférence, comme il le prétend : cet intervalle est de 27° 57' 20", ou de 28°, en partant de l'obliquité supposée de 23° 51' 20";

4° Enfin la distance de Syène à Lysimachia est, non pas de 24°, mais de 16° 40' environ. Elle n'est pas non plus de 20.000 stades ; Cléomède se contredit encore : dans un autre endroit, il met 10.000 stades entre l'Hellespont et Alexandrie (2); en ajoutant 5.000 stades pour la distance de Syène à Alexandrie, on a 15.000 stades, et non pas 20.000, entre Syène et l'Hellespont.

Y a-t-il rien de plus étrange que l'assemblage de tant de données fausses et contradictoires? J'ai dit qu'une seule de ces données est exacte : c'est la prétendue mesure itinéraire de 20.000 stades entre Lysimachia et Syène, villes supposées placées l'une dans le Cancer, l'autre sous la tête du Dragon. On voit encore ici une trace des idées d'Eratosthène.

L'étoile γ' du Dragon avait, comme je l'ai dit, 51° 48' 40" de déclinaison boréale. Cette étoile s'élevait donc au zénith d'un lieu situé vers 51° 48' 40" de latitude, conséquemment situé à 28° environ de Syène. Cet arc était évalué à 20.000 stades : or 20.000 stades de 700 au degré représentent 28° 34', ou bien 28° valent 19.600 de ces stades ; en nombre rond, 20.000 stades.

Il résulte de ce rapprochement que les 20.000 stades de Cléomède (ou plus exactement 19.600) ne sont autre chose que la traduction en stades de 700, de l'arc de latitude com-

---

(1) Hipparch., ad Arat., I, § 6, p. 102 Uranolog.
(2) Ἐπεὶ οὖν πεντακισχίλιοί εἰσιν ἀπὸ Ἀλεξανδρείας εἰς Ῥόδον, κἀκεῖθεν ἄλλοι πεντακισχίλιοι εἰς Ἑλλήσποντον (Cleom., p. 96 init.).

pris entre le tropique et le zénith de 51°48' de latitude. C'est cette traduction que Cléomède, ou plutôt le cosmologue qu'il a copié, prend pour une *distance itinéraire ;* erreur analogue à celle qu'il a faite en parlant de la mesure d'Eratosthène.

Au reste, les conclusions que je tire de l'examen du second passage de Cléomède se réduisent à ceci : 1° Il n'y est nullement question d'une mesure de la terre, comme on l'avait cru ; 2° Le nombre de 300.000 stades dont parle ici Cléomède n'a rien de commun avec la mesure dont parle Archimède avant Eratosthène, que les Chaldéens connaissaient, qui a été employée par les anciens dans des évaluations de distances auxquelles Eratosthène lui-même n'a rien compris. Conséquemment, cette mesure, comme la précédente, n'est point le résultat d'opérations quelconques qui auraient été faites dans l'école d'Alexandrie.

SECTION CINQUIÈME.

Des deux mesures de la terre attribuées à Posidonius.

Ces deux mesures nous sont connues l'une par Cléomède, l'autre par Strabon. Voici comment s'exprime le premier (p. 51 et 52) :

Φησὶν (Ποσειδώνιος) ὑπὸ τῷ αὐτῷ μεσημβρινῷ κεῖσθαι Ῥόδον καὶ Ἀλεξάνδρειαν... Καὶ τὸ διάστημα τὸ μεταξὺ τῶν πόλεων, πεντακισχιλίων σταδίων εἶναι δοκεῖ· καὶ ὑποκείσθω οὕτως ἔχειν. Εἰσὶ δὲ καὶ πάντες οἱ μεσημβρινοὶ τῶν μεγίστων ἐν κόσμῳ κύκλων, εἰς δύο ἴσα τέμνοντες αὐτὸν, καὶ διὰ τῶν πόλων αὐτοῦ γραφόμενοι.

Τούτων τοίνυν οὕτως ἔχειν ὑποκειμένων, ἑξῆς ὁ Ποσειδώνιος ἴσον ὄντα τὸν ζωδιακὸν τοῖς μεσημβρινοῖς, ἐπεὶ καὶ αὐτὸς εἰς δύο ἴσα τέμνει τὸν κόσμον, εἰς ὀκτὼ καὶ τεσσαράκοντα μέρη διαιρεῖ, ἕκαστον τῶν δωδεκατημορίων αὐτοῦ εἰς τέσσαρα τέμνων.

Ἂν τοίνυν ὁ διὰ Ῥόδου καὶ Ἀλεξανδρείας μεσημβρινὸς, εἰς τὰ αὐτὰ τῷ ζωδιακῷ τεσσαράκοντα καὶ ὀκτὼ μέρη διαιρεθῇ, ἴσα γίνεται αὐτοῦ τὰ τμήματα τοῖς προειρημένοις τοῦ ζωδιακοῦ τμήμασιν. Ἑξῆς φησὶν ὁ Ποσειδώνιος ὅτι· Κάνωβος καλούμενος ἀστὴρ λαμπρότατός ἐστι πρὸς μεσημβρίαν, ὡς ἐπὶ τῷ πηδαλίῳ τῆς Ἀργοῦς... ἀρχὴν τοῦ ὁρᾶσθαι ἐν Ῥόδῳ λαμβάνει, καὶ ὀφθεὶς ἐπὶ τοῦ ὁρίζοντος, εὐθέως κατὰ τὴν στροφὴν τοῦ κόσμου καταδύεται (1).

Ὁπόταν δὲ τοὺς ἀπὸ Ῥόδου εἰς Ἀλεξάνδρειαν πεντακισχιλίους σταδίους διαπλεύσαντες ἐν Ἀλεξανδρείᾳ γενώμεθα, εὑρίσκεται ὁ ἀστὴρ οὗτος ὕψος ἀπέχων τοῦ ὁρίζοντος, ἐπειδὰν ἀκριβῶς μεσουρανήσῃ, τέταρτον ζῳδίου, ὅ ἐστι τεσσαρακοστὸν ὄγδοον τοῦ ζῳδιακοῦ. Ἀνάγκη τοίνυν καὶ τὸ ὑπερκείμενον τοῦ αὐτοῦ μεσημβρινοῦ τμῆμα τοῦ διαστήματος, τοῦ μεταξὺ Ῥόδου καὶ Ἀλεξανδρείας, τεσσαρακοστὸν καὶ ὄγδοον μέρος αὐτοῦ εἶναι· διὰ τὸ, τοῦτο καὶ τὸν ὁρίζοντα τῶν Ῥοδίων, τοῦ ὁρίζοντος τῶν Ἀλεξανδρέων ἀφίστασθαι.

Ἐπεὶ οὖν τούτῳ τμήματι τὸ ὑποκείμενον τῆς γῆς μέρος, πεντακισχιλίων σταδίων εἶναι δοκεῖ... Καὶ οὕτως ὁ μέγιστος κύκλος τῆς γῆς εὑρίσκεται μυριάδων τεσσάρων καὶ εἴκοσιν, ἐὰν ὦσιν οἱ ἀπὸ Ῥόδου πεντακισχίλιοι· εἰ δὲ μή, πρὸς λόγον τοῦ διαστήματος.

« Posidonius dit que Rhodes et Alexandrie sont placées sous le même méridien. L'intervalle des deux villes *passe* pour être de 5.000 stades; supposons que cela soit ainsi. Les méridiens sont de grands cercles, puisque, décrits par les pôles du monde, ils le coupent en deux parties égales.

« Cela posé, Posidonius divise ensuite le zodiaque en 48 parties, dont 4 dans chaque signe : or le zodiaque est égal au méridien, puisqu'il partage aussi le monde en deux parties égales.

« Si donc on divise le méridien qui passe par Syène et Alexandrie en 48 parties, comme le zodiaque, chacune sera égale à celles qui divisent ce dernier cercle.

« Posidonius continue. Il dit que Canope est une étoile très brillante située au midi, vers le timon du vaisseau Argo; que ce n'est qu'à Rhodes que l'on commence à l'apercevoir : elle s'y montre à l'horizon et se couche tout aussitôt, emportée par la révolution du monde.

« Lorsqu'après avoir navigué, à partir de Rhodes, l'espace

---

(1) Καὶ τὸν Κάνωβον μηκέτι φαίνεσθαι, βραχεῖαν μὲν ὑπὲρ τὸν ὁρίζοντα ποιοῦντα περίοδον τοῖς ἐν τῷ τρίτῳ κλίματι· εἰς δὲ ἐν Ῥόδῳ παραξέοντα τὸν ὁρίζοντα, καθάπερ λέγει Ποσειδώνιος (Procl. *in Timæum*, ed. Basil., p. 277).

de 5.000 stades, on est arrivé à Alexandrie, on trouve que l'étoile de Canope, parvenue juste au milieu du ciel, s'élève au-dessus de l'horizon du quart d'un signe ou de la 48ᵉ partie du zodiaque. Nécessairement l'arc du méridien céleste correspondant à la distance des deux villes est aussi la 48ᵉ partie de ce même méridien; car cet arc est la mesure de l'intervalle qui existe entre l'horizon de Rhodes et celui d'Alexandrie.

« Or puisque l'arc correspondant du méridien terrestre *passe* pour être de 5.000 stades, le plus grand cercle de la terre sera de 240.000 stades, si toutefois la distance est bien de 5.000 stades; sinon, la circonférence sera proportionnée à cette distance, quelle qu'elle soit. »

D'après ces détails, il serait évident que le stade de 240.000 à la circonférence a été conclu par Posidonius d'une combinaison dont il était l'auteur : dès lors ce stade ne saurait être plus ancien que cet auteur. Cependant M. Gossellin a fait voir (1) que trois des principales mesures de l'Inde, selon Patrocle, sont exprimées dans ce module. Et comme il est impossible qu'un stade employé 230 ans avant Posidonius soit de l'invention de ce philosophe (2), il est naturel de douter du récit de Cléomède.

Il est assez remarquable que parmi les faits rapportés par ce compilateur on ne trouve qu'une notion juste, combinée avec plusieurs données que Posidonius savait être fausses.

Il suppose, d'après Cléomède, que la différence entre les parallèles de Rhodes et d'Alexandrie est de la 48ᵉ partie du méridien ou de 7° 30′, tandis que la différence réelle n'est que de 5° 16′ ou de la 68ᵉ partie du cercle entier. Les latitudes de Rhodes et d'Alexandrie étaient alors parfaitement connues par les travaux d'Eratosthène et d'Hipparque : il est donc impossible que Posidonius, qui vivait à Rhodes, ait cru l'intervalle en latitude des deux lieux plus grand de 2° 1/4 qu'il ne l'est réellement. Sur quoi Posidonius établissait-il cette

---

(1) *Recherches*, III, p. 181-183.
(2) Gossellin, *Mesures itinér.*, p. 21 ; *Mém. de l'Acad. des Inscr.*, VI, 64.

opinion? Sur ce que l'étoile de Canope paraissait à Rhodes précisément dans l'horizon et s'élevait à Alexandrie de la 48e partie du méridien : or cette donnée est fort exacte. L'étoile de Canope avait, du temps de Posidonius, 51°18' de déclinaison australe; elle était donc visible jusqu'à 38° 42' de latitude nord : ainsi sa hauteur vraie, au méridien d'Alexandrie, était de (38° 42' — 31° 12') 7° 30'; en y ajoutant la réfraction, on a, pour la hauteur apparente de Canope, 7° 36' 40''. Posidonius la supposait de 7° 30'; détermination assez juste, et d'autant plus remarquable qu'elle donnait la position de l'étoile, corrigée de la réfraction; mais c'est sans doute un pur effet du hasard, puisque les anciens, avant Ptolémée, ne paraissent jamais avoir soupçonné l'effet de la réfraction sur la hauteur des astres. Cette détermination est plus ancienne que Posidonius : non seulement elle existe dans Géminus (§ 2, p. 8), qui vivait quelque temps auparavant, mais on la trouve dans le Commentaire d'Hipparque sur Aratus. Cet astronome dit que l'étoile de Canope est à 38° 30' du pôle austral et qu'elle était très visible à Athènes et surtout à Rhodes (1). Or, si de 38° 30' vous retranchez la latitude d'Alexandrie selon les anciens, savoir 31°, vous aurez pour la hauteur de Canope au méridien de cette ville juste 7° 30' : d'où l'on voit clairement que cette observation, dans le Commentaire d'Hipparque, n'est autre chose que le résultat de l'addition de 31°, latitude d'Alexandrie, avec 7° 30', hauteur vraie de Canope au parallèle de cette ville. Mais comme on s'accorde à dire que le Commentaire sur Aratus est de la jeunesse d'Hipparque, et qu'il fut rédigé avant que cet astronome vînt s'établir à Rhodes et se rendît à Alexandrie, il s'ensuit que ces deux données, savoir, la hauteur de Canope de 7° 30' et la latitude d'Alexandrie, sont des déterminations plus anciennes qu'Hipparque et remontent soit à Eratosthène, soit à quelque autre astronome. Cette conséquence, à laquelle il paraît difficile de se soustraire, nous amène

---

(1) Petav., *Uranolog. auctar.*, II, c. II, p. 39, col. 2. — Hipp. *in Arat.*, I, § 26, p. 116, *Uranolog.*

encore une fois, par une route différente mais sûre, à l'idée qui a déjà résulté des faits rapportés précédemment, c'est-à-dire qu'Hipparque, qui a fait extrêmement peu d'observations à Alexandrie, n'a point observé la latitude de cette ville et s'est conformé, sur ce point comme sur la mesure de l'obliquité, à l'opinion reçue longtemps avant lui.

Quoi qu'il en soit, on voit que des deux données sur lesquelles repose le calcul qu'on attribue à Posidonius, l'une est assez juste, savoir, la hauteur de Canope à Alexandrie ; l'autre est fausse, savoir, la hauteur de la même étoile à Rhodes. En effet, la ville de Rhodes est à 36°26′ de latitude ; Canope s'élevait donc à l'horizon de cette ville de 2°50′ ou d'environ 3°, et elle devait rester sur l'horizon plus de quatre heures. Mais à qui persuadera-t-on que Posidonius, qui séjournait et observait à Rhodes, ait cru, comme le prétend Cléomède, que la hauteur de Canope y était nulle et que cette étoile ne restait sur l'horizon qu'un instant ? C'est néanmoins cette donnée, dont le philosophe stoïcien devait connaître toute la fausseté, qui constitue la base principale du calcul que lui attribue Cléomède. Faites-y le moindre changement, et le résultat ne sera plus le même : on ne trouvera plus, pour la circonférence du globe, 240.000 stades, c'est-à-dire le produit de 5.000 par 48.

Dès lors il n'y a plus que trois suppositions à former sur l'origine de cette donnée, fondement unique du calcul : ou c'est une erreur, ou c'est un mensonge, ou c'est une hypothèse que Posidonius a faite sans prétendre tromper personne.

1° Ce n'est point une *erreur*, puisqu'il est de toute impossibilité que Posidonius ait vu l'étoile de Canope juste à l'horizon de Rhodes et qu'il ait cru que son apparition n'était qu'instantanée, comme le dit Cléomède, tandis que cette étoile s'élevait réellement à une hauteur égale à cinq fois le diamètre du soleil et restait visible pendant 4 heures 20 minutes ou 4 h. 1/2, à cause de la réfraction ;

2° Ce serait donc un *mensonge*, à l'aide duquel il aurait

arrangé les faits de manière à retrouver une ancienne mesure de la terre, dont il se serait attribué faussement l'honneur ; mais cette idée répugne au caractère de Posidonius, stoïcien outré (1) ;

3° Reste donc la troisième supposition : plusieurs faits vont établir que c'est la seule vraie.

Il faut rappeler ici : 1° que, selon Eratosthène cité par Strabon, on connaissait trois estimations de la distance d'Alexandrie à Rhodes : deux nautiques, c'est-à-dire reposant sur l'estime des marins, et conséquemment fort incertaines ; l'une de 4.000, l'autre de 5.000 stades. Cette dernière est précisément celle dont s'est servi Posidonius ; et, d'après les paroles de Cléomède, ce philosophe savait bien que c'était une évaluation donnée par les marins. La troisième, celle de 3.750 stades, résultait d'observations gnomoniques faites à Rhodes et dont Eratosthène avait conclu un arc de 5°21'17'', traduit par lui dans un nombre de 3.750 stades, de même qu'il avait traduit en stades l'arc de latitude entre Alexandrie et Syène ;

2° Que Posidonius, selon Strabon, supposait à la circonférence du globe 180.000 stades ; ce qui est bien différent des 240.000 stades qui résultent de l'opération décrite par Cléomède. M. Gosselin a fait voir que l'une et l'autre proviennent de la combinaison de la même donnée astronomique avec les deux mesures itinéraires de 5.000 et de 3.750 stades ; cette donnée est, comme on l'a vu, que l'arc intercepté entre Alexandrie et Rhodes est de $\frac{1}{48}$ du méridien $= 7°30'$. Si l'on prend les 5.000 stades de distance itinéraire, la circonférence devient $5000 \times 48 = 240.000$ stades ; si l'on prend au contraire celle de 3.750 stades, on a pour la circonférence $3750 \times 48 = 180.000$ stades.

En combinant donc Strabon avec Cléomède, on voit que Posidonius, par le seul changement de la mesure de l'intervalle terrestre, était arrivé à deux déterminations de la grandeur de la terre, très différentes l'une de l'autre. Mais ce

---

(1) Cicer., *Tusc.*, quæst. III, § 61.

serait supposer Posidonius bien ignorant et bien mauvais raisonneur que de croire qu'il ait pu faire le moindre fond sur deux résultats contradictoires, variables avec les mesures hypothétiques d'où ils étaient conclus, et fondés sur un fait astronomique qu'il savait être inexact. Ce qui contribue encore à le prouver, ce sont les expressions mêmes de Cléomède, qui annoncent partout le doute et l'incertitude. « L'intervalle des deux villes *passe*, dit-il, pour être de 5.000 stades; *supposons* que cela soit ainsi. Alors, etc. » Dans un autre endroit : « Puisque la distance *passe* pour être de 5.000 stades. » Enfin en terminant il dit : « Le grand cercle sera donc de 240.000 stades, *si toutefois il y a bien réellement* 5.000 stades jusqu'à Rhodes; autrement la circonférence du grand cercle sera proportionnée à la distance quelconque qui sépare Rhodes d'Alexandrie. »

Si Cléomède, qui n'avait point d'idées à lui, et qui dans toutes ces matières ne voyait que par les yeux des autres, a employé de semblables tournures, c'est que les résultats qu'il rapporte étaient présentés sous forme d'hypothèse par Posidonius. D'après les expressions dont il se sert, on voit clairement que Posidonius donnait tout cela comme des suppositions, d'où résultait une conséquence hypothétique, variable selon la mesure itinéraire qu'on voulait employer : choisissait-on celle de 5.000 stades, on avait 240.000 stades pour la circonférence; prenait-on celle de 3.750, on avait 180.000 stades.

En pesant donc bien ces trois faits : 1° Posidonius s'est servi d'une donnée astronomique qu'il savait fausse ; 2° il a employé deux mesures itinéraires, qu'il donne pour incertaines et hypothétiques; 3° il a trouvé par ce moyen deux mesures de la terre, dont l'une se retrouve dans des évaluations de distances données par des auteurs plus anciens que ce philosophe, et l'autre a été employée exclusivement par le géographe Marin de Tyr, comme une mesure généralement placée parmi les plus exactes; et Marin en aurait jugé autrement si elle ne lui avait été connue que par la prétendue opération de Posidonius : en pesant, dis-je, ces trois faits, on est conduit à penser que Posidonius n'a point du tout prétendu donner deux mesures de la terre; qu'il a voulu simplement expliquer le moyen de connaître la grandeur de la terre, et qu'il a pris des exemples hypothétiques, afin de rendre son explication plus claire : de sorte qu'en conservant toutes les données que nous a transmises Cléomède, sans en saisir ni l'esprit ni l'ensemble, en y intercalant les idées intermédiaires qui servaient à les lier, d'après la nature même de ces données, on voit que Posidonius a dû présenter ainsi son explication : « Pour se faire une idée de la grandeur de la terre, il faudrait mesurer un arc du méridien et multiplier cet arc autant de fois qu'il serait contenu dans le cercle entier; et c'est ainsi qu'on a trouvé deux mesures de la terre, dont il est souvent question : l'une donne au globe 240.000 stades de tour, l'autre lui en donne 180.000. Montrons comment on pourrait arriver au même résultat par diverses hypothèses. L'étoile de Canope s'élève de $\frac{1}{48}$ de la circonférence à l'horizon d'Alexandrie; *supposons, ce qui n'est pas vrai, mais peu importe*, qu'elle soit juste dans l'horizon à Rhodes ; nous en conclurons qu'il y a $\frac{1}{48}$ du méridien compris entre les deux villes. Maintenant, la distance itinéraire de ces deux villes est, selon les uns, de 5.000 stades; selon d'autres, de 4.000 ; selon Eratosthène, de 3.750 : *prenons par hypothèse* la première et la dernière ; multiplions l'une et l'autre par le même nombre 48, et nous aurons 240.000 et 180.000 stades : mais il est clair que ces nombres seraient différents si nous changions les données *hypothétiques* que *nous avons choisies*. »

Telle est la manière dont Posidonius a dû, selon nous, présenter ses idées. Si l'on se refusait à admettre notre explication, qui présente l'avantage de rendre raison de tous les faits sans compromettre le caractère de Posidonius, cela ne ferait rien au fond de la question : car on serait alors contraint de revenir à la deuxième supposition, et de dire que ce philosophe a exprès arrangé le fait astronomique pour s'attribuer l'honneur de la mesure ; et dans l'un comme dans l'autre cas, il faudra bien admettre que les deux mesures de 240.000 et de 180.000 stades sont d'une époque antérieure à cet arrangement, quel qu'ait été le motif de Posidonius.

Dans le cours du Mémoire, j'ai présenté le résultat de chaque section en particulier : il ne me reste donc plus qu'à présenter les conclusions générales qui se tirent de l'ensemble. Les anciens nous ont conservé le souvenir de cinq estimations de la grandeur de la terre, explicitement indiquées : 1° celle de 400.000 stades transmise par Aristote; 2° celle de 300.000 stades dont parle Archimède, et que les Chaldéens connaissaient (ces deux premières n'ont évidemment rien de commun avec l'école d'Alexandrie); 3° la mesure de 252.000 stades attribuée à Eratosthène, mais qui existait avant lui; 4° celles de 240.000 et de 180.000 stades attribuées à Posidonius, et dont il faut porter le même jugement.

D'une autre part, il est prouvé que, depuis l'établissement de l'école d'Alexandrie, on n'a rien fait qui ressemble à une mesure d'un arc du méridien, laquelle se compose nécessairement de deux opérations, l'une astronomique, l'autre géodésique; car Eratosthène n'a fait que l'une des deux et Posidonius n'a fait ni l'une ni l'autre.

Les diverses déterminations de la grandeur de la terre, justes ou non, ce qui n'importe en rien à la question que je traite, sont donc plus anciennes que cette école fameuse : elle en a adopté quelques-unes dans le développement de divers systèmes géographiques, mais sans prendre aucun soin pour en vérifier l'exactitude. Or comme une opinion *quelconque* sur la grandeur de la terre suppose nécessairement aussi une opération *quelconque* qui lui sert de fondement, il est clair qu'antérieurement à l'école d'Alexandrie il avait été fait une ou plusieurs tentatives plus ou moins heureuses, soit en Asie soit en Égypte, pour connaître la grandeur du globe.

ESSAI

SUR LES IDÉES COSMOGRAPHIQUES

QUI SE RATTACHENT

AU NOM D'ATLAS

CONSIDÉRÉES DANS LEUR RAPPORT AVEC LES REPRÉSENTATIONS ANTIQUES DE CE PERSONNAGE FABULEUX (1).

Les Grecs, comme tous les autres peuples, ont commencé par avoir d'étranges idées sur la géographie et la cosmographie ; ces idées se ressentent de cette époque où l'homme, récemment réuni en société, jetant un premier regard sur les phénomènes qui l'entourent, essaie de les expliquer, au moyen de l'analogie, par les notions élémentaires que l'expérience de tous les jours met sous ses yeux. Avant que le perfectionnement graduel des connaissances eût permis aux Grecs de réformer ces premiers aperçus, les poètes s'en emparèrent, les consacrèrent dans leurs chants, et, les liant à la mythologie, les fixèrent dans l'imagination du peuple. De la poésie, ces idées passèrent dans le langage des arts ; elles y trouvèrent une expression fidèle, même longtemps après que le progrès des lumières en avait fait sentir la puérilité.

Il n'est pas inutile de suivre ces idées dans leur progrès et d'en saisir l'ensemble, pour pouvoir se pénétrer du vrai caractère de certaines représentations dont les anciens nous ont

---

(1) Cette dissertation a paru récemment dans les *Annali dell' Instituto di corrispondenza archeologica*, t. II. Elle reparaît ici [*Bulletin universel des sciences*, publié sous la direction de M. le baron Férussac, cahier de février 1831, section VII] avec plusieurs additions.

parlé, et sur lesquelles plus d'un antiquaire habile s'est mépris.

J'en donnerai pour exemple deux sujets représentés, l'un sur le coffre de Cypsélus, l'autre sur le mur d'appui en avant du Jupiter à Olympie; on y voyait, dit Pausanias, *Atlas soutenant le ciel et la terre*. A défaut de monuments analogues, il est difficile de se faire une idée exacte de la manière dont on avait dû figurer *le ciel et la terre*, soutenus *à la fois* par Atlas, à moins de réunir les notions cosmographiques que les anciens avaient rattachées au nom de ce Titan. C'est l'objet de ce Mémoire, qui touche à plus d'un fait intéressant pour l'histoire des opinions et des connaissances des Grecs.

Deux fonctions *principales* me paraissent avoir été dévolues à Atlas par les anciens Grecs. Selon les uns, il soutenait le ciel; selon d'autres, il soutenait le ciel et la terre. Je vais les examiner l'une après l'autre.

§ I. — *Atlas soutien du ciel.*

Une des premières idées qui se sont présentées aux Grecs comme à beaucoup d'autres peuples, c'est que le ciel forme au-dessus du disque terrestre une voûte solide, à laquelle les astres sont attachés comme autant de clous lumineux. De là les épithètes de σιδήρειος, χάλκειος, πολύχαλκος, qu'Homère (1) et Pindare (2) donnent au ciel. De là encore cette tradition mythique qui faisait le ciel fils d'*Acmon* ou *Enclume* (3).

Mais une voûte solide et pesante ne pouvait rester suspendue en l'air sans être soutenue par quelque support. « C'est là, nous dit Aristote, ce qui fit imaginer qu'Atlas soutenait le ciel; en le supposant d'une matière pesante, on inventa un *principe* (ou *une force*) *animé* (ou *personnifié*, ἀνάγκη ἔμψυχος) qui en supportait le fardeau (4). » Ailleurs il parle d'Atlas,

---

(1) Heyn., *Excurs. VIII, ad Il.* α' 494.
(2) Disser. *ad Pind. VI, Nem.* 6.
(3) *Etymol. magn. h. v.*
(4) *De Cœlo*, II, 1, p. 453, B. Duval.

« que les mythologues figurent ayant les pieds sur la terre [et soutenant le ciel de ses bras] (1). » Ces passages conduisent naturellement à penser que la notion de *montagne servant à soutenir le ciel* n'est pas *primitive*, mais qu'au contraire l'idée cosmographique fut *immédiatement* personnifiée par les Grecs; car Aristote ne dit pas qu'on imagina de soutenir le ciel au moyen *d'une montagne,* mais qu'on inventa un *principe animé,* un être de forme humaine, pour remplir cet office. Or, toute l'antiquité dépose en faveur de cette assertion.

En effet, partout, dans les anciens poètes, Atlas n'est qu'un personnage dont le nom provient évidemment du rôle qu'on lui attribuait. Nulle part l'idée de *montagne* n'y est jointe. Sans parler d'Homère, dont le passage sera examiné plus bas, tous les anciens poètes grecs, à partir d'Hésiode, nous représentent le ciel comme supporté par Atlas lui-même, qui, placé à l'extrémité de l'occident, vers les Hespérides, soutenait de ses bras et de ses puissantes épaules un si pesant fardeau.

Hésiode dit (2) : « Placé aux extrémités de la terre, en avant des Hespérides à la voix harmonieuse, Atlas, contraint par une nécessité cruelle, debout, soutient le ciel de sa tête et de ses bras infatigables. » Ἄτλας δ' οὐρανὸν εὐρὺν ἔχει (3)·· ἑστηὼς κεφαλῇ τε καὶ ἀκαμάτοισι χέρεσσι. Eschyle : « Atlas... qui, vers les lieux de l'Occident est debout, colonne du ciel et de la terre, soutenant de ses épaules un poids qu'il embrasse avec peine », ὃς πρὸς ἑσπέρους τόπους ἕστηκε, κίων οὐρανοῦ τε καὶ χθονός, ὤμοις ἐρείδων ἄχθος οὐκ εὐάγκαλον (4); et plus bas : « Atlas... dont le dos gémit sous le poids énorme du ciel (5). » Ces passages, auxquels reviennent, pour le sens, ceux des autres poètes (6), nous

---

(1) Id. *de Animal. mot.*, c. 3, p. 702, B. C.
(2) *Theogon.*, 517, seq.
(3) Hésiode (v. 745) répète la même idée, et dit ἔχετ' οὐρανὸν εὐρὺν au lieu de ἔχει, sans autre raison que le besoin de la mesure.
(4) *Prometh.*, 347, seq. Je suis la leçon et la ponctuation de Blomfield.
(5) V. 425, seq.
(6) Euripid., *Hippol.*, 747. *Ion. init.* Virgil., *Æneid.*, IV, 481. Ovid., *Met.*, II, 297 ; XI, 175, etc.

montrent qu'on se figurait Atlas comme un personnage qui, debout, le dos voûté, les épaules recourbées, soutenait le poids du ciel, dont il embrassait le contour de ses bras élevés au-dessus de sa tête. C'est, en effet, sous cette forme qu'il fut représenté généralement par les peintres et les statuaires (1), le plus souvent debout, quelquefois le genou ou même les deux genoux en terre, et fléchissant sous le poids. Le ciel, ayant forme de globe sur les monuments romains, devait, sur ceux de la belle époque grecque, avoir la forme d'un hémisphère, dont Atlas soutenait les deux extrémités; car dans le système primitif des Grecs, on se représentait le ciel comme une voûte hémisphérique qui reposait sur les bords du disque terrestre; et si j'avais à essayer la restitution de cet Atlas que Pausanias vit dans le trésor des Épidamniens à Delphes, c'est cette forme que je donnerais au *ciel* que le Titan soutenait (2).

Il est remarquable que la tradition suivie par Homère diffère de celle qu'on trouve dans toute l'antiquité; son Atlas ne supporte pas le ciel, mais il tient ou soutient les hautes colonnes *qui séparent la terre du ciel,*

..... ἔχει δέ τε κίονας αὐτὸς
μάκρας, αἳ γαῖαν τε καὶ οὐρανὸν ἀμφὶς ἔχουσιν (3).

L'expression ἀμφὶς est obscure, mais l'explication de Buttmann (4) me semble la véritable. La différence consiste donc en ce qu'Atlas, personnage divin, au lieu d'être lui-même la *colonne du ciel*, a la fonction de veiller à ce que les *colonnes du ciel* ne tombent pas. Il ne sert pas immédiatement d'*agent physique*, mais il veille sur cet agent, et il connaît en outre *toutes les profondeurs de la mer*, dernière circonstance qui annonce une personnification encore plus directe d'Atlas.

---

(1) Vitruv., VI, 7, 6, Schneid.
(2) Ἔχει μὲν πόλον ἀνεχόμενον ὑπὸ Ἄτλαντος, Paus., VI, 19, 8. Clavier traduit πόλος par *globe,* à tort.
(3) Hom., Odys., α', 51, 53.
(4) *Lexilogus,* II, 219.

Malgré cette différence, le principe de l'action attribuée à cet être fabuleux est au fond le même.

Il ne peut entrer dans mon plan de suivre tous les mythes locaux, relatifs à Atlas, qui sont nés, chez les Grecs, de l'usage poétique d'*historiser* les êtres mythologiques. Les mythes qui concernent ses parents, ses enfants, les liens qui l'unissaient à d'autres êtres fabuleux comme lui, n'ont rien à faire avec les notions que j'examine (1). Il doit me suffire de remarquer que de tels mythes naissaient parfois, dans chaque localité, de simples jeux de mots ou de rapports fortuits dans les noms. Par exemple, il y avait, au territoire de Tanagre, un lieu appelé *Polos* (ciel) ; en combinant ce nom avec le passage d'Homère qui semble nous représenter Atlas comme occupé à la fois du ciel, de la terre et des profondeurs de la mer, les Tanagréens avaient imaginé d'appliquer la localité du mythe à leur *Polos*. « C'était là, disaient-ils, qu'Atlas assis s'occupait de ce qui se passait sous terre et dans le ciel (2). » Ils en faisaient ainsi une sorte de *philosophe spéculatif*, occupé de ces mêmes objets qui, plus tard, servirent de chefs d'accusation contre Anaxagore et Socrate (3).

De ces diverses observations, il résulte que l'Atlas des anciens Grecs n'était, quant à la fonction principale qui lui était attribuée, que la personnification médiate ou immédiate d'une idée cosmographique.

Ce résultat n'est pas sans importance pour l'histoire de la géographie, en ce qu'elle rend à peu près inutiles les conjectures des modernes sur la situation réelle de la *montagne Atlas*, dont les anciens poètes grecs ont parlé. On a pensé que cet *Atlas* pouvait être l'expression de la chaîne de ce nom qui,

---

(1) V. Voelcker, *die Mythol. der Japet. Geschl.* S. 49. ff. — Müller, *Proleg. zu einer wissensch. Mythol.* S. 191, ff.

(2) Ἔστιν... ἐν Τανάγρᾳ καὶ ὄρος Κηρύκιον, ἔνθα Ἑρμῆν τεχθῆναι λέγουσι Πόλος τε ὀνομαζόμενον χωρίον, ἐνταῦθα Ἄτλαντα καθήμενον πολυπραγμονεῖν τά τε ὑπὸ γῆν φασὶ καὶ τὰ οὐράνια. Paus., IX, 20, 3. Je suis la leçon de Bekker.

(3) Περιεργάζεται (Socrate) ζητῶν τά τε ὑπὸ γῆς καὶ τὰ ἐπουράνια. Plat., *Apol. Socrat.*, § 3. Le parallélisme des expressions est complet, car περιεργάζεσθαι et πολυπραγμονεῖν sont mots synonymes.

vue de profil, se présente comme un pic isolé (1); on a dit encore que c'était le *Pic de Ténériffe,* dont les Phéniciens avaient pu apporter la connaissance en Grèce dès le temps de Cadmus (2); ces ingénieuses idées sont contradictoires avec le trait caractéristique d'Atlas, dans les sources les plus anciennes, et avec ce fait positif que l'*Atlas montagne* n'a été connu des Grecs que fort tard. Le personnage de ce nom est lié avec les *Hespérides,* le lac *Tritonis,* Calypso et les Gorgones (3); c'est-à-dire qu'il fait partie de ce groupe d'êtres fabuleux que les Grecs avaient placés à l'extrémité de leur occident, qui, au temps même d'Homère, ne dépassait pas la petite Syrte, et, plus au nord, la Sicile. C'est aussi dans cette région qu'ils placèrent d'abord l'*Atlas géographique*, quand ils eurent transformé le *personnage* en *montagne*.

L'origine de cette transformation peut, je crois, se déduire naturellement de cet autre passage d'Aristote (4) : « De même que les colonnes servent à soutenir les masses pesantes, ainsi les poètes nous parlent de l'Atlas qui soutient le ciel, et l'empêche de tomber sur la terre, *comme le disent quelques physiciens* (ὥσπερ τῶν φυσιολόγων τινές φασι). » Or, nous savons que les premiers physiciens, en transportant dans leurs systèmes les mythes poétiques ou religieux, firent l'opération inverse de celle des poètes théogoniques ; c'est-à-dire qu'ils métamorphosèrent les *agents divins* personnifiés en *agents physiques*. Nous ne pouvons guère douter que l'Atlas, *personnage* chez les poètes, ne soit devenu, dans les idées des physiciens, *une montagne élevée,* qui supportait le ciel comme le faisait l'être mythologique.

On conçoit que, par suite de cette transformation, il a suffi que quelques navigateurs aient trouvé, dans la partie de la Libye voisine des Syrtes, une montagne élevée, pour qu'ils lui aient appliqué le nom d'Atlas. Hérodote nous met lui-

---

(1) Humboldt, *Ansichten der Natur*, 1, S. 18, zw. Ausg.
(2) Ideler, dans Humboldt, *ouvrage cité*, S. 127-132.
(3) Mannert, Th. X, zw. Abth. S. 164-178. — Voelcker, S. 67, ff.
(4) *Metaph.* V, 23, p. 889 B.

même sur la voie de cette opération. Il parle des Atlantes qui habitent à vingt journées des Garamantes, aux environs du mont Atlas; ce mont était si élevé qu'on n'en voyait jamais la cime; et les habitants du pays disaient *qu'elle est la colonne du ciel* (1). Assurément, personne ne croira que le nom tout grec d'*Atlas*, et son dérivé *Atlantes*, fussent ceux que les naturels donnaient à la montagne et à eux-mêmes; et il me semble évident qu'ici les Grecs ont lié ensemble l'idée de cette montagne, regardée par les gens du pays comme la *colonne du ciel*, avec celle de leur *Atlas* qui était censé soutenir le ciel sur ses épaules, dans l'occident du monde connu d'Homère. De là, le nom d'*Atlas* et d'*Atlantes* transporté à cette montagne et au peuple qui habitait auprès.

C'est alors que dut être imaginée la seconde forme d'Atlas, celle d'un personnage changé en montagne, mais conservant sous cette nouvelle forme les traces de sa première nature. Tel nous le dépeignent Virgile et Ovide (2), dans des vers qui ont sans doute suggéré à Jean de Bologne l'idée de sa statue colossale de l'Apennin.

Il est difficile de savoir maintenant à quel pic de l'Atlas correspond la montagne dont Hérodote a entendu parler. Les géographes n'ont pu faire à cet égard que des conjectures. Le mont *Jurjura*, qui est dans la partie la plus élevée de la chaîne (3), où les neiges sont perpétuelles, pourrait bien être celui que les naturels du pays appelaient la *colonne du ciel*.

Quelle qu'elle puisse être, les Grecs durent en prendre connaissance postérieurement au voyage de Colæus de Samos à Tartessus en 639 avant notre ère. Ce fut ce voyage, comme le fait entendre Hérodote (4), qui ouvrit aux Grecs la route du commerce dans l'occident de la Méditerranée. Les fréquentes communications des Samiens d'abord, et des Phocéens ensuite, avec les peuples de l'Hispanie et de la côte septentrio-

---

(1) Τοῦτο τὸν κίονα τοῦ οὐρανοῦ λέγουσι οἱ ἐπιχώριοι εἶναι. Herod., IV, 984, 4.
(2) Virg., *Æneid.*, IV, 257 sq. — Ovid., *Met.* IV, 636 sq.
(3) Shaw, *Travels and Observ.*, p. 50. — K. Ritter, *Africa*, S. 889 ff.
(4) IV, 152.

nale d'Afrique à l'ouest des Syrtes, firent connaître toute cette région jusqu'alors presque ignorée, et évanouir les prodiges dont les anciens poètes l'avaient environnée. C'est alors que les Grecs durent entendre parler de l'opinion locale qui leur donna l'idée d'appliquer à cette région l'*Atlas montagne* des premiers physiciens. Ce nom s'étendit ensuite de proche en proche à toute la chaîne jusqu'au détroit des Colonnes, et même *au delà*, dit Hérodote (1), c'est-à-dire, je pense, jusqu'au cap Soloë ou Spartel; car il est à remarquer que, ni le périple d'Hannon, ni celui qu'on attribue à Scylax, ne font mention d'un Atlas le long de la côte occidentale d'Afrique. C'est dans le périple de Polybe qu'on en aperçoit la première trace. L'Atlas, prolongé au delà des Colonnes, donna son nom à l'*océan Atlantique,* dénomination qui se trouve déjà dans cet historien (2), et dans les *Argonautiques* du faux Orphée (3). Mais, selon toute apparence, elle est plus ancienne même qu'Hérodote; car il est parlé dans le *Critias* de Platon, de l'*océan Atlantique,* qui avait reçu son nom d'*Atlas, roi de l'Atlantide*. Or la fable de l'Atlantide, que Platon raconte et amplifie sans doute dans le *Timée* et le *Critias,* a été tirée d'un poème *mythico-politique* que Solon composa sur la fin de sa vie (4), pour réveiller le courage et le patriotisme des Athéniens. Il donna les prêtres de Saïs pour auteurs du récit principal, comme un moyen d'en augmenter le crédit. Solon mourut en 559 avant notre ère; son poème a dû être composé entre 570 et 560, environ soixante-dix ans après le voyage de Colæus de Samos, et plus de 200 avant la rédaction du *Critias*.

On vient de voir que Solon avait déjà fait d'Atlas un roi de l'Atlantide. Plus tard, on en fit un monarque africain, père ou frère d'Hespérus, dont l'empire s'étendait sur toute la côte septentrionale de l'Afrique, c'est-à-dire précisément dans la

---

(1) IV, 185.
(2) I, 202.
(3) V. 1174, Herm. (2 bis). p. 114.
(4) Plut. *in Solone,* § 31.

région que parcourt la chaîne de ce nom. Ce roi fut, en même temps, regardé comme l'inventeur de l'astronomie, qu'il enseigna à Hercule et à tout le genre humain. C'est par là qu'on expliqua et l'antique tradition qui en faisait le soutien du ciel, et celle du secours qu'Hercule lui avait prêté. Plus tard encore il devint un *astrologue*, prédisant l'avenir par la méthode généthliaque (1). Mais ces explications qu'on ne trouve que dans les auteurs d'une époque récente, tels que Diodore de Sicile (2), Hérodote (3), Héraclite (4), Cicéron (5), Vitruve (6), Pline (7), Diogène de Laërte (8), Servius (9), Isidore (10), saint Augustin (11), diffèrent en tous points des traditions connues des anciens Grecs, et suivies par leurs poètes et leurs artistes. Tout annonce l'époque tardive où ces fictions furent inventées. Le rôle qu'Atlas joue dans l'éloquente, mais fantastique histoire de l'*astronomie ancienne*, par Bailly, et dans l'ouvrage, souvent non moins chimérique, de Dupuis, est contredit par le témoignage de l'antiquité *véritable*, c'est-à-dire dégagée des additions et des surcharges successives qui l'ont tant défigurée.

Telle est, je pense, la filiation chronologique de ces diverses formes d'un même mythe; faute d'avoir été classées dans leur ordre, elles ont embarrassé l'histoire de la géographie de plus d'une notion erronée.

Il s'ensuit qu'il faut renoncer à trouver, dans les monuments qui nous restent, la trace de l'*Atlas géographique* avant l'époque du voyage de Colæus de Samos. L'Atlas des anciens poètes grecs n'a été qu'un *Titan,* comme Prométhée, Épiméthée

---

(1) Eustath. *ad Odyss.*, p. 1390, l. 15.
(2) Diod. Sic., III, 59; IV, 27.
(3) Herodor. *ap.* Clem. Alex., t. I, p. 360.
(4) *Incred.,* 3.
(5) *Tuscul.,* V, 3.
(6) *Archit.*, VI, 7, 6. Schn.
(7) VII, 56.
(8) *Proœm.*, § 1.
(9) *Ad Æn.*, I, 745.
(10) *Origin.*, XIV, 8.
(11) *Civ. Dei*, XVIII, 8.

et les autres êtres de la race japétique, dont les Grecs avaient placé le séjour aux extrémités de leur monde connu.

Quand l'Atlas fut devenu une montagne, qui, située dans l'Occident, soutenait la voûte céleste, on chercha, du côté de l'Orient, un autre support pour cette voûte. On choisit le Caucase, séjour de Prométhée, frère d'Atlas, et dont le plus haut sommet, qui surpasse le Mont-Blanc de 900 mètres, offrait toutes les conditions voulues pour une colonne du ciel. Cette idée ne se trouve pas ailleurs que dans Apollonius de Rhodes (1); car l'épithète ἀστρογείτων, qu'Eschyle donne au Caucase (2), peut n'être qu'une expression poétique de son élévation. Mais elle a dû être mise en œuvre avant Apollonius de Rhodes, aussitôt que les Grecs eurent acquis une connaissance un peu exacte du Caucase; ce qui n'eut lieu que longtemps après Homère et Hésiode (3). Je crois que les hautes montagnes qui, selon Ibycus, contemporain de Stésichore, supportaient le ciel (4), n'étaient autre chose que les montagnes de la terre; et quand Pindare appelle l'Etna *colonne céleste,* κίων οὐρανία (5), cette expression, avant d'être prise par les Grecs dans un sens figuré, en avait un propre et positif.

§ II. — *Atlas soutien de la terre.*

L'idée primitive, reçue chez tous les peuples, que la terre forme une surface plane d'une certaine épaisseur, qui supporte le poids de la voûte pesante du ciel, laissait à résoudre une grande difficulté. Comment se soutenait donc cette terre qui supportait tout? La crainte qu'elle tombât, sans qu'on sût bien au juste où elle pouvait aller, fit imaginer des explications qui reculaient la difficulté au lieu de la résoudre, mais qui suffisaient pour calmer un peu la crainte dont on voulait s'affran-

---

(1) *Argon.*, III, 161-163.
(2) *Prometh. Vinct.*, 727 Schütz. — 746 Blomf. — Cf. Stanley, ad h. v.
(3) Voss., *Alte Weltkunde*, S. XVII, col. 2.
(4) *Ap. Schol.* Apoll. Rh. III, 106.
(5) Pind., I, *Pyth.* 36, cf. Boeckh ad h. l., t. III, p. 229.

chir. Ainsi, dans la cosmographie indienne, la terre est supportée par quatre éléphants, posés sur une tortue, laquelle est soutenue par le grand serpent, qui embrasse tous les mondes. Ce serpent n'est supporté par rien; mais sans doute les cosmographes indiens se tiraient d'affaire en disant qu'il se soutient en vertu de quelque faculté divine. Il eût été plus simple d'attribuer cette faculté à la terre elle-même; on n'aurait alors eu besoin ni d'éléphant, ni de tortue, ni de serpent; mais c'est précisément parce que cela est simple qu'on n'en eut pas l'idée, à ces époques primitives où l'extravagant et l'absurde ont seuls de la prise sur les esprits. Cette solution, aussi commode que simple, s'est présentée à ceux des Pères de l'Église qui niaient la sphéricité de la terre et voulaient que le ciel fût une voûte solide; ils ont résolu la difficulté en disant que la terre se soutient dans l'espace, parce que Dieu le veut ainsi ; raison qui dispense d'en chercher une autre.

Une explication de ce genre se présenta de bonne heure à l'esprit des Grecs, dont l'imagination, mieux réglée que celle des orientaux, conservait toujours un fond de bon sens au milieu de ses écarts mêmes. Les Grecs restèrent fidèles à leur habitude d'expliquer les phénomènes naturels par l'assistance immédiate d'un principe divin; ils préposèrent tantôt un dieu, tantôt un Titan, à la fonction pénible d'empêcher la terre de tomber.

Je crois que la divinité investie de cette charge fut d'abord *Posidon* ou *Neptune;* c'est ce qui me paraît résulter du sens de quelques-unes des épithètes qui étaient jointes à son nom. Celles de ἐνοσίχθων, ἐνοσίγαιος, κινησίχθων, σεισίχθων (1), se trouvent dans tous les poètes depuis Homère ; elles reviennent à celle de τινάκτωρ γαίας dans Sophocle (2), de κινητήρ γᾶς dans Pindare (3); et le Tasse, dans le prologue de l'*Aminte*, les a très bien rendues par les mots *scotitor della Terra* (4). Elles se rapportent

---

(1) Creuzer, *Meletem. Crit.*, I, 32.
(2) *Trachin.*, 503.
(3) IV, *Isthm.* 32.
(4) V. la note de Ménage.

au pouvoir dont était doué Neptune d'ébranler la terre dans ses fondements. Il était ainsi l'unique auteur des tremblements de terre, qu'il calmait à son gré, en remettant la terre dans son équilibre, ce qui lui méritait alors les épithètes d'ἀσφάλιος ou ἀσφαλίων, *celui qui affermit, qui consolide* (1), qu'il reçut dans tous les temples élevés à l'occasion de tremblements de terre.

D'où vient que le Dieu de la mer fut investi d'une telle puissance? C'est ce que nous apprend une autre de ses épithètes, celle de γαιήοχος ou γαιούχος, qui n'est ni moins ancienne, ni moins connue des poètes. On lui suppose généralement le sens de *qui entoure la terre*, ou *telluricinx*, pour employer le mot latin inventé par M. Hermann (2); mais, d'après la composition de cette épithète, ὁ τὴν γῆν ἔχων, elle peut signifier *celui qui tient, retient ou soutient la terre,* aussi bien que *celui qui possède la terre* (3). Les anciens grammairiens (4) l'expliquent par ὁ τὴν γῆν συνέχων, *qui soutient* ou *contient la terre* (5). Il faut remarquer, en effet, que, dans l'expression de l'idée de *soutenir*, soit la terre, soit le ciel, le simple ἔχειν était presque exclusivement employé au lieu du composé ἀνέχειν, συνέχειν ou φέρειν. Nous en avons la preuve dans les divers passages où il est question d'Atlas. Ainsi, Hésiode, Eschyle et Euripide, dans les passages cités plus haut; l'inscription du coffre de Cypsélus, Ἄτλας Οὐρανὸν ἔχει (6); Aristote, Ποιηταὶ τὸν Ἄτλαντα ποιοῦσι τὸν οὐρανὸν ἔχοντα (7); Apollodore, Ἄτλας ἔχει τοῖς ὤμοις τὸν οὐρανόν (8); et ailleurs, τὸν πόλον ἔχει (9); enfin, dans un passage de Phérécyde, conservé par le

---

(1) Creuzer, *ubi suprà*.
(2) *Opusc*. II, p. 186.
(3) Comme γαιάοχος Ἄρτεμις (Sophocl., *OEd. Tyr.*, v. 160).
(4) Apollon., I, 1, et Hesych., v. Γαιήοχ. Quant à la seconde interprétation, ἢ ἐπ' αὐτὴν ὀχούμενος, elle est ridicule.
(5) Comme Platon dit d'Atlas : ἅπαντα συνέχων (*Phæd.*, § 47, p. 418, Fisch. — § 50, p. 69, Wytt.).
(6) Paus., V, 18, 4.
(7) *Metaphys.*, V, 23, p. 889 B.
(8) 1, 2, 3.
(9) II, 5, 11, 14.

scholiaste d'Apollonius de Rhodes (1), l'un des manuscrits donne οὐρανὸν ἔχειν, l'autre βαστάζειν, qui en est la glose. Tout concourt à montrer que γαιήοχος peut très bien signifier celui qui *soutient la terre*, comme Atlas *soutenait* le ciel. Ainsi, Neptune était ἀσφάλιος, parce qu'il était γαιήοχος. Plutarque appuie la relation des idées exprimées par ces deux épithètes (2). Neptune était considéré comme la divinité chargée de cette fonction pénible, et, à ce titre, comme pouvant à son gré bouleverser la terre ou la remettre en état de repos. Au reste, il ne faudrait pas objecter que Neptune étant la divinité de la mer, ne pouvait, en même temps, être placé sous la terre pour la soutenir. Il la soutenait en vertu de la puissance divine dont il était revêtu. Il n'avait besoin, pour cela, que de sa volonté. En même temps, l'idée qu'un Dieu veillait au maintien de la terre suffisait pour en rassurer les habitants craintifs.

Je crois que tel a été le sens *primitif* attaché à ces diverses épithètes de Neptune. Je dis *primitif*, parce que, dans la suite, on a pu en perdre l'origine et y attacher des idées purement mythiques. Cette conjecture acquiert plus de vraisemblance encore quand on connaît la liaison établie par les premiers physiciens grecs entre le principe qui maintenait la terre en équilibre et la cause des tremblements de terre.

On sait, en effet, d'après le témoignage formel d'Aristote, dans le traité *du Ciel* et dans les *Métaphysiques*, que Thalès se représentait la terre comme une île de forme ovoïde, nageant sur le fluide aqueux, ainsi qu'un immense vaisseau ; et qu'il regardait les tremblements de terre comme le résultat des agitations du fluide (3), sur lequel la terre était poussée tantôt d'un côté, tantôt d'un autre. Les ébranlements cessaient quand l'eau n'était plus agitée. Aristote ne manque pas de remarquer que Thalès (4) avait été conduit à cette opinion par

---

(1) *Ad* IV, 1396. — Cf. Sturz. Pherecyd., *Fragm.*, p. 133, ed. sec.
(2) *In Theseo*, § 35 fin. Τὸ μόνιμον καὶ δυσκίνητον οἰκεῖον ἔχει τῆς τοῦ θεοῦ δυνάμεως, ὃν Ἀσφάλιον καὶ Γαιήοχον προσονομάζομεν.
(3) *De Cœlo*, II, 13, p. 467, B. G. — *Metaphys.*, I, 3, p. 842. D. E.
(4) Cf. Pseudo-Plut., *De Plac. philosoph.*, III, 15.

sa théorie générale sur l'eau, considérée comme principe ; théorie dont l'origine est déjà dans Homère. Il est difficile de ne pas voir que Thalès, en ce point comme en beaucoup d'autres, n'a fait que donner une forme scientifique aux idées mythologiques qui avaient cours de son temps ; et que l'Océan, qui excite ou calme par son mouvement ou son repos les tremblements de terre, en agitant ou en laissant reposer la terre qui flotte sur sa surface, est exactement le Neptune ἐνοσίχθων qui ébranle, ἀσφάλιος qui raffermit, γαιήοχος qui soutient le disque terrestre.

Cependant l'attribution principale de Neptune, comme divinité de la mer, finit par sembler à quelques-uns contradictoire avec la fonction de soutenir le disque terrestre dans l'espace. Ils cherchèrent un autre principe. Atlas fut alors enlevé de la place qu'il occupait entre le ciel et la terre ; et on le plaça dessous. Quoique cette opinion populaire sur l'équilibre du disque terrestre ait, à ce qu'il me semble, échappé à la critique des modernes, il n'en existe pas moins dans l'antiquité des traces évidentes.

On peut croire que l'ambiguïté des paroles d'Homère, dans le passage déjà cité, contribua à répandre cette opinion nouvelle. En effet, entre les explications auxquelles ces vers se prêtent, Eustathe en cite une (1), d'où il résulterait que ces colonnes, tenues par Atlas, supportaient à la fois le ciel et la terre, qu'elles conservaient en équilibre au centre du monde. Dans cette hypothèse, Atlas, au lieu d'être placé *sur* la terre, aurait été *dessous,* et aurait rempli l'office des quatre éléphants de la cosmographie indienne. On pourrait hésiter à admettre la réalité d'une modification aussi importante dans les fonctions attribuées à Atlas, si plusieurs faits ne la mettaient hors de doute. Ainsi, quand Socrate, dans le *Phédon,* passe en revue les diverses opinions d'Empédocle et d'Anaxagore, sur la cause qui maintient la terre en équilibre, il ajoute : « Mais quelle puissance a disposé toutes ces choses pour le

---

(1) Ad h. l., p. 1390, l. 63.

mieux dans l'état où elles sont maintenant? C'est ce qu'ils ne recherchent pas ; ils ne veulent point reconnaître là certaine force divine, et ils pensent avoir *trouvé un Atlas* plus fort que le fameux personnage de ce nom, plus immortel, plus capable, en un mot, de soutenir l'Univers (1). » Ce passage ne peut évidemment s'entendre que dans le cas où Platon avait en vue l'opinion qu'Atlas, soutenant la terre dans l'espace, jouait le rôle du tourbillon, dans le système d'Anaxagore, ou de l'air, dans celui d'Empédocle.

La même observation s'applique à ce passage de Plutarque. Dans l'opuscule *De facie quæ apparet in orbe lunæ* (2), il fait dire à l'un de ses interlocuteurs : « [Sans doute vous n'avez pas peur que la terre ne tombe]; Eschyle vous aura peut-être rassuré, en disant qu'Atlas, etc. » Le passage d'Eschyle auquel Plutarque renvoie, et qui a été cité plus haut, a tout un autre sens que ne le croit Plutarque; mais on voit clairement que le sens qu'il lui donne est fondé sur la forme du mythe qui faisait d'Atlas le soutien de la terre. Je remarquerai, chemin faisant, que, dans le même passage, Plutarque n'a pas mieux entendu les vers de Pindare qu'il cite : « Si la lune, ajoute-t-il, n'a au-dessous d'elle qu'un air léger incapable de soutenir une masse solide, du moins la terre, au dire de Pindare, est soutenue par des colonnes d'acier qui l'environnent de toutes parts. » Pindare ne dit rien de pareil dans le passage cité; il y est question, non pas de la *terre* en général, mais simplement de l'*île de Délos*, laquelle, après avoir été longtemps errante, fut, dit le poète, rendue fixe, lors du séjour de Latone, au moyen de quatre colonnes d'acier qui s'élevaient des racines de la terre (3).

Cette modification de l'attribut d'Atlas paraît avoir été admise d'assez bonne heure par quelque poète, puisque nous la voyons entrer, à une époque déjà ancienne, dans le domaine

---

(1) § 47, p. 417, Fisch. — § 50, p. 69, Wyttenb. ...'Ἀλλὰ ἡγοῦνται τούτου ἄν ποτε Ἄτλαντα ἰσχυρότερον, καὶ ἀθανατώτερον, καὶ μᾶλλον ἅπαντα ξυνέχοντα ἐξευρεῖν.

(2) P. 923, 18. — T. IX, p. 652, l. 1, Reiske.

(3) *Fragm.* 58, ed. Boeckh.

des arts; et l'on sait que les arts s'emparaient de préférence des sujets consacrés par la religion locale, ou que la poésie avait popularisés.

Car c'est ainsi, je pense, qu'on doit se représenter la figure d'Atlas que Panænus avait peinte sur un des côtés du mur d'appui qui entourait le trône d'Olympie, et empêchait d'en approcher. Parmi ces peintures, on voit Atlas « *soutenant ciel et terre* (οὐρανὸν καὶ γῆν ἀνέχων); auprès de lui est Hercule qui manifeste l'intention de se charger, à son tour, du fardeau (1). » Il serait impossible d'imaginer qu'Atlas était ici représenté portant, dans chaque main, une statue de la terre ou du ciel, parce que, si telle eût été l'idée de Pausanias, il se fût exprimé tout autrement. Le ciel et la terre ne peuvent avoir été figurés, et M. Quatremère de Quincy l'a bien vu, que *sous une forme cosmographique,* et placés autre part que sur ses épaules et au-dessus de la tête d'Atlas, conformément aux textes et aux monuments connus. Si l'on pouvait concevoir le moindre doute à cet égard, il serait levé par ce que Pausanias rapporte de l'autre représentation bien plus ancienne, qui se trouvait parmi les sujets du coffre de Cypsélus (2). « Atlas *soutient sur ses épaules ciel et terre, selon la tradition* (Ἄτλας δὲ ἐπὶ μὲν τῶν ὤμων κατὰ τὰ λεγόμενα οὐρανόν τε ἀνέχει καὶ γῆν); il porte aussi les pommes des Hespérides : quel est l'homme qui est armé d'une épée et s'avance contre Atlas, rien d'écrit en particulier au-dessus de lui ne l'apprend ; mais il est évident pour tous que c'est Hercule, etc. »

Maintenant, comment nous figurerons-nous Atlas portant tout à la fois, *sur ses épaules, le ciel et la terre ?* Cela ne sera pas difficile d'après ce qui précède. M. Quatremère de Quincy a représenté, sous forme de *globe,* ce qu'Atlas soutenait dans les deux antiques monuments (3). Mais, outre que le globe ne

---

(1) Paus., V, 11, 5. — Sujet également représenté dans une des métopes du temple d'Olympie (Pausan., V, 10, 9) ; mais Pausanias ne se sert ici que du terme générique et abstrait φόρημα.

(2) Paus., V, 18, 4.

(3) *Jup. Olymp.,* pl. IV, p. 132; XV, p. 302.

reproduit point tout à la fois *le ciel et la terre* dont parle Pausanias, ce ne fut guère qu'à partir de l'époque alexandrine que le globe fut employé pour représenter, soit le ciel, soit la terre ; l'idée de la *sphéricité* de la terre était à peu près aussi loin des anciens artistes grecs que celle du zodiaque, dont on ne peut citer aucune représentation totale ou partielle, dans quelque ouvrage de l'art grec, avant le troisième siècle qui a précédé notre ère. Pour ces artistes, comme pour les poètes, la terre n'était qu'un *disque*, dont l'Océan occupait les bords ; le ciel était une voûte surbaissée qui venait s'appuyer sur les extrémités du disque. Voilà quel était le monde d'Homère, d'Hésiode, de tous les poètes et de tous les artistes, antérieurement à l'époque alexandrine ; image qu'on reproduisit encore longtemps après, par une suite de l'influence qu'exercèrent toujours sur l'esprit grec les idées que la poésie antique avait popularisées. C'est conformément à ce système que devaient être figurés *le ciel et la terre* dans les représentations vues par Pausanias. Atlas y avait les bras élevés, enveloppant un *disque*, qu'il supportait sur ses épaules, selon l'expression d'Eschyle, et ce disque était surmonté de la voûte surbaissée du ciel, ayant même diamètre.

Telle était l'opinion que je m'étais faite sur le sens de ces expressions de Pausanias, indépendamment de tout monument de l'art ; car je n'en connaissais pas qui répondît à ces expressions. M. le baron de Stackelberg, auquel je communiquai ce mémoire pendant son séjour à Paris, en 1829, me montra un dessin qu'il avait fait d'un monument possédé par M. Dodwell, et qui lui parut, ainsi qu'à moi, une confirmation de ce que j'avais pensé.

Ce monument est une base triangulaire trouvée à Athènes. Selon toute apparence, elle a appartenu à un candélabre (V. la pl. n° 1) : la partie supérieure est détruite. L'une des trois faces porte un casque (n° 2) ; l'autre une chouette perchée sur un vase renversé (n° 3), comme aux médailles d'Athènes. Ce sont deux symboles relatifs à Minerve.

La troisième face (n° 4), qui est l'importante, porte une

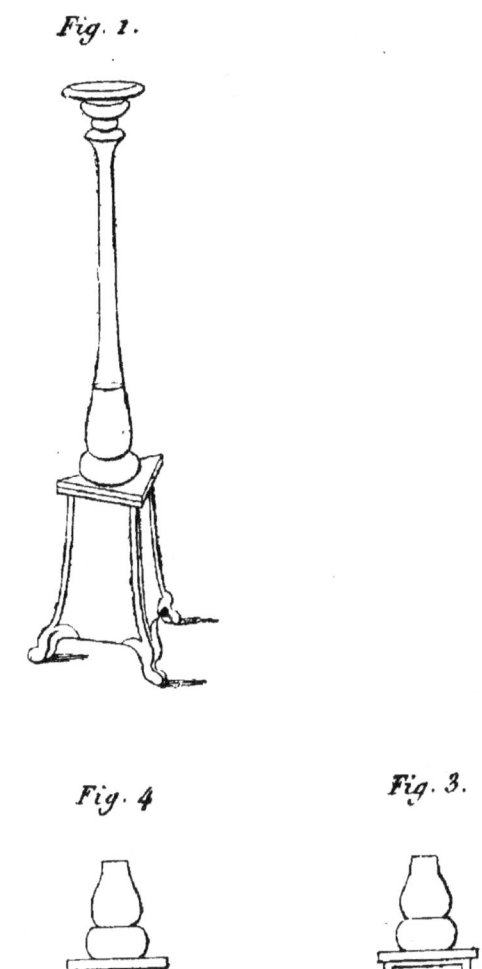

figure humaine dont le corps, à partir de la naissance ou du milieu des cuisses, se termine en queues de serpents (1). Ses

(1) Οὐρὰς ὀφέων, comme dit Pausanias en parlant de Borée (V. 19, 1).

bras élevés au-dessus de sa tête embrassent un disque surmonté d'une sorte de voûte surbaissée.

Je pense que cette figure représente *Atlas* soutenant le monde. Les jambes terminées en queues de serpents sont un caractère distinctif des Titans, comme fils de la terre (1). Or, Atlas est appelé Titan (2), de même que Prométhée, fils comme lui du Titan Japet. La forme de l'objet qu'il supporte est des plus remarquables : ce n'est ni le simple disque de la terre, ni le simple hémisphère surbaissé du ciel, comme sur l'Atlas du trésor des Épidamniens ; ce sont les deux objets à la fois, c'est-à-dire le disque terrestre, sur les extrémités duquel repose la voûte du ciel. Nous avons donc ici un Atlas (3) soutenant à la fois *le ciel et la terre,* conformément aux anciennes idées exprimées par Panænus et l'auteur du coffre de Cypsélus, figurés précisément comme j'avais pensé qu'ils devaient l'être, d'après la seule discussion des textes.

Quand on voit que le sujet d'Atlas avait été figuré sur des monuments, dont l'un est du VIIIe siècle et les autres du Ve avant J. C., on ne saurait être trop étonné de ce que le candélabre de M. Dodwell soit le *seul* monument antique connu qui le représente conformément à la tradition suivie par les anciens artistes. Il est bien singulier qu'on ne le retrouve sur aucun des nombreux vases grecs à sujets mythologiques. Il n'en existe qu'un à ma connaissance, qui y ait quelque rapport, dont le style toutefois annonce une époque peu ancienne. On y voit *Hercule,* venant de délivrer *Atlas* de son fardeau, et succombant à son tour sous le poids du ciel, qui est figuré comme un segment de cercle, où sont un croissant et deux étoiles (4). Les représentations jusqu'ici connues d'Atlas, soit

---

(1) V. deux pierres gravées dans Winckelmann (*Mon. ined.,* pl. IV et X, et *Explic.,* p. 10, 11). L'oracle de Telmissus (Herodot., I, 78) appelle les serpents *fils de la Terre.*

(2) Æsch., *Prometh.,* 425. — Cf. Eustath. *ad Odyss.,* p. 1390, l. 22.

(3) J'ai vu depuis que M. Ed. Gehrard a publié cette figure (Pl. II de sa *Venere Proserpina*), mais d'après un dessin peu fidèle, du moins à en juger par celui de M. de Stackelberg, dont l'exactitude est bien connue.

(4) Passeri, n° 249, t. III, p. 35.

statues, soit bas-reliefs, soit médailles, sont toutes de l'époque romaine, et se rapportent uniquement à la première forme du mythe, celle d'après laquelle Atlas soutenait *le ciel,* qu'on y voit représenté sous la forme d'un *globe* ou bien d'un *disque,* sur lequel sont tracés les douze signes du zodiaque, comme une image symbolique du ciel (1).

C'est un fait assez remarquable que cette excessive rareté des représentations vraiment *grecques* d'un mythe aussi ancien que celui d'Atlas, si souvent traité par des artistes de la belle époque. Il est probable que des recherches ultérieures en feront découvrir quelque autre exemple, et que le bas-relief de M. Dodwell ne sera pas toujours, comme il est à présent, un exemple unique. D'avance on peut prédire que si, sur les monuments qu'on découvrira, le ciel est figuré comme un *globe,* ou sous forme de *zodiaque,* ils appartiendront à l'époque alexandrine ou romaine ; et que, sur les monuments qui appartiendraient à la belle époque de l'art grec, le ciel sera figuré par un disque, ou bien selon le système de représentation suivi dans les monuments que Pausanias a décrits, et que le candélabre de M. Dodwell reproduit évidemment.

(1) Dans Guattani, *Mon. ant. ined. ann.* 1786, p. 52. — Winckelm., *Werke,* II Baud. S. 526.

DISCUSSION DE L'OPINION D'HIPPARQUE

SUR LE

PROLONGEMENT DE L'AFRIQUE

AU SUD DE L'ÉQUATEUR

ET SUR

LA JONCTION DE CE CONTINENT AVEC LE S.-E. DE L'ASIE

ORIGINE DE CETTE OPINION ET SON INFLUENCE
SUR LA GÉOGRAPHIE DE MARIN DE TYR, DE PTOLÉMÉE ET DE LEURS SUCCESSEURS (1).

I

Nous avons exposé plus haut le système de géographie générale admis par Eratosthène et son école, nous avons montré sa liaison intime avec la géographie poétique, et nous avons fait ressortir toutes les notions qui s'y rattachent, telles que celle d'un océan dans la zone torride, d'une antichthone, ou terre opposée, au delà de cet océan. Il nous faut maintenant entrer dans un ordre d'idées tout différent, en examinant le système des géographes qui s'affranchirent de l'influence homérique. En tête, nous placerons Hipparque, parce que Marin de Tyr et Ptolémée suivirent plusieurs des idées fondamentales que ce grand géographe avait, non pas inventées, comme on l'a cru, mais simplement mises en circulation et revêtues de l'autorité de son nom célèbre. Nous commencerons par l'examen de deux de ces idées dont on n'a jusqu'ici bien connu ni l'origine ni l'influence.

(1) Ce morceau fait partie d'un ouvrage inédit, intitulé : *Histoire de la cosmographie et de la géographie générale chez les anciens, depuis Homère jusqu'aux Pères de l'Église.* [Publié dans le *Journ. des Sav.*, 1831, p. 476-480 et 545-555.]

§ I. — *De l'opinion d'Hipparque relative à la division de l'Océan en plusieurs mers intérieures.*

On sait qu'Hipparque, dans sa géographie, s'écarta en plusieurs points de celle d'Eratosthène ; il paraît surtout être resté beaucoup moins esclave des idées homériques. Entre autres notions fondamentales, il rejette formellement cette idée, si généralement admise, d'un océan unique environnant la terre habitable ; il pense au contraire que l'océan était partagé en plusieurs bassins isolés ; et, par exemple, que l'océan méridional, au lieu de s'étendre dans la zone torride pour regagner l'océan Atlantique, était au contraire arrêté par la Libye, qui se prolongeait fort loin dans le sud, et, se dirigeant à l'est, allait gagner les côtes méridionales de la Chersonèse-d'Or ; de manière que l'océan Indien formait un bassin séparé, borné de toute part, comme un grand lac. Marin de Tyr et Ptolémée, adoptant cette théorie, malgré les critiques de Strabon, de Posidonius (*ap.* Strab. II, p. 98-102) et de toute l'école homérique, admirent aussi l'existence d'une terre qui, partant du cap Prasum, vers le tropique du Capricorne, rejoignait à Catigara les côtes de la Chersonèse-d'Or.

Cette disposition a cela de remarquable, qu'elle fait entièrement disparaître les limites de notre terre du côté de l'orient. Les mesures d'Hipparque s'arrêtent au méridien du cap des Coliaques, à 70.000 stades des Colonnes, au delà du golfe du Gange ; il supposait que la côte d'Asie se dirigeait au sud et au sud-est pour regagner celle de la Libye. Mais rien, dans la géographie de cet auteur, ne peut nous apprendre à quel point l'Océan oriental venait borner le continent de l'Asie.

Cette disposition passa dans la géographie de Marin de Tyr et de Ptolémée, qui étendirent les limites de la terre habitable, le premier à 230°, le second à 180° à l'est du méridien des Canaries. On supposait qu'au delà, des marais et des pays impraticables (Ptol., *Geogr.*, VI, 16, p. 163) interdisaient l'approche du reste des contrées qui nous étaient inconnues (1); et l'on a vu plus haut que Severianus de Gabala s'en était servi pour expliquer comment le paradis terrestre, situé à l'orient de la terre, était devenu inaccessible aux hommes. Ainsi le continent, selon Hipparque, Marin de Tyr et Ptolémée, se prolongeait bien au delà des limites de la terre connue, jusqu'à un point très rapproché des côtes occidentales de l'Europe et de l'Afrique; en sorte que l'intervalle était censé pouvoir être parcouru en très peu de jours; aussi je ne doute point que Sénèque n'eût sous les yeux une carte du système d'Hipparque, et peut-être de celui de Marin de Tyr, lorsqu'il disait : *Quantum enim est, quod ab ultimis litoribus Hispaniæ usque ad Indos jacet? paucissimorum dierum spatium, si navem suus ventus implevit* (Quæst. nat. præf., I, § 2). C'est certainement là l'explication de ce passage que les commentateurs n'ont pas du tout compris (2), et dont le baron de Zach vient d'abuser récemment d'une manière étrange (*Corresp. astr.*, 1826, t. XIV, p. 386), en voulant y trouver la preuve qu'au temps de Sénèque les voyages de l'Espagne dans l'Amérique étaient souvent pratiqués.

D'une autre part, il est certain que Marin de Tyr et Ptolémée prolongeaient indéfiniment vers l'ouest la côte occidentale de l'Afrique, à partir d'une latitude voisine de l'équateur. M. Gossellin (*Rech.*, I, 46) pense que c'était aussi le sentiment d'Hipparque, puisque ces géographes lui avaient emprunté l'idée de la division de l'Océan en bassins isolés. Cette opinion cesse d'être une conjecture, quand on songe que Strabon (I, p. 5; trad. fr., I, 12 et la note 2 de M. Gossellin), en combattant l'idée d'Hipparque, s'attache à prouver que l'océan Atlantique n'a pu être coupé dans sa largeur par un isthme; preuve que le géographe bithynien, comme ses imitateurs, Marin de Tyr et Ptolémée, supposait que les côtes occiden-

---

(1) Niceph. Blemm. Τὰ γὰρ ἐπέκεινα ταύτης [Σήρας πόλεως], ὡς ἱστοροῦσι, τέλματά τε εἰσὶ καὶ κάλαμοι, καὶ διέλευσις ἀπ' αὐτῆς ἀνατολικωτέρα οὐκ ἔστι, p. 19, 20; Spohn (n. 316) remarque que διέλευσις manque aux lexiques; mais probablement Blemmide a écrit διέλασις.

(2) Ruhkopf y voit les Canaries.

tales de l'Afrique allaient rejoindre les côtes orientales de l'Asie, divisant ainsi l'océan Atlantique en deux bassins séparés, dont l'un, placé au-dessous de cet isthme, se prolongeait au sud, le long de la terre méridionale qui bornait l'océan Indien, et formait comme un autre isthme entre cet océan et l'Océan central.

Hipparque est-il réellement, comme on l'a cru (Gosselin, *l. l.*), l'inventeur de cette division de l'Océan en plusieurs bassins? Je ne le pense pas. D'après Strabon (I, 6; trad. fr., I, 13), on voit qu'Hipparque fondait son opinion sur quelques idées de Séleucus le Babylonien, mathématicien d'une époque inconnue (1) : toutefois Strabon lui-même nous laisse voir clairement que l'idée fondamentale d'Hipparque n'appartenait pas à ce Séleucus; mais je la trouve clairement exprimée dans ce passage du traité *de Cœlo*, attribué à Aristote, et qui, dans tous les cas, est certainement antérieur à Hipparque : « Ceux, dit l'auteur, qui pensent que la région vers les colonnes d'Hercule est jointe avec les pays de l'Inde, et que de cette manière il n'y a pas sur le globe une seule mer continue, ne semblent pas émettre une opinion trop incroyable (2); entre autres preuves, ils citent les éléphants qui se trouvent dans les deux régions, ce qui tient, disent-ils, à ce que les extrémités de la terre se joignent et sont contiguës entre elles (3). » On ne peut exprimer plus nettement la doctrine d'Hipparque : ainsi, au temps de l'auteur du traité *du Ciel* (4), cette doctrine

---

(1) C'est le même que le Séleucus, mathématicien, que Strabon met ailleurs au nombre des Chaldéens (XVI, 739). Il ne peut avoir rien de commun, quoi qu'en ait dit M. du Theil (trad. fr. de Strabon, I, 510), avec le grammairien Séleucus d'Éphèse en Syrie (Suidas, v. Σελ.), puisque Strabon dit formellement que sa patrie était Séleucie du Tigre.

(2) Διὸ τοὺς ὑπολαμβάνοντας συνάπτειν τὸν περὶ τὰς Ἡρακλείους στήλας τόπον τῷ περὶ Ἰνδικήν, καὶ τοῦτον τὸν τρόπον [οὐκ] εἶναι τὴν θάλατταν μίαν, μὴ λίαν ὑπολαμβάνειν ἄπιστα δοκεῖν (II, 14, p. 472).

(3) Λέγουσι δὲ τεκμαιρόμενοι καὶ τοῖς ἐλέφασιν ὅτι περὶ ἀμφοτέρους τοὺς τόπους τοὺς ἐσχάτους ὄντας, τὸ γένος αὐτῶν ἔστιν, ὡς τῶν ἐσχάτων διὰ τὸ συνάπτειν ἀλλήλοις τοῦτο πεπονθέναι.

(4) Jean Philoponus dit formellement qu'Aristote rejetait l'idée d'un océan qui entourait la terre de toute part : « Ceux qui l'adoptent, dit-il, ont été trompés, selon Aristote, parce qu'ils ont mal compris Homère, qui fait sortir

avait déjà été professée par quelques philosophes, et le géographe de Bithynie n'avait fait que le fondre dans son système. Aristote, ou l'auteur quelconque de ce traité, se contente de reconnaître qu'elle n'est pas trop incroyable; ce qui ne suppose point qu'il l'adoptât. On s'étonnera donc peu que l'auteur des *Météorologiques*, ouvrage reconnu pour être d'Aristote, se range à l'opinion commune : « Les pays qui sont au delà de l'Inde, dit-il, et des colonnes d'Hercule, ne paraissent point, à cause de la mer, se réunir ensemble, toute la terre n'étant pas continue (1). » Phrase qui contient une allusion évidente à l'opinion dont il a été question dans le traité *De Cœlo*.

On ne s'étonnera pas sans doute de retrouver cette idée d'Hipparque dans un ouvrage plus ancien que lui, si l'on songe que ce géographe a dû nécessairement la fonder sur un fait géographique quelconque : or il est difficile d'en trouver un autre que la direction de la côte d'Afrique, qui, à partir de la rivière de Nun, se dirige sensiblement vers l'ouest jusqu'au cap Bojador, et au plus loin, jusqu'au cap Blanc. Cette circonstance a été connue en Grèce par l'expédition d'Hannon, qui s'est arrêté en deçà du cap Bojador, comme l'a démontré M. Gossellin. Cette inflexion remarquable fit croire aux navigateurs que la côte se prolongeait indéfiniment dans cette direction; ou bien, quelques-uns des Grecs qui en eurent les premiers connaissance, en tirèrent cette conséquence erronée, d'où il résultait naturellement que l'Océan était divisé en plusieurs bassins. Il y a des preuves historiques et géographiques que les anciens n'ont jamais rien connu au delà du point où s'était arrêté le voyageur carthaginois. Le périple de Polybe ne s'est pas étendu plus loin. Marin de Tyr et Pto-

---

le soleil de l'Océan et l'y fait rentrer lorsqu'il se couche » (*de Creat. mundi*, IV, 5, p. 132). Mais l'ouvrage que Jean Philoponus avait sous les yeux, et que nous ne connaissons pas, était-il bien de ce philosophe ?

(1) Τὰ δὲ τῆς Ἰνδικῆς ἔξω καὶ τῶν Ἡρακλείων στηλῶν, διὰ τὴν θάλατταν, οὐ φαίνονται συνείρειν, τῷ [μὴ] συνεχῶς εἶναι πᾶσαν τὴν οἰκουμένην (*Meteor.*, II, 5, p. 775 D.). Encore ici l'addition de la négation est commandée par le sens ; οἰκουμένη signifie en cet endroit non pas seulement « la terre habitable », mais, comme en beaucoup d'autres endroits, l'ensemble de toutes les terres du globe.

lémée n'en savaient pas plus qu'Hipparque ; et la preuve, c'est qu'ils copièrent fidèlement son opinion sur la direction occidentale de la côte d'Afrique, ce qu'assurément ils n'eussent point fait si quelque périple d'une date postérieure leur eût donné des renseignements sur une partie de la côte au midi du cap Bojador ou du cap Blanc ; car comme, après ce cap, la côte tourne sensiblement au sud, puis au sud-est, puis enfin tout à fait à l'est, force leur eût été de renoncer à l'idée d'Hipparque, qui ne pouvait plus se soutenir. Cette raison, entre bien d'autres, montre la difficulté que présente toute opinion qui porte les connaissances des anciens au delà du cap Blanc.

On ne trouve nulle part que l'autre opinion d'Hipparque, sur l'océan Indien formant un lac, provienne d'une source plus ancienne ; mais la preuve maintenant acquise que la division de l'océan Atlantique en plusieurs bassins ne lui appartenait pas, donne lieu de croire qu'il en est de même de celle de l'océan Indien. Je trouve une indication claire que cette opinion existait et avait cours avant lui, dans l'étrange erreur géographique qu'Alexandre avait commise sur le cours de l'Indus et dont on n'a jamais pu jusqu'ici deviner la cause. Les fèves du Nil et les crocodiles qu'il trouva dans le haut Indus lui persuadèrent qu'il était arrivé au fleuve d'Égypte et que les sources de l'Acésines étaient les sources si longtemps cachées du Nil (Arrien, *Anab.*, VI, 1). On ne saurait comprendre cette erreur énorme sur le cours d'un fleuve si éloigné du Nil, et qui suivait une direction contraire pour se rendre dans l'océan Indien, que dans l'hypothèse du prolongement de l'Afrique à l'est et de sa jonction avec l'Asie. Hérodote avait bien dit (IV, 44) que l'Indus se jetait dans l'Océan ; mais on a pu croire qu'au lieu de se rendre à la mer, arrivé à l'endroit où l'Afrique rejoignait l'Asie, il entrait dans cette partie du monde, parcourait son prolongement de l'est à l'ouest et arrivait ainsi à la région au midi de l'Égypte, d'où il descendait vers la Méditerranée. De cette manière, on avait justement la contrepartie du système d'Hérodote (II, 31 ; Niebuhr, *Verm. Schrift.*, I, 145), qui faisait venir le Nil de l'occident, tout près de l'océan Atlantique ; ce que les géographes romains admettaient encore au temps de Pline (V, 10). On n'a point remarqué qu'une telle erreur sur la direction du cours supérieur du Nil, venant de l'ouest ou de l'est, tenait à la nécessité de combiner la longueur de ce cours, attestée par les rapports des naturels, avec l'opinion générale sur le peu d'étendue de l'Afrique au midi du tropique. Quoi qu'il en soit, l'explication que je donne de l'erreur d'Alexandre est confirmée par Arrien, qui ajoute : « Alexandre soupçonnait que le Nil prenait sa source en quelque lieu de l'Inde, et coulait à travers de vastes contrées désertes, où il perdait le nom d'Indus ; qu'ensuite, là où il commençait à couler dans le pays habité, il recevait des Éthiopiens et des peuples qui habitent en ce pays les noms de Nil et d'Égyptus... et se rendait à la Méditerranée. »

Ce qui vient d'être dit sur cette partie importante du système d'Hipparque était nécessaire pour qu'on se formât une idée juste de son opinion sur l'Antichthone.

II

§ II. — *Opinion d'Hipparque sur l'Antichthone. Sa liaison avec la cause présumée des inondations du Nil et la situation de ses sources.*

J'ai déjà parlé de l'ancienne opinion des physiciens, qui regardaient la zone torride comme inhabitable à cause de la chaleur, opinion abandonnée d'Eratosthène et de Polybe, mais reprise après eux, et notamment par Hipparque, qui mettait les limites de la terre habitable vers le 12° degré de latitude nord (Gossellin, *Recherches*, I, 100). Dans son système, la Libye se prolongeait beaucoup au sud de l'équateur ; mais toute la région voisine de ce cercle formait une zone qu'une chaleur torride rendait inhabitable ; au delà du 12° degré de latitude sud, vers le point où les côtes se dirigeaient à l'orient pour envelopper l'océan Indien, était une autre région tempérée, qu'on appelait la « terre opposée à l'habitable, » ἀντοικουμένη, où il était impossible de pénétrer. Cette théorie de l'école d'Hipparque est clairement exposée par Géminus (§ 13, p. 31), qui se montre très peu partisan du système homérique. Après avoir combattu l'opinion de ceux qui mettent l'Océan dans la zone torride, il ajoute : « Les Éthiopiens qui habitent aux extrémités de la zone torride (c'est-à-dire sous chacun des deux tropiques) ont le soleil vertical lors des solstices; car il faut concevoir qu'il existe naturellement deux Éthiopies, l'une vers notre tropique d'été, l'autre vers le tropique qui est pour nous celui d'hiver, et pour les *antipodes* celui d'été. » La même théorie était détaillée par Pappus, un des géographes de l'école de Ptolémée : on le voit par un passage fort remarquable de Jean Philoponus, dont l'ouvrage, trop négligé par les historiens de la géographie, contient plusieurs notions d'une haute importance pour la connaissance des idées cosmographiques et géographiques des anciens. Ce passage aide à comprendre un passage de Moïse de Khorène (ap. *Mém. sur l'Arménie* de Saint-Martin, II, 325), dont la *Géographie* n'est, en grande partie, qu'un extrait de celle de Pappus d'Alexandrie. « La zone torride, dit Moïse de Khorène, coupe l'Océan par le milieu, et elle sépare la partie de la terre qui est habitée, de l'hémisphère austral qu'on appelle la *terre opposée* (1). » Ce passage, assez obscur considéré isolément, devient fort clair quand on tient la série des idées auxquelles il se rattache, et surtout quand on le rapproche de ce passage remarquable, mais non remarqué, de Jean Philoponus, dont je me contente de donner la traduction (*de Creat. mundi*, V, c. v, p. 153). Après avoir cité l'opinion de ceux qui n'admettaient qu'un seul océan (2), cet auteur ajoute : « Mais les géographes les plus exacts, au nombre desquels sont aussi Ptolémée et Pappus, pensent que l'océan dit Atlantique n'existe que vers la partie occidentale de la terre et que la mer occidentale, c'est-à-dire la nôtre, est

---

(1) Ceci répond au grec ἀντοικουμένη. La partie dont il est question était au sud de la Libye.

(2) Voulaient-ils parler des récits des anciens sur la circumnavigation de l'Afrique?

la seule qui communique avec lui. » Ceci est une allusion à l'opinion de l'école d'Eratosthène, qui étendait le nom de l'océan Atlantique jusque sur la côte orientale de l'Afrique, en sorte que la mer Rouge et le golfe Persique pouvaient être considérés comme formés par cet océan. J. Philoponus explique son idée : « En effet, dit-il, quelques personnes ont soupçonné, *d'après une tradition absurde*, que l'océan [Atlantique] va se réunir dans la partie australe avec la mer Érythrée. Ils prétendent que plusieurs navigateurs furent entraînés, par hasard (1), de cet océan dans la mer Érythrée, ce qui est évidemment faux; car il faudrait que l'Océan se prolongeât tout au travers de la Libye, et dans la zone torride même (2) : or il est impossible que des hommes puissent y naviguer, à cause de la chaleur brûlante qui y règne. » J. Philoponus pose en fait l'opinion admise par l'école d'Hipparque et de Marin de Tyr. « Mais de plus, il faudrait de toute nécessité que le Nil, qui coule à travers la zone torride, au delà de laquelle il prend sa source, tombât dans l'Océan. » Ceci tient à la même opinion, dont Pomponius Méla (3) nous a conservé une forme liée à l'autre hypothèse sur l'Antichthone, et qui remonte jusqu'à Hécatée de Milet. J. Philoponus continue : « Car quelques-uns prétendent que le Nil prenant sa source dans la terre opposée à l'habitable, coule vers nous de cette terre. C'est pour cela que, seul entre tous les fleuves, il déborde quand nous avons l'été, l'hiver régnant aux pays d'où il vient, et que ses eaux ont une si grande douceur; car c'est là le caractère de toutes les eaux qui ont été auparavant chauffées. » Encore un souvenir des anciennes écoles philosophiques. L'analogie avec l'opinion de Diogène d'Apollonie, expliquée plus haut (4), est assez frappante.

J. Philoponus va ensuite au-devant de l'objection qu'on

---

(1) Κατὰ περίστασιν, par hasard, par accident.
(2) Ce qui est précisément la doctrine d'Eratosthène et de son école.
(3) J'en ai parlé ailleurs.
(4) Dans une autre partie de l'ouvrage. Cela est aussi dans Diodore; plus bas, p. 330.

pourrait tirer de Ptolémée, relativement aux sources du Nil : « Si quelqu'un, invoquant le témoignage de Ptolémée, a prétendu que le Nil ne vient pas de la terre opposée, mais plutôt de la région de la Libye située au delà du tropique d'été, on pourrait lui répondre que, selon toute apparence, il ignore ce que Ptolémée a écrit sur ce sujet ; car ni Ptolémée, ni qui que ce soit, n'a pu trouver les sources ni l'origine du Nil ; celui qui croirait en reconnaître la mention dans son texte n'aurait pas fait à ses paroles une attention suffisante. En effet, que dit-il ? *qu'à l'occident des Éthiopiens anthropophages s'étend la montagne de la Lune, d'où descendent les neiges que reçoivent les* marais *du Nil* (1) : trompés par ces expressions, quelques-uns ont pensé que le Nil était formé par ces marais et par les neiges de la montagne de la Lune. Mais il n'en est point ainsi ; car, en premier lieu, les lacs ne sont pas la première source des fleuves ; et ensuite Ptolémée n'a pas dit que ces lacs soient produits par des sources (2) qui existent dans la montagne de la Lune, que le Nil soit formé par ces lacs ; bien loin que ces fleuves soient formés par ces lacs, ce sont au contraire les fleuves qui forment les lacs ; et il en est de ces lacs-ci comme de mille autres que le Nil produit dans son cours ; quant aux neiges de cette montagne, supposé toutefois qu'une montagne si méridionale ait réellement des neiges, Ptolémée dit que ces lacs les reçoivent, à savoir, après qu'elles sont fondues ; mais que le pays au delà des lieux susdits est tout à fait inconnu. Ainsi Ptolémée, au midi de cette région, n'a eu connaissance d'aucun pays habité, et il ignore où sont les sources du Nil. Ceux qui citent Ptolémée en témoignage de leur erreur n'ont pas fait attention à ses paroles. » J'ai rapporté ce long passage pour montrer quelle était la diversité des opinions sur ce point important de la géographie de Ptolémée. Au siècle

---

(1) Je cite les propres paroles de Ptolémée : c'est par erreur que les copistes ont mis αἱ τοῦ Νείλου πηγαί, au lieu de αἱ τ. Ν. λίμναι, qui est dans le texte de Ptolémée et que J. Philoponus a certainement voulu exprimer, comme le prouve la suite de son raisonnement.

(2) Je lis ἐκ τινῶν... πηγῶν, au lieu de ἐκ τίνων πηγῶν.

de J. Philoponus, et peut-être de Pappus, que cet auteur avait certainement sous les yeux, nous voyons que si quelques-uns, τινές, croyaient que ce géographe avait réellement fixé les sources de la branche occidentale du Nil aux *montagnes de la Lune,* d'autres ne pensaient pas qu'il se fût exprimé en ce sens, et persistaient à trouver, dans l'ambiguité de ses paroles, un motif suffisant pour croire qu'il plaçait les véritables sources beaucoup plus au midi, dans la *terre opposée,* ἀντοικουμένη, qui, selon la doctrine d'Hipparque, était séparée de la nôtre par une zone terrestre inhabitable.

J. Philoponus était formellement de cet avis. Nous en dirons autant d'Agathémère, dont le second livre n'est qu'un résumé de la *Géographie* de Ptolémée. Cet auteur dit que le Nil sort des régions situées par delà l'équateur, « dans la profondeur du midi » (1); cette expression s'entend nécessairement d'une latitude plus méridionale que celle de 12° 30', attribuée par Ptolémée aux montagnes de la Lune. Malheureusement une lacune existe dans cet endroit du texte d'Agathémère; mais ce qui suit nous montre clairement que l'auteur y parlait de la situation très australe des sources du Nil, et des motifs qu'on avait de croire qu'elles étaient placées dans la région où règnent des saisons opposées aux nôtres; car, après cette lacune, on lit: «... En sorte qu'il est plus croyable (2) de dire que le Nil reçoit annuellement dans son cours les pluies qui tombent là-bas, pendant que nous avons l'été, que de prétendre qu'il se grossit par la fonte des neiges. » Évidemment Agathémère soutenait, comme J. Philoponus et Pappus, que la source du Nil était placée dans l'autre zone habitable, et expliquait Ptolémée en ce sens.

Il faut convenir, à l'appui de l'opinion d'Agathémère, de Pappus et de J. Philoponus, que le mot de « sources du Nil »

---

(1) Ὁρμώμενως γὰρ ἐκ τῶν ὑπὲρ τὸν Ἰσημερινὸν ἐν βάθει τῆς μεσημβρίας τόπων (*Geogr.,* II, 10, p. 235).

(2) Ὡς πιθανὸν εἶναι μᾶλλον ἀπὸ τῶν ἐκεῖ γιγνομένων κατὰ τὸ παρ' ἡμῖν θέρος ὄμβρων, ἢ ἀπὸ χίονος σύστασιν τὴν πορείαν ἐνιαυσίῳ χρόνῳ ποιεῖσθαι (*Agath.,* II, 10, p. 236).

ne se trouve ni dans Ptolémée, ni dans le passage de Marin de Tyr qu'il a cité (1); en sorte qu'à bien considérer le texte de Ptolémée, il pourrait paraître incertain si ce géographe, qui a indiqué fort nettement, quoique en se trompant beaucoup sur leurs latitudes, les sources des affluents orientaux du Nil, a placé réellement aux montagnes de la Lune celles du Nil principal, du Bahr el-Abyad, ou s'il croyait que les courants formés par la fonte des neiges de ces montagnes tombaient dans un fleuve qui venait de l'autre côté de la zone torride. J'avoue cependant que ce doute me paraîtrait fondé sur une analyse trop subtile des paroles de Ptolémée, en les comparant à celles dont il se sert lorsque, en parlant du lac Coloé, d'où sort l'Astapus, on a peine à ne pas croire qu'il regardait les lacs du Nil occidental comme formés immédiatement par les neiges des montagnes de la Lune; s'il avait pensé que le fleuve venait de plus loin, il semble qu'il n'aurait pas manqué de le dire. Mais je n'en suis pas moins convaincu que l'interprétation qui a été donnée à ses paroles par Agathémère, Pappus et J. Philoponus, repose sur une opinion réelle, qui avait cours dans l'école même de Ptolémée et qui, d'après une conjecture que j'indiquerai tout à l'heure, me paraît tenir précisément au système d'Hipparque. Quoi qu'il en soit, nous voyons dès à présent que la notion du prolongement de l'Afrique au midi de l'équateur a toujours été rattachée à celle de l'origine du Nil dans l'autre région tempérée.

Cette liaison va ressortir encore mieux de l'observation contenue dans le paragraphe suivant.

§ III. — *Origine égyptienne de l'opinion d'Hipparque et de son école sur le prolongement de l'Afrique au delà de l'équateur.*

L'idée du prolongement de la Libye et l'explication que J. Philoponus vient de nous donner des inondations du Nil,

(1) Dans ce passage, il est parlé des lacs « d'où coule le Nil » (ὅθεν ῥεῖ ὁ Νεῖλος); et, selon l'observation de J. Philoponus, des lacs ne sont pas la pre-

sont bien plus anciennes que Ptolémée et même qu'Hipparque. Selon le scholiaste d'Apollonius de Rhodes, un physicien nommé Nicagoras faisait venir le Nil des *Antœciens*, c'est-à-dire de la terre opposée à l'habitable (1). L'époque de ce Nicagoras est inconnue ; mais la réunion des noms au milieu desquels le scholiaste l'a placé montre assez que ce philosophe est d'une époque assez ancienne. D'ailleurs nous voyons, par les propres paroles d'Eudoxe, que le faux Plutarque nous a textuellement rapportées, que cette opinion sur les inondations du Nil appartenait aux prêtres d'Égypte. Voici les paroles de l'auteur grec : « Eudoxe nous dit : Les inondations du Nil, à ce que prétendent les prêtres [égyptiens], proviennent des eaux de pluie, ce qui s'explique par l'opposition des saisons ; car tandis que nous avons l'été [disent-ils], nous qui habitons sous le tropique d'été (2), l'hiver a lieu chez les Antœciens, qui habitent sous le tropique opposé ; c'est de là que se précipitent les eaux de l'inondation. » Cette explication suppose évidemment que l'Afrique s'étend au delà de la zone torride, ce qui est l'opinion de toute l'école d'Hipparque, en cela contraire à celle de l'école d'Eratosthène et aux idées généralement reçues chez les Grecs. Mais ce que dit Diodore, à ce même sujet, ne laisse aucun doute sur l'identité des opinions. Selon cet historien (I, 40, init.), « certains prêtres de Memphis divisaient *la terre en trois régions : la première, que nous habitons ; la deuxième, inhabitable à cause de la grande chaleur*, où les saisons sont opposées aux nôtres ; et la troisième, située entre les deux premières. Si donc le Nil débordait en hiver, ce serait une preuve qu'il prend sa source dans notre zone ; car c'est surtout à cette époque de l'année qu'a lieu pour nous la

---

mière origine d'un fleuve ; cette origine est dans les courants qui les alimentent.

(1) Νικαγόρας δὲ ἀπὸ τῶν Ἀντοίκων αὐτὸν ῥεῖν.

(2) Cette expression montre qu'Eudoxe nous a rapporté les propres paroles des prêtres. Un Grec n'aurait pas dit : « Nous qui habitons sous le tropique d'été. » Peut-être en conclura-t-on aussi que ces prêtres étaient probablement ceux de Thèbes : ce qui serait d'autant plus remarquable que nous allons voir que les prêtres de Memphis avaient la même opinion.

saison des pluies; et puisque, au contraire, il grossit en été, on doit croire qu'il est formé par les pluies qui tombent dans la région opposée et que l'excès de ses eaux coule vers notre terre habitable. Voilà pourquoi personne n'a pu parvenir aux sources du Nil, ce fleuve devant traverser, à partir de la zone opposée, une zone inhabitable. Les prêtres citent encore, en preuve de leur explication, l'extrême douceur de l'eau du Nil : en effet, cette eau est cuite en passant dans la région brûlée, ce qui la rend plus douce que celle d'aucun autre fleuve, le feu ayant la propriété d'adoucir tout liquide (1). »

Les prêtres de Memphis supposaient donc au Nil un cours d'une prodigieuse longueur, dont une grande partie s'exécutait à travers la zone torride. Mais peut-être plusieurs d'entre eux, par une légère modification, admettaient-ils, selon les idées si générales chez les anciens, qu'il coulait sous terre pendant une partie de la route et reparaissait en Éthiopie. En effet, Sénèque paraît compter cette opinion parmi celles qui avaient cours sur l'inondation du Nil : *Nescis autem inter opiniones quibus narratur Nili æstiva inundatio, et hanc esse a terra illum erumpere, et augeri non supernis aquis, sed ex intimo redditis?* et c'est par là, je pense, qu'il faut expliquer le passage où Platon fait dire aux prêtres de Saïs que le Nil ne descend pas du ciel, mais sort *du sein de la terre* (2); car Proclus dit à cette occasion, d'après Porphyre, que, selon une opinion ancienne chez les Égyptiens, lors des inondations du Nil, l'eau sort de dessous terre : en conséquence, ils appelaient ce fleuve « sueur de la terre (3), » opinion rendue presque méconnaissable par Éphore (4), ce qui a donné lieu aux anciens eux-mêmes de douter qu'Hérodote ait été à Éléphantine, c'est-à-dire au delà de l'Égypte, quoiqu'il le dise expressément (II, 25); mais ils ne l'ont pas compris (5), ce qui leur

---

(1) Nous avons trouvé cela dans J. Philoponus ; plus haut, p. 325.
(2) *In Tim.*, p. 22 E. Voyez ma Note dans le *Journ. des Sav.*, 1819, p. 328, où je me suis rencontré avec l'éditeur des *Fragments d'Éphore*.
(3) Procl. *in Tim.*, p. 37, l. 7.
(4) Cf. Meier Marx ud *Ephor. Fragm.*, p. 215-217.
(5) Diod. Sic., I, 37 ; Aristid., III, p. 579.

arrive quelquefois. L'historien a été si peu dupe de ce conte, qu'il a cru que l'hiérogrammatiste se moquait de lui. Mais Diodore trouve de grandes objections à faire contre ce long voyage des eaux du Nil, qui viendraient de la terre habitable opposée ; cela lui semble bien peu probable, « surtout si l'on admettait que la terre fût sphérique (1), » puisque dans ce cas il faudrait que « les eaux remontassent par-dessus la courbure de sa surface ; » expression que je remarque comme prouvant deux choses : la première, que Diodore était un fort mauvais physicien ; la seconde, que l'idée de la sphéricité de la terre n'était pour lui qu'une de ces hypothèses qu'on peut admettre et rejeter, tant cette idée eut de peine à s'établir dans l'esprit de ceux qui n'étaient pas astronomes. Quoi qu'il en soit, ce qui nous importe ici, c'est d'observer l'identité parfaite de cette doctrine des prêtres égyptiens exposée par Eudoxe et Diodore avec celle que J. Philoponus nous a fait connaître.

Diodore ajoute que cette explication des Égyptiens avait été adoptée par « beaucoup de personnes, » πολλοὶ συγκατατέθεινται ; expression remarquable lorsqu'on songe que la notion géographique sur laquelle repose cette explication est évidemment la même que celle qu'Hipparque avait admise ; et comme cette explication revient précisément à celle qu'Eudoxe rapporte sur le témoignage des prêtres égyptiens, il est bien difficile de ne pas reconnaître que cette opinion n'appartient pas à Hipparque, et qu'il l'a puisée chez les Égyptiens, en la combinant avec le système de la division de l'Océan en bassins séparés, système qui ne lui appartient pas davantage, puisque nous l'avons retrouvé dans Aristote. Cette idée du grand prolongement de l'Afrique a pu être introduite chez les Égyptiens par suite des voyages des Phéniciens autour de l'Afrique, soit que ce voyage ait été réellement conduit à fin, soit qu'il ait été seulement entrepris et poussé assez loin vers le midi, pour faire connaître que le continent se prolongeait à une grande

---

(1) Καὶ μάλιστα εἴ τις ὑπόθοιτο σφαιροειδῆ τὴν γῆν ὑπάρχειν ; ce que j'ajoute en parenthèse est certainement dans la pensée de l'auteur.

distance dans cette direction. D'ailleurs la durée de trois ans qu'on attribuait à ce périple suffirait pour montrer, dans tous les cas, l'idée qu'on se faisait de l'étendue du continent libyque. Il n'en faut pas davantage pour expliquer comment la notion sur la grandeur de ce continent, reçue chez les prêtres de Memphis, se lie avec la circumnavigation de l'Afrique, fait qui paraît avoir été transmis à Hérodote par ces mêmes prêtres. Hipparque admettait le grand prolongement de la Libye, qui était peut-être autorisé à ses yeux par la relation de quelque navigateur, poussé très loin vers le midi, ce qui détruisait l'opinion d'Eratosthène et de son école; mais il rejetait la possibilité de la circumnavigation de l'Afrique, parce qu'elle était contraire au système qu'il avait adopté sur la division de l'Océan en plusieurs bassins séparés.

Nous ignorons entièrement l'influence que cette opinion d'Hipparque a pu avoir sur la situation qu'il assignait aux dernières sources du Nil. Dans tous les fragments connus de la *Géographie* de ce grand astronome, il n'existe aucune trace de ce qu'il pensait à ce sujet : aussi l'habile géographe qui a retrouvé et reproduit avec tant de savoir et de sagacité le système géographique de cet auteur, ne pouvant être guidé ici que par l'analogie du système entier d'Hipparque avec celui d'Eratosthène, a dû placer sur la carte d'Hipparque les sources du Nil également vers le 8° degré de latitude nord. Maintenant la liaison qui vient d'être signalée entre le fait du prolongement de la Libye vers le sud et la situation méridionale des sources du Nil, fera soupçonner qu'Hipparque mettait les sources du Nil dans la région australe; ce qui nous conduit à expliquer fort naturellement l'origine d'une des plus graves erreurs de la carte de Ptolémée, je veux dire la position qui y est assignée aux sources de l'Astapus, placées sous l'équateur, et à celles du Nil occidental, placées 12 degrés 1/2 au midi de cette ligne. En effet, si Hipparque et tout le reste de l'école d'Alexandrie avaient, comme Eratosthène, placé les sources du Nil vers le 10° et le 8° degré de latitude nord, on ne concevrait pas sur quel motif assez puissant Marin de Tyr et Ptolémée, s'écartant de l'opinion unanime de ces géographes et de leur école, auraient reculé les sources 20 degrés plus au midi. Mais, au contraire, admettons qu'Hipparque, dont ils ont suivi toutes les idées fondamentales, ait adopté, avec l'opinion égyptienne du grand prolongement de l'Afrique, intimement liée à la première, l'autre opinion sur l'origine du Nil dans la région australe, on conçoit alors qu'en mettant les sources du Nil, les unes sous l'équateur, les autres à 12° 30′ au midi de ce cercle, Marin de Tyr et Ptolémée, bien loin de s'être écartés d'une manière si étrange et si inexplicable de toutes les idées reçues, n'auront fait que modifier une opinion de leur maître, sans doute d'après le récit de quelque voyageur; et en effet, Marin de Tyr avouait que sa détermination des sources du Nil reposait sur le rapport du navigateur Diogène (1), qui prétendait avoir trouvé, à vingt-cinq journées au delà du cap des Aromates (cap Guardefan) et un peu au nord du cap Rhaptum, les marais d'où sortait le Nil (2). Il ne lui en aura pas fallu davantage pour corriger la position donnée par Hipparque et choisir une détermination qui tenait le milieu entre celle de ce géographe et la position admise par le reste de l'école d'Alexandrie. Mais l'opinion d'Hipparque n'en conservera pas moins une grande autorité, puisque nous avons vu qu'Agathémère, Pappus et J. Philoponus, copistes ou disciples de Ptolémée, non seulement soutenaient cette opinion, mais encore prétendaient la retrouver dans les écrits de leur maître. Plus on réfléchira sur cette observation, plus on trouvera, je pense, qu'elle est la conséquence naturelle de l'ensemble du système d'Hipparque, et plus on se convaincra qu'elle explique d'une manière très simple, qui a l'avantage d'être à la fois historique et géographique, un des traits les plus singuliers de cette carte d'Afrique de Ptolémée, dont toutes les parties, presque sans exception, sont si étrangement bouleversées. Remonter à l'origine de ces énormes erreurs est le seul moyen

---

(1) Ap. Ptol., *Geog.*, I, 9, p. 9 init. — Cf. Gossellin, *Recherches*, II, p. 37, 38.
(2) Gemin, *Elem. astr.*, § 13, p. 55 D. — *Recherches*, I, 207.

de parvenir à replacer les parties principales de la carte de Ptolémée dans leurs positions primitives, et à déterminer ainsi, d'une manière vraiment critique, l'état réel des connaissances que cette carte suppose : mais si, avant ces rectifications indispensables, on essayait d'appliquer sur cette carte si fautive les connaissances modernes, on s'exposerait à ne faire qu'un roman géographique sans aucune utilité pour la science.

Relativement à l'origine du Nil et à la cause de ses débordements, liée à la notion de l'Antichthone, il résulte de nos observations que les anciens ont eu deux opinions différentes, qui s'accordent toutefois en ce sens, que toutes deux font sortir ce fleuve de l'Antichthone : seulement, ceux qui croyaient cette autre terre séparée de la nôtre par l'Océan, supposaient que le fleuve passait sous le bassin de la mer pour venir reparaître dans notre continent ; ceux au contraire qui admettaient que ces deux terres habitables étaient jointes l'une à l'autre par une zone torride, pensaient que ce fleuve traversait cette terre inhabitable et prenait, sous un soleil brûlant, cette douceur qui caractérisait ses eaux. Les auteurs chrétiens, ayant adopté la première des deux opinions sur l'Antichthone, durent aussi admettre le voyage souterrain du Nil et des autres fleuves du paradis terrestre ; et c'est en effet le caractère des divers systèmes qui ont été analysés dans le mémoire relatif à la position géographique de ce lieu de béatitude.

En ce qui touche le système d'Hipparque, il résulte encore de ces observations que deux des points fondamentaux de ce système ne sont point de son invention, puisque sa division de l'Océan en bassins particuliers est énoncée dans Aristote, et que son idée sur le prolongement de l'Afrique appartient aux Égyptiens, selon le témoignage d'Eudoxe. Mais celle-ci était si contraire aux préjugés des Grecs, que nous voyons Plutarque la traiter de fausse et d'absurde : aussi acquit-elle fort peu de partisans ; elle ne fut guère adoptée que d'un très petit nombre de géographes, tels que Marin de Tyr, son copiste Ptolémée, Agathémère, Pappus et J. Philoponus, qui suivaient principalement la géographie de cet astronome.

Après Hipparque, Strabon et Posidonius rejetèrent formellement cette partie de son système et s'attachèrent exclusivement au système homérique d'Eratosthène : Méla, Cicéron, Pline, Cléomède, ou, pour dire mieux, presque toute l'antiquité, abandonnèrent l'Antichthone d'Hipparque pour l'Antichthone primitive, séparée de notre continent par un océan innavigable. C'est cette idée dominante et devenue, on peut le dire, populaire, que les Pères de l'Église et les autres docteurs chrétiens adoptèrent comme tout le monde, et dont ils se servirent pour leur système sur l'emplacement du paradis terrestre. L'autorité des Pères, l'emportant sur celle de Ptolémée, contribua certainement à maintenir cette antique notion d'un océan qui coupe l'Afrique vers la région équatoriale ; on la retrouve dans toutes les cartes connues du moyen âge, et on lui doit, sans nul doute, les premières tentatives des Portugais pour faire le tour de l'Afrique. Il est certain en effet que, si l'idée du prolongement de l'Afrique vers l'Occident avait alors prévalu, ces tentatives, qu'on aurait considérées d'avance comme devant être infructueuses, n'auraient point été faites, et le cap de Bonne-Espérance aurait été découvert beaucoup plus tard. Mais, en même temps que l'influence prolongée du système d'Eratosthène, en ce qui concerne l'Afrique, a hâté cette grande découverte, celle de l'Amérique, nous l'avons vu plus haut, a été favorisée par les idées de Marin de Tyr et de Ptolémée, sur l'étendue de notre continent, dans le sens des longitudes. Il est également certain que si le système d'Eratosthène avait, sur ce point, acquis la même faveur, l'immensité d'un océan qui aurait été censé occuper 240 degrés en longitude aurait effrayé la hardiesse des navigateurs, et Christophe Colomb n'aurait peut-être pas même songé à en franchir l'étendue. Mais, grâce à la faveur qu'avait conservée cette partie du système de Ptolémée et de Marin de Tyr, l'idée que l'Espagne et l'Inde étaient séparées par un espace de mer certainement moindre que le tiers de la circonférence d'un parallèle se maintint chez les cosmographes ; elle vint se lier avec les systèmes fondés sur les voyages de Marco Polo ; et les cartes de Toscanelli, qui présentaient l'ensemble des idées dominantes et des faits connus, vinrent persuader à Christophe Colomb non seulement la possibilité, mais presque la facilité de son entreprise.

Mais d'où vient ce concours si heureux de circonstances, qui maintint en circulation précisément les idées géographiques qui devaient le plus favoriser les découvertes? Pourquoi cette perpétuité et cet ascendant de certaines opinions d'Eratosthène et de Ptolémée au milieu du discrédit de toutes les autres? Telles sont les questions importantes dont les recherches suivantes donneront, je l'espère, la solution.

OPINIONS POPULAIRES ET SCIENTIFIQUES

DES GRECS

SUR

LA ROUTE OBLIQUE DU SOLEIL [1]

J'ai précédemment examiné les opinions des Grecs sur l'état solide du ciel, la suspension de la terre dans l'espace, la figure qu'ils lui ont supposée, la nature du soleil et de la lune. J'ai montré, par la liaison de ces opinions diverses, que l'idée de la sphéricité de la terre est restée étrangère aux systèmes de Thalès, d'Anaximandre, d'Anaximène, de Xénophane et même d'Anaxagore, et que, née dans l'école de Pythagore, elle ne s'est répandue et n'a pris une consistance réelle que dans l'école de Platon.

Mais il est d'autres notions liées à celles que j'ai déjà discutées et qui méritent une attention particulière. Les faits qui s'y rattachent et qui ont leur racine dans des opinions populaires longtemps répandues, n'ont jamais été, à ce qu'il me semble, ni bien observés, ni rapprochés comme ils doivent l'être. Ils sont néanmoins des plus importants pour faire juger la marche de l'esprit scientifique chez les Grecs, ainsi que les divers obstacles qui ont pu en entraver et en retarder le développement.

Je vais les passer en revue successivement, en commen-

[[1] *Journ. des Sav.*, 1839, p. 129-146; fragment de l'*Hist. de la géog. et de la cosm. gén.*]

çant par l'examen des opinions populaires et scientifiques des Grecs sur la *route oblique du soleil*.

§ I. — *Opinion d'Hérodote sur la route oblique du soleil, rapprochée de celles des anciens philosophes.*

Un des premiers phénomènes célestes qui ont dû frapper les hommes après celui du mouvement diurne du soleil, c'est le mouvement propre de cet astre. Ils le virent à l'horizon changer tous les jours les points de son lever et de son coucher; s'avancer graduellement du midi au nord, jusqu'à une certaine limite, puis redescendre du nord au midi jusqu'à une autre limite également invariable. En le comparant aux étoiles, ils virent que cet astre rétrograde chaque jour sur elles, et revient en sens inverse au même point, dans l'espace d'une année.

De ces deux phénomènes caractéristiques du mouvement propre, savoir, le mouvement alternatif et l'obliquité de la course du soleil, le second mit dans la perplexité la plus grande les premiers physiciens qui tentèrent de l'expliquer et, longtemps après qu'on fut parvenu à mesurer, au moins approximativement, l'inclinaison de la route de l'astre, on persista dans les plus folles théories sur la cause qui la produisait.

Lorsque l'on considère ces phénomènes, seulement en eux-mêmes, on a peine à comprendre comment les anciens n'ont pas vu tout d'abord, qu'en admettant une inclinaison de l'orbite annuel du soleil sur le plan de l'équateur, tous les phénomènes s'expliquaient facilement sans qu'on eût besoin de recourir à une cause extérieure à cet astre.

L'esprit humain ne procède pas ainsi : les idées simples ne se rencontrent presque jamais au commencement de sa carrière. Peut-être que s'il était abandonné à ses propres efforts, il pourrait facilement y atteindre, mais presque toujours des préjugés de divers genres viennent détourner la vue de l'observateur et fausser son jugement.

Ici, par exemple, la notion d'un ciel solide, l'ignorance de la figure de la terre, l'absence totale de connaissances physiques, firent naître une explication singulière qui paraît avoir été fort répandue au temps même d'Hérodote, et qui tient, comme on va le voir, à toute la physique du temps. Cet historien l'expose dans un passage extrêmement remarquable, auquel ses commentateurs ont fait trop peu d'attention. Bredow, qui s'en est occupé (1), n'en a tiré d'autre conséquence que l'imperfection des connaissances d'Hérodote, sans en apercevoir ou en faire ressortir la liaison avec l'ensemble des opinions populaires et des systèmes philosophiques qui dominaient à la même époque.

Après avoir parlé des diverses causes qu'on assignait aux inondations du Nil, Hérodote ajoute :

« C'est encore le soleil qui, brûlant tout sur son passage, cause la sécheresse de l'air, dans les régions du midi ; mais, *si le siège des saisons venait à changer* (εἰ δὲ ἡ στάσις ἤλλακτο τῶν ὡρέων); si l'endroit du ciel *où sont maintenant fixés le borée et l'hiver* (καὶ τοῦ οὐρανοῦ τῇ μὲν νῦν ὁ βορέης τε καὶ χειμὼν ἕστᾶσι) devenait le siège du notus et du midi (ταύτῃ μὲν τοῦ νότου ἦν ἡ στάσις καὶ τῆς μεσημβρίης), de manière que le notus fût *placé* au point où l'est maintenant le *borée* ; si tout cela arrivait, dis-je, alors le soleil, *repoussé* du milieu du ciel par l'hiver et le borée (ἀπελαυνόμενος ἐκ μέσου τοῦ οὐρανοῦ ὑπὸ τοῦ χειμῶνος καὶ τοῦ βορέου), se dirigerait vers l'intérieur de l'Europe (c'est-à-dire au nord), comme il va maintenant vers l'intérieur de la Libye (c'est-à-dire au sud) (2). » Un peu plus haut, Hérodote a dit dans le même sens : « Dans la saison hivernale, le soleil, chassé *de son ancienne route* (c'est-à-dire de celle qu'il a suivie jusqu'au tropique) *par l'hiver*, se dirige vers l'intérieur de la Libye (3). »

Ainsi Hérodote considère le *borée* et l'*hiver*, le *notus* et l'*été*,

---

(1) *In Uranolog. Herodot. specim.*
(2) Herod., II, 26.
(3) *Id.*, II, 24. Τὴν χειμερινὴν ὥρην ἀπελαυνόμενος ὁ ἥλιος ἐκ τῆς ἀρχαίης διεξόδου ὑπὸ τοῦ χειμῶνος ἔρχεται τῆς Λιβύης τὰ ἄνω. Je lis τοῦ χειμῶνος, au lieu de τῶν χειμώνων que donnent les éditions. Le sens et la comparaison avec l'autre passage exigent cette correction confirmée par le manuscrit de la Bibliothèque du roi, 2933 (V. Schw. *var. lectt.* ad h. l.). Aristide a cependant lu χειμώνων (... τὸν ἥλιον ὑπὸ τῶν ἐνταυθοῖ χειμώνων ἔρχεσθαι τῆς Λιβύης τὰ ἄνω (*In Ægypt.*, p. 341. Cant. — Tom. II, p. 453, 13, Dindorf).

comme deux principes fixes, attachés à des points déterminés du ciel; l'un au nord, l'autre au midi. Si le soleil s'avance très peu vers le nord, tandis qu'il pénètre fort avant dans le midi, c'est que le borée ou l'hiver le repousse. De cette manière, bien loin que le borée et l'hiver soient le résultat de l'éloignement du soleil, ce sont des causes permanentes qui tout à la fois déterminent la direction de sa course, et fixent les limites qu'il ne peut franchir jamais. On conçoit que si le borée et le notus prennent la place l'un de l'autre, le contraire de ce qui est aura lieu, c'est-à-dire, qu'alors le soleil s'avancera autant vers le nord de l'Europe, qu'il s'avance maintenant dans la Libye. L'Europe deviendra un pays chaud; la Libye, à son tour, un pays froid.

Voilà la théorie d'Hérodote. Elle prouve déjà que cet historien n'avait nulle idée, ni de la rondeur de la terre, ni de l'existence d'un pôle méridional et d'un pôle boréal, placés alternativement dans des circonstances analogues; ni enfin d'une division en zones climatériques.

J'ai montré ailleurs que Diogène d'Apollonie et Anaxagore (1), contemporain d'Hérodote, expliquaient la sphère *oblique* en Grèce d'une manière qui prouve une ignorance absolue de la forme de la terre. Nous ne pouvons nous étonner qu'Hérodote, qui n'avait pas la prétention d'être philosophe ni physicien, ne fût pas plus avancé à cet égard que les coryphées des écoles philosophiques.

Il est remarquable, en effet, que sa théorie sur la cause des saisons se rapporte à celles qui étaient professées dans plusieurs de ces écoles.

Selon Anaximène, le soleil, arrivé au tropique du Cancer, en était repoussé vers le midi par la force résistante de l'air, très comprimé dans la région du ciel située au delà : cette opinion fut, à très peu près, celle d'Anaxagore (2); or, il est clair que ces deux hypothèses, quoique différentes, quant à la

---

(1) Pseudo-Plut. *Pl. phil.*, II, 23.
(2) *Id., ibid.*

forme, de celle qu'admettait l'historien, reviennent au même pour le fond, puisqu'elles supposent également que le soleil est repoussé vers l'équateur par une force extérieure à lui, qui réside dans le nord : selon Hérodote, c'est le froid ; selon Anaximène et Anaxagore, c'est la résistance élastique de l'air comprimé. On voit donc que l'historien considérait le *froid*, non pas comme la privation de la chaleur, mais comme un *principe distinct*, comme une force active ; or, c'est encore là une de ces idées élémentaires qui se sont présentées de fort bonne heure et se sont conservées longtemps.

Il a fallu une certaine habitude de l'observation pour arriver à reconnaître que le froid n'est que la privation de la chaleur. Anaximandre disait que le soleil est formé d'un mélange de froid et de chaud (1), les considérant l'un et l'autre comme deux principes distincts qui avaient été séparés dès l'origine du monde, c'est-à-dire lors du débrouillement du chaos (2). Cette distinction du chaud et du froid, comme principes fondamentaux, se retrouve dans les systèmes de plusieurs autres philosophes, tels que Diogène d'Apollonie (3), Anaxagore et son disciple Archélaüs (4) : pour Diogène d'Apollonie et Parménide, le froid et le chaud (ψυχρὸν καὶ θερμὸν) étaient deux causes, deux principes de la nature (δύο αἰτίαι καὶ ἀρχαί) (5). La guerre ou l'antagonisme de ces deux principes est indiqué dans plusieurs passages de Platon (6). Cette opinion fut suivie même par Aristote, qui pensait, comme ces philosophes, que le ciel est un composé de ces deux principes (7), ainsi que tous les êtres de la nature (8). Dans le système médical d'Alcméon, ils

---

(1) Stob., *Eclog. phys.*, I, p. 500, ed. Heer.
(2) Euseb., *Præp. Evang.*, I, 8, 1, p. 22, C. — Cf. Tiedemann, *Geist der specul. Phil.*, I, p. 56. — Schleiermacher, *Ueber Anaximandros*, p. 113.
(3) Schleierm., *Ueber Diog. von Apollon.*, p. 86.
(4) Carus, *Ideen zur Geschichte der Philosophie*, S. 289.
(5) Carus, *Anáxag. Cosmotheor. font.*, p. 711.
(6) *Symp.*, p. 186, E. ; 188, A. — *Lysis*, p. 215, E. — C'est à cette opinion que Socrate fait allusion dans le passage du *Phédon* : ἆρ', ἐπειδὰν τὸ θερμὸν καὶ τὸ ψυχρὸν, κ. τ. λ. (p. 96, B.).
(7) Aristot. *ap. Ach. Tat.*, § 5.
(8) *Id.*, *Problem.*, II, 29.

jouaient un rôle distinct et déterminé (1). Il n'y a rien de plus propre à nous faire connaître les préjugés dont se composait la physique ancienne, et les faux raisonnements qui en perpétuaient la durée, que la lecture du traité de Plutarque sur le *premier froid*, où cet auteur, au second siècle de notre ère, s'efforce encore de prouver que le froid est une force de la nature aussi bien que la chaleur. Au vi[e] siècle, Olympiodore nous parle encore du combat que se livrent incessamment dans les sphères célestes le sec et l'humide, le *froid* et le *chaud* (2).

L'analogie ou plutôt la ressemblance de l'idée d'Anaximandre et de celle d'Hérodote paraît évidente.

On croyait même que le borée sortait d'une caverne où il était renfermé : c'est Pline qui rapporte cette opinion comme toute naturelle, sans la rejeter ni l'admettre. Elle n'a rien qui puisse surprendre, puisque c'était chez les Grecs une opinion populaire, transformée en mythe religieux, que certaines cavernes sont le réceptacle des vents qui en sortent avec la permission ou par l'ordre d'Éole. Ce préjugé, si souvent mis en œuvre par les poètes, est né d'un phénomène que présentent quelques grandes cavernes, d'où sort un vent glacial, soit constamment, soit dans certains changements de température (3) : telles sont la grotte de Cesi, entre Terni et Narni, et d'autres grottes, près de Motiers, au pays de Neufchâtel, dans le comté de Denbigh en Angleterre; tel est encore le *Blowing-Cave*, en Virginie (4), etc. De ce phénomène, dont parlent quelques auteurs anciens (5), et qui avait dû être observé de bonne heure, ils conclurent que les vents pouvaient demeurer

---

(1) Pseudo-Plut., *Plac. philos.*, V, 30, 1. — Littré, *OEuvr. d'Hippocr.*, t. I, p. 14.
(2) *In Platon. Gorg.*, πρᾶξις 47, manusc. de S.-Germ., fol. 128 v°, 129 r°. — Cousin, *Notes sur le Gorgias*, dans les *OEuvres de Platon*, III, 447.
(3) *Sed juxta eos qui sunt ad septentrionem versi, haud procul ab ipso aquilone, specuque ejus dicto*, VII, 2, p. 370, 28. Ailleurs : *Gelida aquilonis conceptacula*. IV, 12, p. 219, 2.
(4) Volkmann, *Hist. crit. Nachricht von Italien*, III, 376-377. — *Beitræge zur phys. Erdbeschr.*, I, 59.
(5) Hellan. Lesb. *ap. Antig. Caryst.*, c. 139. — Mela, I, 8. — Plin., II, 45, p. 95, 18. — Senec. *Q. N.* v, 14. — Dionysophanes, *ap. Schol. Apoll. Rhod.*, 1, 826.

dans des cavernes où ils étaient retenus par la puissance d'un dieu. Ils expliquaient de cette manière ces vents violents et subits, dont la physique moderne connaît encore imparfaitement l'origine et la cause. De là à l'idée que le dieu des vents pouvait les renfermer à sa volonté dans un lieu déterminé, dans un réceptacle quelconque, il n'y a pas bien loin; c'est là, je pense, la vraie origine de l'*outre* d'Homère, renfermant tous les vents, excepté celui qui devait favoriser la navigation d'Ulysse. Cette invention peut nous sembler bien puérile; mais elle n'est vraisemblablement qu'une expression poétique de cette espèce d'analogie.

§ II. — *Liaisons de ces opinions physiques avec les traditions mythiques, sur la source du vent Borée et les Hyperboréens.*

Quant au Borée, fixé, selon Hérodote, dans une certaine partie du ciel, c'est encore là une de ces notions que nous retrouvons entre les idées populaires et poétiques de l'ancienne Grèce.

Avant que l'expérience et le raisonnement eussent appris aux Grecs que les contrées les plus boréales sont aussi les plus froides, ils imaginèrent que la région du froid ne commençait qu'à partir du point d'où soufflait le *Borée*, qu'ils considéraient comme une espèce de fleuve aérien, coulant du nord au sud, ayant sa source dans un lieu déterminé.

Selon l'état de leurs connaissances, la source du Borée changea de place; elle fut d'abord située dans les montagnes de la Thrace d'où il prenait son nom; car Βορέας paraît bien n'être autre chose que Ὀρέας, *vent de montagne*, comme βκέλιος est pour ἀέλιος, et βείρακες pour ἵερακες ; c'est la même origine que celle du nom d'*Orithyie*, épouse de Borée (1).

La source du Borée recula peu à peu vers le nord; on la porta de proche en proche jusqu'à une chaîne imaginaire, dont le nom *Rhipées* ou *Rhiphées*, Ῥίπαια (ὄρη) est également grec,

(1) Schwenck, *Zu Hom. Hymn.*, S. 231. — Vœlcker, *Myth. Geogr.*, S. 146.

puisque ῥιπή indique tout courant impétueux, comme ῥιπή ἀνέμων, ῥιπὴ πυρός, ῥιπὴ βορέαο, etc. Ceci montre l'erreur de ceux qui ont voulu trouver le *Rhipée* dans le *Riphat* de la table des peuples, au xᵉ chapitre de la Genèse. Ce nom se rapporte uniquement à l'impétuosité du vent qui soufflait des flancs de la montagne.

La chaîne des Rhipées s'éloigna de plus en plus, et l'on en vint à la placer au nord de la Scythie, où elle était au temps d'Aristote (1), et plus tard, puisque Marcien d'Héraclée la place encore entre le Palus Méotide et la mer Sarmatique (2).

Cette opinion sur l'origine du Borée s'était tellement répandue qu'Hippocrate parle encore des monts Rhipées, d'où souffle le Borée, ὅθεν ὁ Βορέης πνέει (3).

Une notion cosmographique si répandue conduisit naturellement à l'idée que la région inconnue, située au delà de la source du Borée, et appelée en conséquence *hyperboréenne*, était placée *derrière ce vent glacial* πνοιᾶς ὄπιθεν Βορέα ψυχροῦ, comme dit Pindare (4), dont les expressions reviennent à celles d'Apollonius de Rhodes, ὑπὲρ πνοιᾶς Βορέαο (5); elle s'en trouvait donc garantie, et jouissait d'une température dont rien n'altérait la douceur. Or, il fallait bien qu'un pays si fortuné eût des habitants. La riante imagination des Grecs y plaça une nation privilégiée, exempte de peines et de maladies, passant une vie millénaire, sans connaître la vieillesse (6), au milieu des chants, des chœurs de danse et de musique. Cette nation hyperboréenne, favorisée des dieux, était surtout chérie d'Apollon, le dieu de la musique, doué comme ses protégés d'une jeunesse éternelle.

Homère n'a connu ni les Hyperboréens (7), ni les monts Rhipées, ni l'origine du vent du nord; il est même à remar-

---

(1) *Meteorol.*, I, 13, 20, ed. J.-L. Ideler.
(2) *Peripl.*, p. 100, ed. Mill.
(3) *Des airs, des eaux et des lieux*, § 95, p. 90, ed. Coray.
(4) *Olymp.*, III, 55.
(5) *Argon.*, IV, 286.
(6) Simonid. et Pind. ap. Strab., XV, p. 711.
(7) Il n'en est question que dans l'hymne homérique à Bacchus, v. 28, sq.

quer que ces notions se seraient mal accordées avec sa géographie, s'il est vrai, comme on le croit, qu'il plaçât une mer immédiatement au nord de la Thrace. Quand la terre eut été substituée à la mer, dans cette région septentrionale, on put y mettre le *Rhipée*, le *Borée* et les Hyperboréens. Selon le témoignage d'Hérodote lui-même, il en était déjà question dans Hésiode, au moins dans des ouvrages qu'on lui attribuait, ainsi que dans le poème des *Épigones* (1), attribué à Homère, mais qui était d'une époque postérieure aux siècles homériques. Ceci nous donne probablement l'époque intermédiaire où ces notions cosmographiques et les fables auxquelles elles servent d'appui, se sont introduites chez les Grecs.

Ces fables étaient devenues trop célèbres dans les chants épiques et lyriques de la Grèce, pour que les prêtres des principaux temples, et surtout ceux d'Apollon, ne tinssent pas à honneur d'avoir été jadis en relation avec le peuple chéri des dieux. De là, ces contes des prêtres de Délos sur l'envoi d'offrandes de la part des Hyperboréens. Ces offrandes consistaient en prémices des fruits que cette terre fertile et bienheureuse (2) produisait en abondance sous un ciel toujours serein et tempéré. Aussi d'après la tradition accueillie par Pindare, Hercule y avait été chercher l'*olivier* (3). Cette circonstance a donné lieu (4) de supposer que Pindare plaçait les Hyperboréens dans l'ouest de la terre, parce que la mention de l'*olivier* ne s'accorde pas avec la position d'une contrée septentrionale. Mais il ne peut être ici question de géographie positive et de climats ; la mention de l'*olivier* convient au contraire parfaitement à une contrée située *par delà le Borée,* exempte de son souffle glacial, jouissant d'un printemps perpétuel. Il serait facile de prouver que les notions des anciens à ce sujet se rapportent toutes à un pays septentrional, mais placé en dehors des conditions naturelles.

(1) Herodot., IV, 32.
(2) *Id., ibid.*
(3) *Olymp.,* III, 33 (17).
(4) Voss, *Alte Weltkunde,* S. xxix, ff. et dans les *Krit. Blætt.,* II, S. 375, ff. — Bœckh., *Explic. ad Olymp.,* III, p. 137.

Les vierges qui avaient jadis transporté ces offrandes, avaient des noms tout grecs; des poètes grecs n'en pouvaient guère imaginer d'autres. Le premier couple portait les noms d'*Hyperoche* et de *Laodice*, le second, ceux d'*Arge* et d'*Opis*. Les hommes qui les accompagnaient (1) portaient aussi le nom grec (2) de *Perphères* (περφερέες), colporteurs; d'où un savant helléniste a courageusement conclu que les Hyperboréens étaient Grecs d'origine et parlaient grec (3).

Le voyage de ces vierges à travers tant de pays et de peuples n'avait pas été, à ce qu'il paraît, sans inconvénient; on disait même qu'une bonne fois elles restèrent en route et ne revinrent plus. Les Hyperboréens se lassèrent d'exposer de belles filles à ces chances périlleuses; ils prirent le parti de n'en plus envoyer du tout. Les offrandes furent transmises par eux aux Scythes; passant de peuple à peuple, elles arrivaient au fond du golfe Adriatique; de là à Dodone, puis au golfe Maliaque, à Caryste en Eubée, de là à Ténos et enfin à Délos (4). Cependant cet usage lui-même cessa bientôt (5). Voilà une route bien circonstanciée. C'est en conséquence de la situation présumée des Hyperboréens, d'après cette tradition, que, selon Posidonius, ils avaient habité aux environs des Alpes (6); que, selon Héraclide de Pont, les Gaulois qui avaient pris Rome, étaient des Hyperboréens (7); enfin qu'Apollonius de Rhodes place les Hyperboréens sur la route des Argonautes, entre l'Éridan et le Rhône (8).

Mais la route de ces offrandes était tout autre, au dire des prêtres de l'Apollon Prasien, dans l'Attique. Ceux-ci, qui te-

---

(1) Herod., II, 33, 35.
(2) Non *latin* (de *perferre*), comme dit Niebuhr (*Rœm. Gesch.*, I, S. 85), qui cherchait les Hyperboréens en Italie. Il n'a point pensé que περφερέες était la forme poétique pour περιφερεῖς. Les Déliens, qui tiraient ces légendes des anciens poètes, ont dû appeler ces colporteurs περφερέες, et non περιφερέες.
(3) Larcher, *Trad. d'Hérod.*, t. III, 437.
(4) Herod., IV, 33.
(5) *Mox et hoc ipsum exolevit.* Plin., IV, 26, 90, 91.
(6) Ap. *Schol. Apoll. Rhod.*, II, 677.
(7) Plut. *in Camill.*, § 22.
(8) *Argon.*, IV, 611.

naient à grand honneur de n'avoir pas été déshérités de ces dons précieux, prétendaient que les offrandes leur arrivaient en premier. Selon eux, les Hyperboréens les transmettaient aux Arimaspes, ceux-ci aux Issédons ; les Scythes les prenaient ensuite, les portaient à Sinope, d'où les Grecs les transportaient à Prasies, bourg de l'Attique ; c'étaient enfin les Athéniens qui les portaient à Délos (1). Dans cette distribution merveilleuse, on voit que les Athéniens de Prasies ne s'étaient pas oubliés ; ils prétendaient au premier lot, et n'accordaient aux Déliens que le second : prétention qui ne devait guère flatter ceux-ci.

Mais les uns et les autres étaient incapables de se convaincre mutuellement d'erreur. Malgré la grande différence des deux routes, comme la nation hyperboréenne, d'après la signification précise de son nom, était placée en général dans le nord, personne n'aurait pu démentir ni les Prasiens ni les Déliens. D'ailleurs les Prasiens pouvaient s'appuyer de la liaison établie de bonne heure, dans l'ancien poème d'Aristéas de Proconnèse, entre les fabuleux Hyperboréens et les non moins fabuleux *Arimaspes*. Ce peuple, à un seul œil, fut chanté par Aristéas de Proconnèse, ainsi que les *Griphes* ou *Griphons*, animaux fantastiques, ennemis jurés des Arimaspes, et défendant contre eux de précieuses mines d'or ; mythe derrière lequel peut se cacher une notion vague des mines de l'Oural (2).

Les Prasiens n'hésitaient pas à montrer les espèces de *bourriches* en paille de froment qui leur avaient été jadis envoyées par les Hyperboréens ; mais personne ne pouvait savoir ce qu'il y avait dedans (3).

De leur côté, les prêtres de Délos n'avaient pas négligé non plus les moyens de se donner raison. En preuve de ce que les vierges hyperboréennes les avaient jadis honorés de leur visite, ils citaient tous les hommages qu'ils rendaient à leur

---

(1) Paus., I, 31, 2. — Il est singulier que Pausanias emploie la forme du présent en rapportant cette légende prasienne.
(2) Humboldt, *Ueber die Schwank. der Goldprod.* S. 26.
(3) Γιγνώσκεσθαι δὲ ὑπ' οὐδένων. Paus., l. l.

mémoire; ils allaient même jusqu'à faire voir le tombeau qu'ils leur avaient élevé dans le temple de Diane (1). C'était là un argument irrésistible. Aussi quelques modernes eux-mêmes ont pris cette circonstance comme une preuve de la réalité du fait. Pour partager leur confiance, il faudrait ne pas savoir que les anciens ne se sont jamais fait faute d'un monument pour appuyer une tradition qui leur était chère. Il suffit de rappeler que l'on montrait à Joppé les chaînes où Andromède avait été attachée (2), ainsi que la carcasse de la bête qui avait failli dévorer la malheureuse princesse; ce témoin irrécusable de la vérité de l'histoire fut apporté à Rome pour l'ornement de l'édilité de Scaurus (3). Les Delphiens montraient les aigles d'or (4) qui prouvaient la vérité de cette tradition des deux aigles de Jupiter, partis des deux extrémités du monde pour s'arrêter justement à Delphes, le *nombril* du monde (5). On voyait à Tégée l'œuf de Léda, les dents du sanglier d'Érymanthe et la lettre autographe de Sarpédon, qu'on n'a pas manqué de citer en preuve de l'usage courant de l'écriture au temps de la guerre de Troie; à Sicyone, la tunique d'Ulysse, et, ce qui était plus curieux, le vase où l'on avait fait bouillir Pélias pour le rajeunir. On ne finirait pas de citer tous ces monuments fabriqués exprès pour attester la vérité de quelque miracle ou de quelque tradition religieuse.

Des légendes du même genre furent accueillies par les prêtres de Dodone, d'Olympie et de Delphes; ceux-ci poussèrent même leurs prétentions jusqu'à vouloir que leur oracle eût été fondé par deux Hyperboréens (6), dont les noms également tout grecs, Pagasus et Agyieus, se rapportent à deux épithètes d'Apollon (7). Ces légendes brodées successivement par les

---

(1) Joseph., *Bell. Jud.*, III, 9, 14.
(2) Plin., IX, 5; V, 13, 69.
(3) Plin., IX, 5, 11.
(4) Strabon, IX, 419.
(5) Bœckh. *ad* Pind. *Fragm.*, p. 570.
(6) Tradition suivie par la Delphienne *Boeo* (Paus., X, 5, p. 809).
(7) Müller, *Die Dorier*, I, 268.

poètes, furent mêlées à une foule d'autres mythes, et surchargées d'additions nombreuses qui ont été réunies par Spanheim, et récemment par MM. K.-O. Müller et Vœlcker.

Beaucoup de savants modernes (depuis Olaüs Rudbeck jusqu'à nos jours) se sont fatigués en vain à chercher la trace historique de ce peuple imaginaire. On a voulu en retrouver la position au nord de la Macédoine, en Italie, sur les bords de l'Adriatique, en Toscane, en Suède, en Russie, dans la haute Asie, et même au nord de la Chine. On a vu dans les Hyperboréens des ancêtres des Grecs, et dans leurs voyages, des missions religieuses ou commerciales. Dans ce monde de la fiction, chacun est toujours sûr de trouver ce qu'il veut. Quelques mythologues nous parlent encore avec une sorte de confiance des *doctrines hyperboréennes,* dont ils cherchent l'expression sur les monuments de l'art grec. Je crois qu'ils auraient tous soupçonné la vanité de leurs hypothèses, s'ils avaient seulement pensé que, dès le v° siècle avant J.-C., Pindare, bien qu'il fasse encore voyager Persée et Hercule chez les Hyperboréens (1), convenait que personne ne pourrait trouver une route pour s'y rendre, ni par terre ni par mer (2); reconnaissant ainsi que ce n'était qu'un peuple mythique qui n'eut jamais d'existence que dans les fictions de la poésie ou les légendes sacerdotales. Les *Hyperboréens* représentent pour lui l'extrémité du monde du côté du nord, comme les sources du Nil l'extrémité vers le midi (3). Hérodote n'y croyait pas davantage; aussi ne nomme-t-il nulle part les monts Rhipées. Il rapporte les traditions déliennes; mais il ne croit point à l'Hyperboréen Abaris; et, quoique les Déliens lui eussent montré le tombeau des vierges hyperboréennes, son scepticisme n'en fut guère ébranlé; il ne hasarde pas moins cette phrase dubitative : *s'il y a des Hyperboréens* (4), εἰ δέ εἰσί τινες Ὑπερβόρεοι ἄνθρωποι. Il convient que ni les Scythes, ni aucun

---

(1) Pind., *Olymp.* III, 31.
(2) *Id., Pyth.* X, 47.
(3) Pind., *Isth.* VI, 34 (V, 23, Bœckh).
(4) IV, 36.

peuple du nord n'en font mention. Pour Strabon, tout dans cette histoire n'est que fables et fictions poétiques (1).

Mais les Grecs n'abandonnaient pas volontiers les notions primitives consacrées par leurs traditions religieuses; aussi, le nom des Hyperboréens reparaît à toutes les époques, non seulement dans leurs poètes, mais dans leurs historiens. On revint à en faire un peuple réel (2) sur lequel des historiens romanciers, tels qu'Hécatée d'Abdère, débitèrent les contes absurdes que nous trouvons dans Élien (3), Diodore (4), Pomponius Méla et Pline. Hécatée les plaça dans une grande île, à l'opposite de la Celtique, qui ne peut être que l'Angleterre, île encore très peu connue au temps d'Alexandre et d'Aristote. Aussi, la mer qui bordait au nord l'Irlande conservait-elle encore, au IIIe siècle, le nom d'*Océan Hyperboréen* (5). Du reste, rien n'égalait leur félicité; ils jouissaient du climat le plus doux, du sol le plus fertile, qui donnait deux récoltes par an. Ils étaient beaucoup plus près de la lune que les autres hommes; et ils voyaient sur la surface de cet astre des figures qu'aucun peuple n'y apercevait. Apollon les visitait tous les dix-neuf ans, par conséquent une fois à chaque période de Méton. Ils aimaient singulièrement les Grecs, mais surtout les Athéniens et les Déliens. On disait que des Grecs avaient quelquefois voyagé chez eux, et que, par politesse, Abaris l'Hyperboréen leur avait rendu leur visite monté sur une flèche, ou bien portant une flèche à la main, comme symbole d'Apollon (6); arme que des rêveurs n'ont pas manqué de convertir en aiguille magnétique. Ainsi Hécatée semble croire que les Hyperboréens n'ont pas fait d'autre visite aux Grecs, et compter pour rien le voyage périodique des vierges hyperboréennes.

Voilà ce qu'on débitait sur les Hyperboréens au siècle d'Alexandre.

(1) Strab., I, p. 61, 62; VII, p. 295.
(2) Hecat. *ap. Schol. ap. Rhod.*, II, 675. — *Steph. Byz.*, V. Κάρχμοίς.
(3) *Hist. anim.*, XI, 1.
(4) Diod. Sic., IV, 47.
(5) Marc. Heracl., p. 103, ed. Miller.
(6) Struv., *de Dial. Herod.*, p. 11, 12. — Lobek, *Aglaoph.*, p. 314.

Plus tard, il ne fut plus possible de les maintenir dans la Bretagne; ils en furent chassés comme ils l'avaient été auparavant de la Gaule et de la Scythie. Enfin on prit un grand parti, quelques-uns les mirent au pôle même, *sub ipso siderum cardine*, d'où il était sûr qu'on ne pourrait plus les déloger. C'est la position définitive que leur assignent Pomponius Méla (1) et Pline en leur conservant, avec soin, tous les caractères de leur ancienne félicité. Pline (2), il est vrai, paraît avoir peu de foi dans tous ces récits; et le grand nombre d'auteurs qui ont parlé des Hyperboréens est à peu près le seul motif qui l'empêche de douter de leur existence. Il se permet, ce qui lui arrive rarement, le correctif sceptique *si credimus*; mais, il faut convenir aussi qu'au point où en était la connaissance du globe, cette opinion, ainsi poussée à l'extrême, devenait le comble de l'absurde.

Le progrès des connaissances avait donc fini par rendre impossibles tous ces contes sacerdotaux, entés primitivement sur une *pure notion de cosmographie*.

Pour revenir à l'opinion d'Hérodote sur *la route du soleil*, on voit qu'elle n'est point isolée; qu'elle tient à un ensemble de notions élémentaires, embellies par les fictions et les couleurs de la poésie, ou revêtues par les philosophes des anciennes écoles d'une enveloppe scientifique qui en déguisait mal l'imperfection ou l'absurdité.

C'est ce qui paraîtra plus évident encore si nous examinons cette opinion du père de l'histoire dans son rapport avec certaines théories physiques qui ont dominé dans l'école des stoïciens à l'époque la plus brillante de la philosophie grecque.

§ III. — *Liaison de l'opinion d'Hérodote avec une théorie d'Héraclite et des stoïciens.*

Si Bailly avait fait les rapprochements présentés dans le paragraphe premier, il n'aurait peut-être pas rejeté, comme

---

(1) Mela, III, 5, 1. — Plin., IV, 12, p. 219, 5.
(2) VI, 14.

indigne de toute confiance, le passage que j'ai cité plus haut (p. 340), relatif à l'hypothèse d'Anaxagore sur la course oblique du soleil. Cette hypothèse, selon lui, est incompatible avec la notion de l'obliquité de l'écliptique, déjà répandue depuis longtemps chez les Grecs (1); mais il y a sur ce point plus d'une distinction à faire. Ici, comme en bien d'autres circonstances, cet éloquent écrivain a conclu trop vite du fait à la théorie; il a oublié qu'il peut y avoir très loin, dans l'ordre des temps, entre un fait astronomique assez exactement constaté, ou même une période déterminée avec une certaine précision, et la vraie théorie cosmographique de ce fait ou de cette période. C'est là une vérité attestée par l'histoire, mais à laquelle ont rarement fait attention ceux qui ont parlé des découvertes ou des connaissances attribuées aux anciens. Il est certain, par exemple, que certains philosophes continuèrent à rester fidèles aux théories imparfaites nées dans l'esprit des premiers physiciens, et qu'ils persistèrent à chercher, dans une cause physique, la raison du mouvement oblique du soleil.

En effet, l'explication d'Anaximène et celle d'Anaxagore rentrent toutes deux dans celle qu'Aristote attribue à quelques physiciens. Pour expliquer la course oblique du soleil, ils disaient que cet astre étant *nourri*, selon leur expression, par les exhalaisons et les vapeurs qui s'élevaient de la partie aqueuse de la terre, quittait le côté du nord, quand il y avait épuisé tout ce qui pouvait servir à sa nourriture, et y revenait six mois après, quand le côté du midi, épuisé à son tour, ne pouvait plus le faire vivre : ils le comparaient à un animal qui change de pâturage lorsque l'herbe vient à lui manquer (2). Ils attribuaient donc également la course oblique du soleil à une cause indépendante de la situation et des mouvements de la sphère. Considérée astronomiquement, cette hypothèse n'est ni plus ni moins étrange que celle d'Hérodote et des philosophes Anaximandre et Anaxagore.

(1) *Hist. de l'Astr. anc.*, p. 204.
(2) Arist., *Meteor.*, II, 1, 3; II, 5, 7, ed. J.-L. Idel. — Olymp. *in Arist. Met.*, p. 29, A.

Ces physiciens dont parle Aristote, sans les nommer, sont, à n'en point douter, Héraclite (1) et ses partisans. Quelque extravagante que puisse nous paraître leur hypothèse, elle ne passa pas moins, comme beaucoup d'autres du même Héraclite (2), dans la doctrine des stoïciens. Selon eux, le soleil, la lune et tous les astres, sont des animaux (3) (ζώδια) qui se nourrissent des exhalaisons de la mer (4); cette opinion devint fondamentale dans leur astronomie physique; et, bien qu'Aristote en eût déjà fait sentir le ridicule (5), elle fut professée par les stoïciens dans les siècles les plus éclairés de la philosophie grecque. Cléante, Posidonius (6), Musonius, etc. (7) l'admettaient dans toutes ses conséquences : il en fut de même de Sénèque (8), lorsqu'il eut passé dans l'école stoïcienne. Cléomède, au IIIe siècle de notre ère, la soutenait encore par des raisons détestables, à la vérité, mais que les stoïciens continuaient à trouver excellentes (9). Elle s'était même répandue au dehors de la secte stoïcienne, car Pline, qui n'appartenait pas à l'école du Portique, professe ouvertement cette opinion : *sidera vero* (dit-il), *haud dubiè humore terreno pasci* (10). Et il s'exprime ailleurs comme s'il ne se doutait pas même qu'on pût faire une autre supposition (11).

Un fait digne d'attention, c'est qu'elle vint se lier dans l'esprit des stoïciens avec la notion géographique d'un vaste océan, occupant la zone torride entre notre terre habitable et

---

(1) Pseudo-Plut., II, 17, 1; — Stob., *Ecl. phys.*, I, p. 55; — Diog. Laert., IX, 9, 10.
(2) Bake, *Posidon. reliq.*, p. 66.
(3) Ach. Tat., *Isag.*, 13; — Bake, p. 65.
(4) Menag. *ad Laert.*, VII, 45; — Lipsius, *Phys. stoic.*, II, 14; — Van Goens *ad Porph.*, A. N., p. 99.
(5) *Meteorol.*, II, 2, 6, διὸ καὶ γελῶσι πάντες ὅσοι τῶν πρότερον ὑπέλαβον τὸν ἥλιον τρέφεσθαι τῷ ὑγρῷ.
(6) Macrob., *Sat.*, I, 23, p. 333.
(7) Ap. Stob., *Floril.*, XVII, 43, t. I, p. 309.
(8) *Q. N.*, III, 5.
(9) Cleom., I, 11, p. 60, ed. Balf.; 75, ed. Bake.
(10) II, 9, p. 77, 1, 2.
(11) II, 68, p. 107, 1, 24. « Circa duæ tantum, inter exustam et rigentes, temperantur; cæque ipsæ, inter se non perviæ, propter incendium siderum. »

l'Antichthone : en effet, le stoïcien Cléante croyait que si le soleil ne s'avance pas vers le nord plus loin que le Tropique, c'est afin de pouvoir rester à portée de l'Océan qui lui fournit sa nourriture (1) ; le savant Posidonius lui-même, environ soixante-dix ans avant notre ère, admettait cette explication ridicule. C'est, je pense, à cette liaison présumée entre l'existence de l'Océan dans l'intervalle des tropiques et la course du soleil, qu'il faut attribuer une distinction que les stoïciens établissaient : ils croyaient que les exhalaisons de l'Océan servent proprement à la nourriture du soleil, tandis que la lune se nourrit de celles des eaux de source et de fleuve, et les autres astres des vapeurs qui s'élèvent de la terre (2). Je crois que la théorie physique des stoïciens a beaucoup contribué à maintenir si longtemps la notion géographique d'un océan répandu dans la zone torride, et réciproquement que cette notion, admise par tant de géographes, a dû entretenir l'idée qu'en effet le soleil se nourrissait des eaux d'un océan dont il ne dépassait jamais les limites. Dans des théories aussi imparfaites, toutes les erreurs sont en quelque sorte solidaires et se prêtent un appui mutuel.

Cette théorie d'Anaximène, d'Anaxagore et d'Hérodote sur la course oblique du soleil pourrait nous conduire à une explication assez naturelle de quelques passages des anciens, relatifs à la découverte de l'obliquité de l'écliptique.

Selon Pline (3), on disait qu'Anaximandre s'était le premier aperçu de cette obliquité (*obliquitatem ejus* (signiferi) *intellexisse... Anaximander milesius traditur primus*). D'après les autres faits qui concernent Anaximandre, on a conjecturé, avec une grande apparence de raison, qu'il s'agit ici d'un premier effort pour mesurer l'obliquité, soit par le moyen du

---

(1) Stob., *Ecl. phys.*, I, p. 56 ; cf. Bake, *Posidon. rel.*, p. 67. A cette opinion se rapporte le passage du faux Plutarque, *Pl. ph.*, II, 23, 3 ; cf. Corsini, *Dissert.*, p. xxvi.

(2) Porphyr., *de Antro Nymph.*, c. II ; p. 12, ed. Van Goens ; — Diog. Laert., VII, 145 ; — Plutarch., *Isid. et Osirid.*, § 41, t. VIII, 450, R ; cf. Schleiermacher, dans le *Museum der Alterthums-Wissenschaft*, I, S., 403.

(3) II, 8, p. 75, 17.

gnomon, soit par des points observés à l'horizon au moment de chacun des deux solstices (1).

Le faux Plutarque ne nous dit pas moins que Pythagore fut le premier qui imagina (ἐπινενοηκέναι) *l'obliquité du cercle zodiacal*, invention (ἐπίνοια) qu'Œnopide de Chio s'attribuait également (2); Diodore de Sicile dit aussi que les prêtres égyptiens prétendaient avoir enseigné à ce dernier que le *zodiaque est oblique* (3), et que le soleil le parcourt en sens inverse du mouvement des étoiles. Mais la course à la fois oblique et rétrograde du soleil est un fait si évident par lui-même, qu'il est impossible que les Grecs eussent attendu, pour le voir, que Pythagore le leur eût fait remarquer : encore moins croira-t-on qu'Œnopide de Chio n'ait pu le reconnaître sans le secours des prêtres d'Égypte. On peut voir, dans cette prétendue *invention* de l'obliquité, les premiers efforts des philosophes grecs pour substituer à la cause extérieure physique à laquelle on avait attribué uniquement jusqu'alors l'inclinaison du mouvement propre, une cause purement astronomique. Si l'on se souvient en effet que Pythagore admettait la sphéricité de la terre, sa division en cinq zones, et l'existence des antipodes; et si l'on fait attention qu'Œnopide de Chio, qui vivait après ce philosophe (4), a bien pu adopter son opinion, on trouvera tout naturel que ces deux philosophes aient abandonné l'explication qui avait eu cours jusqu'alors, pour lui en substituer une autre plus scientifique à laquelle d'ailleurs la notion de la sphéricité de la terre les conduisait naturellement.

Mais tel fut toujours chez les Grecs l'ascendant des idées primitives et des premières hypothèses de leurs physiciens, que, même à l'époque où l'on avait acquis sur ce sujet les notions les plus exactes que les anciens aient jamais possédées en astronomie, les stoïciens s'obstinaient encore à attribuer

---

(1) Ideler, *Handb. der mat. Chron.*, I, S. 235.
(2) II, 12, *Fin.*, ἥν τινα Οἰνοπίδης ὁ Χῖος, ὡς ἰδίαν σφετερίζεται.
(3) .... μαθεῖν ἄλλα καὶ μάλιστα τῶν ζωδ. κύκλον, ὡς λοξὴν μὲν ἔχει τὴν πορείαν, καὶ ἐναντίαν δὲ τοῖς ἄλλοις ἄστροις τὴν φορὰν ποιεῖται, I, 98.
(4) Diodore le cite après Démocrite.

aux mêmes causes un phénomène que la position seule de la sphère suffisait pour leur expliquer.

§ IV. — *Origine de cette opinion des stoïciens.*

Il n'est pas inutile de faire observer que cette opinion d'Héraclite, qui a dominé toute la secte du Portique, c'est-à-dire l'une des plus instruites de l'antiquité, et qui a traversé les sept siècles pendant lesquels les sciences furent le plus cultivées chez les Grecs, n'avait probablement pas d'autre origine qu'une analogie puisée dans l'observation la plus vulgaire.

Un fait qui a frappé les premiers observateurs, c'est que le feu attire l'air, l'absorbe et s'éteint quand il en est privé : on en conclut naturellement que l'*air* et les *vapeurs* lui servent de nourriture.

Il s'est passé en effet bien du temps avant qu'on ait su distinguer l'*air* des *vapeurs* aqueuses. Avant comme après Aristote, les philosophes confondirent ces deux substances. On peut même dire que les anciens n'eurent jamais d'idées bien arrêtées sur ce point. Anaximène les confondait ensemble, car il regardait l'eau comme de l'air condensé (1); Héraclite croyait l'air formé de vapeurs aqueuses (2); Hippocrate partageait la même opinion (3), et Platon semble avoir cru que les vapeurs ne sont qu'une espèce d'air un peu plus épais (4). Aristote n'était pas fort loin de l'opinion d'Héraclite; car il pensait que l'eau est la matière de l'air, que l'air est de l'eau sous une autre

---

(1) Hermias, *Irris. Gentil. phil.*, § 7, ed. Worth.; cf. Cic., *Quæst. Acad.*, II, 37. *Ibique* Hülsemann.

(2) Pseudo-Plut., *Pl. phil.*, I, 3, 24 : ἀναθυμιώμενον (ὕδωρ) δὲ, ἀέρα γίνεσθαι.

(3) *Des airs, des eaux, des lieux*, XLVII, p. 40, ed. Coray : τὸ μὲν θολερὸν τοῦ ὕδατος.... γίγνεται ἀὴρ καὶ ὀμίχλη. L'ensemble du texte montre qu'Hippocrate regarde ἀήρ ainsi que ὀμίχλη comme également formé de l'eau ; ce dernier n'est à ses yeux qu'un air plus épais. Coray n'aurait pas dû hésiter sur ce point.

(4) *Phædon.*, p. 109, B. Ce texte me paraît devoir s'expliquer dans le sens que j'indique, d'après sa comparaison avec celui d'Hippocrate.

forme (1). Plutarque dit à peu près la même chose (2). Les premiers observateurs durent donc naturellement attribuer au soleil, qui pompe l'eau et les vapeurs, et aux astres en général, corps ignés, cette même propriété qu'ils reconnaissaient au feu terrestre; ils durent admettre que les astres attirent à eux, pour s'en nourrir, comme le feu, les vapeurs qui s'élèvent de la partie aqueuse de la terre.

Cette observation fut sans doute au nombre de celles qui conduisirent de bonne heure à l'idée que l'eau est le principe de toutes choses; idée fort ancienne, comme on l'a vu, et que Thalès prit ensuite pour fondement de sa physique : le faux Plutarque range cette observation parmi les raisons qui motivèrent le choix de ce philosophe (3), et lui firent admettre ainsi qu'à Héraclite, que les astres sont nourris par les exhalaisons terrestres; cette opinion semble être entrée, mais sous une forme plus élevée et plus générale, dans le système physique des pythagoriciens (4). Cette théorie ne suppose aucune connaissance physique, et elle est une conséquence tellement simple de l'observation, qu'on doit la rencontrer souvent dans les idées primitives des peuples. L'auteur du traité d'Isis et d'Osiris (5) dit que les Égyptiens l'avaient exprimée dans plusieurs de leurs symboles, et quoique les raisons sur lesquelles il se fonde n'aient rien de fort convaincant, elles ne manquent point de probabilité.

D'ailleurs Lucain en place aussi l'exposé dans la bouche d'un Égyptien (6). Des critiques ont cru même en découvrir des vestiges dans Homère et dans Hésiode (7). D'après une phrase d'Hérodote, on voit clairement que cet historien croyait que le soleil *gardait pour lui* une partie de l'eau qu'il attire (8), et

---

(1) Aristot., *Phys. auscult.*, IV, 5, p. 498, C. ... τὸ μὲν ὕδωρ ὕλη ἀερός· — ὁ δὲ ἀήρ δυνάμει ὕδωρ ἄλλον τρόπον. — Cf. *Probl.*, XXIV, 11, 12, p. 983, C. D.
(2) *De primo frigido*, p. 951; t. IX, p. 745, ed. R.
(3) *Pl. phil.*, I, 3, 3; cf. Senec., *Quæst. nat.*, III, 13; Stob., *Ecl. ph.*, I, p. 290.
(4) Boeckh, *Philolaos des Pythagoreers Lehren*, p. 111-114.
(5) *De Iside et Osiride*, p. 364; cf. Jablonski, *Panth. Ægypt.*, III, 4, 9.
(6) « Nec non oceano pasci Phœbumque Polumque credimus. » *Phars.*, X, 258.
(7) Cless, cité par Creuzer, *ad Cic., N. D.*, p. 265.
(8) Δοκέει δέ μοι ἀλλὰ καὶ ὑπολείπεσθαι περὶ ἑωυτόν, II, 25, 3.

cette opinion, liée à celle de l'eau considérée comme premier principe, fut sans nul doute également une de ces idées populaires accréditées ensuite par les anciens poètes qui avaient personnifié les phénomènes naturels le plus à leur portée. Les premiers physiciens, en l'adoptant à leur tour, vinrent ensuite concourir avec les poètes à la répandre et à la graver dans les esprits. Lorsque le poète anacréontique (1) dit que *le soleil boit la mer*, il n'est peut-être pas, comme l'ont cru les commentateurs, l'écho de quelques philosophes ; il se peut qu'il n'exprime qu'une de ces analogies admises dès l'origine par le vulgaire. C'est encore ainsi que Callimaque compare les Gaulois aux astres qui *paissent au milieu de l'air* (2) ; que Lucrèce dit : *unde æther sidera pascit* (3) ; Virgile : *polus dum sidera pascet* (4) ; Lucain : *flammiger an Titan, ut alentes hauriat undas, erigat Oceanum* (5) ; et *sed rapidus Titan ponto sua lumina pascens* (6). Lorsque les commentateurs voient dans toutes ces expressions des idées que les poètes ont empruntées aux philosophes, ils se méprennent peut-être sur leur vrai caractère : c'est plutôt comme idées populaires que la poésie les employa. Cette observation pourrait s'appliquer à beaucoup de passages des auteurs grecs et latins, où les commentateurs ont voulu voir des traces de pythagoricisme, de stoïcisme ou d'épicurisme ; et de cette manière ils nous ont représenté les poètes comme fort attentifs à faire passer dans leurs vers les idées favorites de certaines écoles. Pour moi, je crois qu'ils y songeaient assez peu ; mais, comme avant d'avoir été déguisées sous la forme de philosophèmes, dans les écoles de Thalès, de Pythagore, de Zénon et d'Épicure, ces idées, toutes primitives et populaires, avaient été mises en œuvre, et continuellement reproduites par les anciens poètes, elles faisaient en quelque

---

(1) *Od.* XVII, 1.
(2) Ἡνίκα πλεῖστα κατ' ἠέρα βουκολέονται. *Del.*, V, 176. Les commentateurs hésitent sur ce point, mais à tort.
(3) *Rer. nat.*, I, 232 ; cf. V, 384.
(4) *Æn.*, I, 608 ; Bailly, *Hist. de l'astr. anc.*, 474.
(5) *Phars.*, I, 415.
(6) IX, 313.

sorte partie du domaine et du langage poétiques, et elles devaient naturellement se présenter à la pensée de ceux-là mêmes qui n'auraient point connu les opinions professées dans les écoles philosophiques.

Cette vue pourrait être facilement appuyée de beaucoup d'exemples ; mais je me contente de l'indiquer, et je reviens à l'hypothèse physique des stoïciens. Il est clair qu'elle ne fut inventée ni par Thalès, ni par Héraclite, et qu'elle remonte à une source bien plus ancienne. C'est là que Thalès, Héraclite, Anaximandre, Anaximène, Anaxagore et Zénon allèrent puiser les notions fondamentales de leurs systèmes physiques. Ils ne furent pas moins que les poètes sous l'influence des idées dominantes ; et ils ne firent autre chose que les reprendre, les dégager de la forme poétique, pour les produire sous la forme nouvelle de *philosophèmes*. Le plus remarquable, sans doute, est de voir les stoïciens, aux siècles les plus éclairés, se contenter encore de ces théories primitives et les défendre, on le voit par le discours de Balbus, dans Cicéron (1), avec les mêmes raisonnements puérils qui leur avaient donné naissance.

Cette perpétuité d'erreurs si graves est un fait digne d'attention, et bien propre à nous révéler le vrai caractère des systèmes physiques des Grecs, et la marche des sciences parmi eux. Nous allons les suivre dans une seconde application, en examinant les opinions populaires et philosophiques des Grecs sur la cause des éclipses.

---

(1) *N. D.*, II, 15, p. 265, ed. Creuz. « Ergo, inquit, cum sol igneus sit, Oceanique alatur humoribus, quia nullus ignis sine pastu aliquo possit permanere, etc. »

OPINIONS POPULAIRES ET SCIENTIFIQUES

DES ANCIENS

SUR LES ÉCLIPSES[1]

On s'étonnera peu sans doute qu'Hérodote et ses contemporains, ayant de si étranges idées sur le soleil et ses mouvements, aient ignoré la véritable cause des éclipses. Les historiens des mathématiques et de l'astronomie, en rapportant quelques preuves de l'ignorance des Grecs sur ce sujet, même à des époques assez récentes, en ont témoigné leur surprise ; ils ont presque douté de la réalité des faits ; dans tous les cas, ils n'ont su comment accorder ensemble l'état des connaissances positives, et l'imperfection des théories. Cela vient encore, à ce qu'il me paraît, de ce qu'ils ont négligé d'examiner ces faits dans leurs rapports avec l'ensemble des idées qui ont dominé chez les Grecs, avec la marche progressive des connaissances parmi eux, et de ce qu'ils n'ont pas fait assez d'attention aux difficultés que l'explication des éclipses de soleil et de lune a dû offrir à leurs observateurs.

[1] Ce morceau fait partie d'un ouvrage inédit sur *la Cosmographie et la Géographie générale chez les anciens*. Il est précédé, dans cet ouvrage, de deux chapitres sur la *figure de la terre* et sur la *route oblique du soleil*, auxquels plusieurs passages de ce morceau font allusion. Un autre chapitre du même ouvrage a paru dans les cahiers de août et septembre 1831. M. de Humboldt l'a cité avec éloge dans son *Histoire de la Géographie du Nouveau-Continent*, t. II, p. 370, et il vient d'être traduit en allemand par M. le Dr S.-F.-W. Hoffmann, à la suite de la dissertation de M. Lelewel sur Pythéas (Leipz., 1838). [*Journ. des Sav.*, 1838, p. 424-450.]

§ I. — *Sur les difficultés que l'observation des éclipses a présentées aux anciens.*

On a déjà vu que, pour apprécier les notions de ce genre, il faut se garder de les interpréter d'après les idées et l'esprit des modernes ; il faut se transporter au milieu du siècle qui les a vu naître, et tenir compte de toutes les causes d'erreurs qui devaient résulter tant des préjugés religieux que de l'imperfection des connaissances.

Si l'on pense qu'il n'a point existé, chez les anciens, sur une branche quelconque des sciences physiques, une théorie complète, fondée sur un corps d'observations suivies et dirigées vers un même but, on reconnaîtra que telle explication qui nous paraît à présent toute simple, a dû leur présenter souvent des difficultés à peu près insolubles.

Quoi de plus naturel, en apparence, que d'attribuer la cause des éclipses, phénomène qui n'a jamais lieu que dans les syzygies, à l'interposition alternative de la terre et de la lune ?

Et cependant si l'on ignore l'inclinaison de l'orbite lunaire et le mouvement des nœuds, on ne pourra concevoir pourquoi les éclipses n'arrivent que dans certaines syzygies, et non dans toutes. Or, ces deux notions ne sont pas de celles qui s'acquièrent facilement ; il a fallu beaucoup de temps pour les conclure de l'observation : de là, l'extrême peine qu'ont eue les philosophes grecs à croire que la lune est un corps opaque ; de là, leurs hypothèses pour expliquer les éclipses, en conséquence de l'idée à laquelle ils ne voulaient pas renoncer.

Ceux qui, s'étant rendus maîtres de ces deux notions, admettaient que la lune n'a pas une lumière propre, devaient encore trouver des difficultés graves dans l'explication des deux genres d'éclipses.

Ainsi, comment se rendre compte des éclipses horizontales, alors que les deux astres sont à la fois sur l'horizon ? Ce phénomène est réellement inexplicable dans l'hypothèse de l'interposition, à moins qu'on ne connaisse la réfraction et ses effets.

Or, la réfraction n'a pas été connue des anciens avant Ptolémée. Cet astronome lui-même n'en parle point dans l'*Almageste* : en aucun endroit de ce grand ouvrage, il ne laisse entrevoir qu'il se doute que la position apparente des astres peut différer plus ou moins de leur position réelle, en raison de leur éloignement du zénith ; et cette notion est si importante en astronomie, qu'on ne conçoit guère qu'il n'en eût pas fait mention s'il l'eût connue. C'est dans l'*Optique* seulement qu'il en parle, sans toutefois en marquer la quantité, ce qui a donné lieu de présumer (1) que le phénomène ne lui avait été connu qu'après la composition de l'*Almageste*.

On ne s'étonnera donc pas que Pline ne puisse comprendre que la lune s'éclipse lorsque les deux astres sont à la fois sur l'horizon, et qu'il regarde le fait comme merveilleux, presque comme un prodige qui s'est produit une *seule fois* à sa connaissance (2).

Quant à Ptolémée, il n'en dit pas un mot dans le long chapitre qu'il consacre à la théorie des éclipses de lune. Certainement il ne pouvait en ignorer l'existence, puisque le phénomène se reproduit, pour les éclipses de lune, une fois pendant chaque période lunaire. Mais un tel phénomène aurait fort embarrassé sa théorie, et peut-être a-t-il jugé plus sûr de n'en pas parler du tout. C'est le parti que d'autres astronomes avaient adopté ; car Cléomède, qui écrivait un siècle après Ptolémée, assure que, jusqu'à son temps, aucun mathématicien ou philosophe, égyptien, chaldéen et autre, n'avait jamais fait mention, dans ses catalogues, de pareilles éclipses, quoiqu'on y eût consigné un si grand nombre d'éclipses totales et partielles (3). Cet auteur assure que, de son temps encore, il y

---

(1) Delambre, *Hist. de l'astron. anc.*, II, 304. — Al. de Humboldt, *Voyage, partie astron.*, Introd., p. LXIX, LXX.

(2) II, 13, p. 80, 5. Hard. *Mirum et quanam ratione...* SEMEL JAM ACCIDERIT, *ut in occasu luna deficeret, utroque super terram conspicuo sidere.*

(3) Πολλῶν γὰρ ἐκλείψεων σεληνιακῶν γεγενημένων, καὶ τελείων, καὶ ἀπὸ μέρους, καὶ ἀναγεγραμμένων πασῶν οὐδεὶς τοιαύτην ἔκλειψιν μέχρι γε τοῦ καθ' ἡμᾶς βίου ἱστορεῖται ἀναγεγραφὼς, οὐ Χαλδαῖος, οὐκ Αἰγύπτιος, οὐχ ἕτερος μαθηματικὸς καὶ φιλόσοφος, ἀλλὰ πλάσμα τὸ λεγόμενόν ἐστι. *Cycl. theor.*, II, 6, p. 123, Balf.; 147, Bake.

avait des gens qui combattaient le système de l'interposition, en lui opposant le fait des éclipses horizontales (1). Embarrassé lui-même de l'objection, il ne sait d'abord comment en sortir : il prend enfin le parti de douter de la réalité du fait; il n'est pas même éloigné de croire, avec d'autres, qu'on l'a inventé tout exprès malicieusement pour tourmenter les pauvres astronomes (2); comme poussé à bout, il se hasarde à conjecturer, supposé la réalité du fait, qu'il pourrait bien être causé par quelque propriété de l'air, et être analogue à ce qui se voit quand on met une bague au fond d'un vase : cachée par les parois quand il est vide, elle devient visible lorsqu'on le remplit d'eau (3). C'est là l'explication véritable qu'on trouve exprimée plus clairement encore dans Sextus Empiricus (4). Mais quelle hésitation! et combien l'idée de la réfraction était encore peu répandue! Ces exemples montrent qu'il a été difficile aux anciens de se faire, sur les éclipses de lune, une théorie qui répondît à tout, et pût être adoptée sans réclamation.

Les éclipses de soleil leur ont présenté des difficultés d'un autre genre : c'est d'abord leur extrême rareté, comparativement à celles de lune, et ensuite l'anomalie de leur apparition. A moins de connaître la parallaxe terrestre, il est impossible, en effet, de comprendre pourquoi les éclipses de soleil n'arrivent pas à peu près aussi souvent que celles de lune : et remarquons ici qu'elles devaient paraître aux anciens beaucoup plus rares encore qu'elles ne le sont réellement, à cause de la difficulté de les observer. Quand on ne sait pas d'avance le moment précis de leur apparition, elles peuvent passer inaperçues, à moins qu'elles ne soient assez grandes pour diminuer sensiblement la masse de lumière qui émane du soleil. Or, il s'est écoulé bien du temps avant que les anciens aient imaginé

---

(1) *Id.*, p. 121, Balf.; 145, Bake.
(2) Ἀλλὰ πρῶτον μὲν ἀπαντητέον λέγοντας, ὅτι πέπλασται ὁ λόγος οὗτος ὑπό τινων βουλομένων ἀπορίαν ἐμποιῆσαι τοῖς περὶ ταῦτα καταγινομένοις τῶν ἀστρολόγων καὶ φιλοσόφων, p. 123, Balf.; 147, Bake.
(3) *Id.*, p. 124, Balf.; 149, Bake.
(4) *Adv. astrolog.*, 82, p. 351.

de rapporter les éclipses de soleil au centre de la terre et non pas à sa surface ; il leur a fallu d'abord être fixés sur sa forme, et avoir une notion au moins approximative de sa grandeur ; mais c'est là ce qu'on n'aperçoit chez eux qu'à une époque peu ancienne. Nous verrons dans l'instant que cette rareté comparative des éclipses de soleil et leur anomalie, ont été l'origine de presque toutes les fausses théories que les anciens philosophes s'étaient faites à cet égard. Ainsi, chacun des deux genres d'éclipses leur a présenté des difficultés particulières et longtemps insolubles. Ces difficultés sont de telle nature que certains d'entre eux qui avaient admis la vraie cause des éclipses de lune, pouvaient refuser de l'appliquer à celles de soleil. Ces réflexions préliminaires, puisées à la fois et dans la nature des choses, et dans l'histoire, nous montrent le point de vue d'où il faut partir pour apprécier les faits qui se rapportent à ce point curieux. Je vais maintenant les passer en revue, en commençant par les préjugés populaires des anciens ; ensuite viendront les opinions scientifiques, qui ne seront encore que des préjugés.

§ II. — *Opinions populaires des anciens sur les éclipses.*

Ce phénomène si frappant des éclipses paraît avoir été expliqué par les premiers observateurs comme étant, soit un déplacement accidentel et forcé, soit même une destruction momentanée de l'astre.

A cette explication appartient l'expression qu'Homère emploie à propos d'une éclipse de soleil : Ἥλιος δὲ οὐρανοῦ ἐξαπόλωλε (1), *sol de cœlo periit*. Le sens que le poète attache à l'expression οὐρανοῦ ἐξαπόλωλε est expliqué par deux autres passages (2).

D'après l'idée que, pendant les éclipses, les astres *mouraient* ou quittaient le ciel momentanément, ces phénomènes

---

(1) *Odyss.*, Υ′ 357.
(2) *Iliad.*, Σ′, 290. Νῦν δὲ δὴ ἐξαπόλωλε δόμων κειμήλια καλά ; et ἅμα πάντες Ἰλίου ἐξαπολοίατο. *Iliad.*, Ζ′. 60.

causaient une extrême terreur. Dans un passage très remarquable, Plutarque cite les anciens poètes Mimnerme, Cydias (inconnu), Archiloque, Stésichore et Pindare, qui, à l'occasion des éclipses, se lamentent, pensant que l'astre lumineux est *dérobé* du ciel (1). Le passage de Pindare auquel il fait allusion a été conservé par Denys d'Halicarnasse (2); ceux des autres poètes cités sont perdus. Ainsi, entre le viie et le ve siècle avant notre ère, l'idée que le soleil et la lune étaient *dérobés* (κλεπτόμενοι), *enlevés* du ciel lors des éclipses, se présentait naturellement à la pensée des poètes, et faisait partie des préjugés dominants. Cela est confirmé par un texte de Pline (3) qui rappelle, sans les citer, les vers de Pindare et de Stésichore.

On s'imagina que ce déplacement ou cette destruction momentanée de l'astre pouvait être l'effet de la volonté particulière des dieux, ou de procédés magiques qui avaient la puissance d'éteindre l'astre ou de l'attirer sur la terre. Les femmes de Thessalie, magiciennes consommées, furent censées spécialement investies de ce pouvoir malfaisant, qu'elles exerçaient principalement sur la lune.

Tiedemann (4) pense que cette superstition n'a pris un véritable crédit que vers le temps d'Alexandre; mais une croyance aussi absurde ne peut naître ni se développer à l'époque où les sciences se perfectionnent; il faut, au contraire, qu'elle ait été de bonne heure enracinée dans les esprits du vulgaire pour résister ensuite aux progrès des connaissances; elle y reste alors comme un souvenir profond qu'entretiennent les fictions

---

(1) Εἰ δὲ μὴ Θέων ἡμῖν οὗτος τὸν Μίμνερμον ἐτάξει καὶ τὸν Κυδίαν καὶ τὸν Ἀρχίλοχον, πρὸς δὲ τούτοις τὸν Στησίχορον, καὶ τὸν Πίνδαρον, ἐν ταῖς ἐκλείψεσιν ὀλοφυρομένους, τὸν φανερώτατον ΚΛΕΠΤΟΜΕΝΟΝ... φάσκοντας. *De fac. in orbe lunæ*, p. 931, t. IX, p. 680 R.

(2) *De admir. vi dict. Demosth.*, p. 167, 18 Sylb. — Cf. Bœckh, *ad Pind. fragm.*, 74, p. 600. Le poète désigne l'éclipse de soleil par les mots : ἄστρον ὑπέρτατον ἐν ἀμέρᾳ κλεπτόμενον.

(3) ... *In defectibus scelera aut mortem aliquam siderum pavent, quo in metu fuisse Stesichori et Pindari vatum sublimia ora palam est deliquio solis.* XI, 12, p. 78, 79, Hard.

(4) *De art. magic. Origine*, etc., p. 44.

et les allusions des poètes. Je pense donc que cette superstition est primitive, et probablement aussi ancienne que la croyance à la nécromancie et aux procédés magiques des Médée et des Circé.

Déjà, dans les *Nuées* d'Aristophane, Strepsiade expliquant à Socrate le moyen qu'il a imaginé de ne pas payer ses dettes, dit qu'il se propose d'acheter une magicienne de Thessalie (φαρμακίδα.... Θετταλήν), qui fera descendre la lune ; il enfermera l'astre dans une boîte, et, de cette manière, la fin du mois, époque fatale, sera ajournée tant qu'il lui plaira (1). Platon fait allusion, dans le *Gorgias* (2), à cette superstition populaire. Ces deux passages nous la représentent comme étant déjà, au ve siècle, un de ces préjugés qui servent de texte aux allusions et aux comparaisons de la poésie. C'est encore ce qu'on peut induire de plusieurs passages. Ainsi Plutarque cherche à cette superstition une origine mythique, ce qui en prouve l'ancienneté. C'est une Aglaonice ou Aganice, fille du Thessalien Hégétor, qui la fit naître (3). Le scoliaste d'Apollonius de Rhodes (4), grammairien fort érudit, qui cite une multitude d'ouvrages maintenant perdus, nous la représente aussi comme fort ancienne. « Apollonius, dit-il, fait allusion au mythe ou à la fable des magiciennes (Φαρμακίδες), qui faisaient descendre la lune : quelques-uns appelaient les éclipses de soleil et de lune *descente des dieux* (καθαιρέσεις τῶν θεῶν).... Aussi, jusqu'au temps de Démocrite (5), beaucoup appelaient les éclipses καθαιρέσεις. » Dans un autre endroit (6), le même scoliaste dit « qu'on croyait jadis que, lors des éclipses, la lune descendait ; voilà pourquoi les anciens appelaient les éclipses καθαιρέσεις. » Ces indications sont d'autant moins à négliger, qu'en effet, le mot ἔκλειψις est récent dans la langue grecque : Hérodote ne le connaît point. Entre

(1) V. 748.
(2) § 68, p. 513, a ... τὰς τὴν σελήνην καθαιρούσας τὰς Θετταλίδας.
(3) Plutarch., *Conjug. præcept.*, p. 145 ; *De def. orac.*, p. 417.
(4) *Ad* III, 533.
(5) Selon le manuscrit de Paris.
(6) *Ad* IV, 59.

tous les écrivains grecs, Thucydide est le premier qui s'en serve (1); et, depuis lors, les périphrases qu'on employait auparavant pour exprimer le phénomène disparaissent, et sont remplacées uniformément par ce mot. Or, l'époque de Démocrite tombe entre celle des deux historiens. Il devient probable que ce philosophe fut le premier qui employa ce terme et bannit le mot καθαίρεσις. C'est là, peut-être, ce qu'a voulu dire le scoliaste, en avançant que l'ancien nom καθαίρεσις avait servi jusqu'au temps de Démocrite : on sait que καθαιρεῖν est le mot propre (comme *deducere*, *deripere*, *detrahere* chez les Latins), pour exprimer la descente de la lune (2). Ainsi l'emploi du mot καθαίρεσις dépose de l'ancienneté de la croyance populaire qu'il rappelle.

Selon toute apparence, si les ouvrages des poètes cités par Plutarque nous avaient été conservés, nous trouverions d'autres traces de cette superstition antique : elle continua de faire partie des préjugés populaires. Ménandre l'avait employée dans sa *Thessalienne* (3), et il en est fait mention souvent dans les poètes anciens (4).

C'est à cette superstition que se rattache l'usage de produire un grand bruit, au moment d'une éclipse, soit en frappant des vases de métal, soit en faisant crier des chiens pour empêcher les paroles magiques de parvenir jusqu'à l'astre, et l'affranchir de l'influence qu'elles exerçaient sur lui, ou le délivrer de l'animal qui voulait le dévorer. Cet usage tient à l'idée que l'astre est un être animé qui peut mourir comme tout autre. Il faut qu'elle soit bien naturelle à l'homme, puisqu'on a retrouvé cet usage chez les Indiens et les sauvages de l'Amérique septentrionale, chez les Péruviens, les Caraïbes, etc.

---

(1) I, 23.
(2) On disait aussi κατάγειν, κατασπᾶν, ἐκσοβεῖν, ἐκκρούειν, mais moins fréquemment.
(3) ... *Fabulam, complexam ambages feminarum detrahentium lunam*. Plin., XXX, 2. Cf. Meineke, *ad Menandr. et Philem. reliq.*, p. 76.
(4) Sosiphan., ap. *Schol. Apoll. Rhod.*, III, 533. — Anthol., *Adesp.*, 113. — Virg., *Ecl.* VIII, 69. — Tibull., 1, 2, 32. — Horat., *Epod.* V, 46; XVII, 73. — Lucan., VI, 500. — Martial, IX, 30. — Sil. Ital., VIII, 500. — Claudian. *in Ruf.*, 1, 147.

Cette superstition, très répandue chez les Grecs et chez les Romains (1), se retrouve encore à des époques fort récentes. Plutarque la représente comme existante et habituelle de son temps (2); en effet, sous le règne de Tibère, les soldats de Pannonie employèrent ce moyen lorsqu'une éclipse vint les frapper d'effroi au milieu de leur révolte (3); et nous voyons par les homélies de S. Maxime, évêque de Turin, que les chrétiens eux-mêmes n'étaient pas délivrés de cette superstition au ve siècle (4).

Les opinions des anciens Grecs à l'égard des éclipses paraissent donc s'être réunies dans l'idée que l'astre abandonne momentanément le ciel : les uns y voyaient l'effet de la volonté des dieux ; les autres une influence magique.

J'ai montré qu'à l'égard du mouvement propre du soleil, Hérodote était placé sous l'influence des préjugés populaires. Il devra paraître tout naturel que, relativement aux éclipses, il n'ait pas été beaucoup plus avancé.

Cet historien parle quatre fois de l'apparition d'éclipses de soleil ; et les expressions dont il se sert attestent que le nom d'éclipses lui était inconnu ; aucune n'indique qu'il sût la cause du phénomène. Dans l'un, il dit simplement : *Le soleil s'obscurcit dans le ciel* (5) : deux autres sont relatifs à l'éclipse prédite par Thalès ; il y exprime le phénomène par les mots *le jour devint nuit* (6) : enfin dans le quatrième, il emploie une expression remarquable : « Le soleil, *quittant la place qu'il occupait dans le ciel*, devint invisible, quoi-

---

(1) Plin., II, 12. ... *et in luna veneficia arguente mortalitate et ob id crepitu dissono auxiliante.* — Plut., *De facie in orbe lunæ*, p. 944. B, t. IX, p. 721, Reisk. Διὸ καὶ κροτεῖν ἐν ταῖς ἐκλείψεσιν ΕΙΩΘΑΣΙΝ ΟΙ ΠΛΕΙΣΤΟΙ. — *Schol. Theocrit. Idyll.* II, 36.

(2) Plut., *Paul. Æmil.*, § 17 : Τῶν δὲ Ῥωμαίων, ὥσπερ ἐστὶ νενομισμένον, χαλκοῦ τε πατάγοις ἀνακαλουμένων τὸ φῶς αὐτῆς. — Tit. Liv., XXVI, 5. *Qualis [acris crepitus] in defectu lunæ, silenti nocte, fieri* SOLET. — Cf. Juven., VI, 443, ibique Ruperti.

(3) Tacit., *Annal.*, I, 28.
(4) S. Maxim., *Homil.*, p. 703, c. Paris, 1618.
(5) IX, 10 : Ὁ Ἥλιος ἀμαυρώθη ἐν τῷ οὐρανῷ.
(6) I, 74, 103 : Νὺξ ἡ ἡμέρη ἐγένετο.

qu'il n'y eût aucun nuage et que le temps fût parfaitement serein (1). »

Wesseling avoue ne pas comprendre ces mots ; c'est qu'il avait perdu de vue l'opinion des Grecs, dont ils sont une expression fidèle.

Il nous est impossible de savoir ce que pensait à ce sujet Thucydide. Le terme *éclipse* qu'il emploie déjà ne préjuge rien. Mais on est sûr, du moins, qu'il ignorait encore que le phénomène fût purement naturel. Car, dans l'énumération de tous les maux qui avaient affligé la Grèce pendant la guerre du Péloponnèse, il dit que jamais, dans aucun temps, un si grand nombre de villes n'avaient été prises et dévastées, tant de sang n'avait été répandu ; tant et de si violents tremblements de terre ne s'étaient fait sentir : et après avoir parlé des sécheresses, des famines, des maladies terribles qui avaient tourmenté les peuples, il ajoute : « Jamais, de mémoire d'homme, il n'est arrivé *tant d'éclipses de soleil* (2), » considérant ces éclipses, non comme des évènements naturels et nécessaires, mais comme des fléaux dont la colère céleste pouvait à son gré *multiplier* les retours pour effrayer les hommes, en leur présageant des malheurs.

On voit, par un autre passage (3), que cet historien, non seulement ignorait la cause des éclipses de soleil, mais encore qu'il n'était pas tout à fait certain que le moment de la conjonction fût le seul temps où pareil phénomène pût arriver. On ne peut donc être surpris que, vers la même époque, du vivant de Socrate, à la cour des rois de Macédoine, on regardât les éclipses de soleil comme des signes de la colère céleste : les rois fermaient leur palais et coupaient la chevelure de leurs enfants en signe de deuil (4). Quelques années après, l'éclipse

---

(1) Ὁ Ἥλιος ἐκλιπὼν τὴν ἐκ τοῦ οὐρανοῦ ἕδρην, ἀφανὴς ἦν, οὔτοι ἐπινεφέλων ἐόντων, αἰθρίης τε μάλιστα, VII, 37.

(2) Thucyd., I, 23 : Ἡλίου τε ἐκλείψεις, αἳ πυκνότεραι παρὰ τὰ ἐκ τοῦ πρὶν χρόνου μνημονευόμενα ξυνέβησαν.

(3) II, 28. Il dit de la néoménie : « ... le seul temps où *il semble* que puisse arriver ce phénomène » : ὥσπερ καὶ μόνον δοκεῖ εἶναι γίγνεσθαι δυνατόν.

(4) Senec., *De benef.*, VI, 6, 3.

de soleil de l'an 375 jeta l'épouvante, non seulement dans l'armée thébaine, mais dans le sénat entier de Thèbes (1). Mais on ne pouvait naturellement attendre plus de lumières des Thébains, qui n'ont jamais passé pour fort habiles (2), que du spirituel et judicieux Thucydide, qui, de plus, avait suivi les leçons d'Anaxagore (3).

On doit remarquer que Thucydide parle seulement d'éclipses de soleil, et qu'il ne dit rien de celles de lune, qui cependant avaient dû être bien plus nombreuses que les autres, dans le même espace de temps. Évidemment les éclipses de lune n'étaient pas pour lui des présages ou des signes de la colère céleste; il ne les comptait pas au nombre de ces *fléaux accidentels* dont il signale l'apparition. Et ici se montre le premier exemple de la différence que les anciens ont mise si longtemps entre les deux genres d'éclipses. Celles de soleil n'étaient donc pas encore des phénomènes purement naturels; mais on commençait à se faire une idée plus juste de la cause des éclipses de lune. Si Thucydide n'est pas sûr que les unes ne puissent arriver que dans la néoménie, il sait fort bien que les autres n'arrivent que dans l'opposition (4). C'est pour lui un évènement naturel, dont il ne tient pas même compte. Aussi Dion, le disciple de Platon, lors de son expédition en Sicile (5), ne se laissa pas effrayer par une éclipse de lune, dont la cause physique ne lui était pas inconnue. Mais la connaissance de cette cause n'était pas tellement répandue que ce phénomène n'inspirât plus aucun effroi aux esprits superstitieux. C'est ainsi que celle du 27 août 413 frappa d'épouvante les Athéniens prêts à quitter Syracuse (6). La crainte gagna le faible et superstitieux Nicias qui, écoutant plus les devins que la raison, attendit pour partir le retour de

---

(1) Plut. *in Pelopid.*, § 31.
(2) Strab., IX, p. 401.
(3) Antyllus ap. Marcell. *Vit. Thucyd.*, § 22.
(4) VII, 50 : ... ἡ σελήνη ἐκλείπει · ἐτύγχανε γὰρ πανσέληνος οὖσα.
(5) Plut. *in Nic.*, c. 24.
(6) Thucyd. Plutarch. *l. l.*

la pleine lune suivante (1). Mais il était trop tard, et l'armée fut détruite.

Un siècle plus tard, Alexandre, le disciple d'Aristote, quoique, selon toute apparence, au-dessus des préjugés populaires, fut obligé de s'y soumettre par prudence, lors de l'éclipse de lune qui eut lieu onze jours avant la bataille d'Arbèles. Il fit un sacrifice à la lune, au soleil et à la terre, divinités dont on dit, selon les termes d'Arrien (2), que l'éclipse est l'ouvrage. Il consulta le devin Aristandre, qui lui annonça qu'une bataille aurait lieu dans le mois : en ceci le jongleur ne devait pas craindre de se compromettre ; car les Grecs avaient déjà passé le Tigre, et les deux armées étaient en présence. En leur prédisant la victoire, il ne s'avançait pas non plus beaucoup ; d'ailleurs, il ne faisait que diriger contre les barbares leur propre superstition qui ne devait pas être inconnue des Grecs ; depuis longtemps ils avaient appris d'Hérodote que les Perses regardaient les éclipses de lune comme étant d'un présage funeste pour eux-mêmes et heureux pour leurs ennemis (3). Le sacrifice à la lune, à la terre et au soleil, prouve bien qu'Alexandre avait l'idée de la vraie cause de l'éclipse ; mais cette cause n'étant pas assez connue pour que ce phénomène fût apprécié du vulgaire, il fit intervenir la religion, pour un fait auquel à ses yeux, sans doute, la nature seule avait part. Un siècle et demi après Alexandre, lors de la bataille entre Persée et Paul Émile, l'éclipse de lune du 21 juin 178 frappa d'effroi les deux armées (4). Fort heureusement pour les Romains, le tribun militaire Sulpicius Gallus, habile dans l'astronomie, leur ayant prédit la veille l'évènement dont il leur expliqua la cause, les affranchit de toute crainte et leur assura la victoire. Ce fait prouve qu'avant Hipparque on pouvait prédire une éclipse de lune au moins à la précision d'un jour.

(1) *Trois fois neuf jours.*
(2) Ἔθυε τῇ τε σελήνῃ καὶ τῷ ἡλίῳ καὶ τῇ γῇ, ὅτων τὸ ἔργον τοῦτο λόγος εἶναι κατέχει. Arrian., *Anab.*, III, 7, 9.
(3) Herod., VII, 37. Cf. Q. Curt., IV, 10, 6.
(4) Polyb., XXIX, 6, 8 ; liv. XLIV, 37. — Plut., *Æmil.*, 17 ; Quinct., I, 16, 37.

Il est singulier qu'il ne se soit pas trouvé, dans l'armée macédonienne, une seule personne assez habile pour lui rendre le même service. Les leçons et les ouvrages d'Aristote avaient donc laissé de bien faibles traces en Macédoine, et les lumières de la Grèce n'y avaient trouvé qu'un difficile accès.

Le peuple qui en était encore, dans les premiers siècles de notre ère, à frapper des vases de cuivre lors des éclipses, devait encore en avoir frayeur. Dion Cassius rapporte en effet que l'empereur Claude prévoyant qu'une éclipse de soleil devait arriver le jour de l'anniversaire de sa naissance, pour détourner le mauvais effet qu'un tel phénomène devait produire dans le peuple, se crut obligé d'en annoncer d'avance l'apparition et d'en expliquer les causes naturelles (1).

Il faut voir maintenant quelles opinions se faisaient les philosophes sur la nature et la cause de ces phénomènes. Quoique revêtues d'une couleur scientifique, la plupart n'étaient guère plus raisonnables.

§ III. — *Opinions philosophiques et scientifiques des Grecs.*

Nous avons montré plus haut qu'Hérodote s'exprime comme s'il pensait que, lors de l'éclipse de soleil, l'astre quitte momentanément la place qu'il occupe sur la côte intérieure de la voûte solide du ciel.

Cette idée, qui nous paraît fort singulière, ne serait cependant pas beaucoup plus étrange que celle d'Anaximandre, disciple de Thalès. Ce philosophe s'imaginait que le soleil et la lune sont deux corps remplis de feu, dont la matière s'échappe par une ouverture circulaire. Les éclipses avaient lieu quand ce trou venait à se boucher momentanément (2). Il est clair que le philosophe pouvait, aussi bien qu'Hérodote et le vulgaire, tirer des présages d'un tel phénomène (3). Car, dans

---

(1) Dio Cassius, LX, 26.
(2) Schleiermacher, *Ueber Anaximandros*, dans les *Abhandl. der kœnigl. preuss. Acad.*, 1804-1815, p. 119, 120. — Schaubach, *Gesch. der Astr.*, p. 162-164.
(3) Bailly (*Hist. de l'Astr. anc.*, p. 199) ne croit pas que telle fût l'opinion

son hypothèse comme dans l'explication populaire, la cause naturelle étant méconnue, il fallait bien admettre qu'une volonté suprême enlevait l'astre de sa place ou bouchait l'ouverture.

La même observation s'applique aux hypothèses d'autres physiciens. Parménide et Antiphon croyaient que la lune est un corps lumineux par lui-même (1). Démocrite (2) en faisait aussi un corps igné, comme le soleil : c'est-à-dire que les uns et les autres n'avaient nulle idée de la cause des éclipses. Xénophane regardait tous les astres comme des nuages enflammés, qui s'éteignaient et se rallumaient le soir et le matin; il expliquait de la même manière les éclipses (3) : Diogène d'Apollonie, disciple d'Anaximène, et contemporain d'Anaxagore ou, selon d'autres, élève de ce dernier (4), appliquait à ce phénomène son système sur le froid et le chaud; il croyait que l'éclipse de soleil avait lieu lorsque le froid, l'emportant sur le chaud, éteignait ce grand luminaire (5). Héraclite, et depuis Épicure, pensèrent (6) que le soleil et la lune ont une face convexe et une autre concave, l'une opaque, l'autre lumineuse, et que les éclipses ont lieu quand ces astres tournent vers nous leur face obscure.

L'opinion de Thucydide, rapportée plus haut, donne lieu de douter que Périclès, comme pensent Cicéron (7) et Plutarque (8), connût la véritable cause des éclipses de soleil. Selon Cicéron, il avait puisé cette connaissance dans les leçons d'Anaxagore. Il fut donc plus heureux que Thucydide, auquel Anaxagore n'en avait rien dit; du moins, l'historien

---

d'Anaximandre, par la raison que son maître Thalès a connu la vraie cause des éclipses. Mais c'est justement là la question.

(1) Pseudo-Plut., *De plac. philos.*, II, 28, 1.
(2) Stob., *Ecl. phys.*, I, 27, 551-554. — Pseudo-Plut., II, 25, 2.
(3) *Id.*, I, 24, 3.
(4) Buhle's *Lehrbuch der Gesch. der Philos.*, I, 221. — Schleierm., *Ueber Diog. von Apollon.*, p. 91.
(5) Pseudo-Plut., *Pl. philos.*, II, 23, 2. Cf. Corsini, *Dissert.*, p. XXVII.
(6) *Id.*, II, 28, 2.
(7) *De Republica*, I, 16.
(8) *In Pericle*, § 35.

n'en a rien su. Ceci ferait douter qu'Anaxagore fût aussi avancé que ces auteurs l'ont cru.

Au témoignage de Platon, Anaxagore pensait que la lune est une terre (1), qu'elle emprunte sa lumière au soleil (2), et même, d'après Plutarque, il avait le premier expliqué les phases de la lune (3). Quelles raisons en donnait-il ? On l'ignore. Elles ne devaient pas être bien satisfaisantes, puisque, au dire de Théophraste, il croyait que certains corps sublunaires s'interposaient quelquefois entre la lune et la terre (4). Cela revient à l'opinion pythagoricienne examinée plus bas. Il disait aussi que la lune est un corps enflammé comme le soleil et les autres astres (5). Cette contradiction vient, je pense, de ce que, tout en croyant que la lune tire sa lumière du soleil, Anaxagore pensait qu'elle en avait une qui lui était propre, mais faible, semblable à celle d'un charbon à moitié allumé (ἀνθρακῶδες) et qui paraissait lors des éclipses (6) : c'est ainsi qu'il expliquait la *lumière cendrée*. Anaxagore trouvait le moyen de concilier de cette manière son opinion sur la lune avec son système général sur la nature des astres, qui devaient être dans un état d'incandescence par suite de leur rapide mouvement de rotation.

Mais il y a encore loin de cette opinion à la véritable cause des éclipses de soleil, à l'égard desquelles il n'était probablement pas plus avancé que Thucydide, et que les philosophes ses contemporains.

L'idée des Héraclite et des Épicure fut encore enseignée en Grèce, au temps d'Alexandre, par le Chaldéen Bérose ; et cependant la sphéricité de la terre ainsi que d'autres notions fondamentales d'une bonne théorie cosmographique étaient dès lors reçues dans plusieurs écoles. Comme Héraclite et

---

(1) *Apolog. Socrat.*, p. 26 d. — Tatian. *Contra gentes*, p. 45.
(2) *Cratyl.*, p. 409 a.
(3) *In Nic.*, § 23 *id*. Cf. Orig., *Philos.*, § 8.
(4) Theophr. ap. Stob., I, 27, p. 560.
(5) Pseudo-Plut., *Pl. philos.*, II, 25, 3. — Stob., *Ecl. phys.*, I, 27, p. 550. Heeren, 10.
(6) Olympiod. *in Arist. Meteor.*, p. 15. b.

Épicure, Bérose disait que la lune est concave d'un côté, convexe de l'autre ; qu'une de ses faces est éclairée, l'autre obscure, et que l'éclipse a lieu quand, en vertu de la rotation de l'astre, cette dernière face est tournée vers nous (1). Selon Diodore (2), les Chaldéens attribuaient les éclipses de lune à l'interposition de la terre. Tout en admettant que cet historien n'a pas fait ici quelque erreur, on doit reconnaître que les Chaldéens ne s'étaient pas élevés jusqu'à l'idée que cette interposition fût un résultat tout à fait naturel de la course de la lune, puisque, selon le même Diodore de Sicile (3), les éclipses de soleil et de lune étaient pour eux des présages favorables ou funestes, tout comme les tremblements de terre et les apparitions des comètes. Les Chaldéens en étaient donc à peu près au même point que les Grecs, au temps de Thucydide. Nous savons, d'après le témoignage de Strabon (4), que les Chaldéens formaient plusieurs sectes qui ne professaient pas toutes les mêmes opinions, au point qu'elles n'étaient pas même d'accord sur la réalité de l'astrologie ou généthlialogie, la divination chaldéenne par excellence. On doit expliquer par là les données contradictoires qui nous ont été transmises par les anciens sur les opinions chaldéennes ; et, en particulier, la différence entre l'opinion que Vitruve, Cléomède et le faux Plutarque attribuent à Bérose, et celle que Diodore prête aux Chaldéens. Quand on voudrait supposer que ce fut là une opinion particulière à un individu, on n'en serait pas moins forcé de reconnaître que la cosmographie chaldéenne était bien imparfaite, puisqu'un astronome, et Bérose l'était, avait pu s'attacher encore à une idée si étrange.

Ce qui prouve que Bérose n'a point professé une doctrine qui lui fût propre, c'est que, selon le même Diodore, les Chaldéens, qui prédisaient à point nommé les éclipses de lune,

---

(1) Vitruv., *Archit.*, IX, 4. — Pseudo-Plut., *Pl. phil.*, II, 29, 1. — Cléomède (*Cycl. Theor.*, II, 4, p. 100, Balf.; 122, Bake) dit simplement que Bérose supposait que la lune a un côté éclairé et un autre obscur.
(2) II, 31.
(3) II, 30.
(4) XVI, p. 379. Tr. fr., V, p. 169.

« donnaient de très mauvaises raisons des éclipses de soleil, et n'osaient ni les prédire, ni assigner avec précision l'époque de leur retour (1). » Il résulte de ce passage remarquable que, si les Chaldéens connaissaient la période lunaire (2), et s'en servaient pour prédire assez exactement le retour des éclipses de lune, ils ne croyaient pas pouvoir l'appliquer aux éclipses de soleil, parce qu'elles leur parurent, de même qu'aux Grecs, offrir la plus grande irrégularité : cela seul prouve qu'ils étaient bien loin de l'idée de les rapporter au centre de la terre : et, en effet, comment auraient-ils pu avoir cette idée, puisqu'ils croyaient, ainsi qu'Héraclite et Épicure, que la terre est concave comme la lune ? Diodore nous apprend aussi que les Chaldéens donnaient de mauvaises explications des éclipses de soleil ; c'est assez dire qu'ils n'en connaissaient pas plus que les anciens Grecs la véritable cause, aussi les regardaient-ils comme des présages de l'avenir. Il en était de même des mages, leurs voisins. Au témoignage de Diodore, les Chaldéens croyaient la terre *creuse* et *concave* (κοίλη καὶ σκαφοειδής), et apportaient *beaucoup de bonnes raisons* (πολλὰς καὶ πιθανὰς ἀποδείξεις) à l'appui de leur opinion (3). Or, nous avons déjà vu, par l'exemple d'Héraclite et d'Épicure, qu'il existe une liaison entre cette idée de la forme de la terre, et la cause que ces philosophes, comme Bérose, attribuaient aux éclipses de lune, astre qu'ils se figuraient également creux et concave. Ces philosophes avaient-ils pris cette opinion chez les Chaldéens, et doit-on reporter à ce peuple l'origine de cette idée que la surface de la terre est concave, idée qui, comme nous le verrons ailleurs, a joué un si grand rôle dans la géographie

---

(1) Περὶ δὲ τῆς κατὰ τὸν ἥλιον ἐκλείψεως ἀσθενεστάτας ἀποδείξεις φέροντες, οὐ τολμῶσι προλέγειν, οὐδ' ἀκριβῶς περιγράφειν τοὺς χρόνους, II, 31.
(2) Ideler, *Untersuchungen über die astron. Beobacht.*, p. 154. — *Ueber die Sternkunde der Chald.*, p. 18, 19. — *Handbuch der mathem. und tech. Chronol.*, I, 208, 209.
(3) II, 32. Bailly, que ce passage embarrasse beaucoup, parce qu'il compromet gravement la science des Chaldéens, voudrait bien qu'il pût signifier que la terre *ressemble à un bateau*, c'est-à-dire que les Chaldéens représentaient, comme les Égyptiens, les astres et la terre portés sur des bateaux (*Hist. de l'astr. anc.*, Écl. IV, 16, p. 366). Mais cela est impossible.

physique des anciens? cela est possible. Mais du moins résulte-t-il de la liaison des deux opinions, sur la forme de la lune et de la terre, que celle de Bérose a dû être assez générale parmi les Chaldéens.

C'est par là qu'on peut expliquer pourquoi les éclipses que cite Ptolémée comme observées par les Chaldéens, sont toutes, sans exception, des éclipses de lune. En voici, je pense, la raison : comme ils ne savaient pas prévoir le retour des éclipses de soleil, la majeure partie de ces phénomènes passaient inaperçus ; ces éclipses, soit totales, soit considérables, qu'ils pouvaient observer, revenaient si rarement, qu'ils devaient négliger d'en tenir compte ; à quoi bon consigner des apparitions si rares, et tellement irrégulières, qu'elles devaient paraître des prodiges accidentels, sans rapport avec l'astronomie ?

Il existe évidemment, entre toutes ces notions sur la cosmographie chaldéenne, une relation fort remarquable, à laquelle je ne crois pas qu'on ait fait assez d'attention, et qui prouve que si les Chaldéens s'étaient, par une observation assidue, procuré la connaissance de certaines périodes astronomiques, ils étaient restés, comme la plupart des philosophes grecs, fort en arrière sur les théories astronomiques, en sorte que chez les uns, comme chez les autres, nous voyons les explications les plus bizarres conserver des partisans, alors même qu'on en avait depuis longtemps de meilleures, de plus simples, mais qui offraient encore trop de difficultés pour réunir l'assentiment général.

Le système des pythagoriciens achève de prouver qu'il en fut de même chez les Grecs. Leur doctrine astronomique, plus épurée que celle des autres écoles, devait naturellement les garantir des grossières hypothèses des Héraclite et des Épicure ; mais bien qu'ils connussent certainement la période du retour des éclipses de lune, ils ne furent pas moins frappés que les autres philosophes de la rareté comparative de celles de soleil, et non moins embarrassés pour en découvrir la cause. Ils admettaient, à la vérité, la rondeur de la terre, mais ils étaient loin de songer à rapporter les éclipses de soleil au centre de notre globe, ce qui aurait fait disparaître les principales difficultés. Dès lors, abandonnant les notions justes qu'ils avaient pu concevoir, et partant du fait qu'ils ne pouvaient expliquer, ils eurent recours à l'une de leurs inventions favorites.

On sait que dans leurs rêves sur l'influence des nombres, les pythagoriciens, pour élever les corps célestes jusqu'à *dix* (1), nombre, selon eux, le plus parfait de tous, avaient imaginé l'existence d'une terre, dite *antichthone* ou *terre opposée*, qu'ils supposèrent graviter entre le milieu du monde, occupé par le feu, et notre terre, après laquelle ils faisaient graviter successivement la lune, le soleil, les cinq planètes, et le ciel formant, selon eux, un dixième corps (2), système qui, pour le rappeler en passant, n'a rien de commun avec celui de Copernic, auquel on a cru pouvoir le comparer. Quant à leur fameuse *antichthone*, elle n'a pas d'autre origine que celle que je lui attribue, c'est-à-dire une simple considération, tirée de la puissance des nombres. Ce corps, en passant entre la lune et le soleil, était censé produire la plus grande partie des éclipses de lune; mais comme l'interposition d'un seul corps ne suffisait pas apparemment pour expliquer la fréquence de ces éclipses, d'autres pythagoriciens imaginèrent qu'il existait plusieurs antichthones invisibles, dont l'interposition ramenait plus fréquemment ce phénomène. Nous avons vu (p. 374) qu'Anaxagore avait eu la même idée. C'est l'auteur du Traité du ciel qui nous l'apprend. « Quelques-uns pensent, dit-il (3), qu'il peut y avoir plusieurs corps qui gravitent autour du milieu [occupé par le feu], ce que l'interposition de la terre nous empêche d'apercevoir; c'est pour cela, disent-ils, que les éclipses de lune sont plus fréquentes que

---

(1) Arist., *Metaph.*, I, 5. Cf. Ideler, *Ueber das Verhæltniss des Copernicus zum Alterthum*, dans le *Museum der Alterthumswiss.*, II, 400, 401.

(2) Boeckh's *Philolaos des Pythagor. Lehren*, S. 94-114.

(3) *Cœl.*, II, 13, pag. 466, C. Ἐνίοις δὲ δοκεῖ καὶ πλείω σώματα τοιαῦτα ἐνδέχεσθαι φέρεσθαι περὶ τὸ μέσον· ἡμῖν δὲ ἄδηλα διὰ τὴν ἐπιπρόσθησιν τῆς γῆς· Διὸ καὶ τὰς τῆς σελήνης ἐκλείψεις πλείους ἢ τὰς τοῦ ἡλίου γίγνεσθαί φασι.

celles de soleil : dans cette hypothèse, ce ne serait pas seulement la terre, ce serait ainsi chacun de ces corps qui empêcherait la lumière du soleil d'arriver à la lune. » Delambre, qui cite ce passage (1), attribue cette opinion à Aristote, parce qu'il n'a pas remarqué le verbe φασί : « Aristote, dit-il, raisonne comme un homme qui n'a aucune idée bien nette des mouvements célestes. » Mais Aristote ne fait pas ici de raisonnement ; il rapporte ceux des autres, et il était si loin d'approuver ces rêveries, qu'il reproche aux pythagoriciens, en cet endroit même, de « chercher beaucoup moins à subordonner aux phénomènes leurs raisonnements sur les causes qui les produisent, qu'à plier et accommoder ces mêmes phénomènes à des opinions et à des raisonnements [arrêtés d'avance] (2). » Expressions remarquables, et qu'on pourrait appliquer, avec une égale justice, à plusieurs autres sectes philosophiques de l'antiquité.

Dans le passage d'Aristote, qui vient d'être cité, on voit que les pythagoriciens concevaient, en général, que les éclipses de lune étaient le résultat de l'interposition soit de la terre, soit de leur antichthone ; c'en est assez pour prouver qu'ils étaient loin de connaître la vraie cause du phénomène. Quant aux éclipses de soleil, il est évident qu'ils devaient s'en rendre compte d'une manière bien moins satisfaisante encore ; ils étaient surtout très loin de comprendre la raison qui rendait les éclipses de soleil plus rares que celles de lune. Cette rareté, comme je l'ai dit, fit bien longtemps douter qu'elles fussent causées par l'interposition de la lune. On en juge par la peine que prend Cléomède de réfuter les fausses idées qu'on s'était faites à ce sujet ; par la manière dont s'exprime Arrien (3), et surtout Achilles Tatius, qui cite pourtant l'ouvrage où Hipparque avait traité des éclipses de soleil selon les sept climats ; il dit : « le soleil s'éclipse, *comme quelques-uns le disent*, lors-

---

(1) *Hist. de l'Astron. anc.*, I, 310.
(2) Οὐ πρὸς τὰ φαινόμενα τοὺς λόγους καὶ τὰς αἰτίας ζητοῦντες, ἀλλὰ πρός τινας δόξας καὶ λόγους αὐτῶν τὰ φαινόμενα προσέλκοντες καὶ πειρώμενοι συγκοσμεῖν. Aristot., *de Cœl.*, II, 13, p. 465 E ; 466 A.
(3) ...ὅταν (σελήνης, ἡλίου, γῆς) τὸ ἔργον τοῦτο λόγος εἶναι κατέχει. *Anab.*, III, 8, 9.

que la lune vient se placer directement devant le soleil, explication qu'il faut admettre de préférence, *comme probable* (1). »
Ce n'était donc pour lui qu'une *opinion encore peu répandue*, et seulement *plus probable qu'une autre*. Voilà où en était sur ce point un auteur du ve siècle versé dans l'astronomie.

Ainsi les obstacles qui s'opposaient à ce que les anciens se fissent une théorie complète des éclipses, subsistèrent presque jusqu'à l'époque de la décadence des lettres. On avait enfin renoncé aux idées puériles dont la philosophie elle-même s'était si longtemps contentée; mais des difficultés venaient toujours entretenir l'incertitude sur la cause des phénomènes.

Quant aux moyens de les prédire, il y a encore la même distinction à faire. Les Grecs ont pu de bonne heure, comme les Chaldéens, prévoir le retour de celles de la lune; il en fut autrement de celles du soleil.

Les anciens philosophes avaient des idées entièrement fausses de la forme de la terre. La notion de sa sphéricité n'a commencé à se répandre que dans l'école de Platon. C'est de cette époque seulement qu'on peut réellement dater la connaissance de la vraie cause des éclipses de soleil, et celle des moyens d'annoncer leur retour, mais encore d'une manière vague. Outre que les Grecs n'avaient alors qu'une idée fort inexacte de la mesure de la terre, qu'ils croyaient d'un tiers, sinon de la moitié trop grande, il leur manquait une notion importante pour la précision d'une telle annonce, la connaissance des distances relatives de la lune et de la terre au soleil. Aristarque fut le premier qui, un siècle après Platon, essaya de la déterminer par une méthode très ingénieuse en principe, mais dont l'application est fort difficile. Aussi trouva-t-il la distance de la terre au soleil dix-neuf fois plus grande (au lieu de quatre cents fois) que celle de la lune à la terre (2). Cette erreur énorme était pourtant à peu près inévitable. Il admettait encore que la lune n'a point de parallaxe sensible,

---

(1) Ἐκλείπει δὲ, ὡς μέν τινές φασιν, ἔμπροσθεν αὐτοῦ τῆς σελήνης κατὰ κάθετον αὐτοῦ γιγνομένης, ᾧ καὶ μᾶλλον, ὡς πιθανῷ, πειστέον. Ach. Tat., § 19, p. 139 B.

(2) Delambre, *Hist. de l'Astr. anc.*, I, p. 75.

puisque (1), selon lui, la terre n'est qu'un point par rapport à la sphère de la lune. Hipparque démontra que cette parallaxe est d'environ un degré (57'; elle varie de 54' à 61'); à plus forte raison, Aristarque supposait-il qu'il en était ainsi du soleil, dont la parallaxe, qui est d'un peu moins que 9" (8" 84), a toujours échappé aux moyens d'observation des anciens. Hipparque, qui ne sut jamais précisément si elle était nulle ou sensible, la fit de 3', par pure hypothèse (2). On juge, d'après cela, entre quelles limites, un siècle avant Aristarque, Hélicon (3) a dû circonscrire la prédiction qu'il fit d'une éclipse du soleil, à moins que le hasard ne soit venu en aide à sa science. Car, sans la connaissance des parallaxes, les éclipses de soleil ne peuvent se calculer. Hipparque lui-même, un siècle après Aristarque, n'aurait pu encore arriver à quelque précision. Il ne se trompait que de quelques minutes sur la parallaxe de la lune; mais il faisait celle du soleil beaucoup trop forte; et de plus, il admettait, entre les distances relatives de la terre et de la lune au soleil, les mêmes rapports qu'Aristarque (4). Enfin, Ptolémée, qui nous présente toutes les méthodes d'Hipparque, perfectionnées par deux siècles d'observations et de calculs, était évidemment hors d'état, par l'erreur de ses parallaxes, de faire des prédictions d'éclipses de soleil avec une certaine précision et avec quelque assurance, comme l'a démontré Delambre (5) dans l'analyse du VIe livre de l'*Almageste*.

Cet examen des opinions des anciens sur un point si curieux nous met en état d'aborder la discussion de plusieurs faits que l'histoire nous a conservés; principalement ce qui concerne la fameuse éclipse de soleil prédite par Thalès, qui a été et qui est encore la *croix* des chronologistes; et les éclipses calculées après coup, à Rome, lors de la refonte des *Grandes Annales* (6).

(1) Delambre, *endroit cité*.
(2) *Id.*, II, p. 207.
(3) Plut. *in Dion.*, § 19.
(4) Delambre, *l. c.*
(5) II, p. 238.
(6) C'est l'objet du chapitre suivant, dans l'ouvrage même.

DES
OPINIONS COSMOGRAPHIQUES

DES PÈRES DE L'ÉGLISE

RAPPROCHÉES

DES DOCTRINES PHILOSOPHIQUES DE LA GRÈCE (1).

Il fut un temps, et ce temps n'est pas encore bien loin de nous, où toutes les sciences devaient prendre leur origine dans la Bible. C'était la base unique sur laquelle on leur permettait de s'élever; et d'étroites limites avaient été fixées à leur essor. On laissait l'astronome observer les astres et faire des almanachs, mais à condition que la terre resterait au centre du monde, et que le ciel continuerait à être une voûte solide, parsemée de points lumineux; le cosmographe pouvait dresser des cartes, mais il devait poser en principe que la terre était une surface plane, suspendue miraculeusement dans l'espace, et soutenue par la volonté de Dieu. Si quelques théologiens, moins ignorants, permettaient à la terre de prendre la forme ronde, c'était à la condition expresse qu'il n'y aurait pas d'antipodes. L'histoire naturelle des animaux devait partir de la reproduction de ceux qui avaient été conservés dans l'arche; l'histoire et l'ethnographie avaient pour base commune la dispersion, sur la surface de la terre, de la famille de Noé.

Les sciences avaient donc leur point de départ fixé et déterminé, et l'on traçait autour de chacune d'elles un cercle d'où

[(1) *Revue des Deux-Mondes,* mars 1835, t. I, p. 601.]

il lui était interdit de sortir, sous peine de tomber à l'instant sous la redoutable censure des théologiens, qui avaient toujours au service de leur opinion, bonne ou mauvaise, trois arguments irrésistibles, la persécution, la prison ou le bûcher.

Ces obstacles, que l'esprit scientifique rencontra dans tout le moyen âge, et qui retardèrent pendant si longtemps les progrès des sciences d'observation, tiraient leur force principale de l'autorité des saints Pères. Ces hommes, si éminents par leur foi et leur éloquence, mais généralement peu familiarisés avec les études scientifiques, se persuadèrent que la seule cosmographie possible était celle qu'ils trouvaient exposée dans la Bible, et que les opinions des Grecs, c'est-à-dire le système de Ptolémée, ne devaient point être admises, parce qu'elles étaient contraires au texte de Moïse, dont toutes les paroles, inspirées par l'esprit divin, devaient offrir le reflet de l'éternelle sagesse. Quelques-uns d'entre eux, trop éclairés pour ne pas sentir toutes les difficultés qui résultaient de l'interprétation littérale, essayèrent d'entrer dans une voie moins étroite. Pour l'honneur de l'écrivain sacré, ils pensèrent qu'en certains cas le sens vulgaire de ses expressions en cachait un plus relevé; ils y découvrirent des allégories savantes ou des symboles mystérieux. Ce système d'interprétation, puisé dans les habitudes de la philosophie païenne, et que les Juifs alexandrins, tels que Philon, avaient adopté déjà, fut mis en œuvre surtout par Origène, un des plus spirituels entre les saints Pères ; mais on le repoussa de toutes parts. Il y eut des docteurs chrétiens qui, voyant à quelles conséquences conduisait l'interprétation littérale de la Bible, relativement à la cosmographie, mais n'osant pas s'en écarter, voulurent qu'on s'abstînt de toutes ces discussions mondaines, étrangères à la foi, et qui pouvaient lui nuire ; ils gardèrent eux-mêmes un silence prudent (1). D'autres, recommandables par le savoir, la raison et le courage, osèrent prendre ouvertement la défense des *idées grecques*. De ce nombre fut Jean

---

(1) Joh. Philopon., *de Creat. mundi*, III, 13, p. 134, 135.

Philoponus, dont l'ouvrage sur la création a pour objet de prouver que rien, dans la sainte Écriture, ne s'oppose réellement au système de Ptolémée (1) ; mais il y réussit fort mal : du moins les théologiens en jugèrent ainsi ; presque tous s'en tinrent aux conséquences de l'interprétation littérale, et rejetèrent tout moyen de conciliation. Les fausses idées qui en découlent prirent un tel ascendant, que c'est avec une grande hésitation, et en prenant toutes sortes de précautions oratoires, qu'on laissait percer une opinion contraire à ces préjugés *orthodoxes*. Ainsi, par exemple, Eusèbe de Césarée se hasarde à dire dans son Commentaire sur les Psaumes, que la terre est ronde (2) ; puis, effrayé de tant de hardiesse, il se hâte d'ajouter que, du moins, tel est l'avis de quelques-uns, laissant clairement entrevoir (et le P. Montfaucon lui-même (3) le remarque) que cet avis était le sien, mais n'osant ouvertement l'avouer ; aussi dans un autre ouvrage, il revient aux préjugés alors en vigueur (4).

Le patriarche Photius, en donnant l'analyse des ouvrages de Cosmas (5) et de Diodore de Tarse (6), montre qu'il était loin de partager les étranges opinions que ces auteurs émettent sur les phénomènes célestes et la forme du monde ; mais aux précautions dont il use, il est facile de voir combien il craignait de blesser les âmes pieuses et timorées.

Cette lutte entre l'esprit et la lettre, entre le bon sens des uns et la foi robuste des autres, fit naître une foule d'ouvrages de controverse, où les partisans de l'interprétation verbale cherchaient à convaincre leurs adversaires de l'impossibilité de concilier la Bible avec l'astronomie alexandrine ; ils en tiraient eux-mêmes les plus étranges hypothèses, qui se réunissaient toutes dans l'exclusion formelle de la rondeur de la terre. Saint Augustin, Lactance, saint Basile, saint Ambroise,

---

(1) Joh. Philopon., *l. c.*, p. 58, 79, 114, 119, 120 *et alibi*.
(2) Dans la *Collect. nova Patr.*, I, p. 460 F, ed. Montf.
(3) *Præf. in Euseb. in Coll. nov. Pat.*, I, 355.
(4) *Comm. in Hesaiam.* — *Coll. nov.*, II, 514 D.
(5) *Biblioth.*, cod. 36, p. 9, ed. Hoesch ; 7, col. 2, l. 14, 15, ed. Bekk.
(6) *Ap. eumd.*, cod. 223, p. 362, ed. Hoesch ; p. 220, col. 2, l. 15, Bekk.

saint Justin martyr, saint Jean Chrysostôme, saint Césaire, Procope de Gaza, Sévérianus de Gabala, Diodore de Tarse, etc., ne permettent pas que le vrai chrétien conserve là-dessus le moindre doute.

Il faut convenir que si les phénomènes naturels n'étaient pas là pour contredire le texte, l'interprétation littérale serait sans réplique; l'explication que les Pères donnent de la Bible et les conséquences qu'ils en tirent seraient également incontestables. Ce n'est vraiment qu'à l'aide des interprétations les plus forcées qu'on peut voir dans ce texte autre chose que ce qu'ils y ont vu. Ce n'est qu'en changeant le sens naturel des mots, en bouleversant la suite des idées, que les géologues *bibliques*, depuis Burnet et Whiston jusqu'à Kirwan et Deluc, ont pu réussir à faire accorder la Genèse avec leurs idées. Telle est par exemple leur explication favorite du mot *jour*, dans le récit de la création; selon eux, ce n'est pas un espace de vingt-quatre heures, c'est un intervalle de temps indéterminé qui a pu être immense. Deluc et ses imitateurs n'aperçoivent que ce moyen de se procurer le temps nécessaire pour la formation des diverses couches qui composent l'écorce du globe. Mais c'est acheter bien cher l'avantage de faire de Moïse un géologue; car cette fameuse interprétation, contraire à l'ensemble du texte, le rend complètement inintelligible. Adoptée ou plutôt *tolérée* en désespoir de cause par quelques théologiens conciliants (1), elle a toujours été rejetée du plus grand nombre, catholiques ou protestants, parce qu'elle ne donne à Moïse l'apparence du savoir géologique qu'en lui ôtant jusqu'à l'ombre du sens commun (2). Ce récit demeure véritablement inexplicable, lorsqu'on part du point de vue scientifique, mais il devient clair et facile, comme le reste du premier chapitre de la Genèse, quand on ne veut y voir que l'expression naïve de ces idées élémentaires qui se sont

---

(1) Frayssinous, *Défense du christianisme*, II, p. 202-203; 1825, in-12.
(2) Bergier, *Dict. de Théol.*, art. *jour*. — Les Bénéd., auteurs de l'*Art de vérifier les dates avant l'ère chrét.*, p. 106, in-4°. — Rosenmüller *in Pentat.*, I, p. 58, 59. — Eichhorn, *Urgeschichte*, P. I, p. 151, etc.

présentées à tous les peuples dans l'enfance de la civilisation (1).

Imaginer que Moïse a pu n'être pas inspiré en tout ce qu'il a écrit, distinguer, comme l'ont fait quelques modernes, ce qui est de foi de ce qui est science, c'est là ce qui ne vint pas et ne pouvait venir dans la pensée des Pères ; forcés tout à la fois par le sens certain des mots et l'ascendant d'une conviction profonde, ils croyaient ne pouvoir hésiter sur les conséquences de l'interprétation littérale. Ils fermaient les yeux sur leur absurdité ; ce qui était écrit devait être vrai ; tant pis pour la raison humaine, elle devait se soumettre, car, comme le disait saint Augustin, *major est Scripturæ auctoritas quam omnis humani ingenii capacitas* (2).

Ajoutons qu'ils étaient presque à leur insu sous l'influence des opinions populaires qui dominaient encore les esprits même assez éclairés, et de celles qui avaient été soutenues dans les écoles philosophiques des païens. Car, à côté des progrès, à la vérité très lents, des sciences d'observation, vivaient toujours les hypothèses imaginées par les anciens philosophes pour expliquer les faits avant de les connaître : et ces hommes ingénieux avaient si largement exploité le champ des vaines conjectures, que les premiers commentateurs juifs ou chrétiens de la Bible, dans leurs rêveries les plus extravagantes, purent difficilement y glaner une explication tout à fait nouvelle. La plus étrange de leurs explications a sa racine dans quelque opinion de ces philosophes païens dont ils méprisaient beaucoup la morale, mais dont ils estimaient fort le savoir, et qu'ils aimaient toujours à citer à l'appui de leurs propres opinions.

---

(1) Heyne, *de Hesiodi theol.*, Comm. Gott., t. II, p. 137. — Pott, *Moses und David keine geologen* (Moïse et David nullement géologues), p. 47, Berl. 1799. Ce petit ouvrage, d'un savant théologien d'Helmstadt, a pour objet de réfuter la géologie biblique de Kirwan (dans ses *Geological Essays*, p. 35 et suiv.). L'auteur veut prouver que le premier chapitre de la Genèse, 1° ne contient point de révélation ; 2° encore moins une révélation de faits géologiques ; 3° en aucune façon une révélation faite à Adam ou à Moïse.

(2) *In Genes.*, II, 9. — *Opp.*, t. III, p. 135 B.

C'est ainsi que les idées cosmographiques auxquelles l'autorité des saints Pères donna tant de crédit, remontent presque toutes aux écoles philosophiques de la Grèce. Ce fait remarquable ressort avec évidence de l'examen de quelques-unes des opinions dont se compose cette singulière cosmographie.

Je prendrai pour base de cet examen la *Topographie chrétienne* de Cosmas, publiée par le Père Montfaucon, dans la *Collectio nova Patrum* : — c'est, entre les ouvrages qui nous restent sur ce sujet, le seul où un système *cosmographique* soit exposé d'une manière complète. Je le comparerai ensuite aux notions détachées qu'on tire des anciens commentateurs de la Bible, en prouvant qu'elles remontent toutes à quelque opinion soutenue dans les anciennes écoles philosophiques.

§ I. — *De la Topographie chrétienne de Cosmas Indicopleuste.*

Au commencement du vi^e siècle vivait à Alexandrie un personnage qui, après avoir fait le négoce et voyagé dans les mers de l'Inde, avait embrassé la vie monastique. Dans le repos et le silence du cloître, il composa plusieurs ouvrages, dont il ne nous reste plus que la *Topographie chrétienne*. Ce livre, écrit vers l'an 535, a été connu de Photius, qui en a donné un extrait fort succinct (1); mais ce savant patriarche a ignoré jusqu'au nom de l'auteur; et Fabricius doute même si celui de Cosmas, qui se trouve dans le manuscrit, ne serait pas simplement un de ces surnoms qu'il était d'usage de prendre d'après le genre des occupations auxquelles on se livrait ou des ouvrages qu'on avait composés (2). Quoi qu'il en soit, ce livre n'a guère paru intéressant jusqu'ici que par quelques détails curieux sur l'Inde, où l'auteur avait voyagé, et principalement par les fameuses inscriptions grecques qu'il avait copiées à Adulis; aussi, à l'exception de ces particularités,

---

(1) *Bibliotheca*, cod. 36.
(2) Fabr., *Bibl. gr.*, III, 24; t. II, p. 612.

qui ont été l'objet de diverses recherches, le fond du livre n'a pas beaucoup occupé les savants ; et tout ce qu'on en lit dans plusieurs ouvrages géographiques peut être considéré comme un simple extrait de la préface du savant Montfaucon. Cependant le fond même de ce livre le rend un des plus curieux de l'époque où il a été composé. Le but principal de l'auteur a été d'établir le seul système cosmographique qui lui semblait *orthodoxe*, c'est-à-dire, selon lui, conforme au sens littéral de la Bible, auquel il s'attachait avec scrupule. La partie astronomique de ce système est complètement absurde ; la partie géographique est remplie de notions fausses et d'idées extravagantes ; et toutes deux seraient à peu près indignes d'examen, si elles ne nous représentaient qu'une opinion individuelle. Mais l'analyse approfondie de ce livre démontre que les opinions qui s'y trouvent ont été celles de plus d'un auteur des premiers siècles du christianisme.

Cosmas attaque très vivement ce qu'il appelle les *hypothèses grecques*, c'est-à-dire les idées de l'école alexandrine sur la rondeur de la terre et l'existence des antipodes (1). Il croit démontrer d'abord sans réplique que l'Écriture est formellement contraire à ces dangereuses idées. Ensuite il avance qu'il est absurde d'imaginer que des hommes peuvent vivre la tête en bas et les pieds en haut (2), et que la pluie peut tomber des quatre points de l'horizon diamétralement opposés (3). Ces arguments datent de loin, et en tout temps ils ont été trouvés fort bons. Plutarque (4) les met déjà dans la bouche d'un de ses interlocuteurs, grand ennemi de la sphéricité de la terre et des antipodes ; et on les voit se reproduire de siècle en siècle, depuis Lactance et saint Augustin, jusqu'au moment où la découverte de l'Amérique et le voyage autour du monde de Magellan vinrent pour toujours réduire au silence les adversaires des antipodes.

---

(1) Cosmas, p. 121, A. B.; 157, A.; 275, A.
(2) *Id.*, p. 114. E.
(3) *Id.*, p. 119, D.
(4) *De facie in orbe Lunæ*, p. 923; t. IX, p. 654. Reisk.

Selon Cosmas, la terre est une surface plane entourée de l'océan : au delà s'étend une autre terre que les hommes habitaient avant le déluge, mais où ils ne peuvent plus pénétrer maintenant. Cette terre est entourée de hautes murailles sur lesquelles le firmament, comme une voûte immense, vient s'appuyer de tous côtés. Ainsi, le monde ne ressemble pas mal à un coffre dont la terre serait le fond, et le ciel le couvercle.

Voici maintenant comment l'auteur soutient ce singulier système.

Saint Paul désigne, par les mots τὸ ἅγιον κοσμικὸν, le tabernacle élevé par Moïse dans le désert (1). Ici les commentateurs conviennent que le mot κοσμικὸς signifie simplement *terrestre*, par opposition à *céleste* (2). Mais, au temps de Cosmas, et auparavant, plusieurs interprètes de l'Écriture, entre autres Théodoret (3), donnaient à ce mot le sens de *fait à l'imitation du monde*. Cosmas, qui adopte cette interprétation, ne manque pas d'admettre en conséquence que le tabernacle était une représentation du monde (4) : dans ce cas, la forme du premier étant connue, celle du second devait l'être nécessairement. Les textes de l'Écriture à la main, il n'a pas de peine à prouver que le tabernacle avait tout juste la figure d'une grande caisse une fois plus longue que large, et conséquemment que telle doit être la forme de l'univers. Il s'étaie principalement des passages d'Isaïe : « Je suis celui qui a posé le ciel comme une voûte (5) ; je suis celui qui a étendu le ciel comme une tente (6) ; » et de cet autre de Job : « J'ai incliné le ciel sur la terre (7). »

Quant à la terre elle-même, Cosmas donne pour certain qu'elle ressemble à une table ayant une longueur double de sa

---

(1) *Hebr.*, IX, 1.
(2) Cf. Schleusner, *Nov. Lexic. nov. Test.*, I, 1309.
(3) Dom Calmet, *Comm. sur saint Paul*, II, p. 689.
(4) Cosmas, p. 115, D ; 196, E ; 197, A.
(5) Iles., XL, 22. — Cosmas, p. 129, D ; 305, C.
(6) Hes., XLII, 5.
(7) XXXIII, 33.

largeur. Il la compare à la table des pains de proposition placée dans le tabernacle : peut-on douter de la justesse de cette comparaison, nous dit-il (1), quand on voit qu'à chacun des quatre angles de cette table il y avait trois pains de proposition, symbole évident des trois mois de chaque saison? Et d'ailleurs les quatre angles de cette table ne sont-ils pas des emblèmes évidents des solstices et des équinoxes ?

Ainsi Cosmas ne le cédait pas beaucoup sur l'article des allégories à d'autres docteurs chrétiens ou juifs qui en avaient puisé le goût chez les Alexandrins. Cette manière forcée de rendre compte de la disposition du tabernacle rappelle naturellement que Josèphe veut trouver dans certaines dispositions de ce lieu saint des emblèmes du même genre, tels que ceux des douze mois de l'année, de la terre, de la mer, du ciel, des planètes et des quatre éléments (2), toutes choses auxquelles Moïse n'avait probablement jamais pensé; de même Philon (3), ainsi que Clément d'Alexandrie (4), voyait dans les diverses parties de l'ancien temple de Jérusalem, et jusque dans les ornements du grand prêtre, des symboles qui se rapportaient à toute la nature, et principalement à ses parties les plus apparentes, le ciel, la terre, le soleil, la lune, les signes du zodiaque, etc. Cette manie d'interprétation symbolique gagna aussi les théologiens du moyen âge ; car, lorsque Galilée eut découvert les quatre satellites de Jupiter, qui augmentaient le nombre connu des planètes, on opposa d'abord à sa découverte et les sept chandeliers d'or de l'Apocalypse et le chandelier à sept branches du tabernacle, et jusqu'aux sept églises d'Asie (5), symboles divins, assurait-on, du nombre auquel la Providence avait voulu porter les planètes, et qu'on ne pou-

---

(1) Cosmas, p. 129, D.

(2) *Ant. Jud.*, III, 8, 7 ; I, p. 155, 156, ed. Haverc. — Tout cela est dans le goût d'Olympiodore qui interprète les quatre chevaux d'Apollon par les deux solstices et les deux équinoxes. (Dans le *Platon* de M. Cousin, t. III, p. 446.)

(3) *De somniis*, I, § 37, t. I, p. 654, ed. Mang. — *De vita Mos.*, III, § 12, t. II, p. 152. — *De Monarch.*, II, 5, t. II, p. 226.

(4) *Stromat.*, V, p. 664-669, ed. Pott.

(5) Delambre, *Hist. de l'Astr. mod.*, I; *Disc. prélim.*, p. xx.

vait augmenter sans blesser la foi. Mais aussitôt que le fait eut été constaté, on fit la découverte que la foi n'y est pas contraire.

Le monde de Cosmas, ou ce grand coffre oblong qu'il appelle ainsi, se divise, selon lui, en deux parties : la première, séjour des hommes, s'étend depuis la terre jusqu'au firmament, au-dessous duquel les astres font leurs révolutions ; là séjournent les anges (1), qui ne s'élèvent jamais plus haut (2). La seconde s'étend depuis le firmament jusqu'à la voûte supérieure qui couronne et termine le monde. Sur le firmament *reposent les eaux du ciel :* au delà de ces eaux se trouve le royaume des cieux, où Jésus-Christ a été admis le premier, frayant la route de vie à tous les chrétiens (3).

Après avoir fait de l'univers un grand coffre divisé en deux compartiments, il restait à expliquer les phénomènes célestes, tels que la succession des jours et des nuits et les vicissitudes des saisons.

Voici l'explication *orthodoxe* de Cosmas. Il considère la terre, ou cette terre oblongue circonscrite par de hautes murailles, comme divisée en trois parties : 1° la terre habitable, qui en occupe le milieu ; 2° l'océan, qui environne cette terre de toutes parts ; 3° une autre, qui entoure l'océan, terminée elle-même par ces hautes murailles sur lesquelles vient s'appuyer le firmament. Chacune de ces divisions pourrait être l'objet d'un examen particulier. Je ne m'occupe ici que de l'ensemble. Or, selon lui, la terre habitable va toujours en s'élevant du midi au nord, en sorte que les contrées australes sont beaucoup plus basses que les boréales. C'est pour cela, nous dit-il, que le Tigre et l'Euphrate, qui coulent du nord au sud, ont un cours plus rapide que le Nil, qui va dans le sens contraire. Tout à fait au nord, il existe une grande montagne conique derrière laquelle se cachent le soleil, la lune et tous les astres, qui exécutent leur cours le long de la voûte céleste,

---

(1) Cosmas, p. 286, D.
(2) *Id.*, p. 313, E.
(3) *Id.*, p. 186, D.

et en dedans de ces hautes murailles qui circonscrivent la terre. Par leurs mouvements obliques, ces astres ne passent jamais au-dessous de la terre ; ils ne font que tourner autour de la grande montagne qui les cache à notre vue. Selon que le soleil s'éloigne ou s'approche du nord, et conséquemment selon qu'il s'abaisse ou s'élève dans le ciel, il disparaît derrière la montagne en un point plus ou moins éloigné de sa base, et demeure éclipsé plus ou moins de temps : de là l'inégalité des jours et des nuits, et la vicissitude des saisons. Du reste, Cosmas admet que non seulement le soleil et la lune, mais tous les astres, sont conduits, chacun par des puissances spirituelles, par des anges, qu'il compare à des *lampadophores* (1) ; en sorte que les mouvements de ces astres sont dus à une *cause intelligente* qui préside à chacun d'eux. Ce sont encore des puissances angéliques qui préparent la pluie, rassemblent les nuages, et président aux vents, à la rosée, à la neige, à la chaleur, au froid, en un mot à tous les phénomènes météorologiques (2).

Tel est en substance le système de Cosmas. On peut facilement décider si quelque partie de ce système lui appartient en propre, ou bien si toutes les idées dont il se compose étaient plus ou moins répandues avant lui parmi les docteurs chrétiens. Il nous apprend lui-même qu'il ne l'a pas tiré de son propre fonds. « Ce n'est pas, dit-il, d'après ma propre opinion et mes propres conjectures que j'ai exposé la forme du monde ; c'est principalement d'après les leçons orales d'un homme divin et d'un grand maître, Patrice ; il vint ici du pays des Chaldéens, accompagné de son disciple Thomas d'Édesse, qui le suivait partout dans ses voyages. C'est lui qui m'a fait connaître la vraie et pieuse doctrine (ce qui veut dire le système conforme au texte de l'Écriture, que Cosmas expose dans son ouvrage), et maintenant il a été promu au siège épiscopal de toute la Perse (3). »

(1) Cosmas, p. 150, A. C.
(2) *Ubi suprà* et p. 156, D. E. 289, A.
(3) *Id.*, p. 125, A. Cf. VIII, p. 306, D.

Tout ce qu'il faut conclure de ce texte, c'est que le moine d'Alexandrie tenait son système d'un chrétien de Babylone, appelé *Patrice*, et que le maître ne méritait guère les pompeux éloges de son disciple. Mais ce système n'appartenait pas plus à l'un qu'à l'autre, comme cela résulte de l'examen des principales particularités qu'il présente, et dont je vais montrer l'origine.

§ II. — *De la pluralité des cieux.*

D'abord l'idée d'un double ciel qui divise le monde en deux compartiments n'est que la conséquence de plusieurs textes de la Bible, entendus à la lettre. On la trouve en conséquence dans beaucoup d'ouvrages des premiers siècles du christianisme.

La plupart des docteurs chrétiens, expliquant littéralement les expressions de *cieux*, de *ciel des cieux*, dans plusieurs passages des livres saints, et de *troisième ciel,* dont se sert l'apôtre saint Paul, crurent à l'existence de plusieurs cieux (1). D'autres, tels qu'Origène, prenant au figuré les mêmes expressions, prétendaient qu'on ne saurait trouver dans les livres saints canoniques la preuve qu'il existe sept cieux (2), ou même un nombre de cieux déterminé. Mais cette opinion n'eut pas beaucoup de partisans. On s'accorda en général à reconnaître la pluralité des cieux; on différa seulement sur leur nombre et leur disposition. Les uns (comme saint Hilaire) crurent téméraire d'en fixer le nombre (3); d'autres, se conformant aux idées de la philosophie païenne, admirent sept, huit, neuf et même dix (4). Ils les concevaient comme des hémisphères concentriques qui venaient s'appuyer sur la terre (5), et à chacun desquels ils donnaient dif-

---

(1) S. Hilar. *In Psalmos* CXXVI, 2. — Opp., p. 487, A. S. Basil. *In Hexaem. Hom.,* III, 24, C.
(2) Origen., *Contrà Cels.*, VI, p. 289, ed. Spenc.
(3) S. Hilar., *ubi suprà*, p. 486, D. E.
(4) S. Aug. *in Genes.*, XII, 57. — *Opp.* III, P. I, p. 318, E.
(5) Tels que les manichéens (Beaus., *H. d. M.* II, p. 366).

férents noms : Beda les met dans cet ordre : *aer, æther, olympus, spatium igneum, firmamentum, cœlum angelorum, cœlum Trinitatis.* Raban Maur nous a conservé une autre classification qui comprend, outre *cœlum Trinitatis,* sept cieux, savoir : *empyreum, cœlum aqueum* sive *chrystallinum, firmamentum, spatium igneum, olympum, cœlum æthereum, cœlum aereum.*

Dans les deux listes de Beda le Vénérable et de Raban Maur on aura remarqué l'*Olympe,* qui occupe la place entre l'éther et la matière ignée. C'est encore là le reflet d'une ancienne opinion. Dans un passage très remarquable de Stobée (1), qui a été regardé par les meilleurs critiques (2) comme étant capital pour la connaissance du système cosmologique de Philolaüs, on voit que ce philosophe donnait le nom d'*Olympe* à l'extrémité supérieure de l'univers, composée de feu, comme le centre de cet univers (3). C'est, je pense, en partant de cette idée de Philolaüs, que certains commentateurs d'Homère, au rapport de Plutarque, prétendaient, d'après un vers de l'*Iliade* (4), que ce poète admettait la division de l'univers en cinq parties ou mondes (5), savoir : l'Olympe, le ciel, l'air, l'eau, la terre, cette dernière occupant la partie inférieure, tandis que l'*Olympe* était situé à la partie supérieure : là, comme dans le système de Philolaüs, selon ces commentateurs, l'Olympe était évidemment la matière éthérée. C'est à cette division de l'univers en cinq parties que saint Basile fait allusion dans un passage de son *Hexaemeron* (6). D'autres, confondant le ciel et l'éther, n'admirent que quatre parties, l'éther, l'air, l'eau et la terre (7); et l'on voit, par un passage d'Achilles Tatius, que les trois premières parties étaient cen-

---

(1) *Ecl. phys.*, p. 488, ed. Heer.
(2) Tiedem. *alt. Phil.*, p. 456, ff. — Boekh, *Philolaos*, p. 98, ff.
(3) Boekh, *ouvrage cité*, p. 99.
(4) XV, 192.
(5) *De def. orac.*, p. 422. — T. VII, p. 666. Reiske. Je corrige une transposition qui a eu lieu dans ce texte.
(6) *Hexaem. Homil.* I, II, p. 10, E.
(7) *Ap.* S. August. *de Civit. Dei*, VII, 6, p. 630.

sées former des sphères concentriques, qui enveloppaient celle de la terre (1).

Il est possible que l'interprétation citée par Plutarque appartienne à quelque pythagoricien, qui aura voulu expliquer Homère par les doctrines de l'école; il paraît en effet, et cette application du nom de l'Olympe en est elle-même une preuve, que les pythagoriciens ont cherché, de fort bonne heure, à rattacher leurs systèmes sur la physique du monde aux traditions poétiques et religieuses. Ainsi, Philolaüs supposait que le centre du monde était occupé par le feu, autour duquel tournaient dix corps, savoir : le ciel étoilé, les cinq planètes, le soleil, la lune, la terre et l'antichthone, ou *terre opposée*, qui leur servait à expliquer les éclipses, système qui, pour le rappeler en passant, n'a rien de commun avec celui de Copernic, quoi qu'en aient dit Brucker, Bailly, Montucla et presque tous les historiens de l'astronomie et des mathématiques; en cela ils n'ont fait que suivre l'autorité du savant Bouillaud, qui avait donné à son ouvrage sur le vrai système du monde le titre d'*Astronomia philolaïca*. Philolaüs, rapportant ce système aux idées religieuses, donnait au feu central le nom de *Vesta*, de *mère des dieux* (2), d'*habitation de Jupiter*. Enfin, au témoignage d'Aristote, quelques-uns des pythagoriciens rattachaient l'existence de la voie lactée à la course de Phaéton dans le ciel (3).

Il me paraît vraisemblable que l'*Olympe* de Beda et de Raban Maur remonte à l'opinion de Philolaüs; seulement on voit que ces auteurs ou ceux qu'ils ont copiés ne l'avaient pas comprise, puisqu'ils distinguaient l'espace igné de l'Olympe, tandis que, dans l'opinion de Philolaüs, cet Olympe était précisément l'espace igné : mais ce n'est pas la seule fois que les docteurs chrétiens ont emprunté aux anciens leurs opinions sans les comprendre.

(1) Ach. Tat., *Isag.* § 21, p. 142, C.
(2) Ideler, *Ueber das Verhæltniss des Copernicus zum Alterthum*, dans le *Museum der Alterthum-Wissenschaft*, t. II, p. 408. — Cf. Boeckh, *Philolaos*, p. 94, ff.
(3) *Meteorol.*, l. 8, *init.* p. 338, A.

D'autres Pères de l'Église interprétèrent différemment les textes de la Bible sur ce sujet. Laissant de côté le troisième ciel de saint Paul, qu'ils entendaient d'une manière toute figurée et même symbolique (2), ils s'en tinrent à la Genèse, et n'admirent qu'un double ciel. C'est cette opinion que Cosmas a adoptée. Sa division du monde en deux compartiments ou deux étages, l'un supérieur, l'autre inférieur, paraît avoir été adoptée assez généralement. Elle était énoncée par Diodore, évêque de Tarse (en 378), dans un livre dont Photius nous a donné un extrait ample et curieux (2). Ce père y combat les partisans de la sphéricité du ciel et de la terre. Il dit, dans un endroit : « Il y a deux cieux, l'un visible, l'autre invisible et placé au-dessus : le ciel supérieur fait en quelque sorte l'office de toit, par rapport au monde, comme l'inférieur par rapport à la terre ; et celui-ci sert en même temps de sol et de base au premier (3). » Sévérianus, évêque de Gabala vers la même époque, parle également du ciel supérieur, qu'il dit être le *ciel des cieux* de David ; et il compare le monde à une maison à double étage, dont la terre serait le rez-de-chaussée ; le ciel inférieur, qui sert de lit aux *eaux célestes,* le plafond ; et le ciel supérieur le toit (4). Eusèbe de Césarée, dans son commentaire sur Isaïe (5), et l'auteur des *Quæstiones et Responsiones* (6), admettent la même disposition ; c'est tout juste celle qui résulte de la description de Cosmas, puisqu'il se figurait l'intervalle d'un ciel à l'autre comme formant une espèce de compartiment dont le ciel inférieur était le fond et le supérieur le couvercle. On peut en dire autant de saint Basile (7). Il admettait que la surface supérieure du premier ciel est plate, tandis que la surface inférieure, celle qui est tournée vers nous, est en forme de voûte. Il expliquait de cette manière comment les

---

(1) S. August. *in Genes.*, XII, 67. — *Opp.*, t. III, *part.* I, p. 322 D.; 324, B. C.
(2) Phot., *cod.* 223, p. 210, *col.* 1, l. 43; *ed.* Bekk. — 211, *col.* 2, l. 42.
(3) Phot., p. 220, l. 5, 59.
(4) Sever. Gab., p. 215, B.
(5) *Collect. nov. Patr.*, t. II, p. 511, B.
(6) P. 424, C. *inter. Opp.* S. *Just. mart.*
(7) *In Hexaem. Hom.*, III, 3, p. 24, A. B.

eaux célestes pouvaient s'y tenir et y séjourner (1). Ce saint père défend cette disposition contre les objections que les païens auraient pu y faire ; il leur demande en quoi l'existence d'un double ou même d'un *triple ciel* serait plus difficile à comprendre que celle de leurs sphères, « qu'ils disent être disposées comme des seaux de diverses grandeurs emboîtés les uns dans les autres (2). » Allusion assez fine à un passage de Platon (3).

Selon Cosmas, le ciel inférieur était séparé du supérieur *par les eaux célestes.* Pour cette disposition, il se fonde sur des textes de Moïse : *Fiat firmamentum medio aquarum ; et dividat aquas ab aquis. Et fecit Deus firmamentum divisitque aquas quæ erant sub firmamento, ab his quæ erant super firmamentum* (4). Il y ajoute d'autres textes tirés de la Genèse et des Psaumes (5).

Plusieurs Pères refusèrent de s'attacher à la lettre de ces textes, et Origène, par exemple, prétendit que par les eaux placées au-dessus du firmament, il fallait entendre certaines *classes d'anges ;* opinion que saint Augustin combat fortement (6). Le plus grand nombre des Pères s'en tint au sens littéral de ces textes (7) ; et bien qu'ils sentissent toutes les difficultés d'une telle disposition, comme on le voit par tout ce que saint Basile (8) et saint Augustin (9) s'opposent à eux-

---

(1) *In Hexaem. Hom.*, 4, p. 25, C.
(2) *Id.*, p. 24, C.
(3) *De Republ.*, X, 616, D. — Parménide, dans le même sens, comparait les plans de ces sphères à des *couronnes* concentriques (Pseudo-Plut., *de Plac. phil.*, II, 7, ibiq. Corsini).
(4) *Genes.*, I, 6.
(5) *Laudate eum cœli cœlorum et aquæ omnes quæ* super cœlos *sunt.* Psalm. CXLVIII, 5 ; — *qui tegis aquis superiora ejus*, CIII, 3 ; — *et mandavit nubibus desuper, et januas cœli aperuit,* LXXVII, 23.
(6) *De civ. Dei*, XI, 34, p. 1113.
(7) Selon l'abbé Bergier, savant docteur de Sorbonne, auteur du *Dictionnaire de Théologie* de l'*Encyclopédie* (art. *ciel* et *eaux*), ce sont les *incrédules* qui ont prêté à Moïse l'idée que le ciel est une voûte solide recouverte d'une couche d'eau et percée de trous, etc. Ce docte théologien n'a pas songé qu'il range ainsi d'un trait de plume presque tous les Pères de l'Église parmi les *incrédules*.
(8) *In Hexaem.*, III, 7, p. 29.
(9) *In Genes.*, II, c. 4.

mêmes, ils n'en crurent pas moins que les eaux célestes étaient soutenues par le firmament, qui avait des portes et des fenêtres. Car c'est ainsi qu'on interpréta les termes de *cataractes* ou de *fenêtres du ciel*, qui se trouvent dans la Genèse et les Psaumes (1) : on conçut que, par ces ouvertures, les eaux du ciel tombaient sous forme de pluie, à la volonté ou par les ordres de Dieu ; cette disposition, admise aussi dans la cosmographie populaire des Grecs, et dont Aristophane nous a donné une expression burlesque (2), fut regardée comme la condition indispensable de toute cosmographie prétendue orthodoxe (3). Il serait difficile de dire toutes les subtilités auxquelles on eut recours pour appuyer une telle disposition, et la rendre un peu moins singulière (4). Une des moins mauvaises explications qu'on imagina, fut que la divine sagesse ayant besoin de pluie pour la vie des hommes et des plantes, elle ne pouvait rien inventer de plus commode que cette couche d'eau, dont elle ménageait la chute selon le besoin de ses créatures (5).

D'autres, comme saint Basile et saint Isidore (6), pensèrent que Dieu avait voulu tempérer l'ardeur de la région éthérée par la froideur des eaux du ciel, ou bien empêcher que le monde inférieur ne fût brûlé par les feux qui embrasaient la partie supérieure de l'univers (7). C'est encore là un souvenir de l'ancienne philosophie païenne. On a vu plus haut que l'Olympe de Philolaüs était cette matière ignée, placée à l'extrémité supérieure de l'univers (8). Parménide (9), Héraclite,

---

(1) *Genes.*, VII, 11 ; VIII, 2. — *Psalm.* LXXVII, 27. — Schleusn., *Nov. Thes. Vet. Test.*, t. III, p. 91, 251, 252.
(2) Aristoph., *Nub.*, v. 372.
(3) Auctor *quæst. et respons.* 93. p. 449 B. C. — Theophil. *ad Autolyc.*, II, 9.
(4) Cf. Lud. Vives ad S. Aug., *Civ. Dei*, XI, 34. p. 1114. Cf. S. Justin martyr., *l. l.*
(5) S. Cyrill. Hierosol. *Cathech.*, IX, p. 76, B. C. — Ailleurs, S. Cyrille donne une autre raison (p. 17, B.) qui n'est pas beaucoup meilleure.
(6) Ap. Lud. Viv. *in* S. Aug., l. l. — Cf. *Auctor quæst. et respons.*, 93, p. 448.
(7) « Cujus scilicet naturâ artifex mundi Deus aquis temperavit, ne conflagratio superioris ignis inferiora elementa succenderet. Isid. ap. Vinc. Bellov., *Spec. mundi*, III, 82.
(8) Carus, *Ideen zur Geschichte der Philosophie*, p. 288.
(9) Stob., *Eclog. phys.*, p. 500, ed. Heer.

Straton (1), et les stoïciens, croyaient que l'éther, ou la partie la plus élevée du monde, était une matière enflammée (2) par la rapidité du mouvement diurne (3) ; Anaxagore surtout s'était attaché à cette opinion (4), et l'on tirait même de cet état présumé de l'éther l'étymologie de son nom (5). Les anciens philosophes avaient, je pense, été conduits à cette idée par la simple analogie tirée d'un phénomène très ordinaire, savoir : l'inflammation des matières combustibles et l'échauffement des pierres et des métaux par le frottement (6) ; ils en conclurent que l'éther, frotté si violemment par le mouvement rapide de la voûte solide du ciel, devait être une matière en état d'incandescence. Cette théorie, qui fut reçue, et, pour ainsi dire, remise en circulation par les néoplatoniciens, comme on le voit dans Plotin (7), passa de leur école dans les livres des saints pères, entre autres, de saint Augustin, qui s'en servit pour expliquer l'existence des eaux célestes (8). Ce grand saint, toutefois, ne se dissimulait pas combien cette disposition était contraire aux plus simples notions du bon sens ; mais comme elle était appuyée par des textes dont le sens littéral lui paraissait le seul admissible, il finit par conclure que, de quelque manière que l'on pût concevoir l'existence d'une couche d'eau sur le firmament, il fallait nécessairement qu'elle y fût : (*quoquo modo autem et qualeslibet aquæ ibi sint, esse eas minime dubitemus*); car, ajoute-t-il, toute la capacité de l'esprit humain doit céder à l'autorité de l'Écriture (*major est quippe Scripturæ auctoritas, quam omnis humani ingenii capacitas* (9). Ce seul mot explique et excuse tant d'aberrations.

(1) Diog. Laert., VII, 137.
(2) Arist., *Meteor.*, I, 3, p. 530, A. et *alibi.* — Pseudo-Arist., *de Mundo*, II, 5, *ibi* Kapp.
(3) *Id.*, *de Cœlo*, II, 7, p. 460, A.
(4) Carus, *de Font. Anax. Cosmo-Theor.*, p. 711.
(5) Mais Aristote faisait venir ce mot de ἀεὶ θεῖν, *toujours courir.* Cf. Kapp. *ad Tract. de mundo*, Exc. II.
(6) Aristote, *de Cœlo*, II, 7, p. 460, B. — Cf. S. Justin. Mart., *Arist. dogm. evers.*, § 55, p. 152. — *Quæst. et resp. ad Gr.*, p. 196, D. E.
(7) *Enn.*, III, c. 3, p. 138.
(8) *In Genesin*, II, 5. — *Opp.* III, p. 133, E., *part.* 1.
(9) S. Aug. *in Genes.*, II, 9, — *Opp.*, III, p. 135, B., *part.* I.

§ III. — *De la place occupée par les anges dans le monde physique.*

L'idée que les anges occupaient une place intermédiaire entre le ciel et la terre, n'est pas non plus particulière au système de Cosmas et de Patrice. C'était l'opinion de saint Hilaire, ainsi que le reconnaissent les savants Bénédictins éditeurs de ses œuvres (1). Théodore, évêque de Mopsueste, dans son ouvrage perdu *sur la Création*, adoptait et développait la même idée (2) ; Jean Philoponus, qui la combat, déclare qu'elle n'est autorisée par aucun texte de l'Écriture, et en effet ni l'ancien ni le nouveau Testament n'en offrent de trace : elle a été amenée par la nécessité d'expliquer les phénomènes ; et si je ne me trompe, on a puisé à une source qui a fourni bien d'autres explications, à la source platonicienne. Platon, dans le *Banquet* (3), dit qu'il existe des êtres appelés *démons*, intermédiaires entre l'homme et la Divinité, qui transmettent aux dieux les vœux et les prières des hommes, et aux hommes les volontés des dieux, par le moyen des oracles et des divers genres de divination, d'enchantements, de procédés magiques (4).

L'auteur de l'*Epinomide* (5) en parle dans le même sens ; il

---

(1) S. Hil. *in Psalmos.* — Opp., p. 486. A. B., 487, A. *ibique annotat.*
(2) J. Philopon., *de Creat.*, I, 16, p. 31 ; 17, p. 32.
(3) P. 202, E. 203, A. — Cf. Plutarch., *de Is. et Osir.*, p. 361, B. C.
(4) Cette idée sur le rôle des *démons* fut tellement répandue chez les païens, d'après une si grande autorité (cf. Maxim. Tyr., XIV, 8. — Procl. *in Tim.* I, p. 49. Plut., *de Isid et Osir.*, p. 361, B. C. — Aristid., *Orat.*, t. II, p. 106, ed. Jebb., etc.), que les Pères de l'Église ne purent guère se dispenser d'attribuer aux *démons* les oracles de l'antiquité. Leur opinion à cet égard fut à peu près unanime. Le jésuite Baltus (*Réponse à l'hist. des oracles.* Strasb., 1707), a très bien prouvé que Vandale et Fontenelle, en n'y voyant que l'œuvre de l'imposture, vont formellement contre l'autorité des saints Pères ; ce qui ne prouve pas du tout, comme le concluait Baltus, que Vandale et Fontenelle aient tort ; du moins aucun homme de sens ne le soutiendrait à présent. Dans un très bon livre de théologie, l'*Herméneutique sacrée*, M. Janssens, art. 47, avance que Tatien, Origène, Eusèbe, S. Jean Chrysostôme, etc., n'ont vu dans les oracles que le résultat de la fraude ; les preuves du contraire sont rassemblées dans les chap. 3 à 9 du livre de Baltus, dans les chap. 2, 3, 4, 5, 8, etc. de la suite de sa *Réponse*.
(5) § 8, p. 985, D. ; p. 510, ed. Ast. Ἕρα est pris dans un sens physique.

appelle ces démons une sorte de race aérienne qui occupe une *place* intermédiaire. Xénocrate, disciple de Platon, et dont l'*Épinomide* rappelle peut-être en ceci la doctrine, avait également fixé dans la région sublunaire les êtres semi-divins, ou démons invisibles à nos yeux (1). C'est à la même source que Varron avait puisé l'opinion qu'il énonce en ces termes : *Inter lunæ vero gyrum et nimborum ac ventorum cacumina aerias esse animas, sed eas animo non oculis videri, et vocari heroas, et lares et genios* (2).

Apulée reproduit, dans des termes analogues, l'opinion des néoplatoniciens de son temps. Il parle de puissances moyennes qui tiennent de la Divinité, et qui sont placées entre la terre et la haute région du ciel (3). C'est également la doctrine de Proclus et de Plotin. Ainsi les platoniciens anciens et nouveaux avaient placé les démons précisément là où saint Hilaire, Théodore de Mopsueste et Cosmas ont depuis placé les anges, où saint Paul mettait les esprits malins (4).

Quant à cette autre idée de Cosmas, que des anges qu'il appelle *lampadophores* président aux mouvements des astres (5), selon Jean Philoponus, elle avait été admise par Théodore de Mopsueste, et elle avait trouvé des partisans auxquels il n'épargne pas le sarcasme. « Que ceux, dit-il, qui se portent défenseurs du sentiment de Théodore, nous disent dans quel endroit de l'Écriture divine ils ont appris que des anges mettent en mouvement la lune, le soleil et chacun des astres, les tirant à eux attelés comme des bêtes de somme, ou les poussant par derrière comme ceux qui roulent des ballots de marchandises, ou les faisant mouvoir de ces deux manières à

---

(1) Stob., *Ecl. phys.*, I, 62. Heer. — Plut., *de Is. et Osir.*, p. 361; VII, p. 425. Reiske.

(2) Varro *ap*. S. Aug. *in Civit. Dei*, VII, 6, p. 630.

(3) *De Deo Socrat.*, II, p. 133, ed. Oudend. « Cæterum sunt quædam divinæ mediæ potestates, inter summum æthera et infimas terras in isto intersitæ aeris spatio, per quas et desideria nostra et merita ad Deos commeant, » etc.

(4) *Ephes.*, II, 2; VI, 12.

(5) Selon d'autres, chaque *pays* de la terre avait son *ange* particulier. Polychron. *in Daniel.* ap. *script. vet.*, part. II, p. 144. Rom. 1825. — Cf. Suarez, *de Angelis*, VI, 18.

la fois, ou enfin les portant sur leurs épaules. En vérité, qu'y a-t-il de plus ridicule que toutes ces suppositions? Comme si Dieu, qui a créé le soleil, la lune et tous les astres, n'a pas pu leur imprimer le mouvement, ainsi qu'il a donné aux corps pesants et légers une tendance à se précipiter vers la terre, et à tous les êtres vivants une faculté de se mouvoir qu'ils tirent du principe d'activité qui les anime (1). »

Dans ce beau passage, Jean Philoponus paraît entrevoir que la force dont les mouvements des corps célestes sont le résultat, pourrait avoir de l'analogie avec la pesanteur. Mais Jean Philoponus ne s'est pas plus douté de la théorie des forces centrales que Descartes, auquel Bailly attribue la découverte de la force centrifuge (2). L'honneur des découvertes s'établit sur des titres un peu plus clairs. On peut rappeler ici qu'un des interlocuteurs d'un dialogue de Plutarque compare le mouvement de la lune autour de la terre à celui de la pierre dans une fronde en mouvement. Elle est retenue par la corde, qui l'empêche de s'échapper, en même temps que la rapidité de son mouvement la maintient à l'extrémité du rayon (3). C'est là une image assez juste du combat des deux forces dans les mouvements circulaires. Le principe sur lequel cette image repose remonte, je pense, jusqu'au système d'Anaxagore (4), qui croyait que les corps célestes sont des pierres que la rapidité du mouvement diurne a entraînées de notre terre et maintenues ensuite dans les hauteurs du ciel.

On ne peut voir en tout ceci que des aperçus rapides et fugi-

---

(1) J. Philop., *de Creat. mundi*, I, 12, p. 25.
(2) Delambre, *Hist. de l'astron. mod.*, II, p. 212.
(3) *De fac. in orbe lun.*, IX, p. 652.
(4) Pseudo-Plut., *Plac. ph.*, II, 13; Stob., *Eclog. phys.*, I, 508, ed. Heer. — C'est, je pense, cette opinion d'Anaxagore qui donna lieu de lui attribuer la prédiction de la chute de l'aérolithe tombé près d'Ægos Potamos (Plut., *Lysand.*, c. 12). Il pensait que les astres sont des pierres que la rapidité du mouvement diurne a enlevées de la surface de la terre, et qui, après avoir été enflammées par l'éther, sont devenues des astres éclatants. Or, comme dans ce système, il devenait possible que quelques-unes des pierres entraînées par le tourbillon éthéré retombassent sur notre terre, on aura attribué à Anaxagore la prédiction d'un phénomène dont son système avait en quelque sorte donné l'explication d'avance.

tifs qui, n'étant amenés par aucune observation suivie, n'ont jamais été liés à aucune théorie fondée. C'est là, plus ou moins, le caractère de la physique des anciens.

Il paraît donc que les docteurs chrétiens partisans de l'opinion de saint Hilaire et de Théodore concevaient de diverses manières le mouvement imprimé aux astres par les anges. Quelques-uns supposaient qu'ils les portaient sur leurs épaules, comme l'*omophore* des manichéens (1) ; d'autres, qu'ils les roulaient devant eux ou qu'ils les traînaient à leur suite. Cosmas, en assimilant les anges à des *lampadophores*, semble avoir cru que les astres étaient comme des flambeaux que les anges portaient à la main.

Cette opinion tient encore à celle de Platon qui, dans le *Timée*, suppose que chaque étoile est présidée par un génie ou une intelligence d'une nature intermédiaire entre la Divinité et l'homme, à moins qu'on n'aime mieux supposer que les mouvements si extraordinaires que plusieurs docteurs chrétiens prêtaient aux astres, exigeaient l'action immédiate et constante d'une cause intelligente qui les poussait dans l'espace. On voit cette idée reparaître encore dans les écrits théologiques du moyen âge, par exemple, dans un ouvrage bizarre (2) où l'abbé Trithème, l'auteur de la fabuleuse chronique des Francs, donne la succession exacte des *sept anges*, ou esprits des planètes, qui, les uns après les autres, et chacun pendant le même espace de trois cent cinquante-quatre ans, ont gouverné les affaires dans ce monde, sous l'inspection de la Providence, depuis la création jusqu'à l'an de grâce 1522 (3). Ce qu'il y a de plus remarquable, c'est de voir cette même opinion exprimée dans l'ouvrage du jésuite Riccioli, très savant astronome, à qui ses supérieurs n'avaient accordé la permission de lire les dialogues de Galilée qu'à la

---

(1) Beausobre, *Hist. du manich.*, II, 374, 375.
(2) *De septem secundeis, id est, intelligentiis sive spiritibus, orbes post decem moventibus.* Argentor., 1600.
(3) Il est singulier que la durée des règnes de chacun des anges contienne précisément autant d'années que l'année lunaire contient de jours. Cela doit se rattacher à quelque rêverie astrologique.

condition de les combattre. Cet antagoniste *malgré lui* de Copernic eut recours à l'opinion platonicienne, et plaça des intelligences célestes dans les étoiles. Il y fut contraint pour répondre aux objections victorieuses que ce grand homme et Galilée tiraient de l'invariabilité des distances relatives des astres pendant le mouvement diurne. Alors que le cours capricieux des comètes avait déjà brisé les cieux de cristal auxquels les anciens astronomes attachèrent les astres, Riccioli ne pouvait expliquer cette difficulté énorme qu'en admettant qu'il y a dans chaque étoile un *ange* fort attentif à ce que fait son voisin, et qui pousse l'étoile à laquelle il préside plus ou moins vite selon sa distance, de manière que, vues de la terre, les distances relatives ou les intervalles angulaires restent toujours les mêmes. Présenter sérieusement une pareille solution, c'était avouer qu'on n'avait rien à répondre. Mais il n'est pas bien sûr que Riccioli ait cru un mot de ce qu'il disait. Trop bon astronome pour ne pas sentir les mérites du système qu'il avait l'ordre de combattre, il l'attaque le plus souvent en avocat qui voudrait perdre sa cause. On voit qu'il ne lui a manqué, pour être copernicien, que la *licenza de' Superiori*.

§ IV. — *De la forme du monde et du mouvement des astres.*

Quant aux traits caractéristiques du système de Cosmas, je veux dire ses idées sur la forme du monde, sur les mouvements des astres autour de la partie élevée de la terre, sur les hautes murailles qui l'entourent et soutiennent le ciel, on est encore certain que ni lui ni son maître ne les avaient tirés de leur propre fonds. J'ai déjà remarqué que le sens donné par cet auteur aux mots ἅγιον κοσμικὸν dans saint Paul, était adopté par plus d'un commentateur de cette époque. Or, ce sens est en quelque sorte le pivot de tout le système ; car, du moment qu'on admettait que le tabernacle de Moïse avait été construit à l'imitation du monde, on était nécessairement conduit à admettre que le monde avait la forme de ce tabernacle.

Aussi avons-nous vu que Sévérianus de Gabala et Diodore de Tarse se figuraient le monde comme une maison à double étage, ce qui rentre tout à fait dans la même idée ; ce dernier auteur achève la ressemblance en donnant au ciel, de même que Cosmas, la figure d'une tente dont la partie supérieure serait en forme de voûte (1). D'ailleurs, dit Photius, il cherchait à rendre compte, dans cette hypothèse, du lever et du coucher du soleil, de l'augmentation des jours et des nuits, et des autres phénomènes de ce genre, et, à l'appui de ses idées, il citait des textes de l'Écriture. C'est dire assez que, dans cette partie de son livre, Diodore traitait le même sujet que Cosmas, et, d'après la figure qu'il attribuait au monde, on doit croire que ses explications ne différaient pas beaucoup de celles du moine égyptien, si elles n'étaient pas exactement les mêmes. Photius, qui ne se montre nulle part favorable à tous ces systèmes, s'exprime sur celui de Diodore avec une réserve pleine de modération et de prudence. « Diodore, dit-il, appuie son opinion, du moins il le croit, sur des témoignages de l'Écriture, relatifs non seulement à la figure (du monde), mais au coucher et au lever du soleil ; il recherche aussi la cause de l'augmentation et de la diminution des jours et des nuits, et s'occupe d'autres sujets de ce genre, qui n'ont rien de fort nécessaire, à mon avis, bien qu'ils aient en effet *quelque connexion avec les livres saints*. Sans doute, dans ce qu'il dit à cet égard, on reconnaît un homme plein de piété ; mais on n'accordera pas aussi facilement qu'il se serve avec discernement des témoignages de l'Écriture. »

Jean Philoponus, en critiquant le livre de Théodore de Mopsueste, parle de la forme que cet évêque donnait au monde, qu'il se représentait comme la moitié d'un cylindre coupé longitudinalement, et ayant une longueur double de sa largeur (2) : or, le monde de Cosmas a presque exactement cette même forme, et il présente les mêmes rapports de dimension.

---

(1) Diod. Tars. *ap. Phot.*, p. 220, l. 12. Sq. — Bekk.
(2) J. Philopon., *de Creat. mundi*, III, 10, p. 119.

Ce passage, et ceux que j'ai déjà cités, me semblent prouver que le système de Théodore de Mopsueste était à très peu près le même que celui que Cosmas nous fait connaître.

On voit encore par ce passage de Jean Philoponus que plusieurs substituaient à la forme d'un demi-cylindre celle d'un œuf coupé par moitié perpendiculairement à son grand axe, ce qui revient encore à peu près au même.

Il existe dans ce système un autre trait qui est inséparable des idées sur la forme du monde et sur les mouvements des astres, et qui, en conséquence, n'a pu manquer de se trouver aussi dans celui de Diodore de Tarse, de Sévérianus de Gabala et de Théodore de Mopsueste : c'est l'élévation progressive de la terre depuis le midi jusqu'au nord, et de la *grande montagne* derrière laquelle les astres se cachent tous les soirs. Jean Philoponus fait une courte mention de cette opinion singulière : « Quant à ce que prétendent quelques-uns, dit-il, que le soleil retourne vers l'orient, en passant le long des régions boréales, et derrière de très grandes montagnes qui le cachent, c'est une ancienne opinion absurde et ridicule (1). » Voilà probablement ce qu'en pensaient tous ceux qui avaient quelque teinture des sciences physiques ; mais nous avons dit que parmi les auteurs chrétiens de cette époque, beaucoup y étaient tout à fait étrangers ; aussi, bien loin d'avoir rejeté cette opinion comme ridicule, ils l'avaient accueillie dans leurs systèmes comme orthodoxe. L'anonyme de Ravenne, dans sa Cosmographie, écrite à la fin du VIIe siècle ou au commencement du VIIIe, et qui n'est qu'une mauvaise traduction d'un livre grec, admet aussi que la terre est plate : selon lui, le soleil la parcourt dans l'espace de douze heures ; à la première, il se trouve au-dessus des Indiens ; à la deuxième, au-dessus des Perses, et ainsi de suite jusqu'à la douzième, où il atteint le point du ciel correspondant aux Bretons et aux Scotes (2) ; et ce qui prouve, selon l'anonyme, que la terre est plate, c'est que chaque point de la

---

(1) J. Philopon., *de Creat. mundi*, III, 10, p. 124, 125.
(2) *Anon. Ravenn.*, I, 2, 3.

terre voit le soleil pendant douze heures (1). Il existe, dans la partie septentrionale de la terre, des montagnes derrière lesquelles cet astre se cache tous les soirs (2); et si personne n'a jamais vu ces montagnes, ajoute-t-il prudemment, c'est que Dieu n'a pas voulu qu'on les vît (3). Voilà une de ces raisons qui dispensent de toutes les autres. Le *Deus ex machina* était un moyen d'explication qu'on tenait en réserve pour toutes les occasions difficiles. On en faisait usage, par exemple, pour rendre compte de la suspension de la terre dans l'espace. Ceux des chrétiens qui persistaient, comme Jean Philoponus, à croire que l'Écriture n'était point contraire au système de Ptolémée, expliquaient avec facilité, dans leur sens, les textes de l'Écriture : *Deus fundavit terram super stabilitatem suam* (4), et surtout : *Deus appendit terram super nihilum* (5). Ils y voyaient la suspension de la terre, telle que l'entendaient Platon, Aristote et Ptolémée, c'est-à-dire l'équilibre et l'immobilité d'une sphère, également sollicitée de toutes parts. Mais ceux-là qui assuraient que la terre est plate comme une table, et qu'elle soutient le poids des cieux, étaient fort embarrassés de savoir ce qui la soutenait elle-même. Ils se tiraient d'embarras en affirmant, d'après les mêmes textes, que si la terre se soutenait toute seule dans l'espace, *c'est que Dieu le voulait ainsi* (6). Solution qui ne laissait pas le plus petit mot à dire aux adversaires.

Là même théorie que celle de Cosmas est exposée dans un fragment inédit *sur le ciel, la lune, le temps et les jours*, dont il est assez difficile de dire quel est l'auteur. On y voit que le ciel est comme une peau étendue sur l'univers, en forme de voûte, conformément aux paroles de Daniel et d'Isaïe; que la terre a la figure d'un cône ou d'une toupie, en sorte que sa

---

(1) *Anon. Ravenn.*, I, 4.
(2) *Id.*, 9, p. 21, 22.
(3) *Id.*, I, 10, p. 23.
(4) *Psalm.*, CIII, 5.
(5) *Job.*, XXVI, 7.
(6) *Auctor Quæst. et Resp. ad orth.*, 130, p. 481, A. — *Nullisque fulcris, sed divinâ potentiâ sustentatur.* Vinc. Bellov., VI, 4, p. 372, c.

surface va en s'élevant du midi au nord ; à la partie septentrionale est la sommité du cône, derrière laquelle le soleil se cache pendant la nuit (1), ce qui revient assez exactement à la théorie de Cosmas ou de l'anonyme de Ravenne, et des auteurs chrétiens que critique Jean Philoponus.

On connaît le texte de l'Ecclésiaste (2) : *Oritur sol et occidit, et ad locum suum revertitur : ibique renascens gyrat per meridiem, et flectitur ad Aquilonem : lustrans universa in circuitu, pergit spiritus et in circulos suos revertitur.* Jean Philoponus (3) nous assure que certains auteurs voyaient, dans ce texte, la preuve que le soleil ne passe pas sous la terre quand il est couché, et s'en servaient pour établir un système tout pareil à celui que Cosmas a exposé dans son ouvrage. Jean Philoponus, après avoir montré que ce texte peut facilement s'expliquer dans le système de Ptolémée, se moque de l'opinion de *certain auteur* qui, prenant à la lettre les paroles de Salomon, se figurait que le soleil, arrivé le soir au terme de sa course, *sort du ciel*, glissant derrière cette voûte solide qui le cachait à nos yeux, et va regagner le levant, où il se retrouve le matin (4). Il est curieux de voir, après tant de siècles, reparaître une des notions favorites de la cosmographie des poètes grecs. Cette idée, que le soleil *sort du ciel* pour aller rejoindre par derrière le point de son lever, n'est-elle pas identique avec l'ancien mythe, dont les traces se trouvent dans des fragments de Pisandre, de Mimnerme, d'Eschyle, d'Antimaque et de Phérécyde (5), d'après lequel Hélios, sortant du ciel par la porte du levant, parcourait obliquement l'atmosphère, jusqu'à la porte du couchant : là il rentrait dans le ciel, et, s'embarquant avec son char et ses coursiers sur un vaisseau d'or, voguait pendant la nuit le long de cette voûte de métal, et revenait à la porte opposée? Mais il y a bien d'autres exemples de cette réapparition des idées primitives et poétiques.

(1) Cod. Bibl. Reg., n° 854, f° 193, r°.
(2) I, 5.
(3) *Creat. mundi*, III, 10, p. 122.
(4) III, 10, p. 126.
(5) Ap. Athen., XI, p. 469, 470.

Jean Philoponus ne nomme point celui qui avait tiré une conséquence si singulière du passage de Salomon. Je crois qu'il avait en vue Sévérianus de Gabala, à moins qu'une pareille idée n'eût passé par la tête de plusieurs, ce qu'assurément je ne voudrais pas nier. Quoi qu'il en soit, il me paraît certain que l'évêque de Gabala expliquait en ce sens le texte de l'Ecclésiaste. « Cherchons, dit-il, où le soleil se couche, et où il va pendant la nuit. Selon les païens, il passe sous terre; mais, selon nous, qui disons que le ciel est *fait comme une tente*, où va-t-il?... Eh bien! figurez-vous que le ciel forme une voûte au-dessus de nos têtes; que cette voûte est divisée en quatre régions, de l'Orient, du Nord, du Midi et de l'Occident. Lorsque le soleil se couche, il ne passe pas sous la terre; mais, arrivé aux limites du ciel, il court au septentrion; là, il est caché à nos yeux comme par une sorte de mur, la masse des eaux célestes nous empêchant d'apercevoir sa course; il longe la région boréale et va gagner l'Orient. Vous demanderez où en est la preuve. Elle est dans l'Ecclésiaste du bienheureux Salomon (1). » Son explication des jours et des nuits est encore plus curieuse : « Nous savons, mes frères, que le soleil ne s'élève pas toujours des mêmes endroits du ciel. A son lever il s'approche ou s'éloigne du Midi. Approche-t-il du Midi, alors il ne gagne pas les hauteurs du ciel, il le traverse obliquement, et la durée du jour est courte. Mais comme il se couche au point extrême de l'Occident, il doit parcourir pendant la nuit tout l'Occident, tout le Nord et tout l'Orient : la nuit est donc nécessairement fort longue. Lorsqu'il se lève au point milieu de l'Orient, il y a égalité dans la longueur du chemin : le jour et la nuit sont égaux. S'approchant toujours du Nord, quand il est arrivé au point extrême, il s'élève dans le ciel, et le jour est long; et comme il a pendant la nuit un petit espace à parcourir, la nuit est courte. Cette doctrine, ajoute-t-il, ce ne sont point les Grecs qui nous l'apprennent, car ils veulent que le soleil et les astres passent sous la terre, c'est l'Écriture, notre

---

(1) *De Creat. mundi*, ap. Combef. *in Bibl. gr. Patr. Auct.*, p. 236. D, 237, A.

divin maître, qui nous instruit de ces choses, qui éclaire notre esprit. »

La théorie de Cosmas, qui nous paraît si extravagante, tire encore son origine de la philosophie grecque. Il s'appuie lui-même de l'autorité de Xénophane et d'Éphore. Pour le dernier, nous ignorons si la citation est juste; mais on n'en saurait douter pour Xénophane, et même il pouvait y ajouter Anaximène.

Xénophane et Anaximène furent aussi embarrassés que l'avaient été Thalès et Anaximandre pour comprendre la suspension de la terre dans l'espace (1). Rejetant le fluide aqueux de l'un et le fluide aériforme de l'autre, ils eurent recours tous deux à des hypothèses non moins étranges, qui nous expriment bien leur perplexité, et en même temps leur complète ignorance dans la physique du monde.

Xénophane, ne pouvant concevoir que l'air, quelque pressé qu'on le supposât, pût supporter une masse aussi lourde que la terre, crut se tirer d'embarras en supposant qu'elle avait la forme d'un cône prolongé *à l'infini* dans les profondeurs de l'espace, en sorte qu'elle ne remuait pas, ne pouvant aller nulle part (2). Si le texte formel d'Aristote n'était pas là pour nous garantir la réalité de cette absurde opinion, on ne pourrait croire qu'elle fût entrée dans la tête d'un homme doué de quelque sens; mais il n'y a pas moyen d'élever ici le moindre doute. Cette hypothèse, pour avoir une apparence plus scientifique que l'*Atlas* des poètes grecs (3), ou que le grand serpent des mythologues indiens, n'était pas beaucoup plus raisonnable. Quoi qu'il en soit, dans l'hypothèse que la terre est un cône d'une longueur infinie, il est impossible de

---

(1) Je préviens que, d'après l'autorité d'Aristote, je mets de côté des textes récents du faux Plutarque, de Diogène de Laërce et de Pline, et que je refuse à ces deux philosophes la connaissance de la sphéricité de la terre.

(2) Arist., *de Cœlo*, II, 13, p. 467. B. — Cf. Achill. Tatius, *Isag.*, § 4. — Pseudo-Plut., *Plac. phil.*, III, 11. Je lis πρῶτος au lieu de πρώτην dans ce passage.

(3) V. mon Mémoire sur *les idées cosmographiques rattachées au mythe d'Atlas*. (*Bulletin de Férussac, Partie histor.*, mars 1831.) [Plus haut, p. 297.]

concevoir (1) que les astres passent au-dessous d'elle dans leur révolution diurne. Xénophane fut donc, de toute nécessité, obligé d'admettre qu'ils tournent obliquement autour de la partie supérieure du cône terrestre, et de cette manière il fut amené par une idée spéculative dont il est l'inventeur (2) à la même théorie qui est admise dans la cosmologie indienne.

Il n'y a là évidemment aucune influence étrangère. L'idée de prolonger la terre à l'infini sous la forme d'un cône n'appartient qu'à lui; or le système sur le mouvement du ciel et des astres en est une conséquence inévitable. C'est donc là une combinaison sortie tout entière d'un cerveau grec. Le mont *Méru* des Indiens, le mont Albordj des Parses, n'ont rien à y réclamer; la *symbolique de l'Orient* est encore ici hors de cause. Anaximène, contemporain de Xénophane, et selon quelques-uns son disciple, adopta cette idée sur le mouvement des astres, quoiqu'il n'en eût pas besoin pour son système sur l'immobilité de la terre. Comme lui, il crut que la terre est terminée au nord par des montagnes élevées; que les astres tournent autour d'elle, et non pas au-dessous (3). Il comparait le mouvement de la voûte céleste à un *bonnet qu'on ferait tourner autour de la tête;* et, selon lui, s'ils disparaissent journellement à nos yeux, c'est qu'ils vont *se cacher derrière les parties hautes de la terre* (4). C'est là fort exactement le système de Xénophane; c'est également celui de Cosmas. Et ces expressions ne permettent pas de croire qu'elle ait été bornée à l'école de Xénophane et d'Anaximène, qui n'eut ni une grande durée ni une grande étendue. Elle a dû faire partie de la doctrine physique de plusieurs des sectes anciennes. Festus Aviénus, poète érudit, qui a fait passer dans ses vers une multitude de notions et d'idées anciennes prises chez les poètes et chez les philosophes, parle de cette

---

(1) Strabon le dit en faisant allusion à ce système (I, p. 13. — Tr. fr., t. I, p. 27, et la note de Gosselin).
(2) Pseudo-Plut. ubi suprà.
(3) Stob., *Eclog.*, I, p. 511, ed. Heer. — Pseudo-Plut., *Plac. phil.*, II, 15, 2.
(4) Diog. Laert., VIII, 35.

antique doctrine sur le cours des astres... *non eum (solem) occasu premit, nullos subire gurgites, nunquam occuli, sed obire mundum, obliqua cœli currere...*; et il l'attribue aux épicuriens : *scis nam fuisse ejusmodi sententiam epicureorum* (1).

C'est le seul témoignage qui nous instruise de ce point particulier de la doctrine des épicuriens. Mais il n'a rien que de vraisemblable d'après les autres points connus de leur physique, qui était le comble de l'absurde; il suffit de citer pour exemple leur opinion bien avérée (2) sur la grandeur du soleil et de la lune, qu'ils croyaient telle qu'elle nous paraît à la vue; d'où il suit nécessairement qu'ils jugeaient ces deux astres très voisins de la terre. Plusieurs critiques ont essayé d'interpréter cette opinion des épicuriens dans un sens qui leur fît un peu plus d'honneur; mais les paroles des anciens sont si formelles, qu'il n'y a pas moyen d'admettre aucune de ces interprétations bienveillantes.

Cosmas et les autres docteurs chrétiens partisans de son opinion ne manquaient pas, comme on voit, d'autorités à l'appui de leur système. Ils pouvaient à l'envi puiser dans toutes ces hypothèses où se perdit l'imagination des Grecs avant de s'élever à l'idée de la sphéricité de la terre. Cette idée fut admise d'abord par les pythagoriciens, et elle naquit dans leur école, moins de l'observation des phénomènes dont ils ne s'occupaient guère, que de leurs vues toutes spéculatives sur la perfection de la figure sphérique. La rondeur de la terre fut bientôt admise dans les écoles de Zénon et de Platon, et elle commença dès lors à se répandre parmi les physiciens. Elle mit enfin un terme à leur longue perplexité sur le maintien de l'équilibre de la terre. Aristote a caractérisé la vanité de toutes leurs hypothèses par cette phrase : « On pourrait s'étonner de ce que les solutions de cette difficulté n'aient pas paru à leurs auteurs plus inexplicables que la difficulté elle-même (3). »

(1) *Or. marit.*, 645. Sq. — Ap. *Poet. lat. min.*, t. V, part. 2, p. 1283. Wernsd.
(2) Cic., *Acad.*, II, 26. — *Fin.* I, 6, ibi Dav. — Cleomed., II, 1, ibiq. Bake, p. 389.
(3) *De Cœlo*, II, 13, p. 467. A.

CONCLUSION.

Telles sont les principales *idées cosmographiques* que les Pères de l'Église ont tirées de l'interprétation littérale de la Bible. La terre plate, le ciel formant une voûte solide au-dessous de laquelle est la couche des eaux célestes, voilà les notions fondamentales de la cosmographie biblique, et celles que les saints Pères y ont vues, parce qu'elles y sont réellement. Pour expliquer ces notions si contraires au système alexandrin, ils eurent recours aux hypothèses puériles que l'influence de la poésie grecque avait popularisées, ou que l'abus de la métaphysique et le dédain de l'observation avaient fait naître dans le cerveau des philosophes grecs. Forts de cette autorité, ils durent espérer que les païens ne se révolteraient pas contre des explications qui émanaient des sages de l'antiquité. Ils eurent recours à des emprunts du même genre pour expliquer la position du paradis terrestre, et le tableau des notions qu'ils firent valoir à l'appui de leurs idées à ce sujet est une des parties les plus curieuses, mais certainement une des moins connues de l'histoire des systèmes géographiques.

Tous ces vieux préjugés, tous ces vains systèmes que les progrès des sciences mathématiques dans l'école d'Alexandrie avaient à peine atteints, reparurent avec bien plus de force à l'abri de l'autorité des saints Pères; ils firent une nouvelle invasion, et se répandirent partout à la suite du christianisme; ils régnèrent pendant tout le moyen âge. De là, les obstacles que les théologiens de Rome opposèrent aux progrès de la vraie philosophie et des sciences d'observation, en persécutant Galilée, en détruisant l'académie *del Cimento*, en faisant craindre à Descartes de se prononcer pour le mouvement de la terre, et en mettant le savant Tycho dans la nécessité de recourir à un système astronomique infiniment moins raisonnable que celui de Ptolémée. Mais enfin, lorsque les immortelles découvertes de Kepler, de Huyghens et de Newton eurent repoussé de proche en proche dans l'absurde toutes ces idées puériles qu'on avait défendues pied à pied comme orthodoxes, il fallut bien qu'en matière d'astronomie et de physique générale, l'autorité des opinions reculât devant l'évidence des faits.

De cette lutte opiniâtre d'où la raison humaine est enfin sortie victorieuse, il résulte un enseignement dont il faut profiter : c'est que les préjugés ne cessent de combattre que quand ils ont perdu l'espoir de vaincre ; cet espoir, ils le conservent tant que la vérité qui leur est contraire, bien qu'ayant acquis le caractère de l'évidence aux yeux des savants, n'est pas descendue dans tous les esprits. Mais lorsqu'il est devenu *tout à fait* impossible de s'y opposer sans danger, on finit par reconnaître comme orthodoxe, ou du moins comme indifférent à la foi, ce qu'on avait déclaré hérétique. C'est ce qui est arrivé déjà pour le vrai système du monde (1), que les théologiens du pape déclarèrent *absurde en philosophie, et formellement hérétique en religion*. C'est ce qui arrivera, n'en doutons pas, pour les autres sciences, dès qu'il sera devenu évident que Moïse et les prophètes y sont restés tout aussi étrangers qu'à l'astronomie.

---

(1) Cependant l'auteur de l'*Herméneutique sacrée*, M. Janssens, a été vertement tancé en l'an de grâce 1820, par un de ses confrères en théologie, pour avoir admis le mouvement de la terre. (Amand. a Sanctà Cruce, *Animadv. in Hermen. Sacram. Mos.*, 1820.)

SUR LA SITUATION
DU PARADIS TERRESTRE[1]

On peut réduire les opinions des Pères de l'Église sur cet objet à deux principales : l'une qui plaçait le Paradis terrestre dans notre terre habitable ; l'autre qui le mettait dans l'*Antichthone* ou *terre opposée à l'habitable*.

I. — *Situation du Paradis à l'orient de la terre habitable.*

Ceux qui le placèrent dans notre terre habitable, supposèrent qu'il en occupait la *partie la plus orientale :* ils se fondaient sur l'expression de la Genèse dans la version des Septante : « Dieu avait planté vers l'orient (κατ' ἀνατολὰς) un jardin délicieux » (*Genes.*, II, 7). C'est en conséquence de ce texte que Josèphe (*Ant. jud.*, I, ı, 3) et les premiers Pères grecs s'accordèrent à mettre le Paradis vers les sources de l'Indus et du Gange (2).

[(1) Ce morceau fait évidemment partie de l'*Histoire de la cosmog. et de la géog. générale chez les anciens*, à laquelle appartiennent aussi les quatre mémoires précédents, pp. 317, 337, 360 et 382 ; il a paru dans l'*Examen crit. de la géog. du Nouv. Cont.*, par A. de Humboldt, III, 119-129, P. 1837, et est précédé de ces observations adressées à M. de H. par M. L. : « Vous me demandez des éclaircissements sur la position que les Pères de l'Église ont assignée au Paradis terrestre, et sur les notions géographiques qui ont pu les conduire aux idées qu'ils se sont faites à cet égard. Je répondrai à votre désir en vous présentant l'extrait d'un mémoire que j'ai lu à l'Acad. des Inscr. et Belles-Let. dans le courant de l'année 1826, et qui depuis est resté inédit, parce que je le destinais à un plus grand ensemble dont je ne voulais pas le détacher. »]

(2) Cf. Lud. Vives *ad* S. Aug., *de Civit. Dei*, II, 50.

Cette opinion devint générale dans tout le moyen âge. On la retrouve dans l'anonyme de Ravenne (I, 6, p. 14); elle est clairement exprimée sur la carte d'André Bianco : et c'est par suite de cette idée si répandue que Christophe Colomb, parvenu sur la côte de l'Amérique méridionale, crut toucher au Paradis terrestre.

Mais elle présentait de graves difficultés. D'après les textes formels de la Genèse, deux des fleuves du Paradis étaient l'*Euphrate* et le *Tigre*. Comment concevoir qu'ils pussent sortir de ce lieu de délices, si on le supposait placé dans l'Inde? Un autre de ces fleuves, le *Gihon* ou *Géon*, environnait *l'Éthiopie* (*Genes.*, II, 13), et, selon Jérémie (II, 28), le Géon est le *Nil :* aussi les Pères de l'Église sont unanimes sur l'identité de ce fleuve avec celui d'Égypte, en même temps qu'ils étaient forcés d'admettre que c'était l'Indus ou le Gange.

Pour lever ces énormes difficultés, on eut recours à l'ancienne opinion sur le cours souterrain des fleuves. On imagina que l'Euphrate et le Tigre avaient en effet leur source dans l'Inde, où était le Paradis terrestre, et que, se perdant sous terre, ils étaient amenés par des canaux invisibles jusqu'aux montagnes de l'Arménie ou de l'Éthiopie, d'où ils ressortaient de nouveau. C'est là ce que disent Théodoret (*in Gen. Opp.* I, 28, B. C.), l'anonyme de Ravenne (I, 8, p. 19), l'auteur d'un fragment sur le Paradis (ap. Salmas., *Ex. Pl.*, p. 488, c. 1, B.) et d'autres encore.

Une opinion analogue est exposée par Sévérianus de Gabala, qui fait du *Phison* le Danube (*de Creat. mundi*, p. 267, A.), de même que l'historien Léon Diacre (VIII, 1, p. 80, A., éd. Hase). Ce grand fleuve venait de l'Inde par-dessous terre et ressortait par les montagnes Celtiques, comme le Géon par celles de l'Éthiopie, après avoir coulé sous l'océan Indien ; voyage que Philostorge trouve facile à comprendre (*Hist. eccl.*, III, 10); de cette manière, on expliquait aussi comment le *Géon*, selon les termes de Moïse, *environnait l'Éthiopie*.

Or, ce système d'explication, qui nous semble si étrange, devait paraître fort naturel aux Pères de l'Église, et tout devait les porter à admettre cette solution commode d'une si grave difficulté : car l'opinion du cours souterrain des fleuves, consacrée dans les anciennes traditions de la Grèce, était entrée dans tous les esprits, et l'on voit les historiens et les géographes l'admettre sans aucune peine à des époques encore assez récentes.

Ainsi, Pomponius Méla, qui copie des idées plus anciennes que lui, admet que le Nil prend sa source dans l'Antichthone, séparée de nous par la mer, en passant sous le lit de l'Océan, et qu'il arrive dans la Haute Éthiopie, d'où il descend en Égypte (I, 9, 52). Cela ne s'éloigne pas beaucoup de l'opinion de Philostorge. Sans parler de la jonction prétendue de l'Inachus d'Acarnanie avec celui de l'Élide, du Nil avec l'Inopus de Délos, et d'autres opinions locales que l'on croyait fermement, il suffira de se souvenir que le voyage de l'Alphée à Syracuse par-dessous la mer Ionienne était un fait admis et reconnu par Timée, qui racontait sérieusement qu'on avait vu un flacon jeté dans l'Alphée ressortir dans la fontaine Aréthuse; et par Pausanias, qui n'en doute pas le moins du monde et se fâcherait presque que l'on en doutât (V, 7, 2). Sénèque établit de même la possibilité de ces voyages souterrains : *non equidem existimo diu te hæsitaturum an credas esse subterraneos amnes et mare absconditum ;* et il donne pour preuve le voyage de l'Alphée en Sicile : *quid, cum vides Alpheum... in Achaïa mergi et in Sicilia rursus, transjecto mari, effundere amœnissimum fontem Arethusam* (Quæst. nat., III, 26, 2). Il ne faut donc pas s'étonner si Eratosthène croyait que les marais de Rhinocolura étaient formés par les eaux de l'Euphrate et du Tigre, qui s'y rendaient en suivant des canaux souterrains de 6,000 st. de longueur (ap. Strab., XVI, p. 741, 742). Encore au temps de Pausanias et de Philostrate, il y avait des gens qui croyaient que l'Euphrate, après s'être perdu dans un marais, reparaissait sous le nom de Nil aux montagnes de l'Éthiopie (1).

Assurément il n'y a pas loin de ces explications à celles que

---

(1) Paus., II, 5, 3; Philostr., *Vit. Ap. Tyan.*, I, 14.

les Saints Pères adoptèrent plus tard. Les notions de cette étrange physique étant à ce point entrées dans les esprits, quand on fut obligé d'y avoir recours pour concilier la position connue des grands fleuves, le Danube, le Nil, l'Euphrate et le Tigre, avec celle qu'on assignait au Paradis terrestre qu'ils arrosaient, on ne pouvait en être détourné par la nécessité d'admettre ces voyages souterrains.

Il faut ajouter que ces voyages eux-mêmes et l'ascension des fleuves du sein de la terre jusqu'aux montagnes, ne devaient point paraître invraisemblables, d'après les idées que toute l'antiquité s'était faites de l'origine des rivières; car on pensait que d'immenses réservoirs existaient dans les entrailles de la terre et que les eaux en sortaient soulevées par une certaine force d'ascension nommée αἰώρα, analogue à celle qui pousse les matières enflammées dans les éruptions volcaniques (1). La même doctrine respire dans le conte que faisait un certain Asclépiodote, qui, descendu dans une mine abandonnée, racontait qu'il y avait vu d'immenses réservoirs d'eau donnant naissance à de grands fleuves (Senec., *Quæst. nat.*, V, 15, 1). Ce conte n'était que l'expression d'une opinion admise, et celui qui le faisait savait bien qu'il trouverait des esprits tout préparés à le croire. C'est celle que Virgile a mise en œuvre dans les *Géorgiques*, lorsqu'il suppose qu'Aristée vit dans le palais de sa mère la source des fleuves les plus éloignés, le Phase, le Lycus, le Tibre, le Tévérone, l'Hypanis, le Caïque, l'Eridan, etc. (2).

On voit donc que les Pères de l'Église, en admettant le cours souterrain des fleuves pour lever la grande difficulté qui les arrêtait, ne faisaient qu'appliquer une notion qui était dans tous les esprits, et que ni eux ni leurs lecteurs ou leurs auditeurs ne pouvaient avoir aucune peine à se contenter de cette explication.

---

(1) Plat., *Phæd.*, § 60; cf. Wyttenb. *ad h. l.*, p. 312; Humboldt, *Ueb. den Bau und die Wirk. der Vulk.*, S. 33.

(2) *Georg.*, IV, v. 365-272, ibiq. Heyne et Voss.

§ II. — *Situation du Paradis dans l'Antichthone.*

Cette première opinion, toute satisfaisante qu'elle pouvait paraître, présentait cependant encore une difficulté grave qui força quelques-uns de chercher une autre place au Paradis.

Si le Paradis était situé dans notre terre habitable, se disait-on, pourquoi n'y est-on jamais parvenu? Comment quelques-uns des voyageurs qui se rendent dans la Sérique n'en ont-ils jamais eu de nouvelles? C'est là ce que se demande Cosmas (1); et la question est assez embarrassante. Plusieurs se tiraient de ce pas difficile, en disant que Dieu n'avait pas voulu qu'on vît le Paradis depuis le déluge (2). Cette solution, bien que commode, ne satisfaisait pas tout le monde.

Il fallait donc songer à placer le Paradis dans un lieu inaccessible aux efforts humains. Les uns supposèrent qu'il était situé sur un des points les plus élevés de la terre que n'avaient pu atteindre les eaux du déluge; et cette opinion de saint Ephræm (3) paraît n'avoir pas été inconnue à Colomb, d'après les doctes éclaircissements que contiennent les pages précédentes. Les autres placèrent le Paradis dans une terre située de l'autre côté de l'océan Indien, dans une partie opposée à l'Inde, et au pays de Tsinas ou Tsinitza, par conséquent toujours à l'orient, κατ' ἀνατολάς, selon l'expression littérale dont on ne voulait pas s'écarter. C'est l'opinion de Cosmas, que ce moine n'a pas plus inventée que le reste de son système cosmographique.

On fit revivre de cette manière l'*Antichthone* (4) ou *terre opposée* des anciens, située dans la zone australe. Cette notion, qui se lie à celle des zones, des terres océaniennes et des antipodes par des rapports curieux à observer, mais que je dois

---

(1) *Top. Christ.*, p. 147, D.
(2) Boxhorn. *ad Sulp. Sev.*, p. 7, col. 2.
(3) Πάντων τῶν ὑψωμάτων τῶν ὡραίων ὑψηλότερος ὁ Παράδεισος. (Ap. Syncell., p. 14, Paris; p. 26, Bonn.)
(4) Il ne peut être ici question de l'*Antichthone* pythagoricienne, qui était un corps céleste.

m'interdire de présenter dans cet extrait ; cette notion, dis-je, de l'*Antichthone* fut toujours, au moins depuis Platon, distinguée de celle des îles plus ou moins éloignées qu'on supposait répandues dans l'Océan. La grande *terre méridionale*, proprement l'*Antichthone*, habitable comme la nôtre, dont elle est séparée par l'Océan, est admise par Aristote et Eratosthène ; Virgile, dans les *Géorgiques*, n'a fait que traduire les vers de l'*Hermès* du philosophe alexandrin (1). Ce fut l'opinion de l'école d'Alexandrie, à l'exception d'Hipparque et de ses partisans ; on la retrouve dans le *Songe* de Scipion, dans Manilius, Méla et Macrobe. Ce dernier, en exposant cette doctrine aristotélique que les deux terres habitables, situées en regard l'une de l'autre, sont séparées par un océan qui occupe toute la zone torride, établit que cet océan est lui-même environné de quatre autres terres, séparées par de larges canaux qui portent dans notre hémisphère les eaux de l'océan extérieur (2) ; idée singulière, qui présente un mélange de diverses notions fondées sur le système homérique : et je doute à peine qu'elle soit empruntée de quelque commentateur d'Homère qui aura voulu donner une explication *savante* du fleuve Océan et de ses *sources*.

Le système de Macrobe offre une analogie assez frappante avec celui de Cosmas, en ce que l'océan qui entoure les deux terres habitables est borné de tous côtés par des terres inconnues. Il en existe encore ailleurs d'autres traces qu'il serait trop long de relever ici.

Mais ceux qui plaçaient le Paradis dans l'*Antichthone* pour expliquer comment il était resté inconnu depuis le déluge, n'auraient pas gagné beaucoup à cette hypothèse s'ils n'avaient pas en même temps supposé *innavigable* la mer qui séparait cette terre de la nôtre. C'est à quoi notre Cosmas a pris soin de pourvoir.

Et encore ici il n'a été que l'écho d'une des opinions les plus anciennes parmi les géographes grecs. Car une fois que

---

(1) *Georg.*, I, 233-239.
(2) In *Somn. Scip.*, II, 5.

l'existence des terres hyperocéaniennes eut été admise, il fallut trouver une cause qui empêchait les navigateurs d'y parvenir. Voss croit que les Phéniciens avaient beaucoup contribué à répandre cette opinion, pour détourner les navigateurs des autres nations de suivre leurs traces. Cela se peut. Mais ce qui est certain, c'est qu'on voit cette opinion se montrer à presque toutes les époques. Déjà Sésostris, dans ses navigations lointaines, avait été arrêté par les bas-fonds de l'océan extérieur (1). Selon Pindare, la mer est innavigable au delà des Colonnes (2); Euripide le dit également dans l'*Hippolyte* (v. 744). L'expédition d'Hannon repoussa ces bas-fonds au delà de Cerné, et celle de Pythéas en débarrassa les côtes occidentales de l'Europe. Cette idée perce de tous côtés. Denys d'Halicarnasse dit que les Romains possèdent toutes les terres où l'on peut pénétrer et toutes les côtes où l'on *peut* naviguer (3). Toutes les mers extérieures étaient censées innavigables à une certaine distance des côtes (4), à cause des fucus et des bas-fonds ; elles étaient πρασώδη ou πηλώδη (5). Agathémère et Ptolémée placent aussi une mer basse, βραχεῖα θάλασσα, entre l'océan Indien et la côte orientale de l'Afrique (6). Cléomède, postérieur à tous les deux, dit que les antipodes sont séparés de nous par un océan innavigable, ἄπλωτος, peuplé de cétacés énormes (7).

Une notion aussi répandue chez les savants du paganisme ne pouvait manquer d'être adoptée par ceux des Pères qui croyaient en avoir besoin pour lever certaines difficultés d'interprétation. Saint Clément de Rome, au dire d'Origène (8) et de Clément d'Alexandrie (9), croyait « qu'il existait un océan impossible à traverser, au delà duquel il y avait d'autres

---

(1) Herod., II, 102.
(2) III *Nemes.*, 97, ibiq. Dissen.
(3) *Antiq. Rom.*, I, p. 3, l. 20, Sylb.
(4) Suidas, *v.* ἄπλωτα.
(5) Tatian., *ad Græcos*, p. 76.
(6) Agath., II, 11, p. 243; 14, p. 243.
(7) *Cycl. Theor.*, I, 2, p. 15, Balf.
(8) *De princ. Opp.*, I, 81, D; III, p. 422, A.
(9) *Strom.*, V, p. 693, ult.

mondes. » Saint Basile pensait de même (1), ainsi que Tatien, Constantin d'Antioche dans Moïse de Khorène (2), Jornandès (3), Beda le Vénérable et beaucoup d'autres.

Ainsi, comme on le voit, l'opinion que nous a transmise Cosmas, ainsi que beaucoup d'autres des Pères de l'Église que j'ai expliquées ailleurs (4), avait sa racine dans des hypothèses fort anciennes, fort répandues, presque populaires, et qui devaient leur paraître tout à fait raisonnables et concluantes.

(1) *Ad Psalm.* XLVII, 2, p. 201.
(2) Ap. Saint-Martin, *Mém. sur l'Arm.*, II, 325.
(3) Ap. Murat., *Rev. ital.*, I, 191.
(4) *Rev. des Deux-M.*, mars 1835, p. 601 [plus haut, p. 382].

SUR L'ORIGINE GRECQUE

DES

ZODIAQUES PRÉTENDUS ÉGYPTIENS[1]

Cet écrit a été lu il y a treize ans (le 30 juillet 1824) à la séance publique de l'Académie des Inscriptions et belles-lettres. Il était resté inédit [2], ainsi que les recherches dont il contient le résumé. J'ai négligé de mettre la dernière main à ces recherches et de les publier, par suite de la répugnance que j'éprouve à publier des travaux qui ne me satisfont pas sur tous les points. Or, dans un grand ensemble, il y a presque toujours des lacunes qu'on espère remplir par la suite; on attend que de nouvelles méditations ou la découverte de quelques faits viennent en fournir les moyens. Dans l'intervalle, on se met à courir après d'autres vérités qu'on entrevoit et que l'on compte bien atteindre. Sur cela, les anciens travaux sont négligés, jusqu'à ce que quelque circonstance engage à les tirer de l'oubli.

C'est ce qui est arrivé à mon travail sur l'uranographie grecque et sur l'astrologie. Les bases en sont posées depuis treize ans, les recherches faites en grande partie; mais l'ouvrage demanderait, pour être mis en état de paraître, un temps que l'auteur, qui s'occupe beaucoup plus de s'instruire soi-même que d'instruire les autres, aime mieux employer à des recherches nouvelles. Je cède pourtant à d'amicales sollicitations, et je publie au moins l'introduction, telle que je l'ai écrite il y a treize ans. C'est un résumé assez clair des idées développées dans l'ouvrage même, présentées sous un aspect général et unies par un enchaînement logique qui permet d'en saisir facilement l'ensemble.

Le résultat de ce travail se résume, comme on le verra, dans cette proposition unique : *notre zodiaque en douze signes, qui se retrouve en Égypte et dans presque tout l'Orient, est d'origine grecque.* Cette proposition est à

[(1) *Revue des Deux-Mondes*, août 1837, p. 464-491.]

(2) Mon ami M. Guigniaut en a donné seulement un extrait dans sa savante traduction de la *Symbolique* de Creuzer, I, p. 928, 929, P. 1826.

peu près l'inverse de tout ce qui a été dit sur ce sujet; car s'il y a eu jusqu'à présent *autant d'avis que de têtes* sur l'objet et l'époque du zodiaque, tout le monde s'est pourtant accordé en un point, c'est que le zodiaque grec provient de l'Asie ou de l'Égypte. Cette proposition est donc un *paradoxe*, et elle fut qualifiée telle, je devais m'y attendre; aussi la qualification ne pouvait m'ébranler. Je sais le peu que vaut, en général, un paradoxe qui n'est qu'un aperçu de l'esprit, qu'une manière plus ou moins ingénieuse de voir autrement que les autres, mais quand un *paradoxe* est la conséquence rigoureuse de faits bien constatés, qui ne sauraient admettre une autre explication aussi probable, il prend un caractère scientifique, et l'on ne doit pas craindre de le produire, quelque éloigné qu'il puisse être de l'opinion commune; car il y a bien de l'apparence que, s'il n'est pas vrai de tous points, il contient une source de vérités qui finira par modifier sensiblement les idées reçues.

On aura donc raison de persister. C'est ce que j'ai fait en d'autres circonstances, et je ne m'en suis pas mal trouvé. Ainsi, pour rappeler le point de départ de ces recherches nouvelles, lorsqu'en 1821, à l'époque où l'opinion de la haute antiquité des monuments d'architecture égyptienne avait le plus de force et d'autorité, je lus en Académie et je publiai dans le *Journal des Savants* un mémoire où je concluais du sens des inscriptions gravées sur la façade de quelques temples de la Haute Égypte, que ces édifices avaient été élevés, en tout ou en partie, terminés ou réparés sous la domination grecque ou romaine, on cria de toutes parts au *paradoxe;* on écrivit pour prouver l'impossibilité de cette opinion. Champollion lui-même protesta d'abord très fortement contre les conséquences que j'osais en tirer (*Revue encycl.*, mars 1822). Malgré ma déférence pour ses avis, j'eus confiance dans la force des arguments où mon instinct philologique me tenait attaché : je persistai; bien m'en prit. Six mois ne s'étaient pas écoulés que Champollion découvrait (sept. 1822) les hiéroglyphes phonétiques; il se mettait à lire couramment sur ces temples les mêmes noms royaux ou impériaux qui, d'après les inscriptions grecques, devaient s'y trouver, et déjà, dans le *Précis du système hiéroglyphique*, il admettait la conséquence où j'étais parvenu du premier saut, tout simplement en ne reculant pas devant une déduction qui paraissait téméraire, mais qui n'était que naturelle.

Le second pas dans cette nouvelle carrière fut marqué par un résultat important, à savoir qu'il n'existe aucune représentation zodiacale dans les monuments égyptiens antérieurs à la domination grecque, d'où je tirais la conséquence que notre zodiaque est étranger à l'ancienne Égypte (voir mes *Obs. sur les rep. zod.*, mars 1824), conséquence que jusqu'ici rien n'est venu démentir.

Le troisième pas est résulté des nouvelles recherches dont on lira le *résumé* dans la seconde moitié de cet écrit. On y verra que l'opinion sur l'origine grecque du zodiaque est une conséquence de mes recherches antérieures. Cette opinion ressort également d'observations certaines, de faits simples et bien constatés, liés par une chaîne de déductions exactes.

Je le publie tel qu'il a été composé en 1824, tel que l'ont lu plusieurs savants auxquels je l'ai communiqué ensuite, entre autres Cuvier, Laplace,

M. A. de Humboldt et M. Arago. Les notes ajoutées précédées d'un —
indiquent les points que les travaux faits depuis 1884 ont confirmés ou
modifiés.

Aucune question historique n'a plus vivement agité le monde savant que celle de l'antiquité des zodiaques représentés dans plusieurs temples de l'Égypte. Pendant plus de vingt années, elle a occupé les astronomes et les antiquaires, les théologiens et les philosophes. Elle a fait naître une multitude de dissertations et d'ouvrages, où les opinions les plus contradictoires ont été avancées et soutenues avec une vivacité de controverse dont il y a peu d'exemples. C'est qu'il ne s'agissait pas seulement de déterminer l'âge de quelques monuments antiques, genre de discussions qui peut amener des disputes très vives, mais qui sort rarement d'un cercle étroit d'initiés. Les questions les plus graves, qui touchaient, ou qu'on croyait toucher aux opinions religieuses, se montraient derrière la question archéologique. Dès lors l'intérêt scientifique en devint, pour la plupart, le moindre intérêt. Beaucoup se décidèrent pour ou contre l'antiquité reculée des zodiaques, selon les vues particulières qu'ils voulaient faire prévaloir. Ceux qui, étrangers à toute préoccupation, conservèrent l'indépendance d'esprit nécessaire, furent soupçonnés de se laisser conduire par des motifs où la science avait la plus faible part.

Depuis que les efforts heureux de la philologie sont parvenus à démontrer sans réplique que ces représentations zodiacales ont toutes été sculptées sous la domination romaine, elles ont perdu de leur importance aux yeux du grand nombre. Les questions graves qu'on y rattachait se trouvant écartées, l'esprit de secte et de parti a presque abandonné les zodiaques. Mais ils ont acquis une importance toute nouvelle aux yeux des personnes instruites, par les recherches récentes qui établissent la liaison de ces monuments avec certaines idées dominantes à l'époque où ils ont été sculptés dans les temples de l'Égypte.

L'exposé sommaire de ces recherches et des observations qui les ont occasionnées n'est peut-être pas indigne de l'attention de ceux qui aiment à suivre les progrès des sciences historiques.

I

Pour qu'on en saisisse mieux la marche et l'ensemble, il faut remonter jusqu'aux idées de Bailly et de Dupuis, dont l'influence sur toute cette question a été aussi profonde que durable.

On doit d'abord distinguer dans le *zodiaque*, considéré comme la bande céleste que le soleil traverse dans sa course annuelle, deux notions tout à fait distinctes, et qu'on a presque toujours confondues : 1° sa division en tel ou tel nombre de parties égales ; 2° le choix des figures quelconques destinées à représenter les constellations placées sur les divers points de la route du soleil.

La division de l'écliptique en vingt-sept, vingt-huit, en douze, vingt-quatre, trente-six, ou quarante-huit parties, peut exister chez des peuples qui n'ont eu entre eux aucune communication ; car toutes ces divisions résultent de phénomènes constants, et partout les mêmes. Tous les peuples ont dû observer que le mouvement rétrograde de la lune, dans le ciel, s'opère en un peu plus de vingt-sept jours, et que la course du soleil est marquée par environ douze pleines lunes. Les uns partagèrent cette route en vingt-sept ou vingt-huit parties, les autres seulement en douze, ou en nombres multiples de celui-là. Mais, comme les groupes d'étoiles affectent rarement des formes déterminées, et comme ces groupes eux-mêmes peuvent être composés de vingt manières différentes, il est clair que l'usage des mêmes groupes et des mêmes figures, chez deux peuples, ne peut être un effet du hasard ; l'un des deux les a nécessairement empruntés à l'autre.

Ainsi deux peuples peuvent avoir la même division du zodiaque, et admettre cependant des configurations différentes. On conçoit encore comment, chez tel peuple, la division quelconque de l'écliptique ou de l'équateur a précédé la disposition, en groupes, des étoiles placées dans la direction de ces grands cercles, et comment, chez tel autre peuple, un certain nombre de groupes auront été formés dans le voisinage de l'un des deux, avant qu'on ait imaginé de les diviser régulièrement l'un ou l'autre.

Ces distinctions, prises dans la nature même des choses, sont confirmées par ce qu'on remarque sur la sphère de plusieurs peuples, où l'on voit les mêmes divisions du zodiaque porter d'autres noms, ou être marquées par des configurations toutes différentes. Tels sont les *khordehs* des Persans, les *sou* des Chinois, les *nakshatras* des Hindous, formant la même division du zodiaque en vingt-sept ou vingt-huit parties.

Cependant on ne saurait dire combien d'erreurs et de préjugés sont résultés de la confusion de ces notions élémentaires. Ainsi Bailly, partant du fait, qu'il croyait certain, que les Égyptiens et les Chaldéens divisaient l'écliptique en douze parties, en conclut qu'ils avaient le même zodiaque que les Grecs; et, comme les douze signes du zodiaque grec existent dans les sphères des Persans, des Arabes, et ont été retrouvés jusque dans l'Inde, il admit comme prouvé que l'Orient est la source d'où la Grèce avait tiré ces constellations. S'il avait recherché d'abord quelle pouvait être l'époque des monuments dont il s'appuyait, il aurait vu sans doute que cette identité pouvait bien ne rien prouver du tout, car il n'en est aucun qui ne soit d'une époque de beaucoup postérieure à l'ère vulgaire; rien n'empêcherait donc de croire que ces zodiaques sont le zodiaque grec, que l'influence de l'école d'Alexandrie aura transporté dans tout l'Orient peu de temps avant ou après notre ère. Mais Bailly, qui, sur l'autorité de Goguet (1) et d'autres, trouvait jusque dans Job des preuves de l'existence du zodiaque (2), ne pouvait concevoir le moindre doute sur l'antiquité de cette institution en Orient. Il ne pouvait sentir

---

(1) *Origine des lois*, t. I, p. 413 et suiv., édit. de 1820.
(2) *Hist. de l'Astronomie ancienne*, p. 478. Qu'il soit question dans Job de

la nécessité d'un pareil examen, et il ne balança pas à reporter au delà du déluge (p. 74) l'origine du zodiaque. Naturellement il en donna l'invention à cet ancien peuple de la Haute Asie qui, selon lui, nous avait *tout appris*, excepté, comme disait d'Alembert, son nom et son existence. L'autorité de cet éloquent écrivain prépara la voie à d'autres hypothèses plus hardies encore.

Un homme d'un grand savoir, d'un esprit étendu et pénétrant, malheureusement peu critique, Dupuis, fit remonter l'institution du zodiaque à une époque bien plus reculée encore. Bailly s'était arrêté à l'an 4600 avant notre ère. Dupuis ne se contenta point de cette ancienneté, déjà fort respectable; il recula l'époque jusqu'à 13,000 ou 15,000 ans, en la rattachant à l'explication même de chacun des douze signes.

Cette explication ingénieuse n'était que le développement d'une hypothèse indiquée par un grammairien du ve siècle de notre ère. Dupuis l'adopta, sans s'apercevoir qu'elle appartient à un ordre d'idées étrangères aux opinions de l'antiquité.

On sait que, par suite du contact des Grecs et des Romains avec les nations asiatiques, il se forma un singulier mélange des superstitions de l'Occident et de l'Orient. La religion grecque et romaine accueillit, avec une facilité merveilleuse, les cultes étrangers; plusieurs des divinités de l'Égypte et de l'Asie passèrent en Italie et dans les autres provinces européennes de l'empire romain. Des cultes purement locaux prirent une extension nouvelle; les attributions des diverses divinités furent mêlées et confondues; des superstitions inconnues naquirent; on vit paraître des symboles extravagants et des images odieuses ou ridicules, résultats de cette étrange confusion; une foule de monuments et plusieurs des hymnes prétendus orphiques nous montrent que le paganisme, dans les premiers siècles de notre ère, présentait un effroyable chaos. Depuis longtemps, quelques sectes philosophiques, pour chercher une explication raisonnable à des superstitions absurdes, avaient

---

quelques constellations (9, 9 ; 38, 32), cela est certain ; mais on ne sait pas au juste quelles sont celles dont il a voulu parler.

imaginé des allégories et des symboles tendant à faire croire que sous de telles extravagances était cachée une science profonde ou une métaphysique raffinée. Plus tard, l'apparition et les progrès toujours croissants du christianisme firent entrer plus avant les païens dans cette voie d'explication. En présence d'une religion nouvelle, dont la morale et les dogmes faisaient tant de prosélytes, on redoubla d'efforts pour montrer que le polythéisme, bien compris, était une religion pour le moins aussi épurée. Les écrits des Porphyre, des Jamblique, des Proclus et des Plotin témoignent de ces efforts infructueux du paganisme expirant pour se relever et se légitimer aux yeux de la raison.

C'est à cette cause qu'il faut rapporter l'origine du système dont Macrobe nous a conservé les principaux traits, mais à l'appui duquel on ne peut trouver que des autorités bien postérieures à l'ère vulgaire. Selon ce système, les principaux dieux, Jupiter, Mars, Osiris, Mercure, Bacchus, Horus, Hercule, Adonis, sont le soleil sous des formes et des représentations diverses (1); les mythes et les différents cultes de ces divinités sont des symboles de mouvements astronomiques. Macrobe donne une explication des signes du zodiaque, fondée sur les rapports présumés de ces signes avec l'année agricole, ou les phénomènes célestes. Il prétend, par exemple, que le *Cancer* est un symbole de la route rétrograde du soleil, du tropique d'été vers l'équateur; que le Capricorne exprime la route de cet astre, qui remonte du tropique d'hiver.

Dupuis partit de cette explication, qu'il crut représenter la vraie signification des configurations zodiacales. Il posa d'abord en fait deux pures hypothèses, à savoir, que le zodiaque avait été *inventé* en Égypte, et qu'il était une expression, soit des phénomènes célestes, soit des diverses circonstances de l'année agricole dans ce pays.

Ces deux hypothèses lui présentaient cependant cette grave difficulté, qu'en faisant correspondre, comme au temps d'Hip-

---

(1) Macrob., *Satur.*, I, 17-23.

parque, le Cancer au solstice d'été, et le Capricorne au solstice d'hiver, aucune des configurations zodiacales, considérées comme symboles agricoles ou astronomiques, ne pouvait s'appliquer au sol de l'Égypte. C'est alors qu'il conçut l'idée hardie de faire faire une demi-conversion au zodiaque. Il supposa donc que les points solsticiaux et équinoxiaux, par l'effet de la précession, avaient parcouru la moitié de l'écliptique, depuis l'invention du zodiaque jusqu'au moment où les uns vinrent coïncider avec le premier degré des signes du Cancer et du Capricorne, les autres avec le premier degré du Bélier et de la Balance (vers 410 ans avant J.-C.). A l'époque de cette invention, le solstice d'hiver répondait au Cancer, celui d'été au Capricorne, l'équinoxe de printemps à la Balance, et celui d'automne au Bélier; ce qui ferait remonter cette institution au moins à 13,000 ans avant notre ère. A l'aide de cette demi-conversion, il se procura l'explication plausible de sept ou huit signes, explication sur laquelle il y a cependant beaucoup à dire encore.

Or, comme ce n'est pas au berceau de sa civilisation qu'un peuple s'avise d'une institution pareille, il fallait admettre une antiquité encore plus grande pour l'origine de la civilisation égyptienne. Mais, outre l'impossibilité de donner la moindre consistance historique à une époque si reculée, cette chronologie avait le grave inconvénient de se trouver en contradiction formelle avec l'opinion des Égyptiens eux-mêmes. Si nous laissons, en effet, de côté les nombres fabuleux assignés aux règnes des dieux et des héros en Égypte, chronologie toute religieuse, et si nous nous en tenons à la chronologie historique conservée dans les fragments de Manéthon, conforme au total que donne un passage de Diodore de Sicile (1), nous trouvons que l'histoire des Égyptiens, selon leur propre opinion, ne remonte qu'à environ 5000 ans avant notre ère (2).

(1) Voir sur ce passage un mémoire lu à l'Académie des Inscript., le 19 septembre 1823. — Imprimé dans le t. XII des *Mémoires*, Paris, 1836. (*Note ajoutée.*)
(2) — C'est ce que j'ai développé dans mon cours de 1836 au Collège de France. (*Note ajoutée.*)

Dupuis sentit lui-même quelle difficulté historique présentait la grande étendue de sa chronologie. Il fut le premier à suggérer une modification qui consistait à supposer que les inventeurs du zodiaque en avaient placé les symboles, non pas dans le lieu qu'occupe le soleil, mais dans la partie du ciel opposée, de manière que la succession des levers du soir de chaque signe aurait servi à marquer les rapports du soleil et de ces signes, ce qui ramenait l'origine du zodiaque à l'époque où le Lion était solsticial et le Taureau équinoxial, environ 2400 ans avant l'ère vulgaire (1). Dupuis possédait à un trop haut degré l'esprit de combinaison pour ne pas sentir que cette modification, tout hypothétique, dérangeait l'unité de son système, et remplaçait une difficulté par une autre ; aussi ne fut-elle de sa part qu'une concession presque involontaire, qu'il abandonna dans la suite (2). Ce fut en 1793-1794 qu'il publia son remarquable livre de l'*Origine de tous les cultes*, où il déploie l'érudition à la fois la plus vaste et la plus confuse, où mêlant, sans critique et sans ordre, les sources de tous les temps, il enveloppe dans son hypothèse favorite la fable et l'histoire, Bacchus, Hercule et saint Denis, les patriarches, Jésus-Christ et ses apôtres.

Quelques années après, lors de la mémorable expédition d'Égypte, on trouva des zodiaques sculptés dans plusieurs anciens temples de ce pays. Cette découverte, faite dans le pays même où Dupuis avait placé l'invention du zodiaque, sur des édifices dont on était loin de pouvoir alors mettre en doute la haute antiquité, devait paraître la confirmation la plus éclatante des idées du savant français ; et, comme pour ajouter à cette remarquable coïncidence, les zodiaques de Dendérah ne commençaient point par le même signe que ceux d'Esneh, différence qui paraissait ne pouvoir s'expliquer que par celle de l'époque même des monuments. Cette circonstance parut décisive pour établir que les Égyptiens avaient eu

---

(1) *Mém. sur les Constellations*, p. 30. — Dans l'*Origine des cultes*, III, 340.
(2) Voyez son *Mémoire explicatif* sur le zodiaque, Paris, 1806, où il n'est plus question de la chronologie mitigée.

égard à l'effet de la précession des équinoxes en dressant les zodiaques pour diverses époques.

Je crois superflu de rappeler ici les doctes et consciencieux travaux que la discussion de ces monuments fit naître, les recherches des érudits, les calculs étendus et subtils des mathématiciens, enfin la vive controverse qui s'agita dans toute l'Europe pour déterminer l'époque et l'objet des zodiaques, au moyen de caractères astronomiques que chacun s'efforça d'y découvrir. Il me suffira de dire que tous les savants qui prirent part à cette mémorable dispute, tant les défenseurs de la haute antiquité de ces monuments que les partisans d'une antiquité plus restreinte, trouvèrent, dans la combinaison des emblèmes qu'on y voit représentés, le moyen de prouver, avec un succès à peu près égal, la justesse de leurs opinions diverses. L'absence totale de points fixes et déterminés, sur lesquels tout le monde pût s'entendre, excluait la possibilité d'une discussion méthodique et régulière. Chacun allait devant soi, composant son hypothèse, ou combattant celle des autres, sans trop s'inquiéter des objections auxquelles la sienne était soumise à son tour. Les spectateurs de cette lutte opiniâtre, fatigués de tant de débats inutiles, finirent par concevoir un préjugé défavorable contre toutes ces tentatives, et se montrèrent fort disposés à faire aux zodiaques égyptiens l'application du mot de Voltaire : « Ce qu'on peut expliquer de vingt manières différentes ne mérite d'être expliqué d'aucune. »

Il est vraisemblable que la lutte aurait continué longtemps encore, grâce au vague et à l'obscurité du sujet, si des recherches d'un genre tout nouveau n'eussent arrêté l'ardeur des combattants, en leur donnant à croire qu'ils pourraient bien avoir jusqu'alors cherché l'explication des zodiaques précisément là où ils ne devaient pas la trouver.

II

Après tant d'efforts infructueux, il était facile de prévoir qu'on n'arriverait jamais à aucun résultat certain, en continuant de combiner des emblèmes dont rien ne pouvait déterminer le sens, et qui laissaient le champ libre à toutes les hypothèses. Évidemment on ne pouvait sortir de ce dédale que si, mettant en œuvre l'élément philologique et archéologique, on parvenait à trouver, en dehors de ces monuments mêmes, un point de vue dans l'antiquité, d'où l'on pût les embrasser tous ensemble, et découvrir ainsi leur liaison avec les idées dominantes à une époque connue.

Mais la première condition, pour y parvenir, était de savoir *quand* ils avaient été exécutés, s'ils l'avaient été tous à la fois ou à de grands intervalles de temps les uns des autres. Cette donnée capitale ne pouvait résulter que de faits analogues à ceux qui servent à déterminer la date des autres monuments antiques, c'est-à-dire de légendes, d'inscriptions rapprochées des témoignages de l'histoire.

Déjà plusieurs savants, et à leur tête l'illustre Visconti, avaient présumé que le temple de Dendérah pouvait être de l'époque grecque ou romaine. Cette opinion, ou plutôt cet aperçu, étant fondée, en grande partie, sur des considérations assez vagues et sur des dessins dont les auteurs avaient un peu flatté le style égyptien, fut combattue avec succès par les partisans d'une antiquité plus grande. Des inscriptions grecques avaient été recueillies par les voyageurs, sur la façade et dans l'intérieur de quelques temples égyptiens; mais on n'en avait bien déterminé ni le sens ni l'objet. Je me mis à les examiner avec plus de soin et de patience, et leur analyse complète donna enfin la preuve que quelques-uns des édifices sacrés de l'Égypte ont été construits ou décorés sous la domination des Grecs et des Romains.

Ce fait attestait non seulement la permanence des usages religieux et du caractère des arts propres à l'Égypte sous les dominations étrangères (1), mais encore l'excellente politique des vainqueurs qui, se faisant Égyptiens en Égypte, rebâtirent les temples que les Perses avaient détruits, comme quinze siècles auparavant les Thouthmosis et les Ramsès avaient relevé les édifices sacrés de Thèbes, rasés par les *Hycsos*. Or, dans le nombre de ces édifices, se trouvent le temple de Dendérah, décoré de deux zodiaques, et le petit temple d'Esneh, dont les sculptures, ainsi que l'atteste une inscription grecque décisive, ne remontent pas beaucoup au delà des règnes d'Antonin et d'Adrien. Cet édifice renferme l'un des deux zodiaques qu'on regardait comme les plus anciens, et dont on reportait l'exécution à 3000 ans avant Jésus-Christ, c'est-à-dire qu'on les faisait l'un et l'autre d'environ trente siècles trop vieux (2).

Ces faits nouveaux et certains changeaient l'état de la question. Ils lui donnaient enfin une base historique, et l'on pouvait dès lors prévoir qu'elle allait cesser d'être un champ d'interminables disputes sur le sens d'emblèmes inconnus.

Mais bientôt une découverte inattendue, dont tous les amis des lettres ont été frappés, celle de M. Champollion le jeune, a confirmé tous ces résultats nouveaux. Ce savant philologue est parvenu à lire les signes *phonétiques* ou de *sons* de l'écriture hiéroglyphique ; il a déchiffré d'une manière indubitable les noms propres contenus dans les inscriptions égyptiennes gravées sur les monuments (3), et l'on a vu paraître, sur les temples dont j'avais fixé l'époque d'après les inscriptions grecques, les noms des mêmes Ptolémées, et des mêmes empereurs indiqués dans ces inscriptions (4). Il a trouvé le nom

---

(1) C'est ce qui fut établi pour la première fois dans un mémoire inséré au *Journal des Savants*, mars et août 1821.

(2) L'ensemble de tous ces faits est exposé dans l'ouvrage intitulé : *Recherches pour servir à l'histoire de l'Égypte pendant la domination des Grecs et des Romains*. Paris, 1823.

(3) Voyez son *Mémoire sur les hiéroglyphes phonétiques,* lu à l'Académie des Inscriptions, le 22 septembre 1822.

(4) Voyez sa *Lettre* insérée dans mes *Observations sur les représentations zodiacales* [pag. 241-246]. — Depuis que ceci est écrit, l'application certaine de l'alphabet de Champollion a beaucoup augmenté le nombre des édifices de la Haute Égypte qui doivent leur construction aux souverains grecs de ce pays.

de l'empereur Néron, inscrit auprès de la figure qui tient au zodiaque de Dendérah, d'où il résulte que ce monument a dû être exécuté sous la domination romaine ; enfin, il a reconnu que toutes les sculptures du grand temple d'Esneh, par conséquent le zodiaque qui le décore, appartiennent aux deux premiers siècles de notre ère (1).

C'est ainsi que des recherches, dont les moyens et les procédés sont différents, ont successivement conduit au même résultat sur l'époque relative de quelques monuments égyptiens et des zodiaques qui s'y trouvent. Une caisse de momie, rapportée de Thèbes par M. Cailliaud (2), vint offrir une confirmation nouvelle. Cette caisse contient, dans son intérieur, un zodiaque peint, dont les signes sont disposés et dessinés justement comme ils le sont dans les zodiaques de Dendérah. Déjà les partisans de la haute antiquité de ces monuments s'apprêtaient à démontrer celle de la caisse de momie, lorsque quelques lettres grecques, tracées sur le bord, annoncèrent la présence d'une inscription qui, restituée d'une manière indubitable en ce qu'elle a d'essentiel, détruisit encore une fois toutes leurs espérances, car elle apprit que la caisse avait été faite pour un Égyptien nommé *Pétéménophis*, mort l'an XIX de l'empereur Trajan.

Le zodiaque de cette momie est le *cinquième* qui soit connu. Un *sixième* existait sur un propylon à Panopolis, mais malheureusement très mutilé. La description donnée par Pococke montre pourtant qu'il avait un caractère astrologique, ana-

---

Ce fait, que Champollion lui-même s'était d'abord refusé à croire, est devenu, grâce à son admirable découverte, l'un des mieux constatés de l'histoire. C'est à lui, par exemple, qu'on doit de savoir qu'il n'y a rien de pharaonique parmi les monuments de Philes, à l'exception d'une petite chapelle où se lit le nom de Nectanébo, qui a régné sur la fin de la période persane. On ne peut plus douter que cette île ne contînt d'anciens édifices qui furent détruits par les Perses au temps d'Ochus, et que les rois grecs firent rebâtir. (Wilkinson, *Topogr. of Thebes*, pag. 469.) (*Note ajoutée.*)

(1) — Ces résultats, indiqués déjà par Champollion dans le *Précis du système hiéroglyphique* (en 1824), ont été confirmés par lui-même dans son voyage (1828-1830) et par tous les voyageurs instruits. (Wilkinson, *Topogr. of Thebes*. London, 1835.) (*Note ajoutée.*)

(2) Déposée au Cabinet des Antiques.

logue au monument appelé le planisphère de Bianchini (1). Or le propylon de Panopolis, d'après l'inscription grecque, est aussi du règne de Trajan (2).

Il demeure démontré que tous les zodiaques égyptiens connus, au nombre de six, sont postérieurs au règne de Tibère, et ont été exécutés dans l'espace de moins d'un siècle, entre les années 57 et 250 de notre ère.

N'est-il pas fort remarquable qu'on n'ait trouvé de ces représentations dans *aucun* des temples de l'Égypte et de la Nubie, dont l'époque remonte avant la domination romaine, dans *aucune* des tombes royales qu'on a pu ouvrir, quoique presque toutes contiennent des scènes astronomiques, enfin dans *aucune* des momies anciennes que nous connaissons ? *Cette absence* de toute représentation zodiacale sur les monuments *purement égyptiens* semble attester clairement que ces représentations n'étaient ni dans les usages religieux, ni dans les habitudes nationales de l'ancienne Égypte, et l'on ne peut s'empêcher de croire qu'elles doivent se rattacher à quelque superstition nouvelle, qui prit un grand développement vers le 1er siècle de l'ère chrétienne.

La détermination de l'époque de tous ces monuments nous amène donc à chercher, dans cette époque même, les motifs qui ont dû guider leurs auteurs.

III

Or, dans le tableau des superstitions dominantes aux temps voisins de l'ère chrétienne, si nous cherchons quelles sont celles qui ont un rapport direct avec les représentations zodiacales, nous trouvons l'*astrologie*, cette science mensongère qui fondait ses prédictions sur les circonstances astronomiques de la nativité. Une branche importante de cette science, celle qui

---

(1) Au Musée royal des Antiques, n° 271.
(2) Tous ces faits sont exposés et développés dans mes *Observations sur les représentations zodiacales*, mars 1824.

rapportait les nativités à la place qu'occupaient les planètes dans le zodiaque, née, à ce qu'il paraît, dans la Chaldée, s'introduisit assez tard chez les peuples occidentaux ; elle acquit un singulier développement vers le premier siècle de notre ère, alors que les progrès de l'astronomie et des mathématiques, chez les Alexandrins, lui eurent permis de s'entourer d'un appareil scientifique propre à déguiser sa futilité réelle. La manie des horoscopes devint donc générale ; elle atteignit les petits comme les grands, les peuples comme les magistrats et les empereurs ; on dressa partout des thèmes généthliaques, non seulement de personnages, mais encore de villes, de temples et de divinités.

Cette coïncidence de l'époque du développement de l'astrologie avec celle de tous les zodiaques trouvés en Égypte, est trop frappante pour qu'on n'en tire pas l'induction que ces monuments ont dû avoir quelquefois pour objet de représenter un de ces thèmes astrologiques, dont l'usage était devenu si fréquent. Cette induction si naturelle est confirmée par le zodiaque de la momie dont j'ai parlé plus haut, d'après l'examen des diverses circonstances qui l'accompagnent ; elles établissent que ce zodiaque, qui commence par le signe du Lion, et finit par le Cancer, comme ceux de Dendérah, a eu pour objet d'indiquer que le personnage était né sous le signe du Capricorne.

Cette liaison chronologique entre l'apparition des zodiaques sur les monuments grecs, romains et égyptiens, et le développement des idées astrologiques, donne une nouvelle force à l'argument tiré de la présence des noms grecs et romains sur les monuments de style égyptien. On ne peut plus être tenté de dire que, si les zodiaques ont été exécutés à cette époque tardive, du moins le thème qu'ils représentent est d'une haute antiquité ; car pourquoi ce thème si ancien ne se montrerait-il jamais auparavant ? On ne peut pas dire non plus que le nom de l'empereur Néron, par exemple, près du zodiaque de Dendérah, y a peut-être été mis après coup, la présence d'un tel nom se trouvant si bien expliquée par le crédit qu'avaient acquis alors les idées superstitieuses auxquelles ce zodiaque devait son exécution (1).

Et comme, dans toute question scientifique, une donnée importante bien constatée en explique beaucoup d'autres, celle de l'introduction récente du zodiaque, dans les sculptures des temples de l'Égypte, lève, comme on va le voir, une grande difficulté.

S'il est un fait historiquement avéré, c'est que la précession des équinoxes a été fortuitement découverte par Hipparque vers 130 avant Jésus-Christ, et résulte de la comparaison qu'il a faite entre ses observations et celles d'Aristylle et de Timocharis. Le témoignage de Ptolémée ne laisse à cet égard aucun doute (2). Or c'est là ce qu'il serait impossible de comprendre, dans le cas où, de temps immémorial, les Égyptiens eussent orné leurs temples de représentations zodiacales dans lesquelles ils avaient égard au déplacement successif des points équinoxiaux et solsticiaux. La vue seule de ces monuments aurait annoncé le phénomène, et son existence du moins, sinon la quotité du mouvement, eût été de bonne heure un fait constant, avéré, populaire même, non seulement parmi les Égyptiens, mais parmi les Grecs; car il ne faut pas oublier que, depuis cinq siècles, au temps d'Hipparque, mais surtout depuis l'établissement des Ptolémées (il y avait un siècle et demi), les Grecs parcouraient, visitaient l'Égypte, et habitaient en grand nombre dans ses principales villes. L'ignorance des Grecs et d'Hipparque lui-même, sur la précession, avant d'avoir comparé les observations de Timocharis avec les siennes, sa surprise, lorsqu'il s'aperçut du déplacement du point équinoxial, seraient tout à fait inexplicables. Maintenant,

---

(1) — Le Dr G. Parthey, dans son excellente monographie intitulée *de Philis insula*, etc. (Berlin, 1830), n'attachant pas une confiance entière à l'argument tiré de la présence des noms, trouve une démonstration plus complète, de l'époque récente de ces monuments, dans les rapprochements historiques que contient mon ouvrage. Il dit, pag. 59 : « Certiore viâ. disquisitionibus historicis, zodiacos illos famosos recentiori ætati vindicavit Letronnius in observationibus criticis. » (Vide *Observations critiques sur les représentations zodiacales.*) (*Note ajoutée.*)

(2) *Almag.*, VII, 1, 2.

au contraire, qu'il est démontré que *tous* les zodiaques égyptiens sont postérieurs à Hipparque, cette grande difficulté disparaît. Comment pourrait-on être surpris que les Égyptiens aient pu, ainsi que les Grecs, ignorer si longtemps le mouvement de précession (1), lorsqu'on sait que les Chinois, qui avaient un tribunal de mathématiques de temps immémorial, qui mesuraient exactement des ombres solsticiales onze cents ans avant notre ère, ne l'ont connu, et très probablement par une influence occidentale, que vers l'an 284 de notre ère (2), plus de quatre cents ans après Hipparque?

IV

Tel est le point où cette question se trouve définitivement amenée dans un ouvrage que j'ai publié récemment (3). Elle forme déjà une théorie historique qui ressort de toutes les données certaines. Dans un travail subséquent, et dont je vais dire à présent quelques mots, j'ai cru pouvoir donner à cette théorie plus de généralité, en la liant avec des recherches

---

(1) Sur la question de savoir si les Égyptiens ont connu la précession des équinoxes, M. Ideler s'est exprimé d'une manière très dubitative, et avec une circonspection remarquable, à l'époque où il publiait son savant ouvrage sur les *Observations des Anciens* (*Beobachtungen der Älten*, S. 89, Berlin, 1806). — Plus tard, il s'est montré plus affirmatif : il adopte mon opinion à ce sujet dans son excellent *Manuel de Chronologie* (Berlin, 1825), où il dit : « Ich pflichte hierin ganz Hrn. Letronne bei, » (j'adopte entièrement ici l'avis de M. Letronne), tom. I, S. 193. M. A. Bœckh a cru apercevoir une idée du mouvement des fixes dans une opinion pythagoricienne, très obscurément exprimée (*Philolaos des Pythagoreers Lehren*, Berlin 1819, S. 117, 118). Cet illustre philologue a pensé qu'une notion vague de la précession avait pu passer des Égyptiens aux Grecs, et il se fonde, pour en attribuer la connaissance aux premiers, précisément sur leur usage de placer des zodiaques dans leurs temples, en variant la division des signes, d'après les changements survenus par suite du déplacement des points équinoxiaux et solsticiaux. Il est clair maintenant que cet usage n'existait pas. Je soutiens que la précession a été inconnue aux uns comme aux autres, et que l'idée pythagoricienne dont il s'agit n'est qu'une de ces vues aventureuses qu'on trouve dans leur cosmographie, où, grâce au vague et à l'obscurité de l'expression, on peut trouver le germe de plus d'une connaissance qu'ils n'ont pas même soupçonnée. (*Note ajoutée*.)

(2) Gaubil, *Hist. de l'Astr. chin.*, pag. 46.

(3) Les *Observations sur les représentations zodiacales*, citées plus haut.

moins incomplètes sur l'astrologie des anciens dans ses rapports avec les représentations zodiacales.

Ces recherches m'ont conduit naturellement à faire une nouvelle analyse des notions relatives à l'origine de la sphère grecque et des configurations de notre zodiaque; car tous les éléments des opinions reçues jusqu'à présent à ce sujet, se trouvent ou singulièrement réduits ou détruits entièrement.

En effet, que les configurations qui nous servent encore maintenant soient celles du zodiaque grec, c'est ce qui est prouvé par une série de monuments qui remontent jusqu'à Eudoxe, vers 360 ou 370 avant notre ère. Ce qui n'est pas moins certain, c'est que ce zodiaque est à peu près identique avec celui des monuments trouvés en Égypte.

Or le fait bien constaté que ces monuments sont tous de l'époque romaine donne lieu de croire que le zodiaque prétendu *égyptien* pourrait bien être celui de la sphère grecque; et, s'il en était ainsi, nous nous trouverions réduits à une complète ignorance sur la nature des configurations dont se servaient antérieurement les Égyptiens pour représenter les constellations zodiacales, supposé même qu'ils aient eu un *zodiaque*. D'un autre côté, l'impossibilité d'établir l'époque des sphères orientales où le zodiaque grec se rencontre nous laisse dans la même incertitude à l'égard du zodiaque en douze signes de la Chaldée (1) et de l'Inde.

Il s'agissait donc de tirer des seules données qui sont maintenant certaines les éléments d'une opinion qui ne présentât rien de conjectural. Voici les notions très simples qui m'ont servi pour l'établir.

Le planisphère de Dendérah est le plus complet de tous les monuments astronomiques trouvés en Égypte. On a même cru pouvoir y découvrir un système régulier de projection, ce qui reste encore incertain. Mais on s'est accordé jusqu'ici à croire qu'il contient, outre les signes du zodiaque, un certain

---

(1) Le passage d'Achilles Tatius (c. xxiii) appartient au iv⁰ siècle de notre ère; il est par conséquent d'une époque où toutes les notions étaient confondues.

nombre de constellations extrazodiacales, sinon tout le ciel visible sous le parallèle de Dendérah. Dès lors, on est singulièrement frappé de ce que, dans ce planisphère, les douze signes du zodiaque sont les mêmes que ceux de la sphère grecque, tandis que les figures des autres constellations sont différentes de celles de cette même sphère. De cette simple observation il résulte avec évidence que l'un des deux peuples a emprunté à l'autre ces figures zodiacales et les a introduites, après coup, parmi les autres figures de sa propre sphère. Il ne s'agit plus que de savoir quel est celui des deux peuples qui est redevable à l'autre du zodiaque qui leur est commun.

Sans insister sur d'autres preuves, je m'en tiendrai à un argument qui prouve, ce me semble, les droits des Grecs à l'antériorité. On sait qu'à l'origine de la discussion sur l'âge des zodiaques égyptiens, Visconti et l'abbé Testa conclurent l'époque récente de ces monuments de ce qu'ils contenaient le signe de la Balance, dont l'insertion dans la sphère grecque est d'une date peu ancienne. Dupuis (1) et d'autres savants répondirent à l'objection en alléguant plusieurs sphères orientales où l'on trouve ce même signe, réponse qui se réduit à peu de chose, puisqu'ils étaient dans l'impossibilité de prouver l'époque antérieure de ces mêmes sphères. On allégua aussi que la Balance est figurée souvent dans les bas-reliefs égyptiens, ce qui ne prouve rien du tout pour l'emploi de cet ustensile comme signe zodiacal. Toute la discussion à ce sujet n'a servi qu'à établir un seul renseignement bien positif, c'est qu'au temps d'Aratus et d'Hipparque, le zodiaque grec ne contenait pas encore le signe de la Balance, et que cet astérisme n'y a été introduit que vers le premier siècle avant notre ère. Auparavant, la *constellation* du Scorpion formait deux *signes*, en sorte qu'il y avait *douze divisions* et seulement *onze figures*. Or il me semble qu'on n'a point aperçu toute la portée de cette donnée incontestable.

(1) Il avait été au-devant des objections dans le *Mémoire sur les Constellations*, pag. 337, 338, t. III, de l'*Origine des cultes*.

En effet, puisque chez l'un des deux peuples, à une époque quelconque, il existait un zodiaque dont les divisions étaient marquées par douze figures, et que ce zodiaque a passé de l'un chez l'autre, il est indubitable qu'il y aura passé tout entier. Il serait absurde d'imaginer que, s'il avait contenu un nombre de figures égal à celui des parties du zodiaque, on ne lui en aurait pris que huit, neuf, dix ou *onze;* on les a prises *toutes*, ou l'on n'en a pris *aucune*. Le nombre de onze figures qui existaient dans le zodiaque grec, au temps d'Eudoxe, d'Aratus et d'Hipparque, prouve donc qu'elles n'ont point été empruntées à un peuple qui en aurait connu *douze;* conséquemment, que ces configurations ont été imaginées pour la sphère dont elles font partie, bien avant qu'on s'occupât d'une division régulière de l'écliptique, et qu'à l'époque plus tardive où l'on aura commencé à se servir de la division de l'écliptique en douze parties, on aura coupé la plus grande des figures, pour avoir le nombre douze, jusqu'au moment où il aura paru plus simple d'imaginer une douzième figure qui fut celle d'une balance, symbole le plus clair de la position du point équinoxial dans ce nouveau signe. La conséquence nécessaire de ce raisonnement est que les zodiaques trouvés en Égypte sont la représentation du zodiaque grec, faite après qu'il fut devenu complet, ce qui est précisément le fait établi par les preuves archéologiques.

Ici commence, dans mon travail, l'application de cette conséquence aux témoignages historiques. En cherchant le rôle que le zodiaque a pu jouer parmi les opinions religieuses et populaires de la Grèce, j'ai trouvé que l'idée de cette bande céleste avait été inconnue aux anciens Grecs; que les levers et les couchers des astres, dont ils faisaient tant d'usage pour l'agriculture et la météorologie, étaient rapportés, non pas au zodiaque, dont personne ne paraît avoir fait usage en Grèce avant Eudoxe, mais approximativement à certaines époques de l'année, ou bien à la position du soleil dans les points solsticiaux et équinoxiaux.

Tout prouve qu'au temps d'Eudoxe même le zodiaque ne

servait encore qu'aux astronomes. Cette invention nouvelle n'entra dans le cercle des opinions vulgaires ni à cette époque ni dans le siècle suivant; la religion ne s'en empara point; le langage poétique y demeura étranger. Dans les nombreux passages où les poètes et les prosateurs, antérieurement au deuxième ou même au premier siècle avant notre ère, font des allusions, des comparaisons ou des rapprochements tirés des astres, on ne reconnaît aucune trace de constellations zodiacales. Les images qu'ils emploient sont analogues à celles d'Homère et d'Hésiode. On peut en dire autant des monuments de l'art; avant l'époque dont je parle, on peut y trouver des allusions à la mythologie astronomique, mais non des représentations des figures du zodiaque caractérisées d'une manière certaine. Celles-ci, qui commencent à se montrer vers le premier siècle avant l'ère chrétienne, ne sont fréquentes que dans le premier, et surtout dans le second siècle après cette ère, à partir du règne d'Antonin le Pieux.

Il en a été de même chez les anciens Égyptiens, auxquels le zodiaque, à en juger par leurs monuments originaux, est resté inconnu. Toute leur astronomie, comme celle des Grecs, devait se fonder sur des levers comparatifs d'étoiles à l'horizon (1). Rien n'y était rapporté à l'écliptique (2).

Il s'ensuit que, dans la sphère grecque, les constellations qui sont devenues depuis les signes du zodiaque ont été primitivement formées, comme toutes les autres, indépendamment de l'idée d'un cercle quelconque; qu'elles ont été, comme celles du reste de la sphère, inventées ou introduites successivement, ainsi que cela s'est pratiqué chez tous les peuples, dont la sphère s'est enrichie peu à peu d'astérismes nouveaux.

(1) — Cette vue a été confirmée par le tableau des influences des astres, découvert, en 1829, par Champollion dans les tombeaux de Biban el-Molouk, à Thèbes. Dans ce tableau, qui nous donne en même temps un curieux exemple de l'astrologie égyptienne, il n'est question que des levers successifs d'étoiles, sans aucune indication d'astérisme zodiacal. (Voyez la *Treizième Lettre écrite d'Égypte,* pag. 239 et suiv.) (*Note ajoutée.*)

(2) Cela sert à expliquer comment les Égyptiens ont ignoré la précession des équinoxes.

Cette conséquence est conforme à plusieurs faits importants, sur lesquels on n'a pas assez insisté.

V

Si notre zodiaque avait été formé tout d'une pièce, ainsi que le voulaient Bailly et Dupuis, il y aurait une certaine régularité, soit dans l'étendue des signes, soit dans leur position relative à l'écliptique. Tout le contraire a lieu.

1° Les constellations zodiacales sont rangées de la manière la plus irrégulière par rapport à l'écliptique; plusieurs s'en écartent beaucoup, soit au nord, soit au midi; il est évident, au premier coup d'œil, qu'on a imaginé l'écliptique, et qu'on les a rapportées à ce cercle, bien longtemps après leur formation, laquelle a dû être successive, comme celle des autres astérismes.

2° Leur étendue est extrêmement inégale; les unes occupent dans le ciel plus de 40°, les autres moins de 20°; les unes sont séparées entre elles par de longs intervalles, les autres sont tellement rapprochées, qu'elles se pénètrent et se confondent. A ces caractères certains, on reconnaît encore qu'elles ont été formées bien avant qu'on ait imaginé une division de l'écliptique en *dodécatémories*, ou douze parties égales, puisque autrement, vu l'extrême facilité de composer arbitrairement des groupes d'étoiles, il est clair qu'on aurait disposé douze constellations d'une étendue à peu près égale, répondant à autant de parties égales de l'écliptique, et rangées symétriquement le long de ce cercle.

Outre l'époque tardive de l'introduction de la Balance, un fait historique vient à l'appui de ces considérations : c'est que deux des constellations maintenant zodiacales ont été inventées à une époque connue. Selon Pline, Cléostrate de Ténédos plaça dans le ciel le *Bélier* et le *Sagittaire* (1), vers la 71ᵉ olym-

(1) II, 6.

piade. Ce passage, qui a toujours fait beaucoup de peine aux partisans de l'antiquité du zodiaque, s'explique parfaitement, si l'on admet que les astres compris au temps d'Eudoxe dans la zone zodiacale n'étaient pas primitivement séparés du reste de la sphère; il n'est pas plus surprenant alors de voir le Bélier et le Sagittaire introduits par Cléostrate dans l'uranographie grecque, que de voir les *chevreaux* inventés par le même (1), la petite Ourse empruntée par Thalès aux Phéniciens (2), Canope et la Chevelure de Bérénice introduite sous les Ptolémées, etc.

On sait, par le commentaire d'Hipparque sur Aratus (3), qu'Eudoxe plaçait les points équinoxiaux et solsticiaux au milieu des signes, non au commencement comme Hipparque. Il se trouvait donc un intervalle de 15° ou un demi-signe entre les longitudes de ces deux astronomes. Cette différence fut attribuée à la précession des équinoxes. Mais comme il ne s'est écoulé qu'environ deux cents ans entre l'époque du premier et celle du second, tandis que le déplacement d'un demi-signe suppose un intervalle d'environ onze cents ans, on dut remonter plus haut pour expliquer cette différence ; on supposa donc qu'Eudoxe nous avait transmis, sans s'en douter, les positions appartenant à une sphère très ancienne. De là des recherches savantes et des hypothèses ingénieuses sur l'origine et l'époque de cette sphère primitive.

Personne n'ignore les discussions qui se sont élevées dans le dernier siècle à cette occasion. Tout le système chronologique de Newton est fondé sur l'hypothèse de cette ancienne sphère dont il faisait remonter l'origine à l'an 936, et que, selon lui, Chiron avait fabriquée pour l'usage des Argonautes (4). Fréret en reculait l'époque jusqu'en 1353 (5), et Bailly, adoptant la plus ancienne des deux époques, prenait cette prétendue sphère pour celle des Chaldéens et des Perses,

---

(1) Hygin., *P. Astr.*, II, 13.
(2) Strab., I, 3. — Schol. Arat., v. 39. — Hygin., *P. Astr.*, II, 2.
(3) I, 10 et passim.
(4) *Chron. of ancient kingdoms*, pag. 25, 26.
(5) *Défense de la chronologie*, p. 439.

qu'Hercule avait transportée dans la Grèce (1). La critique approfondie de M. Delambre a prouvé que la sphère de *Chiron* ou d'*Hercule* ne méritait guère la vive et longue polémique dont elle fut l'objet, et que la sphère d'Eudoxe, bien loin de nous avoir conservé une ancienne uranographie exacte et complète, est elle-même d'une extrême inexactitude, puisque de toutes les positions des étoiles qui s'y trouvent indiquées, les unes se rapportent à des époques fort différentes, les autres ne sont d'aucune époque, et n'ont pu être observées dans aucun temps. Cette sphère, au lieu de prouver une science perfectionnée à l'époque des Argonautes, dépose seulement de l'extrême imperfection de l'astronomie au temps d'Eudoxe. S'il a mis les points équinoxiaux et solsticiaux au milieu des signes, c'est parce que cette méthode résulte tout naturellement de l'usage élémentaire de diviser le zodiaque par les levers et les couchers des astres. Hipparque, au contraire, « qui avait inventé ou perfectionné la trigonométrie, sentit le besoin de placer le *zéro* du zodiaque et de l'équateur à l'intersection de ces deux cercles au point où était l'angle constant du triangle sphérique avec le commencement de l'hypothénuse et de la base. Mais ensuite, pour comparer ses calculs aux nombres d'Eudoxe, il nous avertit qu'il faut ajouter 15° aux arcs qu'il calcule sur l'écliptique. Ainsi les 15° d'Eudoxe ne signifient pas qu'Hipparque et lui eussent placé le solstice en des points différents. Le point était le même, le chiffre seul était changé (2). » Il n'existe aucune preuve qu'Hipparque lui-même ait inventé le signe de la Balance (3); mais on peut regarder comme certain

---

(1) *Histoire de l'Astronomie ancienne*, pag. 183, 424, 425.

(2) Delambre, *Histoire de l'Astronomie ancienne*, tom. I, pag. 123. — Ces vues remarquables de Delambre ont été adoptées et confirmées depuis par M. L. Ideler, à la fois savant astronome et habile philologue, dans son second Mémoire sur Eudoxe, lu, en 1831, à l'Académie des Sciences de Berlin (pag. 31-35), Mémoire où brille la science profonde autant que la critique exacte qui distinguent tous les écrits de l'auteur. (*Note ajoutée*.)

(3) Dupuis a conclu, de ce que le mot ζυγός, *balance*, se rencontre dans un traité d'Ératosthène ou d'Hipparque (in Petav., *Uranol.*, pag. 256 sq.) que cette constellation était connue avant cet astronome (*Origine des cultes*, tom. III, p. 338). Mais ce traité, où il est dit qu'Orion se lève le 22 *juillet*, et le Chien le 7 *août* (c. II), est de toute nécessité postérieur à l'établissement du calendrier

que l'époque du changement notable fait par cet astronome dans la graduation des signes a précédé de peu de temps l'introduction de la *Balance* dans le zodiaque. Lorsqu'on eut placé le point équinoxial d'automne au premier degré des serres du *Scorpion*, on songea enfin à couper cet astérisme en deux, pour avoir autant de configurations et de dénominations que de *dodécatémories*. Or on ne pouvait trouver un emblème plus clair de l'équinoxe, que les deux plateaux d'une balance.

L'usage de nommer l'astérisme des deux manières subsista encore longtemps.

C'est après que la *Balance* eut remplacé les *serres*, que le zodiaque grec fut introduit dans les temples égyptiens.

On doit reconnaître maintenant que tout zodiaque où la Balance et le Bélier sont des signes équinoxiaux, le Cancer et le Capricorne des signes solsticiaux, dérive de la sphère d'Hipparque.

Ceci s'accorde avec une autre observation qui n'a point été faite, quoiqu'elle soit importante pour cette question. Les configurations de la sphère grecque ont subi successivement diverses modifications, dont il est facile de s'assurer en comparant les descriptions qui en sont données à diverses époques. Pour se borner aux figures zodiacales, on peut citer le *Capricorne* et le *Sagittaire*. Le premier, comme l'indique son nom grec (αἰγόκερως, *à cornes de chèvre*), et comme l'expliquent les anciennes descriptions, était représenté sous la forme humaine, celle de *Pan* ou d'un *satyre*. Le *Sagittaire* était aussi une figure humaine debout, tenant un arc, et ayant deux pieds de cheval. C'est plus tard que le premier devint une chèvre terminée en queue de poisson, figure qui ne paraît sur aucun monument avant le règne d'Auguste ; le second, un *centaure*,

---

fixe Julien, c'est-à-dire de plus d'un siècle à Hipparque. C'est une compilation rédigée assez tard. J'y trouve déjà le nom de l'*écliptique* (p. 264 d.), qui ne se lit point ailleurs, avant Achilles Tatius au IVe siècle (c. XXIII, p. 146 c.). Chez les Latins, on ne le rencontre pas avant Servius (*ad Æn.*, X, 216).

La plus ancienne citation de la *Balance*, comme astérisme zodiacal, est dans Varron (*Ling. lat.*, VII, pag. 83 Bip.), et dans Geminus, qui vivait à la même époque.

figure tout à fait étrangère à l'art comme à la religion des Égyptiens. Or cette forme postérieure est celle que ces deux signes affectent sur presque tous les monuments de l'époque romaine, sans excepter les zodiaques égyptiens. Nouvelle preuve de l'introduction *tardive* du zodiaque en Égypte et de son origine grecque.

VI

Ici se présente l'argument sur lequel Bailly, Dupuis et leurs partisans ont tant insisté pour prouver l'origine orientale du zodiaque grec. On le trouve, nous disent-ils, soit dans les sphères persique, chaldéenne et indienne, soit dans les livres sacrés des Perses, des Indiens ; donc il vient de l'Orient.

Mais là se montre l'erreur commune qui affecte presque toutes les recherches de ces deux savants hommes. Elle consiste, comme on l'a vu, en ce que, par défaut de critique, ils ont regardé comme fort anciens des monuments dont l'époque récente résulte de leur examen même, ou se sont appuyés sur des textes d'écrivains très récents. C'est le cas de tous ceux qu'ils ont cités à cette occasion.

1° La plus simple application de la critique fait rejeter les trois sphères tirées d'Aben Ezra par Scaliger (1) et la sphère *égyptienne* du père Kircher (en les supposant authentiques), auxquelles ils ont attaché une importance qu'elles ne méritent guère.

2° Quant aux textes de Sextus Empiricus, d'Achilles Tatius, de Macrobe, de Théon et de Servius, relatifs à des signes de notre zodiaque, qui auraient été employés par les Chaldéens ou les Égyptiens, ils se rapportent aux siècles postérieurs (du troisième au cinquième), où le zodiaque grec s'était introduit partout, et était employé par les astrologues égyptiens, chaldéens et grecs.

3° Relativement aux livres sacrés des Perses, Dupuis aurait dû remarquer que dans les plus anciens, tels que nous les a

---

(1) *Ad Manil.*, pag. 371, sq.

transmis Anquetil du Perron, on ne découvre *aucune* trace d'astronomie zodiacale. Il n'en a trouvé que dans le *Boundehesh*, où les signes de notre zodiaque sont en effet cités, le Bélier et la Balance répondant aux équinoxes, le Cancer et le Capricorne aux solstices, justement comme dans la sphère d'Hipparque. Mais le *Boundehesh*, dont on fait souvent l'emploi le plus abusif, est une compilation sans autorité dans une question pareille, puisqu'elle a été formée postérieurement à la domination sassanide, et même à l'introduction de l'islamisme, par conséquent longtemps après que le zodiaque grec s'était introduit dans tout l'Orient.

4° Il n'y a non plus nul fond à faire sur les monuments romains du culte mithriaque. Selon l'hypothèse favorite de Dupuis, leur sujet se rapporte à l'époque où le Taureau était équinoxial et le Lion solsticial, deux mille quatre cents ans avant notre ère. Quoique cette opinion ait été admise presque généralement, elle n'est pas moins gratuite et arbitraire. Rien ne prouve que l'astronomie joue aucun rôle dans ces représentations. Nul ne peut dire qu'elles ne soient pas purement religieuses. Tout ce qu'on sait de ces bas-reliefs, dont le vrai sens est et sera longtemps inconnu, c'est que le type principal qu'ils nous offrent est emprunté à l'art grec ou romain; qu'il n'y a pas trace dans l'Orient d'un pareil type, et que le plus ancien bas-relief mithriaque ne remonte pas au delà du règne d'Adrien (1).

5° Quant à d'autres monuments égyptiens où, selon les principes de Dupuis, on avait trouvé un thème astronomique remontant à quatre mille ans avant Jésus-Christ, il est visible qu'ils ne sont pas antérieurs au troisième siècle de notre ère, qu'ils se rapportent aux superstitions gnostiques, et sont analogues aux figures des abraxas (2).

(1) — Je connais tout ce que l'on a écrit depuis 1824, en France et dans l'étranger, sur les bas-reliefs mithriaques. Je n'y vois rien qui puisse me faire modifier ce jugement. Je l'appuierai, quand il sera nécessaire, par un Mémoire spécial, dont les résultats ne concordent pas beaucoup avec les explications que l'on essaie maintenant de faire prévaloir. (*Note ajoutée.*)

(2) Voyez mes *Observations sur les représentations zodiacales*, p. 71 [p. 213.]

6° Le zodiaque *indien*, trouvé par John Call dans une pagode (1), présente, ainsi qu'un autre publié plus tard, la succession des signes de notre zodiaque, sauf quelques modifications dans les formes. Mais les édifices où ils existent sont d'une construction fort moderne. Le zodiaque proprement *indien* est le zodiaque lunaire en vingt-sept *nakschatras*, dont le premier est *Crittica* ou les Pléiades. C'est celui dont il est fait mention dans les Védas et les anciens livres de l'Inde (2), selon l'observation de l'illustre Colebrooke (3), le *Gaubil* des indianistes. Quoi qu'en ait dit W. Jones (4), dont la critique n'égalait ni la science ni le talent, tout montre que le zodiaque en douze signes a été importé de l'Occident dans l'Inde avec l'astrologie. La plus ancienne mention se trouve dans *Aryabhatta*, dont l'époque est indiquée par M. Colebrooke entre 200 et 400 (5)

---

(1) *Philos. trans.*, ann. 1772, pag. 663.
(2) *Trans. of the royal asiat. Society of Gr.-Brit.*, III, part. 1.
(3) Colebrooke, *On the Vedas*, dans les *As. Res.*, VIII, 470.
(4) *As. Res.*, II, 289.
(5) Colebrooke, *Algebra*, etc. *Notes and illustrat.*, pag. 42. Aryabhatta, le plus ancien des mathématiciens indiens qui soit cité, a donc pu connaître les écrits de Diophante, dont l'époque n'est pas inférieure à 389 de notre ère, puisqu'il avait eu pour commentateur Hipparchie, la fille de Théon, tuée en 415. Mais il a pu vivre près de deux siècles plus tôt.
— Je ne dois point laisser ignorer que, dans l'opinion d'un juge bien compétent, l'algèbre indienne ne doit rien aux questions arithmétiques de Diophante. (Libri, *Hist. des math. en Italie*, I, 133 et s.)
M. de Bohlen (*Das alte Indien*, II, 253) dit que, dans le calendrier des Védas, sont mentionnés les Nakschatras, et « çà et là les douze signes du zodiaque solaire. » Il cite *As. Res.*, VIII, 470, 490. Mais à ces deux endroits on ne trouve rien de pareil. Il dit encore que, dans le Ramayana et dans le Bhagavadgita, les douze *adityas* se rapportent aux douze signes dans le zodiaque (pag. 255) ; mais rien ne prouve que ces douze génies des mois aient quelque chose de commun avec les signes.
Sur la fin de 1830, j'ai exposé mes idées sur ce point au célèbre M. A. W. Schlegel, dans des conversations où j'eus occasion d'admirer les vastes connaissances et l'étendue d'esprit de ce grand philologue. Il fut d'abord un peu surpris de ma hardiesse. Son incrédulité céda cependant, je crois, à l'enchaînement des preuves. Il me parut persuadé qu'il chercherait en vain des indices de l'emploi des *douze signes* dans les monuments indiens, antérieurs à l'influence des Occidentaux. Depuis, M. Stuhr a développé des idées analogues sur l'influence grecque, non seulement d'après M. Colebrooke, mais d'après un Mémoire inséré dans le tome Ier des *Transactions* de Madras, que je n'ai pu me procurer à Paris. (Voyez ses *Untersuchungen*, etc., c'est-à-dire *Recherches sur l'origine et l'antiquité de l'astronomie chez les Indiens et les Chinois, et sur l'influence des Grecs sur la marche de leur civilisation.* Berlin, 1831, pag. 106-112.)

de notre ère (1). Comme il plaçait les points équinoxiaux au premier degré du Bélier et de la Balance, on ne peut douter qu'il n'ait connu et employé les déterminations d'Hipparque.

Je regarde comme certain que cette importation est due à l'influence grecque dans les premiers siècles de notre ère, lorsque les relations commerciales entre l'Inde et l'empire romain avaient pris tant d'extension et amené des relations politiques entre les deux régions (2).

C'est à cette époque que l'astrologie grecque s'introduisit dans l'Inde, et avec elle le zodiaque, dont elle ne pouvait se passer. La preuve évidente existe dans certaines dénominations purement *grecques*, dont se servent les astrologues indiens; telles que les trente-six *dreschcanas* du ciel, qui sont les *décans* des astrologues grecs; ils appellent la vingt-quatrième partie du jour astrologique *hora* (ὥρα); l'équation du centre, *cendra* (κέντρον); les moyens mouvements, *midya* (μέσα); la minute de degré, *lipta* (λεπτά); certains points du cours des planètes, *anapha* (ἀναφή) et *sunapha* (συναφή), etc. L'origine grecque est palpable, et remarquez qu'on ne peut admettre ici l'intermédiaire des Arabes, puisque leurs astrologues ne se servent d'aucune de ces expressions.

A la même cause appartient l'introduction de la *semaine* chez les brahmes de l'Inde, qui nomment les jours de la même manière que nous, répondant aux mêmes instants physi-

---

(1) — M. Stuhr, dans l'ouvrage cité (pag. 109), indique un passage des lois de Manou (IV, 69), où il est question du signe de la Vierge. Il le regarde comme une interpolation. Le savant et modeste traducteur français de Manou, M. Loiseleur-Deslongchamps, qui a traduit le passage, *sous le signe de la Vierge* (pag. 133), convient que le texte ne présente pas le sens de *signe*. Ce n'est qu'une interprétation des commentateurs. (*Note ajoutée.*)

(2) M. Colebrooke pense que cette introduction est due à l'influence des Grecs de la Bactriane (*Algebra*, pag. xxii-xxiv). Mais cet empire doit avoir été détruit à une époque antérieure à l'extension des idées astrologiques à laquelle j'attribue cette introduction.

— Les étonnantes sculptures des grottes d'Ellora, où l'empreinte du ciseau grec est évidente (si le crayon de M. B. Guy Babington ne les a pas trop flattées), sont probablement de la même époque. Voyez *Transactions of the royal as. Society of Great-Britain and Ireland*, vol. II, part. IV, pag. 326, 327. (*Note ajoutée.*)

ques (1). Cette coïncidence, qui fait l'étonnement de nos astronomes, s'explique facilement. J'ai montré ailleurs qu'il faut distinguer la *semaine*, simplement période de sept jours, de la *semaine planétaire*, dont chaque jour porte le nom d'une planète ; la première, étrangère à la Grèce, est fort ancienne dans l'Asie occidentale, où elle était liée au calendrier lunaire (2) ; la seconde est d'une invention et d'un usage récents (3). La plus ancienne mention s'en trouve dans Dion Cassius (4). Elle est exclusivement d'origine astrologique ; c'est par l'astrologie qu'elle est venue à Rome, qu'elle a pénétré chez les nations germaniques, qu'elle s'est introduite dans les calendriers chrétiens, malgré son origine toute païenne, et qu'elle a voyagé vers l'Orient jusque dans l'Inde, où elle est arrivée en compagnie de l'astrologie grecque, sa mère ; car cette période est étrangère à l'Inde, où elle était anciennement inconnue. Les astrologues alexandrins avaient des tables dont le point initial était constant, où les périodes septennaires se suivaient dans le même ordre. Cette succession ayant été la même depuis l'époque de l'introduction de l'astrologie grecque, soit dans l'Inde, soit dans notre Occident, il est naturel que chacun des jours de la semaine ait encore lieu maintenant, chez les Indiens, aux mêmes instants physiques que chez nous (5).

7° Que le zodiaque lunaire soit également le seul qui ait été employé à la Chine, c'est un fait reconnu. Le zodiaque en douze signes y a été introduit fort tard. En l'an 164, des étrangers, envoyés par Gan-Toun (Marc-Aurèle Antonin), roi de

---

(1) La Place, *Exposition du système du monde*, liv. V, chap. I. — Tom. II, pag. 260. Cinquième édition.

(2) *Observations sur les représentations zodiacales*, pag. 99 [p. 232].

(3) Je puis prouver qu'elle n'a eu primitivement aucun rapport avec les *sept planètes*.

(4) XXXVII, 18. — Dans les *Observations sur les représentations zodiacales*, [p. 232], j'ai donné la vraie explication de la succession des jours de la semaine.

(5) — La Place, qui, sur la fin de sa vie, avait reporté l'activité de son esprit pénétrant sur les questions historiques, sur celles principalement qui avaient rapport à l'astronomie, aimait à faire tomber la conversation sur ce sujet. Cette explication de la correspondance des jours de la semaine, dans l'Inde et en Occident, l'avait beaucoup frappé par sa simplicité. Elle lui paraissait donner la solution d'un problème qui l'occupait depuis longtemps. (*Note ajoutée.*)

Ta-Tsin (empire romain), arrivèrent à la Chine, et y apportèrent la connaissance de la sphère ; c'est alors qu'on fit des armilles et un globe céleste (1), et que l'on connut les douze signes. L'usage en fut encore enseigné sous les Tang, entre 624 et 906 de Jésus-Christ (2), par un prêtre de Fo (Bouddha), probablement venu de l'Inde.

Ces faits, indiqués sommairement ici, suffisent pour démontrer que partout dans l'Orient, le zodiaque solaire en douze signes est celui de l'astronomie grecque. C'est de l'Occident qu'il est arrivé, de proche en proche, jusque dans l'Inde et à la Chine. Cette route est l'inverse de celle qu'on lui avait fait parcourir.

VII

Il résulte de l'ensemble de tous les faits que j'ai pu recueillir, que notre zodiaque était chez les Grecs une institution récente, et qu'il ne passa du domaine de la science dans le cercle des opinions vulgaires qu'à une époque tardive, qui coïncide avec celle où l'astrologie orientale vint prendre place parmi les superstitions de l'Occident. Cette doctrine qui, dans l'Égypte et la Chaldée, n'avait pu s'appuyer que sur des procédés fort imparfaits pour mesurer la position des astres, et sur une théorie incomplète des mouvements planétaires, ne tarda pas à s'emparer et à profiter de tous les perfectionnements que les méthodes avaient reçus dans l'école d'Alexandrie. Elle prit donc un caractère scientifique qu'elle n'avait pas auparavant. Elle devint *l'astrologie grecque*. Les astrologues chaldéens et égyptiens furent alors obligés d'adopter les divisions et les dénominations des signes du zodiaque grec, auxquels l'école d'Hipparque rapportait tous les mouvements célestes et d'après lesquels toutes les tables étaient dressées ; ils y rattachèrent également les prédictions de leur science men-

---

(1) Gaubil, *Histoire de l'astronomie chinoise,* pag. 24-26.
(2) Le même, pag. 122.

songère (1). Alors le zodiaque acquit une importance proportionnée à celle de l'astrologie ; aussi voyons-nous à cette époque les représentations zodiacales paraître sur une foule de monuments divers, tandis qu'auparavant elles étaient presque inconnues. Telle est la conviction où je suis des causes qui amenèrent leur apparition sur les monuments de l'art, qu'après avoir constaté, dans de précédents ouvrages, qu'on n'en a pas trouvé en Égypte qui fussent antérieurs à la domination romaine, je m'avance maintenant jusqu'à dire qu'on n'en trouvera jamais (2).

Telle est en résumé la liaison des faits principaux dont se composent mes recherches. Elles diffèrent de celles qui les

---

(1) L'astrologie judiciaire, qui avait su profiter des progrès de l'astronomie, paraît les avoir ensuite arrêtés. Depuis Ptolémée jusqu'aux Arabes, elle resta presque stationnaire. Il est remarquable que ce fut également, en Chine, l'effet du crédit que l'astrologie avait acquis sous la dynastie des Han. On n'observait plus les phénomènes ; les astronomes donnaient tous leurs soins à chercher les rapports entre le ciel et les actions des hommes. (Gaubil, *Observ.*, etc., pag. 31.)

(2) — Mon illustre ami Champollion assistait à la séance où ces paroles furent prononcées. Dans sa prévention bien naturelle pour l'Égypte qui était comme sa patrie scientifique, il se montrait peu disposé à accueillir les explications qui tendaient à faire croire qu'elle n'avait pas tout inventé. Il se promit donc bien que, si jamais les circonstances lui permettaient d'aller en Égypte, il saurait y trouver des représentations zodiacales proprement égyptiennes. Lorsque, quatre ans après, il partit pour son mémorable voyage, je lui rappelai sa promesse. A son retour, il fut obligé de convenir qu'il n'avait rien trouvé que des scènes religieuses, analogues à celles que l'on connaissait déjà par le bas-relief du temple d'Hermonthis, qui est du règne de Cléopâtre, et par celui d'un des tombeaux de Thèbes. On y voit figurer, dans des rapports et avec une signification parfaitement inconnus, que chacun peut expliquer à sa guise, divers animaux qui se trouvent partout, un lion, un bœuf, des crocodiles, un scorpion, etc. Que de pareilles scènes soient *religieuses* plutôt qu'*astronomiques*, c'est ce qui résulte de leur uniformité même, sur des monuments d'époques si différentes. Quand il serait certain que les animaux qu'on y voit y ont été placés comme astérismes de la sphère égyptienne, ce que personne ne peut affirmer, on n'en serait pas moins sûr que ce ne sont point des figures zodiacales, puisqu'ils diffèrent essentiellement par leur pose des animaux du zodiaque des temples égyptiens. Ce ne sont pas là des représentations zodiacales. J'appelle ainsi une succession de plusieurs signes, trois ou quatre, comme le Bélier, le Taureau, les Gémeaux, etc., ou bien encore un *seul* signe, mais de ceux qui n'existent que dans le zodiaque, comme le *Capricorne* et le *Sagittaire*. Or, ni Champollion, ni aucun autre, n'a rien trouvé de tel sur des monuments d'une époque antérieure à la domination grecque. Jusqu'ici, l'annonce qu'on n'en *trouverait pas* n'a point été démentie. (*Note ajoutée.*)

ont précédées, en ce que l'élément historique remplace, dans la discussion de ce sujet, l'élément mathématique qu'on y avait presque exclusivement appliqué. Elles détruisent radicalement les principes sur lesquels Dupuis a fondé son explication du zodiaque et des autres constellations, comme, plus tard, son système sur l'origine de tous les cultes ainsi que des fables antiques. Elles frappent d'avance de nullité tout système qui tendrait à faire jouer un rôle au zodiaque en douze signes dans l'interprétation des monuments appartenant à la haute antiquité grecque ; elles ramènent dans le champ de l'histoire positive une multitude de faits qu'on avait réussi à transporter dans une sorte de monde primitif où les hommes dont l'imagination est vive, la science légère et le jugement peu sûr ou mal exercé, peuvent errer tout à leur aise au milieu des nuages ; elles remplacent enfin, par une méthode qui n'admet que des déductions naturelles de faits clairement établis, toutes ces interprétations arbitraires, ces suppositions gratuites, cet échafaudage d'allégories, d'emblèmes, de symboles, d'étymologies, qu'on trouve toujours à point nommé, quand on en a besoin, et dont l'élasticité parfaite permet à la main qui les emploie de les resserrer ou de les étendre à volonté.

L'ensemble de ces recherches, en me conduisant à la conséquence que les constellations de la sphère grecque sont d'invention grecque, sauf quelques emprunts partiels, et que celles du zodiaque ont la même origine, m'a confirmé dans l'idée que les Grecs doivent beaucoup moins à l'Orient et à l'Égypte qu'on ne le pense généralement de nos jours. Sans doute, les colonies asiatiques (1) qui vinrent, à des époques reculées, s'établir dans la Grèce, apportèrent le germe des

---

(1) Je ne dis pas les *colonies égyptiennes*, parce que je regarde celles qu'on attribue à Inachus, à Cécrops et à Danaüs, comme des inventions postérieures à l'établissement des Grecs en Égypte sous le règne de Psammitichus.
— Ce sujet a été traité en détail dans deux leçons au Collège de France, les 7 et 14 mars 1836. (*Note ajoutée.*)

premiers arts, et quelques idées ou pratiques religieuses à des peuples qui n'étaient pas civilisés comme elles. Mais de très bonne heure, nous voyons la nation hellénique prendre un essor indépendant ; par une foule de combinaisons qui lui étaient propres, constituer la société sur des bases que l'Orient n'avait jamais connues, créer une langue admirable qui semble n'avoir conservé quelques traces des idiomes orientaux que pour montrer tout ce qu'elle a dû au génie particulier du peuple qui l'a inventée, et, grâce à un merveilleux instinct du beau en tous genres, perfectionner tellement les rudiments imparfaits des arts qu'elle devait aux colonies étrangères, qu'on a souvent peine à discerner la trace de l'impression primitive. On a dit encore que la Grèce devait à l'Orient tout ce qu'elle a possédé de connaissances scientifiques ; mais on n'a point fait attention que les Grecs, avant l'école d'Alexandrie, sont restés à peu près étrangers à ce que nous appelons les *sciences* ; les mathématiques et l'astronomie encore étaient dans l'enfance au temps même de Platon et d'Eudoxe, et, si l'on veut que ces philosophes aient tout appris en Égypte, on est obligé de convenir qu'à en juger par le savoir des disciples, les maîtres devaient être fort inhabiles. Nous voyons, au contraire, la faible somme des connaissances positives des Grecs s'augmenter peu à peu, et s'enrichir de loin en loin de quelques notions si rares, si imparfaites, qu'il serait presque inutile de recourir à une influence étrangère. Il faut bien le reconnaître, les vraies sciences ne sont nées, dans l'antiquité, qu'à l'époque de l'école d'Alexandrie, alors que l'esprit positif de recherches et d'observation, succédant à l'esprit poétique des anciens temps, conduisit les Grecs sur des routes nouvelles ; on les vit porter dans l'étude des sciences cette même activité intellectuelle, cette finesse et ce discernement parfait qui sont le caractère distinctif de toutes leurs œuvres. En même temps qu'ils étendaient partout l'influence de leurs arts et de leur littérature, ils perfectionnèrent les connaissances astronomiques et mathématiques ; ils vinrent enseigner à la Chaldée comme à l'Égypte des théories qu'elles n'avaient jamais connues, et leur rendirent une véritable science pour prix des notions vagues et incertaines qu'ils en avaient reçues jadis (1).

(1) La lettre suivante, écrite à Arago et relative au même sujet, mérite peut-être d'être citée ; elle est sans date :

« Paris, vendredi.

« Voilà, mon cher confrère et ami, la note dont je vous ai parlé; elle est fort succincte, parce qu'elle ne devait tenir que fort peu de place dans le discours de Cousin. — Pour que vous compreniez mieux la partie *archéologique* de la question, je joins le *précis* que j'ai lu à la séance publique de 1824. Ce ne sont que 16 pages qui vous donneront une idée assez nette de l'ensemble de mes recherches sur ce sujet. Depuis 1824, aucun fait n'est venu démentir les opinions que j'avais conçues, et il se trouve, par l'absence totale de signes du zodiaque dans tous les tombeaux égyptiens visités par Champollion, que je ne me suis pas trop avancé quand j'ai dit *qu'on n'en trouverait jamais* (p. 16) dans les monuments antérieurs à la domination romaine. Cela parut hardi, téméraire même en 1824. Champollion m'en fit alors un peu reproche, parce qu'il ne comprenait [pas] la suite des idées qui m'autorisaient à penser ainsi. A son retour d'Égypte, il fut obligé de convenir que je n'avais pas été trop loin.

« Quand vous n'aurez plus besoin de ces pièces, vous me les renverrez.

« Mille amitiés.

« Letronne.

« *P. S.* Mongez m'a raconté, il y a quelques années, et il vous le répétera, s'il n'a pas perdu la mémoire, une anecdote curieuse.

« Il était fort lié avec Berthollet. Lors du débarquement à Fréjus, Berthollet lui écrivit un petit billet ainsi conçu : « Nous voilà débarqués heureusement.
« On a trouvé des zodiaques en Égypte, qui confirment Dupuis. Fourrier leur
« donne 15.000 ans d'antiquité. »

« Tant était grande la sensation qu'avaient produite ces zodiaques, et l'importance qu'on attachait à leur époque ! Berthollet, écrivant un mot sur le genou à son ami, après une longue et périlleuse traversée, ne trouve rien de plus intéressant à lui dire. Si Mongez avait conservé la lettre, ce serait un joli monument. »

SUR

L'ORIGINE DU ZODIAQUE GREC

ET SUR PLUSIEURS POINTS

DE L'URANOGRAPHIE ET DE LA CHRONOLOGIE

DES CHALDÉENS [1].

Parmi les hommes qui auraient pu élever la voix avec le plus d'autorité pendant la longue dispute sur l'origine et l'âge des zodiaques égyptiens, M. Ideler tient sans contredit un des premiers rangs. Il est, en effet, peu de savants que le genre de leurs études rende plus capables d'éclaircir un problème si débattu, et dont on a proposé tant de solutions diverses. Philologue habile, également versé dans les langues classiques et orientales, critique exercé, formé à la grande école de Wolf, savant astronome et mathématicien distingué, il a constamment appliqué cette réunion si rare de connaissances à l'étude des questions les plus difficiles de l'astronomie et de la chronologie anciennes. Sans parler de ses beaux Mémoires qui font un des principaux ornements de la collection académique de Berlin, il suffira de rappeler ses *Recherches sur les observations astronomiques des anciens*, son *Manuel de chronologie technique et mathématique*, et ses *Recherches sur l'origine et les noms des étoiles*. Dans tous ces ouvrages, mais principalement dans le dernier, publié à l'époque de la plus grande ferveur des querelles zodiacales, il aurait pu se constituer l'arbitre de ces débats scientifiques. Et peut-être que sa parole grave et pacifique, soutenue d'un savoir incontesté, aurait réussi de bonne heure à concilier les parties belligérantes.

Mais il semble avoir toujours évité jusqu'ici de se mêler à ces discussions dont une foule d'hommes habiles se sont occupés avec une ardeur si vive. On dirait que son esprit sévère et positif a craint de se fourvoyer, ou du moins de se compromettre au milieu de tant de combinaisons savantes, de tant d'hypothèses ingénieuses, dont il sentait mieux que personne le vide et l'inutilité ; jeux d'esprit où chacun luttait de force et d'adresse, sans obtenir aucun résultat dont la science pût véritablement s'enrichir.

[[1] Dans le *Journ. des Sav.*, 1839, pp. 480-495 ; 527-539 ; 577-592 ; 651-668, ce mémoire, qui a été tiré à part, P. 1840, 59 p. in-4°, sous le titre ci-dessus, n'est autre chose que le compte rendu de l'ouvrage de L. Ideler, *Ueber die Ursprung des Thierkreises*.]

Le voici pourtant qui entre à son tour dans la lice, armé d'un savant mémoire sur *l'origine des zodiaques*, lu à l'académie de Berlin, le 28 juin 1838. Il vient mettre dans la balance, suspendue entre les opinions diverses, le poids de son opinion particulière. A la vérité, il s'excuse encore de ce qu'il entreprend, contre son habitude, de traiter un sujet dont le caractère est de sa nature hypothétique. S'il a consenti à s'en occuper, c'est qu'il croit pouvoir maintenant marcher sur un sol plus solide ; c'est que la question a fait, depuis plusieurs années, des progrès notables ; c'est que les efforts de la philologie, de l'archéologie et de la critique historique, sont parvenus à quelques résultats positifs où l'esprit le plus difficile à satisfaire peut trouver à se prendre.

Je dois m'applaudir d'autant plus de cette résolution du savant astronome, que je peux me flatter d'en être la cause. « Si je m'occupe de nouveau, dit M. Ideler en commençant, d'un sujet traité fréquemment, mais sans aucun résultat décisif, et qui repose presque entièrement sur des conjectures, je ne pouvais y être déterminé que par l'opinion produite depuis peu par M. Letronne, à savoir que notre zodiaque en douze parties, avec les signes que nous connaissons, est une invention des Grecs, qui l'ont ensuite transporté dans l'Orient. » J'ai, en effet, essayé d'établir *l'origine grecque des zodiaques prétendus égyptiens*, dans un discours lu publiquement à l'Institut le 24 juillet 1824. Ce discours, qui était resté inédit depuis cette époque jusqu'au mois d'août 1837, qu'il a paru dans la *Revue des Deux-Mondes*, contient le résumé d'une théorie à peu près complète sur l'histoire du zodiaque transporté de Grèce en Égypte, en Perse, dans l'Inde et en Chine. Cette théorie, *paradoxale* dans sa principale donnée et dans plusieurs parties importantes, mais fondée, selon mon intime conviction, sur des conséquences rigoureuses de faits bien constatés, ne pouvait prétendre, je le sentais, à occuper une place quelconque dans la science, qu'après avoir subi la discussion et la critique des juges compétents ; et c'est pour provoquer l'une ou l'autre, avant la publication de l'ouvrage même dont ce discours est le résumé, que j'avais pris le parti, sur le conseil de quelques personnes éclairées, de le publier séparément.

M. L. Ideler, que j'avais amicalement sollicité de m'instruire de ses conseils et de faire connaître, dans quelque recueil scientifique, son opinion sur un sujet qui tient aux études de toute sa vie, et sur lequel son jugement doit être d'un si grand poids, vient de répondre à cet appel par le Mémoire académique dont je vais rendre compte.

Avant tout, je dois dire que ce Mémoire se distingue, entre autres mérites, par une méthode qu'on devrait toujours employer dans les discussions contradictoires, où des vues, discordantes sur quelques points, n'empêchent pas que, sur d'autres, on n'arrive à des résultats semblables ou identiques. Or, ceux-ci, que l'on obtient ordinairement en suivant des routes différentes, ne peuvent ainsi se rencontrer que parce qu'ils sont très voisins de la vérité, s'ils ne sont pas la vérité même. Signaler en pareil cas les différences et les similitudes, reconnaître les points sur lesquels on est d'accord ou en dissidence, c'est faire un pas vers une solution définitive, puisque c'est resserrer peu à peu les limites de l'erreur ou de l'incertitude.

Voilà ce que M. Ideler vient d'exécuter avec la bonne foi et l'impartialité qu'on devait attendre de son caractère.

Les points qu'il concède à l'auteur de la théorie nouvelle, après un examen sévère, sont les plus importants, et ceux que l'on pouvait s'attendre à voir le plus vivement contestés, puisqu'ils s'éloignent davantage de l'opinion commune. Le dissentiment ne porte plus, comme on le verra, que sur une question accessoire; encore est-il en partie l'effet d'un malentendu.

En analysant ce Mémoire, je ferai l'office de simple rapporteur, le seul qui puisse me convenir. Je me bornerai à rappeler les propositions fondamentales de ma théorie, et j'indiquerai le jugement qu'en porte M. Ideler ; j'examinerai ensuite avec une attention sérieuse le point particulier sur lequel nous différons encore.

Je commencerai par une observation préliminaire qui fixera le point de départ et l'état de la question.

Il faut distinguer, dans le zodiaque, deux notions très différentes, quoiqu'on les ait presque toujours confondues : 1° la division en tel ou tel nombre de parties ; 2° le choix des figures et des dénominations par lesquelles on a représenté ou désigné les constellations placées sur les divers points de la route de la lune ou du soleil.

La division de cette route en 27 ou 28 parties au moyen de la lune, en 12, 24, 36 ou 48 parties au moyen du soleil, peut exister chez des peuples qui n'ont eu, entre eux, aucune communication, parce qu'elle résulte de phénomènes constants et partout les mêmes. Tous les peuples ont pu observer que le mouvement propre de la lune, dans le ciel, s'opère dans un nombre de jours qui est entre 27 et 28, et que la route annuelle du soleil est marquée par environ douze pleines lunes. Les uns purent donc imaginer de partager cette route en 27 ou 28 parties, les autres en 12, ou en nombres multiples de celui-là. Mais, comme les groupes d'étoiles affectent rarement des formes déterminées, et comme d'ailleurs on peut les composer de vingt manières différentes, il est évident que l'usage des mêmes groupes ou des mêmes figures, chez deux peuples, ne peut être un effet du hasard ; l'un des deux les aura de toute nécessité empruntés à l'autre.

Ces distinctions, prises dans la nature même des choses,

sont confirmées par ce qu'on remarque sur la sphère de plusieurs peuples, où l'on voit le zodiaque divisé dans le même nombre de parties, mais ayant des figures et des dénominations différentes : tels sont les 27 *khordehs* des Persans, les 27 *nakshatras* des Indiens, les 28 *sou* des Chinois. Ainsi, dans l'antiquité, les Grecs, les Chaldéens et les Égyptiens ont pu avoir la même division du zodiaque en douze parties ou dodécatémories, et se servir cependant de dénominations ou de configurations différentes. On conçoit encore qu'ils ont pu emprunter l'un à l'autre seulement l'idée de la division, et la transporter sur une sphère déjà formée, déjà partagée en constellations : c'est justement le cas des Grecs par rapport aux Chaldéens.

Les douze signes du zodiaque grec, noms et figures, nous sont connus dès le temps d'Eudoxe (370 à 380 avant J.-C.). On les retrouve à très peu près les mêmes, et dans le même ordre, sur les monuments écrits ou figurés de l'Égypte, de la Perse, de l'Inde et de la Chine. Cette concordance atteste une communication entre ces contrées éloignées; c'est là ce qui est évident, ce que personne ne conteste. Mais comment et à quelle époque s'est faite cette communication? Quel est le point de départ? Quel peuple est l'inventeur? Voilà des questions sur lesquelles on n'est point d'accord; et il faut convenir pourtant qu'il en est peu qui puissent avoir plus de conséquence historique.

Dans sa prédilection pour le peuple asiatique qui, antérieurement à toute histoire, était, selon lui, en possession des connaissances les plus étendues, Bailly ne pouvait hésiter sur la patrie du zodiaque, comme de toutes les institutions scientifiques de l'antiquité. Son fameux peuple antédiluvien en devint l'inventeur; le zodiaque avait été transmis, avec tous les débris de la science antique, aux Indiens, aux Perses, aux Chaldéens, aux Égyptiens, enfin aux Grecs, ces disciples si tardifs et si inexpérimentés, en comparaison des Orientaux leurs maîtres.

Dupuis n'adopta point cette origine asiatique. Partant de

l'idée que les douze signes étaient relatifs à l'agriculture, il crut découvrir qu'ils n'avaient de sens qu'appliqués au climat de l'Égypte ; il transporta donc à ce pays l'honneur de l'invention. Il est vrai que, pour réussir à expliquer les signes dans cette hypothèse, il fallait en changer complètement le rapport avec les saisons, admettre toute une demi-conversion du ciel, par suite de la précession des équinoxes, et faire répondre nos signes d'été à ceux d'hiver, et ceux du printemps à ceux d'automne, ce qui plaçait l'origine du zodiaque à l'époque où la concordance eut lieu, vers 13.000 ou 15.000 ans avant notre ère.

Cette antiquité ne fut pas et ne pouvait être du goût de tout le monde ; mais la découverte des zodiaques dans des temples égyptiens, qu'on supposait remonter à une très haute antiquité, parut donner à cette hypothèse une confirmation singulièrement frappante ; et, comme pour y ajouter une nouvelle force, le hasard voulut qu'ils n'eussent pas tous le même point initial, ceux de Dendérah commençant par le Lion, et ceux d'Esneh par la Vierge : preuve évidente, disait Dupuis, qu'on avait eu égard, dans ces représentations, aux changements causés par la précession des équinoxes.

C'est sur ce nouveau terrain que désormais la discussion s'établit : seulement on différa plus ou moins quant à l'époque de ces représentations. On la vit flotter dans le vaste intervalle de 15.000 ans à quatre ou cinq siècles avant notre ère ; mais l'origine égyptienne du zodiaque fut à peu près généralement reconnue, parce qu'on crut distinguer les signes du Bélier, du Lion, du Taureau, du Scorpion, sur des monuments de Thèbes qui remontaient au moins à seize ou dix-huit siècles avant notre ère.

Quand l'examen des inscriptions grecques, et plus tard leur comparaison avec les inscriptions hiéroglyphiques, eurent fait descendre jusque dans les temps romains l'époque de la construction ou de la décoration des monuments où se trouvaient des zodiaques, la question changea de face ; la discussion fut amenée dans le champ de l'histoire et de l'archéologie, et l'on put prévoir dès lors qu'elle cesserait bientôt d'être un champ d'interminables disputes sur le sens d'emblèmes inconnus.

L'époque récente des monuments est donc le point de départ et la base principale de ma théorie. Cette base a été établie dans les *Recherches pour servir à l'histoire de l'Égypte* (1823), et dans les *Observations sur les représentations zodiacales* (1824), où j'ai constaté qu'aucune représentation zodiacale, sur des monuments égyptiens, n'est antérieure à l'époque romaine. Peu après j'annonçai *qu'on aurait beau chercher, qu'on n'en trouverait jamais*. C'est qu'en suivant toutes les conséquences de ces nouvelles données, j'étais parvenu à une théorie sur l'origine des zodiaques égyptiens, d'où il résultait que le zodiaque est étranger à l'ancienne Égypte. Cette théorie, considérée dans son ensemble, et réduite à sa plus simple expression, se résume dans ces trois propositions fondamentales, qui s'appuient les unes sur les autres :

1° *Notre zodiaque est étranger à l'Égypte. Il y fut porté par les Grecs à l'époque alexandrine.*

2° *C'est par suite des progrès de l'astronomie dans l'école d'Alexandrie, et du développement de l'astrologie, que le zodiaque grec fut transporté en Orient, jusque dans l'Inde et en Chine.*

3° *La sphère grecque est originale ; la formation en a été successive. L'idée de la division zodiacale est étrangère à la sphère primitive des Grecs, elle y a été introduite après coup ; mais les* NOMS *et les* FIGURES *du zodiaque sont d'invention grecque.*

Telles sont les propositions que M. Ideler examine et dont il porte le jugement que je vais indiquer.

I. — *Que notre zodiaque est étranger à l'Égypte.*

La première proposition, fondement de toute la théorie, en est la partie la plus *paradoxale*. Ce *paradoxe* est pourtant reconnu par M. Ideler comme l'expression de la vérité. Voici ses paroles, que je vais traduire fidèlement, excepté les expressions trop flatteuses que son indulgente amitié lui suggère.

« Personne n'ignore que l'on s'est presque généralement accordé jusqu'ici à chercher en Orient l'origine du zodiaque, aussi bien que le germe de toutes les connaissances astronomiques des Grecs ; seulement, on ne s'est pas accordé sur la question de savoir à quel peuple il faut attribuer la priorité. Bailly, qui, dans son *Histoire de l'Astronomie ancienne*, ne s'est pas expliqué là-dessus d'une manière expresse, s'est prononcé plus tard en faveur de ses *Atlantes,* ce prétendu peuple de l'Asie centrale, possesseur de profondes connaissances, dont quelques débris seulement sont parvenus aux Indiens, aux Égyptiens, aux Babyloniens et aux Grecs ; entre autres, la connaissance du zodiaque, auquel Bailly attribue une antiquité de 4.600 ans avant J.-C.

« L'*incritique* (unkritrische) Dupuis remonta encore bien plus haut. Présumant, par une pure hypothèse, que le zodiaque représentait les phénomènes naturels en Égypte, dans le cours d'une année, il en reporta l'origine jusqu'au temps où le signe du Bélier répondait à l'équinoxe d'automne, quelque 13.000 ans avant notre ère. Cette vue fantastique, que les quatre zodiaques découverts en Égypte pendant l'expédition française paraissaient confirmer, est maintenant entièrement détruite par la critique de M. Letronne (1). Avec le secours des inscriptions grecques qui se trouvent au temple de Dendérah et au petit temple d'Esneh, il a montré que l'un n'a été terminé que sous Tibère, et que l'autre n'est pas antérieur au règne d'Adrien (voy. ses *Rech. pour servir à l'hist. de l'Égypte*). Les caractères hiéroglyphiques, déchiffrés par Champollion, ont confirmé ce résultat, et mis hors de doute que même le grand temple d'Esneh, du moins son portique, avec le zodiaque, appartiennent à l'époque romaine (2). Aucune trace de l'époque pharaonique ne s'aperçoit dans ces

---

(1) Dieses Phantasiegebilde... ist nun durch Hrn. Letronne's scharfsinnige Kritik ganzlich zerstœrst. » S. 2.

(2) Sur le planisphère de Dendérah, qui est maintenant à Paris, se trouve le

monuments. Un cinquième zodiaque, trouvé sur le couvercle d'une momie, appartient, d'après l'inscription grecque, à la XIXe année du règne de Trajan. M. Letronne émet l'opinion fort vraisemblable que ce zodiaque n'est rien de plus qu'un horoscope, et que les quatre autres doivent avoir un sens mythico-religieux qui se rapporte à la construction des temples. Ainsi, de ces monuments qui ont été l'occasion de tant de rêveries, on ne peut rien conclure à l'égard de la haute antiquité de l'astronomie égyptienne, et ils ne fournissent aucune solution à la question de savoir si les Égyptiens connaissaient, avant Hipparque, la précession des équinoxes.

« Le manque absolu de représentations zodiacales sur les monuments de tout genre, temples, obélisques, catacombes, caisses de momies, qui appartiennent démonstrativement à l'époque pharaonique, donne un grand poids à la conjecture que l'emploi de ces représentations se rattache à un cercle d'idées qui se sont répandues dans l'occident vers le commencement de notre ère. »

A ces résultats de mes recherches, que M. Ideler admet sans restriction, on m'a plusieurs fois opposé diverses images de bélier, de taureau, de lion, de scorpion, qui se voient sur des monuments de l'époque pharaonique, et que l'on prétendait être des figures zodiacales. Et, encore maintenant, des savants distingués persistent dans cette opinion, malgré la distinction que j'avais établie en ces termes : « Sur certains bas-reliefs d'une époque ancienne, on voit figurer, dans des rapports et avec une signification parfaitement inconnus, que chacun peut expliquer à sa guise, divers animaux, des lions, des taureaux, des béliers, des crocodiles, des scorpions, etc. Que les scènes où ils se trouvent soient *religieuses* plutôt qu'*astronomiques*, c'est ce qui résulte de leur uniformité même sur des monuments d'époques très différentes. Quand il serait certain que ces animaux y ont été placés comme *astérismes* de la sphère égyptienne, ce que personne ne peut affirmer, on n'en serait

cartouche de Néron (note de M. Ideler). — Le cartouche est gravé non sur le planisphère, mais sur la grande figure qui est restée dans le temple.

pas moins sûr que ce ne sont pas là des *figures zodiacales*, puisqu'elles diffèrent entièrement par leurs poses des animaux du zodiaque représenté sur les bas-reliefs égyptiens. J'appelle *représentation zodiacale*, non pas seulement tout zodiaque entier, mais encore la succession de plusieurs figures du zodiaque, trois ou quatre, comme le Bélier, le Taureau, les Gémeaux, etc., ou bien une seule figure, mais alors une de celles qui n'existent que dans le zodiaque, comme le *Capricorne* ou le *Sagittaire*. Or, ni Champollion, ni aucun autre voyageur, n'a rien trouvé de tel sur des monuments d'une époque antérieure à la domination grecque. Jusqu'à présent l'annonce que j'ai faite en 1824, en plein Institut, qu'on n'en *trouverait jamais*, n'a point encore été démentie. (*Sur l'origine grecque des zod. égypt.*, p. 454). »

M. Ideler entre complètement dans ces vues :

« Que les Égyptiens, dit-il, eussent aussi leur astrologie, cela résulte des témoignages précis d'Hérodote et de Cicéron (1), et qu'ils s'y soient adonnés de bonne heure, cela est prouvé par un plafond sculpté que Champollion a découvert, en 1829, dans le tombeau de Ramessès IV. Sur ce monument, on lit les noms des étoiles qui, pendant la dernière moitié du mois de tobi, se lèvent successivement pendant les douze heures de la nuit, avec l'indication des parties du corps humain, telles que le cœur, le bras gauche, l'oreille gauche, l'œil droit, etc., sur lesquelles elles étaient censées avoir de l'influence. Nous ne pouvons savoir si quelques-unes de ces étoiles, le *fleuve*, la *flèche*, les *deux étoiles*, le *pied de la truie*, se rapportent à un zodiaque égyptien. Jusqu'à présent on n'a découvert sur aucun monument pharaonique, c'est-à-dire antérieur à la conquête de Cambyse, la moindre trace de représentation

---

(1) Dès 1824, j'avais reconnu ce fait : « Toutes les traditions de l'antiquité placent l'origine de l'astrologie dans la Chaldée et dans l'Égypte. Son existence, dans ce dernier pays, est attestée par un texte formel d'Hérodote (II, 82) et de Cicéron (*Div.*, I, 1 , etc. (*Obs. sur les représ. zod.*, p. 204). » J'en fais la remarque, parce que M. A. W. de Schlegel, dans son important Mémoire *sur les constellations du Zodiaque dans l'Inde ancienne* (*Zeitschr. für die Kunde des Morgenl.*, Gœtt., 1837, S. 375), me reproche de n'avoir pas voulu tenir compte du passage d'Hérodote.

zodiacale: Que si l'on trouve sur un bas-relief d'une tombe royale, entre autres figures, un taureau, un lion, un scorpion (peut-être un crocodile), figures qu'on a crues identiques avec les signes du zodiaque (*Desc. de l'Ég. ant.*, Mém. I, p. 255), M. Letronne (*Observ. sur les représ. zod.*, p. 61 ; — *Sur l'origine grecque, etc.*, p. 30), au contraire, les explique dans le sens d'images purement symboliques, en rapport avec le personnage inhumé dans le tombeau. Je suis également d'avis qu'un tel tableau isolé, dont nous ne connaissons pas la signification, ne fournit absolument aucune preuve en faveur de l'existence antique (d'ailleurs, *au plus haut degré invraisemblable*) d'un zodiaque égyptien pareil à celui des Grecs (p. 21-23). »

Le savant auteur du Mémoire termine son jugement sur ma première proposition par cette phrase expresse qui résume toute sa pensée : « Les observations de M. Letronne, à ce sujet, portent dans l'esprit de tout homme non prévenu la conviction que les figures zodiacales représentées dans les zodiaques égyptiens, *sont d'origine grecque et ont été introduites pour la première fois en Égypte au temps des Ptolémées* (1). »

II. — *Que le zodiaque solaire indien est le zodiaque grec.*

La seconde proposition est un corollaire de la première. Après avoir établi que le zodiaque a été introduit en Égypte, j'ai été conduit à la démonstration que les Grecs l'ont ensuite transporté dans l'Orient. Sans rappeler ici la chaîne des raisonnements qui m'ont guidé, je me bornerai à l'indication des faits principaux : 1° Il n'y a nulle trace d'un zodiaque quelconque dans le *Zendavesta* ; 2° le *Boundehesch*, compilation rédigée postérieurement à l'introduction de l'islamisme, fait mention d'un zodiaque, qui est celui des Grecs, disposé comme

---

(1) « Was Hr. Letronne hierüber... beibringt, dringt allerdings jedem Unbefangenen die Ueberzeugung auf, dass die *Zodiakalbilder* auf den aegyptischen Thierkreisen griechischen Ursprungs, und erst unter den Ptolemæern nach Ægypten gekommen sind. »

celui d'Hipparque, c'est-à-dire, que le Bélier y est le premier signe et répond à l'équinoxe du printemps ; 3° la signification inconnue des bas-reliefs mithriaques ne peut fournir de preuve d'aucune espèce en faveur de l'existence, en Asie, de notre zodiaque, à une époque antérieure à la domination grecque ; 4° le zodiaque lunaire est le seul qui appartienne à la Chine ; le nôtre n'y a été introduit qu'au temps de *Gan-toun* (Antonin), roi du Ta-tsin (empire romain), par des occidentaux ; 5° les représentations du zodiaque en douze signes, les mêmes que ceux des Grecs, et qu'on a trouvés dans l'Inde, sont d'une date fort récente ; les monuments écrits, d'une époque démonstrativement ancienne, ne supposent que l'usage du zodiaque lunaire en vingt-sept signes, qui paraît être de toute antiquité dans l'Inde ; 6° le zodiaque en douze signes se lie dans l'Inde à l'astrologie qui emploie les noms tout grecs, de *hora*, *cendra*, l'équation du centre (κέντρον), *midya*, les moyens mouvements (μέσα), *lipta*, la minute de degré (λεπτά), *anapha* (ἀναφή), *sanapha* (συναφή), mots qui indiquent certaines particularités du cours des planètes ; ces dénominations, remarquées par Colebrooke (1), n'ont pu être introduites par les Arabes, qui ne s'en servent pas ; elles n'ont pu arriver dans l'Inde qu'avec le zodiaque grec et l'astrologie alexandrine.

Cette dernière conséquence devait paraître bien hardie, j'en conviens, de la part d'un homme tout à fait étranger à la littérature indienne ; mais elle me parut ressortir si clairement d'un ensemble d'idées auxquelles ma conviction s'attachait avec force, que je ne dus pas hésiter à la produire. M. Stuhr qui, en 1831 (2), ne pouvait connaître mon opinion, y est arrivé de son côté par des recherches particulières ; et cette coïncidence fortuite est assez frappante pour être remarquée. Notre opinion a été vivement contestée par un des plus grands philologues et des hommes les plus spirituels de notre temps, M. A. W. de Schlegel, qui persiste à réclamer pour les In-

---

(1) *Algebra of Brahmagupta*, etc., p. LXXV et suiv.
(2) Dans ses *Recherches sur l'origine et l'antiquité de l'astronomie chez les Chinois et les Indiens*, etc., Berlin, 1831.

diens, non seulement l'invention du zodiaque en douze dodécatémories, mais encore celle des signes de notre zodiaque, ou du moins qui veut en trouver l'usage chez eux, dès le temps de la rédaction des lois de Manou. D'habiles indianistes paraissent s'être rangés depuis du côté de l'origine grecque ; et M. Ideler, qui a reçu les avis de M. Bopp, et qui cite les pièces de la controverse, se prononce encore décidément en faveur de la nouvelle théorie dans ce passage qui contient des vues aussi neuves que remarquables.

Après avoir présenté un résumé exact des résultats exposés dans mon *discours*, il énonce son jugement en ces termes :

« *Que les figures zodiacales soient en effet une création des Grecs, c'est aussi mon opinion, qui se fonde sur toute l'essence de leurs constellations* (1). Doués d'une imagination vive, et conduits par quelques ressemblances dans la position des étoiles, ils ont couvert le ciel d'images, jusque dans les plus petits détails. Ainsi, lorsque, par exemple, ils représentent le groupe d'Orion sous la figure d'un héros combattant, ils distinguent sa tête, sa ceinture, son baudrier, ses pieds, ses épaules couvertes d'une peau de lion, son bras droit levé et armé d'une massue.....

« Les peuples orientaux, au contraire, autant que nous pouvons le savoir, n'eurent que de simples *noms* pour les étoiles isolées et pour de petits groupes, noms qu'ils durent emprunter d'objets animés ou inanimés, afin d'aider à les retenir; seulement, dans des cas fort rares, ils les rattachèrent à des images, dans un certain rapport avec les configurations des groupes d'étoiles. Je citerai d'abord le ciel étoilé des Arabes nomades avant Mahomet, dont j'ai donné un aperçu dans mes *Recherches sur l'origine et la signification des étoiles* (p. 409 et suiv.). Si l'on en sépare tout ce qui revient aux constellations grecques introduites plus tard, on compte un grand nombre de noms véritablement arabes, appliqués soit à des

---

(1) « Dass die Zodiakalbilder in der That eine Schœpfung der Griechen sind, ist auch meine Ansicht, die auf dem ganzen Wesen ihrer Constellationen beruht. »

étoiles isolées, soit à de petits groupes. Ils sont tirés, les uns, d'animaux, tels que le chameau, le mouton, l'autruche, le chacal, le chien ; les autres, d'objets inanimés, mais à l'usage d'un peuple nomade, tels que la tente, la crèche, le pot, le plat, la coudée, le seau à puiser. Nulle part ne se montre distinctement une image proprement dite, si ce n'est peut-être les sept étoiles principales de la grande et de la petite Ourse, que l'on nomme la grande et la petite *Bendt nasch* (les filles de la bière), parce que l'on se représente là deux bières et trois pleureuses (1).

« Les vingt-huit constellations du zodiaque lunaire des peuples de l'Asie orientale, les *nakschatras* des Hindous, les *sou* des Chinois, sont de tout autre nature. Les premiers portent des noms propres tirés de l'ancienne langue indienne, desquels un très petit nombre, comme M. Bopp me l'assure, indiquent une figure : tels sont *Hasta*, main, *mriga siras*, tête de gazelle. Les Brahmines, il est vrai, leur attribuent généralement une figure, comme le rasoir, l'arc, la flèche, le lit, la dent d'éléphant, etc. (2) ; mais, comme elles n'embrassent que peu d'étoiles (trois et quelquefois une seule), il est clair que ces images doivent avoir servi simplement à aider la mémoire. Les autres noms, qu'on trouve encore chez les Indiens, appartiennent à des étoiles isolées remarquables. Ainsi, par exemple, ils nomment les sept étoiles de la grande Ourse, les sept *Richis*, qui sont des sages ou des pénitents dont les âmes habitent dans ces étoiles. Les images du zodiaque grec ont un tout autre caractère. »

---

(1) « Déjà dans le livre très ancien de Job, dont le héros nous offre entièrement l'image d'un émir arabe, se présentent plusieurs noms d'étoiles, dont l'analogie avec celles des Arabes est inconnue. » (Note de M. Ideler.) — J'avais fait la même remarque contre Goguet et Bailly, qui ont voulu voir dans ces étoiles des figures du zodiaque *Sur l'origine, etc.*, p. 7, n° 2).

(2) Les *nakschatras* se présentent aussi chez les astronomes arabes, qui les appellent *mendzil el-kamar*, les *stations lunaires*... Selon ma conviction, les Arabes ont emprunté ce zodiaque des Indiens, à la vérité après l'adoption de l'astronomie grecque, sous les califes *Al-Mansor* et *Al-Mamoun*, dans le viiie siècle de notre ère. Les *nakschatras* ne se sont pas étendus plus loin vers l'occident. » (Note de M. Ideler.)

Aux considérations que j'ai présentées en faveur de l'origine grecque des zodiaques indiens, M. Ideler en ajoute d'autres non moins frappantes. « Colebrooke, dit-il, incline aussi vers cette opinion. Dans les Védas, on ne trouve aucune trace du zodiaque en douze signes. Il est remarquable que les noms des douze mois indiens, d'après leur ordre, sont pris d'autant de *nakschatras*. (Comparez les deux listes de noms dans Marsden, *On the chronol. of the Hindoos.* Phil. Trans., 1790, p. 578.) Les noms doivent ainsi avoir correspondu d'une manière quelconque avec les *nakschatras*, et cela dans un temps où l'ancien *zodiaque lunaire* était seul en usage : car, si, dès cette époque, on s'était servi du *zodiaque solaire*, les noms des mois auraient été bien plus naturellement tirés des douze signes, à en juger d'après l'analogie de Κριών (mois du Bélier), Ταυρών (mois du Taureau), Διδυμών (mois des Gémeaux), etc., termes employés par Denys (S. 8, *Anm.* 1). » Voici comment il termine cette savante discussion : « Quand nous rencontrons aussi des signes grecs dans les monuments indiens et les écrits des astronomes indiens, sauf quelques faibles différences dans les figures et les noms, *je crois avec M. Letronne que les Indiens les ont empruntées des Grecs* (1). »

Il est bien entendu que ni l'un ni l'autre nous n'en voulons rien conclure contre la haute antiquité de l'astronomie dans l'Inde ; il en sera de même de l'Égypte. De ce que le zodiaque s'est introduit si tard dans ce pays, nul ne sera non plus tenté d'en induire que l'astronomie n'y a pas été cultivée dès une époque très ancienne. Ce sont là des questions distinctes, qu'il faut bien se garder de confondre, et que l'on confond encore tous les jours.

M. Ideler continue en ces termes :

« Les *sou* des Chinois, qui ont passé aux Japonais, ne sont aussi distingués que par des étoiles isolées, et je ne trouve

---

(1) « Wenn wir sie (*die griechischen Zodiakalbilder*) also mit geringen Abweichungen in den Formen und Namen auch auf indischen Denkmælern und in den Schriften indischen Astronomen antreffen, so glaube ich mit Hrn. Letronne, dass die Inder sie erst von den Griechen entlehnt haben. »

indiqué nulle part que des *figures* soient attachées à leurs *noms*. Les autres très nombreuses constellations chinoises consistent généralement en quelques étoiles qui, sur la sphère et dans les cartes célestes, sont unies par des lignes, ce qui leur donne l'aspect de figures mathématiques. Leurs noms sont, pour la plupart, empruntés des officiers et des dignitaires du *céleste empire*. On reconnaît le même caractère au ciel étoilé des Mongols, qu'Abel Rémusat nous a fait connaître.

« Ce qu'il faut conclure de cette analogie frappante, c'est que les constellations, à nous encore inconnues, des Chaldéens et des anciens Égyptiens, ont difficilement pu être autre chose que de *simples noms, sans figures qui leur soient propres* (1). »

Cette remarque sur la différence entre la sphère grecque et celle des Orientaux, dont l'une admettrait des *figures*, et l'autre seulement ou principalement des *noms*, me paraît propre à M. Ideler, et je la crois exacte. On pourrait, il est vrai, lui objecter, en ce qui concerne la sphère égyptienne, le passage d'Achilles Tatius sur les *figures* et les *noms* (σχήματα εἰδώλων καὶ ὀνόματα) qui diffèrent, dit cet auteur, sur les sphères des divers peuples, notamment des Grecs, des Égyptiens et des Chaldéens (2); mais il pourrait répondre que ce passage se rapporte à une époque très tardive, et postérieure de longtemps à celle où les Égyptiens et les Chaldéens, à l'imitation des Grecs, avaient placé sur leur sphère des figures correspondant aux noms qui seuls auparavant désignaient les mêmes constellations.

La distinction faite par M. Ideler nous indique qu'il ne voit pas des *constellations* dans les nombreuses figures qui, indépendamment des *signes*, garnissent le disque zodiacal de Dendérah, ou accompagnent les autres zodiaques ainsi que les

---

(1) « Wurden auch die uns unbekannten Gestirne der Chaldæer und der ælteren Ægypter schwerlich mehr als blosse Namen ohne eigentliche Bilder gewesen sein. »

(2) *Isagoge*, § 39.

diverses scènes astronomiques représentées sur les monuments égyptiens. Sans avoir fait cette distinction entre les *figures* et les *noms*, j'étais cependant arrivé, de mon côté, à un résultat qui s'y rapporte. Dans mon discours, j'avais déjà dit qu'on ne peut affirmer que ces figures soient des *constellations*; j'ai été plus loin dans le cours d'archéologie fait, en 1838, au Collège de France, où j'ai développé en détail toute ma théorie sur les monuments astronomiques des anciens. Les leçons des 26 et 30 mai ont été consacrées à établir, par une comparaison et une analyse de toutes ces figures, que, non seulement rien ne prouve qu'elles représentent des constellations, mais encore que tout annonce qu'elles sont des images purement symboliques, liées avec les signes du zodiaque qu'elles entourent ou accompagnent, et mises dans un rapport religieux avec les scènes funéraires où elles jouent un rôle qui nous est, quant à présent, parfaitement inconnu ; ces figures changeaient ou restaient les mêmes, selon les cérémonies qu'on voulait peindre ou les rapports qu'on voulait exprimer. C'est une opinion que je ne puis qu'indiquer ici, parce qu'elle exigerait trop de développements, et surtout la vue des figures, qui sont les éléments de la comparaison.

Arrivé à ce point, M. Ideler annonce un dissentiment. « Mais, dit-il, lorsque M. Letronne, faisant un pas de plus, met en avant l'opinion que tout le zodiaque, avec ses *dodécatémories, est une création des Grecs, inconnue en Orient, avant le temps des Ptolémées*, il m'est impossible d'être de son avis (1). »

C'est avec toute raison que M. Ideler s'écarterait à cet égard de mon avis. Mais il me prête une opinion qui n'est pas la mienne. Je n'ai dit nulle part que le *zodiaque* avec ses *dodécatémories*, c'est-à-dire que la *division en douze parties* fût d'invention grecque : je n'ai parlé que des *douze figures avec leurs noms*. Quant à l'idée générale du zodiaque et de sa division,

---

(1) « Wenn Hr. Letronne nun aber, noch ein Schritt weiter gehend, die Behauptung aufstellt, dass der ganze Zodiacus mit seinen Dodekatemorien eine Schœpfung der Griechen, und nicht vor dem Zeitalter der Ptolemæer im Orient bekannt geworden sei, so kann ich ihm unmœglich beipflichten. »

bien loin de l'attribuer aux Grecs, j'ai avancé et établi qu'elle n'appartient pas à leur sphère primitive, qu'elle est étrangère à sa composition et qu'elle s'y est introduite après coup. Si je ne me suis pas expliqué formellement sur son origine, c'est que la brièveté nécessaire dans un simple exposé me forçait de me borner aux idées principales. Mais je n'ai jamais douté que cette notion, étrangère aux Grecs, n'ait été empruntée par eux aux Chaldéens. C'est ce que j'ai établi en détail dans ma leçon du 9 juin 1838, au Collège de France.

Le dissentiment qui nous sépare encore est donc moindre que M. Ideler ne semble l'avoir cru. Il reconnaît, avec moi, que les *figures de notre zodiaque sont de l'invention des Grecs*. Nous ne différons donc plus qu'en un seul point, que voici : Je pense que les douze *figures* du zodiaque grec, ainsi que leurs *noms*, étaient différents des *noms* et des *figures* du zodiaque des Chaldéens (supposé qu'il contînt des *figures*); d'où il suit que les Grecs leur ont emprunté seulement l'*idée* de la division zodiacale. M. Ideler croit, au contraire, qu'ils leur ont emprunté l'*idée* ainsi que les *noms* des dodécatémories, et qu'ils n'ont inventé que les *figures*.

Cette différence unique entre nos opinions semble au fond peu considérable; elle touche cependant à des difficultés graves et à des points délicats qu'il n'est pas possible de négliger. Ceci exige quelques éclaircissements que je vais donner en parlant de la troisième et dernière proposition qui contient l'expression de ma théorie sur l'origine du zodiaque grec.

III. — *Origine et formation du zodiaque grec.*

Avant de continuer l'exposé de la question traitée dans ce savant mémoire, je dois rappeler ce principe, avancé plus haut, qu'il faut distinguer dans le zodiaque trois caractères différents : la *division* en un nombre de douze ou de vingt-huit parties; les *dénominations* par lesquelles on a désigné chacune de ces parties, et enfin les *figures* qui servent à les représenter. La même division usitée chez deux peuples ne suppose pas nécessairement qu'il y ait eu entre eux communication à une époque quelconque, puisque c'est la nature qui donne cette division. Mais les mêmes *noms*, placés dans le même ordre, ainsi que les mêmes figures, ou bien les noms seuls, quand ils ne seraient pas accompagnés des mêmes *figures*, indiquent, sans nul doute, une transmission de l'un à l'autre.

Or, les mêmes figures, sauf de légères différences, se retrouvant sur les zodiaques de la Grèce, de l'Égypte et de l'Inde, il s'ensuit qu'ils ont tous une origine commune. Comme on l'a vu, M. Ideler, même dans la supposition que l'Égypte aurait possédé un zodiaque en douze signes, reconnaît que les figures, au moins, sont celles du zodiaque grec, qu'elles ont été introduites en Égypte sous les Ptolémées, et transportées plus tard jusque dans l'Inde.

Ce sont là deux points importants que le savant astronome regarde comme établis d'une manière indubitable. Ils suffisent pour décider la question archéologique, puisqu'ils démontrent l'origine grecque, ainsi que l'époque tardive de tous les monuments où les figures zodiacales se rencontrent. Mais ils laissent encore intacte la question astronomique, celle qui touche à l'origine même et à la transmission de la division en *dodécatémories*. Car, même en admettant comme prouvé que les Grecs ont inventé les *figures du zodiaque*, on se demande encore ce qu'il y a réellement d'original dans leur invention. Les Orientaux, principalement les Égyptiens et les Chaldéens auxquels les Grecs, de leur aveu même, ont fait des emprunts, à diverses époques, y sont-ils entièrement étrangers? N'auront-ils pas, au moins, fourni l'idée première, que l'imagination des Grecs aura ensuite embellie en traduisant par des images les noms des parties du zodiaque primitif? C'est là le point que j'ai dû examiner ensuite, et mes recherches, à ce sujet, se résument dans une troisième et dernière proposition dont j'ai donné plus haut l'énoncé.

Cette proposition est admise aussi par M. Ideler; mais de la dernière partie il n'admet que la moitié, puisqu'il n'attribue aux Grecs que l'invention des *figures*. Un passage de Ptolémée sur lequel il s'appuie, pris isolément, semble péremptoire en faveur de son opinion. Mais il en résulte des difficultés tellement graves, qu'il paraît impossible de ne pas y chercher un autre sens. Aussi, malgré tout mon désir d'obtempérer à son jugement, ma conviction s'attache encore aux arguments que j'ai produits ; et, comme ce point touche à des questions ardues et délicates, on me pardonnera sans doute de rappeler sommairement la chaîne des observations et des déductions logiques sur lesquelles mon opinion s'est fondée. Peut-être serviront-elles d'avance à répondre aux objections du savant critique.

Pour résoudre complètement ces difficultés, il faudrait pouvoir comparer entre elles les sphères des Égyptiens, des Chaldéens et des Grecs : malheureusement les deux premières nous sont inconnues. Diodore de Sicile, dans un important passage, qui sera examiné plus loin, est l'unique auteur qui nous donne quelque idée de celle des Chaldéens, et le premier qui nous parle de leur zodiaque en douze signes, mais sans nommer *un seul* de leurs astérismes. Ce passage, qui provient d'une source plus ancienne que Diodore de Sicile, est du très petit nombre de ceux qui puissent s'appliquer, sans aucun soupçon d'équivoque, aux *Chaldéens* de Babylone : car le mot *Chaldéens* étant devenu de très bonne heure un synonyme d'*astrologue*, quand ce mot est *seul* ou n'est pas expliqué par quelque circonstance, il y a presque toujours de l'incertitude sur le sens qu'il lui faut donner. C'est pour éviter cet inconvénient que Cicéron (1), en prononçant le nom de *Chaldéen*, se croit obligé d'avertir qu'il le prend dans le sens de *peuple*, non de *profession* (*non ex artis, sed ex gentis vocabulo*). C'est aussi le sens d'*astrologue* que Géminus, un peu avant Cicéron, donne au nom de *Chaldéen*, à l'endroit où il parle des signes sympathiques et antipathiques (2). Quant à Sextus Empiricus qui cite le zodiaque grec, à propos des Chaldéens (3), il est

---

(1) *Divin.*, I, 4, ibique annotat.
(2) *Isagoge*, c. 1, p. 7, A.
(3) *Adv. astrol.*, § 23, p. 342. Fabr.

notoire que, dans tout le livre *contre les astrologues* où il prononce le nom des Chaldéens trente fois, ce nom ne signifie qu'*astrologue*, comme Fabricius l'a déjà remarqué depuis longtemps. C'est faute d'avoir fait cette remarque qu'on attribue souvent aux *Chaldéens* plusieurs notions qui peuvent ne pas leur appartenir, entre autres la division du zodiaque par la clepsydre, d'après Sextus Empiricus, lorsque cet auteur ne veut rien dire autre chose, sinon que les astrologues ont jadis employé et emploient encore ce moyen grossier (sans doute ancien, puisqu'on peut prouver qu'Eudoxe l'a connu) de mesurer l'ascension des parties du zodiaque. On voit en effet dans Ptolémée (1) comme dans ses commentateurs Proclus (2) et Théon (3), que l'on continuait de leur temps à s'en servir, concurremment avec la *dioptra* d'Hipparque. M. Ideler a bien reconnu lui-même que les Chaldéens ont dû avoir un autre moyen d'observation moins imparfait (4). C'est non pas aux Chaldéens, mais aux Égyptiens que Macrobe attribue cette manière de mesurer le zodiaque (5) ; or, cet auteur est d'un temps où les notions grecques et celles de l'Orient étant mêlées et confondues, les astrologues, même grecs, étaient appelés *Chaldéens* ou *Égyptiens*, selon le genre de divination auquel ils se livraient ; c'est ainsi que, dans Paul d'Alexandrie, les mots σοφοὶ τῶν Αἰγυπτίων désignent les auteurs du *Tétrabiblos* et d'autres traités du même genre (6). La même confusion existe déjà dans Censorin ; et, à mon avis, les Égyptiens, nommés dans le calendrier même de Ptolémée, sont les Grecs qui avaient observé à Alexandrie sous le parallèle de quatorze heures, par opposition aux anciens astronomes, Méton, Euctémon, Callippe, Eudoxe, etc., qui avaient fait leurs observations en Grèce et en Asie Mineure.

Quant à la sphère égyptienne, on a vu (plus haut, pag. 465

(1) Ptolem., *Alm.*, V, 14, in.
(2) Procl., *Hypotyp.*, p. 107, Halma.
(3) Theon, *in Ptolem.* V, p. 261.
(4) *Ueber die Chaldæer*. S. 17 et 18 ; p. 166, trad. Halma.
(5) *In somn. Scip. I*, c. 21, p. 114, 115. Zeune.
(6) Ap. Fabr., *Bibl. Gr.*, t. IV, p. 140, Harles.

combien il est douteux que les monuments de l'époque pharaonique contiennent une *seule* figure de constellation. Du zodiaque égyptien aucun auteur, avant l'ère chrétienne, ne dit un seul mot. Le premier qui attribue aux Égyptiens un zodiaque en douze signes, les mêmes que ceux des Grecs, est Porphyre, écrivain de la fin du IIIe siècle ; les autres, tels que Macrobe, Servius et Théon d'Alexandrie, sont plus récents d'un siècle : tous ont donc vécu cinq ou six cents ans après l'époque où les Égyptiens avaient adopté, jusque dans leurs monuments religieux et funéraires, le zodiaque des Grecs. Tant qu'on croyait ces monuments fort anciens, ces textes conservaient une grande autorité ; mais maintenant que l'époque récente de ces monuments n'est plus douteuse, qu'aucun ne remonte avant l'ère vulgaire, la question a changé de face ; ces textes ne pourraient plus être invoqués en faveur de l'existence, chez les Égyptiens, d'un zodiaque original, dont les douze signes auraient été les mêmes que ceux des Grecs. Ils sont réellement en dehors de la question, et je regrette qu'un aussi bon critique que M. Ideler ait cru pouvoir alléguer encore une telle preuve, à laquelle d'autres ne manqueront pas de vouloir donner une nouvelle force, en citant Manéthon, Pétosiris, les rois Nécepsos et Nectanébo, sur le compte desquels de maladroits faussaires ont mis des ouvrages astrologiques où le zodiaque grec joue assurément un grand rôle, mais dont ces personnages n'étaient pas plus les auteurs qu'Hermès Trismégiste, Esculape, Orphée, Mélampus (sans oublier Zoroastre et les patriarches Seth et Abraham), n'avaient composé ceux que l'on publiait sous leurs noms dans les premiers siècles de notre ère. C'est donc sciemment que j'ai écarté ces témoignages tardifs, qui ont perdu toute autorité dans une discussion sérieuse.

Il ne reste réellement à examiner que la sphère grecque, qui nous est connue par une suite de monuments, depuis Eudoxe jusqu'à Ptolémée, et qui, dans cet intervalle, a reçu peu d'additions ou subi peu de changements. L'analyse détaillée de cette sphère démontre son originalité et sa formation successive, et prouve en même temps que l'idée du zodiaque est restée primitivement étrangère à sa composition.

Bailly, Dupuis et d'autres savants ont cru que le zodiaque a été formé tout d'une pièce, en même temps que la sphère elle-même, qui, selon eux, remonte à l'origine de la civilisation ; mais, s'il en était ainsi, il y aurait une certaine régularité, soit dans l'étendue des signes, soit dans leur position relativement à l'écliptique. Or, tout le contraire a lieu.

Il est évident, au premier coup d'œil, qu'on a imaginé de marquer cette route sur la sphère, et d'y rapporter les constellations voisines, après qu'elles eurent été inventées et qu'on eut déterminé les configurations qui en indiquaient l'étendue ; il est encore évident que leur invention a été graduelle et successive, comme celle de toutes les autres.

C'est ce qui résulte, 1° de leur *étendue*, qui est fort inégale, les unes occupant dans le ciel depuis 35° jusqu'à 48° (tels que : le Taureau, 35° ; le Lion, 36 ; le Verseau, 39 ; les Poissons, 40 ; le Scorpion, 41 ; la Vierge, 48) ; d'autres depuis 19° jusqu'à 27° (tels que le Cancer, 19° ; le Bélier, 20 ; le Capricorne, 23 ; les Gémeaux, 24 ; le Sagittaire, 27) ; 2° de leur *position relative*, car les unes sont séparées par des intervalles plus ou moins grands, tels que le Capricorne, le Sagittaire et le Scorpion ; les Poissons et le Verseau ; le Lion et le Cancer ; les Gémeaux et le Taureau ; les autres se confondent et se pénètrent, tels sont le Bélier et le Taureau ; le Verseau et le Capricorne ; 3° de leur *situation* par rapport à l'écliptique : ainsi le Bélier, les Poissons, la Vierge, sont presque tout entiers au nord du cercle ; le Taureau, le Sagittaire, le Scorpion, presque entièrement au sud ; les Gémeaux, le Cancer, le Capricorne sont les seuls que le cercle coupe à peu près vers le milieu.

A ces caractères certains, on reconnaît que la plupart de ces astérismes ont été formés bien avant qu'on eût imaginé une division de l'écliptique en *dodécatémories* ou *douze parties égales*, puisque autrement, vu l'extrême facilité de composer arbitrairement des groupes d'étoiles, il est clair qu'on aurait disposé douze constellations d'une étendue à peu près égale, répondant à autant de parties égales de l'écliptique, et qu'on les aurait rangées symétriquement dans la bande de 12° de largeur qui formait le zodiaque grec, comprenant le cours des planètes alors connues.

Cette vue théorique, prise dans la nature même du zodiaque, est tellement évidente qu'elle pourrait se passer de toute preuve historique (1); et quand il n'en resterait pas une seule, elle ne serait pas moins indubitable. Or, des textes existent qui attestent l'introduction *successive* dans la sphère grecque de trois au moins des figures zodiacales, et l'**une** d'elles à une époque très récente. Selon Pline, en effet, plusieurs signes, et en premier lieu ceux du Bélier et du Sagittaire, furent placés dans le zodiaque par Cléostrate de Ténédos (2), qui vivait peu de temps après Anaximandre, dans le vɪ° siècle avant notre ère. Ce témoignage ne fait que confirmer ce que démontre l'examen de la sphère grecque, à savoir que les astérismes, qui plus tard furent compris dans le zodiaque, n'étaient pas primitivement séparés du reste de cette sphère. L'introduction du Bélier et du Sagittaire n'a rien alors de plus surprenant que celle de la constellation des Chevreaux, introduite dans la sphère grecque par le même Cléostrate (3); de la Petite Ourse, empruntée aux Phéniciens par Thalès; de Canope et de la Chevelure de Bérénice, introduites au temps des Ptolémées. Ce passage de Pline devient un témoignage capital dans la question, et l'un de ses principaux fondements historiques. Bailly et Dupuis, comme les autres partisans de l'antiquité du zodiaque, ont voulu le mettre de côté, parce qu'il condamnait leur système.

Ainsi les astérismes qui, dans la suite, composèrent le zodiaque, ne furent pas d'abord au nombre de *douze*. Formés successivement et sans rapport avec une idée dont leurs inven-

---

(1) M. Ideler reconnait aussi que « les figures zodiacales sont de l'invention des Grecs, ce qui résulte de toute l'essence de leurs constellations (plus haut, p. 469). »

(2) *Signa deinde in eo* (signifero) *Cleostratus, et prima Arietis et Sagittarii.* Plin., II, 6.

(3) Hygin, *Poet. astr.*, II, 13.

teurs ne se doutaient même pas, ils furent d'abord au nombre de *quatre*, de *cinq*, de *six*, etc. Avant Cléostrate, ils n'étaient pas même au nombre de *neuf*, puisque Pline fait entendre qu'il en introduisit d'autres avec les deux qu'il nomme, et l'on sait que la Balance fut ajoutée bien plus tard. Le nombre *douze* se compléta donc, soit par l'addition de constellations nouvelles, soit par le dédoublement ou le partage de celles qui existaient déjà, lorsqu'on imagina de les considérer comme placées sur la route du soleil, de la lune et des planètes.

C'est ce qui ressort, de plus, de la considération suivante : On sait qu'à l'origine de la discussion sur l'âge des zodiaques égyptiens, Visconti et Testa conclurent l'époque récente de ces monuments de ce qu'ils contenaient le signe de la Balance, dont l'insertion dans la sphère grecque leur paraissait toute récente. Dupuis et d'autres savants voulurent repousser l'objection en alléguant plusieurs sphères orientales où l'on trouve ce même signe; mais leur réponse se réduisait à rien, puisqu'ils étaient dans l'impossibilité de prouver l'époque de ces sphères. On allégua encore la figure de la Balance représentée dans les bas-reliefs égyptiens; ce qui ne prouve rien non plus pour l'emploi de cet ustensile comme signe zodiacal. Toute la discussion, à ce sujet, n'a servi qu'à établir un seul renseignement bien positif : c'est qu'au temps d'Eudoxe, d'Aratus, et même d'Hipparque, lorsqu'il a écrit son commentaire sur ce poète, le zodiaque grec ne contenait pas encore le *signe* de la Balance ; car la *constellation* du Scorpion comptait pour *deux signes*, dont l'un était formé par le corps de l'animal, l'autre par les *serres* (χηλαί, *chelæ scorpii* en latin); celles-ci tenant la place que la Balance occupa ensuite. Eudoxe, Archimède, Autolycus, Aratus, Hipparque dans son commentaire sur ce poète et dans les passages cités par Ptolémée (1), ne

(1) *Almag.*, VII, tom. II, p. 4, Halma. — Dans tout le commentaire d'Hipparque, le nom de ζυγός ne paraît pas. Il ne se montre qu'une seule fois au IIIᵉ livre (c. 1, p. 239, D.). Mais, dans cet exemple, égaré au milieu de vingt-cinq autres, où le mot χηλαί paraît seul, comme partout, ζυγός ne peut être qu'un mot substitué par un copiste. Je ne parle pas d'un traité attribué à Eratosthène ou à Hipparque (*in Uranol.*, p. 256, sq.), et que Dupuis (*Origine de*

parlent que des *Serres;* et bien qu'il n'y ait aucune preuve que l'introduction de la Balance ne soit pas due à Hipparque lui-même, à l'époque où il réforma l'uranographie grecque en y appliquant la trigonométrie, il est constant que les premiers textes où l'emploi de ce signe est clairement énoncé, sont ceux de Géminus et de Varron, appartenant au milieu du 1er siècle avant notre ère.

La non existence de la Balance dans la sphère grecque est un fait constant dont conviennent ceux mêmes dont il contrarie le plus les idées.

Ainsi le savant et ingénieux Buttmann, qui veut que la Balance soit aussi ancienne que le reste du zodiaque grec, est pourtant obligé d'avouer que cent passages des anciens attestent que les anciens Grecs avaient mis à sa place les serres du Scorpion (1). Il a cherché à écarter cette difficulté grave par des tours de force étymologiques qui prouvent l'impossibilité de la résoudre. Je n'avais jamais attaché beaucoup d'importance à cette conjecture insoutenable; mais comme on continue de la citer et d'y trouver une solution satisfaisante, je vais en démontrer l'impossibilité.

Ce que Buttmann trouvait surtout de difficile à croire, c'est qu'un peuple quelconque, que les Grecs surtout, si amis de la régularité et de la symétrie, eussent pu admettre, dans l'origine, un zodiaque composé de *douze* signes et seulement de *onze* figures. A son avis, le mot χηλαί désignait primitivement les *deux plateaux* de la Balance; plus tard, ce sens étant tombé en désuétude, le mot fut pris pour signifier les *serres* du Scorpion : alors, sans s'en apercevoir, on changea la figure; et la Balance disparut pour reparaître plus tard. Ce serait donc là un simple malentendu (*ein blosses Missverstændniss*).

Je n'insiste pas sur les conjectures étymologiques dont il

---

tous les cultes, III, p. 338) a cité en preuve de l'usage, à cette époque, de la Balance, parce que ce traité, où il est fait mention du calendrier Julien, est démonstrativement postérieur à Jules César.

(1) *Das factum ist da. Die Griechen sahen in unserer Wagen bloss die Scheeren des Scorpions, wie hundert Stellen der Alten beweisen.* Buttm. dans les *Untersuch. über die astron. Beobacht. der Alten* de M. Ideler, S. 374.

s'appuie ; il me suffit de remarquer qu'il est obligé de reconnaître que jamais χηλαί n'a été pris en grec dans un tel sens, et que le mot a signifié, à toutes les époques connues de la grécité, la corne du pied du cheval, du bœuf, du cerf, etc., ou les serres du crabe, de l'écrevisse (1), du scorpion, de quelques insectes.

La grande difficulté n'est pas encore là ; car ceci est plus qu'une question de grammaire, c'est une question de bon sens; et je suis étonné qu'un homme aussi spirituel et aussi judicieux que l'était Buttmann ne s'en soit pas aperçu. Il ne voulait pas concevoir que les Grecs ont pu n'admettre que *onze* figures zodiacales *dans l'origine*, en coupant l'une d'elles en deux, ce qui est si vraisemblable, d'après la formation successive de la sphère grecque ; et il se trouvait néanmoins forcé, par sa propre hypothèse, d'admettre que les *douze* figures primitives avaient postérieurement été réduites à *onze*, et cela pendant toute la période florissante de l'astronomie ancienne, entre Eudoxe et Géminus, puisqu'alors, il en convient, la figure connue sous le nom de la *Balance* avait fait place aux *Serres*. Il est pourtant bien clair qu'une fois les douze figures formées, elles n'ont pu être réduites à onze. Autant il est facile de comprendre que d'une *seule* figure on en aura fait *deux*, que les *serres* du Scorpion auront été remplacées par une figure séparée et distincte ; autant il est impossible d'admettre que de *deux* on en aura fait une *seule*, que la Balance, le signe le plus significatif du zodiaque, aura été remplacée par les Serres. On peut affirmer au contraire qu'une fois la Balance introduite dans le zodiaque, elle n'en est plus sortie.

Lorsque ce signe, comme symbole équinoxial, eut été introduit dans le zodiaque grec, vers le commencement du IIe siècle avant notre ère, les Serres (χηλαί) n'en furent point pour cela définitivement bannies. Les observations antérieures maintinrent l'ancien nom qui resta encore dans l'usage de la langue, et les deux figures s'unirent dans la sphère, comme on le voit

---

(1) Hipparque (*ap.* Ptolem., t. II, p. 3, Halma) et Hygin (*Poet. astr.*, III, 22) appliquent le mot χηλή à la serre même du Cancer zodiacal.

par le globe Farnèse, monument de la fin du ɪɪᵉ siècle, où les Serres ne sont pas ramenées près du corps du Scorpion, comme dans les zodiaques égyptiens, mais se prolongent au milieu de la Balance, qui les enveloppe, de manière qu'elles s'appuient sur le fléau (*jugum*); ce qui nous explique l'expression *juga chelarum* de Manilius (1), et l'emploi simultané des mots χηλαί, ou ζυγός, *libra* ou *jugum* et *chele*, dans les auteurs grecs et latins, à partir du ɪᵉʳ siècle avant notre ère. On sait que Ptolémée, dans son catalogue, conserve χηλαί pour la *constellation* (ἀστερισμός), et ζυγός pour le signe (ζώδιον ou δωδεκατημόριον).

C'est donc un fait démontré historiquement qu'au temps d'Eudoxe et d'Aratus, et plus tard encore, la sphère grecque ne contenait pas la Balance ; et que le zodiaque en *douze* signes n'avait que *onze* figures, dont la dernière était coupée en deux. De cette seule observation j'avais tiré la preuve de l'époque récente des zodiaques égyptiens, au moyen de cet argument qui a paru péremptoire :

« Puisque, chez l'un des deux peuples (les Égyptiens ou les Grecs), il existait un zodiaque dont les divisions étaient marquées par *douze* figures, ainsi qu'on le voit dans les monuments de Dendérah et d'Esneh, et que ce zodiaque a passé de l'un chez l'autre peuple, il y aura passé tout entier. Il serait absurde d'imaginer que, s'il avait contenu un nombre de figures égal à celui des parties du zodiaque, on ne lui en aurait pris que 8, 9, 10 ou 11 ; on les a prises *toutes*, ou l'on n'en a pris *aucune*. Le nombre de *onze* figures qui existaient dans le zodiaque grec, au temps d'Eudoxe et d'Aratus, prouve donc qu'elles n'ont point été empruntées à un peuple qui en aurait possédé *douze* ; conséquemment que ces configurations ont été imaginées pour la sphère dont elles font partie, avant qu'on ne s'occupât d'une division régulière de l'écliptique ; et qu'à l'époque quelconque où l'on aura voulu se servir d'une division en douze parties, on aura coupé la figure qui pouvait

---

(1) I, 590. Le pluriel poétique *juga* n'a pas d'autre sens que le singulier *jugum*, que d'ailleurs la mesure et l'euphonie repoussaient également.

être séparée en deux, comme le Scorpion, dont les *serres* occupaient un espace à peu près égal à celui du corps : à la place des Serres on a mis la Balance, symbole le plus clair de la position du point équinoxial dans ce nouveau signe. La conséquence nécessaire de ce raisonnement, c'est que les zodiaques trouvés en Égypte sont la représentation du zodiaque grec, faite après qu'il fut devenu complet. » (*Discours*, etc., p. 442.)

Si l'on applique ce même raisonnement à la formation du zodiaque grec, on en conclura que Cléostrate de Ténédos ne put imaginer plusieurs de nos constellations zodiacales, notamment celles du Bélier et du Sagittaire, qu'à une époque où le *zodiaque* n'existait pas encore dans la sphère grecque. Car dès que cette idée étrangère s'y est introduite, les Grecs ont dû remplir le nombre de figures nécessaires pour répondre aux douze divisions. Ce n'est donc qu'à partir de Cléostrate, l'inventeur de l'*octaétéride*, selon Censorin, que le zodiaque a pu être constitué et prendre place dans la sphère grecque ; et tout porte à croire que l'introduction de ces nouvelles constellations a eu pour objet d'ajouter les astérismes qui manquaient pour compléter le nombre de *douze* figures, celle du Scorpion, d'après son étendue, ayant été facilement divisée en deux. Un autre témoignage important, celui d'Eudémus (1), disciple d'Aristote et auteur d'une *Histoire de l'Astronomie*, met à la même époque l'invention de la *bande* ou de la *ceinture zodiacale*, ἡ τοῦ ζωδιακοῦ διάζωσις, puisqu'il en donne l'invention à Œnopide de Chio (2), contemporain de Démocrite et d'Anaxagore. Il est, en effet, tout naturel qu'après avoir tracé sur la sphère la route du soleil, appelée plus tard *écliptique*, on ait voulu prendre une largeur quelconque de chaque côté de cette ligne, pour en former une *bande* régulière qui enveloppait le ciel comme une ceinture, διάζωσις. On lui donna une largeur de 12°, afin d'y comprendre les digressions de la lune et des cinq planètes. Nous avons donc là deux témoignages historiques

---

(1) Eudem. *ap. Anatol.* in Fabr. *Bibl. Græc.*, III, p. 464, Harl.
(2) Diodore le cite entre Démocrite et Eudoxe (I, 98) ; et Élien le met avant Méton (*Hist. Var.*, X, 17).

qui concordent pour fixer au vᵉ siècle avant J.-C., tout au plus au vıᵉ, l'époque de l'établissement du zodiaque dans la sphère grecque.

Ainsi, lorsqu'Eudoxe, vers 370 ou 380, a composé le *Miroir* (ἔνοπτρον) et les *Phénomènes*, commentés par Hipparque, à l'occasion d'Aratus, il y avait seulement un siècle environ que le zodiaque en *douze signes*, avec ses *onze figures*, faisait partie de l'uranographie grecque. J'ai expliqué cette introduction, si tardive chez les Grecs, par la même raison qui a fait que les Égyptiens n'ont jamais éprouvé le besoin du zodiaque : à savoir que toute leur astronomie, comme celle des Égyptiens, ainsi que le prouve la table découverte par Champollion, a reposé sur des levers comparatifs d'étoiles ; il a fallu que les uns et les autres le trouvassent dans une sphère étrangère, pour que l'idée leur vînt de l'introduire dans la leur. (*Discours*, etc., p. 443.)

M. Ideler n'est pas éloigné de cette opinion sur l'époque tardive de l'introduction du zodiaque chez les Grecs. « On se demande, dit-il, si les Grecs ont senti de bonne heure le besoin de donner une attention particulière à cet objet (le zodiaque) ; j'en doute. Ils observaient, au moins depuis Hésiode, le lever et le coucher héliaques des étoiles, afin de coordonner leur année lunaire avec l'année solaire, et d'obtenir des points fixes, pour l'agriculture et la navigation. Pour cela, ils n'avaient besoin que d'observations à la simple vue, sans instruments, ni méthode scientifique. Sans doute, ils ne pouvaient manquer d'arriver par là de bonne heure à une connaissance grossière de la route oblique du soleil ; mais une détermination plus précise de cette obliquité resta en dehors de leurs moyens astronomiques. On croit, il est vrai, que déjà Anaximandre, vers le milieu du vıᵉ siècle avant notre ère, non seulement s'était aperçu de l'obliquité de l'écliptique, mais encore l'avait mesurée à l'aide du gnomon ; pourtant ce ne pouvait être qu'une tentative très imparfaite (1). Ce ne fut que trois

---

(1) Voyez ce que j'ai dit, à ce sujet, dans mes observations sur les opinions des anciens, à l'égard de la route oblique du soleil [plus haut, p. 354].

siècles plus tard qu'Ératosthène trouva le résultat dont Hipparque ne s'est plus écarté (23°51'20"). Nulle part ne se montre, chez les Grecs, avant l'école d'Alexandrie, une trace d'une observation proprement astronomique, excepté peut-être le solstice d'été, que Méton observa en 432, et qu'il mit un jour et demi trop tôt. Leurs physiciens s'abandonnaient à des rêveries sur l'arrangement du monde, sans s'inquiéter de chercher une base à leurs spéculations dans l'observation des phénomènes. Pour les besoins de la vie civile, on se servait de nombres grossiers et variables, qu'Hipparque, le créateur de l'astronomie scientifique, soumit le premier à un examen plus précis. » (P. 12.)

Ce tableau de l'astronomie grecque avant Hipparque n'est pas flatté ; mais je dois être d'autant plus disposé à le trouver fidèle, qu'il s'éloigne peu de celui que j'en ai tracé moi-même en ces termes : « On a dit que la Grèce devait à l'Orient tout ce qu'elle a possédé de connaissances scientifiques ; mais on n'a pas fait attention que les Grecs, avant l'école d'Alexandrie, sont restés à peu près étrangers à ce que nous appelons les *sciences*. Les mathématiques et l'astronomie étaient encore dans l'enfance au temps même de Platon et d'Eudoxe ; et, si l'on veut que ces philosophes aient tout appris en Égypte, on est obligé de convenir qu'à en juger par le savoir des disciples, les maîtres ne devaient pas être fort habiles. » (*Discours*, p. 456.)

La même conformité de vues existe à l'égard de la formation successive de la sphère grecque.

« Que d'ailleurs, dit M. Ideler, les constellations grecques, comme le pense M. Letronne, n'aient pas une origine contemporaine, mais aient été formées séparément et d'une manière successive, c'est ce que personne ne peut révoquer en doute. Leur premier germe appartient certainement aux temps mythiques ; Homère et Hésiode nomment déjà plusieurs étoiles et groupes d'étoiles remarquables : la Grande Ourse ou le Chariot, le Chien d'Orion, le Bouvier, Sirius, Arcturus, les deux Hyades, les Pléiades et Orion ; d'où il ne résulte pas qu'ils n'en connaissaient aucune autre. Seulement il est clair que la Petite Ourse et le Dragon n'existaient pas encore pour le premier de ces deux poètes (1), car ces deux astérismes, dans le climat de la Grèce, sont au nombre de ceux qui ne se couchent jamais ; et il donne la *Grande Ourse* comme étant la seule constellation *qui ne se baignât point dans les eaux de l'Océan* (*Il.*, Σ. 489. *Od.*, E. 275). Aussi, nous savons que la *Petite Ourse* a été introduite environ deux siècles après par Thalès, qui l'a transportée de Phénicie en Grèce. Les images du zodiaque seraient encore d'une époque plus récente, si nous accordions confiance à l'indication isolée que Pline nous a transmise ; car il en résulte que l'introduction du zodiaque ne remonterait pas plus haut que le ve siècle avant notre ère. Le rapport intime dans lequel les constellations grecques se trouvent avec l'ensemble de leur mythologie, permet-il de faire descendre aussi bas la formation de ces astérismes ? C'est un point que je laisse à décider à ceux qui ont plus approfondi que je ne l'ai fait l'histoire de la poésie et de l'art helléniques. »

Notre savant auteur hésite, comme on voit, à faire descendre jusqu'au temps de Cléostrate l'introduction du zodiaque ; et, dans un autre passage, il penche pour en reporter l'époque jusqu'au viie siècle avant J.-C. (S. 21) ; mais c'est là une de ces opinions que l'on ne peut nier ni affirmer ; car les faits manquent absolument. Je crois seulement pouvoir assurer que rien, dans l'histoire de la poésie et de l'art helléniques, ne s'oppose à cette introduction tardive du zodiaque qui, d'ailleurs, a fort bien pu être connu des Grecs, dans leurs rapports avec l'Orient, avant qu'ils aient songé à l'unir avec leur sphère. Dans aucun monument écrit ou figuré des Grecs de l'époque

---

(1) Dans la leçon du 9 juin 1838, j'ai donné la même explication de ce passage d'Homère sur lequel Strabon a si inutilement disserté. J'ai été seulement un peu plus loin. J'ai dit qu'outre la *Petite Ourse* et le *Dragon*, *Céphée* n'existait pas non plus alors dans la sphère grecque, puisque cette constellation est comprise presque tout entière dans le cercle arctique de la Grèce. Du vers ἐν δὲ τὰ τείρεα πάντα, τά τ' οὐρανὸς ἐστεφάνωται, j'ai cru pouvoir conclure que les constellations nommées ici par Homère étaient les seules, non pas que les Grecs connussent et eussent alors remarquées, mais qui fussent représentées par des figures ou des emblèmes.

dont il est question, il n'existe aucune indication quelconque qui puisse se rapporter à l'une des figures zodiacales : les relations de la mythologie des Grecs avec leur uranographie sont d'autant moins nombreuses qu'on remonte plus haut dans l'antiquité (1), ce qui est justement l'inverse de ce que Dupuis a cru pouvoir établir ; et plusieurs des exemples qu'il a tirés d'Hygin, des *Catastérismes*, dits d'Ératosthène, des scoliastes et des grammairiens, sont très probablement des inventions alexandrines. Du reste, comme une partie des constellations, qui devinrent ensuite zodiacales, sont antérieures à Cléostrate, quand elles seraient citées soit expressément, soit par allusion, par quelque poète ancien, il n'en résulterait aucun argument en faveur de la formation du zodiaque avant l'époque indiquée par le passage de Pline. Mais tout prouve qu'au temps même d'Eudoxe, un siècle et demi après Cléostrate, le zodiaque était d'un emploi fort limité ; et, ce qui est remarquable, dans le grand nombre des passages de Platon, contemporain et ami d'Eudoxe, relatifs à l'astronomie, rien ne s'y présente qui puisse se rapporter au zodiaque ; tandis qu'Aristote le cite fréquemment (2), et qu'Autolycus, son contemporain, nous montre les *dodécatémories* comme étant d'un usage fréquent chez les astronomes. Quant aux poètes et aux artistes, il faut descendre bien plus tard encore pour trouver dans leurs œuvres des indices quelconques de l'astronomie zodiacale.

Ainsi, tandis que, d'une part, la constitution même de la sphère grecque montre l'époque récente de cette astronomie, le passage historique de Pline fixe l'époque au-dessus de laquelle on ne peut remonter ; et aucun indice, de quelque nature qu'il soit, ne s'oppose à l'idée de cette introduction tardive.

Il était important de rappeler ces principes et leurs déduc-

---

(1) Les observations profondes de M. O. Müller dans ses *Prolegomena zu einer wissenschaftl. Mythol.* (S. 191-205), qui ont paru en 1825, ne permettent plus le doute sur ce point, que je n'avais pu qu'indiquer.

(2) Il suffit de citer *Meteorol.*, 1, 6, 6 ; 8, 3 et 14 ed. J. D. Ideler — cf. Pseudo-Arist., *de Mundo*, II, 7, Kapp.

tions avant de passer au point curieux et difficile sur lequel M. Ideler émet une opinion différente de la mienne.

IV. — *Le Zodiaque en douze signes existait chez les Chaldéens.*

Après avoir montré la formation successive de la sphère grecque, y compris le zodiaque, qui s'y est postérieurement introduit, il faut tâcher de savoir ce que les Grecs ont emprunté au peuple qui leur en a donné l'idée. Lui ont-ils pris cette *idée* seulement, c'est-à-dire la division en douze parties, comme je le crois ; ou bien, comme le pense M. Ideler, lui ont-ils emprunté en même temps les *douze noms* de ces parties, d'où il résulterait que le zodiaque de ce peuple aurait contenu les noms du Bélier, du Taureau, des Gémeaux, etc. auxquels les Grecs auraient ensuite ajouté les figures ?

Si l'on part des observations précédentes, la question ne semble pas douteuse. Elle le serait, si les signes du zodiaque portaient deux noms, dont l'un seulement répondît à la figure de chaque *dodécatémorie*, comme la Grande Ourse, par exemple, qui s'appelait aussi le Chariot et l'Hélice. Alors, en effet, on comprendrait que des figures, déjà formées, auraient pu recevoir d'autres noms, lorsqu'elles seraient devenues des constellations zodiacales. Mais ce n'est pas ici le cas ; au contraire, toutes les *figures* répondent aux *noms;* on ne peut les en distinguer ; et puisqu'il est constant que les *figures*, du moins la plupart d'entre elles, existaient dans la sphère grecque, avant de devenir zodiacales, les *noms* y existaient en même temps, et n'ont pu être empruntés au peuple qui aura fourni ensuite l'idée du zodiaque. Ajoutons, d'après le raisonnement indiqué plus haut, que si les Grecs avaient pris les *douze* noms chez ce même peuple, en ajoutant seulement les *figures* que ces noms expriment, ils n'auraient jamais eu l'idée de ne faire qu'une *figure* pour deux noms, de dessiner, par exemple, les *serres* du scorpion là où il était si simple de dessiner une *balance*, puisque la balance était un de ces douze noms.

Voilà donc ce qui me fait croire que les *noms*, ainsi que les *figures* du zodiaque, appartiennent aux Grecs ; et, encore à présent, après les objections du savant M. Ideler, il m'est difficile de renoncer à mon opinion, quelque disposé que je sois à embrasser la sienne.

Jusqu'ici, j'ai raisonné d'une manière abstraite, sans m'occuper de savoir quel peuple a fourni aux Grecs la notion du zodiaque. Maintenant la question historique se présente. D'après les rapports de la Grèce avec la Babylonie et l'Égypte, c'est évidemment dans l'un de ces deux pays qu'il en faut chercher l'origine. M. Ideler s'est décidé pour la Babylonie ; mais, d'après sa manière de voir, l'Égypte peut y avoir presque autant de droits, puisqu'il pense que les Égyptiens avaient un zodiaque en dodécatémories avec les mêmes noms ; rien n'empêche qu'ils en aient pu donner l'idée aux Grecs, aussi bien que les Chaldéens. En me prononçant aussi pour ces derniers, j'ai du moins un motif décisif, c'est que je refuse aux Égyptiens l'usage d'un zodiaque quelconque ; alors il ne reste que les *Chaldéens* auxquels, entre autres choses, les Grecs devaient déjà la division du jour en *douze heures* et le *cadran solaire*, c'est-à-dire deux fondements de toute astronomie.

Or, l'existence, chez ce peuple, d'un tel zodiaque, est attestée par Diodore de Sicile dans sa célèbre excursion sur les Chaldéens de Babylone, tirée, selon toute apparence, de quelques-uns des historiens d'Alexandre, peut-être même de Ctésias ; dans tous les cas, d'une époque où la caste chaldéenne devait encore être restée à l'abri de toute influence grecque.

Cette autorité n'est donc pas soumise aux chances d'erreur qui infirment celle de la plupart des textes relatifs à l'astronomie chaldéenne. (Plus haut, p. 476.)

Dans ce passage, tant de fois commenté, le zodiaque en dodécatémories est indiqué nettement ; mais aucun des signes n'y est nommé. Quelles étaient leurs dénominations ? résulte-t-il, comme on le croit, des textes anciens que ces signes avaient les mêmes noms que ceux des Grecs? c'est là ce qui reste à examiner; et, pour cela, je dois discuter quelques indications contenues dans le texte de Diodore, lesquelles nous font connaître plusieurs points de l'uranographie et de la chronologie des Chaldéens. Les historiens de l'astronomie ont discuté fort au long les traits qui, dans ce passage célèbre, concernent les connaissances astronomiques de ce peuple; néanmoins les indications dont je parle ont été presque entièrement négligées, peut-être parce qu'on les a crues exclusivement religieuses. Mais elles ont un double caractère; leur enveloppe mystique et religieuse est assez transparente pour laisser apercevoir clairement des notions scientifiques qui méritent d'être relevées. Si je ne me trompe, elles montrent qu'en ce qui tient à l'astronomie et au calendrier, les Grecs doivent plus à la Chaldée qu'à l'Égypte.

V. — *Du système planétaire des Chaldéens.*

D'après l'exposé que nous fait Diodore, les Chaldéens reconnaissaient que les *cinq* planètes, ainsi que le soleil et la lune, avaient un mouvement propre, opposé à celui de la sphère; la complication des mouvements des cinq corps faisait naître une multitude de circonstances variées dans leurs positions relatives (1), dont l'étude et la prédiction constituaient la divination *apotélesmatique*, proprement *chaldéenne*. Ils appelaient donc les cinq planètes, *interprètes* (ἑρμηνεῖς), parce qu'ils les considéraient comme chargées d'interpréter aux hommes les intentions favorables ou défavorables des dieux (2).

---

(1) Voyez l'explication que j'ai donnée du texte, *Journal des Savants*, 1836, p. 17.

(2) Τὰ μέλλοντα γίνεσθαι δεικνύουσιν, ἑρμηνεύοντες τοῖς ἀνθρώποις τὴν τῶν θεῶν εὔνοιαν, II, 30, p. 92, Bipont. Comme, selon les Chaldéens, les planètes annonçaient les évènements bons et mauvais, ἀγαθά τε καὶ κακά, elles étaient les interprètes de la bienveillance comme de la défaveur des dieux; c'est donc, selon toute apparence, ἔννοιαν et non pas εὔνοιαν que Diodore aura dû écrire.

Mais c'est principalement à Saturne qu'ils attribuaient cette fonction d'*interprète*.

On voit que les Chaldéens distinguaient soigneusement les *cinq planètes* du soleil et de la lune ; bien qu'ils reconnussent que le mouvement de tous les sept corps s'exécutait à travers les douze signes dans la bande zodiacale qui les renfermait tous (διὰ δὲ τούτων (ζωδίων) φασὶ ποιεῖσθαι τὴν πορείαν τόν τε ἥλιον καὶ τὴν σελήνην, καὶ πέντε τοὺς πλανήτας ἀστέρας). C'est que le *soleil* et la *lune* étaient deux divinités principales, placées bien au-dessus des génies des planètes (1), dont la fonction était de manifester les volontés suprêmes de la puissance divine. Ceci annonce qu'il ne faut pas chercher ici le nombre *sept* pour les planètes. Les Grecs, sans doute à l'imitation des Chaldéens, distinguèrent d'abord les *cinq* planètes du soleil et de la lune. C'est assez tard que la réunion se montre. Il s'ensuit, pour le dire en passant, que la *semaine planétaire* n'est pas d'origine chaldéenne, et qu'elle ne peut être que d'une invention récente.

Les Chaldéens donnaient à quatre des cinq planètes les mêmes noms divins que les Grecs (τοὺς δὲ ἄλλους τέσσαρας ὁμοίως τοῖς παρ' ἡμῖν ἀστρολόγοις ὀνομάζουσι) ; c'étaient *Mars*, *Vénus*, *Mercure* et *Jupiter* (2). Quant à *Saturne*, Diodore s'exprime comme s'il croyait que cette dénomination est grecque, car il dit : « Ils donnent en particulier ce titre d'interprète à celui qui est appelé maintenant par les Grecs *Kronos* (ἰδίᾳ δὲ τὸν νῦν ὑπὸ τῶν Ἑλλήνων Κρόνον ὀνομαζόμενον).

Ce passage montre que les noms divins de *quatre* au moins des planètes ont été empruntés aux Chaldéens, et non pas aux Égyptiens, comme on l'a cru (3). L'influence égyptienne se montre, au contraire, dans les synonymes d'*Apollon* pour Mercure, d'*Osiris* pour Jupiter, d'*Hercule* pour Mars, de *Junon*

---

(1) Münter, *Relig. der Babyl.* S. 16, 17. — Gesenius, dans le *Hallisch. allg. Litteraturzeit.*, 1822, nos 101, 102.

(2) Au lieu de Ἄρεως, Ἀφροδίτης, Ἑρμοῦ, Διός, Diodore aurait peut-être dû dire Διός, Ἄρεως, Ἀφροδίτης, Ἑρμοῦ. Il est bien entendu que ces noms grecs désignent les divinités correspondantes dans la religion babylonienne.

(3) Ideler, *Ueber Eudoxus*, S. 44. *Die Gœtternamen der Planeten sind hœchst wahrscheinlich ægyptischen Ursprungs.*

ou d'*Isis* pour Vénus, de *Némésis* pour Saturne; ces doubles noms, qui ne paraissent pas avant le faux Aristote (1), sont répétés ensuite par Pline (2), Cléomède (3), Achilles Tatius (4) et Apulée (5); ils n'ont été que très rarement employés. Or ceux d'*Isis* et d'*Osiris* indiqueraient fort clairement une origine égyptienne, quand même ce dernier auteur ne dirait pas que ces dénominations sont celles dont se servaient les Égyptiens (6). Ainsi, pour ces différents noms, la double origine est marquée d'une manière assez distincte. Mais l'influence chaldéenne est toujours la première et la principale. Je la retrouve encore dans un autre trait caractéristique que je vais indiquer.

Personne n'ignore que chez les Grecs, outre ces noms divins, les planètes en portaient de *significatifs*, pris de leur éclat ou de leur aspect.

Saturne était appelé φαίνων; Jupiter, φαέθων; Mars, πυρόεις ou πυροειδής; Mercure, στίλβων; Vénus, ἑωσφόρος, φωσφόρος, ou ἕσπερος.

De ces noms, ceux de Vénus, ἑωσφόρος et ἕσπερος, sont les seuls qui se trouvent déjà dans Homère (7). Il fallut beaucoup de temps aux Grecs pour se convaincre que l'étoile du matin et celle du soir sont un seul et même astre. C'est Pythagore qui fut, dit-on, le premier à reconnaître cette identité (8), et, ce qui donne quelque autorité à ce renseignement, c'est qu'Ibycus, son contemporain, est le premier poète qui ait fait passer dans ses vers cette notion nouvelle (9).

Ces noms pourraient être aussi fort anciens, principalement ceux de φαέθων et de πυρόεις, puisque les Grecs ont pu remarquer de bonne heure l'éclat de Jupiter et la couleur de Mars,

---

(1) *De Mundo*, II, 7, Kapp.
(2) II, 8.
(3) I, 3, p. 22, Balf.
(4) C. 17.
(5) *De Mundo*, t. II, p. 292, 293. Oudend.
(6) Ach. Tat., 1.
(7) Le premier, *Iliad*., XXIII, 226. *Od*., XIII, 93. Le second, *Iliad*., XXII, 317; et dans Hésiode, *Theog*., 381.
(8) Apollod. ap. Stob., *Eclog. phys*., I, 25. — Parmen. ap. Diog. Laert., VII, 14. — Plin., II, 8.
(9) Ach. Tat., c. 17.

et leur donner ces noms significatifs. Le fait est pourtant qu'on ne les voit paraître qu'à une époque plus récente. Platon ne cite que ἑωσφόρος et Mercure, qu'il appelle ὁ Ἑρμοῦ ἀστήρ (1), non στίλβων. L'auteur de l'*Épinomide* ne connaît que les noms *divins* (2), de même qu'Aristote (3). Les noms significatifs se présentent pour la première fois dans le traité aristotélique *de Mundo* (4), avant les autres, comme s'ils étaient alors devenus les principaux. Ils sont cités de même dans un traité élémentaire d'astronomie tiré d'Eudoxe, que nous a conservé un papyrus grec inédit que je publierai en même temps que tous ceux du musée égyptien au Louvre. La même circonstance se rencontre dans Géminus, Hygin, le faux Ératosthène, Cléomède et Achilles Tatius. Cependant les noms des divinités ont de bonne heure prévalu sur les autres dans l'usage, au moins comme dénominations scientifiques ; Ptolémée et ses commentateurs n'en connaissent pas d'autres (5).

Que tous ces noms significatifs soient, comme les précédents, d'origine grecque ou étrangère, c'est ce qu'on ne saurait maintenant décider, les auteurs n'en disant rien. Toutefois, pour l'un d'eux au moins, celui de φαίνων appliqué à Saturne, l'origine chaldéenne ne me paraît pas douteuse ; peut-être même est-ce aux Chaldéens que les Grecs doivent la connaissance de Saturne comme *planète* ou corps errant, la lenteur de son mouvement et la longueur de sa période, jointes à sa faible lumière, ayant pu le dérober longtemps à leurs observations.

On se demande comment les anciens ont pu appeler ὁ φαίνων (*l'astre qui se montre, se manifeste*) la planète la plus difficile de toutes à distinguer ? Une telle dénomination ne peut tenir qu'à des idées d'influence astrologique qui furent, dans l'origine, étrangères aux Grecs. En effet, Diodore nous apprend

(1) *Tim.*, p. 38, D.
(2) C. 9, p. 987.
(3) *Métaphys.*, XII, p. 1073, Bekker.
(4) II, 7, Kapp.
(5) Dans tout le livre IX ; j'excepte un passage, relatif à l'une des observations attribuées à Denys (t. II, p. 168, H.), où Mercure est appelé στίλβων, mais dans toutes les autres observations du même temps, il est appelé ὁ Ἑρμοῦ ἀστήρ.

que, chez les Chaldéens, Saturne était *la plus manifeste de toutes les planètes, celle d'où l'on tirait les pronostics les plus nombreux et les plus importants* (1). Cette opinion astrologique explique le mot φαίνων. Évidemment il n'est que la traduction grecque de l'idée chaldéenne. Diodore ajoute que les Chaldéens appellent cette même planète *soleil*, καλοῦσιν ἥλιον. Cette circonstance a beaucoup embarrassé tous les critiques : Wesseling a lu Ἦλον, un des noms du dieu Bélus, correction que tous les éditeurs et traducteurs de Diodore ont adoptée sans hésitation, ainsi que M. Gesenius (2) et Münter (3). Quelque ingénieuse et vraisemblable qu'elle soit, ils auraient balancé à l'admettre s'ils avaient remarqué que la même notion existe encore dans Simplicius, mais exprimée en des termes qui montrent qu'elle dérive d'une source toute différente. Dans le commentaire sur le traité *de Cœlo*, il désigne ainsi Saturne : « la planète que les *anciens* appelaient l'*astre soleil* (4). » Il ne prononce pas le nom de *Chaldéens*. Or les astronomes et leurs commentateurs entendaient toujours, en pareil cas, par οἱ παλαιοί ou παλαιότατοι, les anciens *physiciens* ou *astronomes* grecs. Simplicius désigne donc là quelqu'un d'entre eux, Méton, Métrodore, Euctémon, et plus probablement Eudoxe. Ce qui confirme cette observation, c'est un passage extrêmement curieux, tiré du papyrus déjà cité, passage qui doit exprimer l'opinion d'Eudoxe lui-même. Dans le chapitre des cinq planètes, celle de Saturne est désignée en ces termes, dont la lecture, quoique difficile, est parfaitement certaine : Φαίνων δ' ὁ τοῦ ἡλίου [ἀστὴρ τὸν ζωδί]ων κύκλον διεξέρχεται ἐν ἔτεσιν Λ (*Phænon, l'astre du soleil, parcourt le cercle zodiacal*

---

(1) Ἐπιφανέστατον, et il explique ce mot par ceux-ci : πλεῖστα καὶ μέγιστα προσημαίνοντα (καλοῦσιν ἥλιον). II, 30. — J'ai expliqué ce passage dans le *Journal des Savants* de 1836, p. 17.
(2) *Ueber den Jesaia*, III, S. 333.
(3) *Religion der Babyl.* S. 12.
(4) Ὅν Ἥλιον ἀστέρα οἱ παλαιοὶ προσηγόρευον, p. 122. M. Ideler, en citant ce passage (*Ueber Eudoxus*, S. 63), dit que cette notice est là entièrement isolée (*Diese Notiz steht ganz isolirt da*). Il avait oublié le passage de Diodore. — Malgré la confusion évidente qui existe dans Hygin (*P. astr.*, c. 42), et le faux Ératosthène (*Catast.*, c. 43), cette notion de *soleil* s'y aperçoit encore.

en trente ans). La dénomination est donnée sans remarque aucune ; l'auteur n'y trouve pas plus de difficulté qu'à celle de Mars, de Jupiter, de Mercure et de Vénus, qu'il a nommés plus haut, dans les mêmes termes. Quelque singulière, étrange même, que puisse paraître la dénomination de *soleil* appliquée à Saturne, il est impossible de ne pas l'admettre, et l'on ne peut douter qu'elle n'ait été donnée à cette planète par les anciens astronomes grecs, à l'imitation des Chaldéens.

Le fait constaté, il faudrait essayer d'en rendre compte, ce qui n'est pas facile ; car assurément rien ne ressemble moins à un *soleil* que la moins brillante des planètes. Cette dénomination ne peut tenir qu'au rôle important qu'elle jouait dans l'astrologie chaldéenne ; c'est-à-dire à la même cause qui lui avait fait donner le nom de φαίνων et l'épithète de ἐπιφανέστατος. Malgré la faiblesse de sa lumière, elle était le *soleil* des cinq planètes, celle qui les dominait toutes par son influence, comme le dieu soleil dominait l'univers par son pouvoir et son éclat éblouissant. Il est bien possible que les Chaldéens donnassent une autre raison que celle que j'indique. Je n'ai voulu ici qu'établir la réalité de cette dénomination, et en indiquer une raison probable ; je laisse à d'autres le soin de donner la vraie s'ils peuvent la découvrir.

Nous ignorons tout à fait si les Chaldéens avaient attaché une importance quelconque à la *révolution* de cette planète ; et si son retour, après trente ans, au même point du zodiaque, n'était pas à leurs yeux une de ces périodes astrologiques et météorologiques, dont nous trouvons tant d'exemples chez les anciens. Il ne nous est resté aucune trace d'une période de cette durée chez les Chaldéens, mais il en existait une chez les Égyptiens, d'après l'inscription de Rosette (1) ; et j'ai toujours pensé que les *triacontaétérides* dont ce monument fait mention, périodes qui n'ont de fondement ni dans les révolutions du soleil, ni dans celles de la lune, n'étaient autre chose que les révolutions de Saturne que les anciens, comme on sait, ont toujours estimées à trente ans, et dont le retour aurait formé

(1) L. 2.

une de ces *apocatastases* auxquelles étaient liées de grandes fêtes et panégyries. Nous ignorons également si les Chaldéens n'ont pas attaché une importance particulière à la révolution de Jupiter. Il est difficile cependant que cette planète si brillante n'eût pas aussi attiré leur attention d'une manière spéciale. Ne serait-ce pas la révolution de cette planète, que tous les anciens nous donnent comme étant de douze ans, qui serait le fondement de cette période *dodécaétéride*, dont parle Censorin, et qu'il appelle *chaldaïque* ? Cette période, dont les généthliaques se servaient, était réglée, non sur le cours de la lune ni du soleil, mais sur d'autres observations ; après son renouvellement, la constitution atmosphérique, les récoltes abondantes, les disettes et les maladies revenaient dans le même ordre (1). Cette *dodécaétéride* aurait donc eu pour les Chaldéens le même usage que la tétraétéride caniculaire pour les Grecs, qui la tenaient des Égyptiens par l'entremise d'Eudoxe. On a fait plusieurs conjectures sur l'origine de cette période ; on a voulu l'assimiler au cycle des animaux employés dans la Haute-Asie (2) : celle que je lui assigne n'est pas sans vraisemblance. La circonstance que Jupiter faisait sa révolution en douze ans, ne pouvait être négligée d'un peuple qui attachait tant d'importance au nombre *douze*.

VI. — *De la sphère chaldéenne.*

Nous apprenons de Géminus (3) que les Grecs divisaient leur sphère en trois parties, la *bande zodiacale*, et les deux régions au nord et au midi du zodiaque. Selon Diodore, cette division existait chez les Chaldéens.

---

(1) Censor., *De die natali*, c. 18. « Huic anno Chaldaïco nomen est, quem Genethliaci non ad solis lunæque cursus, sed ad observationes alias habent accommodatum, quod in eo dicunt tempestates frugumque proventus, sterilitates item morbosque circumire. »

(2) Scalig., *De emend. temp.*, p. 100, 101. — Cf. Ideler, *Ueber die Zeitrechn. der Chines.* S. 79.

(3) *Isagoge*, c. 31.

Bande zodiacale. Elle contenait le cours de toutes les planètes, ainsi que du soleil et de la lune. Elle se divisait en douze signes δώδεκα ζώδια. *Au-dessous du cours* des planètes, les Chaldéens plaçaient *trente-six* astres (1), qu'ils nommaient *dieux conseillers*, dont une moitié étaient chargés d'observer les points de l'espace au-dessus de la terre, l'autre ceux qui sont au-dessous. S'il n'y a pas erreur dans le texte de Diodore, s'il n'a pas écrit ὑπὲρ δὲ τὴν τούτων φοράν, au lieu de ὑπό, il en faudrait conclure que les Chaldéens plaçaient les étoiles fixes des *décans* dans une région inférieure à celle des planètes; ce qui est étrange, puisqu'il n'est guère possible qu'ils n'aient pas vu des occultations d'étoiles par des planètes, surtout par Vénus, Mars et Jupiter, et par conséquent n'aient pas eu la preuve que celles-ci étaient placées dans une région inférieure par rapport aux étoiles.

Quoi qu'il en soit, Diodore ajoute que « tous les dix jours un de ces dieux *conseillers* (décans) est envoyé de la partie supérieure à la partie inférieure, comme messager des astres, tandis qu'un autre quitte sa station au-dessous de la terre pour remonter au-dessus; et ce déplacement périodique, fixé invariablement, a lieu de toute éternité. » C'est là une expression religieuse du fait astronomique, résultant du mouvement propre du soleil; puisqu'en effet tous les dix jours, le tiers d'un signe ou $\frac{1}{36}$ du zodiaque, monte le soir sur l'horizon, et qu'un autre tiers descend au-dessous.

Ces *trente-six dieux conseillers* ont pour *maîtres* (κύριοι) *douze* dieux supérieurs, à chacun desquels est départi un *signe* du zodiaque et un *mois*. Ce trait, fort peu remarqué, va être examiné tout à l'heure. La bande zodiacale, coupant obliquement la sphère, était donc divisée en douze et en trente-six parties.

Région extra-zodiacale. — « En dehors du zodiaque, continue l'historien, les Chaldéens comptaient *vingt-quatre* étoiles,

---

(1) Diodore dit seulement *trente;* mais, comme on l'a déjà remarqué, il y a erreur dans le nombre (Gesenius, *Ueber den Jesaia,* t. III, S. 333), ces astres ne pouvant être que les *décans.* J'ajoute que cette correction ressort avec évidence de ce que tous les 10 *jours* un de ces astres monte sur l'horizon, et qu'un autre descend au-dessous.

dont ils rangeaient une moitié dans la partie boréale, et l'autre dans la partie australe; celles qui sont visibles, ils les attribuent aux vivants; celles qui ne le sont pas, ils les assignent aux morts, et les nomment juges de toutes choses. » Il est facile de deviner le sens astronomique de cette notion religieuse. De chaque côté du zodiaque, la sphère contenait *douze étoiles;* elle se divisait donc, ainsi que le zodiaque, en douze parties, marquées par autant d'étoiles ou de constellations principales; la sphère chaldéenne était, comme la sphère grecque, divisée en trois parties, et chacune d'elles partagée en douze parties, répondant aux signes, dont elles étaient les paranatellons, c'est-à-dire, montant sur l'horizon en même temps que chacun d'eux. La sphère chaldéenne était ainsi réglée sur l'emploi de ces paranatellons, que nous voyons établis chez les Grecs, lorsque le zodiaque fut devenu le trait saillant de leur sphère. Ces paranatellons remplacèrent sans peine l'ancienne méthode des levers comparatifs sur lesquels toute leur astronomie était primitivement fondée; car, au lieu de rapporter ces levers comme ils le faisaient jadis, soit les uns aux autres, soit aux époques caractéristiques des solstices et des équinoxes, ils les rapportèrent au lever de chacun des signes du zodiaque, ou de leurs parties. Cette méthode *paranatellontique* a donc encore été, selon toute apparence, tirée des Chaldéens avec le zodiaque.

De ces observations il faut conclure que la sphère chaldéenne devait être divisée par douze segments qui venaient couper obliquement le zodiaque et renfermaient les paranatellons de chaque signe.

Heures babyloniennes. — Remarquons maintenant que cette division de la circonférence du ciel en *douze* parties suppose la division de la révolution diurne en *douze* heures, et non pas en *vingt-quatre.* Ce rapprochement sert à expliquer enfin dans quel sens il faut prendre les *douze parties* du jour (δυώδεκα μέρεα), que, selon le témoignage exprès d'Hérodote (1), les Grecs tenaient des Babyloniens. Les commentateurs et les

(1) II, 109.

chronologistes ont hésité sur la question de savoir si, par ἡμέρα, il fallait entendre ici le *jour naturel*, c'est-à-dire, le temps de la présence du soleil sur l'horizon, ou le *nycthémère*, la réunion du jour et de la nuit ; d'où résulterait une division en *douze* heures seulement, et non en *vingt-quatre*. C'est à cette dernière interprétation du passage d'Hérodote qu'est due l'expression de *horæ babylonicæ* donnée par quelques chronologistes à ces heures *doubles* (1). La première interprétation a prévalu. M. Ideler l'admet comme tout le monde, et juge aussi l'autre entièrement fausse : elle est pourtant la vraie.

D'abord, il n'existe maintenant aucune preuve que ces *douze parties* fussent des heures *simples* plutôt que des *doubles*. Ce sont assurément des heures *simples* qui ont été employées dans diverses observations babyloniennes que rapporte l'*Almageste ;* mais toutes les indications originales y ont été traduites par Hipparque ou par Ptolémée en mesures dont les Grecs avaient l'usage ; heures, années de Nabonassar, mois égyptiens, situation zodiacale, tout y est mis à l'usage des astronomes d'Alexandrie. Quant aux Grecs de l'époque d'Hérodote, il n'y a non plus nul indice de l'espèce d'*heure* que marquaient les *parties* tracées sur leur cadran babylonien (2) ou leur *clepsydre*, si toutefois leur clepsydre était divisée (ce que j'ignore). Ils ont conservé longtemps l'usage de ce grossier *gnomon* auquel font allusion les auteurs attiques, et dont l'ombre se mesurait en *pieds* (3), même ils s'en servirent bien des siècles après que les cadrans solaires furent répandus partout. L'usage du mot *heure* (ὥρα) dans la langue grecque, pour désigner une des *douze* ou *vingt-quatre* heures, est également très récent. Ni Platon, ni Xénophon, quoi qu'on en ait dit, ne l'ont connu (4) ou du moins employé. On va même jusqu'à

---

(1) Ideler, *Handb. der Chronol.*, I, S. 85. — *Lehrbuch*, S. 43.

(2) Le *pôle* et le *gnomon* d'Hérodote ne peuvent être qu'un cadran avec son style (Ideler, *Handb.*, I, 234).

(3) Le même, S. 235, 236.

(4) La remarque a été faite bien longtemps avant Hindenburg, par Casaubon (*Animadv. ad Athen.*, I, 1, E).

l'attribuer aux astronomes alexandrins (1); il est constant du moins que jusqu'ici on ne connaissait pas d'exemple de l'emploi de ce mot appliqué aux vingt-quatre heures du nycthémère, avant les observations d'Hipparque citées par Ptolémée.

Je crois pourtant l'usage de ce mot un peu plus ancien qu'on ne l'a cru. Un poète comique, Ménandre, vers l'an 310, avait déjà employé les mots ὥρα et ἡμιώριον, *heure* et *demi-heure* (2); ce dernier montre assez en quel sens le premier était pris. J'ai sous les yeux, en ce moment, un texte, antérieur à Hipparque, où ὥρα est pris pour la vingt-quatrième partie du *nycthémère*; il est tiré du papyrus grec dont j'ai déjà parlé, contenant un exposé de l'astronomie d'Eudoxe. J'y vois l'indication formelle de la longueur alternative des jours et des nuits lors des solstices, estimée à quatorze et à dix *heures*, ce qui donne le parallèle d'Alexandrie.

Mais le même papyrus contient deux autres passages que j'ai lieu de croire immédiatement tirés d'Eudoxe, où je trouve le nycthémère divisé en 12 *heures* égales, ou *équinoxiales*. Il est dit, dans le premier, « les astres ne paraissent pas aussitôt après le coucher du soleil, mais lorsque le soleil est distant d'un *demi-signe* (3) de l'horizon; les astres paraissent alors, c'est-à-dire, une demi-heure après (4). » Un *demi-signe* répond à une *demi-heure*, donc un signe à une *heure*; ainsi la révolution diurne est de 12 *heures*. Autre exemple : « Le soleil reste dans chaque signe *trente jours* et *cinq heures*, la course du soleil étant de 365 jours, car c'est là le douzième de 365 jours (5). » Le douzième est de *trente* jours et *dix* de nos heures; donc les *cinq* heures supposent une division du jour entier en *douze* parties, et non en vingt-quatre. Telle était la division du jour selon Eudoxe, et sans doute selon les astronomes de son

---

(1) Ideler, *Handb.*, I, 239.
(2) Ap. Poll., I, 71.
(3) C'est-à-dire 15°. Il n'est jamais question de *degrés* dans cet ouvrage.
(4) Δύντος τοῦ ἡλίου, οὐκ εὐθέως φαίνεται τὰ ἄστρα, ἀλλ' ὅταν ὁ ἥλιος ἀπὸ τοῦ ὁρίζοντος ἀποσχῇ ἥμισυ ζωδίου, τότε φαίνεται τὰ ἄστρα, ὅ ἐστιν ὥρας Ϛ.
(5) Ὁ ἥλιος ἐν ἑκατέρῳ (lisez ἑκάστῳ) τῶν ζωδίων ποεῖ (sic) ἡμέρας Λ καὶ ὥρας Ε, ὄντος [τοῦ δρόμου] τοῦ ἡλίου ἡμερῶν ΤΞΕ · τῶν γὰρ ἡμερῶν τοῦτ' ἔστιν δωδεκατημόρειον (sic).

temps. Leurs clepsydres devaient être réglées, ainsi que leurs cadrans, d'après cette division, et c'étaient là les δυώδεκα μέρεα d'Hérodote. Ces deux passages, les plus *anciens* où les *heures* soient citées, décident la question, et nous montrent que ce n'est pas sans raison que le nom d'*horæ babylonicæ* a été donné à ces *heures doubles* par les anciens chronologistes. Il était bien plus naturel, en effet, de présumer que les Chaldéens, qui divisaient le zodiaque en 12 signes, et la révolution annuelle en 12 mois, divisaient aussi la révolution diurne en 12 heures; or, l'interprétation seule du passage de Diodore nous y mène directement. Mais la réunion de ces preuves ne permet plus, ce me semble, de douter que les Chaldéens divisassent le *nycthémère* en douze heures *doubles*, comme le font encore les Chinois et les Japonais (1).

Cette division passa aux Grecs, qui ensuite, peut-être à commencer par Eudoxe, les dédoublèrent pour la facilité du calcul, et en formèrent *vingt-quatre heures*.

Ce passage de Diodore, pris dans son ensemble, sans nous faire connaître le nom d'un seul astérisme, nous présente pourtant l'ordonnance générale de la sphère chaldéenne, dont toutes les parties, comme on l'a vu, se liaient au système religieux du pays. C'était donc une astronomie sacerdotale, dans laquelle la science jouait le plus faible rôle, ou, pour mieux dire, était tout entière au service de la religion.

Il me reste à relever, dans ce texte, un trait qu'aucun chronologiste n'a remarqué. Il a cependant une certaine importance, puisqu'il sert à nous révéler la nature de l'année chaldéenne, sujet vainement débattu par les plus habiles chronologistes, et celle du calendrier zodiacal de l'astronome Denys, dont Ptolémée nous a conservé les éléments. Le P. Petau (2) et M. Ideler (3) croient qu'il est maintenant impossible de rien comprendre à ce calendrier; ce serait donc, selon ces

---

(1) Desvignoles, *Chron. de l'Hist. sainte*, II, 689. — Ideler, *Ueber die Zeitrechn. der Chines.* S. 13, 57 et 131.
(2) *Doctr. Tempor.*, IV, 16.
(3) *Untersuch. über die Beob.* S. 267, 268.

juges si expérimentés en de telles matières, une de ces énigmes historiques dont on ne peut plus deviner le mot. J'ai pourtant l'espoir que ces deux points, qui font le nœud de plusieurs questions délicates et embarrassantes, seront fort éclaircis, sinon complètement résolus, dans les observations qui suivent.

VII. — *Sur la nature de l'année chaldéenne.*

Cette année ne nous est plus connue maintenant par aucun renseignement positif. Nul auteur ne nomme un seul mois chaldéen. Aussi les chronologistes n'ont pu se mettre d'accord sur la nature de cette année. Les uns, après Desvignoles (1), veulent qu'elle ait été solaire vague, comme celle des Égyptiens. Les autres, à la suite de Fréret (2), croient qu'elle était lunisolaire, comme celle des Grecs. M. Ideler, qui est de l'avis de Fréret, pense qu'en outre de cette année lunaire civile, les Chaldéens se servaient d'une année solaire pour leurs observations astronomiques (3). L'opinion de Fréret se fonde principalement : 1° sur l'usage des autres peuples sémitiques, tels que les Syriens, les Hébreux et les Arabes ; 2° sur un passage d'un talmudiste, Aben-Ezra, relatif à l'origine chaldéenne des noms des mois juifs ; 3° sur l'usage des mois macédoniens dans l'expression des dates de trois observations qu'on croit avoir été faites à Babylone ; d'où l'on conclut que les Chaldéens devaient avoir un calendrier analogue à celui des Juifs et des Macédoniens. Ce sont là des inductions probables, sans doute, mais qui ne valent pas un seul fait significatif.

Quant à Desvignoles, il se fonde sur le témoignage des historiens qui accompagnèrent Alexandre, auxquels les Babyloniens rapportèrent que Sémiramis avait donné 365 stades de tour à Babylone, *pour en égaler le nombre aux jours de*

---

(1) *Chron. de l'Hist. sainte*, II, p. 336.
(2) *Acad. insc. mém.*, t. XVI, p. 205 et suiv.
(3) *Untersuch.* u. s. w. S. 160. — *Handbuch*, I, S. 219.

l'année (1). Sans donner à cette indication isolée plus de force qu'elle n'en a réellement, on peut dire cependant qu'ici l'important n'est pas de savoir si Babylone avait justement 365 stades plutôt que 480, 385 ou 360 (2); mais de constater le rapport que les Babyloniens mettaient, au temps d'Alexandre, entre le nombre 365 et celui des jours de leur année. Pris en ce sens et dans ces limites, le témoignage des compagnons d'Alexandre acquiert une autorité historique qu'il est impossible de mettre de côté. C'est un fait entièrement identique à celui qui établit la nature de l'ancienne année persane d'après le passage de Quinte-Curce, où il est dit : « que dans l'armée persane, les Mages étaient suivis de 365 jeunes gens, *parce que l'année des Perses contenait ce nombre de jours* (3); » témoignage conforme à celui des livres de Zoroastre et de l'astronome Alfergani, comme on le verra plus bas. Mais Desvignoles a été trop loin en voulant y trouver une preuve que cette année de 365 jours était vague comme celle des Égyptiens; car elle pouvait être aussi bien vague, comme celle des Perses, avec intercalation de 30 jours tous les 120 ans; ou même fixe, à la manière de l'année julienne. Cette circonstance ne peut être décidée qu'à l'aide d'autres renseignements.

Elle l'aurait peut-être été depuis longtemps, si l'on eût rapproché de ce premier indice deux faits qui lui donnent toute la consistance nécessaire.

Le premier est le fait attesté par Varron (4), Pline (5), Censorin (6), Aulugelle (7), que les Babyloniens comptaient les jours d'un soleil à l'autre, *inter duos solis exortus*, ou bien *à solis exortu ad exortum ejusdem astri*, c'est-à-dire qu'ils commençaient le jour au lever du soleil. Cet usage ne peut exister chez un peuple se servant de mois lunaires, dont le commen-

---

(1) Ap. Diod. Sic. II, 7.
(2) V. les *Notes de la Trad. de Strabon*, t. V, p. 161.
(3) III, 3, 9.
(4) Ap. Macrob., *Saturn.* I, 3, p. 214, Zeune.
(5) II, 77.
(6) *De die natali*, c. 23, p. 123, Haverc.
(7) *Noct. Att.*, III, 2.

cement est toujours réglé sur l'apparition du croissant. C'est donc là un trait caractéristique dont on doit conclure avec assurance que les Chaldéens se servaient d'une année solaire, contrairement aux peuples dits sémitiques, qui, employant des mois lunaires, commençaient le jour au coucher du soleil : et il en était ainsi, par la même raison, chez les nations helléniques.

Il est surprenant que les chronologistes aient fait si peu d'attention à un point de cette importance, généralement reconnu dans l'antiquité, et qu'aucun renseignement ne vient contredire.

M. Ideler ne pouvait cependant ni le passer sous silence ni en méconnaître la force. Aussi, il convient que « cette circonstance paraît certainement prouver que les Babyloniens ne réglaient pas leur temps sur la lune (1). » Et, en effet, il avait déjà reconnu « que les peuples qui commencent le jour le matin règlent toujours le temps par le soleil (2). » Mais, préoccupé de l'idée que les Chaldéens se servaient de mois lunaires, il rejette ce fait, l'un des plus solidement établis de l'antiquité, par cette raison « qu'il n'est pas croyable qu'un peuple, *qui divisait le temps d'après la lune*, eût commencé le jour au matin qui suivait la première apparition du croissant dans le crépuscule du soir. » Or, comme le fait à constater est précisément de savoir si les Chaldéens divisaient ou non le temps d'après la lune, c'est là décider la question par la question même.

Mais, pour celui qui laisse de côté toute idée préconçue, ce trait est tellement caractéristique qu'il ne permet pas le doute sur l'existence d'une année solaire chez les Chaldéens. Ainsi Desvignoles, qui ne songeait pas à l'argument tiré du commencement du jour, n'avait pas eu tort de s'attacher au témoignage des historiens compagnons d'Alexandre, lequel, en définitive, nous représente celui des Babyloniens eux-mêmes. Cette année *solaire se composait de* 365 *jours* ; voilà tout ce

---

(1) *Handbuch der math. Chronol.*, I, S. 224.
(2) Le même, I, S. 80.

qui résulte des deux faits réunis. Mais était-ce une année vague, comme celle des Égyptiens, ou fixe, au moyen d'une intercalation quelconque ? C'est là ce qui reste maintenant à rechercher.

Et d'abord, il convient de reprendre le trait conservé par Diodore de Sicile, qui aurait depuis longtemps suffi tout seul à montrer la vraie nature de l'année chaldéenne, si l'on y eût fait la moindre attention. Dans le passage précédemment cité, l'historien dit que les Chaldéens « départissent *à chacun des douze dieux l'un des signes du zodiaque et l'un des mois de l'année* (1). » La conséquence naturelle de cette indication, c'est que l'année chaldéenne se composait de *douze mois*, dont chacun correspondait à l'un des signes du zodiaque.

Or, on peut assurer que cette disposition n'aurait jamais pris place dans le système religieux d'un peuple employant des mois lunaires, lesquels ne peuvent jamais correspondre avec les signes du zodiaque qu'à des intervalles plus ou moins distants, et par suite d'intercalations laborieuses.

Nous voilà donc ramenés encore une fois à l'année solaire. Mais ce passage de Diodore nous indique en outre que celle des Chaldéens était analogue à l'année astronomique et zodiacale qui nous a été conservée dans le calendrier de Géminus, et dans celui qui résulte des observations attribuées à l'astronome Denys par Ptolémée. Dans l'un, les mois ne sont autre chose que les signes du zodiaque eux-mêmes mesurés par le nombre de jours que le soleil emploie à les parcourir; dans l'autre, les mois portent des noms tirés de ceux des signes, et forment une année, qui devait, comme celle de Géminus, se composer de 365 jours, sauf l'intercalation quelconque admise pour le quart excédant.

Ainsi le texte de Diodore de Sicile, en confirmant les deux premiers témoignages sur l'emploi d'une année solaire de 365 jours chez les Chaldéens, nous en fait connaître la véritable nature ; car la correspondance des *signes* et des *mois*

---

(1) Ὧν (θεῶν) ἑκάστῳ μῆνα καὶ τῶν δώδεκα λεγομένων ζῳδίων ἓν προσνέμουσι.

exclut l'idée d'une année vague ; et comme M. Ideler a déjà montré que les Chaldéens donnaient à l'année tropique une durée de 365 jours un quart (1), ce quart de jour aura dû être reproduit dans une intercalation quelconque, mais à courte période. Nous verrons que c'est justement l'intercalation quadriennale connue des Grecs dès le temps d'Eudoxe.

En attendant, on pourrait dire en faveur de la conjecture de M. Ideler sur l'existence d'une double année *lunaire et civile, solaire et astronomique* chez les Chaldéens, que le passage de Diodore ne se rapporte sans doute qu'à celle-ci. Mais, en premier lieu, cette double année ne repose que sur une conjecture à laquelle on est uniquement conduit par la nécessité de concilier l'usage supposé des mois lunaires avec la réduction des dates des observations chaldéennes en années solaires égyptiennes ; nécessité qui disparaît si l'on renonce aux mois lunaires qu'aucune autorité n'appuie. En second lieu, on peut affirmer qu'aucun des trois textes qui établissent l'année solaire chaldéenne ne concerne une année astronomique et savante, car : 1° le sens le plus naturel du témoignage des compagnons d'Alexandre s'applique à une année populaire et civile ; 2° l'usage de commencer le jour au matin est donné, par tous les auteurs, comme un usage civil ; 3° enfin l'attribution de chacun des douze dieux au même signe et au même mois annonce une institution religieuse, non savante, liée au système entier du culte et des fêtes chez les Babyloniens.

On est donc de toute manière conduit à l'idée qu'il n'y avait chez les Chaldéens qu'une *seule* année ; que cette année était *solaire*, et que les *mois* étaient en correspondance avec les signes du zodiaque, comme dans les calendriers de Géminus et de Denys, dont l'idée dériverait ainsi d'un usage chaldéen. C'est d'ailleurs ce qui va ressortir des observations qu'il me reste à présenter.

(1) *Handb.*, I, S. 207.

VIII. — *Des calendriers de Géminus et de Denys.*

J'ai dit que, dans le calendrier ou parapegme de Géminus, les *mois* sont les signes mêmes du zodiaque, et que la durée de chacun d'eux est exprimée par le nombre de jours que le soleil emploie à le parcourir.

Le nombre de jours pour chaque signe est fondé sur l'inégalité ou, comme disaient les anciens, sur *l'anomalie* du soleil, laquelle rend inégales la durée des saisons et celle des mois que chacune d'elles contient. L'inégalité que Géminus admet donne, pour le quart vernal, 94 j. 1/2 ; pour le quart estival, 92 1/2 ; le quart automnal, 88 1/8 ; le quart hivernal, 90 1/8 ; en tout 365 j. 1/4 (1). Or, cette inégalité est justement celle qu'Hipparque a prise pour base de ses recherches sur l'année (2).

Que cette théorie du soleil appartienne à Hipparque, comme on l'a cru, cela est fort douteux. Ptolémée ne le dit nulle part (3). Géminus, en citant cette inégalité, ne la lui attribue pas davantage. Tout annonce qu'elle était connue plus anciennement. On ne peut cependant la faire remonter jusqu'à Eudoxe. Car, d'après le papyrus déjà cité, sa théorie de l'inégalité était fort inexacte ; mais la théorie de Callippe revient à peu près à celle d'Hipparque et de Géminus, sauf les fractions, puisqu'elle s'y trouve exprimée par les nombres 95, 92, 89 et 90 jours. Elle était donc connue des Grecs, au moins depuis Callippe. Ce fait, nouveau dans l'histoire de la science, est confirmé par le calendrier de Denys. Voici d'abord le nombre de jours que cette inégalité donne au passage du soleil dans chaque signe :

Je mets en regard les nombres ronds tirés de Géminus, et

---

(1) Gemin., c. 1, p. 3 h. c.
(2) Ap. Ptolem., III, 4, p. 184.
(3) Ὑποτιθέμενος γὰρ τὸν μὲν ἀπὸ τῆς ἐαρινῆς ἰσημερίας μέχρι... ὑποδείκνυσιν... Ici ὑποτίθεσθαι signifie non *supposer*, mais *poser en fait, prendre pour base*, comme en d'autres passages (p. 22, 112, 184) ; de même ὑπόθεσις ne signifie pas toujours une *hypothèse* (cf. p. 9, 21, 239, 274, 295).

les nombres exacts, tels qu'ils se concluent de la théorie d'Hipparque.

SIGNES.	NOMBRE DE JOURS		NOMBRE DES JOURS au commencement de chaque mois.
	D'APRÈS LE CALCUL.	SELON GÉMINUS.	
	j. h.		
Le Bélier, parcouru en ..	31 6	31	0
Le Taureau............	31 15	32	32
Les Gémaux	31 16	32	64
Le Cancer	31 10	31	96
Le Lion	30 20	31	127
La Vierge.............	30 6	30	158
La Balance	29 16	30	188
Le Scorpion	29 6	30	218
Le Sagittaire..........	29 4	29	248
Le Capricorne	29 11	29	277
Le Verseau	30	30	306
Les Poissons..........	30 15	30	336

Aux fractions près, l'identité est complète, et le total diffère seulement dans le *quart* de jour que Géminus néglige, ne donnant que des nombres entiers.

A propos de ce calendrier, M. Ideler fait cette réflexion remarquable : « Les astronomes grecs se convainquirent facilement, par l'observation des équinoxes et des solstices, que les apparitions des étoiles fixes revenaient, sous le même parallèle, aux mêmes jours de l'année solaire. Ils conçurent ainsi de bonne heure l'idée de substituer dans leurs calendriers astronomiques, à l'année lunaire vague dont ils se servaient dans l'usage civil, une année solaire fixe. Déjà Eudoxe avait employé une telle année. Il résulte en effet d'un passage de Pline, que dans son parapegme, si célèbre chez les anciens, Eudoxe admettait une période météorologique de quatre années (*lustrum*), commençant au lever du Chien. Elle devait, en conséquence, se composer de quatre années juliennes, qui paraissent avoir été ordonnées comme elles le furent dans la suite par Jules César... La constitution précise de cette année ne nous est pas connue : nous pouvons présumer seulement que les mois y étaient nommés d'après les signes du zodiaque, comme nous les trouvons dans le parapegme de Géminus (1). »

Dans la pensée du savant astronome, le parapegme de Géminus, comme celui d'Eudoxe, devait être établi sur une année de 365 jours 1/4, qui devenait fixe par l'intercalation d'un jour tous les quatre ans. Son opinion, qui n'était qu'une conjecture, est à présent confirmée par un fait qu'il ne pouvait connaître, puisqu'on le trouve seulement dans le papyrus inédit que j'ai déjà plusieurs fois cité. Un texte des plus importants prouve qu'Eudoxe et même Démocrite, un demi-siècle auparavant, connaissaient l'usage d'une année solaire de 365 jours 1/4, avec intercalation quadriennale, comme l'année julienne. Cette connaissance, ils l'avaient puisée en Égypte où, de toute antiquité, une année solaire, rendue fixe par le même mode d'intercalation, marchait parallèlement avec l'année vague, toutes deux divisées en douze mois portant les mêmes noms. C'est ce que j'ai établi dans mes *Recherches nouvelles sur le calendrier des anciens Égyptiens*, lues récemment à l'Académie des inscriptions et belles-lettres.

Ce fait nous met sur la voie pour découvrir la nature du calendrier connu sous le nom de Denys. Son analogie avec celui de Géminus ne pouvait échapper à l'œil clairvoyant de M. Ideler; mais, ainsi que le P. Petau, il montre peu d'espoir qu'on parvienne à en déterminer le vrai caractère. « Comme nous ne savons plus maintenant, dit-il, sur quelles observations et sur quels principes Denys se fondait pour régler son année, on ne peut parvenir, ainsi que le remarque Petau, à en connaître la forme. Tout ce qui ressort clairement de la comparaison des dates empruntées à ce calendrier avec les lieux du soleil, déduits de la théorie d'Hipparque, c'est que Denys doit avoir connu très imparfaitement le mouvement du soleil, supposé toutefois qu'il ne se soit pas glissé dans ces dates des erreurs que nous ne sommes plus en état de rectifier (2). »

(1) *Untersuchungen über die Beob.* S. 260.
(2) Ouvrage cité, S. 267, 268. — Cf. *Handb. der Chronologie*, I, 326.

A mon avis, le calendrier de Denys suppose la même théorie du soleil que celui de Géminus ; mais il en diffère en un point très important que je vais indiquer.

Tout ce que nous savons de ce Denys et de son calendrier est tiré de sept observations citées dans l'*Almageste ;* à savoir six positions de Mars ou de Mercure rapportées à des étoiles du zodiaque, et une occultation de l'Ane méridional par Jupiter (1).

Ces sept observations sont toutes indiquées de la même manière, rapportées à une ère inconnue d'ailleurs, et datées en quantièmes de mois, dont les noms sont formés de ceux des signes du zodiaque. Sept de ces noms ont été conservés par Ptolémée ; ce sont Αἰγών (mois du Capricorne) ; Σκορπιών (du Scorpion) ; Ὑδρών (du Verseau) ; Ταυρών (du Taureau) ; Λεοντών (du Lion) ; Διδυμών (des Gémeaux) ; Παρθενών (de la Vierge) (2). Les dates de cette ère se présentent dans Ptolémée converties en années de Nabonassar et en mois égyptiens, ainsi qu'on le voit par la première date : « Dans l'année 23, *selon Denys*, du mois Hydron le 19 (3). » Selon le calcul de Ptolémée, le soleil moyen occupait 18°10′ du Verseau, et le moment de l'observation était le matin du 17 au 18 du mois égyptien Choiac de l'an 486 de Nabonassar : ce qui donne immédiatement le 12 février. Toutes les autres dates sont indiquées de même et avec des circonstances analogues.

On a beaucoup hésité sur le sens dans lequel Ptolémée a pris les mots κατὰ Διονύσιον, qui reviennent toujours de la même manière, après le nom de l'année, et avant l'indication du mois. Toutefois un point sur lequel on est d'accord, c'est que cette ère était de l'invention de Denys, et connue sous son nom ; et comme, dans les sept exemples, l'année de l'ère est

---

(1) L. IX, c. 7, p. 168, 169, 170. — X, c. 9, p. 236. — XI, c. 3, p. 263.

(2) Les cinq autres devaient se nommer Κριών, Καρκινών, Χηλών, Τοξών et Ἰχθυών.

(3) Ἔτους ΚΓ κατὰ Διονύσιον, Ὑδρῶνος ΙΘ, κ. τ. λ. Le texte porte ΚΘ ; mais Scaliger et Petau ont déjà prouvé par la réduction de la date julienne qu'il faut lire ΙΘ, ce qui d'ailleurs résulte du lieu moyen du soleil, à 18° 10′ du Verseau selon Ptolémée.

toujours accompagnée du quantième d'un mois zodiacal, on a tout lieu de croire que Denys avait aussi constamment rattaché à son ère des mois de ce genre dont les dénominations avaient probablement été inventées par lui.

Mais les observations qu'il rapporte lui appartiennent-elles? Cela ne résulte pas de l'expression qu'emploie Ptolémée. Il n'y a certes nulle preuve qu'elles soient de Timocharis, comme le pensait Riccioli. La supposition même est peu vraisemblable, car les cinq observations de cet astronome, citées par Ptolémée, appartiennent aux années 293, 282, 281 avant notre ère (1), celles de Denys sont comprises entre les années 272 et 241; ce qui met 52 ans entre la première de l'une et la dernière de l'autre. Il est peu probable que Timocharis eût observé pendant si longtemps. D'ailleurs il datait ses observations des années de la période de Callippe et en mois athéniens. Celles de Denys lui sont donc étrangères.

Mais sont-elles de Denys lui-même? Rien ne le prouve non plus. Elles avaient été certainement citées par lui dans quelque ouvrage que Ptolémée avait sous les yeux, et rapportées à une ère de son invention; mais l'inventeur d'une ère peut être fort postérieur à l'époque initiale de cette ère. La coïncidence du point de départ de celle-ci (qui est l'an 285 avant J.-C.) avec l'année de l'association de Philadelphe au trône de son père, ne suffit pas pour établir, comme l'ont pensé Scaliger (2) et Ussérius (3), que Denys aura voulu faire sa cour à Philadelphe. Si telle eût été son intention, il n'eût pu éviter de donner à son ère le nom du prince qu'il voulait flatter, et Ptolémée nous eût transmis ces dates sous cette forme : ἔτους... ἀπὸ τοῦ δευτέρου Πτολεμαίου, comme il le fait pour les ères de Nabonassar, de la mort d'Alexandre ou de Philippe Aridée ; car cet usage est sans exception chez les anciens chronologistes. La coïncidence est donc fortuite (4) ; ce choix

---

(1) *Almag.*, VII, c. 3, t. II, p. 16 et suiv.
(2) *De emend. temp.*, p. 268.
(3) *Annales, ad ann.* 285.
(4) M. Champollion-Figeac est arrivé à la même conséquence, par un autre

a une cause astronomique et non historique, comme le cycle de Callippe chez les Grecs, ou l'ère de Djélal-eddin chez les Persans.

Tout ce qu'il nous est possible de constater, c'est que Denys était antérieur à Hipparque, puisque, selon Ptolémée, cet astronome avait réduit en degrés une de ses observations (1), et il est possible que Ptolémée ne les ait toutes connues que par Hipparque lui-même.

Quant au lieu où elles ont été faites, Ptolémée ne le dit pas, parce qu'elles l'avaient été à Alexandrie ; aussi ne réduit-il pas les heures au méridien de cette ville, ce qui aurait été nécessaire et ce qu'il aurait fait en tout autre cas. On peut conjecturer que Denys était Athénien, à en juger du moins par la désinence athénienne en ών de ses mois. Il semble qu'un Alexandrin aurait mis la finale ος, qui est celle de tous les mois macédoniens.

Il me reste à prouver que la théorie de Denys sur l'inégalité du soleil est la même que celle d'Hipparque et de Géminus, laquelle, comme on l'a vu, remonte au moins à Callippe, vers 300 ans avant J.-C.

Dans un calendrier zodiacal tel que celui de Denys et de Géminus, dans lequel 12 mois, formant 365 jours, répondent aux 360° du zodiaque, si les mois avaient juste le nombre de jours que le soleil emploie à parcourir les signes de leur nom, le point initial des mois et des signes y correspondrait à peu près ; c'est ce qui a lieu pour le calendrier de Géminus. Mais si les 12 mois avaient uniformément 30 jours, de manière que les 5 jours fussent réservés pour la fin, comme dans le calendrier égyptien, le commencement des mois et des signes ne coïnciderait exactement qu'en un petit nombre de points ; la coïncidence ne se retrouvant qu'après l'addition des épagomènes. Tel était en effet le calendrier de Denys.

---

chemin ; en montrant que le commencement de cette ère et l'avènement de Philadelphe tombent à 130 jours de distance l'un de l'autre (*Annales des Lagides*, t. II, p. 37).

(1) Ptolem., IX, t. II, p. 170.

Voici les observations dionysiennes avec leurs dates juliennes, telles qu'elles résultent de l'année de Nabonassar et des quantièmes en mois égyptiens, exprimés par Ptolémée.

ANNÉES de l'ère.	MOIS DIONYSIEN.	LIEUX MOYENS du ☉ selon Ptolémée.	ANNÉES av. J.-C.	DATES JULIENNES.
13	25 Ægon.	♑ 23° 54'	272	18 janvier.
21	22 Scorpion.	♏ 20° 50'	265	15 novembre.
23	19 Hydron.	♒ 18° 10'	262	12 février.
23	4 Tauron.	♈ 29° 30'	262	25 avril.
24	28 Léonton.	♌ 27° 50'	262	23 août.
28	7 Didymon.	♊ 2° 50'	257	28 mai.
45	10 Parthénon.	♍ 9° 50'	241	4 septembre.

La comparaison des dates montre que le point initial de l'ère était l'été de l'an 285 avant J.-C. ; et, dans ce cas, ce point ne pouvait être que le solstice même, fixé, comme dans Géminus, au 1ᵉʳ degré du Cancer, ou au 1ᵉʳ du mois Καρκινῶν. On va voir qu'il en était réellement ainsi.

Dans la table précédente, les lieux moyens du soleil, indiqués par Ptolémée, coïncident assez bien avec les jours des mois zodiacaux, dans cinq observations sur sept (les 1ʳᵉ, 2ᵉ, 3ᵉ, 5ᵉ et 7ᵉ). La discordance est considérable dans les deux autres. On écarte sans peine l'une des difficultés, en reconnaissant que la lettre Δ a remplacé la lettre Λ, et en lisant Ταυρῶνος Λ, au lieu de Ταυρῶνος Δ, erreur d'autant plus admissible, que le quantième égyptien est corrompu dans tous les manuscrits (1). Il ne reste plus alors qu'une seule erreur, mais elle est grave ; c'est le 7 de Διδυμῶν mis en correspondance avec 2° 50' des Gémeaux (au lieu de 7°), pour le lieu moyen du soleil. Elle ne peut s'expliquer dans le cas où l'on admettrait l'identité du calendrier de Géminus avec celui de Denys, c'est-à-dire,

---

(1) Le texte porte : Φαμενώθ Λ εἰς τὴν Λ. Le P. Petau et M. Ideler ont remarqué qu'il faut lire Μεχεὶρ Λ εἰς τὴν Λ Φαμενώθ. La substitution d'un mois à l'autre peut difficilement venir de Ptolémée : il avait mis en correspondance avec le Διδυμῶνος Λ, le quantième Μεχεὶρ ΚΖ εἰς τὴν ΚΗ.

où les mois auraient la même inégalité que les signes, quant au nombre des jours. Mais elle s'explique parfaitement dans le cas, 1° où le mois Καρκινών de Denys serait le 1ᵉʳ mois de son calendrier, comme était le Cancer pour l'année de Géminus ; ce qui est d'autant moins douteux que l'époque de l'ère dionysienne était l'été ; 2° où les mois auraient eu une durée uniforme de 30 jours. Qu'il en fût réellement ainsi, c'est ce que montre le tableau comparatif ci-contre des deux calendriers, qui me paraît faire disparaître toutes les difficultés (voir p. 517).

Les cinq premières colonnes de ce tableau renferment le calendrier de Géminus, mis en rapport avec les signes, avec les intervalles des saisons, et les dates juliennes des solstices et des équinoxes, en partant du solstice d'été fixé au 27 juin. Cette fixation elle-même n'est pas une hypothèse, puisqu'elle résulte de celle du 1ᵉʳ Καρκινών, calculé d'après la date julienne de l'observation du 28 Λεοντών, mis par Ptolémée en correspondance avec le 30 Payni de l'an 486 de Nabonassar, ce qui tombe au 23 août ; or, le 28 Λεοντών est à la même distance (58 jours) du 1ᵉʳ Καρκινών, que le 23 août du 27 juin. La liaison des deux calendriers est donc établie sur une base certaine.

Les autres colonnes donnent le système entier du calendrier de Denys. Les douze mois ont chacun 30 jours ; leur point initial retarde sur celui des signes, d'un jour en Παρθενών, de 2 en Χηλών, Σκορπιών et Τοξών ; il coïncide en Ὑδρών et Κριών ; il recommence à retarder de 1 jour en Ταυρών, et de 3 jours en Διδυμών ; à la fin de ce mois, le retard est de 5 jours, aussi le 30 de ce mois tombe au 21 juin ; l'équilibre se rétablit par les épagomènes, dont le 5ᵉ répond au 26 juin ; et l'année recommence au 1ᵉʳ de Καρκινών, le 27 juin.

Les lieux moyens du ☉ correspondent fort approximativement à toutes ces dates ; l'excès ne va point au delà de 1°, et il est souvent au-dessous ; excepté dans un seul cas qui faisait, comme je l'ai dit, la grande difficulté, à savoir la correspondance du 7 Διδυμών avec 2°50′, en nombre rond,

ET URANOGRAPHIE DES CHALDÉENS. 517

CALENDRIERS

DE GÉMINUS.						DE DENYS.				
ÉPOQUES des solstices et équinoxes.	INTERVALLES des saisons en nombres ronds, selon Géminus.	SIGNES.	DURÉE Partielle.	DURÉE Totale.	NOMS des mois.	MOIS. DURÉE Partielle.	MOIS. DURÉE Totale.	DATE JULIENNE du 1ᵉʳ de chaque mois	OBSERVATIONS. LIEUX moyens du ☉	OBSERVATIONS. DATE JULIENNE des observations.
S. E. 22 juin.	92 jours.	♋	31	»	Καρκινών.	30	0	27 juin.		
		♌	31	32	Λεοντιών. 28	30	31	27 juillet.	27° 50′ ♌	23 août — 262
		♍	30	63	Παρθενών. 10	30	61	26 août.	9° 50′ ♍	4 sept. — 241
E. A. 25 sept.	89 jours.	♎	30	93	Χηλών. 22	30	91	24 septembre.		
		♏	30	123	Σκορπιών. 22	30	121	25 octobre.	20° 50′ ♏	15 nov. — 265
		♐	29	153	Τοξών. 25	30	151	24 novembre.		
S. H. 24 déc.	90 jours.	♑	29	182	Αἰγών. 19	30	181	24 décembre.	23° 54′ ♑	18 janv. — 272
		♒	30	211	Ὑδρών.	30	211	23 janvier.	18° 10′ ♒	12 fév. — 262
		♓	30	241	Ἰχθυών.	30	241	22 février.		
E. P. 24 mars.	94 jours.	♈	31	271	Κριών.	30	271	24 mars.	29° 30′ ♈	23 avril — 262
		♉	32	302	Ταυρών.	30	301	23 avril.		
		♊	32	334	Διδύμων. 7	30	331	23 mai.	2° 50′ ♊	28 mai — 257
					30		360	21 juin.		
					Épagomènes.	..	5	26 juin.		
	365 jours.			365			365			

3º des Gémeaux ; mais un coup d'œil jeté sur le tableau fait voir qu'il ne pouvait en être autrement, puisque la date se trouve justement au moment de l'année où, les jours des mois avançant sur les degrés, le 7 Διδυμών répond en effet au 3ᵉ degré environ des Gémeaux.

Or, ceci nous prouve que les épagomènes n'ont pu se placer ailleurs qu'à la fin de Διδυμών, le dernier mois de l'année ; ce qui est la méthode égyptienne et la plus naturelle de toutes.

Nous voilà bien près de connaître entièrement la nature de l'année de Denys, année solaire, avec douze mois répondant aux signes dont ils portaient le nom. Il reste à savoir si c'était une année fixe, et quelle intercalation la mettait en concordance avec l'année naturelle.

On peut dire *a priori* qu'il n'est pas dans la nature d'une telle année d'être vague ; car, en peu de temps, tous les rapports des signes et des mois auraient été altérés, et, en moins de cent vingt ans, les noms auraient correspondu à d'autres signes que ceux qu'ils désignaient ; un calendrier zodiacal comme celui-là doit avoir été fondé sur une année fixe, et nous avons vu que M. Ideler n'a pas compris autrement celui de Géminus, puisqu'il conjecture qu'il devait recevoir l'intercalation quadriennale du *lustrum* d'Eudoxe ; ce qui en faisait une espèce d'année julienne. Cette vue ingénieuse est de tout point applicable au calendrier de Denys, et le tableau montre que telle était réellement la nature de son année.

Les sept observations dionysiennes sont renfermées entre les années 272 et 241 avant notre ère, embrassant un intervalle de trente et un ans. Il est évident que leurs dates, que le tableau met en concordance avec l'année julienne proleptique, ne peuvent retomber juste, comme elles le font dans cet intervalle, où l'on devrait trouver autrement un écart graduel allant jusqu'à près de huit jours, que parce que les mois dionysiens appartenaient à une année de même nature.

Ainsi l'année de Denys est à présent connue dans toutes ses circonstances; c'était certainement une année de 365 jours intercalée tous les quatre ans par l'addition d'un jour. Elle était donc semblable à l'année fixe alexandrine, établie si longtemps après, ainsi qu'à l'année sothiaque égyptienne, où l'introduction d'un jour tous les quatre ans donnait la correspondance de l'année vague avec l'année naturelle de 365 j. 1/4, qui est la durée que toute l'antiquité lui a donnée, après comme avant Hipparque (1); mais elles différaient toutes deux de celle de Denys, en ce qu'elles marchaient indépendamment des signes du zodiaque et des points équinoxiaux et solsticiaux, commençant l'une au 29 août, l'autre au 9 octobre julien proleptique; tandis que celle de Denys, quoique régulièrement disposée de manière à servir d'année civile, caractère que ne présente pas l'année de Géminus, avait cependant une forme zodiacale et astronomique.

Or, n'est-ce pas là précisément ce double caractère que nous présente l'année civile chaldéenne, qui est à la fois *solaire*, *zodiacale* et *fixe* par une intercalation à courte période (2); ce qui lui donne tous les traits distinctifs de l'année dionysienne? Peut-on ne pas regarder comme infiniment probable, que l'année dionysienne a été prise des Babyloniens?

Remarquons que l'existence d'une pareille année satisfait à la nécessité déjà reconnue par M. Ideler, de leur attribuer, outre l'année lunaire qui, selon lui, était leur année civile, une année solaire, à laquelle ils rattachaient leurs observations astronomiques; mais l'existence du calendrier lunaire chez les Babyloniens sera, je pense, reconnue maintenant pour chimérique; ils n'avaient réellement qu'une seule et même année, servant aux usages civils et religieux, comme aux déterminations de l'astronomie.

Cette année, n'étant nullement compliquée par les mouve-

---

(1) J'ai démontré, dans mes *Recherches sur le calendrier égyptien*, que les anciens n'ont jamais admis d'année plus exacte, et que la correction même proposée par Hipparque n'a jamais été qu'une hypothèse, dont ils n'ont tenu aucun compte.

(2) Plus haut, p. 508 et suiv.

ments lunaires, était la plus simple de toutes les années fixes ; elle rendait on ne peut plus facile la réduction des dates chaldéennes dans le calendrier fixe égyptien, réduction qui a eu lieu pour toutes les observations que cite Ptolémée, notamment pour celles qu'il donne comme ayant été faites à Babylone.

IX. — *Des observations citées par Ptolémée comme ayant été faites à Babylone.*

Ces observations, au nombre de dix, ont été citées dans l'*Almageste* d'après Hipparque (1). Relativement à l'expression de leur date, elles forment deux séries distinctes.

La première série est composée des sept plus anciennes : ce sont des éclipses de lune, arrivées dans les années 720, 719, 620, 522, 500, 490, avant notre ère. Hipparque a donné les circonstances principales de chaque éclipse ; il en a exprimé la date en années des règnes des rois babyloniens Mardokempad et Nabopolassar, ainsi que des rois perses Cambyse et Darius, et constamment en mois égyptiens. Ptolémée y ajoute le calcul de la position du soleil dans le zodiaque, de l'heure de l'éclipse et de l'année de Nabonassar.

On voit par ces sept exemples qu'Hipparque a dû avoir sous les yeux un canon des rois babyloniens et perses, où étaient marquées les années des règnes, mais non rattachées à une ère commune. On voit encore qu'il a dû traduire immédiatement le quantième des mois chaldéens en mois égyptiens, puisqu'il n'exprime pas les premiers ; c'est ce qui avait fait croire à Desvignoles et à Dodwell, que l'année chaldéenne était identique à celle des Égyptiens. Fréret (2) objecte avec toute raison que, s'il en eût été ainsi, Ptolémée n'aurait pas désigné l'année vague par l'expression ἔτος τὸ αἰγυπτιακόν, expression

---

(1) Le fait pourrait être douteux si l'on s'en tenait à la version d'Halma ; car à chacune des observations il traduit φησί par *on rapporte, il est dit*, comme s'il y avait φασί. Le φησί ne peut se rapporter qu'à Hipparque, cité au commencement du chapitre.

(2) *Acad. des inscr.*, Mém. XVI, p. 207.

qui indique positivement que cette année était propre à l'Égypte. Mais la difficulté disparaît, et tout se concilie, dès qu'il est prouvé que l'année chaldéenne était celle de 365 j. 1/4, dont la réduction à l'année vague de 365 jours est si simple et si facile.

La deuxième série se compose de trois observations d'éclipses faites dans les années 381 et 380 avant notre ère. Elles diffèrent de celles de la première série en ce qu'Hipparque en exprime la date, non par des années de règne, mais par le nom de l'archonte athénien (Phanostrate ou Evandre) alors en fonction, et qu'il y joint le mois athénien (Scirrophorion ou Posidéon), converti par Hipparque en quantième égyptien. Ptolémée y ajoute toutes les autres circonstances. Le canon des règnes ne s'étendait-il donc pas jusqu'à Artaxerce II, au règne duquel (années ix et x) elles ont eu lieu? Je pense que ces observations avaient été rapportées (1) en Grèce par un Athénien qui voyageait à Babylone dans ce temps, et qui les aura marquées selon le style qui lui était propre. Hipparque ne se sera pas donné la peine de les réduire, parce que les années archontiques étaient bien plus familières aux Grecs, qui en avaient des tables, que les années des règnes des rois perses. Ptolémée, qui employait constamment l'ère de Nabonassar, que personne ne cite avant lui, a dû les réduire dans cette ère pour les rendre comparables avec toutes les autres. Il en a même exprimé les circonstances avec les détails les plus minutieux.

Ce sont là les seules observations qui soient données dans l'*Almageste*, comme ayant été faites à Babylone, ἐν Βαβυλῶνι τετηρημέναι, ainsi que Ptolémée a soin de le dire et de le répéter. Or, il est impossible d'en tirer un indice quelconque du genre de mois dont les Chaldéens se servaient, à plus forte raison d'en induire qu'ils se servissent des mois lunaires. Ce

---

(1) Selon Hipparque, elles étaient au nombre de celles qu'on avait *rapportées* de Babylone : τῶν ἀπὸ Βαβυλῶνος διακομισθεισῶν (IV, 10, p. 275), il ne dit pas par qui. Je remarque que les années 381 et 380 coïncident avec l'époque présumée des voyages scientifiques d'Eudoxe.

qui reste de remarquable, c'est que nulle part un mois chaldéen n'y est exprimé. Cependant il est difficile de douter que ces mois fussent énoncés dans l'expression originale de ces observations. Peut-être leurs noms, sans doute très barbares pour une oreille grecque, étaient si peu connus en Grèce qu'il devenait à peu près inutile de les conserver ; Hipparque les aura immédiatement convertis dans le quantième égyptien que chacun connaissait de son temps.

X. — *Observations, dites chaldéennes, faites à Alexandrie.*

Il est encore trois autres observations qui ont toujours été citées comme ayant été faites à Babylone, et dont on a tiré la preuve, tant de l'existence de la Balance à une époque bien antérieure à celle où ce signe se montre dans le zodiaque grec, que de l'usage des mois lunaires à Babylone.

Ces trois observations sont employées par Ptolémée au même usage que celles de Denys (1), et deux d'entre elles sont citées dans le même endroit, exprimées exactement de la même manière. On jugera de la similitude par la comparaison suivante des deux premières :

SELON DENYS.	SELON LES CHALDÉENS.
L'an 23e, selon Denys (κατὰ Διονύσιον), le 19 Hydron au matin, Mercure était éloigné de la claire qui est à la queue du Capricorne, de trois lunes vers le nord. Or, cette étoile occupait alors, selon nos points de départ, c'est-à-dire selon les points des tropiques et des équinoxes, 22° 1/3 du Capricorne (2).	L'an 75, selon les Chaldéens (κατὰ Χαλδαίους), le 14 Dius au matin, Mercure était d'une 1/2 coudée au-dessus de la Balance australe, en sorte qu'il occupait alors, selon nos points de départ, 14° 1/2 des Serres (3).

(1) Lib., IX, c. 7, p. 170, 171. — XI. c. 7, p. 286.
(2) Ptolem., IX, c. 3, p. 168.
(3) *Ibid.*, p. 170.

Les voici toutes les trois avec leurs époques.

ANNÉES de l'ère.	MOIS macédoniens.	ANNÉES de Nabonassar.	MOIS égyptiens.	DATES juliennes.
67	5 Apellæus.	504 (1)	27-28 thoth.	19 novemb. 245
75	14 Dius.	512	9-10 thoth.	30 octobre 237
82	Xanthicus.	519	14 tybi.	1 mars 229

Les concordances montrent que le point initial de l'ère est l'automne de l'an 311 avant notre ère (2), c'est-à-dire une année entière après le commencement de l'ère des Séleucides, qui est de l'automne de l'an 312.

Ces observations sont toutes les trois énoncées de la même manière. On voit que le κατὰ Χαλδαίους y est tout justement placé comme le κατὰ Διονύσιον dans les observations dionysiennes. Il s'agit donc aussi d'une ère particulière suivie par les Chaldéens, comme celle que suivait Denys; mais il n'en résulte pas davantage que les observations aient été faites par eux, ni surtout qu'elles l'aient été à Babylone, comme on le croit. Le contraire résulte des considérations suivantes :

1° Pour les dix observations réellement faites à Babylone, Ptolémée dit toujours expressément qu'elles avaient été apportées de Babylone, ἐκ Βαβυλῶνος διακομισθεῖσαι, ou bien qu'elles y ont été faites, ἐν Βαβυλῶνι τετηρημέναι. Ici, au contraire, cette circonstance ne s'y trouve pas : en place, les Chaldéens sont nommés.

Pourquoi dans cet endroit fait-il mention des Chaldéens, et en cet endroit seul ? Ne serait-ce pas qu'il s'agit d'observations faites autre part qu'à Babylone, et rapportées seulement dans des ouvrages rédigés par quelques-uns de ces Chaldéens répandus en Syrie, en Grèce, comme à Alexandrie ?

2° La mention des mois *macédoniens* l'indiquerait encore.

---

(1) Le texte de Ptolémée, dans l'édition d'Halma, porte φξδ'; c'est une erreur; il faut φδ', que donnent les manuscrits.

(2) Ideler, *Handbuch*, u. s. w. I, 224.

On en a conclu que les Babyloniens avaient adopté le calendrier macédonien dès le temps d'Alexandre. Cela est bien peu croyable. Un peuple, et encore moins sa caste sacerdotale, n'abandonne pas si vite un calendrier qui tient à tout le système de sa religion. Nous avons, à cet égard, l'exemple de l'Égypte, où le calendrier macédonien, à l'usage des Grecs seuls, n'a jamais pénétré chez les habitants indigènes; au contraire, le calendrier du pays, usité par les Grecs eux-mêmes dans la plupart des actes publics, a fini par l'emporter sur le leur, au point que, lors de la réforme alexandrine, les mois égyptiens remplacèrent les mois grecs qui disparurent entièrement. L'emploi des mois *macédoniens* dans ces observations indiquerait donc que, si elles ont pu être faites par des Chaldéens, elles l'ont été, soit en Syrie, soit à Alexandrie, où ces mois étaient usités, mais non à Babylone même. On ne pourrait objecter, avec Fréret (1), que, dans deux fragments des *Antiquités babyloniennes* de Bérose, il est fait mention des mois macédoniens *Loüs* et *Dæsius* (2). Je n'insiste pas sur ce que cet ouvrage, où se trouvait une imitation maladroite des traditions bibliques, et où l'on a relevé des fautes grossières qu'un Chaldéen n'aurait pu commettre, a été reconnu par plusieurs critiques (3) comme étant l'ouvrage d'un Grec qui a pris le nom de Bérose, ainsi que d'autres celui de Pétosiris, de Zoroastre ou de Manéthon. Sans user de cet argument, il me suffira de faire observer, en supposant même l'authenticité de l'ouvrage, que Bérose, contemporain d'Alexandre, est un de ces Chaldéens voyageurs qui vinrent dès lors visiter la Grèce; qu'il y ouvrit école (4), et qu'il y fut si bien accueilli, à cause de ses prédictions, que les Athéniens lui élevèrent une statue dont la langue était dorée (5); il dut séjourner longtemps en Grèce ou

---

(1) *Acad. inscr.*, *Mém.* XVI, p. 228, 229.
(2) *Ap. Syncell.*, p. 28-30. — *Ap. Athen.*, XIV, p. 639. — Cf. *Berosi fragm.*, ed. Richter, p. 50, 51.
(3) Meiners, *Doctr. de vero Deo*, p. 76 sqq. — Wachler dans l'*Encyclop. de Eusch et Gruber*, au mot *Berosos*.
(4) Vitruv., IX, 4 et 7.
(5) Plin., VII. 37.

à la cour de Séleucus et d'Antiochus Soter auquel il dédia son livre (1), puisqu'il le rédigea en grec, et même en fort bon grec. Écrivant pour des Gréco-Macédoniens, il a dû traduire les dates chaldéennes dans leur calendrier, pour s'en faire comprendre. Il ne s'ensuit donc pas du tout que les Chaldéens à Babylone eussent adopté le calendrier macédonien ; et avec cette observation, disparaît le seul indice (bien faible à la vérité) de l'existence d'une année lunaire chez les Babyloniens (plus haut, p. 506).

3° Mais ce qui prouve décidément que ces observations n'ont pu être faites à Babylone, c'est une circonstance jusqu'ici non remarquée.

Dans toutes les observations que cite Ptolémée et qui n'ont pas été faites à Alexandrie ou à Rhodes, dont la longitude était censée la même, il tient compte de la différence des méridiens, pour réduire les heures à celui d'Alexandrie. Quand il ne fait aucune réduction, c'est que la différence est nulle. C'est, nous l'avons vu, le cas pour les sept observations de Denys ; et l'on en a conclu, avec toute raison, qu'elles ont été faites à Alexandrie. Or, comment n'a-t-on pas vu que la même conséquence s'applique aux trois observations dites chaldéennes, puisqu'elles se trouvent dans le même cas, qu'elles sont indiquées justement dans les mêmes termes, et qu'elles n'offrent non plus aucune réduction ?

Ce fait domine tout le reste ; et quand nous ne pourrions plus savoir maintenant au juste à qui elles appartiennent, le lieu où elles ont été faites étant déterminé change toutes les conséquences qu'on en a voulu tirer, soit sur la nature de l'an-

---

(1) Une erreur d'Eusèbe a introduit une difficulté sur l'époque de Bérose. Cet auteur le fait vivre au temps d'Alexandre, κατ' Ἀλέξανδρον, ce qui est dit également par Tatien (*Adv. Gent.*, c. 58, p. 126, ed. Worth), et paraît l'avoir été dans l'écrit même de Bérose (*ap. Syncell.*, p. 14) : cependant il lui fait dédier son livre à Antiochus II, dit Théos, Ἀντιόχῳ τῷ μετὰ Σέλευκον τρίτῳ (*Praep. Ev.*, X, 11). Cet Antiochus ayant commencé son règne 63 ans après la mort d'Alexandre, l'intervalle ne sera guère moindre que de 70 ans, et pourra être plus grand encore. Tatien dit : Τῷ μετ' αὐτὸν (Ἀλέξανδρον) τρίτῳ, ce qui s'applique à Antiochus I, dit Soter, et remonte l'époque de 20 ans. Cette date est bien plus vraisemblable.

née chaldéenne, d'après l'emploi des mois macédoniens, puisqu'il est tout naturel que des observations faites à Alexandrie fussent datées de cette manière, soit sur l'origine chaldéenne des noms grecs des signes du zodiaque.

Elles ne peuvent être que l'œuvre de Chaldéens venant exercer à Alexandrie l'*ars chaldaïca*, et fondant leurs prédictions, comme ils étaient forcés de le faire, sur des observations précises et sur des principes scientifiques. Il n'y avait que ce moyen pour eux de lutter à armes égales avec les Grecs ou les Égyptiens. C'était une école à côté d'une école ; une doctrine en opposition avec une doctrine ; charlatans contre charlatans, qui se disputaient les dupes. Les Chaldéens, dont Géminus, au commencement de son traité, cite les opinions sur les *sympathies* et les *antipathies*, étaient des fauteurs de cette secte chaldaïque, employant les signes du zodiaque tels que les Grecs les connaissaient alors, y rapportant leurs propres calculs, et se servant du calendrier, dont les Grecs d'Alexandrie avaient l'usage, pour mieux les tromper. Je pense que Ptolémée avait sous les yeux un de ces écrits, rédigé après que la Balance eut été installée dans le zodiaque grec, écrit où la *ratio chaldaïca*, ἡ κατὰ Χαλδαίους μέθοδος, était exposée, et appuyée sur des observations planétaires, faites par eux en divers temps à Alexandrie même, et rapportées à une ère particulière qu'ils avaient choisie, pour des motifs que nous ignorons. Peut-être ont-ils voulu marquer l'époque où leur école s'établit à Alexandrie, après la prise de Babylone par les Séleucides. Les trois observations que Ptolémée a citées sont au nombre de celles qui étaient consignées dans ce traité astrologique, κατὰ Χαλδαίους.

On vient de voir que les indications zodiacales sont données justement de la même manière dans les observations *selon Denys* et dans celles qui sont désignées comme étant *selon les Chaldéens*. Les positions des planètes y étaient estimées par rapport à l'*astérisme* ou à la *constellation* du zodiaque, dans les unes en diamètres lunaires, dans les autres en coudées et doigts. Ptolémée les réduit toutes également en degrés des *signes* ou des *dodécatémories*, en partant de ses *points initiaux*, καθ' ἡμετέρας ἀρχάς, comme il s'exprime, c'est-à-dire, du commencement des signes évalués tous à 30°, à partir des points solsticiaux et équinoxiaux. Il s'ensuit que les astrologues chaldéens avaient conservé l'usage d'estimer les distances en coudées et en doigts, usage que les astronomes grecs continuèrent eux-mêmes d'employer jusqu'à une époque très récente, puisqu'on le retrouve encore dans les observations de Thius, qui répondent aux années 474 à 509 de notre ère (1). Dans l'une des observations κατὰ Χαλδαίους que j'ai citée plus haut, une position rapportée à la Balance australe, est estimée en degrés du *signe*. Cette circonstance s'explique comme dans les deux autres, et dans les sept κατὰ Διονύσιον, où les positions sont exprimées de même. J'ai déjà montré (plus haut, p. 484) qu'à partir du Ier siècle avant notre ère, le signe équinoxial d'automne, tantôt conserve l'ancien nom de Χηλαί, tantôt reçoit le nouveau nom de Ζυγός, dans les indications confuses et contradictoires des commentateurs ou grammairiens d'une date récente. Si Servius dit que les Chaldéens ne comptent que *onze signes*, coupant le Scorpion en deux, tandis que les Égyptiens en comptent *douze* (2), Achilles Tatius nous dit, au contraire, que les Égyptiens appellent *Balance* ce que les autres nomment *Serres* (3). Dans le fait, les anciens Babyloniens ni les Égyptiens ne connaissaient pas plus les uns que les autres la Balance ou les Serres ; mais, à partir d'une certaine époque, les fauteurs de l'astrologie chaldaïque ou égyptienne se servaient également du zodiaque grec, tantôt conservant l'ancienne dénomination de *Serres*, tantôt préférant la nouvelle.

Telle est donc l'explication de ce passage de Ptolémée dont on avait conclu que les Babyloniens donnaient aux douze signes de leur zodiaque les mêmes dénominations que les Grecs, et connaissaient la Balance dès le IIIe siècle avant notre

---

(1) Ap. Bulliald. *in Astron. Philolaïcá*, p. 263-346. — Cf. Delambre, *Hist. de l'astr. anc.*, t. I, p. 318, 319.

(2) Serv. *ad Æneid.*, I, 33.

(3) ... κατὰ χηλὰς, τὰς καλουμένας ὑπ' Αἰγυπτίων ζυγόν. Achill. Tat. *fragm.* in Petav. *Uranol.*, p. 168.

ère, et sans doute bien plus anciennement; ce qui était en contradiction formelle avec ce qu'on doit conclure du témoignage constant de toute l'antiquité grecque sur l'époque tardive de l'introduction de ce signe dans le zodiaque.

Ce témoignage me paraissait tellement fort, et l'argument qui en résulte si concluant, qu'il m'était impossible d'admettre celui qu'on tirait du passage de Ptolémée, le seul qu'on pût opposer. Mais ce fait, comme on vient de le voir, n'a pas la signification qu'on lui donnait. Pour établir celle qu'il a réellement, il m'a fallu exposer des notions jusqu'ici à peu près inconnues, et établir la véritable nature de l'*année chaldéenne*, si différente de ce qu'on supposait.

Cette année *solaire* et *zodiacale*, à la fois *astronomique* et *civile*, devient un des traits les plus remarquables dans les institutions des anciens peuples, et qui pourrait bien se lier plus tard à des considérations historiques de l'ordre le plus élevé.

Il en résulte en effet qu'à l'égard du calendrier, ce trait si caractéristique de la civilisation d'un peuple, le peuple babylonien se trouvait entièrement séparé de toutes les nations dites sémitiques, au nombre desquelles on a coutume de le compter. Nous le voyons, au contraire, se rapprocher des peuples de race persane, puisque les anciens Perses ne connaissaient pas non plus le calendrier lunaire, employant une année solaire de 365 jours, avec intercalation d'un mois de 30 jours tous les 120 ans; ce qui suppose l'évaluation de l'année tropique à 365 jours 1/4. L'existence de cette année chez les Perses résulte des autorités combinées de Quinte-Curce (1), d'Alfergani et des livres originaux du Zendavesta, qui font mention des cinq jours épagomènes (2). Cette année solaire vague, roulant dans une période de 120 ans, transportée en Babylonie à une époque inconnue, y sera devenue fixe, après que, par suite de l'invention du zodiaque, les mois auront été attachés aux signes. Il se sera donc passé là quelque chose

---

(1) III, 3, 9... *quippe Persis in totidem dies* (i. e. 365) *descriptus est annus*.
(2) Ideler, *Handbuch*, u. s. w. II, S. 518.

d'analogue à ce que nous montrent, chez les Grecs, les calendriers de Géminus et de Denys ; la différence est qu'en Grèce ces calendriers sont restés à l'usage des astronomes, parce qu'ils étaient radicalement contraires à l'année civile ; tandis qu'en Chaldée, cette année fixe, n'étant qu'un perfectionnement de l'année solaire primitive, a pu être de bonne heure rattachée à la religion, et devenir facilement usuelle à son tour. Une autre similitude bien frappante se montre dans les noms des douze mois qui, chez les Perses, portent ceux de dieux ou de génies, savoir : Ormuzd, les six Amschaspands, et cinq autres génies qui occupent après eux le premier rang dans les prières du Zendavesta. Cette disposition revient justement au récit de Diodore, que les Babyloniens *départissaient à chaque mois et à chaque signe un des douze dieux conseillers,* d'où l'on peut conclure, avec toute vraisemblance, que chaque mois, comme chaque signe zodiacal, portait chez les Babyloniens le nom du dieu auquel il était attribué. Tous ces faits se lient avec le système d'écriture cunéiforme, employé à Babylone comme en Perse, bien certainement les ἀσσύρια γράμματα d'Hérodote (1) et de Thucydide (2), système si différent des alphabets sémitiques, et qui dérive d'un peuple habitant à l'orient du Tigre. Mais il doit me suffire d'avoir signalé et établi ce fait remarquable. Je l'abandonne aux savants philologues qui se livrent en ce moment avec tant de zèle et de succès à l'étude des écritures et des idiomes des peuples qui ont habité jadis entre l'Indus, la mer Caspienne et le Tigre : c'est à eux qu'il appartient d'en suivre les conséquences.

Je résume cette longue discussion, en rappelant que les deux premières propositions de ma théorie sur l'origine grecque de notre zodiaque ont été regardées par M. Ideler comme établies démonstrativement. Quant à la troisième et dernière proposition, sur la formation successive de la sphère grecque, sur l'origine chaldéenne du zodiaque, son introduction récente

---

(1) Herod., IV, 87.
(2) Thucyd., IV, 50.

dans cette sphère, et l'invention des noms et des figures par les Grecs, il l'admet également, sauf les *noms* des signes qu'il croit appartenir aux Babyloniens.

C'est sur ce point que j'ai dû insister, en exposant les raisons qui me font croire que nous ne connaissons pas plus les noms des signes du zodiaque que ceux des mois chez les Babyloniens. Tout ce que nous pouvons supposer, c'est que ces noms devaient être ceux des divinités auxquelles les mois, comme les signes, étaient dévolus et consacrés : en sorte que les arguments en faveur de l'origine grecque des noms de nos signes subsistent dans toute leur force et leur intégrité. Ce point, secondaire en apparence, tient réellement aux questions les plus curieuses et les plus délicates de l'astronomie comme de la chronologie anciennes. C'est ce qui m'a engagé à entrer dans quelques détails que l'excessive concision à laquelle je m'étais astreint dans mon Discours rendait d'ailleurs nécessaires.

Je soumets à M. Idelér les faits nouveaux que j'ai signalés et les inductions que j'en tire, principalement celles qui ne sont pas conformes à sa manière de voir. Au milieu de discussions ardues, où le fil logique peut être à chaque instant rompu, ou tout au moins détourné de la vraie direction, où la finesse même de la critique peut dégénérer si facilement en subtilité, un esprit sincère craint toujours de se laisser égarer par quelque illusion. Il sent le besoin d'être arrêté quelquefois dans sa marche par des opinions contraires qui l'avertissent, le tiennent en échec, et soulèvent des objections qu'il doit détruire, s'il le peut, avant de continuer. En pareil cas, on est heureux de pouvoir s'en remettre à la science profonde, au sens droit, à la haute impartialité d'un juge tel que l'auteur du mémoire qui a fait naître cette discussion (1).

[(1) Voir la note, t. II, p. 12.]

TABLE DES MATIÈRES

	Pages.
Avertissement.	1
Lettre a M. Gail sur un passage de Thucydide relatif a la situation du cap Malée, dans l'île de Lesbos.	1
Remarques sur quelques passages d'Eunapius, Thucydide, Plutarque, etc.	6
Essai critique sur la topographie de Syracuse au commencement du Ve siècle avant l'ère vulgaire : Avant-propos.	17
Première partie, Chapitre premier : de la ville de Syracuse.	21
§ I. Syracuse au temps de Cicéron.	21
§ II. Syracuse au temps de Thucydide.	22
Chapitre deuxième : Ville intérieure ou Ortygie.	24
Chapitre troisième : Ville extérieure.	29
§ I. Achradine.	30
§ II. Tychè.	33
§ III. Neapolis.	36
§ IV. Epipoles.	40
Seconde partie, Chapitre premier : Environs de Syracuse.	45
Chapitre deuxième : Ports de Syracuse.	54
Chapitre troisième : Murailles des assiégeants et des assiégés.	57
§ I. Travaux des Athéniens.	58
§ II. Murs élevés par les Syracusains.	63
Notes.	66
Mémoire sur une table horaire qui se trouve dans le temple égyptien de Taphis en Nubie.	77
Première partie : Explication de l'inscription gravée dans le temple de Taphis.	78
Seconde partie : Comparaison de la table horaire de Taphis avec d'autres monuments du même genre.	85

TABLE DES MATIÈRES.

	Pages.
COMPOSITION MATHÉMATIQUE DE CL. PTOLÉMÉE ou Astronomie ancienne traduite par l'Abbé Halma.	95
EXAMEN CRITIQUE DES PROLÉGOMÈNES DE LA GÉOGRAPHIE DE PTOLÉMÉE	127
ÉCLAIRCISSEMENTS SUR LES PASSAGES DE STRABON RELATIFS A LA LATITUDE DE MARSEILLE ET DE BYZANCE.	163
OBSERVATIONS SUR L'OBJET DES REPRÉSENTATIONS ZODIACALES QUI NOUS RESTENT DE L'ANTIQUITÉ.	172
Première partie, Chapitre I.	179
Chapitre II.	187
Chapitre III.	198
Seconde partie, Chapitre I.	204
Chapitre II.	214
Chapitre III.	229
Conclusion.	239
Appendice : Lettre de Champollion à Letronne.	241
LES ANCIENS ONT-ILS EXÉCUTÉ UNE MESURE DE LA TERRE POSTÉRIEUREMENT A L'ÉTABLISSEMENT DE L'ÉCOLE D'ALEXANDRIE?	247
Section I : De Cléomède et de son ouvrage.	249
Section II : Faits relatifs à l'opération dite d'Eratosthène tirés de Cléomède.	257
Section III : En quoi consiste l'opération dite d'Eratosthène.	264
§ I. Que la distance de 5.000 stades n'est point une mesure géodésique.	264
§ II. De la latitude d'Alexandrie.	266
§ III. De l'obliquité de l'écliptique selon les Alexandrins.	269
§ IV. Le stade dont Eratosthène a fait usage était-il censé contenu 250.000 ou 252.000 fois dans la circonférence du méridien?	276
Section IV : De la mesure de la terre estimée à 300.000 stades et qu'on a cru retrouver dans Cléomède.	284
Section V : Des deux mesures de la terre attribuées à Posidonius.	288
ESSAI SUR LES IDÉES COSMOGRAPHIQUES QUI SE RATTACHENT AU NOM D'ATLAS.	297
§ I. Atlas soutien du ciel.	298
§ II. Atlas soutien de la terre.	306
DISCUSSION DE L'OPINION D'HIPPARQUE SUR LE PROLONGEMENT DE L'AFRIQUE AU SUD DE L'ÉQUATEUR.	317
§ I. De l'opinion d'Hipparque relative à la division de l'Océan en plusieurs mers intérieures.	318
§ II. Opinion d'Hipparque sur l'Antichthone.	323
§ III. Origine égyptienne de l'opinion d'Hipparque et de son école sur le prolongement de l'Afrique au sud de l'équateur.	328

TABLE DES MATIÈRES.

Pages.

OPINIONS POPULAIRES ET SCIENTIFIQUES DES GRECS SUR LA ROUTE OBLIQUE
DU SOLEIL 337

§ I. Opinion d'Hérodote sur la route oblique du soleil. 338

§ II. Liaisons de ces opinions physiques avec les traditions mythiques sur la source du vent Borée et les Hyperboréens. 343

§ III. Liaison de l'opinion d'Hérodote avec une théorie d'Héraclite et des stoïciens 351

§ IV. Origine de cette opinion des stoïciens. . . 356

OPINIONS POPULAIRES ET SCIENTIFIQUES DES ANCIENS SUR LES ÉCLIPSES . . 360

§ I. Sur les difficultés que l'observation des éclipses a présentées aux anciens. 361

§ II. Opinions populaires des anciens sur les éclipses 364

§ III. Opinions philosophiques et scientifiques des Grecs 372

DES OPINIONS COSMOGRAPHIQUES DES PÈRES DE L'ÉGLISE RAPPROCHÉES DES
DOCTRINES PHILOSOPHIQUES DE LA GRÈCE 382

§ I. De la topographie chrétienne de Cosmas Indicopleuste 387

§ II. De la pluralité des cieux. 393

§ III. De la place occupée par les anges dans le monde physique. 400

§ IV. De la forme du monde et du mouvement des astres. 404

Conclusion 413

SUR LA SITUATION DU PARADIS TERRESTRE. 415

§ I. Situation du Paradis à l'orient de la terre habitable. 415

§ II. Situation du Paradis dans l'Antichthone. . 419

SUR L'ORIGINE GRECQUE DES ZODIAQUES PRÉTENDUS ÉGYPTIENS. 423

§ I 426
§ II 433
§ III 436
§ IV 439
§ V 444
§ VI 448
§ VII 453

SUR L'ORIGINE DU ZODIAQUE GREC, ET SUR PLUSIEURS POINTS DE L'URANO-
GRAPHIE ET DE LA CHRONOLOGIE DES CHALDÉENS 458

I. Que notre zodiaque est étranger à l'Égypte 463

II. Que le zodiaque solaire indien est le zodiaque grec. 467

	Pages.
III. Origine et formation du zodiaque grec.	474
IV. Le zodiaque en douze signes existait chez les Chaldéens.	490
V. Du système planétaire des Chaldéens.	492
VI. De la sphère chaldéenne.	498
VII. Sur la nature de l'année chaldéenne.	504
VIII. Des calendriers de Géminus et de Denys.	509
IX. Des observations citées par Ptolémée comme ayant été faites à Babylone.	520
X. Observations, dites chaldéennes, faites à Alexandrie.	522

Ernest LEROUX, Éditeur
28, RUE BONAPARTE, 28

A. DE LONGPÉRIER,
de l'Institut.

Œuvres, publiées par M. Gustave Schlumberger. 5 vol. in-8, avec nombreuses vignettes et planches hors texte. (En cours de publication.)
Tome I. — *Mémoires d'archéologie et de numismatique orientales*. Un fort vol. in-8, illustré . . . . 15 fr. »

A. DE LONGPÉRIER.

Mémoires sur la chronologie et l'iconographie des rois Parthes Arsacides. In-4, avec 18 planches sur cuivre . . 25 fr. »

G. SCHLUMBERGER

Numismatique de l'Orient Latin. In-4, avec 19 planches sur cuivre . . . . . . 75 fr. »

Supplément et Index à la Numismatique de l'Orient Latin. In-4, planches et cartes . 15 fr. »

Le Trésor de San'a. Études sur les monnaies hymyaritiques. In-4, planches . . . 15 fr. »

A. BOUCHÉ-LECLERCQ.

Histoire de la Divination dans l'antiquité. 4 vol. in-8 . . . . 40 fr. »

ERNEST CURTIUS.

Histoire grecque, traduite en français par A. Bouché-Leclercq. 5 vol. in-8 . . . . . 37 fr. 50

J.-G. DROYSEN.

Histoire de l'Hellénisme (Alexandre et ses successeurs), traduite en français par A. Bouché-Leclercq. 3 vol. in-8 . . . . . 30 fr. »

www.ingramcontent.com/pod-product-compliance
Lightning Source LLC
Chambersburg PA
CBHW071404230426
43669CB00010B/1445